中国企业改革发展
2018蓝皮书

THE BLUE BOOK OF CHINA ENTERPRISE
REFORM AND DEVELOPMENT

中国企业改革与发展研究会 ◎ 编

中国商务出版社
CHINA COMMERCE AND TRADE PRESS

图书在版编目（ＣＩＰ）数据

中国企业改革发展 2018 蓝皮书 / 中国企业改革与发
展研究会编 . -- 北京：中国商务出版社，2019.3
　　ISBN 978-7-5103-2791-9

　　Ⅰ . ①中… Ⅱ . ①中… Ⅲ . ①企业改革—研究报告—
中国— 2018 Ⅳ . ① F279.21

　　中国版本图书馆 CIP 数据核字 (2019) 第 042169 号

中国企业改革发展 2018 蓝皮书
ZHONGGUOQIYE GAIGEFAZHAN 2018 LANPISHU

中国企业改革与发展研究会　编

出　　版：中国商务出版社		
地　　址：北京市东城区安定门外大街东后巷 28 号	邮　　编：100710	
责任部门：数字出版事业部（010-64255636）		
责任编辑：杨　晨		
总 发 行：中国商务出版社（010-64515150）		
网　　址：http://www.cctpress.com		
邮　　箱：szcb2016cctp@163.com		
排　　版：河北环能文化传媒有限公司		
印　　刷：北京市泰华印刷有限责任公司		
开　　本：889 毫米 ×1194 毫米　1/16		
印　　张：31.75	字　　数：620 千字	
版　　次：2019 年 3 月第 1 版	印　　次：2019 年 3 月第 1 次印刷	
书　　号：ISBN 978-7-5103-2791-9		
定　　价：260.00 元		

中国企业改革发展2018蓝皮书编委会

序　言

对于我们，2018 年是极为不平静、不平凡的一年。

不平静，在"美国优先"政策主导下，国际经贸摩擦不断，特别是美方两次对中国高达 2500 亿美元的出口商品加征高关税，严重加剧了中美贸易摩擦，其结果导致世界多地局势动荡，国际化进程受阻，世界经济秩序乃至发展信心遭受严重打击。

不平凡，面对世界风云动荡，处于风口漩涡中的中国，在以习近平为核心党中央坚强领导下，劈风斩浪、避险跃滩，坚决反击对中国的恶意中伤和不实指责，引导国际社会向好的方向发展，对稳定世界经济发展做出了重要贡献。

2018 年，国有企业持续全面深化改革。2018 年，面对极不稳定的世界经济秩序，面对国内经济下行的巨大压力，中国国有企业坚定落实党的十九大战略部署，以推进供给侧结构性改革为主线，用"世界一流"、高质量发展引领方向，用创新转型增强动力，用"一带一路"拓展市场，用强化党建提供政治保证，深化国企改革十项试点，国有资本投资公司试点扩容，推出国企改革"双百行动"，在全面深化改革中，努力推动国有企业效益实现稳定增长，对国民经济发展起到了定海神针、压舱石的重要作用，增强了国民经济稳定发展的底气和信心。

2018 年，民营企业迎来政策的春天。2018 年，针对经济下行压力下，民营企业经营困难、社会舆论压力大、思想疑惑重、信心严重不足，习近平总书记主持召开民营企业座谈会，并发表重要讲话，对民营企业在改革开放中、在建设中国特色社会主义事业中的重要地位和作用给予充分的肯定，强调支持民营企业发展，是党中央的一贯方针，为民营企业拨开了迷雾，注足了发展信心。国务院及有关部委出台了一系列促进民营经济发展的政策和措施；各地政府纷纷出台支持民营企业发展的大招实招，形成了全社会大力支持民营经济发展的政策环境和社会氛围。

2018 年，中国企业改革与发展研究会着力推进了几项重点工作。一是继续开展中国企业改革发展优秀成果申报审定发布活动，2018 年收集到的申报成果，不仅参与申报的主体单位多，而且包括的面广，特别是重量级企业数量上升，申报成果分量大幅提高；二是精心组织编辑了《中国企业改革发展四十周年纪实》大型画册，画册通过约 1800 张图片贯穿起中国企业改革发展日新月异、翻天覆地、波澜壮阔的 40 年激情华章；三是会同有关部门联合推选表彰一批在中国改革开放进程中为我国经济发展和社会进步作出杰出贡献的企业和企业家，推出了 100 位 "改革开放 40 年中国企业改革奖章" 获得者、100 家 "改革开放 40 年中国改革发展杰出贡献企业" 和 40 家 "改革开放 40 年创新力企业"；四是配合国资委改革办采编中国国有企业改革 40 年大事记（索引）；五是完成了中企研换届选举工作。年底收官之时，筹划启动了中国企业改革发展蓝皮书工作。

蓝皮书，按照《现代汉语词典》中的解释，是由第三方完成的综合研究报告。蓝皮书通常反映的是学者或研究机构的学术观点，是某个领域的权威年度报告。中国企业改革发展方面的研究报告不少，但郑重地以蓝皮书形式作为每年发布的权威年度报告，目前还无先例。中企研打造的 "中国企业改革发展蓝皮书"，将作为每年反映当年中国企业改革发展主要情况的综合性研究报告，填补上述空白。《中国企业改革发展 2018 蓝皮书》包括总报告、分报告、企业案例、企业改革发展大事记和附录，其中，总报告由中国企业改革发展现状、问题与对策研究构成；分报告包括国资国企改革发展报告、中国民营企业改革发展报告、中国企业创新创业发展报告、中国企业信用发展综合评价与分析报告、中国企业可持续发展指数报告等多篇研究文章；企业案例选择了一些非常有影响的企业改革发展创新实践研究报告；企业改革发展大事记是当年发生的大的、有影响的事件；附录则收集列入当年重要的指导规范性文件、重要领导讲话、重要会议报道等。

一元复始日，万象更新时。2019 年是新中国成立 70 周年，是决胜全面建成小康社会关键之年。梦想之花要用汗水浇灌，高远目标还需脚步丈量。站在新起点上，我们应积极践行新发展理念，紧扣重要战略机遇新内涵，辩证思考，扎实工作，拿出敢为人先的闯劲、一往无前的拼劲、只争朝夕的干劲、不胜不休的韧劲，让我们携手阔步，勇担宏伟使命再启航；让我们奋发图强，迈上高质量发展新征程！

中国企业改革与发展研究会会长

宋志平

2019 年 1 月

目　　录

IV 大事记

V 附 录

（一）指导文献——领导讲话

（二）指导文献——重要文件

（三）表彰名单

后 记

总报告

2018 中国企业改革发展现状、问题与对策研究

一、中国企业改革发展现状

自改革开放以来，中国企业改革与发展已经走过了 40 年的风雨历程，不仅成功地使得国有企业摆脱了的计划经济体制束缚，而且成功地培育了民营企业、外资企业等多种不同的市场主体，建立了中国特色社会主义市场经济体制，取得了令世界瞩目的成就。特别是党的十八届三中全会以来，在以习近平总书记为核心的新一代中央领导集体的正确领导下，一方面国家"毫不动摇地巩固和发展了公有制经济"，充分发挥了国有经济主导作用，使得国有经济"三力"不断增强，另一方面，国家也"毫不动摇地鼓励、支持、引导非公有制经济发展"，充分激发了"非公有制经济活力和创造力"。在企业层面，一方面持续推进国有企业深化改革，完善企业制度，准确界定了不同国有企业功能，健全了协调运转、有效制衡的公司法人治理结构，进一步破除了不适应社会主义市场经济体制要求的国有企业制度弊病，探索建立高管人员的市场化选聘机制和内部员工能上能下、能进能出、收入能增能减的人事与薪酬制度，另一方面，"积极发展混合所有制经济"，"允许更多国有经济和其他所有制经济发展成为混合所有制经济""国有资本投资项目允许非国有资本参股""鼓励非公有制企业参与国有企业改革""鼓励发展公有资本控股的混合所有制企业"等等。在上述举措及相关配套政策作用下，全国各类型企业均发生了显著变化。

（一）总体发展情况

1. 全国企业法人数量显著增长，民营企业法人数量贡献显著

截至 2017 年年底，全国企业法人数达到 18097682 个，较 2012 年年底增长了 9801128 个，增长了 118.4%。其中国有及国有控股企业法人单位数由 2012 年的 278479 个增加为 2017 年的 325800 个，增长了 17%；集体及集体控股企业法人数量相对较为稳定，大体维持在 250000 个左右；港、澳、台和外资控股企业法人数，也有不同程度的增

长；相对于前两类企业法人数及港、澳、台和外资控股企业法人数，私人控股企业法人单位数增长最为显著，由 2012 年的 6552049 个增加为 2017 年的 16204143 个，增幅达 147.3%。从数据上看，全部企业法人数量有如此惊人的增长主要是私人控股企业法人数急速增长结果，即使在经济发展高度不确定性的 2012-2013 年间，其他类型企业法人数均呈现减少的情况下，私人控股企业法人单位数依然呈现出增加的态势。

表 1 全国企业法人单位数

单位：个

	2012 年	2013 年	2014 年	2015 年	2016 年	2017 年
企业法人单位数	8286654	8208273	10617154	12593254	14618448	18097682
国有控股企业法人单位数	278479	220508	263348	291263	310992	325800
集体控股企业法人单位数	271295	212585	248221	253199	243393	249946
私人控股企业法人单位数	6552049	7059996	9027688	10677612	12537206	16204143
港、澳、台商控股企业法人单位数	101518	83840	98661	101730	103849	113103
外商控股企业法人单位数	109103	85896	97793	99693	99987	111628
其他企业法人单位数	974210	545448	881443	1169757	1323021	1093062

注：数据来源于中国统计年鉴（2013-2018）

2. 国有控股固定资产投资与私人控股固定资产投资齐头并进

从固定资产投资上看（见表 2），到 2017 年年底，全部内资企业累计实现固定资产投资额为 606767.76 亿元，较 2012 年增长了 262736.6 亿元，增长幅度为 76.37%，其中国有及其控股企业固定资产投资由 2012 年的 124558.15 亿元，增加为 2017 年的 233586.16 亿元，增长幅度为 87.53%，集体及其控股企业固定资产投资由 2012 年的 20402.46 亿元，变化为 2017 年的 15450.89 亿元，下降了 24.27%，私人及其控股企业固定资产投资由 2012 年的 176774.17 亿元，增加为 2017 年的 306614.99 亿元，增长幅度为 73.45%。港澳台及外商控股企业固定资产投资相对稳定，内资企业固定资产投资虽然都呈现增长趋势，但增速均呈现放缓趋势，但相对较小体量的国有及其控股企业固定资产投资增长速度依然高于私人及其控股企业固定资产投资的增长速度，但并未对民营资本投资产生明显的挤出效应，从数据可以看出，国有资本与民营资本投资的增长速度大体相当。

表 2　内资企业固定资产投资（不含农户）　　　　　　　　单位：亿元

固定资产投资指标	2012 年	2013 年	2014 年	2015 年	2016 年	2017 年
内资企业固定资产投资	344031.14	413589.44	478277.78	528913.25	570431.22	606767.76
港澳台商投资企业固定资产投资	10275.88	11027.65	11934.53	11930.44	14223.21	13604
外商投资企业固定资产投资	10547.13	11130.33	11052.57	10746.34	11846.32	11312.2
国有控股固定资产投资	124558.15	144133.6	161379.67	178933.06	213775.53	233586.16
集体控股固定资产投资	20402.46	22092.72	24144.54	24141.69	19397.67	15450.89
私人控股固定资产投资	176774.17	215150.21	252472.41	279032.49	291678	306614.99

注：本表数据来源于统计年鉴（2013-2018）

　　全国企业法人单位数和固定资产投资的变化，一方面表明，是中国已经摆脱了此前世界经济萧条所带来的负面影响，国有资本与非国有资本投资活动十分活跃，尽管中国经济发展开始进入"新常态"阶段，但整个市场的活力却呈现出逐渐增高态势。二是在固定资产投资方面，国有及其控股企业的投资有效地中和了私人及其控股企业固定资产投资增速放缓带来的投资需求减少的影响，二者形成了有效的互补。

　　3. 全国规模以上工业企业增加值出现向上拐点，国有及国有控股企业贡献显著

　　到 2017 年年底，全国工业增加值增长速度为 6.4，较 2016 年增加了 0.4 个百分点。这其中有两个重要变化：一是，2012 年至 2016 年全国工业增加值增长速度一直呈现下滑趋势，2017 年开始回升；二是，从结构上看，国有及国有控股企业在各类型企业对工业增加值增长速度的贡献中的变化中最大，其工业增加值增长速度由 2016 年的 2% 增加为 6.5%，增长了 4.5 个百分点，与此相比，私营企业和股份制企业的工业增加值增长速度均呈现下滑趋势，但下滑的速度明显放缓。

表3　2012年—2017年全国工业企业增加值增长速度情况　　单位：%

年份	工业增加值	国有及国有控股企业	私营企业	股份制企业	外商及港澳台投资企业
2012	10	6.4	14.6	11.8	6.3
2013	9.7	8.3	11.4	10.8	8.9
2014	8.3	4.9	10.2	9.7	6.3
2015	5.9	1.4	8.6	7.3	3.7
2016	6	2	7.5	6.9	4.5
2017	6.4	6.5	5.9	6.6	6.9

注：数据来源于统计年鉴（2012-2018）

4. 全国各类型企业对外贸易逐渐复苏

2016年，中国对外贸易发展形势十分严峻，下行压力加大，在这种情况下，党中央、国务院及时出台了促进外贸回稳向好、促进加工贸易创新发展等一系列支持政策，相关部门和各地区积极细化落实政策，为广大企业特别是民营企业减负助力，企业自身不断加快转型升级，积极开展各类创新活动，不断提升国际竞争力，2017年产生了十分显著的效果。据商务部统计，2017年全国总的出口额出现了正向增长的趋势，其中国有企业与民营企业均有不同程度的增长。

表4　2012年—2017年全国对外贸易各类企业出口情况★　　单位：亿美元

年份	出口总值	国有企业	民营企业	外资企业
2012	20484.2	2564.2	7686.4	10233.6
2013	22100	2356.8	9300.5	10442.7
2014	23427	2342.6	12665.8	10526.2
2015	22800	2424	10295	10047
2016	22366.8	2288.3	10274.4	9836
2017	23506*	2797*	10933*	9776

注：数据来源于商务部

★2017年数据来自于中国海关总署2018年1月12日发布的2017年我国进出口情况

数据，但由于海关总署发布的数据单位是人民币，按照 2017 年 12 月 29 日人民币比美元汇率估算当年的出口总额和民营企业出口总额。2017 年国有企业出口额＝出口总额估算－民营企业出口估算－外资企业出口额。★

（二）国有及其控股企业的改革与发展

自 2013 年以来，在十八届三中全会精神的指导下，国务院国资委不断制定并发布有利于国有企业深化改革的政策措施，特别是 2015 年以来，国务院国资委有针对性地集中发布了多项政策措施，先后印发了《中共中央、国务院关于深化国有企业改革的指导意见》（2015）、《国务院关于国有企业发展混合所有制经济的意见》（国发〔2015〕54 号）、《国务院关于改革和完善国有资产管理体制的若干意见》（2015）、《关于国有企业功能界定与分类的指导意见》（国资发研究 [2015]170 号）、《国有科技型企业股权和分红激励暂行办法》（财资 [2016]4 号）、《关于完善中央企业功能分类考核的实施方案》（2016）、《关于国有控股混合所有制企业开展员工持股试点的意见》（国资发改革 [2016]133 号）、《关于完善中央企业功能分类考核的实施方案》（2016）、《中央企业负责人经营业绩考核办法》（2016）、《国务院办公厅关于进一步完善国有企业法人治理结构的指导意见》（2017）。与此同时，地方国资委也纷纷出台适应于自身的相关政策，对这一时期国有企业发展产生了非常积极的影响。

1. 全国国有及国有控股企业经济效益指标持续稳中向好

截至 2017 年年底（如表 5 和表 6 所示），全国国有及国有控股企业实现营业收入 522014.9 亿元，较 2012 年增长了 98245.3 亿元，增幅为 23.12%；实现利润为 28985.9 亿元，较 2012 年增长了 7026.3 亿元，增幅为 32%；应交税金为 42345.5 亿元，较 2012 年增长了 8849.2 亿元，增幅为 26.42%；资产总额为 1517115.4 亿元，较 2012 年增长了 710172.4 亿元，增幅为 88%；负债总额为 997157.4 亿元，较 2012 年增长了 476835.9，增幅为 91.64%。其中利润指标的变化最终能说 2015 年以来国务院国资委以及其他各部位联合发布的相关政策措施所产生的积极效果，全国国有及国有控股企业利润从 2013 年开始呈现负增长状况，但是到 2015 年时出现了反转，再次呈现正向增长趋势。

表5　2012 年—2017 年全国国有及国有控股企业经济效益情况　　单位：亿元

	2012	2013	2014	2015	2016	2017
营业收入	423769.6	464749.2	480636.4	454704.1	458978	522014.9
实现利润	21959.6	24950.5	24765.4	23027.5	23157.8	28985.9
应交税金	33496.3	36812	37860.8	38598.7	38076.1	42345.5
资产总额	806943*	911038.6	1021187.8	1192048.8	1317174.5	1517115.4
负债总额	520321.5*	593166.5	665558.4	790670.6	870377.3	997157.4

注：数据来源于财政部网站。

★该数据依据 2013 年数据推算得到。

表6　2013 年—2017 年全国国有及国有控股企业各指标增长情况　　单位：%

	2013	2014	2015	2017
营业收入	9.67	3.42	−5.47	13.73
实现利润	13.62	−0.74	−7.02	25.17
应交税金	9.9	2.85	1.95	11.21
资产总额	12.9	12.09	16.73	15.18
负债总额	14	12.2	18.8	14.57

注：本表数据依据表3数据计算获得，小数点后保留两位。

2. 规模以上国有及国有控股工业企业经济效益指标变化速度低于全国平均水平

在工业企业类别中（见表7），截至 2017 年年底，国有及国有控股工业企业主营业务收入为 265393.01 亿元，较 2012 年增长了 20317.04 亿元，增幅为 8.29%；实现利润为 17215.49 亿元，较 2012 年增长了 2039.5 亿元，增幅为 13.44%；总资产为 439622.86，较 2012 年增长了 127528.49 亿元，增幅为 40.86%；总负债为 266097.89 亿元，较 2012 年增长了 74747.92 亿元，增幅为 39.6%。工业企业中的国有及国有控股企业各项指标的总体增长幅度均小于全国国有及国有控股企业运行的总体水平。

表 7　2012 年—2017 年全国规模以上国有及国有控股工业企业运行情况　　单位：亿元

	2012	2013	2014	2015	2016	2017
主营业务收入	245075.97	257816.87		241668.91	238990.23	265393.01
实现利润	15175.99	15917.68	14508.02	11416.72	12324.34	17215.49
总资产	312094.37	343985.88	371308.84	397403.65	417704.16	439622.86
总负债	191349.97	214230.57	230132.08	246147.12	257235.38	266097.89

注：本表数据来源于统计年鉴（2013-2018）

3. 除利润指标外，国有建筑企业[①]其余经济效益指标变化速度低于全国国有及国有控股企业平均水平

在建筑业类别中（见表 8），截至 2017 年年底，国有建筑业企业总收入为 26421.88 亿元，较 2012 年增长了 13420.44 亿元，增幅为 11.69%；企业实现利润总额为 713.43 亿元，较 2012 年增长了 175.77 亿元，增幅为 32.69%；实现产值为 26414.38 亿元，较 2012 年增长了 3484.19 亿元，增幅为 15.19；总资产为 35858.12 亿元，较 2012 年增长了 13420.44 亿元，增幅为 59.81%；总负债为 27880.47 亿元，较 2012 年增长了 10098.01 亿元，增幅为 56.79%。其中利润总额的增长幅度略高于全国平均值，其余各指标均显著低于全国平均值。

表 8　2012 年—2017 年全国国有建筑业企业运行情况　　单位：亿元

	2012	2013	2014	2015	2016	2017
国有建筑业企业总资产	22437.68	–	24630.99	27646.25	31197.09	35858.12
国有建筑业企业总负债	17782.46	–	19400.52	21650.11	24300.94	27880.47
国有建筑业企业建筑业总产值	22930.19	20739.02	22069.45	21767.07	23849.02	26414.38
国有建筑业企业总收入	23656.71	–	22443.94	23352.1	24909.87	26421.88
国有建筑业企业利润总额	537.66	–	564.81	633.31	620.25	713.43
国有建筑业企业税金总额	712.68	–	640.73	661.37	665.64	644.29

注：本表所称国有建筑业不包括国有控股建筑业

[①]　这里的国有建筑企业不包括国有控股型建筑企业。

4. 在批发零售行业，全国国有、国有联营及国有独资批发企业经济效益呈下滑趋势

在批发零售类别中（见表 9），截至 2017 年年底，批发类国有企业主营业务收入为 57813.13 亿元，较 2012 年减少了 12397.55 亿元，减幅达 17.66%；主营业务利润总额为 3599.73 亿元，较 2012 年减少了 678.73 亿元，减幅为 15.86%；总资产为 29475.01 亿元，较 2012 年增长了 1709.59 亿元，增幅为 6.16%；总负债为 18451.67 亿元，较 2012 年减少了 56.81 亿元，减幅为 0.3%。应该指出的是，批发领域的国有、国有联营及国有独资企业的总资产和总负债 2013 年出现显著下降随后持续增加趋势，但截止到 2017 年年底的总体体量与 2012 年基本保持相当，并且，在这一过程中，主营业务利润则呈现出了完全相反的变化过程，即 2013 年显著增加后持续下降，主营业务收入则从 2017 年开始有所好转。

表 9　2012 年—2017 年全国国有、国有联营及国有独资批发企业运行情况

单位：亿元

	2012	2013	2014	2015	2016	2017
主营业务收入	70210.68	65470.7	64473.39	55608.76	52411.71	57813.13
主营业务利润总额	4278.46	4550.44	4007.06	3826.63	3728.07	3599.73
总资产	27765.42	24439.27	25831.99	27528.33	28513.37	29475.01
总负债	18508.48	15451.43	16291.85	17576.88	18140.29	18451.67

注：本表数据不包括国有控股批发企业。

与批发业相比，零售业中国有、国有联营及国有独资企业（见表 10）的运行状况总体上均呈现下降趋势。截至 2017 年底，国有、国有联营及国有独资企业主营业务收入总计为 2961.83 亿元，较 2012 年下降了 2776.04 亿元，降幅达 48.38%；利润总额为 328.79 亿元，较 2017 年相比下降了 212.18 亿元，降幅达 39.22%；截至 2017 年年底，零售业中国有、国有联营及国有独资企业的总资产与总负债虽然波动不大，但整体上也呈现出下降趋势。

表 10 2012 年—2017 年全国国有、国有联营及国有独资零售企业运行情况

单位：亿元

	2012	2013	2014	2015	2016	2017
主营业务收入	5737.87	3639.25	3650.78	3273.81	3462.57	2961.83
利润总额	540.97	388.88	366.99	364.24	363.75	328.79
总资产	2298.6	1533.81	1781.3	1764.12	1973.77	2110.14
总负债	1393.71	904.72	1050.82	1074.76	1192.55	1384.85

注：本表不包括国有控股零售企业

5. 在住宿餐饮行业中，全国国有、国有联营及国有独资住宿企业各项指标相对稳定

在住宿餐饮类别中（见表 11），全国国有、国有联营及国有独资住宿企业经历了 2012 年到 2013 年的下滑之后各指标均呈现相对稳定状态（如表 9 所示），主营业务收入维持在 500 亿元左右，主营业务利润维持在 300 亿元左右，总资产维持在 1600 亿元左右，总负债维持在 900 亿元左右。全国国有、国有联营及国有独资餐饮企业也呈现类似特征（如表 12 所示）。

表 11 2012 年—2017 年全国国有、国有联营及国有独资住宿企业运行情况 单位：亿元

	2012	2013	2014	2015	2016	2017
主营业务收入	677.86	562.5	523.43	525.83	514.68	484.06
主营业务利润	394.57	308.6	297.63	298.12	311.1	294.89
总资产	1815.65	1609.14	1583.05	1604.2	1672.7	1676.44
总负债	997.42	878.46	916.5	910.07	919.73	923

注：本表不包括国有控股住宿企业

表 12 2012 年—2017 年全国国有、国有联营及国有独资餐饮企业运行情况 单位：亿元

	2012	2013	2014	2015	2016	2017
主营业务收入	119.89	100.79	106.6	100.76	109.48	92.49
主营业务利润	54.63	42.7	45.07	40.83	43.42	39.51
总资产	207.52	175.23	181.29	184.37	160.33	176.23
总负债	140.62	115.38	117.38	113.18	101.79	107.15

注：本表不包括国有控股餐饮企业

6. 建筑业、批发零售业和住宿餐饮业国有控股企业各项指标增长势头显著

由于建筑行业收入指标按主营业务收入统计，所以估算时排除了该指标；2013 年各项指标存在统计缺失情况，估算公式为国有及国有控股企业各项指标 – 国有及国有控股工业企业各项指标 – 国有建筑企业各项指标 – 国有批发零售企业各项指标 – 国有住宿餐饮企业各项指标；这其中可能包括集体企业和其他行业中国有及国有控股企业的指标，但考虑到其他行业国有及国有控股企业的各项指标数值较低，所以上述结果在很大程度上能够反应除工业以外的其他行业中国有控股企业各项指标情况。本部分所呈现的各类指标与财政部汇总指标有明显差异，主要是除工业以外，其他几类行业的指标数值不包含国有控股企业的相关数据所致。这一结果在一定程度上也表明，国有控股企业的各项指标的变化程度可能超过平均值（如表 13 所示）。

表 13 2012 年—2017 年建筑业、批发零售业和住宿餐饮业国有控股企业运行情况估算

单位： 亿元

	2012	2013	2014	2015	2016	2017
主营业务利润	1371.89	–	4975.82	6447.65	5766.87	6794.06
总资产	442139.41	–	595870.34	735917.88	835953.08	1008196.6
总负债	291146.26	–	397649.25	503198.48	568486.62	682312.37

7. 2018 年，全国国有及国有控股企业运行态势较好

据财政部统计，截至 2018 年 1-11 月，全国国有及国有控股企业总的营业收入 587500.7 亿元，同比增长 10.0%，其中中央企业 338781.8 亿元，同比增长 9.8%，地方国有企业 248718.9 亿元，同比增长 10.4%；营业总成本为 570431.9 亿元，同比增长 9.8%，其中中央企业 325798.6 亿元，同比增长 9.6%，地方国有企业 244633.3 亿元，同比增长 10.1%；利润总额为 33877.7 亿元，同比增长 12.9%，其中中央企业 20399.1 亿元，同比增长 12.7%，地方国有企业 13478.6 亿元，同比增长 13.2%；税后净利润：24653.7 亿元，增长 12.1%，其中中央企业 14583.4 亿元，增长 11.8%，地方国有企业 10070.3 亿元，增长 12.8%；资产总额为 1787482.9 亿元，同比增长 8.4%，其中中央企业资产总额 803391.7 亿元，同比增长 6.7%，地方国有企业资产总额 984091.2 亿元，同比增长 9.8%；负债总额 1156474.8 亿元，同比增长 8.1%，其中中央企业负债总额 543908.6 亿元，同比增长 6.3%，地方国有企业负债总额 612566.2 亿元，同比增长 9.6%；所有者权益合计

631008.1 亿元，同比增长 9.0%，其中中央企业所有者权益合计 259483.1 亿元，同比增长 7.5%，地方国有企业所有者权益合计 371525.0 亿元，同比增长 10.1%。

另据国务院国有资产监督管理委员会于 2019 年 1 月 17 日举行新闻发布会时公布的数据显示，2018 年由国务院国资委监管的中央企业运行绩效显著：一是经济效益持续增长。累计实现营业收入 29.1 万亿元，同比增长 10.1%；实现利润总额 1.7 万亿元，同比增长 16.7%，创历史最好水平；实现净利润 1.2 万亿元，同比增长 15.7%；归属母公司所有者的净利润 6100.1 亿元，同比增长 17.6%。二是降成本和降杠杆效果持续显现。2018 年中央工业企业成本费用增速低于收入增速 0.4 个百分点，百元营业收入支付的成本费用同比下降 0.4 元，成本费用利润率同比提高 0.6 个百分点；2018 年 12 月末，中央企业平均资产负债率为 65.7%，较年初下降 0.6 个百分点，50 家企业降幅超过 1 个百分点。三是固定资产投资呈现加速增长态势。2018 年中央企业完成固定资产投资 2.5 万亿元，同比增长 4.9%，全年保持正增长，全年增速较前三季度加快 2.2 个百分点。

（三）民营企业的发展

1. 全国民营企业蓬勃发展

民营企业包括两大类：一类是私营企业，一类是个体工农商户。据统计，截至 2017 年年底，全国私营企业数量为 2726.3 万户，较 2012 年增长了 1640.6，增幅为 151.1%；个体工商户为 6579.4 万户，较 2012 年增长了 2520.1 万户，增幅为 62.8%。

表 14　2012 年—2017 年私营企业和个体工商户数量　　　单位：万户

	2012	2013	2014	2015	2016	2017
个体工商户	4059.3	4436.3	4984.1	5407.94	5930	6579.4
私营企业	1085.7	1253.9	1546.4	1967.6	2309.2	2726.3

到 2016 年年底，民营企业中私营企业注册资本金达到 1305000 亿元，个体工商户注册资本金达到 44400 亿元。据不完全统计，截至 2017 年年底，民营企业注册资本金超过了 165 万亿元。

表 15　2012 年—2016 年私营企业和个体工商户注册资金

	私营企业注册资金（亿元）	增长率（%）	户均注册资金（万元）	个体工商户注册资金（亿元）	增长率（%）	户均注册资金（万元）
2012	311000	20.6	286.5	19766.7	22.2	4.9
2013	393000	26.4	313.4	24300	23.1	5.5
2014	592000	50.6	382.8	29300	20.6	5.8
2015	906000	53	474.7	36938	34.5	6.5
2016	1305000	44.1	565.1	44400	20.2	7.5

注：本表数据来自于国家工商总局

2. 全国规模以上私营工业企业各项指标超过全国工业企业平均值

在工业类别中，到 2017 年底，全国规模以上私营工业企业主营业务收入为381034.44 亿元，较 2012 年增长了 95412.96 亿元，增幅为 33.41%；主营业务利润为23043 亿元，较 2012 年增长了 2851.1 亿元，增幅为 14.12%；总资产为 242636.74 亿元，较 2012 年增长了 90088.61 亿元，增幅为 59.06%；总负债为 127610.46 亿元，较 2012 年增长了 44911.18 亿元，增幅为 53.31%。

表 16　2012 年—2017 年全国规模以上私营工业企业运行情况　　单位：亿元

	2012	2013	2014	2015	2016	2017
主营业务收入	285621.48	342002.6	372175.7	386394.6	410188.06	381034.44
主营业务利润	20191.9	23327.08	23550.42	24249.73	25494.9	23043
资产总计	152548.13	187704.4	213114.42	229006.48	239542.71	242636.74
负债总计	82699.28	101333.98	111130.1	118651.48	121386.12	127610.46

注：本表数据来源于统计年鉴（2013-2018）

3. 批发零售领域私营企业十分活跃，各项指标均有显著增长，凸显民营企业效率

在批发零售类别中，2017 年全国限额以上私营批发企业主营业务收入、主营业务利润、总资产和总负债分别为 124963.82 亿元、3644.72 亿元、54563.82 亿元和 42534.59 亿元，分别较 2012 年增长了 59128.01 亿元、2463.28 亿元、23665.27 亿元和 18055.98 亿元，

增幅分别为 89.81%、67.58%、76.59% 和 76.76%。

表 17 2012 年—2017 年全国限额以上私营批发企业运行情况　　　单位：亿元

	2012	2013	2014	2016	2015	2017
主营业务收入	65835.81	88177.67	99911.97	103620.62	92469.22	124963.82
主营业务利润	3644.72	5386.15	5301.93	5139.79	5743.64	6108
资产总计	30898.55	40561.41	45271.61	49019.63	42955.6	54563.82
负债总计	24478.61	31874.17	35769.1	38301.49	33737.05	42534.59

注：本表数据来源于统计年鉴（2013-2018）

2017 年全国限额以上私营零售企业主营业务收入、主营业务利润、总资产和总负债分别为 35484.05 亿元、3846.86 亿元、17066.28 亿元和 12481.38 亿元，较 2012 年分别增长了 14195.45 亿元、1807.31 亿元、6331.26 亿元和 4629.77 亿元，增幅分别为 66.68%、88.61%、58.98% 和 58.97%。

表 18 2012 年—2017 年全国限额以上私营零售企业运行情况　　　单位：亿元

	2012	2013	2014	2015	2016	2017
主营业务收入	21288.6	26943.39	30545.81	32327.21	36170.74	35484.05
利润总计	2039.55	3079.59	3357.95	3498.79	3919.47	3846.86
资产总计	10735.02	13039	15024.65	15464.13	17126	17066.28
负债总计	7851.61	9548.6	11145.74	11314.88	12350.38	12481.38

注：本表数据来源于统计年鉴（2013-2018）

4. 私营住宿餐饮企业各项指标也有较大幅度增长

在住宿餐饮类别中，2017 年全国限额以上私营住宿企业主营业务收入、主营业务利润、总资产和总负债分别为 1173.23 亿元、623.61 亿元、2908.31 亿元和 2373.99 亿元，较 2012 年分别增长了 286.87 亿元、140.57 亿元、920.04 亿元和 836.15 亿元，增幅分别为 32.36%、29.1%、46.27%、54.37%。

表 19　2012 年—2017 年全国限额以上私营住宿企业运行情况　　单位：亿元

	2012	2013	2014	2015	2016	2017
主营业务收入	886.36	973.38	996.48	1044.77	1089.78	1173.23
主营业务利润	483.04	489.73	508.47	521.58	552.19	623.61
总资产	1988.27	2413.66	2505.88	2706	2709.93	2908.31
总负债	1537.84	1859.54	1999.89	2089.98	2085.62	2373.99

注：本表数据来源于统计年鉴（2013-2018）

　　2017 年全国限额以上私营餐饮企业主营业务收入、主营业务利润、总资产和总负债分别为 2165.66 亿元、881.77 亿元、2173.91 亿元和 1537.51 亿元，较 2012 年分别增长了 263.34 亿元、109.57 亿元、496.93 亿元和 371.88 亿元，增幅分别为 13.84%、14.19%、29.63% 和 31.9%。

表 20　2012 年—2017 年全国限额以上私营餐饮企业运行情况　　单位：亿元

	2012	2014	2013	2015	2016	2017
主营业务收入	1902.32	2064.32	2050.6	2171.11	2216.36	2165.66
主营业务利润	772.2	816.78	813.4	837	875.78	881.77
总资产	1676.98	2010.33	2090.2	2183.5	2180.09	2173.91
总负债	1165.63	1356.65	1470.35	1504.31	1518.76	1537.51

注：本表数据来源于统计年鉴（2013-2018）

　　5. 私营建筑企业估算结果各指标增长十分显著

　　在建筑业类别中，国家统计局并未根据登记注册类型对私营建筑业企业单独统计，本报告将内资建筑企业相关指标减除国有企业、集体企业等相关指标后的数值作为私营建筑业企业，由于未减除登记注册类型为股份制企业的相关数据，因此，私营建筑业企业数据存在估算情况。如表 18 所示。

表 21　2012 年—2017 年全国限额以上私营餐饮企业运行情况　单位：亿元

	2012	2013	2014	2015	2016	2017
实现利润	3991.25	–	5595.43	5583.99	6126.98	6553.82
总资产	84903.22	–	119325.5	132056.15	146502.17	163680.65
总负债	54867.15	–	78032.93	85409.55	94023.87	105627.94

（四）混合所有制企业总体规模呈逐年增加趋势

自党的十五届四中全会提出混合所有制概念以来，理论界与实践部门对混合所有制企业的发展一直处在不断理论探讨和实践摸索状态，经过十几年发展，无论在理论上还是在实践上都证明了混合所有制企业对中国经济发展具有重要意义，为此，党的十八届三中全会提出要"积极发展混合所有制经济"的重要举措，混合所有制企业作为混合所有制经济的重要载体自十八届三中全会以来呈现出了蓬勃发展的局面。目前还没有关于混合所有制企业的相关数据资料，关于混合所有制的研究数据大多来自上市公司，但上市公司中的国有控股企业和国有参股企业也仅仅是全部混合所有制企业的一小部分而已。即便是上市公司的数据具有代表性，但是依然不能准确反映混合所有制企业的整体发展情况。因此，从科学性角度出发，本报告对混合所有制企业发展的考察将采用国家资本金在除国有和集体企业以外的其他企业中资本份额作为依据；同样的逻辑，将民营资本在除民营企业以外的其他类型企业中资本份额作为考察民营资本参与混合所有制的程度，以此类推。因此，我们选择国家资本金、集体资本、私人资本金、港澳台资本、外商资本在各类型企业中的分布作为数据源。从实际的数据获取情况看，仅能够获得工业中国家资本、集体资本和其他类型资本在不同类型企业之间的分布情况。

从表 22 可以看出，截至 2016 年，国家资本和集体资本在其他有限责任公司工业企业（国家统计局的数据分类中将有限责任公司分为国有独资公司与其他有限责任公司，所以可以认定其他有限责任公司为非国有有限责任公司，因此，这类公司里存在国家资本金和集体资本金可以认定为混合所有制企业）、股份有限公司工业企业、私营工业企业、港澳台工业企业、外商投资工业企业等领域均呈现扩张状态。上述几类工业企业中，国家资本金分别从 2012 年的 5061.31 亿元、7666.2 亿元、131.94 亿元、467.79 亿元和 1520.4 亿元增加至 2016 年的 17464.73 亿元、10101 亿元、215.7、亿元、953.91 亿元和 2129.16 亿元，分别增长了 12403.42 亿元、2434.8 亿元、83.76 亿元、486.12 亿元和 608.76 亿元，增幅分别为 245.06%、31.76%、63.48%、103.92% 和 40.04%。集体资本在除国有和集体以外的工业企业中也存在不同程度的扩张。在上述几类工业企业中，集体资本金分别从 2012 年的 875.53 亿元、

546.33 亿元、574.33 亿元、144.32 亿元和 159.47 亿元，分别增加到 2016 年的 1657.07 亿元、985.05 亿元、668.24 亿元、175.75 亿元和 232.94 亿元，分别增长了 781.54 亿元、4388.72 亿元、93.91 亿元、31.43 亿元和 73.47 亿元，增幅分别为 89.26%、80.3%、16.35%、21.78% 和46.07%。从上述各项数据变化可以看出，国家资本金在工业企业中扩张速度较快的领域是其他有限责任公司工业企业、私营工业企业和港澳台工业企业，而集体资本金扩张速度较快的领域则是其他有限责任公司工业企业、股份有限公司工业企业和外商投资工业企业。

表 22　国家资本金在股份制、私营、港澳台及外商投资企业中的分布　单位：亿元

国家资本金指标	2016 年	2015 年	2014 年	2013 年	2012 年
其他有限责任公司工业企业	17464.73	14341.73	11619.22	9188.05	5061.31
股份有限公司工业企业	10101	9790.48	9495.23	8573.79	7666.2
私营工业企业	215.7	–	178.38	150.78	131.94
港、澳、台商投资工业企业	953.91	931.44	815.13	637.88	467.79
其他外商投资工业企业	2129.16	1775.4	1896.43	1869.64	1520.4

表 23　集体资本金在股份制、私营、港澳台及外商投资企业中的分布　单位：亿元

集体资本金指标	2016 年	2015 年	2014 年	2013 年	2012 年
其他有限责任公司工业企业	1657.07	–	1263.73	1416.77	875.53
股份有限公司工业企业	985.05	755.42	775.44	668.15	546.33
私营工业企业	668.24	557.32	482.84	413.74	574.33
港、澳、台商投资工业企业	175.75	141.98	140.67	147.64	144.32
外商投资工业企业	232.94	263.4	238.99	221.22	159.47

相对于国有资本金和集体资本金，私人资本金、港澳台资本金和外商资本金的变化呈现出显著的差异性。这三种类型的资本金在股份有限公司工业企业中均呈现逐渐扩张的趋势，其中私人资本金的扩张速度最为迅速，从 2012 年的 3488.24 亿元，扩张到 2016 年的 6542.1 亿元，增长了 3053.86 亿元，增幅为 87.55%。但是在国有及集体工业企业中的扩张速度均呈现出不同程度的下降趋势。

表 24　私人资本金在国有、集体及股份制公司中的分布　　　　单位：亿元

个人资本金指标	2016 年	2015 年	2014 年	2013 年	2012 年
国有工业企业	32.09	73.09	148.96	98.06	235.95
集体工业企业	120.47	129.84	149.22	147.47	182.09
股份合作工业企业	80.72	96.45	102.39	100.84	215.69
联营工业企业	12.98	10.32	9.01	15.03	22.39
国有独资公司工业企业	125.07	160.45	157.62	109.58	23.2
股份有限公司工业企业	6542.1	5954.8	4470.36	4094.73	3488.24

表 25　港澳台资本金在国有、集体及股份制公司中的分布　　　　单位：亿元

港澳台资本金指标	2016 年	2015 年	2014 年	2013 年	2012 年
国有工业企业	0.8	1.64	2.91	6.01	18.94
集体工业企业	3.04	4.69	3.96	6.76	5.94
股份合作工业企业	0.87	0.41	0.41	0.4	0.4
联营工业企业		0.05	0	1	0.81
国有独资公司工业企业	48.36	43.04	45.76	67.99	36.2
股份有限公司工业企业	218.52	166.38	148.23	176.32	156.7

表 26　外商资本金在国有、集体及股份制公司中的分布　　　　单位：亿元

外商资本金指标	2016 年	2015 年	2014 年	2013 年	2012 年
国有工业企业	4.98	19.32	13.29	13.03	69.04
集体工业企业	1.16	1.06	1.54	2.52	4.03
股份合作工业企业		0.2	0.2	0.26	0.73
联营工业企业		0	0.4	0	1.07
国有独资公司工业企业	110.6	113.13	113.85	107.25	78.55
股份有限公司工业企业	249.89	222.14	210.78	217.96	196.53

二、国有企业改革发展存在的主要问题与对策

从国有企业运行的各项指标数据可以看出，国有企业资产规模在不断扩大，经济效益在逐渐好转。这一方面得益于"三去一降一补"的供给侧结构改革和积极参与"一带一路"项目，另一方面则得益于国有企业自身的深化改革。党的十八届三中全会以来，国务院国

资委在处置僵尸企业、治理特困企业，化解中央企业过剩产能的同时，着力推进"四项改革"试点工作，即中央企业改组国有资本投资公司试点、中央企业发展混合所有制经济试点、中央企业董事会授权试点和中央企业派驻纪检组试点。在国务院国资委带动和相关文件的指导下，地方国资委也积极稳步推进各项试点工作。2018 年 4 月 21 日，国务院国资委研究中心副主任卢永真在中国企业改革发展论坛上发布了《2018 中国国企国资改革发展报告》（下称《报告》）。报告显示：中央企业 2017 年已完成 1200 户企业"处僵治困"任务，进展显著，2018 年将完成化解煤炭过剩产能 1265 万吨、整合煤炭产能 8000 万吨，推动煤电去产能，做好有色金属、船舶制造、炼化、建材等行业化解产能过剩工作；至 2017 年底央企已经参与"一带一路"投资合作项目 1713 个，在基础设施项目建设、深化能源合作、加强国际产能和装备制造合作方面取得较好进展；有 87 家央企建立董事会，其中 83 家外部董事占多数，中央企业二级国有独资、全资公司中近一半已建立董事会，各省级国资委所出资企业中有 92% 已建立董事会；另据国家发改委政策研究室副主任兼新闻发言人孟玮在 2018 年 10 月 24 日的新闻发布会所述，已有三批次 50 家中央及地方国有企业混改方案得到了批复。可以说，在过去的几年，中国国有企业改革与发展取得了突破性进展，但必须清楚地认识到，各项试点工作刚刚起步，束缚国有企业发展的制约因素还没有完全破除，试点实施效果需要进一步观察，国有企业改革与发展还有很长的路要走。

（一）国有企业改革发展存在的主要问题

1. 国有投资公司运行存在政府过度干预

国有投资公司的作用就是要让国有资本更灵活、更好地与中国的社会主义市场经济体制融合，让国有资本监管部门能够按照国有资本的功能及意义真正履行出资人职责，而不是机械地听命于政府部门。实践中，一些国有企业特别是地方国有企业由于不注重创新、缺乏先进的管理经验及人才支持，在长期发展过程中已经入不敷出，濒临破产。为了避免产生社会问题，政府采取简单粗暴的"拉郎配"方式，通过行政手段迫使一些优势企业兼并一些弱势企业，试图通过优势互补产生协同效应，尽管在一定程度上促进了企业重组的实施，但这种做法副作用比较大，往往不但没能发挥企业间各自优势，还使得优势企业被拉下马。被兼并企业也经常有阻力，一些被兼并企业拒绝与兼并企业并账，致使集团的财务体系难以反映集团的真实情况，政府强力扶持弱势企业的行为很可能会拖垮优势企业。

2018 年 12 月 28 日，国资委副主任、党委委员翁杰明出席在国资委召开 11 家中央企业国有资本投资公司试点启动会上指出，改组组建国有资本投资、运营公司，是以习近平新时代中国特色社会主义思想为指导，深入贯彻落实党的十九大和中央经济工作会议精神的重要举措，是改革国有资本授权经营体制的核心，也是完善国有资产管理体制的重要内容。国资委将按照"该放的放权到位、该管的管住管好"的思路，指导和帮助企业深入推进各项改革举措，充分调动改革积极性、主动性和创造性，营造有利于改革的外部环境。

2. 国有企业混合所有制改革过程中存在顾虑

在 2018 年 10 月 17 日举办的"21 世纪国际财经峰会 2018 年会"上，清华大学中国企业研究中心研究员、原国资委研究中心主任楚序平发表了"2018 年国企改革新动向与新机遇"的主题演讲，他指出，当前推进混合所有制改革，无论国企还是民企都存在顾虑。在国有企业方面：一是部分国有企业承担了一些公共职能和普遍服务，目标多元，可能不完全是在商言商的效益最大化；二是体制问题，国资体制和法人治理机制还不健全；三是机制问题，缺乏市场机制，仍具有浓厚的行政色彩，企业高管考核、聘用、薪酬等方面市场化程度较低；四是权益保护问题，担忧国有资产流失，作为小股东参股很容易导致资产流失。民间资本方面也存在担忧：一是民营资本的参与还存在障碍，在市场准入上还面临"弹簧门"和"玻璃门"的现象；二是民营资本担心国有企业经营机制不能市场化问题，担心国有企业目标多元不能追求利润最大化，担心国企机制僵化不能有效决策；三是民间资本担心权益没有得到充分保障，作为小股东，即使权益受损，也很难维权。

3. 国有企业改革与国有资本监管目标需要提升

长期以来，国有企业发展与国有资产监管的核心目标一直是国有资本保值增值，这在我国经济体制改革初期，为保证供给与需求的平衡，解决生产力低下与人民群众日益增长的物质文化需求之间的矛盾起到了至关重要的作用。随着改革的不断深入，市场环境得到了极大改善，民营经济主体蓬勃发展，前一阶段的主要矛盾得到了有效解决。因此，以习近平为核心的新一代中央领导集体通过对我国当前经济社会发展的实际情况进行科学分析，将当前我国社会面临的主要矛盾调整为人民日益增长的美好生活需要和不平衡不充分的发展之间的矛盾。如果将前一阶段的主要矛盾看成是量的关系，那么，当前的主要矛盾将是质的关系。如果国有企业改革与国有资本监管依然只强调过去的保值增值理念，那么，很可能会加剧供给侧结构改革压力，进一步导致产能过剩。因此，国有企业改革与发展目标也应作出适时调整，应将原来的保值增值调整为在保证国有资本保值增值的前提下实现国有资本高质量运行和国有企业高质量发展。

4. 国有企业财务杠杆依然很高

2018 年，国家布置了经济发展的八个重点工作，即去产能、去库存、去杠杆、降成本、补短板、实现供需动态平衡、推进"三大转变""做好三大改革"，国家把"三去一降一补"列为八个重点工作首要位置。从实际运行情况看，国有企业在去产能、去库存、降成本等方面均取得显著成效，企业经济效益呈现出向好趋势，但从财政部最新发布的全国国有及国有控股企业财务情况看，虽然总体资产负债率同比有所下降，但依然维持在较高水平，还没有完成"三去一降一补"的总体目标。

5. 国有企业海外投资风险意识有待提高

随着"一带一路"倡议和"走出去"战略的深化与发展，越来越多中资企业积极响应国家号召，在海外谋求生存和发展。在海外取得了硕果累累的成绩，让国际社会对中国刮目相看。但是，国际社会环境瞬息万变，海外投资发展险象丛生。政治格局调整、经济动荡、地区局势冲突、恐怖主义威胁、金融法务危险等诸多因素，这些都给海外中资企业带来了重重挑战，"海外安全"——已经成为每个"走出去"企业必须直面的问题，给境外中资企业和人员带来越来越大的威胁，安全问题对企业的影响越来越显著，国有企业作为近些年海外投资的主要力量之一，必须有足够的风险防范意识。

（二）国有企业改革发展的对策建议

1. 将高质量发展引入国有企业改革与发展的考核当中，升级国有企业发展目标

无论是组建国有资本投资运营公司，还是国有企业实施混合所有制改革，乃至其他方面的国有企业改革工作，都不应仅仅追求国有资本的保值增值，而是应该将高质量发展作为国有企业改革与发展的全新目标。卢永真在发布《报告》时强调，注重国有企业及国有资本的高质量发展需要从激发活力着手，不断增强国有资本的竞争力，才是高质量做强国有资本的关键。做强国有资本，要增强国有资本的科技创新能力。

第一，"要大力提升企业的自主创新能力"。国务院国资委主任肖亚庆在此次论坛发表主旨演讲谈到要狠抓"三个一批"时强调，国有企业必须勇担创新重任，走在行业技术发展前列，要下大气力尽快培育一批能够支撑国家重大战略需求、引领未来科技变革方向、参与国际竞争合作的创新力量，而为此则要加快建立健全创新体制机制。对此，卢永真建议，在建设具有世界一流水平的研发平台和创新基地，尽快突破和掌握一批前瞻性、原创性、颠覆性的关键技术的同时，突出"高精尖缺"导向，引进和培养具有国际水平的战略科技人才、科技领军人才和高水平创新团队。

第二，要从质量上做优国有资本，优化国有资本布局、提高资本回报率、完善国有企业法人治理结构。我国的工业化进程已然过半，重化工业发展进入高位平台期，跳跃式发展空间没有以往乐观，优化国有资本布局，就是要将国有资本从发展前景不佳的领域，逐步调整到未来盈利潜力好的行业和领域，提升国有资本的配置效率。《报告》指出，今后一段时期，国有企业将紧紧把握全球新一轮科技革命和产业变革重大机遇，进一步发展壮

大新一代信息技术、高端装备、新材料、生物、新能源汽车、新能源、节能环保、数字创意等战略性新兴产业，推动更广领域新技术、新产品、新业态、新模式蓬勃发展，建设制造强国。在提高资本回报率方面，应着力发挥国有资本运营公司在提高效率方面的能力，将国有资本从当前回报率不高、未来成长潜力不大的领域调整到高成长、潜在成长空间大的领域，从而提高国有资本的回报率。在完善国企法人治理结构方面，在继续探索建设规范董事会的同时，董事会运行机制应逐步完善，外部董事来源渠道也应更加多元。

第三，要从质量上做大国有资本。《报告》给出的建议是，加大国有资本对前瞻性战略性产业的投入力度、积极参与国际化经营。"国有资本的投资运营要服务于国家战略目标，也必须大力投资前瞻性战略性产业。"卢永真认为，应培育若干个世界级先进制造业集群，推动我国产业向全球产业链中高端迈进，并加快建设发展工业互联网，深入推进"互联网+先进制造业"，促进新一代信息技术与制造业的深度融合，加速发展智能制造，推动实体经济转型升级。

2. 实施高质量重组

《报告》指出，为提升国有企业战略重组质量，提高国有资本证和效率，未来一段时间国企重组工作将着力从以下四个方面展开：

一是国企重组应聚焦提升竞争力，扎实推进战略性重组。中央企业将改变过去以国内市场为主、以提高市场化运行效率为目的进行重组拆分的传统观念，从"国内竞争为主"向"国内外竞争并重"转变。同时，还将加强顶层设计，按照"成熟一户、推进一户"的原则，稳步推进装备制造、煤炭、电力、通信、化工等领域中央企业战略性重组，促进国有资本向符合国家战略的重点行业、关键领域和优势企业集中。

二是应注重重组质量效果，加快推进内部资源重组。过去几年，国有企业重组整合的优势日益显现，但仍存在一些不协调、不平衡、不深入等问题。2018年中央企业集团层面的重组整合不再是简单强调形式上、规模上的加速，而是更加注重重组的质量和效果，更加注重内部资源整合和协同，更加注重提升企业的整体功能和运行效率。从地方国有企业来看，未来一年内，各地国资委所监管企业的产业布局将进一步优化，企业之间的重组力度将进一步加大，特别是一些同类型业务的公司，资源整合将全面展开，甚至可能会出现按照"一个业务板块，一家集团公司"，或是按照"一个产业，一家集团公司"去进行重新整合的情况。

三是应更加发挥产业协同作用，稳步推进企业重组整合。国有企业将加强产业链上下游重组并购力度，推动向高端价值链的延伸与转型升级，努力打造全产业链竞争优势。值得注意的是，《报告》显示，中央企业和地方国有企业之间、地方国有企业相互之间资源的优化组合迹象已经日益明显，资源整合力度将进一步加大，特别是兼并重组、交又持股、财务投资、战略联盟等多种合作模式将大量涌现。

四是应更加关注产业发展方向，积极推进新业态新领域重组并购。未来一年，中央企业为培育壮大战略性新兴产业、提升行业技术水平、增强国际市场竞争力，将紧密围绕国家战略发展方向积极推进新业态、新领域重组并购，特别是对重要性前瞻性战略性产业、生态环境保护、共用技术平台等重要行业和关键领域加强重组并购。

3. 稳步推进国有投资运营公司试点工作

国资委副主任、党委委员翁杰明出席 2018 年的中央企业国有资本投资公司试点启动会上强调，试点企业应深刻领会开展国有资本投资公司试点的重要意义，准确把握改革的关键环节，打造国有资本投资公司升级版。要坚持和加强党的全面领导，确保改革试点始终在党的领导下稳步推进。要按照国有资本授权经营体制改革方向，加大授权放权力度，最大程度激发各级企业内在活力。要发挥市场化运作专业平台作用，优化中央企业国有资本布局结构。要强化集团总部在战略引领、资本运作、风控合规、审计监督等方面的职能，全面提升集团管控能力。要同步开展落实董事会职权、推行职业经理人制度等多项改革，充分发挥综合性改革的乘数效应。

中国企业改革与发展研究会会长、中国建材集团董事长宋志平认为，国有投资公司一般是国有独资公司，出资管理方是国资委。国资委行使股东权力，董事全部由国资委派出，其中外部董事应选择有专业投资水平的专家出任，董事会按照公司法赋予的权力依法运营，按市场化待遇聘请高水平的职业经理人。国有投资公司投资的主要对象是混合所有制企业，大多是上市公司。在混合所有制企业中，国有投资公司行使股东权力，依股份多少选派董事，开好股东会。国有投资公司主要以相对控股和第一大股东形式投入企业，一般不投参股企业。国有投资公司要重视企业的市值让股本流动起来，用投资企业的分红和资本增值来实现国家投资的保值增值，用投资来引导国民经济的发展方向。

4. 打消疑虑、破除制度障碍，提速国有企业混合所有制改革

《报告》指出，今后央企混改将继续从子公司向集团公司层面拓展，地方国企混改已经形成突破势头，并继续扩展到集团层面。但无论是国有企业还是民营企业都因为一些制度和理念问题导致对国有企业混合所有制改革望而却步。

在制度方面，必须切实保障各类资本的合法权益，有效防止国有资产以各种方式流失，降低民营资本参与国有企业混合所有制改革的门槛。

在理念方面，必须明确，混合所有制企业，不是简单的各类资本的融合，就如同一般性质的股份公司一样，资本各方是有休戚与共的关系，而不是囚徒困境式的博弈。

5. 提升国有企业海外投资风险意识

增强国有企业的抗风险能力，是高质量发展的应有之意和重要内容之一。《报告》

认为，在混合所有制改革、开展国际化经营等领域和环节，要强化监督，并严格责任追究。尤其是随着国企"走出去"的步伐加速，对于全球视野内的风险防范也是日益突出的问题。

"要把梳理排查风险隐患的视野放得更宽广。"卢永真认为，在经济全球化背景下，要高度关注国际经济形势变化，例如对美国缩表、降息、减税以及贸易摩擦给我国企业可能带来的影响要加强研究，做到预案在先，要关注汇率走势，防范汇率风险。

与此同时，央企日趋频繁的境外投资活动和迅速增长的境外国有资产也对现有监管制度及监管部门的监管能力和手段提出新的考验和要求。目前国资委对央企境外国有资产监管主要包含三个方面：一是行使出资人职能，即以"事前管理"为主的境外投资监管和以"事后管理"为主的境外国有资产基础管理的监管机制；二是外派监事会的监督检查；三是纪检监察审计层面的监督检查。《报告》提出，未来应完善境外投资监管制度，丰富境外投资监管手段，推广"走出去"合作共赢模式，加强央企境外单位党建工作，加强境外监督检查和责任追究力度。

6. 持续推进国有企业去产能和去杠杆工作

基于国企的巨大体量和重要地位，要改革我国经济的供给结构，国企必定首当其冲。因此，国企混改必须与供给侧结构性改革紧密结合，要围绕"三去一降一补"五大任务来推进。其中尤以去产能和去杠杆为重点。

首先在去产能方面，产能严重过剩、库存严重积压的行业多集中在国有企业，所以去产能的重点自然也是国企。2016 年，国务院国资委决定中央企业要用两年时间压减 10% 左右的过剩产能，用三年时间基本完成 345 户大中型僵尸企业的市场出清。2018 年 10 月 17 日，国务院国有资产监督管理委员会副秘书长、新闻发言人彭华岗发布了 2018 年前三季度央企运行情况数据，国有企业承担了约 80% 的去钢铁产能任务和 70% 的去煤炭产能任务，中央企业 2016 年–2017 年共退出钢铁产能 1600 万吨、煤炭产能 6200 万吨，2018 年上半年退出煤炭产能 340 万吨，化解钢铁过剩产能任务已全部完成。国资委新闻发言人彭华岗 2019 年 1 月 17 日表示，2018 年末纳入专项工作范围的僵尸特困企业比 2017 年减亏增利 373 亿元，和 2015 年相比，减亏增利 2007 亿元，有超过 1900 户的僵尸特困企业已经完成处置处理的主体任务。但这背后不容忽视的是，去产能并没有完全发挥出市场在资源配置中的决定性作用。因此，化解过剩产能应更多地依靠市场作用，这也要求国企必须向完全的市场主体转变。混改恰逢其时，将依托外部资本来完善国企的现代企业制度、加速市场化进程和减少政府干预。

其次在去杠杆方面，总体杠杆率较上一时期有所改善，但杠杆率水平依然处在较高水平。据财政部公布的 2018 年全年全国国有企业运行数据显示，截至 2018 年 12 月末，全国国有及国有控股企业总资产为 1787482.9 亿元，总负债为 1156474.8 亿元，资产负债率为 64.7%，较 2017 年下降了 1 个百分点。另据国务院国有资产监督管理委员会副秘书长、新闻发言人彭华岗发布由国务院国资委监管的中央企业运行数据显示，2018 年 12 月末，国资委监管的中央企业平均资产负债率为 65.7%，较年初下降 0.6 个百分点，50 家企业降幅超过 1 个百分点，其中带息负债比率为 39.4%，带息负债增速低于上年同期 1.5 个百分点。2018 年，7 月 30 日，国资委副主任翁明杰在国务院国资委召开的深化供给侧结构性改革推动中央企业高质量发展媒体通气会上曾指出，"在降杠杆问题上，国资委和中央企业坚决落实中央关于打好防范化解重大风险攻坚战的部署，实施分类管控，逐户明确责任，确定目标任务，持续扎实推进降杠杆减负债"，下一步，国资委将推动各中央企业，继续扎实深入细致地做好降杠杆减负债的各项工作：第一，要进一步强化工作组织，主要负责人要亲自抓，确保责任落实到位；第二，要调整优化投资结构，优化内部资源配置，切实转变过度依赖举债投资的观念；第三，要持续深化供给侧结构性改革，做好"处僵治困"收官工作，坚决化解过剩产能，力争提前完成"压减"工作任务；第四，要全面加强资金管理，加强现金流管理，做好"两金"压控，努力提高资金使用效率；第五，要进一步优化资产质量，积极稳妥开展市场化债转股和混合所有制改革，持续推进提质增效，多渠道降杠杆减负债；第六，要全面加强风险防控，加强金融风险、债券风险、债务风险防控，坚决守住不发生重大风险的底线。

7. 持续深化国资国企改革，迎接建国 70 周年

2019 年 1 月 17 日国务院国资委秘书长彭华岗在新闻发布会中进一步明确了 2019 年乃至今后的国资国企业改革与发展的方向和内容。他指出"下一步，国资委和中央企业将以习近平新时代中国特色社会主义思想为指导，全面贯彻党的十九大、十九届二中、十九届三中全会和中央经济工作会议精神，紧紧抓住我国发展重要战略机遇期，坚持稳中求进展，坚持以供给侧结构性改革为主线，坚持市场化改革和高水平开放，坚持创新发展不发，深入推进国资国企改革，加快实现国资监管从管企业向管资本转变，推动全面从严治党向基层延伸，着力培育具有全球竞争力的世界一流企业，为促进国家经济社会持续健康发展作出新贡献，以优异成绩迎接中华人民共和国成立 70 周年。"

三、民营企业发展面临的机遇、挑战及对策

2012 年以来，在国家政策的指引下，中国民营企业发展所面临的市场环境发生了深刻变化：市场向民营企业展现的商业机会不断涌现，新业态经济正逐渐成为新的经济增

长点，民营资本不断涌入市场准入制度不断放宽领域，有利于民营企业发展的税收政策、优惠政策、补贴政策不断出台，"一带一路"、京津冀协同发展、长江经济带战略等国家重大战略、PPP、混合所有制改革、军民融合战略等重大举措为民营企业发展带来新机遇。上述一些列政策措施使得民营企业运营的市场环境得到持续改善，民营企业整体发展的经济效果十分显著。与成就相比，民营企业也存在一些不利于自身发展的问题。尽管民营企业是市场经济体制下自我发展演变而来的，但是自身固有的与市场经济体制不相适应的机制依然存在，民营企业要想在未来获得长足发展必须破除自身制度障碍，这又会给民营企业发展带来巨大挑战。

（一）民营企业发展新机遇

机遇一：国家重大战略举措持续带来新机遇。2014 年以来，我国相继提出了"一带一路"战略、京津冀协同发展、长江经济带战略等三大国家战略以及东部率先发展、中部崛起、西部大开发、东北老工业基地振兴等重点区域发展战略，国有企业混合所有制改革日程加快，以 PPP 为代表的投融资机制建立，民营企业表现出较强的参与热情，并在不同程度上参与了国家战略和重大改革举措，但参与度仍需提高。

机遇二：民营企业发展的政策环境持续向好。党的十八届三中全会《中共中央关于全面深化改革若干重大问题的决定》提出"公有制为主体、多种所有制经济共同发展的基本经济制度，是中国特色社会主义制度的重要支柱，也是社会主义市场经济体制的根基。公有制经济和非公有制经济都是社会主义市场经济的重要组成部分，都是我国经济社会发展的重要基础。必须毫不动摇巩固和发展公有制经济……必须毫不动摇鼓励、支持、引导非公有制经济发展，激发非公有制经济活力和创造力"，这是中国共产党第一次将公有制经济与非公有制经济放在同等重要位置并写入党的文件，具有极其重要的历史意义。

机遇三：民营企业发展的营商环境持续改善。2014 年我国启动了商事制度改革，2015年，全国工商和市场监管系统完成了"三证合一""一照一码"改革攻坚，改善了营商环境。2016 年又启动了"五证合一"等登记制度改革，企业营商环境进一步改善，微观主体进入市场的成本大幅降低。2016 年全面实施"营改增"以来，民营企业承担税负水平不断下降，2018 年，国家税务总局更是接连不断出台有利于中小企业的降低税率和税收优惠政策。

（二）民营企业面临的挑战

挑战一：建立现代企业制度。健全的公司治理结构多见于大型的民营企业，一些中小民营企业往往没有建立现代企业制度，随着企业规模的不断扩大，企业对现代企业制度的诉求越来越高，但受到企业固有发展模式的束缚，例如在中小民营企业中家族式治理模式较多，亲情连带关系严重，即使企业能够按照《公司法》的要求构建公司治理结构，但是其运行效率较差，对这类民营企业而言，去除裙带关系，对企业发展将至关重要。

挑战二：加强科技创新。从民营企业所从事行业看，大多处在传统制造业和服务业等领域，这些领域属于一般竞争性行业，经济主体间竞争非常激烈，民营企业单纯地依靠低成本并不能获得长久的竞争优势，相反会导致企业向技术含量越来越低的低层次方向发展。实践证明，技术创新才是企业持久的竞争力，民营企业只有通过不断加强研发投入，提高技术创新能力，才能生产出更加具有竞争力的高技术附加值产品，这要求民营企业必须具备这种竞争理念，并且敢于进行技术创新投资。

挑战三：从根本上塑造企业良好形象。随着经济体制改革的不断深入，民营经济在整个国民经济中的比重不断上升，为我国经济发展做出巨大贡献。但由于民营企业具有天然的逐利倾向，缺乏足够的社会责任意识，有些企业对环境造成了严重污染，还有些企业守法意识较差，不仅工作强度过高，而且存在拖欠工资、虚假宣传等等行为，不仅损害了企业自身形象，也给整个民营企业带来了非常不好的负面影响。这需要民营企业下决心做好利益与社会责任的平衡问题。

挑战四：进一步提高民营企业的产业层次。经过多年的发展，我国已经形成一批国内甚至世界知名民营企业，如华为、美的、格兰仕等，但从整体上看，绝大部分民营企业都是中小企业甚至微型企业，处于产业链低端，缺乏关键核心技术和自主品牌，产品附加值低、能耗高、投入产出低、竞争力弱，制造业总体上还处于"微笑曲线"底端，这种状况需要转变。

（三）支持民营企业发展的对策建议

1. 加强有利于民营企业发展的制度建设，加快支持民营企业发展的政策制定

一是进一步纠正与强化政府与市场的关系。要发挥职场在资源配置中的决定性作用，必须处理好政府与市场的关系，必须让市场在资源配置中起决定性作用，相对于市场，政府要不断减少对市场的干预，按照"更少干预、更多支持"的原则，在制度层面基于民营企业发展以最大的支持，由此，才能真正建立起适合于民营企业发展的优良市场环境。

二是强化政府服务意识，完善政府服务功能。在更少干预、更多支持问题上，政府除了不影响市场运行外，还应该提供一些有利于民营企业发展的制度，在一定程度上保障民营企业所处的政策环境具有稳定性、连续性，政府通过强化自身的服务意识，提高自身服务能力，进一步为民营企业发展做好政策的风向标。

三是充分给予民营企业平等的市场参与机会。国家在深化经济体制改革过程中逐步将各类市场向民营企业进行开放，按照国家有关政策，在没有向民营企业、民营资本放开的领域不涉及相关的公平问题，但是在已放开的领域应该努力营造支持民营企业平等、公平发展的社会氛围，让民营企业真正以市场主体身份参与各类项目之中，让其与其他市场主体共同享有各类扶持政策，平等使用社会经济资源。

四是做好相关支持政策的配套工作，让各类政策之间形成有效对接。这一工作需要从中央和地方两个层面展开：在中央层面，要进一步强化部级联席协调机制对各部门提供支持民营企业发展政策的统筹协调作用，积极发挥全国工商联的作用；在地方层面，进一步加强各地区相关工作的交流，形成查漏补缺、自我完善的良性循环机制。

五是完善民营企业家的政治参与机制。创造平等对待民营经济和民营企业家的政治和政策环境，为民营企业家合理、顺畅地表达政治愿望、政治诉求创造和提供平台。

2. 适度调整相关税费财政政策，进一步扩大民营企业获利空间

一是在保证国家财政收入持续性的前提下，进一步适当地降低税费水平、减少相关收费项目。随着市场竞争程度的增加，民营企业利润空间越来越小，税费负担相对锅中问题逐渐凸显出来，尽管我国的整体税费水平并不是最高的，相比较西方国家和韩国日本等国家的税费水平，仍然处在较高的位置，这不利于民营企业生存与发展。从财政角度，降低增值税税率，完善研究开发和设计支出的所得税加计扣除政策；从政府行政工作角度，减少不合理的行政性收费和政府定价的涉企经营性收费；从企业角度，降低民营企业"五险一金"有关缴费比例。财政部门应该针对以上三个方面制定相关的长中短期的税费减除政策，并确保政策的有效实施。

二是切实落实国有现已发布的相关税收优惠政策，进一步探索有利于国家整体经济发展和民营企业发展的引导性税收优惠政策，特别是应该在政策上起到鼓励民营企业技术创新与升级的作用。

3. 进一步加快探索民营企业融资在渠道，降低民营企业融资成本

一是多种方式完善民营企业的间接融资机制。完善中小企业授信制度，推动银行信贷资金向中小微企业倾斜，推广多种融资方式，逐步扩大中小微企业贷款规模；建立中小微企业贷款风险补偿资金，鼓励非银行类金融主体向中小微企业融资；持续深化金融体制改革，稳步推进民间资本进入金融领域进程，鼓励民间资本设立或控股小型金融机构。

二是多渠道扩大民营企业的直接融资。继续建设与完善多层次资本市场，持续推进创业板和新三板市场建设；进一步规范上市公司和非上市公司的产权交易市场；积极引导机构投资者参与民营企业融资活动，特别是参与高新技术和现代服务行业中的民营企

业运行与发展。

三是有效发展民营中小企业融资的担保体系，降低融资风险。造成民营企业特别是中小民营企业融资难和融资成本高问题另一主要原因是由于缺乏有效担保而形成的融资风险偏高。对于这一问题，一方面可以考虑通过组建中小企业融资担保基金和担保机构，加强对中小企业的担保，另一方面也可以考虑鼓励满足条件的中小企业之间建立起互保联保机制。从金融监管角度相关部门要为中小企业和担保机构开展抵押物和出质的登记、确权、转让等提供优质服务，加快中小企业信用服务平台试点，不断完善中小企业信用信息数据库建设。

4. 不断激发并保护企业家精神，持续弘扬工匠精神，打造百年老店

党的十九大报告提出到 2035 年要让中国跻身创新型国家前列，而实现这一宏伟远景的途径之一就是要激发和保护企业家精神、弘扬工匠精神。激发和保护企业家精神能够提升市场主体的创新能力，而弘扬工匠精神则有利于实现经济的高质量发展。对于民营企业的企业家精神和工匠精神的激发与弘扬工作可以从以下几个方面展开：

一是通过对民营经济和民营企业家的正面宣传和积极引导，营造鼓励脚踏实地、勤劳创业的企业家精神和工匠精神，激发企业家打造百年老店的信心和决心。

二是鼓励和引导民营企业建立完善的、科学的、合理的现代企业制度，建立规范化、制度化的公司治理结构和决策机制。

三是推动民营企业提高经营管理水平。支持中小企业推进信息化，引导中小企业探索创新商业模式，提高质量管理水平，促进民营企业加强精细管理和成本管理。

四是引导和鼓励企业诚信经营。加强中小企业诚信体系建设，支持企业提高运营透明度，履行社会责任，逐步提升企业信用等级。

5. 积极支持民营企业加大科技投入，并成为推进我国经济转型升级的重要驱动力

一是提升民营企业的创新能力，支持民营企业承接科研成果项目，推动科技创新与技术标准研发的良性互动，促进民营企业科技成果的转化和产业化。引导、支持民营企业开展技术改造、节能减排和清洁生产。支持民营企业建设技术中心，促进各类研发资源向民营企业开放。加大支持产权保护力度，严惩侵犯知识产权的山寨企业。

二是建立民营企业转型升级基金。用于支持民营企业的转型升级项目，扶持科技含量高、发展前景好、具有明显带动作用和示范作用的重大项目和符合国家产业政策的重点行业的民营企业转型升级。

三是围绕民营企业转型发展要求，制定人才培养和引进计划。加快高校专业人才培养的转型，向培养复合型、创新型人才转变。加强职业教育和技能培训，重视培养适应市场需求的职业工人和技能。

分报告

II

2018 国资国企改革发展报告

我国经济已由高速增长阶段转向高质量发展阶段，目前正处于转变发展方式、优化经济结构、转换增长动力的攻坚期。2018 年继续深化国有企业改革，以供给侧结构性改革为主线，坚持质量第一，效益优先、带头完成"三去一降一补"重点工作任务，实现营业收入和利润的快速增加。

2018 年深度改革国有资产机构的监管职能，坚持出资人的准确定位，大力强化国有资本总体战略规划功能，将重心放在强化国有资本总体战略规划功能和优化国有资本布局结构上来，不再行使社会公共管理职能和行业管理的职能，充分放权不再干预企业依法行使自主经营权上来。加强混合所有制改革，既充分发挥民营资本的活力，又充分发挥国有资本的引导力，推动国有资本做强做优做大，发挥国有经济在国民经济中主导作用。高质量发展国有经济，加速国有企业结构调整，战略性重组，培养行业领先、世界一流的超大型企业。2018 年通过对国有资产集中统一监管和分类监管从不同角度出发共同构筑完整的国有资产监管闭环，有效提升国资国企监管质量，防止国有资产流失方面取得长足进步。同时，2018 年国企在落实党建质量提升，强化党的领导核心作用等方面也成绩显著。

2018 年国资国企改革主要体现在完善国有资产管理体制、加快国有经济布局、推动国企混合所有制改革、创建国企改革良好环境、强化监管防止国有资产流失、加强党对国企的领导等六个方面。

一、完善国有资产管理体制，改革国有资本授权经营

（一）转变国资监管机构职能

在总结长期国有企业改革的经验的基础上，提出的新时期深化国有企业改革的重大举措即国资监管从以管企业为主转变到以管资本为主的监管模式。2018 年各级国资委认真贯彻落实党中央、国务院的决策部署，准确把握国有资产监管机构的出资人代表职责定位，探索完善国有资产监管体制机制，积极推进以管资本为主的职能转变，取得了实质性进展：截止 2018 年 10 月省级国资委共取消或下放监管事项 578 项；各级国资委共计废止各类规

范性文件 951 件，修订规章、规范性文件 832 件；各级国资委准确把握国有资产监管机构的职责定位，到目前为止，所有省级国资委全部建立监管权力清单和责任清单。

国务院国资委在落实职能转变方面认真贯彻中央部署，突出管资本要求，强化国有资本运营，新设资本运营与收益管理局，重点围绕国家发展战略和国有资本布局结构调整，组织指导国有资本投资、运营公司开展国有资本运营。精简监管事项，增强企业活力。针对国资监管工作存在的越位、错位，管得过多过细，束缚企业活力等问题，这次机构改革对国资委监管事项进行了全面梳理，取消、下放、授权工作事项 43 项。

（二）强化资本管理职能

2018 年各级国资委按照服务国家战略，落实国家产业政策和重点产业布局调整总体要求，合理确定国有经济发展战略规划，优化国有资本重点投资方向和领域，发挥国有资本投资、运营公司的作用，清理退出一批、重组整合一批、创新发展一批国有企业。积极推进在"一带一路"沿线国家的投资，63 家中央企业在"一带一路"沿线国家承担了 1713 个项目。2018 年各级国资委和国有企业灵活运用资本市场和产权交易市场，大幅提高国有资本运作机制的市场化程度。近五年来，中央和地方国有企业通过股票市场 IPO、增发、产权市场增资扩股等方式扩充股权融资渠道，提升直接融资特别是股权融资比重，依托资本市场引入各类社会资本充实资本金，灵活利用境内外债券市场筹集企业运营发展资金，显著降低了资金成本和企业杠杆率。越来越多的国有企业通过发行可交换债、资产证券化产品等方式盘活国有资产。通过风险管控、财务管控，中央企业和地方国有企业的国有资本运营效率显著提高。2018 年各级国资委建立健全监督工作制度，形成全面覆盖、分工明确、协同配合、制约有力的国有资产监督体系，综合运用强化企业内控机制建设、加强经济责任审计、开展资产损失责任追究、披露企业经营信息等各种监督手段，整合监督力量和资源，增强监督的针对性、实效性。提高信息透明度，健全企业产权、投资、财务等监管信息系统，完善信息公开制度，努力打造"阳光央企"；加强重点环节监督力度，加大对国有资产交易处置重点环节的监督，强化对企业改革重组、产权交易、重大投资、海外经营的监督；建立违规经营投资责任追究制度，强化违规经营责任追究，推进产权管理监督检查体系化、常态化、全覆盖，提升监督的系统性和有效性。

（三）推进经营性国有资产集中统一监管

1.国务院国资委层面推动

《指导意见》提出，推进经营性国有资产集中统一监管。各地积极探索稳步将党政机关、事业单位所属企业的国有资本纳入经营性国有资产集中统一监管体系，具备条件的进入国有资本投资、运营公司。经营性国有资产的集中统一监管，是深化国资国企改革、完善国有资产管理体制的重要内容，是转变政府职能、优化资源配置、提高国资监管水平的需要。经营性国有资产集中统一监管有利于提高国有资本运行效率，让国有资产更好的发挥作用。建立经营性国有资产全覆盖的统一监管局面，是符合市场经济规律和发展趋势。

国务院领导与国务院国资委大力推动。国务院国资委对经营性国有资产集中统一监管的态度始终是明确而坚定的。早在 2009 年 9 月，国务院国资委就出台《关于进一步加强地方国有资产监管工作的若干意见》。提出地方国资委可根据本级人民政府授权，逐步将地方金融企业国有资产、事业单位投资形成的经营性国有资产、非经营性转经营性国有资产纳入监管范围。2011 年 6 月，全国国资委系统指导监督工作座谈会进一步提出，要把"指导推动经营性国有资产的集中统一监管"作为"十二五"时期国资工作的重心之一。2015 年 9 月，《指导意见》颁布后，由于有了更加权威政策的指导推动，经营性国有资产集中统一监管的进展加快。

2. 地方政府和各级国资委层面推进

地方政府坚决贯彻《指导意见》精神，在推动经营性国有资产集中统一监管方面取得了突破性成效。截至目前，省级经营性国有资产集中统一监管比例已达 95% 左右。

早在 2006 年，深圳特区已经以市委文件的形式，将市党政机关所属 300 多家企业划归深圳国资委，开创全国先例。次年，深圳又将深圳报业集团、深圳出版集团和深圳广电集团移交国资委，开始对文化传媒类等国有资产的监管探索。在深圳国资委成立之前，通过市场化手段，深圳国资基本退出银行等板块，仅保留担保、证券等业务。对于划转来的深圳报业集团等传媒类资产，深圳国资委与宣传部门达成协议，对其实施"统一并表监管，高度授权经营"的办法，国资委仅负责其重大投资、产权变更业务的管理。对于划转来的音乐厅、体育场等非营利机构，深圳国资委主要考核其社会效益，不追求盈利效果。实践证明，集中统一监管之后，无论是企业自身的发展状况，还是对当地的带动作用，均有明显提升，证明了国资委作为出资机构的专业水平。到 2015 年底，深圳市划转国资委企业的总资产为 212.5 亿元，净资产 97.6 亿元，年度营收 85.8 亿元，总利润 14.2 亿元，分别比划转前增长 83%、63%、79%、426%。目前，深圳市已基本上将国资委为市属国企唯一出资人，增量、存量变动都将在国资委体系内完成。

2016 年 6 月 2 日，上海对市属金融企业正式实施统一监管，改变此前对市属金融企业的委托监管，将企业国有资产监管关系从上海市金融办，调整到上海市国资委。2016 年，上海完成了金融、体育国资统一管理；2017 年，文化、教育等企业改革纳入国资整体布局。目前，市国资委直接监管企业的资产总额、营业收入、利润均占市属经营性国企总量的 99%。

（四）完善国有资本授权经营体制

改革国有资本授权经营体制，是以管资本为主加强国有资产监管改革的重要实施路径。十八届三中全会提出改革国有资本授权经营体制的改革任务，首次明确指出"组建若干国有资本运营公司，支持有条件的国有企业改组为国有资本投资公司。"特别是国企改革"1+N"系列文件陆续出台，进一步丰富"两类公司"的内涵。通过划拨现有商业类国有企业的国有股权，注资组建国有资本经营预算，提高国有资本运营效率、提高国有资本回报；通过股权运作、价值管理、有序进退，促进国有资本合理流动，实现保值增值。

2017 年 4 月，《国务院国资委以管资本为主推进职能转变方案》（国办 39 发〔2017〕38 号）进一步强化突出资本运营职能，明确精简国资监管事项 43 项。国务院国资委肖亚庆主任在解读十九大报告时指出：以管资本为主深化国有资产监管机构职能转变，准确把握依法履行出资人职责的定位，科学界定国有资本所有权和经营权边界，建立监管权力清单和责任清单。深化国有资本投资运营公司综合性改革，探索有效的运营模式，发挥国有资本市场化运作的专业平台作用。2018 年政府工作报告明确要求，深化国有资本投资、运营公司等改革试点，赋予更多自主权。

（五）逐步深入国有资本投资运营公司试点

1. 中央企业国有资本运营试点情况

2014 年国务院国资委启动首批国有资本投资公司试点，授予国家开发投资公司、中粮集团有限公司开展改组国有资本投资公司试点。2016 年 7 月，国务院国资委将原由国资委实施的 18 项权利授予中粮集团、国投集团。截至 2018 年 1 月，国务院国资委启动中粮集团、国投集团、神华集团、宝武集团、中国五矿、招商局集团、中交集团、保利集团等 8 家中央企业国有资本投资公司试点和诚通集团、中国国新两家国有资本运营公司试点。通过国有资本投资、运营公司试点探索国资监管机构职能转变，对深化国有企业改革、完善国有资产管理体制具有重大意义。

2. 地方国有企业国有资本运营试点情况

十八届三中全会以来，随着"以管资本为主"完善国有资产管理体制的推进，各地国资委推进改组组建国有资本投资、运营公司的力度较大，积极推进相关试点工作。近三年来，地方推进国有资本投资、运营公司试点数量逐年显著增加。截止目前，省级国资委改组组建国有资本投资、运营公司共 89 家。各地改组组建国有资本投资、运营公司在定位、模式和发展路径上，主要是结合当地国有经济发展的实际需求，各有特点。

重庆将现有企业按照产业类别分别划入投资运营公司，最终将 80% 以上竞争类企业国有资产集中到支柱产业、战略产业、新兴产业和现代服务业。同时，新设一家资产管理公司，保留少数公益性企业。

上海按照功能类、竞争类和公益类的分类，改组设立两家功能类平台公司，推进竞争类企业整体上市，并划转整体上市企业部分股权，由平台企业持有运作，通过价值管理，提高国企资产证券化水平。

山东将大部分现有企业改造为投资、运营公司；对不能改造的企业划入投资、运营公司进行重组整合；由各部门脱钩移交给国资委的部门企业，新组建或者划入投资、运营公司。国资监管机构对国有资本投资运营公司、国有资本投资运营公司对所出资企业，均以股东身份按出资比例依法行使相应权利，不再干预具体经营活动。

深圳根据国有资本的商业属性、公共服务属性和政府功能属性，搭建投资运营、公益类和功能类平台，分类管好国有资本。通过对标新加坡淡马锡公司，推进深投控的国有资本投资公司综合性改革试点，努力在监管体制、风险管控、投资管理等方面寻求突破。

（六）明确国有资本市场化运营平台功能

1. 中央企业资本投资运营功能定位

中央企业资本投资运营服务于中央企业改革发展。两家国有资本运营公司试点企业立足于服务实体经济的功能定位，通过金融服务、资产管理、资本整合等，支持中央企业落实调结构、降杠杆和改革脱困等重点任务。如，中国国新设立商业保理公司、融资租赁公司，已累计为 24 家央企提供 119 亿元融资租赁服务，这为中央企业盘活应收账款、压降存货提供了金融支持。

在推进国有企业混合所有制改革、资产证券化过程中，作为国有资本有进有退的"缓冲区"，国有资本投资、运营公司承接其他国有企业根据自身功能定位和资源配置需要，调整剥离的各类资产，由国有资本运营公司进行整合重组和市场化处置，发挥调整产业结构、优化国有经济布局的"调控器"作用。同时，协助国资委处理部分企业改制、改革成本支付、消化历史负担等问题，有效提升国资委履职能力和企业运营效率，发挥以管资本为主加强国资监管的"枢纽"作用。两家国有资本运营公司试点企业服务于央企供给侧结构性改革和去产能任务，共同参与了中石化国勘公司、大唐煤化工平台和央企煤炭资源整合股权改造和重组脱困。

经国资委授权持有集团层面股权多元化企业和整体上市公司的国有股权，以资本为纽带对企业履行出资人职责，为国有企业整体上市、再融资、引进战略投资者、优化重组等提供专业化服务。作为国有股东，国有资本投资、运营公司可直接参与国有企业内部重组、股权多元化、上市培育等改革实施工作，对持有的上市公司股权加强市值管理，发挥加快资产证券化、加强国资流动增值的"助推器"作用。

2.地方国有企业资本投资运营功能定位

地方国有资本投资、运营公司坚持产业经营与资本运营并重，追求产业发展和资本增值双重目标。也有不少地方国有资本投资、运营公司担负实现地方政府战略意图的市场化运作平台职责。总体来看，其功能主要如下：一是国有资产管理和运营功能。国有资本投资、运营公司是推动国有企业改革重组、布局优化的产业整合主体，是推进地方主导产业转型升级的资本运作主体，是促进地方战略性新兴产业发展和企业科技创新的创业投资主体。二是产业布局和引导功能。国有资本投资、运营公司按照地方政府产业布局要求，履行政府投资导向职能，在公用事业、轨道交通、能源开发、地产置业及文化旅游、环保产业、金融服务等领域开展资本运作。三是城市运营管理。部分地方国有资本投资、运营公司运用市场化手段，对包括城市基础设施（如道路、桥梁等）、城市资源性资产和无形资产在内的城市资产开展多种形式的经营管理活动，以提供公共产品、公共服务为目标，运营管理城市基础设施，同时发挥融资平台公司作用。四是城市金融服务。部分国有资本投资、运营公司发挥平台公司作用，作为地方性国有企业着力打造的金融版块，参股银行、涉足产业投资基金、担保公司等多种金融业态，推动地方经济发展。

二、加快国有经济布局优化，推动国有经济结构调整

（一）推动国有资本向重要行业和关键领域、重点基础设施集中

对主业处于关系国家安全、国民经济命脉的重要行业和关键领域，承担国家重大专项任务的中央企业及地方国有企业，要保证国有资本投入，增强保障国家安全和国民经济运行能力，保持国有资本控股地位，支持非国有资本参股；对重要通信基础设施、重要江河流域控制性水利水电航电枢纽等领域，粮食、棉花、石油、天然气等国家战略物资储备领域，实行国有独资或控股；对战略性矿产资源开发利用，石油天然气主干管网、

电网等自然垄断环节的管网，核电、重要公共技术平台、地质等基础数据采集利用领域，国防军工等特殊产业中从事战略武器装备科研生产、关系国家战略安全和涉及国家核心机密的核心军工能力领域，实行国有独资或绝对控股；通过组建平台公司，探索煤炭、通信、航材、健康养老等领域国有企业资源整合、资产整合、资本整合的有效途径。三大电信企业整合铁塔资源，组建铁塔公司，减少铁塔重复建设 56.8 万座，节约投资 1003 亿元，节约土地 2.77 万亩。

（二）推动国有资本向前瞻性战略性产业集中

对重要前瞻性战略性产业、生态环境保护、共用技术平台等重要行业和关键领域，加大国有资本投资力度，发挥国有资本引导和带动作用。发起设立国新科创股权投资基金、中国国有资本风险投资基金、中央企业国创投资引导基金、国家先进制造业产业投资基金、国投科技成果转化创业投资基金、国家新兴产业创业投资引导母基金等市场化投资机构，形成覆盖 VC、PE、FOF、政策性专项基金等不同类别的综合性基金管理运营业务，服务国家创新战略，肩负产业培育使命，积极布局新一代信息技术、高端装备制造、集成电路芯片、军工、新能源汽车、人工智能、军民融合、清洁能源、智能城市等前瞻性战略性领域。地方国资委借助国有资本投资、运营平台，立足地情企情，聚焦产业集聚和转型升级，设立一大批产业投资基金、股权投资基金、风险投资基金等，加大资本运作，拓展传统产业格局，加快新兴产业布局。

（三）推动国有资本向服务国家战略的核心优势企业集中

落实"中国制造 2025""互联网＋""大数据""宽带中国""军民融合"等产业振兴国家战略，以及"一带一路""长江经济带""粤港澳大湾区""京津冀协同发展""雄安新区"等区域发展国家战略，稳妥推进装备制造、建筑工程、电力、钢铁、有色金属、航运、建材、旅游和航空服务等领域企业重组，集中资源形成合力；优化煤炭、电力、冶金等产业链上下游资源，打造全产业链竞争优势，更好发挥协同效应；积极构建航天、航空、船舶、兵器、电子等领域开放式军民融合平台，推动军民技术双向转化，推进军民融合重要能力、关键技术、重大工程建设；积极响应"一带一路"倡议，以优势企业为核心，通过市场化运作方式，搭建优势产业上下游携手"走出去"平台、高效产能国际合作平台、商产融结合平台和跨国并购平台，提升企业国际市场竞争力。经过多年发展，目前中央企业境外资产已超过 6 万亿元人民币，在 185 个国家和地区进行投资运营。

（四）适时调整国有资本在行业产业中的规模和比重

国有经济结构调整始终是国有企业改革的一项重要任务。党的十八届三中全会《决定》指出，"国有资本投资运营要服务于国家战略目标，更多投向关系国家安全、国民经济命脉的重要行业和关键领域"。据国家统计局数据显示，2015 年电力、热力生产和供应业国有控股工业企业国有资本金 2 万亿元，比 2013 年增长近 1 倍。2015 年煤炭开采和洗选业国有控股工业企业国有资本金 3431.7 亿元，比 2013 年增长 53.1%，该行业国有控股工业企业国有资本金在整体资金的占比从 2013 年以来一直保持在 7% 左右，但主营业务收入则从 2012 年的 1.9 亿元减少到 2016 年的 1.3 亿元，占规模以上工业企业主营业务收入的比例则从 2012 年的 2% 下降至 1%。可见，国有资本通过加大对煤炭行业的资本投入，对其进行内部结构调整，用增量带动存量调整和优化，从另一个侧面反映了国有企业在煤炭行业去产能的工作正处于攻坚期。汽车制造行业规模以上企业国有资本从 2013 年的 1063.2 亿元增长到 2015 年的 1318 亿元，三年年平均增长率为 12.4%，占该行业规模以上企业总资本的比重 2013-2015 年逐年微涨，维持在 14% 上下。国有建筑企业的固定资产净值占建筑企业固定资产净值比重从 2013 年到 2016 年始终维持在 14% 左右，保持着较高的控制力。2017 年，中央企业投资进一步向优势产业、高端制造业集中，机械、交通运输、石油石化等战略性和支柱性产业固定资产投资同比分别增长 13.8%、11.3%、8.7%，推动部分行业效益快速增长。

（五）推进国有企业战略性重组

国务院一直高度重视国有企业的重组整合工作。党的十八大以来，各级国资委按照总体方向要求，积极推进所属企业强强联合、专业化整合、瘦身健体等工作，实现资源配置效率进一步提升，布局结构进一步优化，企业发展质量和效益进一步增强。五年来，中央企业先后完成中国南车与中国北车、宝钢与武钢、中国国电与神华集团等 18 组 34 家企业的重组，新设中国航发集团公司、中国铁塔公司两家公司，中央企业由 117 户调整至 98 户。从省级国资委看，29 个地方对所监管一级企业开展了 171 对重组整合。党的十八大以来，国有企业重组整合的工作越来越深入，涉及的企业和行业也不断延伸。国务院国资委高度重视企业重组后的内部融合问题，大力推动企业重组"物理变化"向"化学反应"转化，进一步激发企业重组改革红利。从重组后整体情况看，重组企业全面细致地铺开整合融合工作，重组红利逐步释放，整合取得积极成效。中国宝武集团聚焦钢铁主业，推动管理、采购、营销、技术整合融合，利润同比增长 70 亿元。中国远洋海运集团集装箱、油品、散货、特种货、旅客五大航运板块全部扭亏为盈，积极推进集装箱运输、码头运营、物流仓储等业务整合，利润同比增长 18.2%。

三、分类推动国有企业混合所有制改革，实现产权有效激励

（一）分类推进国有企业改革

准确界定国有企业功能并实施分类改革管理，是深化国资国企改革的重要举措。2017 年 4 月国务院国资委向中央企业印发《中央企业功能界定与分类方案》推动中央企业对其子企业进行功能界定和分类，逐层明确各级子企业功能类别。各地国资委按照《指导意见》有关要求，结合地方特点和企业实际，准确界定不同国有企业功能，划分所监管一级企业功能类别，出台监管企业分类的实施意见，逐步探索开展分类发展、分类考核、分类监管工作。

从分类具体情况看，中央企业集团层面功能界定与分类工作基本完成。约 2/3 的中央企业被划分为商业一类企业，约 1/4 为商业二类企业，其余为公益类企业。中央企业超过 50% 的资产总额、营业收入和利润总额集中在商业一类企业，近 70% 的国有资本集中在商业二类企业。各地在落实国企分类改革时，基本是在商业类和公益类两个类别的基础上，结合自身发展阶段和地方特点，对所属国有企业进行功能分类，方法主要有"两分法""三分法"，以及在"两分法"上进一步细分。"两分法"主要是将国有企业分为以保障普遍服务、实现公共政策目标为使命的公益类和以追求商业利润为使命的商业类。如，河南、河北、海南、山西、甘肃，浙江。"三分法"主要是将国有企业分为竞争类、功能类和公共服务类，如北京、天津、上海、陕西、贵州。

（二）完善法人治理结构，落实董事会职权

党的十八大以来，按照党中央、国务院关于建立中国特色现代国有企业制度、完善公司治理的重大部署，国务院国资委积极在中央企业推进规范董事会建设工作。在董事会建设工作中，构建外部董事占多数的董事会，建立支撑董事会有效运行的组织架构；基本形成保障董事会规范运作的制度体制和工作机制；建设一支高素质的外部董事队伍，强化董事会运行和董事履职的日常监督，增强委托代理关系的有效性，初步探索出一条中国特色国有企业公司治理之路，有效促进了国有企业市场化改革和持续健康发展。

截至目前董事会建设取得明显进展：98 家中央企业中，87 家已建立董事会，其中 83 家外部董事占多数。中央企业二级国有独资、全资公司中近一半已建立董事会。各省

级国资委所出资一级企业中有 92% 已建立董事会。落实董事会职权试点有序开展，出台开展落实中央企业董事会职权试点工作的意见，在 4 家中央企业集团公司开展试点，授予董事会经理层选聘、薪酬分配等 6 项职权。出台《中央企业董事会及董事评价办法》，建立董事履职台账，推行外部董事独立报告制度，实行董事会述职质询，开展董事会重大决策专项评估。在董事会及董事评价工作中，通过列席董事会议等方式了解董事会运行情况和董事履职表现。

（三）完善市场化经营机制

1. 建立职业经理人制度，激活经理层活力

根据不同企业类别和层级，实行选任制、委任制、聘任制等不同选人用人方式，推行职业经理人制度，合理增加市场化选聘比例，推行企业经理层成员任期制和契约化管理。实行与市场经济相适应的薪酬分配制度。深化企业内部改革，形成企业各类管理人员能上能下、员工能进能出的合理流动机制。坚持"一个结合"，完成总经理市场化选聘；抓住市场化选聘和契约化管理"二个关键"，实现总经理契约化管理；实现"三个突破"，助力十三五国际化发展。以市场化改革为突破口，走出完善现代企业制度的"先手棋"，打好三项制度改革的"当头炮"打出供给侧结构性改革的"组合拳"，搞活企业全面深化改革的"一盘棋"。

2. 深化三项制度改革，解决"三能"问题

国有企业内部三项制度改革进一步深化，逐步建立起企业员工能进能出、管理人员能上能下、收入能增能减的机制。建立以合同管理为核心、以岗位管理为基础的市场化用工制度。建立健全企业各类管理人员公开招聘、竞争上岗等制度，对特殊管理人员可以通过委托人才中介机构推荐等方式，拓宽选人用人视野和渠道。建立分级分类的企业员工市场化公开招聘制度，切实做到信息公开、过程公开、结果公开。构建和谐劳动关系，依法规范企业各类用工管理，真正形成企业各类管理人员能上能下、员工能进能出的合理流动机制。

国药集团推进三项制度改革，强化激励创新，提升人才价值创造效力。主要做法是积极通过三项制度改革，把干部员工的责、权、利和企业的发展密切联系在一起，实现了员工与企业同舟共济、共谋发展，有效提升了企业发展活力和市场竞争力。坚持正确的选人用人导向，拓宽人才选聘渠道，汇集八方人才，创造了人才脱颖而出的良好氛围。树立能者上、平者让、劣者汰的用人导向，着力打造了一支引领国药发展的干部队伍。2014 年以来，国药集团各级公司共有 159 人被降职聘用，其中选聘的经理人中已有 48

人因未达到约定的业绩水平而被解聘，真正实现了干部能上能下。二是抓住落实劳动合同推进用工制度改革，健全员工能进能出机制。落实劳动合同管理，维护企业和员工合法利益，建立和谐稳定的劳动关系。打破用工身份限制，全体员工均签订劳动合同，没有体制内外的用人区别，严格按照国家法律法规和企业内部规章制度进行管理，变身份管理为职位管理，打通专业、技术、管理职业发展通道。持续加强员工总量调控和结构优化，不断提高人岗匹配度，形成了以岗位需求和业绩水平为基础的动态调整机制。同时严格员工管理，有近 3000 人因业绩不佳等原因由公司提出解除和终止劳动合同，有效实现了员工的能进能出。三是抓住突出能力业绩推进分配制度改革，实现收入能增能减。本着效率优先，兼顾公平的原则，以建立反映劳动力市场供求关系和企业经济效益的工资决定与增长机制为标志，调整企业不合理的收入分配差距。切实解决该高不高，该低不低的问题，实现收入动态管理。此外，还积极探索职业经理人管理办法，尝试建立与选任方式相匹配的差异化绩效管理和薪酬分配体系，根据选任方式对高管人员进行分类管理。

3. 实行差异化工资分配制度

实行与市场经济相适应的企业差异化薪酬分配制度。真正落实董事会薪酬分配权。企业内部的薪酬分配权是企业的法定权利，应由企业依法依规自主决定。建立健全与劳动力市场基本适应、与企业经济效益和劳动生产率挂钩的工资决定和正常增长机制。推进全员考核，推进全员绩效考核，以业绩为导向，科学评价不同岗位员工的贡献，合理拉开收入分配差距，切实做到收入能增能减和奖惩分明，充分调动广大职工积极性。

实行企业领导人差异化薪酬分配，对国有企业领导人员实行与选任方式相匹配、与企业功能性质相适应、与经营业绩相挂钩的差异化薪酬分配办法。国务院国资委已启动了工资总额备案制、周期预算等分类管理试点工作。一些试点企业推进市场化选聘人才机制，建立差异化薪酬考核体系，实行收入分配实施分类、差异化管理，按照"效率优先，效益导向"原则，健全高级管理人员薪酬激励和约束机制。

中国电子、武汉邮科院等企业控股的 16 家上市公司实施股权激励，中航工业、国家电网、中国能建、中国铁建等企业实施科技型子企业分红激励，企业内生活力进一步激发。江西省国资委将监管企业集团下属企业的工资总额下放给集团本部审核。

4. 发挥企业家精神

习近平总书记指出，市场的活力在于人，特别是来自于企业家精神。"要坚持社会主义市场经济改革方向，使市场在资源配置中起决定性作用，调动各方面积极性，发挥企业家在推动经济发展中的重要作用，充分发挥创新人才和各级干部的积极性、主动性、创造性"。习近平总书记对国有企业领导人员提出了殷切期望和更高要求，既要成为党的优秀干部，又要成为企业经营管理的行家里手，切实担当起党和国家赋予的重要使命，勇于带领广大干部职工不断开创国有企业改革发展新局面。

企业家是经济活动的重要主体，要深度挖掘优秀企业家精神特质和典型案例，弘扬企业家精神，发挥企业家示范作用，造就优秀企业家队伍。十九大报告强调要激发和保护企业家精神，鼓励更多社会主体投身创新创业。《意见》的出台对培养壮大我国企业家队伍，弘扬中国特色企业家精神具有重要而深远的意义。随着"对党忠诚、勇于创新、治企有方、兴企有为、清正廉洁"的国有企业家队伍的不断壮大，国资国企的改革发展必将取得新的更大的成就。《意见》提出了激发和保护国有企业家精神的举措，中央企业和地方国有企业正在抓好这些措施的落地。

（四）实现产权有效激励、落实股权、期权和分红激励

完善产权制度是党的十九大报告确定的深化经济体制改革重点之一。加快实行以增加知识价值为导向的分配政策，探索对科研人员实施股权、期权和分红激励，充分发挥知识产权对科技创新和成果转化的长期激励作用。目前，共有 70 户国有企业控股上市公司实施了股权激励，占中央企业控股上市公司总数的 18%，11 户科技型子企业实行了分红激励政策。

党的十八大以来，各类配套政策相继出台，社会各界广泛关注，相关企业高度重视，认真部署，在保障国有资产不流失的前提下，开展了一系列卓有成效的工作，激发国有高技术企业核心与骨干员工的积极性、主动性和创造性，进而提高国有高新技术企业的经营效率和效益，形成了具有参考意义的经验。自 2011 年分红权激励试点以来，实施企业业绩规模大幅增长，盈利能力显著提升，营业收入、净利润比试点前分别增长了 50% 和 78%，科技创新能力不断增强，年均专利授权数的平均值由 17 个增长到 42 个，比试点前增长了 147%，年均科技成果收入总规模由 13 亿增长到 32.6 亿，增长了 151%。

（五）发展混合所有制经济，激活企业活力

1. "双百行动"行动，锻造国企改革尖兵

2018 年，在国企改革攻坚克难、攻城拔寨的关键时期，以更大力度、更实举措、更硬作风打赢"双百行动"这场硬仗，事关改革全局。自 2018 年 8 月，"双百行动"号角吹响以来，国务院国有企业改革领导小组办公室相继印发《国企改革"双百行动"工作方案》，组织召开动员部署视频会议举办专题培训班等，入选企业积极上报试点改革方案，

制定工作任务台账，紧抓历史机遇，争当立得住、叫得响的国企改革尖兵。

回望 2018 年"双百企业"行动路线图，以点带面、星火燎原的改革局面梯次展开。"双百行动"不同于此前的"十项改革试点"，是以"1+N"政策体系为指导，以前期各个单项试点成果为支撑，全面拓展和应用改革政策和试点经验，进而形成从"1+N"顶层设计到"十项改革试点"再到"双百行动"梯次展开、纵深推进、全面落地的国企改革新局面。为充分体现改革的意图和目的，双百企业的遴选极具关键意义。

纳入"双百行动"的"双百企业"共 400 余家，各家企业在功能定位、行业特点、发展阶段、竞争程度等方面差异显著。但值得注意的是，这些个性迥异的"双百企业"却有着集中鲜明的共性特征——身处基层一线，改革愿望迫切。因此，开展"双百行动"势必要做到"一企一策"、精准发力。力求抓深抓细抓出实效，国资委主任肖亚庆在国企改革"双百行动"动员部署会上明确要求，要全力指导所属"双百企业"一企一策制定完善综合改革实施方案，确保方案"上接天线、下接地气"，既符合国企改革"1+N"政策体系的要求，又具有鲜明的区域、行业、企业特点，既能高质量、高标准完成"规定动作"，又能探索创新出灵活机动、务实高效的"自选动作"。一分部署，九分落实。

2018 年 9 月 12 日、10 月 12 日和 12 月 17 日，国务院国有企业改革领导小组办公室分别在海康威视、万华集团、徐工集团组织召开科技型、工业类、外向型"双百企业"现场交流会，200 多家"双百企业"实地考察三家优秀企业，深入交流改革经验和有效做法，答疑解惑，共话改革。以工业类"双百企业"为例，人才匮乏成为工业类国有企业普遍面临的突出问题。会议指出，工业类国有企业要以混合所有制改革为突破口，解决企业体制机制问题，增强国有企业动力活力。主业处于竞争行业和领域的工业类国有企业，要积极推进股权多元化改革，有条件的要积极稳妥推进混合所有制改革；根据不同企业的功能定位，逐步调整国有股权比例，引入"积极股东"，形成股权结构多元、股东行为规范、运行高效灵活的经营机制。改革重在发挥先进的示范突破带动作用。选取基层国企开展"双百行动"，其要义正是在于加强企业之间的沟通交流、学习借鉴，真正打造一批治理结构科学完善、经营机制灵活高效、党的领导坚强有力、创新能力和市场竞争力显著提升的国企改革尖兵。因此，通过与先进企业对标，进而形成"比学赶帮超"的良好氛围，成为"双百行动"向纵深推进的重要方法。

山东省烟台市属国有企业万华集团，是一家全球化运营的上市公司，拥有烟台、宁波和匈牙利三个世界级规模的化工园区和国内外 6 个研发基地，2017 年实现收入 656 亿，利润 203 亿，是我国最具创新实力的工业企业之一。回顾总结企业改革经验，万华集团董事长、总裁兼党委书记廖增太表示，"万华的体会是，正是因为改革才激发了万华创新的活力，正是因为创新才实现了万华的跨越发展。"通过选树典型，打造立得住、叫得响的国企改革尖兵，国有企业改革积极性竞相迸发。国家电网公司入选国资委"双百行动"的企业共 3 家，分别为国网江苏综合能源服务有限公司、国网电动汽车服务有限公司、国网南瑞集团，试点企业将分层分类积极稳妥开展混合所有制改革，坚持因地施策、因业施策，积极引入各类投资者实现股权多元化。同时，在健全法人治理结构、完善市场化经营体制、健全激励约束机制、全面加强党的领导等方面形成标志性成果。以纳入"双百行动"为契机，湖南国企长丰集团有限责任公司与中信证券股份有限公司签署战略合作协议，双方将在融资、股权结构管理等方面深化合作。深圳市国资委也与建设银行深圳市分行签署战略合作协议，5 家国企改革"双百行动"企业分别与建设银行深圳市分行和建信信托签署战略合作协议，将在共同促进深圳上市公司稳健发展、推动金融服务市属国企实体经济更加便利化等方面不断加大合作力度。2018 年 10 月 15 日，国资委有关领导在国新办新闻发布会上表示，国企改革"双百行动"，根本目的就是通过抓基层、抓典型、抓落实，把更多精力聚焦到解决重点难点实际问题上，尽锐出战，攻坚克难，推动中央精神和决策部署落实落地、见行动见效果。

2. 推动混合所有制员工持股

在混合所有制企业实行员工持股，坚持试点先行、逐步扩大范围的模式。在执行过程中根据实际情况，选择符合条件、基础较好的企业先行先试，以此健全审核程序，规范操作流程，严禁暗箱操作，防止利益输送。

2016 年 11 月，在中央企业申报基础上，国务院国资委选择了宝武集团所属欧冶云商、中粮集团所属中国茶叶等 10 户企业作为首批试点，正式启动中央企业首批员工持股试点工作。在试点对象选择上，体现了科技型企业优先和综合改革导向。中央企业的 10 家试点企业中，其中有 6 户是科技型企业，有 7 户属于开展国有资本投资公司试点企业。同时重点选择战略性新兴产业的企业开展试点，涵盖节能环保、新材料、智能装备等。试点企业选定之后，加强指导企业制定方案，具体落实试点的工作。试点企业共引入外部资本约 18.3 亿元，其中非公资本 11.8 亿元。一批骨干员工获得了股份，持股人数因企业规模大小而不同，在 9 人至 770 人之间，占本企业全体员工比例为 6% -32%，员工持股总量占企业总股本比例在 5% -25% 之间，基本符合 30% 上限的规定。员工全部以货币出资，且未从试点企业和国有股东获得垫资、担保、贷款等财务资助。

截至目前，江西、北京、福建等 22 个省市已经制定了当地的实施细则或管理办法。按照《持股试点意见》要求，试点企业强调不搞全员持股、不搞平均持股、不搞存量转让持股，防止"一哄而起"。持股试点企业的基本做法是加强组织保障，确保试点效果实现；组织政策学习，确保改革精神贯彻到位；强化党建引领和指导，确保试点工作的方向；精心编制方案，做好顶层设计，确保改革步骤有序推进；确保程序透明，合法合规；员工入股意愿强烈，热情较高；推进试点企业管理提升，经营能力得到提升；开展竞聘，切实把核心骨干吸纳进来。一些企业也提出了操作中遇到的问题，有待汇总归纳，适时调整。通过探索规律，试点企业初步形成一些可推广的经验，形成稳步有序的良好开端。

以岗定股，准确界定持股范围。在试点实践中，强调骨干持股，把对企业未来发展影响大、与业绩关联度高、可替代性低的核心骨干纳入持股范围，避免全员持股造成新的"大锅饭"。同时合理分配持股数量，按各业务板块的业绩贡献和战略重要程度、各板块人才对企业业绩贡献大小核定持股人数和数量。采取增资扩股、出资新设等方式。采取增资扩股、出资新设等方式操作上简单，法律上明确，既能够新增企业资本金，又可以推动企业扩大规模增强实力，使企业得到快速发展，提振企业全体职工的发展信心。此方式所涉及资产均为增量资产，并不涉及存量资产，原有国有资产不会减少，因此操作风险相对较小。职工拿出"真金白银"投入，会对持股员工形成切身的激励和约束，使符合条件的员工切身利益与企业长远发展紧密结合。在操作过程中完全落实公平、公正、公开原则，员工入股的价格和引进外部投资者价格保持一致，员工出资入股完全按照自愿入股、风险共担。在员工持股入资的过程中，企业及国有股东不能给员工提供任何财务上担保、垫资等资助。规范持股方式，通过设立两级持股平台的方式实现间接持股，既便于员工股份流动，又可通过平台统一融资加大员工与企业的"绑定"力度。建立股权动态调整机制。此次试点强调岗位和持股的密切联系，坚持岗变股变，定期调整，健全了流转和退出机制，实行以岗定股，岗变股变、股随绩调、人离股退，避免了持股的固化僵化。

四、创建国有企业改革良好环境，做优做强做大国有企业

（一）改善国有企业发展外部环境

1. 做强做大国有资本的政治环境为国企改革提供坚强保障

改革开放以来，党中央、国务院一直高度重视国有企业改革发展。对国有企业改什么，怎么改，坚持什么方向，遵循什么思路，进行认真研究，积极探索，出台了一系列方针政策，改革力度不断加大。良好的政治环境决定着国有企业改革的正确方向，引导国有企业改革走上健康、快速发展之路。总书记多次强调，国有企业是中国特色社会主义的重要物质基础和政治基础，关系公有制主体地位，关系我们党的执政地位和执政能力，关系我

国社会主义制度。我们要坚定不移搞好国有企业，做强做优做大国有资本，夯实中国特色社会主义伟大事业的重要基础。习近平总书记关于国企改革发展的系列讲话，明确了国企的重要地位，为坚定不移推进新一轮国企改革定下了基调、指明了方向。

2. 逐步完善健全的法律环境为国企改革提供保驾护航

几年来，全国人大陆续颁布了多部对国资国企改革发展有着重大影响的基本法律。十八届三中全会以来，地方国资委陆续出台国有企业改革文件 780 个。在《指导意见》印发后，绝大多数省级政府已制定配套实施意见或本地带指导意见，并对与《指导意见》及配套文件精神不一致的共 106 个文件进行了修订。国务院国资委制定出台规章规范性文件 21 件，完成对现行 28 件规章、250 件规范性文件的全面清理工作。

3. "1+N" 政策为国企改革明确指引方向

"1" 是《指导意见》。在明确 "总体要求" 的基础上，《指导意见》从 "分类推进国有企业改革""完善现代企业制度""完善国有资产管理体制""发展混合所有制经济""强化监督防止国有资产流失" "加强和改进党对国有企业的领导" "为国有企业改革创造良好环境条件" 等七个方面，为新一轮国企改革划出 "路线图"，并确立了 "到 2020 年，在国有企业改革重要领域和关键环节取得决定性成果，形成更加符合我国基本经济制度和社会主义市场经济发展要求的国有资产管理体制、现代企业制度、市场化经营机制" 等国企改革阶段性目标。

"N" 是以《指导意见》为引领，制定形成的 "N" 个改革配套文件。如已经密集出台的《关于改革和完善国有资产管理体制的若干意见》、《关于国有企业发展混合所有制经济的意见》、《贯彻落实 < 指导意见 > 重点任务分工方案》、《关于在深化国有企业改革中坚持党的领导加强党的建设的若干意见》、《关于加强和改进企业国有资产监督防止国有资产流失的意见》、《关于鼓励和规范国有企业投资项目引入非国有资本的指导意见》、《关于国有企业改革试点工作事项及分工的方案》、《关于支持国有企业改革政策梳理及相关意见》、《关于国有企业功能界定与分类的指导意见》等文件。"1＋N" 文件的不断推出，标志着新一轮国企改革的总体政策架构已基本搭建完成。

4. 稳定的社会环境为国企改革提供民众基础

十八大以来，党和政府采取的各种重要措施，加快推进了以改善民生为重点的社会建设，有力促进了社会稳定和谐。2018 年个税起征点上调，就业目标提前完成，养老金 14 年连涨，居住条件持续改善，户籍管理改革提速，创业门槛越来越低，人民群众获得感、幸福感、安全感更加强烈。同时经过多年改革发展，国有企业总体上已经同市场经济相融合，许多国有企业在提高经济效益、资产保值增值、规范治理结构和管理制度创新等方面取得了显著成绩。良好的社会环境为国企改革提供了稳定的社会保障。

5. 良好的舆论环境为国企改革提供强大动力

世界局势剧烈变动进入深度调整期，不同价值理念和制度的较量更加激烈。西方以"竞争中立""国家安全"等种种借口限制中国企业尤其是国企的发展。少数受新自由主义思潮影响的专家学者极力鼓吹国企私有化。国外国内两种势力遥相呼应，形成一股唱衰国企改革发展的舆论暗流。针对国际国内的舆论形势，国务院国资委组织各中央企业积极建立中央企业舆情应对工作体系，坚持主动发声，构建互联网时代中央企业舆论引导工作的新格局、新机制，加大正面宣传力度，多层次、立体化的展示国企国资改革发展的新作为、新成效，努力营造良好的舆论环境。

2018 年围绕国企国资改革发展重要文件和热点问题，主动解读政策、通报情况。全年国务院国资委共组织新闻发布会、政策吹风会、媒体通气会 15 场。打造"国资小新"微博、微信新媒体统一平台，阅读总量超 2 亿人次。同时，积极邀请外媒参加各类发布活动并回答外媒有关问询关切，扩展宣传途径，积极传播正面声音，营造了国企改革积极推进的良好氛围，树立了中央企业良好海外形象。中央企业广泛开展信息公开工作。通过信息公开，中央企业阳光透明的形象得以树立并不断强化，社会反响非常好。各试点企业把企业网站作为本企业信息公开的第一平台，把企业网站打造为信息发布的权威渠道。

（二）多举措推动国企剥离社会职能

1. "三供一业"分离移交进展顺利

2018 年国有企业"三供一业"分离移交工作稳步进行，供水、供电、供热、供气完成率超过 80%，物业管理移交率超过 40%。中国第一汽车有限公司、兵器工业集团、鞍钢、中铝集团、中国中车集团等企业进展较快。"三供一业"分离移交费用由政府和企业合理分担，国有资本经营预算优先用于支持剥离办社会职能和解决历史遗留问题。中央企业国有资本经营预算补助 50%，集团公司和分离移交企业承担 50%；中央财政对原中央下放企业予以适当补助。国务院国资委积极协调财政部落实补助资金保障了改革的顺利推进。

各地推进"三供一业"分离移交的方式相似，有些地方做得比较有特点。比如：河北省一是签订责任书，压实各方责任。省政府与 13 个地市政府签订责任书要求其全力推进此项工作。二是出台全省协议样本和各地维修改造及人员接收标准。三是破解关键难题。整体移交，集中攻关独立工矿区。组建国有物业接收平台。黑龙江省一是实力强信誉好的国有企业跨地区接收"三供一业"。二是交接双方以劳务输出方式解决人员安置问题。从业人员仍在原岗位，工资差额由移交单位补齐。吉林省长春、吉林两市，由国有资本投资运营公司整体接收全市物业管理移交项目。其他则由相关机构来接收。

2. 推进退休人员移交社会化管理

2017 年初，国务院办公厅下发《关于在部分城市开展国有企业退休人员社会化管理试点工作的通知》，着力推进企业退休人员社会化管理。推进离退休人员社会化管理的困难在于，社会化管理后要保证离退休人员的待遇不降低。这就要求地方政府要有相应的接收能力，如工作人员配备、设施建设、统筹外费用来源等，需要有经费保证，而地方政府很难一次性拿出这样的大笔经费，所以采取逐渐配套设施建设、增配工作人员等，实现对企业离退休人员的接收。各省根据实际情况制定相应对策，妥善处理退休人员的社会化管理工作。

贵州省国资委积极探索赤天化原国有离退休职工移交属地社区进行管理的途径。改制后，赤天化原有离退休人员与企业剥离。厦门市国资委实现企业退休人员的部分移交，并提出"交得出""接得了""管得住"的工作思路。上海市国有企业的退休人员大部分事项已经实行社会化属地管理，如退休金发放、医疗、社区服务、党组织关系等。北京市通过属地社保所和企业社保平台两种方式，逐步对市属国有企业退休人员实行社会化管理。鉴于社保所接收能力有限，而企业退休人员企业情结重，北京市通过在市属一级企业设立社保平台集中统一管理，由政府购买服务来实现企业退休人员管理的社会化。

（三）多项配套措施助力改革稳步推进

1. 风险评估工作完成良好

中央企业和地方国资委都高度重视国企改革重大事项社会稳定风险评估工作，而且有一套有效的评估方法，对风险评估做了大量有益的工作。很多中央企业设立风险管理部门，制定重大决策社会稳定风险评估办法，要求实施重大改革要制定工作方案，细化工作流程、严格审批程序，做好改革风险评估和风险防范。对未开展社会稳定风险评估，不按规定程序和要求进行分析或审核，隐瞒真实情况、弄虚作假或者分析结论与事实差距较大，未根据社会稳定风险评估报告落实防范和化解措施而实施有关重大事项，造成国有资产损失、员工合法权益受损，引起大规模群体性事件的，要追究有关单位及主要责任人和直接责任人的责任。

地方国资委高度重视社会稳定风险评估工作。在进行重大改革时，都要成立由分管领导挂帅、有关部门参加的机构来管控风险，企业要明确管控风险的责任人。明确将重大决策社会稳定风险评估作为重大改革决策是否出台或实施的前置和必要条件，将评估结果作为决策是否实施的重要依据。北京市将风险评估纳入"一把手"工程和企业董事会考核目标，坚持每年逐级签订年度维稳责任书。青岛市要求，风险评估坚持"善待员工"，切实维护和保障职工群众的切身利益。对改制重组中因政策不完善等原因造成的职工上访，通过困难补助、大病医疗救助、帮助子女安排工作等方式来解决问题；企业用于解决信访稳定等历史遗留问题的资金视同于利润。各地国资委出台有关风险评估的政策文件，如广东省下发《关于省属企业开展重大决策社会稳定风险评估工作实施意见》，进一步完善国资委机关《重大事项社会稳定风险评估实施细则》。深圳市国资委出台《市国资委关于加强重大事项社会稳定风险评估的通知》，明确企业重大事项社会稳定风险评估的范围、主体、评估程序等。

2. 调研监察工作稳步推动

地方国资委通过加强督察积极推进各项改革措施落实。督察方式通过明确督察任务并建立任务台账，由地方国资委主要领导带队深入企业了解改革任务落实情况、企业改革发展需要解决的问题。从督察内容看，有些地方着重检查在某一时期确定改革任务的落实情况，有些地方是以某些改革举措的推进情况为重点内容，有些地方是以帮助解决企业改革发展中需要解决的问题为重点内容。

各地国资委督察工作也体现出不同的特点。如重庆国资委是按照"谁牵头、谁主办、谁负责"的督办工作机制，将工作清单督查督办责任落实到分管领导和处室负责人头上，形成交办、督办、反馈和办结销号的闭合循环链。天津国资委则是设立绩效督查处，加挂巡察工作办公室牌子，一方面加强机关处室绩效考评管理，一方面加大对国资系统重点工作任务的督促检查。

3. 容错纠错机制日渐完善

对改革"容错纠错"是非常必要的，因为改革是一项探索性工作，难免会出现错误。正视错误、允许错误，改革才能更好地向前推进。中央企业和地方国资委非常重视改革，努力为改革创造良好的环境、轻松的氛围。大部分中央企业集团公司出台"容错纠错"文件或制定相关举措。也有些地方国资委出台有关"容错纠错机制"文件或制定相关举措。中央企业是改革的直接责任主体，地方国资委是推进改革的责任主体，因此，在改革的进程中，中央企业面临的责任风险高于地方国资委，建立"容错纠错机制"的要求更加迫切。

（四）增强质量优势，推动国有企业高质量发展

1. 秉承质量第一原则，打造国际知名品牌

我国国有企业凭借着历史积累的先发优势、规模优势，在石油石化、钢铁、煤炭、机械、造船、航空、军工等基础和支柱行业中占据着主导地位。部分企业不仅规模达到国际水平，技术、管理、国际化程度等也都走在世界前列。2017 年，48 家中央企业进入《财富》世界 500 强，几乎占到中央企业总数的一半。中国建材集团通过开展建材工程、物流、技术等综合服务，引领全球先进建材制造服务发展；通过限制新增产能，淘汰落后产能，促进市场竞合，推进联合重组；通过国际产能合作，优化存量资源配置，扩大优质增量供给，巩固中高端发展优势，努力打造世界级先进建材制造业集群。目前，中国建材集团在六个领域产业规模居世界第一，走在全球建材行业发展的前列。

国务院国资委近年出台了《加强中央企业品牌建设的指导意见》等系列文件，强化品牌建设的顶层设计和战略部署，同时不断完善业绩考核和激励分配制度。如，在企业预决算中增加品牌投入指标，规范统计口径。在国际知名品牌塑造方面，中央企业努力追求高品质，并将高品质作为品牌的基石，重视客户感知，把不断提升产品和服务的质量作为最高追求，努力打造国际知名品牌。中粮集团、中国化工集团等企业引进具有跨国公司品牌工作经验的专业人才，担任品牌部门的负责人。中国移动、国家电网制定品牌资产评估管理办法和品牌建设工作绩效评价办法，从品牌传播、品牌维护、标识管理等方面建立评价指标体系。

中央企业及部分地方国有企业以"标准"为突破口，积极引领行业技术发展方向。中国移动集团坚持质量第一，在政策研究、技术创新与标准化、产业推进、联合创新、参与国家项目等五大方面全面推进。在 5G 技术创新和标准上，实现了端到端系统化全面引领，在全球基础电信运营商中处于首位。与此同时，中国移动在 ITU\GPP、NGMN（下一代移动通信网）、GTI 等国际组织均担任重要领导职位或牵头重要项目，主导国际标准和产业合作工作。近五年来，国家电网对全球相关产业价值的形成贡献了 39 项"中国标准"，而国家电网公司董事长当选全球能源互联网发展合作组织主席，更意味着由中国发起推动的能源领域首个国际组织——全球能源互联网的建设迈出了实质性步伐，对全世界共享中国技术发展的成就起到很大的作用。

十八大以来，港珠澳大桥、北京新机场、国家民用空间基础设施建设等基础设施类重大工程中频现国有企业的身影，彰显了国有企业在建筑、能源、铁路等领域产业价值形成的主导能力及相对应的国际竞争力。与此同时，国有企业主动布局新兴产业，延展、

布局产业链上下游，加速形成新价值链条并占领制高点，进而影响整个产业，获取"横向"话语权。中海油、中船工业、中船重工积极延展产业价值链上下游，将海洋工程及相关装备产业作为企业内部结构调整的重点方向。研发制造的海洋渔场 1 号、海洋石油 981 深水半潜式钻井平台等都整合了全球一流的设计理念和一流的装备，标志着中国在海洋工程装备领域已经具备自主研发能力和国际竞争能力，对相关产业价值的形成起到了主导作用。

2. 恪守效益优先原则，推动产业转型升级

中央企业以供给侧结构性改革为主线，重点落实"三去一降一补"五大任务，减负担，转方式，提质量，增效益，瞄准全球价值链的高端，勇于攀登。

国务院国资委和中央企业持续开展"成本管控、效益否决"专项行动，通过完善运行机制、优化业务流程、强化业务协同、推进组织变革等方式大力控成本、降费用、压支出。通过完善机制降成本。部分企业将成本控制责任落实到企业、落实到班组，而且将成本控制的效果和工资挂钩，通过这些机制的建立完善来落实降成本的责任。石油石化企业持续加强所属各生产单元之间、企业与国际石油公司之间的对标分析，桶油操作成本在 2016 年降低 1.3 美元的基础上 2017 年又降低 0.5 美元。

通过优化流程降成本，通过流程再造减少开支。电信企业通过大数据、互联网的支撑开展精准营销，引导业务办理与销售向线上渠道转移。截至 2018 年 10 月，3 家电信企业销售费用占收比为 13%，较之前下降 12 个百分点。航空企业运用大数据、互联网等手段，开展精准营销、优化销售模式，直销比例已升至 51%，较"提直降代"工作开展之前提高了 31 个百分点。中央企业通过压缩管理层级、减少法人户数，优化总部部门设置、缩短管理链条，累计减少人工成本和管理费用超过 400 亿元。

国务院国资委和中央企业将处置"僵尸企业"作为解决企业结构性矛盾、推动中央企业布局结构优化、推动中央企业向高质量发展的重要措施之一。在 2016 年率先启动"处僵治困"工作并按照标准确定 2041 户"僵尸企业"和"特困企业"，计划用三年时间完成这些企业的"处僵治困"工作。与此同时，将重点困难企业的改革脱困作为重要抓手，每年确定重点困难企业名单，按照"一企一策"原则，一方面狠抓冗员分流、债务重组、资产盘活等措施落实，迅速改善短期效益，及时"止血"；另一方面深入推进资产业务结构转型升级和体制机制改革，增强"造血"能力，实现本质脱困。中国铁物集团坚决退出融资性贸易，围绕铁路核心业务，加快推进专业化和区域化整合，实现主营业务稳健发展，目前在手合同 434 亿元，同比大幅增长。国机集团所属中国二重通过债务重组、业务整合、资产盘活，改善财务结构，加快转型升级，在 2016 年实现扭亏的基础上，

2017 年前三季度利润同比增长 76%。

国有企业特别是中央企业借转型升级进行产业链重组，将转型升级传统产业与布局新兴产业有机融合化一，迈向产业乃至全球价值链中高端。新兴际华集团最初是从事黑色金属冶炼及加工、纺织服务、专用设备制造业务的后勤保障性企业，如今凭借几十年军队后勤保障的基础优势和在装备制造业的技术优势、市场优势，开辟新的业态发展领域，转型应急救援产业，投入百亿元打造中国的"安全谷"，力图建成国际一流、中国顶级的应急产业高端要素集群。葛洲坝集团通过对核心技术的掌握实现了对各板块全产业链的布局，建立起以环保、建筑、水泥、民爆、装备制造等八大业务板块协同支撑的业务结构。

国有企业聚焦做强做优实业，优化配置同类资源，实行专业化运营，提升国有资本运行效率。特别是中央企业通过搭建协同经营平台，同质化经营、重复建设、无序竞争等问题得到有效化解。铁塔公司由三大基础电信运营商联手打造，有利于减少电信行业内铁塔以及相关基础设施的重复建设，提高行业投资效率，进一步提高电信基础设施共建共享水平，从机制上进一步促进节约资源和环境保护。同时有利于降低三家基础电信运营商总体投资规模，有效盘活资产，节省资本开支，优化现金使用，加快转型升级。由南航集团、中航集团、东航集团、中国航材及中国国新共同改组设立中国航空器材有限责任公司，是推进中央企业间资源专业化合作、重组、整合发展的又一次有益探索，是促进航空业运营方式转型升级、协同经营的有效途径。

（五）推动创新发展，提升国有企业国际竞争力

党中央、国务院一直高度重视国有企业的科技创新工作，并对加快实施创新驱动发展战略、大力推进"大众创业、万众创新"作出一系列重要战略部署。在党中央、国务院的坚强领导下，国务院国资委推动中央企业贯彻落实新发展理念、深入实施创新驱动发展战略、大力推动双创工作，结合国企国资改革和科技体制改革，不断完善有利于中央企业科技创新工作的政策措施、出台加强中央企业科技创新工作的意见，先后印发《国资委推动中央企业科技创新工作举措》的通知（国资联合〔2017〕2 号）、《关于成立中央企业科技创新工作领导小组的通知》（国资厅发联合〔2017〕4 号）、《关于加强中央企业科技创新工作的意见》（国资发规划〔2017〕10 号）等文件。此外，为加快实施创新驱动发展战略，建立国有科技型企业自主创新和科技成果转化的激励分配机制，财政部、科技部、国务院国资委联合印发《国有科技型企业股权和分红激励暂行办法》（财资〔2016〕4 号），充分调动技术和管理人员的积极性和创造性，进一步推动高新技术产业化和科技成果转化。

地方国资委为了进一步增强创新驱动发展新优势,优化创业创新环境,纷纷结合实际,出台系列符合自身发展的、有效推动大众创新的相关文件。深圳国资委出台《深圳市国资委创新资金管理办法(试行)》(深国资委〔2017〕193号)等系列文件,上海国资委出台《关于鼓励和支持本市国有企业科技创新的若干措施》,天津国资委出台《关于加强市管企业自主创新工作的指导意见》(津国资规划〔2013〕137号),江西国资委出台《江西省鼓励科技人员创新创业的若干规定》(赣府发〔2016〕20号),这些文件的出台,有效促进了各地方国有企业深入开展科技创新工作。通过双创工作的持续开展,国有企业的科技创新取得显著成果。

中央企业是推动行业技术进步和国家技术创新主力军,发挥科技创新的骨干带动作用。五年来,中央企业获得国家科学技术奖励约占全国同类奖项总数1/3。中央企业作为我国发展战略性新兴产业的重要力量,涌现出一大批具有世界先进水平的标志性的重大科技成果。"慧眼"卫星遨游太空,首艘国产航母和055型驱逐舰出坞下水,两架C919大型客机和AG600水陆两栖飞机试飞成功,首次海域可燃冰试采成功,世界最长跨海大桥港珠澳大桥主体工程全线贯通,"复兴号"高铁成功投入运营,核级数字化仪控系统"和睦"通过工程验证,这些重大科技项目的成功研发和应用,填补了相关领域的空白,标志着我国在世界科技前沿领域迈出实质性步伐。

中央企业科技创新基础得到进一步夯实,科研经费充分,人才资源雄厚,创新型企业研发平台也取得了丰硕成果。五年来,中央企业研发经费累计投入相当于全国研发经费的1/4。中央企业培养和凝聚了一支高素质的科技人才队伍,特别是通过落实人才强企战略,完善人才考核、评价、激励机制,建立科技带头人、首席专家制度,一大批青年科技人才在实践中快速成长,成为科研工作的主要力量。

近年来,中央企业在科技创新模式上取得新突破,由以往"独立创新"为主向"合作创新"模式转变,通过集成创新联合攻关重大项目。截至目前,中央企业已经搭建各类高水平"双创"平台970个,同比增长87%。建成实体孵化器和科技产业园区271个,同比增长5.9%,10家中央企业成为国家"双创"示范基地。航天科工、中航工业、中国移动、招商局集团等企业积极搭建创新创业平台,为小微企业提供技术资金支持,有效带动创新创业和社会就业。

(六)以经营"一带一路"为契机,开展国有企业国际化经营

党的十九大报告指出,要以"一带一路"建设为重点,坚持引进来和走出去并重,遵循共商共建共享原则,加强创新能力开放合作,形成陆海内外联动、东西双向互济的开放格局。"一带一路"倡议和有关部委相应政策，大力推动了国有企业近年来以市场为导向，开拓进取，奋发有为，积极参与"一带一路"建设，与沿线国家共同发展、互利共赢。

国务院国资委高度重视"一带一路"倡议，支持鼓励中央企业积极参加"一带一路"重点项目建设。作为中央企业出资人代表机构，国务院国资委积极引导企业把"一带一路"建设作为中央企业国际化经营的重点，在政策支持、考核支持、各项经济活动顺利开展以及风险管理和分析等方面，为中央企业参与"一带一路"建设营造良好的环境和氛围，使中央企业在"一带一路"的参与过程中，真正实现互利共赢，既使中央企业从中积累国际化经验，又使中央企业和当地国家和地区的合作取得更多更深的成果，使中央企业在"一带一路"建设中长期坚持下去。国务院国资委推动中央企业深入参与"一带一路"建设，以"共商、共建、共享"为原则，不断深化沿线国家在装备、技术、管理等领域的交流合作，为促进全球经济可持续发展做出贡献。

各地政府积极响应"一带一路"倡议，出台一系列政策及指导性文件，围绕促进"一带一路"基础设施建设、优化区域投资布局、推进国际产能合作、加快境外经贸合作区建设、推动人文交流合作等方面，全方位、多层次地推动国有企业参与"一带一路"建设，推进与沿线国家在贸易、投资、交通设施、能源、文化交流、旅游、海洋经济等领域的深度合作。

国有企业积极参与"一带一路"建设，按照市场化原则，充分发挥技术、管理和资金优势，与"一带一路"沿线国家在基础设施建设、能源资源开发、国际产能合作等重点领域开展合作。围绕"一带一路"重点项目，国有企业对外投资合作发展迅速，呈现出主体结构更趋合理、区域范围不断拓展、涉足领域日趋多元、走出去模式日益深化等特点。截至目前，中央企业参与"一带一路"投资合作项目 1713 个，为改善当地民生、促进当地经济社会发展发挥了积极作用。为提升沿线国家互联互通水平，中央企业参与了一批铁路、公路、通信等重大基础设施项目，有力推动沿线国家的紧密联系和协同发展；深化能源资源合作方面，中央企业在 20 多个国家开展 60 多个油气合作项目，在参与矿产资源开发中加强技术交流和共享；结合"一带一路"沿线国家产业发展情况，中央企业加大投资力度，加强国际产能和装备制造合作，多个工业、制造业项目在马来西亚、老挝、印尼等国家成功落地，有效满足了当地经济发展需求。

在"一带一路"建设进程中，中央企业坚持本土化发展，有效带动当地就业。数据显示，中央企业目前海外分支机构 38.4 万名员工中，85% 是本地员工，不少企业员工本地化率达到 90% 以上。国有企业在"一带一路"的建设过程中注重维护东道国经济、社会及环境的和谐发展，在一定程度上已成为东道国经济社会发展的参与者和贡献者，很大程度上实现了和东道国的互利共赢。

五、强化监管，有效防止国有资产流失

（一）完善境内国有资产监管

十八大以来，防止国有资产流失相关文件密集出台，体现出党中央国务院对实现国有资产保值增值、防止国有资产流失的高度重视。国企国资改革防流失领域形成了一套内涵丰富、逻辑严密、科学完整的政策体系，呈现出战略性、系统性、实操性等特点。国资监管的权威性、及时性和有效性增强。在突出监督重点、深入核查问题、提高报告质量、强化监督整改和深化监管融合等方面大力推进监管工作。通过增加监督力量、分类处置、督办、核查监督检查发现和移交的问题及线索，形成发现、调查、处理问题的监督管理闭环，从而增强了国资监管的权威性、及时性和有效性。国资监管工作持续向纵深开展，充分吸取了以往国有企业改革中的经验教训，针对部分企业内部管理混乱、违纪违法问题比较突出，特别是侵吞、贪污、输送、挥霍国有资产现象时有发生等严重问题，加强对国有企业权力集中、资金密集、资源丰富、资产集聚等重点部门、重点岗位和重点决策环节的监督。国务院国资委加大审计监督力度，建立监事会主席统一委派制度，监事会以财务监管为核心，加大了对企业财务活动及企业负责人重大经营管理行为的监督，强化监事会监督职能。加强国资监管队伍建设。健全完善国资委内部职能配置，加强审计、董监会、国有资本经营预算管理工作，多种途径充实监管力量，提升监管水平。健全协调保障机制，不断构建推动国企国资发展的协调配合机制。

（二）强化境外国有资产监管

国务院国资委对中央企业境外国有资产的监管主要包含三个方面。一是行使出资人职能，即以"事前管理"为主的境外投资监管，和以"事后管理"为主的境外国有资产基础管理的监管机制。二是外派监事会的监督检查。三是纪检监察审计层面的监督检查。国资委出台一系列监督管理办法填补境外监管空白。创新投资监管方式，完成境外投资管理由管主业备案、非主业核准的项目管理方式，向负面清单管理方式转变。遏制境外无序竞争，国务院国资委组织召开规范中央企业"走出去"竞争秩序工作会议，并牵头成立规范中央企业高铁"走出去"竞争秩序部际协调机制和中央企业高铁"走出去"产业联盟。加强投资风险防控。对中央企业投资额1亿美元以上、工程承包额5000万美元

以上的 1272 个境外项目进行风险排查，涉及金额 7752 亿美元。同时，探索开展中央企业境外重大投资项目独立第三方风险评估。通过举办境外安全风险防范与应急处置培训，编制境外安全风险防范操作规范，配合组织境外重大突发事件中涉及中央企业的应急处置和人员撤离工作，指导中央企业完善风险评估、监测预警、应急处置"三位一体"的风险防控体系，推进境外安全风险防控能力建设。

六、加强党对国有企业的领导，切实做好党建提升

（一）强调政治意识，保持思想自觉和行动自觉

中央企业坚持党的领导，加强党的建设，首先要旗帜鲜明讲政治，以政治建设为统领，把政治建设作为党的根本性建设来抓。认真贯彻《中共中央政治局关于加强和维护党中央集中统一领导的若干规定》精神，把维护以习近平同志为核心的党中央权威和集中统一领导作为明确的政治准则和根本的政治要求，确保中央企业始终忠诚于党、听党指挥。中央企业党员领导干部要始终牢记第一身份是共产党员、第一职责是为党工作，要不断提高政治觉悟和政治能力，增强政治敏锐性和政治鉴别力，在重大政治原则和大是大非问题上头脑清醒、立场坚定、旗帜鲜明，坚决执行党中央决策部署。

（二）强化政治责任，推动从严治党落到实处

中央企业党委（党组）要抓住党建责任制这个"牛鼻子"，继续完善"述评考用"相结合的工作机制，构建"压实责任—量化考核—反馈整改"的党建工作闭环。党委（党组）要切实履行好主体责任，书记要履行好第一责任、专职副书记要履行好直接责任，班子其他成员要履行好"一岗双责"，进一步形成层层抓落实的工作局面。加强对履行全面从严治党责任情况的监督检查并严肃问责。继续深化党委（党组）书记向国资委党委党建工作述职，实现一届任期内中央企业党委（党组）书记全部现场述职一遍。全面开展上级党组织、同级党组织和党员群众对党建工作的评议。要强化党建考核评价，评价结果将同企业领导班子综合考评、经营业绩考核、重点任务完成情况考核衔接起来，同企业党委（党组）领导班子任免、薪酬、奖惩相挂钩

（三）突出政治标准，建设高素质领导人员队伍

要突出选人用人政治标准，把是否对党忠诚、牢固树立"四个意识"作为首要标尺。大力选拔那些全面贯彻执行党的理论和路线方针政策，坚决贯彻党中央决策部署，始终

同以习近平同志为核心的党中央保持高度一致的干部。要提升治企兴企本领，既要有过硬的政治素质，又要有过硬的业务能力，既要当好领导，又要成为专家。要严格干部日常管理监督，做好提醒戒免工作，切实履行好监督执纪问责责任。坚持严管与厚爱相结合，旗帜鲜明为那些敢于担当、踏实做事、不谋私利的干部撑腰鼓劲。国务院国资委党委将按照中央有关文件要求制定具体办法，激发和保护企业家精神，营造鼓励各级领导人员锐意改革创新的良好氛围。

（四）强化政治功能，夯实企业党的基层组织

国务院国资委党委将印发《中央企业基层党支部工作规则》，部署实施党支部建设整体提升工程。通过着力建设 100 个基层示范党支部并将其打造为样板，形成比学赶超、创先争优的良好局面。开展基层党支部书记、党务干部轮训，召开中央企业基层党组织建设现场经验交流会，切实提高做好基层党建工作的能力和水平。着力消除中央企业境外党建盲区，实现境外单位党的组织、党的工作和发挥党员作用全覆盖；着力加强混合所有制企业党建，明确将建立党的组织、开展党的工作作为中央企业混合所有制改革的基本前提，确保国有资本投到哪里，党的建设就强化到哪里。要大力创新基层党建工作方式，围绕企业改革发展和生产经营，深化党员责任区、党员示范区、党员先锋队等有效载体，开展形式多样的主题实践活动。

2018 中国民营企业改革发展报告

民营经济是推动中国发展不可或缺的力量。中国非公有制经济是改革开放以来在党的方针政策指引下发展起来的。改革开放 40 年，是中国民营经济从小到大、由弱变强的 40 年。如今，民营经济贡献了 50% 以上的税收，60% 以上的国内生产总值，70% 以上的技术创新成果，80% 以上的城镇劳动就业，90% 以上的企业数量。正如 2018 年 11 月 1 日，习近平总书记在主持召开的民营企业座谈会上讲话所指出的："民营经济是社会主义市场经济发展的重要成果，是推动社会主义市场经济发展的重要力量，是推进供给侧结构性改革、推动高质量发展、建设现代化经济体系的重要主体，也是我们党长期执政、团结带领全国人民实现'两个一百年'奋斗目标和中华民族伟大复兴中国梦的重要力量"。

但自 2016 年以来，民营企业投资出现了"断崖式"的下降，引起了各界的广泛关注。在民营企业座谈会上，习近平同志深入分析当前我国民营经济发展遇到的困难和问题，提出支持民营企业发展壮大的六个方面政策举措，强调当前一些民营经济遇到的困难是发展中的困难、前进中的问题、成长中的烦恼，一定能在发展中得到解决；民营经济是我国经济制度的内在要素，民营企业和民营企业家是我们自己人。这给民营企业和民营企业家安心谋发展吃下了定心丸，也让民营经济发展迎来新的春天。

为了进一步了解民营企业、民营经济的状况，本报告对民营企业在国民经济中的作用、发展环境、投资状况、发展中存在的问题及政策建议进行分析，并引用《中国中小企业 2018 年蓝皮书》的有关章节进行阐述，为读者提供可以借鉴的理论和经验，以期助力民营企业的发展。

一、我国民营企业的发展概况

（一）民营企业蓬勃发展

民营企业包括两大类：一类是私营企业，一类是个体工农商户。据统计，截至 2017 年年底，全国私营企业数量为 2726.3 万户，较 2012 年增长了 1640.6 万户，增幅为 151.1%；

个体工商户为 6579.4 万户，较 2012 年增长了 2520.1 万户，增幅为 62.8%。

表 1　2012 年—2017 年私营企业和个体工商户数量　　　　　单位：万户

	2012	2013	2014	2015	2016	2017
个体工商户	4059.3	4436.3	4984.1·	5407.94	5930	6579.4
私营企业	1085.7	1253.9	1546.4	1967.6	2309.2	2726.3

到 2016 年年底，民营企业中私营企业注册资本金达到 1305000 亿元，个体工商户注册资本金达到 44400 亿元。据不完全统计，截至 2017 年年底，民营企业注册资本金超过了 165 万亿元。

表 2　2012 年—2016 年私营企业和个体工商户注册资金

	私营企业注册资金（亿元）	增长率（%）	户均注册资金（万元）	个体工商户注册资金（亿元）	增长率（%）	户均注册资金（万元）
2012	311000	20.6	286.5	19766.7	22.2	4.9
2013	393000	26.4	313.4	24300	23.1	5.5
2014	592000	50.6	382.8	29300	20.6	5.8
2015	906000	53	474.7	36938	34.5	6.5
2016	1305000	44.1	565.1	44400	20.2	7.5

注：本表数据来自于国家工商总局

（二）全国规模以上私营工业企业各项指标标超过全国工业企业平均值

在工业类别中，到 2017 年底，全国规模以上私营工业企业主营业务收入为 381034.44 亿元，较 2012 年增长了 95412.96 亿元，增幅为 33.41%；主营业务利润为 23043 亿元，较 2012 年增长了 2851.1 亿元，增幅为 14.12%；总资产为 242636.74 亿元，较 2012 年增长了 90088.61 亿元，增幅为 59.06%；总负债为 127610.46 亿元，较 2012 年增长了 44911.18 亿元，增幅为 53.31%。

表3 2012 年—2017 年全国规模以上私营工业企业运行情况 单位：亿元

	2012	2013	2014	2015	2016	2017
主营业务收入	285621.48	342002.6	372175.7	386394.6	410188.06	381034.44
主营业务利润	20191.9	23327.08	23550.42	24249.73	25494.9	23043
资产总计	152548.13	187704.4	213114.42	229006.48	239542.71	242636.74
负债总计	82699.28	101333.98	111130.1	118651.48	121386.12	127610.46

注：本表数据来源于统计年鉴（2013-2018）

（三）批发零售领域私营企业十分活跃，各项指标均有显著增长，凸显民营企业效率

在批发零售类别中，2017 年全国限额以上私营批发企业主营业务收入、主营业务利润、总资产和总负债分别为 124963.82 亿元、3644.72 亿元、54563.82 亿元和 42534.59 亿元，分别较 2012 年增长了 59128.01 亿元、2463.28 亿元、23665.27 亿元和 18055.98 亿元，增幅分别为 89.81%、67.58%、76.59% 和 76.76%。

表4 2012 年—2017 年全国限额以上私营批发企业运行情况 单位：亿元

	2012	2013	2014	2016	2015	2017
主营业务收入	65835.81	88177.67	99911.97	103620.62	92469.22	124963.82
主营业务利润	3644.72	5386.15	5301.93	5139.79	5743.64	6108
资产总计	30898.55	40561.41	45271.61	49019.63	42955.6	54563.82
负债总计	24478.61	31874.17	35769.1	38301.49	33737.05	42534.59

注：本表数据来源于统计年鉴（2013-2018）

2017 年全国限额以上私营零售企业主营业务收入、主营业务利润、总资产和总负债分别为 35484.05 亿元、3846.86 亿元、17066.28 亿元和 12481.38 亿元，较 2012 年分别增长了 14195.45 亿元、1807.31 亿元、6331.26 亿元和 4629.77 亿元，增幅分别为 66.68%、88.61%、58.98% 和 58.97%。

表 5　2012 年—2017 年全国限额以上私营零售企业运行情况　　单位：亿元

	2012	2013	2014	2015	2016	2017
主营业务收入	21288.6	26943.39	30545.81	32327.21	36170.74	35484.05
利润总计	2039.55	3079.59	3357.95	3498.79	3919.47	3846.86
资产总计	10735.02	13039	15024.65	15464.13	17126	17066.28
负债总计	7851.61	9548.6	11145.74	11314.88	12350.38	12481.38

注：本表数据来源于统计年鉴（2013-2018）

（四）私营住宿餐饮企业各项指标也有较大幅度增长

在住宿餐饮类别中，2017 年全国限额以上私营住宿企业主营业务收入、主营业务利润、总资产和总负债分别为 1173.23 亿元、623.61 亿元、2908.31 亿元和 2373.99 亿元，较 2012 年分别增长了 286.87 亿元、140.57 亿元、920.04 亿元和 836.15 亿元，增幅分别为 32.36%、29.1%、46.27%、54.37%。

表 6　2012 年—2017 年全国限额以上私营住宿企业运行情况　　单位：亿元

	2012	2013	2014	2015	2016	2017
主营业务收入	886.36	973.38	996.48	1044.77	1089.78	1173.23
主营业务利润	483.04	489.73	508.47	521.58	552.19	623.61
总资产	1988.27	2413.66	2505.88	2706	2709.93	2908.31
总负债	1537.84	1859.54	1999.89	2089.98	2085.62	2373.99

注：本表数据来源于统计年鉴（2013-2018）

2017 年全国限额以上私营餐饮企业主营业务收入、主营业务利润、总资产和总负债分别为 2165.66 亿元、881.77 亿元、2173.91 亿元和 1537.51 亿元，较 2012 年分别增长了 263.34 亿元、109.57 亿元、496.93 亿元和 371.88 亿元，增幅分别为 13.84%、14.19%、29.63% 和 31.9%。

表 7　2012 年—2017 年全国限额以上私营餐饮企业运行情况　　　　单位：亿元

	2012	2014	2013	2015	2016	2017
主营业务收入	1902.32	2064.32	2050.6	2171.11	2216.36	2165.66
主营业务利润	772.2	816.78	813.4	837	875.78	881.77
总资产	1676.98	2010.33	2090.2	2183.5	2180.09	2173.91
总负债	1165.63	1356.65	1470.35	1504.31	1518.76	1537.51

注：本表数据来源于统计年鉴（2013-2018）

（五）私营建筑企业估算结果各指标增长十分显著

在建筑业类别中，国家统计局并未根据登记注册类型对私营建筑业企业单独统计，本报告将内资建筑企业相关指标减除国有企业、集体企业等相关指标后的数值作为私营建筑业企业，由于未减除登记注册类型为股份制企业的相关数据，因此，私营建筑业企业数据存在估情况。如表 18 所示。

表 8　2012 年—2017 年全国限额以上私营餐饮企业运行情况　　　　单位：亿元

	2012	2013	2014	2015	2016	2017
实现利润	3991.25	–	5595.43	5583.99	6126.98	6553.82
总资产	84903.22	–	119325.5	132056.15	146502.17	163680.65
总负债	54867.15	–	78032.93	85409.55	94023.87	105627.94

（六）民间投资贡献率高但近两年下降明显

投资贡献率 * 反映投资对经济增长的贡献程度，投资率反映了既有投资水平对经济增长的贡献，而投资贡献率则反映了新增的投资对新增产出的贡献。全社会民间投资的投资贡献率 2017 年之前较为稳定，平均贡献率为 70.9%，维持在较高水平，新增的投资拉动经济增长的作用明显。2017 年出现了实际民间投资的负增长状况，经济增长微弱。2013~2015 年第一产业的民间投资贡献率呈现上升趋势，2015 年达到了 128.5%，超过了 100%，即第一产业新增的经济产出尚不能满足投资扩大的需要，这是值得警惕的，如果投资不能够提高经济产出能力，会导致过度投资，进而会损害资源的配置效率，会对地区的经济发展造成难以估量的损害。2015 年之后投资贡献率呈下降态势，2017 年出现了实际新增投资为负的情况。2013~2015 年第二产业的平均投资贡献率为 74.8%，第二产业新增民间投资对第二产业的增加值贡献达到 74.8%，拉动经济增长的作用较为明显。2015 年之后，第二产业的实际民间投资就出现了负增长情况。到 2017 年为 –91.7%。2013~2017 年第三产业的投资贡献率呈现下降趋势，从 94% 下降到 –35.4%，而投资率基本维持在 34.5%，变动幅度不大，说明继续扩大投资规模出现瓶颈，但没有影响经济继续增长。

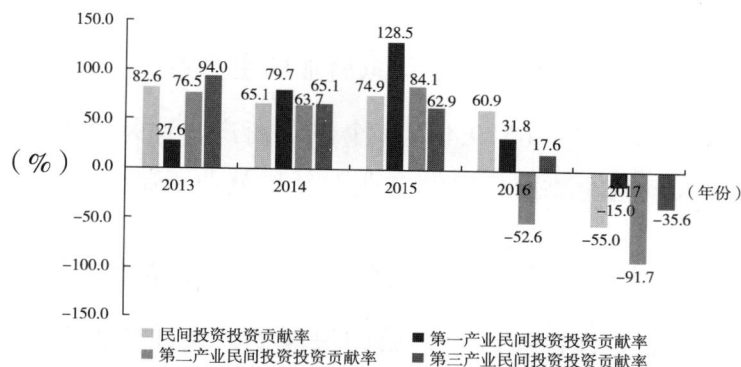

图 1　分产业民间投资的投资贡献率

* 投资贡献率 = 国有企业或民间投资增量 / 国内生产总值增量

二、民营经济在我国经济增长中的作用

改革开放 40 年来，在党的改革开放政策的指引下，我国的民营经济不断发展壮大，为我国的经济社会发展、改革开放、国际市场的开拓等发挥了重要的作用。

（一）民营经济是国家经济稳健持续发展的重要力量

民营经济促进了经济的快速增长，为中国成为世界第二大经济体作出重要贡献。我们必须认识到，如果没有民营经济的发展，就没有整个经济的稳定发展。

（二）民营经济是国家财富的重要来源

民营经济贡献了 50% 以上的税收，是社会发展产业和金融发展的重要依托，促进了经济社会稳定和人民生活水平的不断提高。

（三）民营经济是促进产业创新、能力提升和国家创新发展不可或缺的力量

民营经济创造了 70% 以上的科技创新的成果，在世界 500 强中，中国民营经济 2018 年已经有 28 家。以华为为例，华为的销售收入已超过 6000 亿！在这 6000 亿的销售后面，是强大的科技研发投入。华为每年的的科技研发经费 900 亿左右，占到了销售总额的 15%。所以我们必须认识到如果没有高质量的民营企业的体系，就没有现代产业体系。所以任何顶天立地的大企业都需要有铺天盖地产业链、供应链上的中小微企业、民营企业来支撑。

（四）民营经济促进了国家就业，是国家就业的主力军

我国 2726.3 万家民营企业、6579.4 万家个体工商户，这是巨大的一个数字，提供了 80% 以上的城镇劳动人口就业。而且民营企业对新增就业贡献已经超过 90%。

（五）民营经济是我国改革开放发展社会主义市场经济的重要成果

铺天盖地的民营企业是在国家改革开放的浪潮中，在社会主义市场经济公平竞争和淘汰中前仆后继，不断提高企业化、市场化管理水平中发展起来的，向世界展示着中国特色社会主义经济制度体系的强大生命力，也展示着中华民族勤劳奋斗的企业家精神的斗志。

（六）民营经济在国家对外开放中发挥了重要作用

近年来民营企业出口总额占我国进口总额（含国企、外商投资企业等）的 45%，2018 年超过 50%，是推动我国进出口增长的一大主体。民营企业还积极参与"一带一路"和经济全球化发展进程，在国家市场开拓和开展民间合作中发挥重要作用，有利推动融入我国世界经济格局的发展步伐。

（七）民营经济是扶贫助困、公益慈善的生力军

广大的民营企业家自觉履行公益责任，推动脱贫攻坚和社会主义公益事业的发展，在捐资助学、抗震救灾等等方面做了大量的工作和可圈可点的贡献，促进了社会的和谐和稳定。以工商联开展的"万企帮万村"精准扶贫为例，从 2015 年 10 月到 2018 年 6 月两年半的时间内，民营企业扶贫达到 5.54 万家，帮扶了 6.28 万个贫困村，产业扶贫的投入将近 600 亿，公益扶贫投入超过 115 亿，安置建档立卡贫困人员就业和技能培训 113

万多人。

（八）民间投资超过国企投资，对 GDP 拉动作用巨大

投资与经济增长密切相关，投资规模和投资效率作为数量和质量指标，一同构成了一国或一个地区经济增长的源泉。从民间投资规模角度看，2012 年以来，民间固定资产投资投资率 * 大于国有固定资产投资投资率，成为我国经济新的增长点。从图 1-2 中可以看出，国有固定资产投资投资率基本处于稳定状态，基本维持在 14% 左右，而民间固定资产投资投资率呈现了先上升后下降的趋势，2016 年达到顶峰 40%，2016 年之后呈现民间固定资产投资增势疲弱现象。

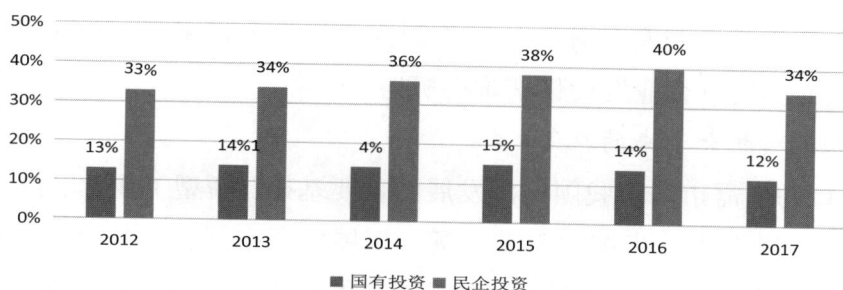

* 投资率 = 国有企业或民间投资 / 国内生产总值

图 2　国有企业与民营企业投资的投资率

三、当前我国民营企业发展面临的机遇与挑战

（一）我国民营企业发展面临的机遇

1. 政策机遇

2018 年 11 月 11 日，习近平同志在民营企业座谈会上的重要讲话发表后，各有关部门都积极行动起来，针对营商环境欠佳、税费负担重、融资难融资贵等问题，提出务实解决方案，优化细化政策措施，创新完善工作机制，努力优化营商环境，加大减税降费力度，拓宽融资渠道，加大财政政策支持，完善人才和用工制度，鼓励技术创新，强化政策落实；各级政府也积极行动起来，针对民营企业发展的难点、痛点、堵点精准施策，将支持民营经济发展壮大的政策举措切实落到实处。这对民营企业来说是重大利好，也是难得政策机遇。

2. 高质量发展机遇

党的十九大报告指出，中国特色社会主义进入新时代，我国社会主要矛盾已经转化为人民日益增长的美好生活需要和不平衡不充分的发展之间的矛盾。解决这一社会主要

矛盾的重要举措之一，就是建设现代化经济体系，推动我国经济实现高质量发展。由速度型发展转向质量型发展会打开巨大的发展空间，同时也是一个宝贵发展机遇。哪些企业在转型升级、创新发展方面走在前面，哪些企业就能抓住机遇，实现更大发展。

3. 消费结构升级机遇

进入新时代，人民群众衣食住行等消费需求层次明显提升，不仅要吃饱，而且要吃好、吃出健康；不仅要穿暖，而且要穿好、穿得时尚；等等。人民群众消费需求层次提升也为民营企业发展带来新的机遇、打开新的市场。尤其是随着我国中等收入群体持续扩大，消费结构升级为民营企业发展带来的新机遇会愈发明显。

4. 推动城乡、区域协调发展带来的机遇

协调发展是新发展理念的重要内容。在协调发展中，不发达地区会承接来自发达地区的产业转移，而且这一过程往往与城镇化同向推进，会带来基础设施、服务业等领域的巨大需求，从而为民营企业发展带来难得机遇。

5. 内需市场持续扩大带来的机遇

近 14 亿人口的内需市场是我国经济发展的重要基础，新型工业化、信息化、城镇化、农业现代化同步发展会进一步扩大内需市场，拓展发展空间。六是进一步扩大对外开放带来的机遇。随着共建"一带一路"扎实推进，我国同"一带一路"参与国家的合作不断深化，这为民营企业走出去发展提供了千载难逢的机遇。我国民营企业应当认清形势、把握机遇，不断扩大产品和服务种类、提高产品和服务质量，在满足人民需求、开拓国际市场中实现新的发展。

（二）民营企业发展面临的挑战

近来，一些民营企业在经营发展中遇到不少困难和问题，其成因主要包括国际经济环境变化、我国经济由高速增长阶段转向高质量发展阶段、政策落实不到位，同时也有企业自身的原因。针对这些问题，习近平同志指出："在我国经济发展进程中，我们要不断为民营经济营造更好发展环境，帮助民营经济解决发展中的困难，支持民营企业改革发展，变压力为动力，让民营经济创新源泉充分涌流，让民营经济创造活力充分迸发。"目前，促进民营企业发展的利好政策不断出台，民营经济发展环境不断优化。但也要清醒地认识到，营商环境和市场环境只是企业发展的外因。即使在十分优良的营商环境和市场环境中，企业也会面临激烈市场竞争和各种风险挑战，不同企业的发展结果也会有好有坏。对企业发展结果起决定性作用的是企业的经营能力、管理水平、创新能力和核心竞争力。因此，广大民营企业家既要坚定发展信心，努力抓住难得的时代机遇；又要练好企业内功，正确认识、积极应对各种难以回避的风险挑战，努力把企业做强做优。

1. 经济发展阶段转换带来的挑战

改革开放之初，我国拥有丰富的劳动力资源与自然资源，通过发展劳动密集型和资源密集型产业，经济得以长期保持高速增长。但是，随着资源环境约束日益趋紧、人口红利逐渐消失，转向高质量发展成为我国经济发展的必然选择，这也是生产力向更高水平跃升客观规律作用的结果。当前，我国正处在转变发展方式、优化经济结构、转换增长动力的攻关期，经济扩张速度会放缓，但消费结构全面升级，需求结构快速调整，对供给质量和水平提出了更高要求，必然给企业带来转型升级压力。适应高质量发展要求实现转型升级、创新发展，这是对包括国有企业、民营企业在内的各类市场主体的要求。但长期以来，我国不少民营企业过度依赖低成本要素投入的粗放发展模式，创新意识和创新能力不强，转型升级的积极性主动性不够。面对经济发展阶段转换带来的机遇和挑战，必须打破思维惯性、走出传统发展路径，努力增强创新能力和核心竞争力。

2. 国际经济环境变化的挑战

改革开放以来，我国持续扩大对外开放，积极融入经济全球化，经济发展取得巨大成就。但一段时间以来，全球经济复苏进程中风险积聚，保护主义、单边主义明显抬头，导致我国发展的外部环境发生了深刻变化，给我国经济和市场预期带来诸多不利影响。民营企业作为我国对外贸易的重要主体，其出口占我国出口总额的45%。在外部环境发生深刻变化的情况下，一些民营出口企业必然会受到影响，那些为出口企业配套或处在产业链上的民营企业也会受到拖累。目前，我国大力推进共建"一带一路"，推动经济全球化进程向更加开放、包容、普惠、平衡、共赢方向发展，能够在一定程度上对冲保护主义、单边主义对国际贸易的不利影响。我国民营企业特别是出口企业应乘着共建"一带一路"的东风，抓住新一轮科技革命和产业变革机遇，积极探索多元出口市场，适应国际市场需求变化，加快研发新产品、提供新服务，积极应对国际经济环境变化的挑战。

3. 完善企业制度的挑战

当前，我国相当大比例的民营企业是自然人企业或家族企业，一些企业管理不健全、制度不规范。这限制了企业在市场竞争中发展壮大，不利于实现可持续发展，同时也是一些企业在环保、社保、质量、安全、信用等方面存在不规范、不稳健甚至不合规合法问题的根源。特别是在加快建设公平开放统一高效的市场环境、公平经营的法治环境和加强监管执法的背景下，制度不完善的企业必然面临更大压力。实践证明，现代企业制度是企业发展壮大的有效制度模式。有条件的民营企业应加快完善法人治理结构，建立现代企业制度。还不完全具备条件的民营企业也应努力健全制度、改善经营、提升管理，建立适合本企业情况、有利于可持续发展的规范企业制度。

（三）抓住机遇、应对挑战，努力实现做强做优

民营企业要成功抓住机遇、应对挑战，关键是苦练内功，在以下三个方面下更大力气。

1. 提高化挑战为机遇的能力

对一个企业而言，机遇与挑战无处不在、无时不有。要抓住机遇、应对挑战，关键要有危机意识和化挑战为机遇的能力。危机意识表现在深刻把握不学习、不积累、不创新就会落后的道理，经常查找企业存在的问题，随时准备应对新情况新挑战，并且通过持续创新保持企业优势。要看到，机遇与挑战是辩证的，解决了挑战中的问题，就等于把挑战变成了机遇，就积累了应对挑战的能力。这是一个在游泳中学习游泳的过程。所谓脱颖而出，就是率先成功应对挑战、解决挑战中的问题。可见，有挑战并非完全是坏事，把挑战转化为机遇，是企业持续发展壮大的关键所在，也是优秀企业的特点之一。机遇总是眷顾有准备的企业。民营企业家、经营者和员工要大力提高自身素质，提高学习能力、创新能力和开拓能力。

2. 在合法合规中提高企业竞争能力

加快形成法治化国际化便利化的营商环境、公平开放统一高效的市场环境和公平经营的法治环境，是完善社会主义市场经济体制的内在要求，也是大势所趋。任何事物都有发展完善的过程，社会主义市场经济体制也不例外。在过去社会主义市场经济体制不够健全时，一些民营企业存在经营不规范甚至钻法律空子的问题，这样的企业面对规范的、监管到位的市场经济体制反倒不适应了。要认识到，守法经营是任何企业都必须遵守的原则，也是长远发展之道。民营企业必须坚持遵纪守法搞经营，在合法合规中提高企业竞争能力。

3. 努力实现企业高质量发展

自然资源上的比较优势和技术上的后发优势曾经是一些民营企业快速发展的有利条件。随着我国经济由高速增长阶段转向高质量发展阶段，这种比较优势和后发优势将逐渐消失，创新将成为企业发展的主要驱动力。民营企业应把创新当作一种自觉行动，通过扎扎实实练内功，大力推进技术创新、产品创新、生产方式创新、营销策略创新、企业组织方式和管理方式创新，大力推进企业高质量发展，不断提高企业的经营能力、管理水平、创新能力和核心竞争力。

四、民营企业投资状况分析

改革开放 40 年以来，民营企业克服了基础薄弱和先天不足等很多劣势，现在已经成

为我国经济的重要组成部分,作为不同于国有企业的一种经济成分,它有着自身的优越性,为我国的经济发展做出了巨大的贡献,也解决了就业问题,为我国的税收、GDP 的增长发挥着不可替代的作用。

目前正处于经济发展的重要战略阶段,这对于我国的民营企业来说既是机遇也是挑战。在全球性的金融危机影响和我国经济发展速度放缓的总体形势下,民营企业面临的压力很大。

以下从民营企业投资的总体、区域、行业,以及外资民营企业投资和典型民营企业投资等五个方面进行分析,从而对我国民营企业投资状况有一个全方位的了解。

(一)民营企业投资总体状况

1. 民营企业投资的概念

投资是指一个国家或地区在某一时期进行生产设备、厂房、其他各类设施的替换或增加的行为,这种资产的增加成为未来的生产资料,促进产出的增长,最终满足未来的消费和投资需求。固定资产投资是社会固定资产再生产的主要手段,固定资产投资是以货币形式表现的、企业在一定时期内建造和购置固定资产的工作量以及与此有关的费用变化情况,由于民间固定资产在民间投资所占的份额超过了90%,因此一般意义上的民间投资就等同于民间固定资产投资。

与其他投资相比,民间投资并不是一个标准的统计分类,没有现成的统计数据,本蓝皮书的民营固定资产投资是指,经济中全部固定资产投资减去外商企业、港澳台企业投资及国有和国有控股之后的全部固定资产投资的部分,包括联营、股份制、集体、私营和个体及其他经济类型的固定资产投资。

2. 民营企业增速下滑

2012 年以来,我国民间投资增速一直处于下滑的趋势,2012 年 3 月民间固定资产投资增速为 28.9%,到 2016 年 7 月民间固定资产投资增速仅为 2.1%。2017 年以来,我国民间投资的总体情况有所好转,但是民间固定资产投资增速仍然处于比较低的地位,低于全国平均的水平。民间固定资产投资自 2017 年 3 月同比增长 7.7%,创 12 个月以来的新高之后,增速又开始放缓,总体呈下降的趋势,2017 年 1~11 月,民间固定资产投资增速为 5.7%,为整个年度内的最低值。

2018 年以来,到 5 月为止,民间固定资产投资增速均处于 8% 以上,2018 年 3 月同比增长 8.9%,创 12 个月以来的新高,总体增长情况有所好转。

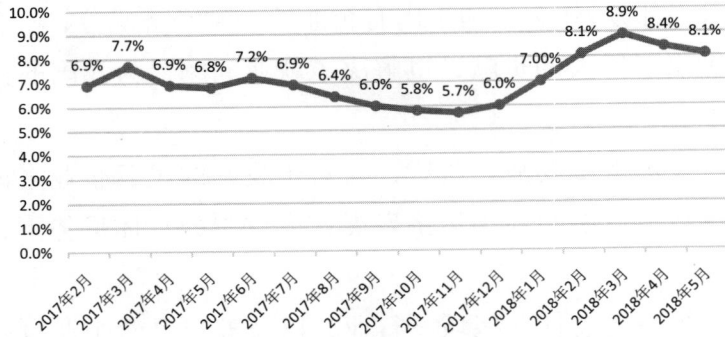

图 3　民间固定资产投资累计同比增长

由上图可以看出，2017 年上半年民间固定资产投资的增速波动比较大，2017 年 3 月同比增长 7.7%，2017 年 2 月同比增长 6.7%，2017 年下半年民间固定资产投资的增速变化比较平缓，基本稳定在 6% 左右。从 2018 年 2 月开始，民间固定资产投资增速开始提高，在 2018 年 3 月达到最大，为 8.9%。

在 2018 年 2 月以前全国固定资产投资增速一直都比民间固定资产投资增速要高，但从 2018 年 2 月开始全国固定资产投资增速比民间固定资产投资增要低，由此可见，在 2018 年民间固定资产投资的活力增强，投资信心进一步增加。详见下图：

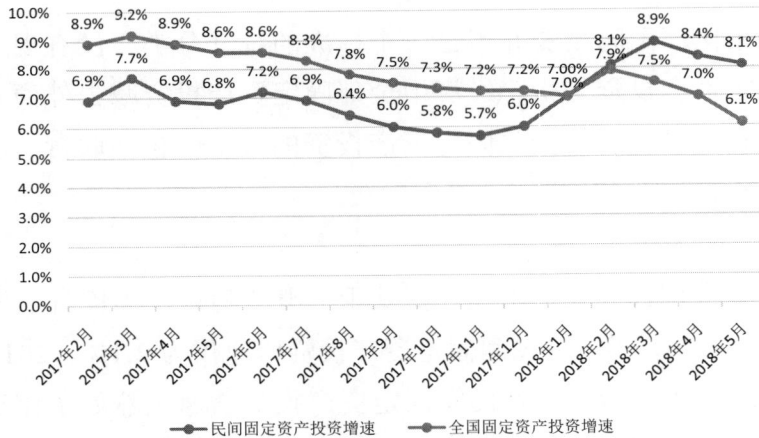

图 4　全国及民间固定资产投资当月同比增长

3. 民营企业投资在全国的占比仍是主力

民间投资占全国投资非常大的比重，在 2015 年之前，虽然民间固定资产投资在全国投资的占比不足 60%，但也均在 50% 以上，占的比重超过国有固定资产投资的比重，在 2015 年 12 月占比突破 60%，达到 60.32%，在 2017 年 3 月民间固定资产投资在全国固定资产投资中占比创 2017 年度最高值，达到了 61.71%。从 2017 年 10 月开始，民间固定资产投资的占比有所下降，但是下降的幅度不大，2017 年 10 月占比 61.03%，到了 2017 年 11 月，下降到 60.11%，12 月下降为 58.92%，虽然民间固定资产投资的占比下降，但是民间固定资产在全国投资中仍占据十分重要的地位见表 9。

表 9　固定资产投资月度数据

单位：亿元

时间	全国		民间	
	累计值	当月值	累计值	当月值
2012 年 12 月	364835.07	38598.9	223982	22358
2013 年 12 月	436527.70	45245.17	274794	26413
2014 年 12 月	502004.90	50937.32	321576	30253
2015 年 12 月	551590.04	54407.89	354007	32817
2016 年 12 月	596501	57953.02	365219	34152
2017 年 2 月	41377.89	41377.89	24977.42	24977.42
2017 年 3 月	93777.06	52399.17	57313.45	32336.03
2017 年 4 月	144326.84	50549.78	88052.83	30739.38
2017 年 5 月	203718.27	59391.43	124328.78	36275.95
2017 年 6 月	280604.83	76886.56	170238.96	45910.18
2017 年 7 月	337409.49	56804.66	204640.28	34401.32
2017 年 8 月	394150.13	56740.64	239147.79	34507.51
2017 年 9 月	458478.18	64328.05	277519.63	38371.84
2017 年 10 月	517817.98	59339.8	313734.47	36214.84
2017 年 11 月	575057.05	57239.07	348143.44	34408.97
2017 年 12 月	631683.96	56626.91	381509.5	33366.06

资料来源：国家统计局

国有及国有控股企业在全国固定资产投资中所占的比例远远低于民营企业在全国固定资产投资中所占的比例，近几年，国有及国有控股企业在全国固定资产投资中的占比基本没有超过 40%，在 2017 年 3 月达到近来最低占比，为 35.16%，此后几个月占比稳步回升，在 2017 年 12 月，国有固定资产投资的占比达到了 38.13%。从 2012 年到 2015 年民营企业固定资产投资所占的比例逐渐增加，到 2015 年已经突破了 60%，2016 年和 2017 年民营企业投资占比有所下降，但仍然是我国固定资产投资中不可忽视的重要组成部分。

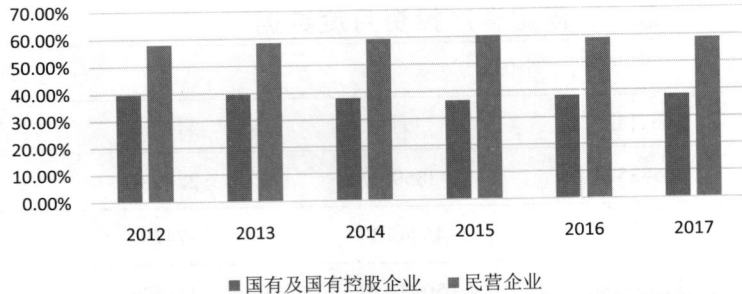

图 5　国有及国有控股企业、民营企业固定资产投资占比

根据以上分析，民营企业固定资产投资的增长速度虽然有着不同程度的下降，但是自 2018 年以来，民营企业固定资产投资的增长速度有所提高，民营企业投资的信心有所上升，民营企业在整个投资情况中所占的比例仍然占据主力。

（二）民营企业投资区域极不平衡

大西北地区和东北地区与其他区域的差距明显，这两个地区民营投资在全部民营投资中占比非常小，2016 年，东北地区占全部民营投资的 5.39%，大西北地区占全部民营投资的 3.49%，区域间民营投资不均衡，且这两个地区民营投资占比逐年减少，东北地区从 2012 年的占比 11.38% 到 2016 年下降为 5.39%，下降了 52.64%。东北地区民营投资在全国民营投资中所占的比例比大西北地区下降的幅度更大，大西北地区 2014 年占比为 3.85%，2016 年下降为 3.49%，整体下降幅度为 9.35%。另外，北部沿海地区及黄河中游地区近几年的占比也有小幅度的下降，但下降幅度都不超过 5%，其他地区占比有小幅度提升。

2016 年，北部沿海地区民营投资在全国占比达到了 19.4%，在所有区域中占的比例是最大的，北部沿海地区包括北京、天津、河北和山东四个省市，具有非常雄厚的资源，知识密集，是一个投资环境良好的区域，应加强区域间合作，北部沿海地区在全部民营投资中占的比例最大，可以带动东北地区和大西北地区的发展，为这两个地区增加就业机会，促进东北和大西北地区的经济发展，吸引民间投资。

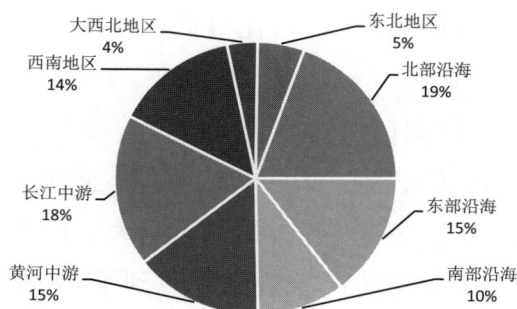

图 6 2016 年各区域民营投资在全部民营投资中所占的比例

除北部沿海地区外，长江中游占了全部民营固定资产投资的 17.99%，黄河中游占比 14.77%，东部沿海占比 14.58%，西南地区占比 14.26%，也在民营固定资产投资中占的比例较大。整体来看，不同区域间的民营投资状况差别较大，投资的差距明显。

民间投资是具有私有性质的投资行为，目的是追求利益的最大化，民间投资的区域选择以利润最大化为导向，区域投资环境的差异也决定了区域民间投资吸引力的差异，民间投资的区域空间自我积累效应，使我国民间投资的区域模式不会在短时间内发生改变，不能过分强调要促进民间投资的区域均衡，要正确地对待区域民间投资的发展，可以采取产业引导和政府扶持等措施来促进民间投资的流转。

（三）结论

2012 年以来，我国民间投资增速一直处于下滑的趋势，自 2017 年以来，我国民间投资的总体情况有所好转，但是民间固定资产投资增速仍然处于比较低的地位，低于全国平均的水平。2018 年以来，到 5 月为止，民间固定资产投资增速均处于 8% 以上，2018 年 3 月同比增长 8.9%，创 12 个月以来的新高，总体增长情况有所好转。

在 2018 年 2 月以前全国固定资产投资增速一直都比民间固定资产投资增速要高，但 2018 年 2 月开始全国固定资产投资增速比民间固定资产投资增速要低，可见，在 2018 年民间固定资产投资的活力增强，投资信心进一步增加。

从 2012 年到 2015 年民营企业固定资产投资所占的比例逐渐增加，到 2015 年已经突破了 60%，2016 年和 2017 年民营企业投资占比有所下降，但仍然是我国固定资产投资中不可忽视的重要组成部分。

各个地区民营固定资产投资有所回升，其中，东部沿海地区、南部沿海地区、长江中游地区投资的增长速度有小幅度提升，西南地区民营投资增长速度提高最快，东北地区仍然出现了较大的负增长。在我国北部沿海地区，民营企业固定资产投资在全部投资中所占的比例最大，大西北地区民营投资占比最低，整体来看，不同区域间的民营投资状况差别较大，投资的差距明显。

从行业来看，三个行业的民间固定资产投资增长速度都有不同程度的下降，2017 年 2~12 月民间固定资产投资三大产业的比重，其中第一产业所占的比重最少，只有 4.43%，第二产业和第三产业在民间固定资产投资占的比重最大，两者都是民间固定资产投资的重要组成部分，其中第二产业所占的比重最高，达到了 48.86%，第三产业占的比重为 46.71%。2017 年和 2016 年相比，各行业民间固定资产投资总体的变化趋势大概一致，但采矿业、建筑业及公共管理和社会组织三个行业的民间固定资产投资全年累计值出现了下降，其中采矿业下降的幅度最大，2017 年采矿业、建筑业以及公共管理和社会组织的民间固定资产投资累计增长为负，其他的行业为正，卫生、社会保障和社会福利业的累计增长百分比最大。

近几年，外商民营企业固定资产投资总额总体呈现增长的趋势，各个区域外资民营企业固定资产投资不均衡，东部沿海地区投资总额最大，而大西北地区仅为东部沿海地区外资民营企业固定资产投资总额的 2.2%。制造业外商投资企业固定资产投资在所有行业中占的比重最大，公共管理和社会组织外商投资企业固定资产投资总额最低，不同的行业之间，外商投资企业固定资产投资有不同幅度的增降。

五、民营企业发展中存在的困难和问题及解决方案建议

（一）融资方面

1 现状调研

民营企业融资的基本渠道分为两种：内源融资和外源融资。

内源融资是指将企业在生产经营活动中取得的收益转化为投资的过程，其实质是企业所有者向企业追加投资，其主要方式包括自筹资金、折旧准备金、留存收益、固定资产变现的流动资金转移等。内源融资具有以下几个特点：一是内生性，即不需要借助其他金融中介，是企业将原始资本积累和剩余价值资本化的过程；二是融资成本低；三是内源融资具有产权控制性特征，可以避免造成对原股东控制权的稀释，从而使原股东享有更多的经济利益；四是企业进行内源融资，可以避免面临到期还本付息或者支付股利的压力。

外源融资是指企业通过向企业内部以外的一些经济体筹集资金，其类型可分为直接融资和间接融资两种。直接融资是指企业直接在资本市场融资，由于现阶段我国民营企业上市条件苛刻，加之证券市场发展滞后，导致直接融资结构失衡，因此直接融资在我国所占外源融资的比例很低。间接融资是指通过银行贷款、其他金融机构贷款、融资租赁、基金融资、票据贴点、典当等融资，由于民营企业资金需求量较少，因此，此种融资方式相对来说更加受到民营企业的青睐，是最为广泛的一种外源融资方式。

目前，我国民营企业通过内部获取资金的内源融资额度有限，不足以弥补企业日常的资金缺口；民营企业通过上市等手段获取外部资金的直接融资方式难度太大，只能适用于极其少数的民营企业。因此，现阶段，我国民营企业融资的主要途径就是外部融资中的间接融资；而间接融资中银行贷款是其最主要的形式。

目前，民营企业间接融资，具备以下特点：

（1）渠道窄：银行贷款是目前民营企业融资的主要渠道。由于证券市场的准入门槛很高，再加上创业投资体系尚未健全、发行企业债的准入障碍等因素，普通的民营企业很难借助资本市场的力量融资。因此，外源融资中的直接融资，对于民营企业来说只是镜花水月，可望而不可即。

（2）信贷歧视：民营企业从银行融资难度大。由于贷款需要较高的交易费用和质押、监控费用，因此银行通常不会放贷给中小民营企业，银行更倾向于对国有企业、中大型民营企业贷款。另外，银行的贷款审核非常严苛，大部分均需要取得一定的担保或者抵押，为了更好地防范还款风险，各大银行几乎很少对民营企业发放信用借款，仅仅可以考虑发放抵押担保贷款。

（3）成本高：民营企业从民间融资高成本和高风险。民营企业为满足融资需求，在银行贷款难以申请或额度不足的情况下，往往采用以下三种民间融资形式筹资：一是内部借贷，即通过发起内部员工集资的手段来筹措资金；二是民间贷款，即从亲戚好友手中或者"地下钱庄"处以相对较高的利率取得资金；三是互保借款，即民营企业间通过相互担保从银行贷款，但由于过高的风险性，资质良好的企业不想再与别人承担连带责任，此种模式目前银行也基本不再考虑。以上三种形式，均存在成本高、风险大的特点。

综上所述，民营企业以其迅猛的发展速度和大量的资金规模，成为中国国民经济发展的生力军，但是随之产生的"融资难"问题，至今尚未缓解，严重制约着民营企业的发展。

2.造成问题的原因

造成民营企业融资难的原因，主要如下：

（1）信用担保机制有缺陷。众所周知，我国主要以政策性融资担保作为担保主体。

换言之，也就是政府机关出钱，民间资本少之又少。由于政策性担保机构无须自负盈亏，它们一般只注重良好的社会效益，忽略了担保的高风险性，进而很可能引发担保规模过大的情况出现，最终将政府担保转化为个别企业的福利。

（2）金融环境不规范。首先，基本上所有的银行都喜欢做大项目、揽大客户，对于以中小企业为主的民营企业不太重视，增量信贷资金投向大中企业的比重超过 90%，严重忽略中小企业和民营企业发展中同样存在的资金需求。

其次，由于民营企业自身的信誉等级低等原因，相应的融资风险及企业运作风险更大，并且投资回报率也不高，在这种前提下，这些信誉不良的企业也不愿按照银行的需要提供必需的、真实的财务数据。

最后，由于社会信用评价体系的不足，金融机构缺乏关于中小民营企业的信用资料，从而难以及时地对其融资需求做出合理的风险评估，这也造成了银行不愿放贷给中小民营企业。

（3）民营企业不太注重信用培育。有些民营企业为了获得外部资金，在借款时好话说尽，不少民营企业在该还款的时候通过转移银行存款、借助重组名义躲避债务等方式躲避相关债务。一般情况下，金融机构在对民营企业的讨债过程中只能收回设备或者货物，而这些对于金融机构的补偿价值不大。

（4）银行间竞争不足。我国银行大多属于国有银行，银行之间缺乏有效竞争，使银行的管理人员追逐利润的动力不足。且由于银行给予民营企业的贷款发生坏账的可能性较大，并且其相对于国企而言不能被核销，因此即便发放给民营企业的贷款能获得较高的收益，银行也以安全第一，不愿轻易给民营企业贷款。

3. 解决方案建议

针对民营企业融资难的问题，可从以下方面解决：

（1）地方性商业银行应该有针对性地加大对民营企业的支持力度。首先，由于地方性商业银行经营规模不大、结算条件差的劣势，与大中型企业合作的机会少，因此应将重点转到为中小民营企业服务上来。国家应当采取措施激励地方性商业银行有针对性地对民营企业尤其是中小民营企业服务，要求地方性商业银行将对民营企业提供服务作为重要任务执行，民营企业和地方银行之间必须建立密切的融资业务联系。

其次，构建并完善我国民营企业的信用担保机制。这是将行政干预政策转变为政策引导的关键方式，同时也是加强企业信誉观念、改善银行与企业间的关系、改善民营企业融资环境等方面的关键举措。

（2）健全并加强金融体系建设及服务。在面对民营企业融资渠道不顺畅造成的融资困难情况时，金融机构应当在保证贷款安全的基础上主动向民营企业提供更大量的贷款；与此同时，也应进行持续的金融革新，创造出可以满足更多需求的融资工具，畅通民营企业的融资渠道。另外，各民营企业必须加强和各大金融机构间的战略合作伙伴关系。

在市场经济体制下，银行和民营企业的导向均为市场，目标都是经济利益。双方的关系是建立在信用和契约前提下的平等、互利、相互选择的关系。因此，为了保障银行收益及企业经营效益，良好的银企关系不可或缺。

金融机构最近几年在我国市场经济发展的过程中扮演着十分重要的角色，因此政府应当对其进行适当的引导力求对信贷结构进行有效的优化，从而增加民营企业信贷投放。同时所有的相关金融机构应当加大对民营企业的信贷支持工作，帮助一些经营情况良好，同时还有着良好发展前景的中小民营企业。在发放贷款的过程中要将重点放在就业型、科技型、出口创汇型、资源综合利用型、农产品加工型及社会服务型等类型的企业，从而最大限度地强化示范作用，不断地积极引导民营企业技术的更新，从而促进其沿着健康的道路不断发展。

（3）地方政府应该加强信贷管理为民营企业服务。据统计，我国民营企业的生存周期为 2.5 年。从目前我国的实际情况来看，我国绝大多数民营企业仍然处于发展的初级阶段，不仅数量较多，而且比较小，同时再加上资金量少、财务管理透明度较差等问题，导致民营企业的信用水平比较低。

因此，政府部门应当充分发挥自身的主导作用，通过对行业规范进行优化，从而帮助民营企业树立一个良好的社会形象，这也是帮助它们脱离融资难困境的最为有效的方法。首先，应当着力建设由政府出资为主的担保机构，这些机构可以有效地帮助银行分担一定的风险，同时还能对民营企业的经营情况进行有效的监督。其次，也可以采取多方面投资建设信用担保机构的方法，为民营企业的发展建立一个担保基金，基金的来源可以是公司对外发行的债券、吸收外资入股和社会捐款等多种方式，从而令这些民营企业能够享受到适当的优惠政策，帮助其度过最初的成长期，快速迈入成熟期。

（4）挖掘内部潜力，增强自身的融资魅力。从民营企业自身来说，应不断地增强自我积累意识。在民营企业发展的过程中需要大量的资金投人，但融资难问题一直以来都是困扰这些企业的一个十分严重的问题。但是，如果民营企业只是依靠外源间接融资即银行贷款或民间借贷这种单一的资金来源方式来谋求企业发展的话，那么随着企业的不断壮大，势必会陷入一种高投入、高负债、高风险、低收益的怪圈当中，进而导致经济增长的速度出现下滑。因此，中小民营企业在日常经营的过程中应当不断地挖掘自身的潜力，注意对资金进行适当的积累，只有这样才能随着企业的不断发展壮大，保证资金链的正常运转。

民营企业内部环境较差，从而使其很难获得银行的贷款，也很难满足在主流资本市场进行上市融资的条件，所以要拓宽民营企业的融资途径还必须改善民营企业自身的内部环境，使其对外具有较高的信用水平。

民营企业较差的内部环境主要由三方面所致：一是我国民营企业具有很强烈的"人情"色彩；二是我国大部分民营企业都是个人独资企业，权力集中的同时导致缺乏战略方面的长远规划；三是很多民营企业内部都缺乏规范的管理结构，疏于管理或管理不规范。

所以民营企业必须对自身的管理模式等进行改革，从而改善其内部环境水平，使其对外能够拥有较高的信用水平，这样便可以实现自身融资途径的拓宽，使更多的资金拥有者愿意为民营企业提供资金支持。

（5）民营企业应苦练内功，实现自身的突破。首先，民营企业应当完善内部治理结构，提升企业的信誉度和社会形象。相比国有企业，民营企业融资相对困难，究其根源主要是其缺乏经营的规范性、社会信誉较低等，这将会进一步造成其他渠道融资的困难。另外，债务投资在控制力上要弱于股权的投资形式，若缺少抵押、担保等向金融机构借款必需的产品，则债务融资的风险会随之迅速增加。因此，民营企业应当通过改善自身经营状况，提高盈利水平、加速现金流动等方式来减少对金融机构的依赖度。

其次，规范企业财务管理制度，增强信息透明度。民营企业必须加强自身的经营管理和财务管理能力，更加充分地借助现有金融工具，提升资金利用率，提供全面、真实的财务分析和财务报告，才能满足银行信贷需求，保障企业的长期稳定发展。

最后，树立企业诚实、守信的品牌形象。民营企业成立时间一般不长，经营业务也比较容易因为经济大环境的变化受到较大冲击，因此为了追求短期利益而忽视企业品牌和诚信形象建设。企业所有人和经营者应把企业品牌和诚信融入企业文化中，营造诚实、守信、务实、求真的文化氛围并落实到企业的方方面面。

（6）开辟国外资本市场。对于我国民营企业而言，由于在国内上市须满足较严苛的条件，从而难以通过资本市场进行融资。此时可以适当开阔视野，将融资范围拓展至国外，因为有些国家上市的条件相比我国而言宽松许多，可以使我国很多民营企业具备上市资格，从而使民营企业可以通过资本市场获取资金。因此，开辟国外资本市场是我国民营企业拓宽融资渠道的另一大有效方法。

（二）投资方面

近两年来，媒体所广泛报道的民间投资下降的问题，其核心要点在于：我国正在进调整经济结构并优化经济发展方式的努力，民间投资的大幅下降是其必然症状之一。因为以往的民间投资，基本集中在食品饮料、化工、机械制造等传统领域，在创新型产业领域的投资是少数。近些年，遍布全国各地的经济开发区、工业园区、产业积聚区，积多年之辛劳所招来的各类传统产业项目，目前在正常运营的极少。民间有个通俗的说法：冒烟的没几家。这一切的结果，加之融资困难，致使民营企业不再盲目投资，因此2018年民营企业投资的现状是：民营企业的投资趋于理性。

目前我国中小企业投资，可以从以下三个方面分析：

1. 投资不足

第一是民营企业不敢去投。主要是由目前国内的经济形势所决定的，民营企业对于经济形势的变化非常敏感。目前国内形势确实比较复杂，下行压力很大。企业投资面临的风险也会加大，在这种情况下，企业投资会更加谨慎和理性。

第二是民营企业无钱可投。目前民营企业融资困境依存，这个问题提了很久，特别是中小民营企业。加上现在房地产火爆，资金流向房地产业会影响到企业的融资。

第三是民营企业无处可投。民营企业投资本来偏向制造业，现在国家正在进行调结构去产能，一些传统行业和产能过剩行业谁都不愿意去碰，投了回报也很低。

第四是民营企业无资格投。虽然现在说基本上所有行业都开放了，但是在石油、电信等行业中的主营业务没有开放，这些行业原本的垄断者在资本扩股方面选择面向资本市场，而非要求控股的民营企业。

第五是有能力的民营企业更愿意到海外去投。

投资不足的原因，其主要有以下三个方面：

（1）民营企业抗投资风险能力较差。民营企业抗风险能力差主要体现在企业家心理因素方面，部分民营企业家没有勇气将资金投入到新的项目之中。由于民营企业自身的特性，我国大部分民营企业的成立资金绝大部分来源于创业者自己的原始积累。除此之外并没有更好的融资渠道来更好地满足其资金链条的稳定运营。因此，一旦企业赚取第一桶金后，做熟不做生，并不会将其投入到其他投资项目之中。

（2）部分民营企业自身定位不明确。当前，我国部分民营企业在积累了丰厚的资金基础之后，开始寻求新一轮的投资。而这个寻求的过程却是盲目的，常常将资金投向了本企业自身经营范围外、与现有业务无关且不熟悉的项目。由于对新行业了解少、技术上的不足甚至管理上的不完善，使这些投资常常以失败而告终。同时，盲目扩张也是民营企业最终投资失败的主要原因之一。

（3）部分民营企业过分追求多元化。多元化经营一方面使企业能够更好地运用闲置资金进行更多的投资，另一方面却会造成企业资金分散，一旦其中一个环节出现问题，很难使资金有效地补偿，甚至容易出现"拆东墙补西墙"的情况。民营企业本身资金就不如国有企业那般充足，过分追求多元化，不但不会为其带来经济效益，反而更容易白白浪费资金，损伤企业元气。

2. 投资不足的解决方案建议

（1）政府：拓宽企业融资渠道以筹集投资资金。民营企业在自身资金充足的前提下，留够企业正常运营半年到一年的资金后，就可以考虑对外投资。在自身资金不足而拟对外投资的情况下，必须通过从银行融资来获取足够的投资资金。

目前，我国对于中小企业融资的渠道保障依然不完善。因此，政府应当不断加快相应法律、法规、政策的完善和落实，完善融资担保机制为中小企业融资保驾护航；同时，鼓励金融机构开发新的融资方式和渠道，为民营企业融资提供便利。

（2）企业：投资前要做好充足的市场调研。由于民营企业尤其是中小民营企业体量不大，且缺乏相应的保障措施和手段，因此，与国有、外资等大型企业拥有较可靠且真实的信息来源不同，中小民营企业往往没有充足可靠的信息来源。

民营企业融资不易，更需要在投资时谨慎理性。因此，进行专业的市场调研对于企业投资显得至关重要，这将影响到企业投资的成败，甚至影响企业的命运。适合民营企业调研的渠道有：一是内部调研，通过对员工所掌握信息的搜集，形成相应的数据资源；二是开展专门的听证会，通过参会的专家、评委、员工来获取信息；三是委托专门的机构进行调研。

最后，民营企业投资的决策者，应该合理分析所搜集的信息，保持高度的市场敏锐，时刻关注市场行情动态，科学分析市场现状，从而制订出合理的投资方案。

（3）对外投资该出手时就出手。市场经济下，机遇无处不在。即使是民营企业，也应当把握住时机，进行适当投资，故步自封、因噎废食是不利于自身企业的长久发展的。适当进行投资，开拓企业资金来源，增加企业收入，对企业的有效运营具有重要意义。同时，在投资中积累经验，以经验来不断完善自身企业的发展，提高企业竞争力，最终跟上时代潮流，积累更多的资金，壮大自身规模，从而实现企业的自我突破。

3. 投资过度

相对于投资不足来说，在某些领域，由于前几年的盲目跟风，加上地方政府的助推，民营企业投资是过度的。

民营企业投资过度是导致产能过剩现象的重要原因。在政府失灵或体制缺陷视角解释产能过剩的研究中，地方政府被视为引致企业盲目投资的主要推手，无论是政府干预还是投资性的补贴竞争，都反映了地方政府在推动企业投资扩张方面的重要影响。

投资过度的原因，除政府以行政资源盲目干涉或引导外，从民营企业内部来看，主要体现在以下 3 个方面：

（1）信息不对称。由于所有权与经营权相分离，民营企业经营者拥有公司的经营决策权，比所有者掌握更多信息，从而导致股东难以监察其行为，同时契约缺陷导致的经营者非货币效用和利益在契约中难以判断和确认等，均有可能造成经营者的过度投资行为。我国的资本市场还不完善，是一个半强势市场，信息优势方可以利用内幕信息进行交易，从而获取额外的经济利益。而且，我国又是一个新兴市场化国家，投资一直保持高速增长，上市公司拥有众多投资机会，因而上市公司的过度投资行为也就极易发生。

（2）委托—代理成本。在两权分离的现代企业制度下，所有者和经营者的目标不一致，所有者的目标是财富最大化，而经营者则追求自己的私人目标，如闲暇、个人帝国、回避风险、高奖金等，于是委托—代理成本就产生了。一旦企业经营者掌控了大量的自由现金流，就很可能会把它投入到符合其自身最大利益负净现值项目，因为经营者个人能从控制更多资产中获得私人利益，比如安插自己的亲属、在工程承包方选择中权力"寻租"、在物资采购中收受回扣等。

（3）经营者的过度自信。在我国企业的当期绩效评价和激励中，净利润的绝对数使用频率很高，这就使一些经营者为了个人效用原因投资热情高涨，项目真实报酬率是否低于所有者要求的报酬率无所谓，只要其大于零就能有效地增加净利润，就会增加经营者的个人效用。

4.投资过度的解决方案建议

（1）优化经营者奖惩机制。民营企业经营者受投资者委托经营管理公司，拥有公司控制权，企业收益与经营者的努力程度正相关，因而公司应当设立相应激励机制，使经营者和股东的目标趋于一致，弱化经营者的自利动机，从而防止过度投资。经营者薪酬必须与企业绩效挂钩，同时让经营者可以分享企业的剩余收益。惩罚是负面激励，能督促经理尽量少犯错。经营者上任之初，可要求其提交责任保证金。任期届满，根据经营者履行契约和整个宏观经济环境的情况，如数退还或者扣除一定比例的保证金。奖惩机制，应以正面激励为主，负面激励为辅。同时应加强舆论监督，形成声誉效应，奖惩信息要在媒体上发布，让投资者知晓经营者的能力和履约情况。

（2）强化信息披露，提高公司透明度。信息不对称是过度投资行为的重要原因之一，政府监管机构一方面要健全信息披露制度，另一方面要加强监管，督促民营企业真实、及时、完整地披露公司信息，对虚假披露、欺诈投资者的行为要严肃查处。另外，信息披露的载体应多样化，要充分利用报纸、网站的多种媒体，从而使投资者容易获得。公司信息充分披露，对外界透明度高，信息不对称程度低，投资者监督成本下降，投资者监督的积极性就会上升。这样，投资者可以选择优质公司注入资金，也可以纠正管理者的一些非理性行为。

（3）健全法律制度，加大执法力度。法律是保护投资者权益的有力武器，民营企业应以股东利益最大化为目标，平等、公正地对待所有股东。针对经营层损害企业和股东价值的自利动机以及大股东侵占中小股东利益的动机，法律应予以防范和打击，从而抑制过度投资。当股东认为利益受经营者行为损害，法律可以赋予股东赔偿要求权，举证责任在经理方。而广大中小股东的利益被大股东侵占，可以允许中小股东通过诉讼来维权。我国已经把大股东占款问题写入刑法，明确表明大股东占款是犯罪行为。立法重要，执法更重要。依法办事，有法必依，执法必严。对违法违规行为严加惩处，提高违法违规成本，必能有效地减少违法违规行为。

5. 海外投资

自 2000 年全面实施"走出去"战略以来，我国对外直接投资进入快速增长的阶段。2018 年的海外投资，具备以下特点：

（1）"一带一路"倡议机遇与风险并存。投资者需要用比平时更长远的眼光看待项目。毫无疑问，"一带一路"倡议将继续推行下去。2017 年 5 月，国家发改委表示，有的管制措施无论对国有经济还是私有经济实际上都是不利的。经济转型应不再单独期待 GDP 增长，而应将降低杠杆提到更高的高度，鼓励企业将资金投向海外；否则，还需要进一步调整人民币汇率。

（2）敏感投资行业持续受到严控。新版《境外投资敏感行业目录》于 2018 年 3 月 1 日起施行，非理性境外投资行为将持续受限，包括涉及房地产、酒店、影城、娱乐业、体育俱乐部等热门投资行业的境外投资行为，以及境外设立无具体实业项目的股权投资基金或投资平台。

（3）BAT 等互联网企业逐渐成为海外投资主角。以 BAT 为代表的新兴互联网企业开启继国企、民企之后的第三波投资潮，将投资版图扩展至美国硅谷寻找优质创业项目，引领未来几年的投资热点。战略投资布局为企业关注重点（百度全资收购移动安全公司 TrustGo；腾讯投资闪购网站 Fab；阿里巴巴投资应用搜索引擎 Quixey、移动聊天和通话应用 Tango、智能遥控创业公司 Peel 等公司），中国产品正在从过去的便宜货转变为创新型产品。

（4）聚焦未来与科技创新的项目受青睐。中国新生代投资人关注前沿科技领域投资，如人工智能、生物技术等，通过技术产品改变社会和改善生活质量或通过科学技术和理念，改造传统行业成为投资主流。传统的地产、能源、制造等传统产业已面临资本过剩，通过风险投资基金、产业基金、并购基金等投资海外有价值的高科技项目并开辟全球市场，成为未来5~10年的趋势。

6.海外投资存在的主要问题

（1）企业对外投资面临的国际政治、经济风险因素加大。金融危机以来，由于全球政治、经济、外交形势变幻动荡，导致企业对外投资面临的风险和不确定性大大增加。企业在向"一带一路"沿线发展中国家投资时，通常面临东道国政局不稳、汇率大幅波动、重大突发事件干扰增多，法制环境和市场环境差等问题；在向欧美发达国家投资时，则通常面临保护主义严重等问题。这些都使企业面临更大的困难和挑战。

（2）企业在与东道国沟通协调中政府支持力度不够。企业反映，由于民营企业在与东道国政府沟通时身份地位不平等，我国外交使馆又缺乏政府层面的有力支持，导致项目谈判经常受挫、推进实施困难重重。例如，恒逸集团在文莱投资的石化项目，与当地政府沟通时被长时期拖延、搁置，导致项目进展缓慢；华立集团在墨西哥建立工业园时，当地要求企业自行解决园区的配套基础设施包括公路、水电气等，由于我国政府支持力度弱，无法与当地政府形成有效沟通；瑞安杰禾贸易有限公司在尼日利亚投资时，遇到困难寻求当地使馆帮助却无人接待，等等。

（3）企业在对外投资及并购中存在融资难、资质"玻璃门"等政策歧视。企业反映，由于政策性银行融资门槛过高、商业银行融资产品缺乏，融资贷款主要向国企倾斜，导致民营企业对外投资融资困难。尤其体现在"蛇吞象"的重大海外并购项目上，由于民营企业融资渠道狭窄，主要依靠自有资金，且担保体系不健全，境外资产无法抵押，导致并购项目难以实施。如吉利并购沃尔沃，如果没有大庆、成都、上海等地方政府的股权融资，吉利是无法凭借银行融资完成并购的。三花集团曾有意收购美国某火箭发动机企业，经过几轮谈判，但最终因贷款融资困难，未能形成收购。一些企业反映，国企投资可以亏掉本金，但民营企业贷款都困难重重，这是不公平的，目前，国家在投资审核方面对于民营企业要求比国企还要严、还要紧，资源主要向国企和央企倾斜，政策红利收益民营企业享受较少。此外，民营企业在援外项目资质上还遭遇"玻璃门"问题。随着"一带一路"战略的实施，我国援外项目规模必将扩大。但民营企业由于不具备援外资质而被拒之门外。如浙富水电、大华股份、浙大网新等优秀企业申报援外物资供应商、成套设备供应商资格未获批准。这既有违市场公平原则，又不利于国家援外项目发展。

（4）签证问题成为影响人员往来的重要因素。一是国内人员出境签证手续繁杂、签证名额少、签证困难等因素，造成企业内部人员往来不便，影响投资项目运营。如青山控股在印度尼西亚投资镍铁冶炼项目，需要从国内派遣技术管理人员，但由于签证名额较少影响项目进展。二是国外员工入境培训无法签证。由于企业在"一带一路"沿线国家设立生产基地需要对海外员工进行培训，带来大量的境外人员入境培训项目。但目前只有学生签证和工作签证是中长期签证，而没有设置研修人员签证，导致东道国受训员工无法入境，不仅影响境外企业的人才供给，也制约了我国教育培训服务贸易发展。为此，一些企业只好采取"变通"办法。如锦江集团在印度尼西亚投资时计划在国内组织培训印度尼西亚员工，由于印度尼西亚员工无法获得签证，该企业只能与某大学合作办理学生签证。三是在华外籍员工办理工作签证耗时较长。如华立集团的外籍管理人员在杭州第一次办理工作签证需要半年时间，此后每年都要用 2 个月时间办理签证。

（5）海外投资项目备案程序复杂、周期长而导致商机延误。2014 年国家相关部门均分别出台了《境外投资项目核准和备案管理办法》、《境外投资管理办法》等新规，推进对外投资管理方式改革，实行以备案制为主，大幅下放审批权限；这无疑加速了我国企业进行境外投资与并购的步伐。但调研企业反映，目前企业对外直接投资项目审批制已经改为备案制，然而企业所需要的报送审核材料清单并没有减少，手续复杂、时间长的问题仍未得到根本性的解决。中方投资额 3 亿美元以上的境外投资项目仍需经国家有关部门备案，10 亿美元以上的则需核准。但是，海外并购项目时间紧、招标前置条件多、保密性要求高，容易贻误商机。如万向集团某并购项目，在国家有关部门走完全部手续需花费 3 个月时间，导致项目进度延误。许多并购项目需要在短时间内支出保证金并派出专业项目团队，但经常由于手续不完备、购汇、出入境审批不及时等错过良机，挫伤了民营企业"走出去"的积极性。此外，也使一部分民营企业绕开国家监管体系"曲线救国"，不利于国家对境外投资情况的准确掌握。

7. 海外投资的体制机制保障措施建议

针对以上问题，需要各方面齐心协力，尤其是当前我们面临来自以美国为首的遏制势力日益狷獗，许多国家对国企身份较为敏感，更应该是发挥民营企业作用的时候。为此，国家应积极消除各种思想认识误区、政策歧视和体制障碍，为民营企业对外投资创造良好的体制机制环境保障。具体如下：

（1）放宽民营企业对外投资管制，促进投资便利化。由于民营企业主要依靠自有资金进行对外投资，因此，国家有关部门应重点加强对国企对外投资的监管审核，对于民营企业而言，按照"谁投资，谁决策；谁受益，谁担责"的原则，只要符合东道国准入条件的都应该给予通过。由企业自主决策、自担风险、自负盈亏，政府重点加强事后监管和服务。国家在投资领域、重大项目、金融支持等政策方面，做到国企与民营企业一视同仁，平等对待。

（2）简化手续，促进对外投资便利化。一是逐步对民营企业的境外投资项目采取登记制。切实简化对外投资审批和管理，加强对外投资的政策协调机制，提高对外投资效率；研究制定境外投资法，形成良好的政策环境，促进对外投资合作的便利化。二是简化签证手续。对境外投资项目工作人员前往落地签证国家享受绿色通道和直通放行等具体政策，进一步完善境外并购的便利化程序。设立研修人员签证，为入境参加培训人员提供便利。三是建立"非禁即入"的援外准入制度。取消目前的准入审查制度，直接向具备工程承包资质的企业放开成套项目援外资格，向具备进出口经营权企业放开物资供应商资格。

（3）发挥民营企业在"一带一路"倡议布局中的优势。"一带一路"沿线国家对装备和基础设施需求强劲，市场潜力巨大。鼓励民营企业紧密结合"一带一路"战略，对重点行业、重点地区进行战略布局，充分利用两个市场、两种资源，提高全球资源配置的能力，增强国际竞争力。加强投资基础设施、海洋、能源资源、高新技术、军工、农业等领域，构建全球产业链。重点推动高技术企业对欧洲地区投资，积极支持民营企业设立或收购海外研发中心。企业普遍反映，相对于发展中国家而言，欧洲国家法制规范、市场环境好、先进技术多，企业投资综合成本较低、风险相对小，不仅可以规避贸易壁垒，而且有利于掌握世界先进技术，获取外溢效应。

（4）加强金融、财税、保险等政策支持。一是加大政策性贷款优惠。加大中国进出口银行、国家开发银行对民营企业对外投资优惠贷款规模、适度降低门槛，完善对外投资贷款的风险补偿金和贴息制度。二是创新金融产品和模式，发展产业基金、投资基金等解决民营企业对外投资的融资难问题。鼓励有条件的境外投资企业和金融机构共同发起设立民间融资机构和担保机构，解决中小企业的融资问题，探索设立社会资本参与的海外产业投资合作股权投资基金。三是设立海外并购基金。利用中投公司等主权基金设立境外并购基金，主要面向发达国家的医疗器械、航空、机器人、军工、高端装备等先进制造业、高新技术产业等重大优质项目并购。四是在税收方面，对于企业在国外投资形成的利润如继续在国外设立企业可以实行税收抵扣。返程投资实行股权穿透原则，穿透到自然人。五是扩大中国出口信用保险公司业务范围，对企业对外投资的汇率风险提供保险业务，以对冲因东道国汇率大幅波动对企业造成的巨大损失。建立进出口银行、国开行对于政治、战争等不可抗拒的风险实行可转债制度。

（5）完善对外投资公共服务平台和服务网络体系建设。一是加强对外投资大数据建设，为企业提供各类相关资讯、信息服务，及时发布国别投资合作指南、投资风险报告等信息。二是大力发展金融保险、法律、财务评估咨询、勘察、技术援助、信息服务、培训、会展、市场推广等服务机构，为企业"走出去"提供专业化服务。三是积极发挥工商联、商会、贸促会、行业协会及各类中介服务机构作用。四是加强境外工业园区建设，加强园区基础设施建设，政府可给予一定补贴，充分发挥境外工业园区平台作用，为境外投资企业提供公共服务。充分发挥行业龙头企业的作用，通过集群式投资建立海外生产基地及全球生产体系，推动产业集群式"走出去"，形成大企业带动小企业投资、上下游联动"走出去"的规模效应。

（6）发挥驻外使领馆作用，建立健全政府预警援助机制。推动多双边或区域投资保护协定以及避免双重征税条约的商签工作，提供权益保障、投资促进、风险预警等多种服务，保障企业对外投资利益。利用外交渠道在为境外投资企业协调东道国关系和事务、提供各类资讯服务、建设网络资源等方面发挥作用，提高海外安全保障能力和水平。增强驻外使领馆的应急处置能力，协调当地商会、侨团等多方力量，完善经贸争端和突发事件处置工作机制，畅通海外维权投诉和救助渠道，切实维护企业合法权益，有效化解风险。引导企业规范投资，遵守所在国法律，尊重当地文化风俗，从而保证企业的长远发展。

（三）营商环境方面

商环境是指企业外部影响企业经营发展的各种因素的总称。相对于国有企业而言民营企业的健康发展更需要良好的营商环境。在经济新常态的背景下，全国各地要实现经济转型升级，就要用好的营商环境来吸引民营企业投资，激发其创新创业活力，让企业在良好的营商环境中公平竞争、健康发展。

1. 问题分析

虽然目前营商环境较两年前大为改观，但依然存在以下问题：

（1）政府简政放权仍不到位

①简政放权不彻底，变相审批和非行政许可审批仍然较多。一些单位将取消和下放的审批事项以备案、确认形式保留，或者转移给下属单位或关联中介机构，借用这些组织进行变相审批，表面上消除了审批事项，实则是由明变暗，甚至由少变多，对冲了行政审批制度改革的成效。

②简政放权有选择，一些含金量高的审批事项仍然保留或变相保留。一些部门取消和下放的事项多为边缘权力或"僵尸权力"，与本部门核心业务关系不大。甚至为完成下放任务，将一些审批事项进行分解，下放繁琐的事务性工作，保留自由裁量权较大、

权力特征明显的环节，看上去放权不少，实际含金量不高。

③简政放权难承接，下级政府和社会组织承接能力不足。当前，一些基层机构和社会组织缺乏足够的思想准备和业务准备，人员素质、经费和硬件支撑短期内难以到位。一方面，容易出现基层政府因工作流程不熟悉而不敢批的情况，形成"最后一公里"问题；另一方面，可能出现基层政府因对政策尺度把握不准而胡乱审批的情况，造成新的混乱。

④行政审批效率较低。在政府职能转变过程中，由于缺乏有效的干部队伍稳定机制和激励推进机制，"避险"思想及懒政、怠政现象较为突出。

（2）民营企业市场准入仍受到歧视

①"三门"问题依然存在。对于"玻璃门"、"弹簧门"、"旋转门"问题，很多民营企业感受颇深。虽然近些年来出台的"非公36条"，规定对民营企业实施"非禁即入"的政策，但是在现实操作中民营企业仍受到"歧视"，存在种种准入障碍。在调查中，有62%以上的民营企业认为自己遭遇过"三门"现象。在招投标方面，由于许多行业对企业的行业资质、资金规模、从业经验等规定了严格的限制条件，使一些民营中小企业被直接取消参与资格，或成为事实上的"陪标人"。另外，一些地方政府和职能部门"外来的和尚会念经"的观念根深蒂固，对待本土企业和引资企业"内外有别"，存在"重外轻内"问题。

②政府诚信有待加强。由于国家或省市政策调整变化，地方政府在招商引资时，对于企业承诺的优惠政策，出现兑现率不高、部分兑现等问题。优惠政策很难落实到位，当初做出的承诺事项日后无法予以兑现，从而降低了地方政府的诚信，进而影响了一些民营企业的投资积极性。

③中小企业与政府合作常处于弱势。中小企业，特别是民营中小企业，在与政府部门尤其是地方基层政府的合作过程中往往处于弱势地位，对于政府制定的合作规则往往是被动地接受。如企业在与政府签订项目合作合同后，政府还要实行土地的招拍挂程序；部分企业在政府承诺的项目土地上开工后，往往面临各种审批程序繁多且费用不菲的问题，更有甚者，政府会因前期承诺的土地资质问题未落实而收回土地，给企业造成较大的损失，使企业白白损失资金、时间和机会。

（3）民营企业发展受到要素制约

①招工难。从用工方面看，大部分民营企业面临招工难的问题。由于民营企业先天的劣势，"高级专业技术人才难引进，普通工人难留住"的问题极为普遍，尤其是传统行业。民营企业中高层管理人才和科学技术专业人才的任职年限平均不到三年，频繁的人员流动或跳槽，也加重了企业的用工成本。

②用地难。一些成长型民营企业对此问题反应尤为突出。由于国家和省控的建设用地指标与各地市的土地需求相比缺口较大，再加上一些地方政府优先给规模以上企业、招商引资企业供地，使部分重点建设项目因土地供给受制，出现项目缓建、停建或迁建现象，进而严重制约了民营企业的规模扩张和产业升级。

（4）监管服务有待加强

①市场监管不到位。现实中，分段多头监管造成职责混淆的情况经常出现，部门各自为政、政令彼此矛盾的情况时有发生。再加上一些基层政府对招商引资企业实行看护式"监管"，给外来企业特殊保护政策，导致基层执法部门面临"进企业难、调查取证难、执行处罚难"的困境，无法实现真正意义上的市场监管。

②扶持政策宣传贯彻不到位。据调查，绝大部分企业对于地方政府的扶持政策不了解而没有提出享受政策申请；一些企业虽然申请政策扶持，但没有得益，主要原因是认为"门槛高、企业条件不够"。一些地方政府部门工作部署多、落实成效少，导致一些惠民惠企政策很难落地，从而拉大了政府与市场主体、官员与群众之间的距离。

2. 解决方案建议

（1）深入推进"放管服"改革

①加强简政放权，消除政府歧视。在加强简政放权方面，重点关注大众创新、万众创业热情高涨的行业，肯放甚至是多放一些"含金量"高的审批权限，让企业实实在在感受到改革的成效。

同时，要解决取消和下放行政审批项目及各流程之间的衔接问题。地方政府在承接各种下放的权力时，需要加强自身建设，切实做好承接各项任务的工作，完善规范各项程序。在消除政府歧视方面，进一步提高对非公有制经济地位和作用再认识，对不同所有制企业，政府部门应该做到一视同仁，在制度和政策上予以平等的对待。贯彻落实"市场准入负面清单"，让民营企业在做新领域投资决策时真正做到"法无禁止皆可为"；在国有企业改革过程中，积极鼓励民营企业参与其中。

②落实放管结合，真正做到"宽进严管"。政府在做好简政放权的同时，也不能忘了做好后续管理方面的工作，转变监管理念，积极探索监管新模式。持续推进"双随机、一公开"的监管机制，真正落实执法人员、抽查对象随机抽取，检查及处置信息及时公开等内容，建设更加科学、有效的监管机制。加快建设智能化监管体系，充分运用互联网、云计算、大数据等先进的信息化监管手段，共享信息资源，让违规企业的信息在各个监管部门之间互联互通。同时，建立第三方事后评估制度，引入第三方力量，对改革成效进行评估，形成调整和优化的方案。

③提升服务质量，助力民营企业发展。一方面，大力推动商事登记制度改革，继续推进"多证合一""先照后证""行政审批"三集中，"互联网＋政务服务"等改革措施，致力于让民营企业花最少的时间，最少的精力将事情办好。另一方面，通过政策倾斜，帮助民营企业克服由先天缺陷导致的融资难、用地难、招工难等问题。

（2）用法治思维保障改革成效

①规范收费行为。对照国家和省明文规定的行政事业性收费目录，清理收费项目，按规定的最低标准收取；开展行政机关、事业单位、代行政府职能的社会团体的行政事业性收费专项清理工作，规范行政事业性收费行为；对涉企行政事业性收费，执收单位应公开收费范围、标准和依据，将执收情况全部纳入网上平台监管，自觉接受社会监督；进一步清理规范中介服务行为，推动中介服务机构去行政化。

②落实企业扶持优惠政策。各级地方政府要认真梳理国家、省市已制定出台的促进产业发展的各项优惠扶持政策，责成相关职能部门设立专门的政策咨询服务窗口，明确具体的牵头部门、联办单位、具体承办人和办理流程，使支持产业发展的各项优惠政策予以贯彻落实。与此同时，各级财税部门要依率计征、依法征税、应收尽收，避免征收过头税，避免越权减免税。

③拓宽企业融资渠道。梳理制定有发展潜力、信用度高、有融资需求的民营企业支持名单，为金融部门提供拟贷款企业的基础和信用信息，协调金融机构增加信贷投放，保障项目资金需求；发展多层次资本市场，鼓励资质好的企业，通过企业上市、新三板挂牌、发行企业债、引进社会风险投资基金等方式解决融资问题；建立健全政策性融资担保机制，增加定向性、优惠性的融资项目，如"三农"资金、服务性扶持资金等，积极服务中小企业和"三农"发展。

④做实服务和监管。

一是提高政务服务效率。进一步深化政府机构改革，推进政府权责优化配置和统筹整合，减少部门职能交叉和多头管理，解决制度"碎片化"问题；简化优化服务流程、创新服务方式；积极推进"互联网＋政务服务"模式，通过把实体政务大厅、网上政务平台、移动客户端、自助终端、服务热线结合起来，实行线上线下一体化运行，并建立网上政务服务评价体系，督促各部门不断提高服务质量和效率。

二是规范政府决策机制。合理划分省市政府行政决策的范围、内容和权责界限，增强决策事项的计划性和可确定性；政策的制定和调整要有行业和企业代表参与，充分尊重并听取他们的意见，防止走形式或形式走样；政策出台后，要有相应的标准、细则等配套政策，提高政策的可操作性；各地方政府之间的政策要建立相应的协调和监督机制、评价反馈机制，对于政策执行过程中出现的问题，及时进行相应调整。

三是提升信息服务水平。以大数据为基础，以信息化应用为支撑，整合政府信息资源，建立涵盖政府体系的公共信息服务平台。通过这一平台，及时发布包括宏观经济形势、境外投资政策和环境、政府各类政策和细则、省内外各地区招商引资政策、行业预警等在内的各类指导性信息，为企业决策提供有力参考。

四是强化市场监管。推行政府及各市场监管部门权力清单制度，建立各市场监管部门间执法信息共享、执法协作联动、案情通报机制，构建权责一致的执法体系；建立市场监管绩效考核评价机制和行政问责机制，对执法不公、执法不严、不作为或乱作为、损害市场主体合法权益的，从严追究责任；积极发挥行业协会商会的自律作用，建立健全自律公约、行业规范、职业道德准则、会员信用平台，积极发挥公众和舆论监督作用，健全公众参与监管的激励机制，探索专家审议和相关利益者多元协商机制，促进市场自我规范、自我净化，构建多元共治的监管体系。行业和企业代表参与，充分尊重并听取他们的意见，防止走形式或形式走样；政策出台后，要有相应的标准、细则等配套政策，提高政策的可操作性；各地方政府之间的政策要建立相应的协调和监督机制、评价反馈机制，对于政策执行过程中出现的问题，及时进行相应调整。

（四）结论

综上所述，民营企业是我国经济社会中一种重要的组织形式，为我国的市场经济贡献巨大力量。然而，民营企业仍然面临以下问题：

（1）中小民营企业融资难的问题依然存在。这一方面是由于民营企业自身先天不足、管理不严谨、信用评价低等原因造成的；另一方面也是我国金融体制的问题所致，如政府担保体系的匮乏且高成本、银行的信贷歧视等。

民营企业的投资开始理性而谨慎。在新常态下，民营企业的投资面临不敢去投、无钱可投、无处可投、无资格投、到海外投等特点，部分领域投资不足，部分传统领域投资过剩，而随着"一带一路"的推进，许多民营企业转投海外市场。

营商环境逐步改善。近几年，各级政府在营商环境的打造上，更加务实，陆续出台了很多配套的政策。但民营企业对于知道、用上、用好这些政策方面，还需政府和企业共同努力。另外，"三门"问题好转但依然存在，需要正视。

民营企业转型升级迫切而无奈。面临经济下滑压力，民营企业更需转型升级，但面临资金和方向压力，踌躇不前，需要政府支持和引导。在民营企业转型升级方面，成功的关键是人才。

2018 中国企业创新创业发展报告

一、创新理论及中国企业创新的实践与探索

科学技术被认为是第一生产力，是提高生产率的有力手段，是信息和知识的一种外在表现形式。党的十八大提出了实施创新驱动发展战略，把创新发展提高到事关国家和民族前途命运的高度，摆到了国家发展全局的核心位置，强调科技创新是提高社会生产力和综合国力的重要支撑，必须摆在国家发展全局的核心位置。党的十八届五中全会强调，坚持创新发展，必须把创新摆在国家发展全局的核心位置，不断推进各方面创新，让创新贯穿党和国家一切工作。党的十八届六中全会提出，必须用于推进理论创新、实践创新、制度创新、文化创新以及其他各方面的创新。

（一）企业创新的理论基础

1. 企业创新的本质

创新具有广泛的内涵和外延。熊彼特作为独立研究创新的第一人，认为经济领域中的创新是在生产过程中产生的，生产过程中开发采用的新方法、新产品、新市场、新材料都可以称之为创新。熊彼特（1939）指出："创新并不是要求必须有新发现，其实质应该是在原有的条件下对生产要素进行重组。"同时，他还强调了创新的主体是"企业家"，其中"企业"是指生产要素和生产条件关系的新组合的实现。同样，马奎斯（1969）也把创新当成是一种新的生产途径，认为创新是对原有技术方法的改进和完善，从而达到增强竞争力的目的。另外，他和熊彼特一样，重视企业家在生产过程中的作用，企业家的经济活动将会加速技术创新转化为生产动力的过程。

与熊彼特和马奎斯不同的是，大多数学者认为创新的主要驱动力来自于市场和技术人员，同时强调技术人员开发出来的新技术必须要与市场相结合，如果技术人员开发的新技术、发明的新产品和新工艺没有真切地参与到市场活动中就不能称之为创新。曼斯菲尔德（1968）则认为创新是一系列的探索活动，包括从设计理念初步形成到新产品最终交付过程中的所有活动。因此，曼斯菲尔德认为创新活动包含新理念产生阶段、新创

造形成阶段和市场化三个阶段的内容，三个阶段缺一不可，只有三个阶段全部完成才能称之为创新。在此基础上，Freeman、Clark 和 Soete（1982）指出技术创新不仅包含创新结果的首次市场化运用，还包括与之相关的一系列商业行为，例如销售活动等。

Nelson 和 Winter（1982）认为创新是一个系列探索活动的总称，探索过程中长期不确定性使得创新活动并非是从发明到扩散的单一模式，创新能力受到过程中多种因素的共同影响，并不局限于创新企业组织内部。同样地，在 Nelson 和 Winter 的观点基础上，Dosi（1988）也认为创新是一个技术运用、发展、新技术再运用、再发展的动态过程，这个过程包含以往经济学者的研究经验、正式的知识以及缄默知识。正式知识通常是可以公开的，缄默知识在某种程度上是不公开的知识，也有人称之为隐性知识，这类不能系统阐述的知识通常具有情景依附性、非逻辑性和因人而异等特点。Schienstock 和 Hamalainen（2001）认为创新是一个循序渐进的递归活动，包含从技术运用到新产品生产化、商业化的整个过程。此外，他们还指出创新包括三个方面的内容：技术创新、制度创新、组织创新。Sorenson、Rivkin 和 Fleming（2006）将创新比喻为菜谱，将创新看作是寻找新原料、新厨艺的过程。Camagni（1991）认为创新是个企业 - 客户 - 供应商之间共同分享、学习、交流的过程，这一定义更接近管理学。罗默（1986）在研究内生增长理论时指出，创新和技术进步是在现有的制度下企业追求利益最大化的产物。技术进步的程度受市场环境的制约，但是市场并非会对所有的创新活动都产生直接的促进作用，但是市场在技术创新活动方面始终具有不可替代的作用。

进入 21 世纪，随着经济全球化、全球信息化、知识化的发展，企业创新活动呈现出新的特点。学者们对创新的研究范围不断扩大，在技术创新、商业模式创新、组织创新、管理创新、文化创新等分支都做了深入研究，同时创新理论研究开始向系统化、网络化和多维化方向发展。

2. 技术创新是企业创新的基础和核心

企业的创新是全方位的，需要多方要素共同驱动，其中的关键要素包括了技术、模式、制度、管理、人力等多方面。企业创新要抓住关键要素，各尽其能，其中体制创新是保障，技术创新是基础，商业模式创新是动力。三者相互联系，形成有机整体，企业才能够依靠创新盈利、围绕创新发展，才有较高的创新投入的意愿、保持持续的创新能力、不断形成创新成果，经过长期积累，实现企业发展和价值创造。

技术创新是推动社会变革、经济增长、企业发展的重要动力。每次工业革命都源于重大技术进步，带来了人类社会跨越式的发展。技术创新日益成为经济增长的根本源泉，在工业化国家经济增长中的贡献越来越大。例如二战以后，美国经济增长的 40% 和新职业的三分之一都归功于技术进步的贡献，日本和韩国在二战后也是通过技术创新实现了东亚国家经济增长的奇迹。历史不断证明，科学技术是生产力中最活跃的因素和主要推动力，当前各国综合国力和企业核心竞争力的焦点也集中在技术创新能力上，技术创新成为是企业创新的核心内容，是企业生存和持续发展的基础。技术创新的方式是多种多样、千差万别的，按创新程度分类，可以分为持续性创新和颠覆性创新，依照创新过程的模式可划分为原始创新、引进消化吸收再创新和集成创新；还可以依据创新的对象、创新的规模及影响等进行分类。在我国，经济发展阶段和基本国情决定了各类企业都有技术创新的很大空间，企业在不同的发展时期、处于不同的市场地位、面对不同的挑战和机遇时，可采取不同的技术创新路线。

3. 商业模式创新是企业创新的途径和动力

Jones（1960）首次使用"business model"一词来表示商业模式，标志着商业模式相关研究的开始。商业模式被认为是企业获取利润的生产函数，是产品、市场、生产方法、生产材料的组合。商业模式是企业价值创造的基本逻辑，即企业在一定的价值链或价值网络中如何向客户提供产品和服务，并获取利润。通俗地说，就是企业是如何赚钱的。成功商业模式的创造，不仅是一种挣钱的途径，更是一种持续性盈利的途径。商业模式创新是指企业价值创造提供基本逻辑的变化，即把新的商业模式引入生产体系，为客户和自身创造价值，也就是企业以新的有效方式赚钱。新引入的商业模式，既可能在构成要素方面不同于已有商业模式，也可能在要素间关系或者动力机制方面不同于已有商业模式。当前信息化、全球化、知识化经济条件下，对企业的商业模式进行创新成为企业适应经济环境、获取竞争优势的主要方式。要想使企业有生存空间并能持续地赢利，必须依靠更为先进有效的商业模式。商业模式创新被公认为 21 世纪后金融危机时代的致胜法宝，为众多资本机构所青睐。商业模式的竞争将是企业更高形态的竞争，是企业竞争制胜的关键。

创新往往与技术进步有关，技术的创新突破能给社会经济和企业带来革命性的变化，但技术创新要通过商业模式才能真正为企业带来经济效益，企业技术创新上的突破需要实现商业化运用，才能产生出价值。企业的技术创新需要通过其商业模式传达给市场，为企业带了盈利。只有适合的商业模式才能使企业的技术创新得到合理的运用，并满足客户的新需求，进而为企业创造价值，脱离了商业模式企业会失去持续技术创新的动力。

4. 体制创新是企业创新的前提和保障

企业的发展需要改革，改革离不开体制创新。体制创新包括体制机制的调整、完善、改革和更替，是改进现有的制度安排或引人一种全新制度，以提高效率及其合理性的一类活动。体制创新是一个企业、一个地区乃至一个国家经济持续发展的基本前提，可充分发挥资源配置的效率，将有限的各种资源投向创新潜力大，发展空间广阔的领域，同时从各个方面形成有利于企业创新的环境和能有效推动企业创新的动力支持系统。

始于上个世纪 70 年代末、80 年代初的第一轮国有企业改革解决了企业生存困境问题，新一轮国有企业改革则是要解决企业转型升级问题。这要求坚持不断地进行体制创新，努力革除那些不利于创新的束缚和障碍，着力构建充满活力、富有效率、更加开放、有利于科学发展的体制机制，形成有利于激发企业创新活力，鼓励企业创新实践的制度安排，推动国有企业沿着建立现代企业制度方向，在经济社会又好又快发展中起到了排头兵作用。

（二）中国企业创新的实践与探索

1. 中国企业创新发展的基本判断

同济大学李垣教授认为改革开放 40 年来，中国企业创新存在如下的基本事实：

第一，随着改革开放的深入，企业的创新水平不断提升，我们和国际先进企业的差距在持续缩小，但未来进步空间依然很大。

第二，企业创新持续推动企业效益改进、产业提升，但依然没有实现依靠创新，特别是依靠高端技术创新带动企业发展。企业创新总体来说还是很明显地体现为市场导向，而且是由低端的市场导向带动创新，这种市场导向带来的创新不同于创业导向带来的创新。

第三，组织创新和制度创新引领。全球范围来看，中国的组织创新和制度创新并不处于劣势，而且通过组织和制度的创新引领，企业创新已经逐渐走向了全方位、各类型的创新。

第四，企业主动创新的倾向越来越明晰，企业发展开始由要素驱动向创新驱动转变，中国现在处于转换的起步阶段。

第五，随着改革开放的进一步深化和市场竞争的加剧，企业技术创新正沿着引进、消化吸收、再创新、合作创新、自主创新的路径发展。

最后，伴随着企业创新发展和国际创新的趋势，我国的企业创新研究日益活跃，影响越来越大。基于以上基本判断可以看到，随着改革开放 40 年的发展，我国对创新资本的利用效率有了显著提高，提高幅度很大，但与欧美国家相比仍有相当差距，还有很大进步空间。我国劳动力技术水平也有显著提高，但与先进国家相比同样有较大差距，未来创新空间仍然很大。研发强度方面，中国曾经与欧洲国家有几个数量级的差距，但现在研发强度比肩甚至超越了部分欧洲国家，专利申请量也在快速增长。

2. 中国企业创新的成功案例

（1）制度创新

①国有企业改革－石家庄化肥集团

石家庄化肥集团前身是石家庄化肥厂，始建于 1957 年，曾是部属、省属重点化工企业。2004 年企业管理权限下放到市一级。但随着市场经济的发展，石家庄化肥集团受煤炭资源、资金、体制、管理等多方面因素的影响，生产经营陷入困境，亏损与日俱增。到 2003 年底，企业亏损约 8000 多万元，负债数亿元，欠发工人工资，企业濒临破产。

在这种形势下，企业开始谋求改组改制出路。改革过程的第一步，是要找准合作伙伴，进行优势互补，实现互利双赢，以及政府政策的支持。同时，企业快速发展引入新的理念，引入人才，转变创新管理机制。2004 年 9 月，石家庄化肥集团与山西晋城煤业集团合资合作，成立了石家庄金石化肥有限责任公司，优质无烟煤是化肥企业的重要生产原料，双方合作可以优势互补。化肥集团的改制后，给企业带来了发展资金，带来了新的管理理念，使企业发生了巨大变化。山西晋煤集团通过资金投入，不仅缓解了企业资金不足的问题，而且改良了企业股权结构，盘活了国有资产，消除了体制、机制弊端，极大地激发了国有企业潜在的生产能力。企业当年扭亏为盈，截至今年 2 月底，实现销售收入 2.7 亿元，利润 689 万元，上缴税金 974 万元。

石家庄化肥集团是国有企业创新改革中成功的案例之一。一是得益于政府的大力支持。政府高度重视企业改制的重大问题，积极帮助企业想办法、谋思路，研究、制定改制方案。同时，政府职能部门积极深入企业，全程参与企业改制工作的全过程。并且充分给予政策优惠。在政策有效期内，享受了所有相关优惠政策，厂办校第一批进行了剥离。二是引入优秀企业家的作用。新公司成立后，晋煤集团只派出了 5 个人：公司董事长兼总经理、两名助理及财务、供应主管。经过 7 个月的运营，企业发生的巨大变化。企业的领导者要还具备敏锐的市场预测能力、经营能力和企业家精神。三是明确企业长期发展战略。该企业明确了"煤、气、电、化一体化"的战略发展思路，主动出击，与煤炭下游企业共同构建高度相关产业链条，推进产业优化升级和价值转化增值，提升企业抗风险能力。

②华为的创新实践

华为是全球领先的信息与通信技术（ICT）解决方案供应商，专注于 ICT 领域，坚持稳健经营、持续创新、开放合作，在电信运营商、企业、终端和云计算等领域构筑了端到端的解决方案优势，为运营商客户、企业客户和消费者提供有竞争力的 ICT 解决方案、产品和服务，并致力于使能未来信息社会、构建更美好的全联接世界。当前，华为的业务已遍及全球 170 多个国家和地区，服务全世界三分之一以上的人口。

华为利用"工者有其股"的具有颠覆性的制度创新，实现了华为的发展奇迹。任正非并未用一般常理而拥有华为的控股权，而是对知识劳动者的智慧等无形资产进行定价，使"知本家"作为核心资产，成为华为的股东和老板。目前，华为已有股东 8 万余人，且在股权方面的创新方案将外籍员工也纳入成为公司股东，实现完全意义上的"工者有其股"。华为在分散的股权结构下，能够满足不同股东层级、劳动者层级、管理层级的不同利益，实现多种不同诉求的内外部平衡。

（2）技术创新

①通信企业创新案例

起初，WAP 是通信技术热点中的热点，业界对 WAP 业务的发展持乐观态度。在中国移动决定开办 WAP 业务之前，曾对 WAP 用户进行了预测，得出了到 2000 年底，WAP 用户数将达到 10 万人的结论。但事实到 2001 年上半年，WAP 用户数增长还不足 2 万人。

WAP 业务发展的影响可主要概括为技术和市场两个方面的原因。一方面，由于 WAP 受到无线频带的限制，速率较低，手机终端屏幕小，存储容量有限，输入不方便，费用也偏高，与计算机终端相比，手机上网具有先天不足。只有移动商务相对是比较有前途的应用，但当时国内的电子商务环境还未成熟，相关的支撑体系以及法律都不健全，移动电子商务未得到进一步的发展。另一方面，基于技术发展的不成熟，导致对 WAP 的需求空间未形成。年轻人是使用 WAP 手机的大多数用户，但是仅仅为追赶潮流而并没有真正期望通过 WAP 来获得所需要的信息，因此，WAP 的实际使用量非常小。中国移动对 WAP 深入分析 WAP 失败的原因，在技术和市场两方面进行改革、创新。一方面通过采用针对 GSM 网络的 GPRS、EDGE 等技术提高 WAP 的速率；另一方面积极开发适合 WAP 的应用，使用户从 WAP 业务能够获得所需要的价值。这两方面的努力首先在一些发达城市中进行，以期逐步地培育 WAP 市场。

②光电信息产业创新案例

武汉邮科院是集科研、生产、教学为一体的综合机构，作为中国光通信的发源地，是中国电子信息百强和软件百强企业。经国家批准为：光纤通信技术和网络国家重点实验室、国家光纤通信技术工程研究中心、国家光电子工艺中心（武汉分部）、国家高新技术研究发展计划成果产业化基地、信息产业光通信产品质量监督检验中心、亚太电信联盟培训中心和创新型企业等。武汉邮科院坚持光纤通信技术、无线通信技术、数据通信技术、智能化应用技术四大业务方向，倡导以"客户为中心"的经营理念，以自有知识产权的光电子设计与制造技术、ASIC 设计技术、软件开发技术和光纤制造技术、光纤传感技术为核心技术，构筑竞争优势，以提供下一代网络（NGN）、下一代互联网、下一代无线移动网和智能化应用解决方案为主攻目标，整合资源，构建合理的产业结构，逐步成为集传输、数据、交换、无线通信、光电器件、光纤传感一体的信息通信设备制造商和综合服务提供商，为客户提供全面的产品和智能化应用解决方案。武汉邮科院以成为"国内一流、国际知名"的信息通信设备制造商和综合服务提供商为企业愿景。

通过四十年技术积累和创新积淀，武汉邮科院在光纤通信技术、无线通信技术、数据通信技术和智能化应用技术四大产业上都获得了长足发展，形成武汉邮科院的四维创新技术体系，极大地提高了技术创新效率，拓宽了光电子信息产业的发展道路。武汉邮科院是全球唯一集光纤通信领域三大战略技术：光电器件、光纤光缆、光通信系统和网络的研究、开发、生产与销售于一体的科研与产业实体，国际知名的通信设备制造商与解决方案提供商之一。在光通信领域，烽火通信积极巩固"国内一流"的市场地位，同时寻求"国际知名"的突破，加快"走出去"步伐，提高国际化程度。此外，为进一步做大国内市场"蛋糕"，烽火通信全力拓展信息化这一"新蓝海"。

（3）管理创新

①海尔集团

海尔集团的快速发展的基础在于创新，体现在管理方面的破坏性创新。在经济全球化快速发展的情况下，企业竞争日益激烈，海尔集团的生存要依靠创新，不断提升市场竞争力。

张瑞敏出任海尔的前身青岛电冰箱总厂厂长后，开始抓质量管理，这是海尔成功之路的第一步。在当时物质短缺的情况下，张瑞敏带头砸毁了七十余台不合格的冰箱。此举的目的是让大家增强对质量的意识。张瑞敏带领的海尔集团运用"吃休克鱼"的模式，成功兼并14家企业，成功运用海尔企业的管理制度及经营理念盘活兼并企业。

1989年，海尔集团提出OECC管理法，通过每人每天对每件事进行全方位的控制和清理，从而达到"日事日毕，日清日高"，成为海尔管理创新的基础。在2000年，海尔集团创立"市场链"管理模式，以计算机信息系统为基础，以订单信息流为中心，带动物流和资金流的运行，实现业务流程再造，加速了企业内部的信息流通，激励员工，使其价值取向与用户需求相一致互联网时代，海尔集团开启用户驱动的"即需即供"、"人单合一双赢"的管理模式。

②阿里巴巴

马云和阿里巴巴在中国创造了新的商业模式和商业奇迹。这里的成功更多归功于企业领导者对市场的判断及其创新精神。1994 年底，马云发现当时的互联网上没有任何关于中国商品的信息，就有了希望把中国企业的信息放到互联网上的想法。有了想法之后，他开始进行咨询、讨论，并开始进行尝试。因此，他创建了杭州第一家电脑资讯服务公司。公司最初确定要通过电子商务帮助小企业的战略。现在的支付宝也是较为成功的企业创新。但并不是完全的创新，而是根据现实市场需求而产生的新模式。

（4）集成创新

技术创新的模式有原始创新、引进消化吸收再创新和集成创新。不同国家和企业会根据自身的具体情况选择适合的模式。原始创新主要取决于基础研发能力，由于投资多、周期长，在欧美等发达国家一般是由有实力的大学实验室进行。引进消化吸收再创新，往往发生在发展中国家前期的发展过程中，我国改革开放三十多年基本采用了这种创新模式，但这种模式现在开始遇到问题，常常容易引起专利纠纷，受到西方发达国家法律限制。近年来多提到集成创新，即把各种创新要素有机地组合起来、融会贯通，集成一种新产品或新的工艺生产式，目的在于有效集成各种技术要素，提高技术创新水平，为企业建立起真正高层次的竞争优势。在全球科技发展的新态势下，科学技术加速发展，全球生产要素流动性加快，各种技术的相互依存度逐步提高，不少国有企业抓住了全球化的机遇，走集成创新的道路，取得了重要的创新成果，同时带领了相关产业的发展。

近年来，中国建材集团广泛整合全球的创新资源，走集成创新的道路。通过重组海内外高科技企业，积极引入先进技术和高层次人才等方式，牢牢控制了行业制高点，真正做到在相关领域领先一步。如 2007 年，中国建材集团投资收购了德国 NOI 公司，成立境外公司 SINOI，作为海外研发基地，为国内生产基地提供强大的技术支持。通过境外收购，中国建材一跃成为中国最大的风电叶片制造商、全球兆瓦级风电叶片的领导者。2014 年，中国建材集团收购圣戈班 Avancis 公司，引入铜铟镓硒薄膜太阳能技术，彻底打破国外巨头在该领域对中国的长期封锁和垄断。另外在水泥技术、玻璃纤维技术、碳纤维 T800 技术、TFT 基板玻璃技术等方面取得的研发成果与产业化发展，也都无一例外走了集成创新的道路。

（5）商业模式创新

商业模式创新的方式是多种多样的，可以是改变企业的收入模式如制造业转向制造服务业，也可以改变企业在产业链的位置和充当的角色，还可以是改变技术模式，引进激进型技术，如当年的互联网技术和近年来的 3D 打印技术等。在改变收入模式和改变技术模式的商业模式创新中，西方发达国家和新兴产业企业起步较早，成果较多。随着互联网技术和信息化的发展，国家、地区和企业间的壁垒被打破，资源得到更科学的配置，在众多行业中处于系统集成标杆地位的国有企业，其商业模式对同行业的众多中小企业带来了巨大的影响力和带动力，如中国移动、中国联通、中国电信等通讯运营商，通过商业模式创新，在以往大力推进水平化、专业化分工的基础上，大力推进增值服务等外包合作，直接孵化培育了一大批非公有制中小企业，包括目前成长出了一批大型 IT 技术和服务商，引领了行业的健康发展。

二、中国企业创新创业活动的现状及特征

本部分基于《全国企业创新调查年鉴 2017》和《2016 工业企业科技活动统计年鉴》中公布的统计数据，分析 2016 年我国企业创新的基本情况及企业家对创新的认识。总体上来说，2016 年在统计调查的 726139 家企业中，开展创新活动的企业共有 283604 家，开展创新活动企业占比为 39.1%。制造业企业创新成功率较高，自主研发是最主要的创新形式；合作创新助力企业提升市场竞争力；规模以下企业创新成效显著，整体创新活跃度较低；对创新认知不足、创新成本较高、创新要素缺乏等是阻碍企业创新的主要因素；创新政策实施效果得到了企业家群体的认可。同时专门对国有工业企业创新活动的现状和特征进行总结和分析。

（一）企业创新创业活动的基本特征

1. 近 40% 的企业有创新活动，实现创新的企业占全部企业的比重达到 44.0%

根据国家统计局社会科技和文化产业统计司编撰的《全国企业创新调查年鉴 2017》中的公布的统计数据显示：2016 年在统计调查的规模（限额）以上的 726139 家企业（工业企业 378579 家、建筑业企业 40416 家、服务业企业 307144 家）中，开展创新活动的企业数为 283604 家（工业企业 183619 家、建筑业企业 11227 家、服务业企业 88758 家），占全部调查企业的 39.1%（工业企业占比 48.5%、建筑业企业占比 27.8%、服务业企业占比 28.9%）；其中，实现创新的企业为 262289 家（工业企业 166462 家、建筑业企业 10820 家、服务业企业 85007 家），占全部调查企业的 36.1%（工业企业占比 44.0%、建筑业企业占比 26.8%、服务业企业占比 27.7%）；同时实现四种创新（产品创新、工艺创新、组织创新、营销创新）的企业达到 57027 家，占全部调查企业的 7.9%。以实现创新企业占比为例，不同产业企业的创新活跃程度存在明显差异。工业企业的创新活跃程度最高，实现创新的企业占全部企业的比重达到 44.0%，建筑业和服务业分别有 26.8% 和 27.7%的企业实现了创新。从地域分布来看，实现创新企业占比按东中西、东北地区依次递减，

东部地区约有 39.0% 的企业实现了创新，而东北地区仅有 22.3% 的企业实现了创新。

2. 中、小型企业创新最为活跃，自主研发是最主要的创新形式

2016 年，在规模（限额）以上企业中，开展创新活动的企业总数为 283604 家，其中大型企业 14824 家、中型企业 66441 家、小型企业 189420 家、微型企业 12919 家。实现创新企业总数为 262289 家，其中大型企业 13897 家、中型企业 62131 家、小型企业 173923 家、微型企业 12338 家。同时实现四种创新（产品创新、工艺创新、组织创新、营销创新）企业共有 57027 家，其中大型企业 4657 家、中型企业 14656 家、小型企业 36052 家、微型企业 1662 家。所以中、小型企业的创新最为活跃。分登记注册类型看，外资和港澳台资企业创新较为活跃，开展技术创新的企业占比分别为 46.7% 和 45.5%，均高于内资企业的 38.7%。共有 11.8 万家制造业企业成功实现了技术创新，占开展技术创新活动企业的比重达 83.4%；有 9.2 万家和 9.5 万家企业分别成功实现了产品创新和工艺创新，所占比重分别为 65.4% 和 67.7%。在开展技术创新活动的企业中，有 4.0 万家企业有中止或失败的技术创新活动，所占比重为 28.1%，明显低于实现技术创新的企业占比。

在实现产品创新的制造业企业中，有独立开发产品的企业占比达 86.2%；在实现工艺创新的制造业企业中，有独立开发工艺的企业占比为 79.4%。在进行技术创新活动的企业中，60.5% 开展了自主研发活动。此外企业还开展了其他多种形式的创新活动，其中购买了机器设备和软件的企业占 48.8%，进行相关培训的企业占 35.6%，委托外单位进行研发和购买技术的企业分别占 9.9% 和 2.4%。

3. 合作创新助力企业提升市场竞争力

合作创新是指企业与其他企业或机构共同开展技术创新活动，以充分获取创新信息或实现创新资源，尤其是优势资源的有效利用。2016 年，在开展技术创新活动的 19.2 万家企业中，有合作创新的企业为 12 万家，占 62.5%；在成功实现技术创新的 16 万家企业中，有合作创新的企业占比为 70.8%，表明合作创新已成为企业开展技术创新活动的重要方式。分企业规模看，企业规模越大，其创新过程越具开放性。在开展技术创新活动的小型、中型和大型企业中，合作创新企业占比分别为 60.1%、65.9% 和 76.2%。

产学研结合是企业合作创新的重要形式。2016 年，我国开展产学研结合的企业为 4.7 万家，占合作创新企业的比重为 39.2%；其中与高等学校合作的企业占合作创新企业的比重为 31.5%，与研究机构合作的企业占全部合作创新企业的比重为 19.2%，按企业占比排名，在 11 类创新合作伙伴中分别位居第三位和第六位。

合作创新企业特别是产学研合作企业创新产出能力更强。以规上工业企业为例，

2016 年，开展创新合作企业实现新产品销售收入 144930.9 亿元，占全部规上工业企业新产品销售收入的 83%。在开展技术创新活动的规上工业企业中，有创新合作的企业平均每家实现新产品销售收入 1.6 亿元，是未开展创新合作企业的 3.2 倍；进行产学研结合的企业平均每家实现新产品销售收入 2.5 亿元，是未开展创新合作企业的 4.8 倍。

4. 规模以下企业创新成效显著，整体创新活跃度较低

规模以下企业指年主营业务收入 2000 万元以下的工业法人单位和年末从业人员 50 人以下并且年营业收入 1000 万元以下的服务业法人单位，一般均为小型或微型企业。2016 年，在 54449 个抽样有效样本中，开展创新活动的规模以下企业为 10542 个，所占比重为 19.4%，有创新活动的企业分布遍及所调查的全部 8 个行业门类 60 个行业大类。从重点领域看，高新技术企业创新最为活跃，2016 年开展创新活动的企业占比为 74%，比规下企业平均水平高 54.6 个百分点。从行业门类看，与"三新"经济联系紧密的信息传输、软件和信息技术服务业创新较活跃，开展创新活动企业比重为 28.8%；研发活动密集的科学研究和技术服务业次之，比重为 23.5%，分别比规下企业平均水平高 9.4 个和 4.1 个百分点。

可见，目前规模以下企业开展创新活动的占比不足 2 成，仅为规模以上企业的一半。除高新技术企业外，一般规下企业对创新的认知和意愿还有所欠缺，对创新政策的关注度不够。市场环境不佳、产品或服务较低端、知识产权保护不力等都影响了规下企业创新的积极性，因此很容易被市场所淘汰。

对小微企业创新的扶持政策关键在落实落地。调查显示，在开展创新活动的规下企业中，有 52.8% 的企业未享受到创新相关政策，而享受到平台支撑、人才保障和金融服务政策的企业也分别只占 17.9%、12.2% 和 9.2%，政策的惠及面有限。企业表示，未能享受到创新政策的主要原因是不知道相关政策（占 47%）和不满足政策条件（占 41%）。企业反映有些政策在宣传范围和力度上还不够，有些政策条文较难理解，缺乏操作层面的具体细则，导致不知道政策的具体条款或者因办理手续繁琐而放弃申请。此外，加计扣除等税收优惠政策对企业自身条件要求较高，很多小微企业特别是初创企业财务制度不健全、营收状况不理想，难以享受到税费减免，这些都影响了政策的落实效果。

5. 创新政策实施效果得到企业家认可

参与调查的企业共有企业家 419.7 万人，平均每家企业 5.8 人。其中，29 岁以下占 12%，30-39 岁占 32%，40-49 岁占 37%，50-59 岁占 17%，60 岁以上占 2%。中青年企业家占比较高，为创新带来更多活力。从教育程度看，企业家受教育水平对企业创新活跃程度有正相关影响，博士、硕士、本科、大专和其他教育程度企业家领导的企业中开

展创新活动的比例依次为 72%、67%、53%、46% 和 42%。

在开展创新活动企业中，认为创新对企业的生存和发展起了重要作用的占 37.0%，起了一定作用的占 57.3%，未起作用的仅占 5.8%。绝大部分企业家对创新的作用持肯定态度。

调查就 10 项创新相关政策的实施效果向企业家进行了询问，有 5 项政策得到过半企业家的认同，只有 1 项政策认同率不到 40%，创新政策实施效果得到企业家基本肯定和拥护。各项政策被企业家认为效果较明显的占比依次为：创造和保护知识产权的相关政策（55.1%）、鼓励企业吸引和培养人才的相关政策（54.2%）、优先发展产业的支持政策（51.2%）、企业研发费用加计扣除税收优惠政策 (50.8%)、金融支持相关政策（50.7%）、高新技术企业所得税减免政策（49.9%）、关于推进大众创业万众创新的各项政策（49.2%）、企业研发活动专用仪器设备加速折旧政策（44.9%）、技术转让、技术开发收入免征增值税和技术转让减免所得税优惠政策（42.4%）、科技开发用品免征进口税收政策（37.6%）。

从政策效果不明显或无效果的原因看，政策门槛较高、适用范围较小，宣传力度不够、知晓度较低是主要原因；企业家希望政府部门进一步改进政策制定与执行等环节，提高政策实际效果。

（二）国有工业企业创新活动的变动及特征

利用地区国有企业专利申请数量，分析地区国有企业创性活动的分布特点，由表 1 可以看到地区国有企业的专利申请数量的空间分布具有显著的区域差异性。首先，从专利申请数量的水平值来看，十年间，东部地区国有企业平均每年专利申请数量是中部地区的 2.13 倍，是西部地区的 2.93 倍；其次，从增长速度上看，2005 年–2014 年，东、中、西三个地区的国有企业专利申请数量都呈现出明显的增长趋势，其中，中部地区增长速度最快，专利申请数量十年间增长了 10.21 倍，年均增长率 30.0%，高于东部地区 5.5 个百分点；最后，从三大地区专利申请数量占比上看，三大地区的占比基本保持稳定，其中东部地区国有企业的专利申请数量基本维持在全国国有企业专利申请数量的 55% 左右，并没有呈现出了一个明确的增长趋势。除了 2005 年以外，中部地区国有企业的专利申请数量长期保持在全国国有企业专利申请数量的 25% 左右；西部地区企业的专利申请数量长期占全国国有企业专利申请数量的 20% 左右。综合来看，东部地区国有企业专利申请在数量上占有较大优势，中部地区增长速度最快。三大地区国有企业的专利申请数量在空间分布上具有显著的区域差异性，值得进一步分析。

表 1　地区国有及国有控股企业专利申请数量及比重 [1]

	东部地区		中部地区		西部地区	
	申请量（件）	占全国比重（%）	申请量（件）	占全国比重（%）	申请量（件）	占全国比重（%）
2007	10449	61.27	3306	19.39	3299	19.34
2008	10490	53.06	4761	24.08	4518	22.85
2009	13373	49.93	7770	29.01	5643	21.07
2010	21895	58.17	9099	24.17	6648	17.66
2011	30256	58.00	13144	25.19	8770	16.81
2012	33536	54.58	16380	26.66	11528	18.76
2013	51536	57.09	23553	26.09	15186	16.82
2014	63437	55.33	29502	25.73	21710	18.94
2015	66719	52.08	35331	27.58	26049	20.34
2016	80010	55.60	37052	25.75	26851	18.66

为了进一步揭示地区国有企业技术创新能力的空间分布特征，本文计算得到了2007年-2016年全国30个地区（不包含西藏）国有及国有控股企业年均专利申请量，结果见表2。

表 2　地区国有及国有控股企业年均专利申请量及比重

地区	年均申请量（件）	占全国比重（%）	地区	年均申请量（件）	占全国比重（%）
广东	8841.50	12.78	山西	1583.50	2.29
山东	6454.90	9.33	黑龙江	1312.10	1.90
北京	4641.70	6.71	浙江	1299.70	1.88
上海	4573.40	6.61	贵州	1224.20	1.77
江苏	4213.10	6.09	福建	883.40	1.28
安徽	4064.70	5.88	广西	834.00	1.21
湖北	3668.90	5.30	江西	825.40	1.19

---

① 东部地区（北京、天津、辽宁、河北、上海、江苏、浙江、福建、山东、广东、广西、海南）、中部地区（山西、内蒙古、吉林、黑龙江、安徽、江西、河南、湖北、湖南）和西部地区（重庆、四川、贵州、云南、陕西、甘肃、青海、宁夏、新疆）。

地区	年均申请量（件）	占全国比重（%）	地区	年均申请量（件）	占全国比重（%）
四川	3341.60	4.83	新疆	737.70	1.07
河南	3095.40	4.47	吉林	724.30	1.05
辽宁	2953.10	4.27	甘肃	691.80	1.00
湖南	2715.50	3.93	内蒙古	668.40	0.97
天津	2422.60	3.50	云南	664.40	0.96
重庆	2292.20	3.31	宁夏	186.90	0.27
陕西	2246.70	3.25	青海	130.10	0.19
河北	1845.40	2.67	海南	44.90	0.06

从表 2 的计算结果可以看到，国有及国有控股企业年均专利授权量排名前 7 位的地区分别是广东、山东、北京、上海、江苏、安徽与湖北，占全国国有及国有控股企业年均专利授权量的 52.7%，并且排名前 11 个省份的年均专利申请数量总和占到了全国的 70% 以上；排名后 6 位的地区分别是：甘肃、内蒙古、云南、宁夏、青海与海南，仅占全国比重的 3.45%。从增速来看，年均增长率排名前五的省份分别是广西、内蒙古、山西、安徽与宁夏，均位于中、西部地区。

表 3　地区国有及国有控股企业专利申请强度

省份	均值	省份	均值	省份	均值
广东	13.346	安徽	9.288	重庆	6.934
上海	9.35	湖北	7.068	四川	5.281
北京	8.431	湖南	4.948	陕西	4.513
天津	7.263	河南	4.886	贵州	3.983
山东	7.143	黑龙江	4.287	甘肃	2.736
江苏	6.626	吉林	3.056	宁夏	2.627
辽宁	6.327	山西	2.815	新疆	2.237
河北	3.063	江西	2.364	广西	2.215
浙江	2.932			青海	2.132
福建	2.598			内蒙古	1.808
海南	1.055			云南	1.761
东部地区	7.095	中部地区	4.984	西部地区	3.614

考虑到各个地区的国有经济的规模的差异会对国有企业专利申请量的地区分布有影响，本报告利用各个地区国有及国有控股企业的专利申请数除以该地区的国有企业数，即地区国有企业的专利申请强度，进行区域比较分析。

从表 3 的结果可以看到，2007-2016 年国有企业的年均专利申请强度排名前 6 位的地区分别是：广东、上海、安徽、北京、天津、山东，均高于这十年间东部地区年份专利申请强度的均值。从 2007-2016 年专利申请强度的均值来看，东部地区依然具有明显优势，远远高于中、西部地区。

三、中国工业企业创新效率的区域差异

企业创新效率是更能反映一个国家创新能力的关键指标。评价企业的创新效率，不能只看企业创新活动中创新产出的高低。因为对于一些企业来说，其创新活动很容易出现"研发拥挤"（R&D congestion）的现象，也就是说，虽然创新产出很多，但是创新要素投入更多，从而是一种创新效率低下的高产出。这实际上是对研发资源的一种极大浪费。在本部分中将对利用数据包络分析方法（DEA）对中国地区工业企业的创新效率进行测算，并从静态和动态角度揭示工业企业的创新效率的地区差距及演变情况。

（一）企业创新效率的内涵及测算方法

创新效率（innovation efficiency）是指创新活动中的创新投入（innovation input）和创新产出（innovation output）的比例，即在一定的创新环境及创新资源配置条件下，各创新主体单位创新投入所能够达到的创新产出量，或者说是单位创新产出所需要的创新投入量，其数值体现出区域创新活动的集约化水平。企业创新效率是企业在创新过程中，在创新资源的要素投入既定的情况下能够实现的最大创新产出，或者创新产出水平既定的情况下能够实现创新投入最小的能力。从数值上来考察，等于实际创新产出与潜在创新产出的比值，或者最优创新要素投入与实际创新要素投入之比。提高企业创新效率，也就是在创新要素投入既定的情况下增大创新产出，或者是在创新产出既定的情况下减少创新要素投入。企业创新投入向创新产出的转化是贯穿于企业创新的全过程。但是需要注意的是企业创新投入与创新产出往往具有多变量和不同量纲的特征，所以从理论上来说，测算企业创新效率是比较困难的。如果以较少创新投入得到较高的创新产出，那么，这样的创新投入产出关系是位于所谓的"创新生产前沿面"（innovation production frontier）之上。所以在创新生产前沿面上的企业的创新行为是有效率的，也就是说创新

效率达到最高。企业创新效率最佳的充分必要条件是：（1）除非增加一种或一种以上的创新要素投入，或减少其他种类的创新产出，否则不能再增加任何创新产出；（2）要减少某种创新要素投入，必定会减少创新产出或追加另一些创新要素投入才能保持创新产出不变。并非所有的企业创新活动中创新投入与创新产出的都可以达到创新生产前沿面。

目前测算企业创新效率的主要方法基本可分为两类：一类是参数技术，如随机前沿方法（SFA）；另一类是非参数技术，如数据包络分析法（DEA）。但是，两类方法各有其优势与不足，随机前沿技术充分考虑了随机误差和无效率因素对创新效率的影响，但其前提是正确设定函数模型；数据包络分析方法有效地揭示了技术创新效率的内涵，但存在一些无法克服的弱点，如指标的敏感性问题、不考虑随机误差问题等。

（二）分地区工业企业创新效率的演变及区域差异

1. 工业企业创新效率测算的指标选择

（1）企业创新产出变量的选择。一般来说，衡量企业创新产出的变量主要有两种：一是最常见的专利指标，二是新产品的销售收入。但是，这两类指标也有其各自的优势和缺点。对于专利指标来说，其明显的优势在于信息涵盖量较大，能够较为全面的反应地区各种不同类别的创新产出。但其缺陷在于，很多企业为了防止技术外漏，因此对其创新产出没有进行专利申请，所以，专利指标中将这一类的产出给漏掉了。另外，大部分专利最终是无法实现经济效益的。而新产品销售收入指标可以在一定程度上克服专利指标所存在的缺陷，但由于这一指标考虑的仅仅是大中型企业的创新成果，因此，大量的中小企业的创新成果就被忽略了，导致创新产出水平被低估。由此可以，两个指标各有利弊。为了解决这一问题，可以同时将专利和新产品收入作为产出指标。并且，在选择专利指标统计数据时，考虑到由于专利从申请到授权存在时滞问题，以及专利授权机构的效率及主观影响因素所造成的偏差，我们选择专利申请量作为专利产出的衡量指标。另外，在使用新产品销售收入指标时，为了去除通货膨胀的影响，将工业品的出厂名义价格折算成以 1998 年的价格作为基期价格的实际价格。

（2）企业创新投入变量的选择。企业创新投入可以从 R&D 人力投入、知识资本两个方面来衡量。就 R&D 人力投入来说，一般有三个相关指标，包括科技活动人员、研发人员以及研发人员全时工作当量。这个三个指标中，科技活动人员的指标过于泛泛，可能与技术创新的直接相关性没那么强。研发人员则没有充分考虑工作人员的劳动强度问题，因此，可以选取研发人员全时工作当量作为技术创新的投入指标之一。此外，选取研发经费投入作为技术创新资本投入指标，考虑到实际的作用，本研究采取研发资本投资存量，而不是采用流量。并且，借鉴吴延兵（2006）的做法，对 R & D 资本存量进行测算。由于数据获得性及连续性的原因，本文在地区样本选择上排除了西藏、香港、台湾、澳门地区，并以其他 30 个省、自治区、直辖市 2006-2015 年的面板数据为研究样本。这些指标的数据来源于我国《工业企业科技活动统计年鉴》，各地区的研发经费也均按照 2000 年作为基准价格进行了相应处理。

2. 工业企业静态创新效率及区域差异分析

利用 2006 年 -2015 年我国 30 个省、市、自治区的相关数据，使用 DEA 方法逐年计算得到了各个地区的工业企业静态创新效率，计算结果见表 4。

表 4　地区工业企业静态创新效率

地区	2006	2007	2008	2009	2010	2011	2012	2013	2014	2015
北京	0.48	0.29	0.20	0.64	0.75	0.88	0.83	1.00	0.95	0.99
天津	1.00	0.40	0.17	0.82	1.00	0.98	0.82	0.82	0.98	0.84
河北	0.28	0.16	0.10	0.28	0.35	0.34	0.40	0.54	0.59	0.59
山西	0.29	0.13	0.09	0.15	0.29	0.29	0.34	0.40	0.44	0.37
内蒙古	0.40	0.58	0.10	0.21	0.32	0.32	0.26	0.30	0.30	0.26
辽宁	0.25	0.14	0.07	0.31	0.48	0.43	0.59	0.68	0.83	0.71
吉林	0.72	0.23	0.23	0.96	1.00	0.91	1.00	1.00	0.47	0.97
黑龙江	0.23	0.19	0.11	0.14	0.23	0.24	0.30	0.33	0.34	0.32
上海	1.00	0.37	0.17	0.89	0.88	0.94	0.88	1.00	1.00	1.00
江苏	0.37	0.25	0.14	0.40	0.52	0.71	0.76	0.80	0.77	0.83
浙江	0.62	0.62	0.42	0.73	1.00	0.93	0.97	0.98	1.00	1.00
安徽	0.42	0.34	0.34	0.36	0.64	0.99	1.00	1.00	1.00	1.00
福建	0.63	0.28	0.14	0.34	0.63	0.60	0.59	0.61	0.60	0.56
江西	0.26	0.14	0.09	0.27	0.27	0.36	0.37	0.60	0.73	0.74
山东	0.41	0.32	0.16	0.40	0.59	0.65	0.55	0.70	0.75	0.70
河南	0.38	0.31	0.20	0.32	0.49	0.42	0.47	0.47	0.75	0.71
湖北	0.38	0.22	0.16	0.32	0.49	0.53	0.50	0.61	0.72	0.69
湖南	0.48	0.39	0.17	0.31	0.86	0.83	0.73	0.89	1.00	0.97
广东	0.88	0.75	0.45	0.68	0.94	0.80	0.72	0.70	0.71	0.74

地区	2006	2007	2008	2009	2010	2011	2012	2013	2014	2015
广西	0.63	0.35	0.24	0.55	0.58	0.70	0.53	0.69	0.96	0.73
海南	1.00	1.00	1.00	1.00	1.00	1.00	0.82	0.78	0.84	0.64
重庆	1.00	1.00	0.47	0.72	1.00	1.00	1.00	1.00	1.00	1.00
四川	0.35	0.29	0.19	0.26	0.57	0.63	0.64	0.78	0.77	0.76
贵州	0.27	0.32	0.28	0.58	0.75	0.70	0.69	0.69	0.76	0.70
云南	0.30	0.32	0.30	0.28	0.50	0.47	0.54	0.59	0.64	0.62
陕西	0.31	0.19	0.16	0.20	0.37	0.42	0.44	0.41	0.42	0.36
甘肃	0.25	0.29	0.13	0.29	0.28	0.47	0.54	0.68	0.73	0.71
青海	0.29	0.41	0.24	0.43	0.31	0.24	0.27	0.28	0.43	0.44
宁夏	0.22	0.32	0.07	0.31	0.37	0.57	0.48	0.66	0.81	0.52
新疆	0.40	0.40	0.21	0.30	0.59	0.41	0.63	0.76	0.92	1.00
均值	0.48	0.37	0.23	0.45	0.60	0.63	0.62	0.69	0.74	0.72
标准差	0.26	0.22	0.18	0.25	0.26	0.25	0.22	0.22	0.21	0.22

从表 4 的计算结果可以看到：从整体上来说，从 2006 年 -2015 年，中国 30 个地区工业企业的创新效率呈现出一个逐步提高的趋势。同时中国 30 个地区工业企业创新效率的地区差距出现一个增加后降低的趋势。从中国 30 个地区工业企业创新效率的 2005-2014 年均值来看，工业企业创新效率最高的 5 个地区分别是重庆、海南、浙江、上海、天津，其工业企业创新效率的 2006-2015 年均值分别为 0.919、0.908、0.827、0.813、0.783。从中国 30 个地区工业企业创新效率的 2006-2015 年均值来看，工业企业创新效率最低的 5 个地区分别是黑龙江、山西、内蒙古、陕西、青海，其工业企业创新效率的 2006 年 -2015 年均值分别为 0.243、0.279、0.305、0.328、0.334。

表 5　三大地区工业企业静态创新效率描述统计

时间	东部地区		中部地区		西部地区		全国	
	均值	标准差	均值	标准差	均值	标准差	均值	标准差
2006	0.63	0.30	0.40	0.16	0.40	0.23	0.48	0.26
2007	0.42	0.27	0.24	0.09	0.41	0.22	0.37	0.22
2008	0.27	0.27	0.17	0.08	0.22	0.11	0.23	0.18

时间	东部地区		中部地区		西部地区		全国	
	均值	标准差	均值	标准差	均值	标准差	均值	标准差
2009	0.59	0.26	0.35	0.26	0.38	0.17	0.45	0.25
2010	0.74	0.24	0.53	0.28	0.51	0.22	0.60	0.26
2011	0.75	0.23	0.57	0.30	0.54	0.21	0.63	0.25
2012	0.72	0.17	0.59	0.29	0.55	0.20	0.62	0.22
2013	0.78	0.16	0.66	0.27	0.62	0.22	0.69	0.22
2014	0.82	0.15	0.68	0.25	0.70	0.23	0.74	0.21
2015	0.78	0.16	0.72	0.26	0.65	0.24	0.72	0.22

表 5 是 2006 年 -2015 年中国东部地区（包括北京、天津、河北、辽宁、上海、江苏、浙江、福建、山东、广东、海南）、中部地区（包括山西、吉林、黑龙江、安徽、江西、河南、湖北、湖南）、西部地区（重庆、四川、贵州、云南、陕西、甘肃、内蒙、广西、宁夏、青海、新疆）静态技术创新效率的描述性统计分析的结果。从结果中可以看到 2006 年 -2015 年东部地区的静态技术创新效率高于中、西部地区。东部地区的静态技术创新效率高于全国平均水平，中、西部地区静态技术创新效率低于全国平均水平。东部地区内部之间静态技术创新效率的差距呈现一个不断下降的趋势，但中、西部地区内部之间静态技术创新效率的差距是在不断上升的。

3. 工业企业动态创新效率及区域差异分析

利用 2006 年 -2015 年我国 30 个省、市、自治区的相关数据，使用 DEA 方法逐年计算得到了各个地区的技术创新的全国 30 个地区的 Malmquist 创新生产率指数及其分解结果。

表 6　地区工业企业 Malmquist 创新生产率指数

地区	2006-2007	2007-2008	2008-2009	2009-2010	2010-2011	2011-2012	2012-2013	2013-2014	2014-2015
北京	1.06	1.32	1.24	0.89	1.23	1.20	1.19	0.93	1.08
天津	0.77	0.87	1.08	1.02	1.01	0.98	0.90	1.10	0.89
河北	0.94	1.06	1.11	1.02	1.01	1.31	1.14	1.01	1.02
山西	1.00	1.12	1.05	1.08	1.05	1.27	1.09	1.06	0.88
内蒙古	1.86	0.30	1.12	1.19	0.94	0.93	0.96	0.91	0.90

地区	2006–2007	2007–2008	2008–2009	2009–2010	2010–2011	2011–2012	2012–2013	2013–2014	2014–2015
辽宁	1.12	0.97	1.42	1.28	0.90	1.61	1.02	1.13	0.92
吉林	1.25	1.03	1.20	1.42	0.55	1.18	0.71	0.35	2.10
黑龙江	1.02	0.98	1.07	1.07	1.03	1.34	1.11	1.0	0.97
上海	0.87	1.02	1.02	0.82	1.10	1.06	1.01	0.93	1.06
江苏	0.93	1.06	1.19	1.03	1.28	1.42	0.99	0.96	1.10
浙江	1.14	1.23	0.97	1.11	0.90	1.22	1.00	1.05	0.98
安徽	1.02	1.77	0.65	1.44	1.44	1.45	1.03	1.03	1.08
福建	0.94	0.87	1.05	1.42	0.90	1.10	0.97	0.96	0.95
江西	1.03	1.11	0.94	0.89	1.33	1.15	1.28	1.09	1.06
山东	1.03	1.02	1.00	1.14	1.17	0.96	1.03	0.99	1.00
河南	0.95	1.07	1.16	1.01	0.90	1.17	0.96	1.42	0.94
湖北	0.85	1.19	1.19	1.17	1.06	1.09	1.05	1.10	1.00
湖南	1.07	0.73	1.04	2.27	0.94	1.14	1.02	1.03	1.00
广东	0.98	1.06	0.91	1.12	0.79	1.13	0.96	1.03	1.06
广西	1.06	1.17	0.99	0.95	0.99	0.81	1.00	1.20	0.80
海南	5.08	1.24	0.37	0.63	1.02	0.80	0.84	1.06	0.78
重庆	0.88	0.77	1.05	1.06	1.01	1.13	0.86	0.99	1.04
四川	1.17	1.07	1.09	1.18	1.20	1.10	1.13	1.00	1.05
贵州	1.36	1.50	1.35	1.11	0.85	1.27	1.02	1.13	0.98
云南	1.36	1.59	0.60	1.11	0.95	1.38	1.05	1.08	1.03
陕西	0.73	1.39	1.09	1.22	1.08	1.28	0.94	1.04	0.94
甘肃	1.36	0.74	1.64	0.57	1.79	1.10	1.04	0.95	1.00
青海	1.49	1.02	0.88	0.60	0.73	1.64	1.16	1.54	1.13
宁夏	1.58	0.40	2.73	0.89	1.50	1.11	1.31	1.22	0.67
新疆	0.84	0.85	0.96	1.62	0.69	1.81	1.29	1.18	1.17
均值	1.22	1.05	1.11	1.11	1.04	1.20	1.04	1.05	1.02
标准差	0.77	0.30	0.39	0.32	0.25	0.23	0.13	0.19	0.23

从表 6 的计算结果可以看到，2006 年 -2015 年我国 30 个地区 Malmquist 技术创新生产率指数的均值均超过了 1，说明从整体的平均水平来看，全国技术创新生产率在 2005年 -2014 年是在不断提高的。且 2006 年 -2015 年我国 30 个 Malmquist 技术创新生产率指数的标准差呈现一个明显的降低趋势，全国技术创新生产率指数的差距是在不断降低的。

表 7　三大地区工业企业 Malmquist 创新生产率指数描述统计

时间	东部地区		中部地区		西部地区		全国	
	均值	标准差	均值	标准差	均值	标准差	均值	标准差
2006–2007	1.35	1.24	1.02	0.11	1.24	0.35	1.22	0.77
2007–2008	1.07	0.15	1.13	0.30	0.98	0.42	1.05	0.30
2008–2009	1.03	0.26	1.04	0.18	1.23	0.56	1.11	0.39
2009–2010	1.04	0.22	1.29	0.44	1.05	0.29	1.11	0.32
2010–2011	1.03	0.15	1.04	0.27	1.07	0.33	1.04	0.25
2011–2012	1.16	0.23	1.22	0.12	1.23	0.29	1.20	0.23
2012–2013	1.00	0.10	1.03	0.16	1.07	0.14	1.04	0.13
2013–2014	1.01	0.07	1.02	0.30	1.11	0.18	1.05	0.19
2014–2015	0.99	0.10	1.13	0.40	0.97	0.14	1.02	0.23

从表 7 的计算结果可以看到，2006 年 -2015 年中国东部、中部、西部地区的 Malmquist 技术创新生产率指数大体都超过了 1，说明中国东部、中部、西部地区的技术创新生产率均在不断提高。但东部地区和西部地区内部之间 Malmquist 技术创新生产率指数的差距在降低，但是中部地区内部之间 Malmquist 创新生产率指数的差距在增加。

表 8　地区工业企业动态创新效率

地区	2006–2007	2007–2008	2008–2009	2009–2010	2010–2011	2011–2012	2012–2013	2013–2014	2014–2015
北京	0.61	0.69	3.21	1.17	1.17	0.94	1.21	0.95	1.04
天津	0.40	0.42	4.81	1.22	0.98	0.83	1.00	1.19	0.86
河北	0.59	0.61	2.79	1.24	0.97	1.18	1.35	1.09	1.00
山西	0.44	0.66	1.71	1.95	0.99	1.17	1.20	1.08	0.85
内蒙古	1.44	0.18	1.99	1.56	0.99	0.82	1.16	0.99	0.87

地区	2006–2007	2007–2008	2008–2009	2009–2010	2010–2011	2011–2012	2012–2013	2013–2014	2014–2015
辽宁	0.54	0.52	4.32	1.56	0.88	1.39	1.15	1.22	0.85
吉林	0.32	0.98	4.22	1.05	0.91	1.10	1.00	0.47	2.07
黑龙江	0.82	0.58	1.29	1.63	1.02	1.26	1.10	1.03	0.92
上海	0.37	0.47	5.09	0.99	1.07	0.93	1.14	1.00	1.00
江苏	0.68	0.54	2.95	1.30	1.34	1.08	1.04	0.97	1.07
浙江	1.00	0.68	1.74	1.38	0.93	1.03	1.01	1.03	1.00
安徽	0.81	0.99	1.06	1.81	1.54	1.01	1.00	1.00	1.00
福建	0.45	0.49	2.43	1.85	0.97	0.97	1.03	0.99	0.94
江西	0.54	0.62	3.06	1.01	1.31	1.03	1.63	1.21	1.02
山东	0.77	0.51	2.47	1.49	1.11	0.85	1.27	1.07	0.93
河南	0.82	0.64	1.58	1.53	0.87	1.10	1.01	1.58	0.95
湖北	0.59	0.69	2.07	1.51	1.10	0.94	1.22	1.17	0.96
湖南	0.82	0.43	1.83	2.76	0.97	0.89	1.22	1.12	0.97
广东	0.85	0.59	1.52	1.39	0.85	0.90	0.97	1.02	1.03
广西	0.56	0.67	2.33	1.07	1.20	0.75	1.31	1.38	0.76
海南	1.00	1.00	1.00	1.00	1.00	0.82	0.95	1.08	0.76
重庆	1.00	0.47	1.53	1.39	1.00	1.00	1.00	1.00	1.00
四川	0.83	0.63	1.43	2.15	1.11	1.02	1.21	0.99	0.99
贵州	1.19	0.89	2.04	1.29	0.94	0.97	1.01	1.09	0.92
云南	1.07	0.92	0.95	1.76	0.94	1.13	1.10	1.09	0.96
陕西	0.61	0.83	1.27	1.85	1.14	1.04	0.94	1.02	0.87
甘肃	1.19	0.44	2.25	0.98	1.65	1.16	1.26	1.07	0.98
青海	1.43	0.59	1.76	0.73	0.78	1.10	1.05	1.52	1.03
宁夏	1.45	0.23	4.16	1.20	1.52	0.84	1.37	1.24	0.64
新疆	1.01	0.52	1.47	1.94	0.70	1.51	1.21	1.21	1.09
均值	0.81	0.62	2.34	1.46	1.07	1.03	1.14	1.10	0.98
标准差	0.32	0.20	1.16	0.43	0.22	0.17	0.15	0.19	0.23

从表 8 的计算结果可以看到，2006 年 -2015 年我国 30 个地区动态创新效率整体来说，呈现出一个不断提高，且地区之间差距不断在缩小的变化趋势。

表 9　三大地区工业企业动态创新效率描述统计

时间	东部地区		中部地区		西部地区		全国	
	均值	标准差	均值	标准差	均值	标准差	均值	标准差
2006–2007	0.66	0.22	0.65	0.20	1.07	0.30	0.81	0.32
2007–2008	0.59	0.16	0.70	0.19	0.61	0.26	0.62	0.20
2008–2009	2.94	1.33	2.10	1.05	1.85	0.86	2.34	1.16
2009–2010	1.33	0.25	1.66	0.55	1.41	0.44	1.46	0.43
2010–2011	1.02	0.14	1.09	0.23	1.08	0.28	1.07	0.22
2011–2012	0.99	0.17	1.06	0.12	1.01	0.21	1.03	0.17
2012–2013	1.10	0.13	1.17	0.21	1.13	0.14	1.14	0.15
2013–2014	1.06	0.09	1.08	0.31	1.14	0.17	1.10	0.19
2014–2015	0.95	0.10	1.09	0.40	0.91	0.13	0.98	0.23

从表 9 的计算结果可以看到，2006 年 -2015 年中国东部、中部、西部地区的动态创新效率大体都超过了 1，说明中国东部、中部、西部地区的动态创新效率均在不断提高。但东部地区和西部地区内部之间动态创新效率的差距在降低，但是中部地区内部之间动态创新效率的差距在增加。

表 10　地区工业企业创新进步率计算结果

地区	2006–2007	2007–2008	2008–2009	2009–2010	2010–2011	2011–2012	2012–2013	2013–2014	2014–2015
北京	1.74	1.93	0.38	0.76	1.05	1.27	0.99	0.98	1.04
天津	1.91	2.05	0.22	0.84	1.03	1.18	0.90	0.92	1.04
河北	1.59	1.75	0.40	0.82	1.03	1.10	0.84	0.92	1.02
山西	2.25	1.69	0.61	0.55	1.05	1.08	0.91	0.98	1.04
内蒙古	1.29	1.68	0.56	0.77	0.95	1.15	0.82	0.92	1.03

地区	2006–2007	2007–2008	2008–2009	2009–2010	2010–2011	2011–2012	2012–2013	2013–2014	2014–2015
辽宁	2.07	1.86	0.33	0.82	1.02	1.16	0.89	0.93	1.08
吉林	3.89	1.05	0.28	1.36	0.60	1.07	0.71	0.74	1.01
黑龙江	1.25	1.68	0.83	0.66	1.01	1.06	1.01	1.03	1.06
上海	2.35	2.15	0.20	0.82	1.03	1.14	0.89	0.93	1.06
江苏	1.36	1.95	0.40	0.79	0.95	1.31	0.95	0.99	1.02
浙江	1.14	1.82	0.56	0.81	0.96	1.18	0.99	1.02	0.98
安徽	1.26	1.79	0.61	0.79	0.94	1.44	1.03	1.03	1.08
福建	2.10	1.76	0.43	0.77	0.93	1.13	0.94	0.97	1.01
江西	1.90	1.77	0.31	0.89	1.02	1.12	0.79	0.90	1.04
山东	1.34	2.01	0.40	0.77	1.06	1.12	0.81	0.93	1.07
河南	1.17	1.67	0.73	0.66	1.03	1.06	0.95	0.89	1.00
湖北	1.45	1.71	0.57	0.77	0.97	1.16	0.86	0.94	1.05
湖南	1.30	1.69	0.57	0.82	0.97	1.29	0.84	0.92	1.03
广东	1.15	1.80	0.60	0.80	0.94	1.25	0.98	1.01	1.03
广西	1.90	1.74	0.43	0.89	0.82	1.07	0.76	0.87	1.05
海南	5.08	1.24	0.37	0.63	1.02	0.98	0.88	0.98	1.02
重庆	0.88	1.65	0.69	0.76	1.01	1.13	0.86	0.99	1.04
四川	1.41	1.70	0.77	0.55	1.08	1.08	0.94	1.01	1.06
贵州	1.15	1.68	0.66	0.86	0.91	1.31	1.01	1.03	1.06
云南	1.27	1.72	0.63	0.63	1.01	1.22	0.96	0.99	1.08
陕西	1.20	1.68	0.86	0.66	0.95	1.23	0.99	1.02	1.08
甘肃	1.15	1.70	0.73	0.58	1.08	0.95	0.83	0.89	1.02
青海	1.04	1.73	0.50	0.82	0.93	1.50	1.11	1.01	1.10
宁夏	1.09	1.69	0.66	0.74	0.99	1.32	0.95	0.98	1.05
新疆	0.83	1.64	0.65	0.84	0.98	1.20	1.07	0.98	1.07
均值	1.65	1.73	0.53	0.77	0.98	1.18	0.92	0.96	1.04
标准差	0.88	0.21	0.18	0.15	0.09	0.12	0.09	0.06	0.03

从表 10 的计算结果可以发现，2006 年 -2015 年我国 30 个地区技术创新技术进步率的变化较为复杂，在 2008 年 -2011 年以及 2013 年 -2014 年，地区技术创新技术进步率的均值小于 1，从整体来说，技术创新技术进步水平出现了下降。但地区技术创新技术进步水平的差距在 2006 年 -2015 年呈现出一个不断缩小的趋势。

表 11　三大地区工业企业创新进步率描述统计结果

时间	东部地区		中部地区		西部地区		全国	
	均值	标准差	均值	标准差	均值	标准差	均值	标准差
2006–2007	1.98	1.10	1.81	0.92	1.20	0.29	1.65	0.88
2007–2008	1.85	0.24	1.63	0.24	1.69	0.03	1.73	0.21
2008–2009	0.39	0.12	0.56	0.19	0.65	0.12	0.53	0.18
2009–2010	0.78	0.06	0.81	0.25	0.74	0.12	0.77	0.15
2010–2011	1.00	0.05	0.95	0.15	0.97	0.08	0.98	0.09
2011–2012	1.17	0.09	1.16	0.14	1.20	0.15	1.18	0.12
2012–2013	0.91	0.06	0.89	0.11	0.94	0.11	0.92	0.09
2013–2014	0.96	0.04	0.93	0.09	0.97	0.05	0.96	0.06
2014–2015	1.03	0.03	1.04	0.03	1.06	0.02	1.04	0.03

从表 11 的计算结果可以发现，2006 年 -2015 年中国东部、中部、西部地区的都在一定时间段中出现了技术创新技术进步水平下降的变化趋势，中国东部、中部、西部地区的技术创新技术进步水平在区域内部之间的差异在不断缩小。

四、中国企业创新创业发展的政策和瓶颈

知识经济时代，创新对经济增长的作用比以往任何一个时代都显得更为突出。虽然对于长期经济增长与竞争优势的提高来说，创新是至关重要的，但创新的实现却十分困难。为了不断提高企业创新能力，政府需要创造各种条件，提供各种支持。我国政府相继出台了多种促进创新发展的政策及激励措施，并制定了"大众创业、万众创新"的国家战略，以期将我国由传统的贸易、投资驱动为主的增长模式转型为以创新驱动为主的经济发展模式。本部分将对 2011 年 -2017 年有关企业创新创业的相关政策进行梳理和分析，并总结出现阶段企业创新创业发展的瓶颈。

（一）近年来有关企业创新创业的相关政策

1. 总体政策层面

十一五期间，国家发布了《国家中长期科学和技术发展规划纲要（2006-2020 年）》，提出到 2020 年中国自主创新能力、基础科学和前沿技术研究综合实力显著增强，取得一批在世界具有重大影响的科学技术成果，进入创新型国家行列等科学技术发展总体目标；要求到 2020 年，全社会研究开发投入占国内生产总值的比重提高到 2.5% 以上，力争科技进步贡献率达到 60% 以上，对外技术依存度降低到 30% 以下。

十二五期间，中共中央、国务院印发了《关于深化科技体制改革加快国家创新体系建设的意见》，提出了全社会研发经费占国内生产总值 2.2%、大中型工业企业平均研发投入占主营业务收入比例提高到 1.5%、科技进步贡献率达到 55% 左右等科技发展目标，并分别从"强化企业技术创新主体地位，促进科技与经济紧密结合"、"加强统筹部署和协同创新，提高创新体系整体效能"、"改革科技管理体制，促进管理科学化和资源高效利用"、"完善人才发展机制，激发科技人员积极性创造性"等方面做出了具体部署。

2013 年 1 月 15 日，国务院印发了《"十二五"国家自主创新能力建设规划》，提出到"十二五"末，中国自主创新能力建设的目标是：创新基础条件建设布局更加合理、重点领域创新能力明显提升、创新主体实力明显增强、区域创新能力布局不断优化、创新环境更加完善等目标；计划投入运行和在建接近 50 个重大科技基础设施、重点建设和完善 100 家国家工程中心、新建若干家国家工程（重点）实验室、推动一批创新型企业进入世界 500 强。

2013 年 5 月 30 日，国务院发布《"十二五"国家自主创新能力建设规划》提出到"十二五"末，中国自主创新能力建设要达到：创新基础条件建设布局更加合理、重点领域创新能力明显提升、创新主体实力明显增强、区域创新能力布局不断优化、创新环境更加完善。该文件指出，"十二五"时期，中国必须加强政府统筹规划指导，充分发挥市场在资源配置中的基础性作用，引导社会创新主体积极参与，重点推进科学研究实验设施和各类创新基地建设，加强科技资源整合共享和高效利用，健全国家标准、计量、检测和认证技术体系，支撑科技跨越发展；加快推进重点产业关键核心技术研发和工程化能力建设，提升重点社会领域创新能力和公共服务水平，构建各具特色、协调发展的区域创新体系，支撑经济社会创新发展；加强创新主体能力、人才队伍和制度等创新环境建设，深化国际交流与合作，强化知识产权创造、运用、保护和管理能力，激发全社会创新活力，提高创新效率和效益。

2015 年 3 月，中共中央国务院《关于深化体制机制改革加快实施创新驱动发展战略的若干意见》指出，扩大企业在国家创新决策中话语权；完善企业为主体的产业技术创新机制；提高普惠性财税政策支持力度；健全优先使用创新产品的采购政策。2015 年 9 月，中共中央办公厅、国务院办公厅印发了《深化科技体制改革实施方案》，并发出通知，要求各地区各部门结合实际认真贯彻执行。方案指出，企业是科技与经济紧密结合的主要载体，解决科技与经济结合不紧问题的关键是增强企业创新能力和协同创新的合力。要健全技术创新的市场导向机制和政府引导机制，加强产学研协同创新，引导各类创新要素向企业集聚，促进企业成为技术创新决策、研发投入、科研组织和成果转化的主体，使创新转化为实实在在的产业活动，培育新的增长点，促进经济转型升级提质增效。

2016 年 5 月，中共中央、国务院印发了《国家创新驱动发展战略纲要》。其中指出，要实现创新体系协同高效。科技与经济融合更加顺畅，创新主体充满活力，创新链条有机衔接，创新治理更加科学，创新效率大幅提高。要实现创新环境更加优化。激励创新的政策法规更加健全，知识产权保护更加严格，形成崇尚创新创业、勇于创新创业、激励创新创业的价值导向和文化氛围。同时，要明确企业创新主体功能定位。要培育世界一流的创新型企业。鼓励行业领军企业构建高水平研发机构，形成完善的研发组织体系，集聚高端创新人才。引导领军企业联合中小企业和科研单位系统布局创新链，提供产业技术创新整体解决方案。培育一批核心技术能力突出、集成创新能力强、引领重要产业发展的创新型企业，力争有一批企业进入全球百强创新型企业。要孵化培育创新型小微企业。适应小型化、智能化、专业化的产业组织新特征，推动分布式、网络化的创新，鼓励企业开展商业模式创新，引导社会资本参与建设面向小微企业的社会化技术创新公共服务平台，推动小微企业向"专精特新"发展，让大批创新活力旺盛的小微企业不断涌现。

2. 创新人才的相关政策

2011 年 7 月 26 日，科技部等七部门联合发布了《国家中长期科技人才发展规划（2010-2020 年）》，提出要造就一支具有原始创新能力的科学家队伍、重点建设优秀科技创新团队、造就一支具有国际竞争力的工程技术人才队伍、支持和培养一批中青年科技创新领军人才、重点扶持一批科技创新创业人才、重视建设科技管理与科技服务和科普等人才队伍、建设一批创新人才培养示范基地等发展目标，为中国科技人才培养明确了方向。

在具体的人才引进项目方面，国家提出了"海外高层次人才引进计划"这一创新人才长期项目；"海外高层次人才引进计划"简称"千人计划"，主要是围绕国家发展战略目标，从 2008 年开始，在国家重点创新项目、学科、实验室以及中央企业和国有商业金融机构、以高新技术产业开发区为主的各类园区等，引进 2000 名左右人才并有重点地支持一批能够突破关键技术、发展高新产业、带动新兴学科的战略科学家和领军人才来华创新创业。事实上，截至 2012 年 7 月，"千人计划"已引进各领域高端人才超过 2000 名。

2015 年 3 月，中共中央国务院《关于深化体制机制改革加快实施创新驱动发展战略的若干意见》指出，围绕建设一支规模宏大、富有创新精神、敢于承担风险的创新型人才队伍，按照创新规律培养和吸引人才，按照市场规律让人才自由流动，实现人尽其才、才尽其用、用有所成。要构建创新型人才培养模式；建立健全科研人才双向流动机制；实行更具竞争力的人才吸引制度。

党的十八届五中全会特别强调了人才对国家发展的重要作用。会议指出"加快建设人才强国，深入实施人才优先发展战略，推进人才发展体制改革和政策创新，形成具有国际竞争力的人才制度优势"，再次吹响"人才强国"的集结号。习总书记强调，人才是创新的根基，创新驱动实质上是人才驱动。要择天下英才而用之，实施更加积极的创新人才引进政策。"人才政策方面手脚还要放开一些，要集聚一批站在行业科技前沿、具有国际视野和能力的领军人才。"

3. 创新投入的相关政策

2013 年，在总结中关村国家自主创新示范区试点经验基础上，财政部、税务总局联合下发了《关于研究开发费用税前加计扣除有关政策问题的通知》，将研发人员"五险一金"、研发仪器设备运行维护费等纳入加计扣除范围。

2015 年 11 月 2 日，财政部、国家税务总局、科技部联合发布《关于完善研究开发费用税前加计扣除政策的通知》；2015 年底，国家税务总局又出台《关于研究开发费用税前加计扣除政策有关问题的公告》。

具体来说，一是放宽了研发活动适用范围，参照国际通行做法，除规定不适用加计扣除的活动和行业外，其余企业发生的研发活动均可以作为加计扣除的研发活动纳入到优惠范围里来。二是进一步扩大研发费用加计扣除范围，除原有允许加计扣除的费用外，将外聘研发人员劳务费、试制产品检验费、专家咨询费、高新科技研发保险费以及与研发直接相关的差旅费等纳入研发费用加计扣除范围，同时放宽原有政策中要求仪器、设备、无形资产等专门用于研发活动的限制。三是明确企业为获得创新性、创意性、突破性的产品进行创意设计活动而发生的相关费用可以税前加计扣除。四是简化对研发费用的归集和核算管理。五是减少了审核程序，调整后的程序将企业享受加计扣除优惠政策简化为事后备案管理，有关资料由企业留存备查即可，使企业能够更便捷、更直接、更高效享受优惠政策。

六是明确企业符合条件的研发费用可以追溯享受政策，追溯期限最长为 3 年。

4. 创新成果转化的相关政策

创新成果转化一直都是困扰中国科技创新的关键难题之一，大量的研发投入形成的技术创新成果因成果转化机制不畅，而往往被企业或科研院所束之高阁。

2015 年 3 月，中共中央国务院《关于深化体制机制改革加快实施创新驱动发展战略的若干意见》指出，要强化尊重知识、尊重创新，充分体现智力劳动价值的分配导向，让科技人员在创新活动中得到合理回报，通过成果应用体现创新价值，通过成果转化创造财富。加快下放科技成果使用、处置和收益权。不断总结试点经验，结合事业单位分类改革要求，尽快将财政资金支持形成的，不涉及国防、国家安全、国家利益、重大社会公共利益的科技成果的使用权、处置权和收益权，全部下放给符合条件的项目承担单位。单位主管部门和财政部门对科技成果在境内的使用、处置不再审批或备案，科技成果转移转化所得收入全部留归单位，纳入单位预算，实行统一管理，处置收入不上缴国库。

2016 年 2 月 17 日，国务院常务会议专门讨论了科技创新成果的转化应用问题，出台五大政策支持科技成果转移转化：一是自主决定转移其持有的科技成果，原则上不需审批或备案；鼓励优先向中小微企业转移成果，支持设立专业化技术转移机构。二是成果转移收入全部留归单位，主要用于奖励科技人员和开展科研、成果转化等工作。三是通过转让或许可取得的净收入及作价投资获得的股份或出资比例，应提取不低于 50% 用于奖励，对研发和成果转化做出主要贡献人员的奖励份额不低于奖励总额的 50%；在履行尽职义务前提下，可以免除事业单位领导在科技成果定价中因成果转化后续价值变化产生的决策责任。四是科技人员可以按照规定在完成本职工作的情况下到企业兼职从事科技成果转化活动，或在 3 年内保留人事关系离岗创业，开展成果转化。五是将科技成果转化情况纳入研发机构和高校绩效考评，加快向全国推广国家自主创新示范区试点税收优惠政策，探索完善支持单位和个人科技成果转化的财税措施。

2016 年 4 月 21 日，国办印发了《促进科技成果转移转化行动方案》，要求"十三五"期间，推动一批短中期见效、有力带动产业结构优化升级的重大科技成果转化应用，企业、高校和科研院所科技成果转移转化能力显著提高，市场化的技术交易服务体系进一步健全，科技型创新创业蓬勃发展，专业化技术转移人才队伍发展壮大，多元化的科技成果转移转化投入渠道日益完善，科技成果转移转化的制度环境更加优化，功能完善、运行高效、市场化的科技成果转移转化体系全面建成；包括建设 100 个示范性国家技术转移机构，支持有条件的地方建设 10 个科技成果转移转化示范区，在重点行业领域布局建设一批支撑实体经济发展的众创空间，建成若干技术转移人才培养基地，培养 1 万名专业化技术转移人才，全国技术合同交易额力争达到 2 万亿元。

2016 年 5 月 30 日，全国科技创新大会、中国科学院第十八次院士大会和中国工程院第十三次院士大会、中国科学技术协会第九次全国代表大会在北京召开。在深化改革创新方面，他提出，要制定和落实鼓励企业技术创新各项政策，加强对中小企业技术创新支持力度。要优化科研院所和研究型大学科研布局，厚实学科基础，培育新兴交叉学科生长点。要尊重科技创新的区域集聚规律，建设若干具有强大带动力的创新型城市和区域创新中心。近两年，国家层面发布了一系列鼓励科技创新的政策，包括《关于国家重大科研基础设施和大型科研仪器向社会开放的意见》、《关于改进加强中央财政科研项目和资金管理的若干意见》、《关于深化中央财政科技计划（专项、基金等）管理改革的方案》、《深化科技体制改革实施方案》、《实施〈中华人民共和国促进科技成果转化法〉若干规定》等。

2016 年 8 月 3 日，教育部、科技部联合印发了《教育部科技部关于加强高等学校科技成果转移转化工作的若干意见》，对高校科研成果转化的具体问题做出了新的规定，完成了高校与国家科技成果转化政策的全面衔接。《加快实施创新驱动发展战略若干意见》出台，明确了未来几十年创新驱动发展的目标、方向和重点任务。其中重点提到培育世界一流创新型企业。鼓励行业领军企业构建高水平研发机构，形成完善的研发组织体系，集聚高端创新人才。引导领军企业联合中小企业和科研单位系统布局创新链，提供产业技术创新整体解决方案。

（二）中国企业创新创业发展的瓶颈

1. 不完善的体制机制

企业创新最根本是要增强自主创新能力，而亟需破除的障碍就是体制机制问题。世界上许多国家是以系统的、动态的观点将制度、文化、创新组织体系联系在一起，为企业进行创新活动建立较为完善的制度框架，形成健全的体制机制，构建完善的创新体系。当前，进一步深化市场化改革，处理好政府与市场的关系，以及完善企业制度建设，调动企业家的积极性，是企业创新发展需要在宏观和微观层面要突破的瓶颈。

2. 缺乏有利于企业创新的社会氛围和支持体系

这是阻碍企业创新发展的外在因素。如若企业拥有丰富的创新要素，但是因缺乏能够有效整合创新要素的支持体系，创新人才体系、资本要素体系和技术服务体系等系统的不健全和不完善，产学研结合路径不通畅、科技成果落地转化环境不成熟等问题，都会导致企业的创新发展、技术创新发展长期无法突破瓶颈。

3. 资金成本不足导致融资瓶颈仍存在

资金问题是影响所有企业发展的关键要素。资金成本的相对不足，可从根本上影响企业的经营发展。融资问题和税费问题是影响企业经营成本的主要两个方面。企业在生产经营过程中，涉及的原材料、技术、劳动力、节能环保等生产成本不断提高，融资困难是中国民营企业在经营发展过程中面临的主要瓶颈。因国有企业以国家为代表的信用保证，占据了相当部分的融资资源。相反，民营企业作为私有经济的代表，在比重和信用方面均不具有融资优势，加之股票等一些直接融资方式的门槛相对过高，导致民营企业在发展过程中存在融资困难的问题，或透过小额担保公司等借贷方式进行资金周转，可能增加民营企业的经营负担和风险。

4. 对创新认知不足、创新成本较高、创新要素缺乏

2016 年，在开展创新活动的 28.3 万余家企业中，影响创新成功的全部 9 项因素都有超过 5 成企业认为其对实现创新影响较大，表明这些因素对企业成功创新都起了比较重要的作用。其中，排前位的高素质的人才和员工对企业的认同感两项因素，均有超过 70% 的企业认为重要。在全部调查对象中有 60.9% 的企业没有开展创新活动，远高于欧盟 15 国 44.3% 的平均水平。此外，还有 4.5% 的企业创新尚未成功或遭遇到失败。调查表明，创新意识不强、成本较高、要素缺乏等是导致企业未开展创新或创新失败的主要原因。有 20% 未开展技术创新企业将创新的阻碍因素认定为"没有创新必要"，而这些企业中有 63% 在未来也没有开展创新的计划。在未开展技术创新的企业中，有 12.3% 的企业将阻碍创新的原因归结为创新成本过高，其中 76.8% 为小微企业，小微企业创新资金不足，对创新成本和创新风险更为敏感。在创新尚未成功或遭遇失败的企业中，认为缺乏创新人才、资金支持、市场需求以及信息通畅是阻碍创新主要因素的企业占比分别为 30%、28%、23% 和 18%。

五、中国企业创新创业未来展望

当前，世界经济正处于长期低迷阶段，全球增长动能不足，对世界经济持续发展增添更多的不确定性、不稳定性。在我国，正以人工智能、互联网 + 、大数据、云计算、物联网、新能源等新理念、新技术培育经济发展的新增长极，从构建现代化经济体系、推动高质量发展看，科技创新是推动经济发展质量变革、效率变革的活力源泉。创新是引领发展的动力，以改革驱动创新，以创新驱动发展，增强创新力、发展新动能，加快产业技术创新,依靠新兴产业改善区域经济,创新驱动发展成为全社会的广泛共识与行动,

科技创新支撑供给侧结构性改革作用正在凸显。

（一）中国企业创新创业与发达国家的差距

1. 企业创新动力不足，原创性能力较弱

当前，中国企业创新过多集中于制造与外观设计领域，对工业流程控制软件与核心、关键技术研发投入与突破不够。整体上看，中国企业制造能力很强，但原发性的创新能力不足。在许多重点领域、关键技术、关键材料，仍然需要依靠进口加以解决。应用型的创新成果较多，但基础性领域的创新成果较少；仿制与改良的产品很多，原创性产品严重缺乏。

以集成电路产业为例，中国企业创新能力依然不足。"中国每年芯片进口额达到2100 亿美元，甚至超过石油。"虽然国家这几年投入很大，也有一批企业通过各种项目冲向了国际市场，但中国与国外先进水平的差距仍然在拉大。在医药领域，中国创新药的层次主要处于以仿制为主仿创结合阶段，仿制药仍达 96%，上市新药多为仿制药物，新药市场被国际大公司产品所垄断，国内缺乏自主知识产权的首创药物。另如，中国工业企业的核心工业控制软件大都来自国外，制造企业在从事零配件生产与组装的部分投入较多。

2. 国家标准没有发挥引领技术进步作用

一般来看，一国标准应当与本国技术水平相匹配，并且能够通过标准的提升推动本国技术进步。从静态角度看，标准应当是行业创新成果普及化后所达成的产品质量共识；从动态角度看，标准的持续修订提升应当是企业技术进步的目标与方向。但中国的实际情况是，国家标准并没有恰当地发挥其应有作用。在一些行业领域，国家标准已经几十年没有修订过，远远落后于当前技术水平，几乎所有企业都不需要借助技术进步来达到国家标准的基本要求，基于国家标准要求的技术创新压力几乎为零。国家行业标准的动态进步落后，也使企业缺乏主动增加创新投入的动力，对持续提升产品品质，加强环境保护方面激励不足。尤其是在当前供给侧结构性改革条件下，国家标准对技术进步的引领作用更为重要。

3. 企业对创新重视不够，投入不足

中国企业的研发强度远远落后于发达国家竞争对手，研发投入缺乏竞争力。中国的研发强度虽与过去相比有了较大提高，但与国际领先企业相比，仍有很大差距。如，研发集中度低于美国等发达国家企业，有资料统计 2009 年中央企业研发集中度为 1.05%，而美国在 2008 年企业研发集中度已达到 3%。2010 年英国商业、创新和技能不发布的全球 1000 强企业研发投入报告，中央企业有 15 家入围，平均研发集中度为 1.2%，分别低于欧盟和非欧盟国家 1000 强企业平均研发集中度 2.7% 和 2.2%。2012 全球创新企业 1000 强研究中，中国的研发支出虽然增长速度最快，但占比不到 3%。

4. 创新成果转化道路不畅

企业创新的成果不能顺利转化为产品，对企业来说，所有的相关创新投入都将成为沉没成本，这将为企业造成巨大的负担和风险。从国家层面上看，国家创新治理体系仍不够系统和完备。目前的国家创新治理体系主要以科学技术为治理对象，而没有形成从科学技术研发到科学技术创新最后再到科学技术创新成果实现转化为现实生产力的完整链条，科学技术创新链的各个环节存在相互脱节的问题。作为国家创新治理重要主体的中央政府部门之间、中央政府部门与地方政府部门之间在科技资源配置和科技政策制定执行中缺乏有效的统筹协调机制，科技资源配置手段和方式单一，科技资源配置存在分散重复现象。从中央企业层面上看，中央企业一般是由多个子公司组成的大型集团公司，包含较多的下属企业，因此可能存在科学技术管理分散、技术创新活动力不足、以及科学技术成果转化现实生产力效率偏低等系列问题，即存在科技管理方式与快速增长的科研资金需求、日益复杂的科技创新活动还不相适应的问题。目前，许多企业都不具备完善的、合理的项目管理机制，在项目开发过程中存在资源浪费、研制周期过长、产品推出速度过慢等各种问题。例如，美国航天科技成果转化率高达 80%，欧洲发达国家一般在 50% 左右，而中国则刚刚达到 10%。

造成创新成果转化道路不畅的原因有两个方面：一方面是大量研发成果与市场需求脱节，无法被商业化；另一方面是科研与应用脱节，缺乏致力于科研成果转化的中间力量，创新成果需求方难以及时有效获取本领域技术进展信息。目前来看，中国科技成果转化的中介机构尚处于培育初期，还难以为企业提供广泛的科研成果转化服务。

（二）中国企业创新创业的未来发展方向

1. 宏观环境角度

（1）深化体制机制创新，改善企业经营创新环境。随着中国经济发展进入"新常态"和供给侧结构性改革的启动，要为企业创新形成供给"新动力"，降低经营成本，提高管理效率，为企业创新发展提供条件。政府要完善市场机制，使价格能够充分反映供求关系变化，充分发挥市场在资源配置中的基础性作用，为企业创新提供外部市场条件和公平的创新环境。同时，要加强经济政策与科技政策的有机衔接和协调。加强科技资源的统筹规划和管理，避免资源在各部门之间的重复、分散和浪费。

（2）发挥政府职能作用，加大政府服务力度。政府部门要依据国家相关政策，进一步落实促进民营企业发展的文件精神，推进普惠性政策扶持体系、创新创业服务体系，为民营企业的创新发展营造公平竞争的市场环境。政府还应充分发挥采购和新产品消费补贴政策等满足市场需求的激励政策对于技术创新的引导作用。同时，为解决融资难题，要扩大融资渠道，优化民营企业的金融服务。要建立信息共享机制，完善信用担保体系，支持民营企业的融资信息整合，降低企业融资门槛和成本。政府要积极发挥经济和科技政策的导向作用，激励和引导企业真正成为研究开发投入的主体、技术创新活动的主体和创新成果应用的主体。鼓励企业参与国家科技计划项目的实施，对重大专项和科技计划中有产业化前景的重大项目，优先支持有条件的企业集团、企业联盟牵头承担，或由企业与高校、科研院所联合承担，建立以企业为主体，产学研结合的项目实施新机制。

（3）营造优胜劣汰和公平竞争的市场经济体制。公平竞争的市场环境下，企业创新的动力来源于企业对创新的渴求，现实情况是不开展创新活动的企业将无法生存。提高国有企业的创新能力，需要营造公平竞争的市场环境，要打破国有企业不合理、不必要的垄断地位，使国有企业和民营企业之间有机会展开充分的、公平的竞争。要促进国有企业和民营企业创新资金投入的有机组合，创新的增量与现在资本存量的有机结合，科技链与产业链的有机结合，国家与地方创新资源的有机结合。

（4）政府应鼓励国有企业与民营企业、科研院所、高校进行多种形式的合作，以促进科研资源的合理有效配置；科研资源配置应以企业为重点，让企业真正变为社会生产活动过程中技术创新的主体；应建立并健全相关配套政策，加大财政金融与税收对企业技术创新活动支持力度；以立法形式规定增大重点行业的技术创新活动投入比例，建立并强化与企业技术创新活动有关的激励机制；要加快建立健全知识产权保护体系，保护企业技术创新活动的成果。

（5）发挥企业技术创新信息平台的作用，促进企业与各相关部门和机构以及企业之间的信息沟通与协调，强化企业与市场需求之间的联系，推动企业技术创新整体水平提高。通过设立国家级、省部级研发机构和企业研发中心，形成不同级别研发机构的梯次结构，激发各级研发机构的创新活力，积极参与产业技术创新战略联盟等各类研发创新平台建设，与地方共建区域研发平台，建立海外研发机构等多种途径，不断完善以市场为导向的企业创新体系。

（6）政府要组织协调产业共性技术创新平台，完善共性技术合作开发的环境，加快共性技术的快速转化，发挥其在共性技术的开发和扩散中的独特作用，推进产业共性技术进步。政府部门通过制定政策、优化环境、完善社会支撑体系搭建有利于信息交流和信息转移的科技交流平台，在信息、人才、资金、技术、管理咨询等方面构建有效的企业技术创新服务体系，促进国有企业与民营企业之间的技术交流与其他信息交流，充分发挥政府与企业之间的互动作用，使市场机制和政府支持形成合力，促进国有企业与民营企业之间的积极合作，协调运作，充分挖掘各自潜力、发挥各自优势，使资源达到效用最大化。

（7）培育职业化的企业家队伍。熊彼特认为企业家是企业的领导者和创新者，也因此是经济系统的主要驱动者。企业家是最具有创新能力和影响力的人。要推动企业创新，必须注重企业家队伍建设，培育和造就一个主导管理创新前沿和领导市场竞争潮流的"企业家阶层"。针对企业家，通过选拔机制和培训机制过滤产生的经营者只表明其可能拥有经营型人力资本，而即使拥有经营型人力资本，也不能说明经营者就一定能成为企业家。只有通过经营者激励机制，诱导经营者努力使用自身的人力资本，才可能提高企业经营业绩，使经营者成长为企业家。在中国，目前还没有形成一个成型有效的激励模式。完善经营者激励约束机制，建立一套科学、公正的考核、晋升体系，使经营者的个人利益与企业的经济效益挂钩。在干部人事制度上，引进竞争机制，建立经营者人才市场，使企业家这种生产要素，通过市场机制合理配置。国家也要采取措施建立企业家人才交流市场、资格认定系统、继续教育培训机制等，以促进中国企业经营者职业化。

（8）完善创新导向的知识产权法律保护机制

政府应该建立积极有效的知识产权保护政策，刺激企业提高研发投入，保护国有企业自主创新的积极性。致力于建立统一的知识产权管理机构，培养熟悉国际惯例的知识产权人才以提高中国实施知识产权战略的能力。具体来说，政府要大力宣传知识产权保护的重要性，加强对国有企业知识产权工作的指导支持，鼓励国有企业进行专利申请，同时加快专利审批速度。逐步引导国有企业制定知识产权战略，提高国有企业对商标、专利、商业秘密的综合运用和管理能力。充分保证知识产权在国有企业技术创新、成果转换、提高核心竞争力的作用。

2. 企业自身角度

（1）确立企业创新主体地位，推进协同创新。企业是自主创新的主体。企业经营者要有自主创新的紧迫感，真正把自主创新当作企业的第一生产力抓紧抓好。战略谋划是企业的灵魂，战略管理关乎企业的发展方向。企业要认真做好自主创新战略的谋划，明确自主创新的定位、方向、产品、技术，建立健全有利于自主创新的体制与机制，不断建立新的核心竞争力。

（2）加快科技人才队伍建设，使自主创新具有可持续性。人才是自主创新的核心。

要努力营造宽松和谐的自主创新环境，激发科技人员的主动性、积极性和创造性。完善人才激励机制和科技评价体系，转变"功利化"的评价机制，淡化各种以论文数量、项目经费、技术创收等为标准的考核与奖励。在遵循科学规律、尊重科技人员兴趣与选择的基础上，建立符合科学技术本身发展规律的、体现学科特点的、分类导向的成果评估与评价体系。提高科技人员的基本待遇，全方位保障科研人员收入、福利和基本科研服务，为其科研活动提供充分资源条件，为科研人员的自由探索、后续的开发转化等提供稳定支持。

培育复合型人才，满足企业创新发展需求。抓住贯彻实施"科技""教育""人才"三个规划纲要的有利时机，进一步形成创新型人才培养和使用的合力，以高端人才为引领，整体推进和重点突破相结合，培养造就和引进一批领军人才和高水平团队。建设完善的劳动力供求信息系统，形成人才供需衔接机制。首先，要明确研发和技术人员特点，了解其对国有企业自主创新和发展所起到的关键性作用，设计科学合理的创新绩效考评体系。其次，依据创新考评体系，不断完善创新人才激励和约束机制。在新的考评体系下，创新人员的投入和产出应科学衡量，对于创新效率高的科研人才，可以对其采取多种激励方式，实现从薪酬到股票期权，再到发展机会等的结合。再次，要努力营造宽松和谐的自主创新环境，激发科技人员的主动性、积极性和创造性。在企业范围内，形成鼓励自主创新的氛围，通过设立新事业部、内部创业基金、内部风险投资机构，组建创业团队等方式，促进公司内部创新创业活动。最后，积极引进外部创新人才，充实和提升企业创新队伍，加大对高端人才的引进，发挥其对企业创新的带领和企业人才队伍培养的积极作用，加快企业创新队伍的规范化和科学化建设。

（3）提升自身管理水平。东北老工业基地民营企业发展起点相对较低，同时，在管理水平上较东部沿海发达城市处于较低水平，而管理水平的高低直接关系企业的发展、创新的发展。通过将先进管理经验的学习和引进，将有利于民营企业管理水平的提升。

（4）进一步加大研发投入，提高资金使用效率。有资料说明，中国企业的研发投入比例不到发达国家的 1/20。国有企业提高创新能力要以提高研发投入为前提。国有企业要自觉加大研发投入，保证自主创新资金需要。采取积极推进企业研发专项资金制度建立的方法，研究科技投入持续稳定增长的长效机制，确保企业科技投入水平随企业发展不断提高。在资金方面，应进一步拓宽研发投入资金来源渠道，除了自身资金积累外，要广泛吸收来自政府补贴、资本市场、银行和风险基金等多种渠道的科技研发扶持资金，为企业自主创新科研经费的筹集提供更为广阔的资金渠道。同时，继续推进与金融领域的合作，通过加强国际自主创新技术合作，国有企业可从国际合作中取得自主创新的资金，建立和完善多元化、多形式、多层次的技术创新投入机制。同时，要注重资金运用效率的提高。国有企业加大科技投入，要注重投入产出效益，加强科研与市场的结合，提高科技成果的转化率和产业化。

（5）绿色化的新趋势。"绿色化"是国际社会和中国国内社会发展的新趋势。国际环境保护意识逐渐增强，人民对保护环境的要求也愈发强烈。中国对绿色 GDP 的追求也会导致企业向绿色化发展。

2018 中国企业信用发展综合评价与分析报告

2018 中国企业信用发展分析研究和发布活动，是自 2011 年连续第 8 次针对中国企业信用发展状况进行的分析研究工作，并在此基础上，评价产生了 2018 中国企业信用 500 强、中国制造业企业信用 100 强、中国服务业企业信用 100 强、中国民营企业信用 100 强和中国上市公司信用 500 强。

中国企业信用评价模型是以企业的信用环境、信用能力、信用行为三个方面，综合企业的收益性、流动性、安全性、成长性等各项指标，采取以定量评价为主导、定量与定性评价相结合，以效益和效率为核心的多维度、趋势性分析研究，是企业综合信用状况和经营实力的客观体现。其中，信用环境、信用能力的数据采集时效是以 2015 年—2017 年（或以企业财年）的数据或信息为依据（至少连续 2 年）；信用记录时效是以 2017 年 10 月 1 日至 2018 年 9 月 30 日的信息为依据。本报告所采集的信息数据来源主要有以下三种渠道和方式：一是通过公开的信息获得；二是企业自愿申报的数据信息；三是以信用调查评价活动获得的相关信息，如行业、市场、宏观经济、政策及法律法规等影响性分析。

经分析与研究，2018 年中国企业综合信用评价结果为 AAA 级，综合信用指数（CCI）为 82.45，较上年提高了 0.29（2017 年综合信用指数为 82.16）。

一、2018 中国企业信用发展总体评价与分析

（一）我国企业信用环境总体评价与分析

1. 宏观经济环境中的不确定因素明显增加

国际货币基金组织在 2018 年 10 月的《世界经济展望》称，2016 年中期以来，经济仍在继续稳步扩张，预计 2018 年 -2019 年的全球增长率仍将保持在 2017 年的水平。然而，与此同时，经济扩张的均衡性已经下降，一些主要经济体的增长速度可能已经触顶。过去六个月里，全球增长的下行风险已经上升，增长快于预期的可能性已经下降。2018 年—2019 年的全球增长率预计为 3.7%，两年的预测值都比 4 月的预测低 0.2 个百分点。在美国，随着财政刺激继续扩大，经济增长势头仍然强劲，但鉴于最近宣布的贸易措施，包

括对从中国进口的 2000 亿美元商品征收关税，2019 年的增长预测已经下调。鉴于最近宣布的贸易措施，中国和一些亚洲经济体的增长势头预计将有所减弱。未来几年之后，随着产出缺口闭合，货币政策继续回归正常，预计多数发达经济体的增长率将下降到潜在水平——远远低于十年前全球金融危机爆发前达到的平均增长率。

中国社会科学院财经战略研究院课题组报告预计，2018 年第三季度中国经济增长速度小幅放缓至 6.6%，第四季度进一步回落至 6.5%。预计 2018 年前三季度中国 GDP 累计增长 6.7%，全年经济增长 6.6% 左右。

2006 年—2018 年前三季度国内生产总值及其增长速度分析见图 1。

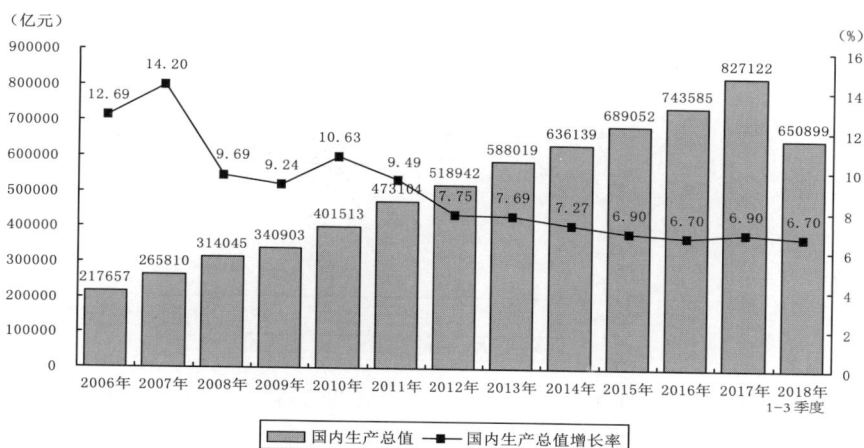

图 1　2006 年—2018 年前三季度国内生产总值及其增长速度分析

2018 年三季度全球经济仍延续复苏态势，但面临的不确定因素明显增加，复杂的外部环境对我国经济产生多重负面影响。今年第三季度我国经济增速继续保持在合理区间，但下行压力持续加大；供给侧继续保持稳中有进、稳中向好态势；就业形势总体稳定；物价走势基本平稳，供给冲击导致物价略有上升；进出口贸易整体较好，全年可能出现经常项目逆差；金融运行总体平稳，金融风险不可低估。

在当前国内经济下行压力加大、企业发展面临困难增多的背景下，提振信心和稳定预期至关重要。财经院课题组报告建议，加强财政与货币政策协调配合，确保货币政策有效传导至实体经济；围绕供给侧结构性改革，显著加大减税降费力度；适度加大基础设施领域补短板的力度，努力释放民间投资新活力；统筹把握稳增长与去杠杆平衡，防患系统性金融风险。

2. 我国企业整体运行有望进入平稳增长轨道

世界经济增长 2009 年经历了几乎前所未有的下滑，但所有地区在 2010 年—2011 年都出现了经济反弹。受宏观经济的影响，我国企业也经历了持续振荡波动的一个时期，但在 2016 年有望形成一个分水岭——随着供给侧结构性调整效果显现，将进入平稳增长的正常发展轨道，可以走出大起大落的振荡周期。

本报告对 2017 年我国企业总体经济环境分析显示，2017 年我国企业的景气指数为 116.92 点，比 2016 年的 111.92 点提高了 5.00 点；盈利指数为 104.64 点，比 2016 年的 104.47 点提高了 0.17 点；效益指数为 106.27 点，较 2016 年的 106.20 点提高了 0.07 点。

2011 年—2017 年中国企业总体信用环境分析见图 2。

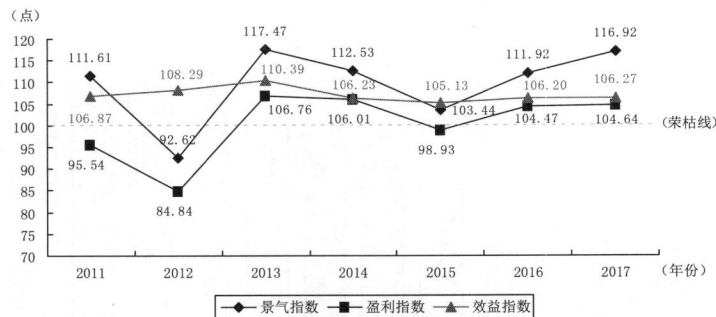

图 2 2011 年—2017 年中国企业总体信用环境分析

2017 年我国企业的三项指数均保持在荣枯线以上，且均表现增长态势，这也是自 2011 年以来首次持续两年维持增长态势，表明整体上有望走出振荡波动周期。尤其是景气指数连续两年保持在 110 点以上，回升的力度持续加强；盈利指数和效益指数也持续运行在荣枯线以上，且亦有一定的增长。总体分析看，我国企业整体企稳回升态势进一步加固，上升力度也在不断增强。但同时受宏观经济不确定因素的影响，我国企业也将面临着新的挑战，也存在着不平衡的问题。这种不平衡不仅表现在地区之间的不平衡，亦表现在制造业和服务业之间的不平衡，抑或制造业、服务业中的细分行业之间不平衡。

（二）2017 中国企业总体效益及其趋势分析

1. 企业的收益性得到明显改善，整体盈利能力进一步增强

首先，从收益性三项指标分析。2017 年我国企业的营收利润率、资产利润率和所有者权益报酬率三项收益性指标总体保持稳中有升的基本态势。其中，营收利润率为 8.05%，

较上年的 7.03% 提升了 1.02 个百分点；资产利润率为 3.92%，较上年的 4.29% 回落了 0.37 个百分点；所有者权益报酬率为 8.50%，较上年的 9.03% 下降了 0.53 个百分点。经营性收益有较大幅度提高，资产性收益较上年却有所下降，但幅度有限。总体来看，企业的收益性得到进一步改善，整体盈利能力进一步提高。

2011 年—2017 年企业收益性指标分析见图 3。

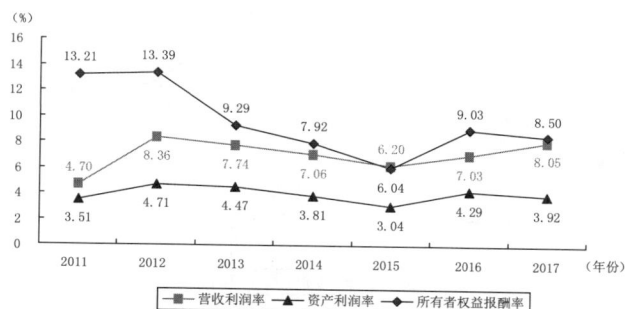

图 3　2011 年—2017 年企业收益性指标分析

其次，从利润总额和亏损总额变动分析。2014 年—2017 年样本企业的利润总额较上年分别增长了 7.88%、6.11%、12.05% 和 18.09%。其中，2017 年利润增幅比 2016 年提高了 6.04 个百分点，也是近 5 年来的最好水平；而 2014 年—2017 年的亏损总额较上年增幅分别为 18.48%、107.44%、−36.44%、−3.33%，连续两年亏损总额呈现下降态势。2014 年—2017 年的亏损比率分别为 3.69%、7.67%、4.35%、3.65%，其中 2017 年的亏损比率较上年下降了 0.7 个百分点，也创下了近 5 年来的新低。

2014 年—2017 年企业收益性分析见图 4。

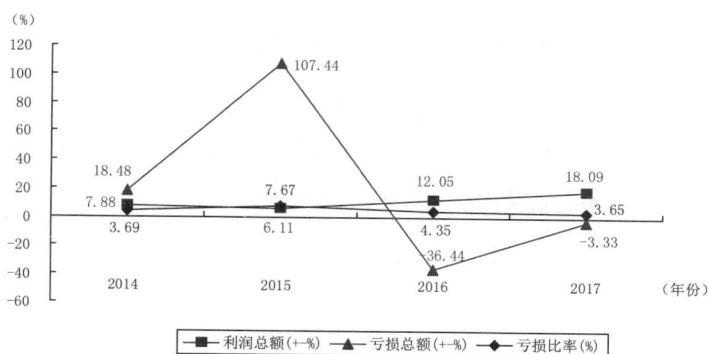

图 4　2014 年—2017 年企业收益性分析

再次，从亏损的企业面分析。2011 年—2017 年亏损的企业占比分别为 3.13%、5.48%、6.88%、7.32%、10.72%、6.95%、6.33%，2017 年亏损的企业面较上年下降了 0.62 个百分点，也创下了近 5 年来的新低。

2013 年—2017 年亏损企业面分析见图 5。

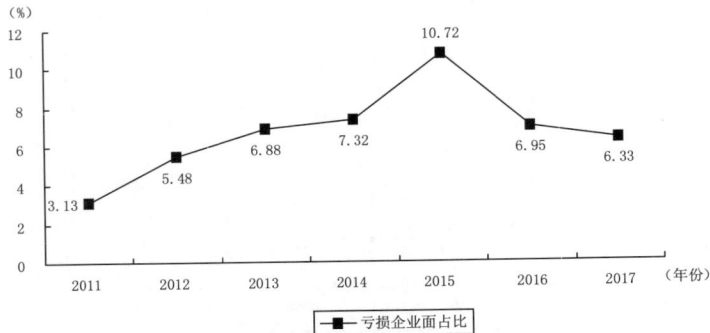

图 5　2011 年—2017 年亏损企业面分析

综合收益性各项指标分析可以看出，企业的收益性连续两年明显提高，表明企业的整体盈利能力显著增强，市场环境发生明显好转，但同时也应看到，企业的盈利性也存在着一定的不确定性因素，主要表现在所有者权益报酬率较上年有所下降，企业的营收利润率、资产利润率和所有者权益报酬率较上年下降的企业面均有所扩大，表明企业的收益性仍然存在下行风险。

2. 企业的流动性平缓，总体负责水平创历史新低

首先，从企业的流动性分析。2011 年—2017 年企业的资产周转率分别为 1.15 次 / 年、1.02 次 / 年、0.92 次 / 年、0.89 次 / 年、0.85 次 / 年、0.64 次 / 年、0.66 次 / 年，2017 年资产周转率虽略有回升，但企业的流动性仍然处在相对较低水平区间，并没有明显好转。从资产周转率下降的企业面分析，2013 年—2017 年资产周转率下降的企业面分别为 50.80%、58.70%、69.60%、53.09%、45.42%，2017 年企业流动性减缓的企业面有较大幅度的收窄，已经回落到 50% 以下。综合分析看，企业流动性的基本面有所好转，但流动性压力仍然存在，并没有得到明显得到改善。

2011 年—2017 年资产周转率分析见图 6。

次/年

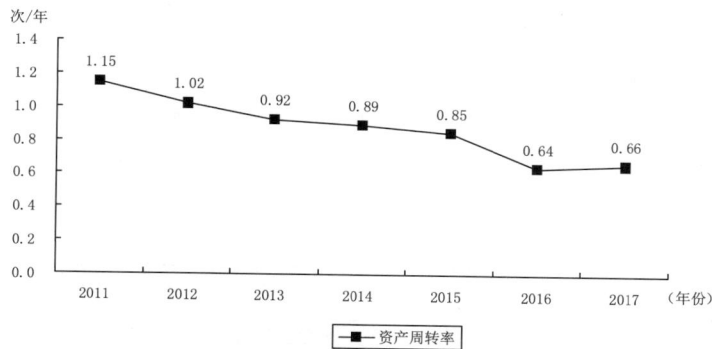

图 6   2011 年—2017 年资产周转率分析

其次，从企业的负债水平分析。2013 年—2017 年企业平均所有者权益比率分别为
47.48%、44.46%、47.55%、53.29%、49.95%。2017 年所有者权益比率有所下降，理论
负债有所上升，但企业的整体负债压力并没有明显增加，整体信用风险处在安全可控的
状态。

2013 年—2017 年企业平均负债水平分析见图 7。

(%)

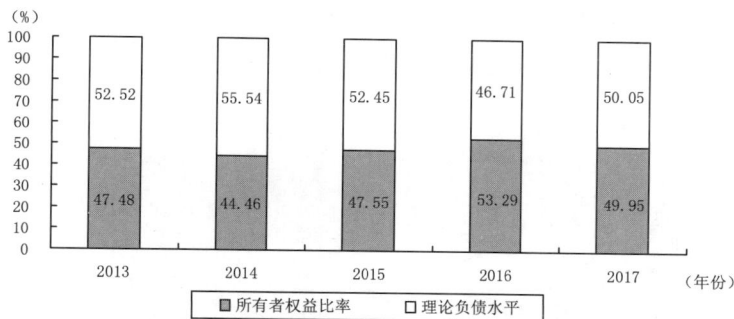

图 7   2013 年—2017 年企业平均负债水平分析

再次，从企业的资本保值增值率分析。2011 年—2017 年企业平均资本保值增值率分
别为 112.28%、111.28%、114.09%、109.54%、108.23%、109.66%、110.40%。企业资
本保值增值率总体呈现持续提高的态势，也创下了近 4 年来的最好水平。

2011 年—2017 年资本保值增值率分析见图 8。

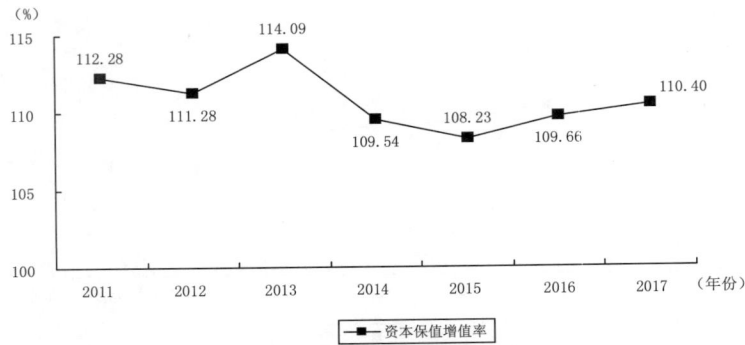

图 8 2011 年—2017 年资本保值增值率分析

3. 企业经营性增速进一步稳固，资产性增速持续保持高位运行

第一，从成长性指标分析。2011 年—2017 年营收增长率分别为 30.56%、14.70%、15.81%、11.65%、7.97%、15.40%、21.78%；利润增长率分别为 −5.39%、−27.89%、30.79%、16.94%、−1.09%、8.50%、12.10%；资产增长率分别为 26.83%、15.81%、14.88%、19.83%、20.43%、19.74%；资本积累率分别为 −0.42%、14.19%、17.85%、17.66%、23.01%、23.85%、22.12%；从业人员增长率分别为 39.17%、7.93%、5.30%、4.07%、8.68%、6.87%、6.19%。

2011 年—2017 年企业成长性指标分析见图 9。

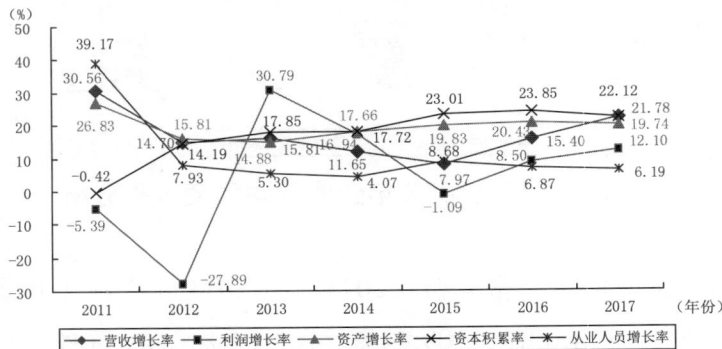

图 9 2011 年—2017 年企业成长性指标分析

首先，从两项经营性成长指标分析，已经遏止了波动下行的趋势。其中，营收增长率时隔 5 年后再次提升到 20% 以上，利润增长率也提升到两位数以上，且增速进一步稳固。这一情况表明，企业的经营状况有了明显好转，结构性调整效果已经显现。

其次，从两项资产性成长指标分析，也已经连续两年回升到 20% 以上的增速，持续保持高位运行，表明进一步提振了企业的投资热情和信心。

第二，从成长性指标负增长的企业面分析。2017 年营业收入表现为负增长的企业面占比为 16.69%，较 2016 年的 27.00% 下降了 10.31 个百分点，负增长的企业面进一步收窄；利润表现为负增长的企业面占比为 36.65%，较 2016 年的 39.13% 下降了 2.48 个百分点。资产表现为负增长的企业面占比为 17.81%，较 2016 年的 18.62% 下降了 0.81 个百分点；净资产表现为负增长的企业面占比为 13.54%，较 2016 年的 23.85% 下降了 10.31 个百分点；从业人员表现为负增长的企业面占比为 43.33%，较 2016 年的 44.92% 下降了 1.59 个百分点。综合看，企业的成长性指标表现为负增长的企业面均有一定幅度收窄，表明企业的整体经营形势较上年有了进一步好转。

2011 年—2017 年企业成长性指标负增长企业面占比分析见图 10。

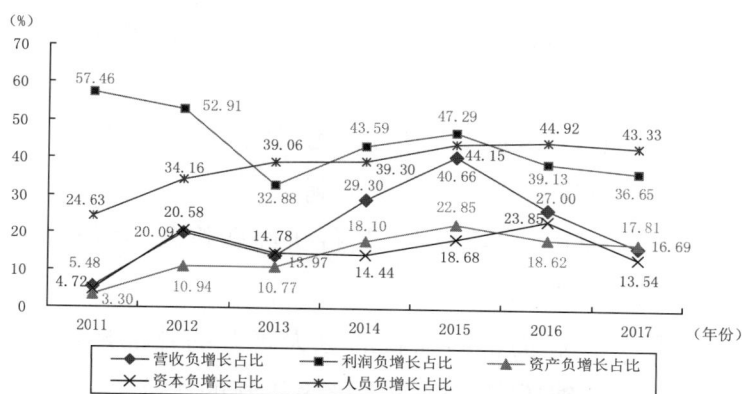

图 10　2011 年—2017 年企业成长性指标负增长企业面占比分析

第三，从企业的研发强度分析，2013 年—2017 年企业的科研经费投入占营业收入的比例分别为 5.80%、4.50%、4.62%、4.77%、4.98%，2017 年较 2016 年提高了 0.21 个百分点，表明企业的整体研发投入呈现持续稳定的提升态势。

2013 年—2017 年企业科研经费投入分析见图 11。

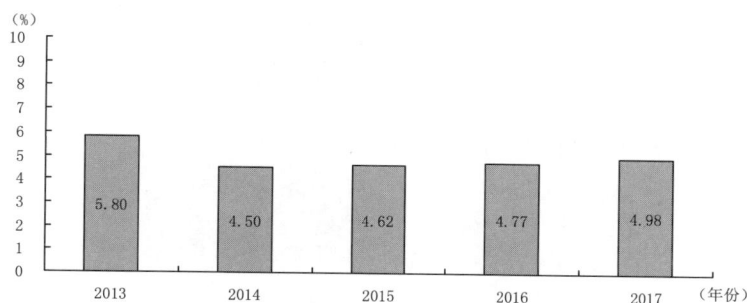

图 11　2013 年—2017 年企业科研经费投入分析

第四，从企业人均营业额和人均利润额分析。2014 年—2017 年企业人均营业额分别为 163.76 万元 / 人·年、157.83 万元 / 人·年、175.16 万元 / 人·年、200.78 万元 / 人·年，2017 年较上年提高了 25.62 万元 / 人·年；2014 年—2017 年企业人均利润额分别为 7.97 万元 / 人·年、7.74 万元 / 人·年、8.65 万元 / 人·年、10.31 万元 / 人·年，2017 年较上年提高了 1.66 万元 / 人·年。表明企业的整体劳动效益和效率逐步提高。

本报告于上年分析预测，2016 年形成拐点的可能性较高。综合 2017 年上述各项指标分析可以看出，拐点已经形成，企业整体经营形势日趋向好的基本态势进一步稳固，主要基于以下点：

一是收益性持续好转，企业总体盈利能力进一步提升，企业亏损面和亏损比率持续降低，表明供给侧结构性调整的效果明显，企业的整体经营环境得到改善。

二是企业的所有者权益比率和资产周转率持续提升，也就是说在企业负债率下降的同时，企业资产运行效率进一步提高，其资产周转率再次回升到 1 次 / 年以上，表明企业资产经营质量显著提高。

三是企业的资本保值增值率达到 117.25%，创下了自 2011 年以来最好水平，表明企业资本经营质量显著提升，其安全性得到良好保障。

四是企业成长性指标增速进一步稳固，其科研经费投入力度持续加大，表明我国企业发展的韧性较好，应对能力进一步提升。

但同时也要看到，我国企业仍将面临新的更为复杂的外部环境，不确定因素增多，企业可持续、高质量发展的基础还需要进一步稳固等新的挑战。

二、2018 中国企业信用发展行业特征分析

（一）生产业特征分析

1. 生产业整体形势明显回暖，供给侧结构性调整效果显著

第一，从生产业总体信用环境分析。2017 年生产业的景气指数为 113.68 点，较上年的 99.79 点提升了 13.89 点；盈利指数为 104.61 点，较上年的 96.37 点提升了 8.24 点；效益指数为 104.66 点，较上年的 104.36 点提升了 0.30 点。

2011 年—2017 年生产业总体信用环境分析见图 12。

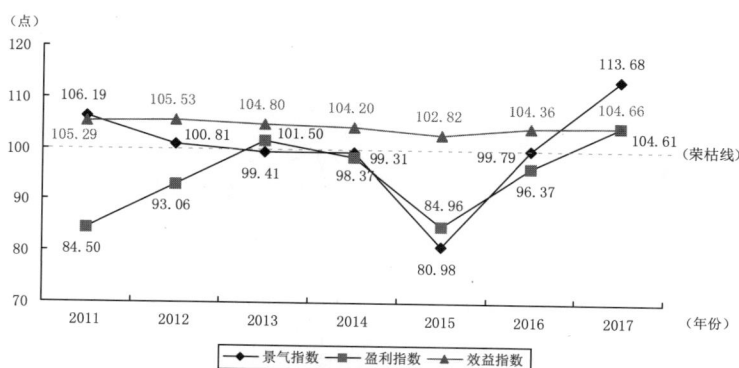

图 12　2011 年—2017 年生产业总体信用环境分析

从三项指数分析可以看出，2017 年生产业总体信用环境发生了明显好转，这也是自 2011 年以来首次实现三项指数均回升到荣枯线以上，表明我国生产业结构调整取得了显著效果，产能过剩矛盾得到了有效缓解。

第二，煤炭行业整体性亏损已经得到有效遏止。2017 年我国煤炭行业的景气指数为 139.69 点，盈利指数为 126.46 点，效益指数为 104.85 点，这也是自 2011 年以来首次实现三项指数均回升到荣枯线以上，且创下了历年来的最好水平。

2011 年—2017 年煤炭行业信用环境分析见图 13。

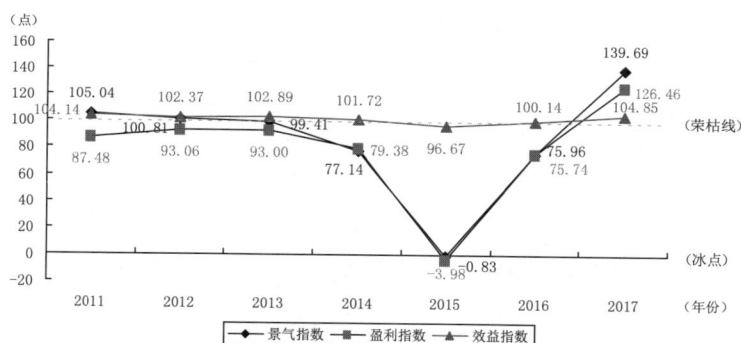

图 13　2011 年—2017 年煤炭行业信用环境分析

第三，建筑行业运行平稳。2017 年我国建筑业的景气指数为 114.28 点，盈利指数为 107.21 点，效益指数为 106.11 点，三项指数较上年均有所提升，整体运行相对平稳。

2011 年—2017 年建筑行业信用环境分析见图 14。

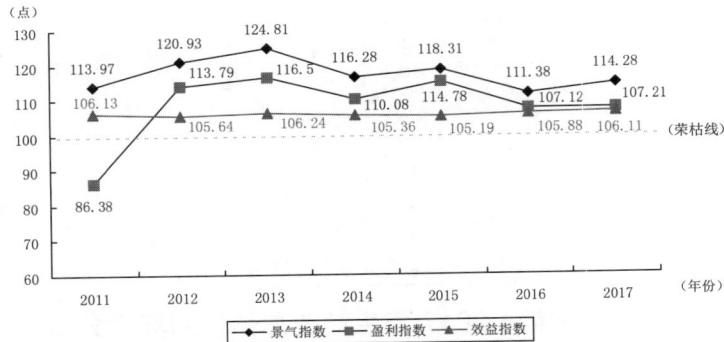

图 14　2011 年—2017 年建筑行业信用环境分析

第四，电力行业低位徘徊。2017 年我国电力行业的景气指数为 100.76 点，盈利指数为 92.41 点，效益指数为 103.56 点，表明我国电力行业仍然徘徊在低位区间运行，其中企业盈利能力持续减弱。

2011 年—2017 年电力行业信用环境分析见图 15。

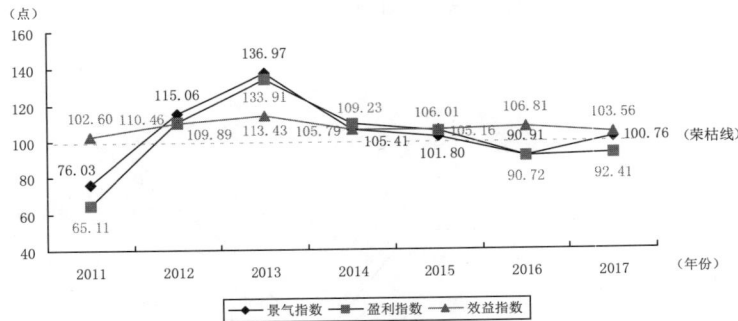

图 15　2011 年—2017 年电力行业信用环境分析

2. 生产业经营性收益持续回升，供给侧结构性调整效果显现

第一，生产业总体收益性指标转好。2017 年生产业营收利润率为 6.01%，较上年的 3.39% 提高了 2.62 个百分点；资产利润率为 2.47%，较上年的 2.40% 提高了 0.07 个百分点；所有者权益报酬率为 5.50%，较上年的 6.17% 下降了 0.67 个百分点。三项指标中经营性收益回升幅度较大，资产性收益波动较小。

2011 年—2017 年生产业收益性指标分析见图 16。

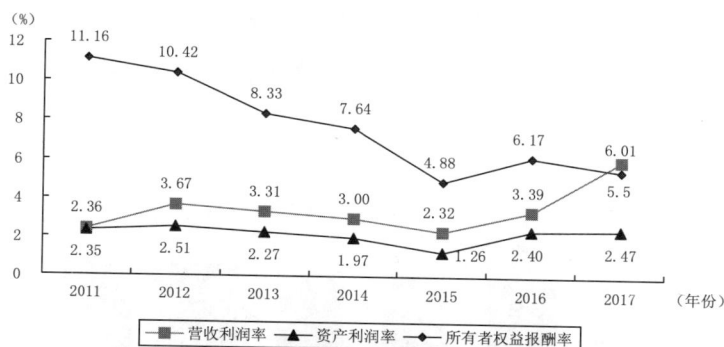

图 16　2011 年—2017 年生产业收益性指标分析

第二，煤炭行业收益性初见好转。2017 年我国煤炭行业的营收利润率为 6.71%，较上年的 1.67% 提高了 5.04 个百分点；资产利润率为 2.80%，较上年的 0.22% 提高了 2.58个百分点；所有者权益报酬率由上年的 –1.49% 转为 5.06% 正增长。由此可见，以煤炭行业为代表的生产业已经遏止了下行态势，并已经走出谷底，化解产能过剩的一系列举措已经显现效果。

2011 年—2017 年煤炭行业收益性指标分析见图 17。

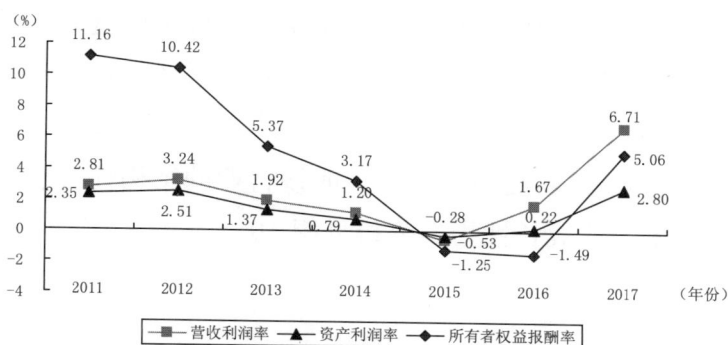

图 17　2011 年—2017 年煤炭行业收益性指标分析

3. 流动性运行相对平稳，安全性有良好保障

第一，从流动性分析。2017 年生产业企业平均资产周转率为 0.66 次 / 年，较上年持平，总体运行平稳。

第二，从负债水平分析。2017 年生产业企业所有者权益比率为 35.32%，较上年35.16% 提高了 0.16 个百分点，总体负债水平微幅下降。

第三，从资本保值增值率分析。2017 年资本保值增值率为 108.63%，较上年 108.62% 提高了 0.01 个百分点，总体处在相对较高水平运行，且变化不大。

2012 年—2017 年生产业所有者权益比率、资本保值增值率分析见图 18。

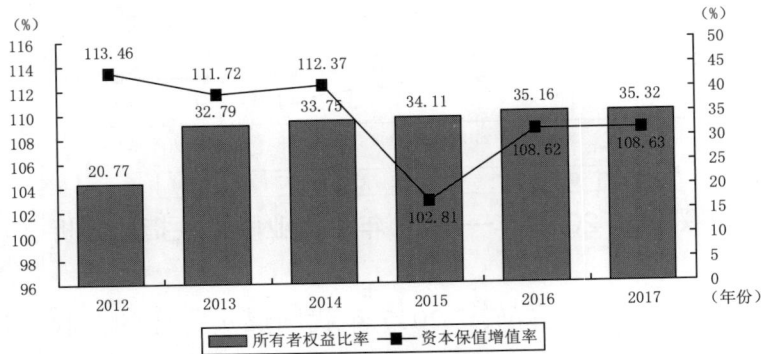

图 18　2012 年—2017 年生产业所有者权益比率、资本保值增值率分析

4. 生产业企业的成长性指标全面好转，增速明显加快

第一，从两项经营性成长指标分析。2017 年生产业企业平均营收增长率为 42.78%，较上年增速提高了 40.79 个百分点；利润增长率为 15.32%，由上年的负增长转为正增长，且增幅较大，终止了连续 6 年的负增长态势。

综合上述两项经营性成长指标分析，生产业企业呈现全面复苏回暖的态势。

第二，从两项资产性成长指标分析。2017 年生产业平均资产增长率为 13.55%，较上年提高了 5.68 个百分点；资本积累率为 20.54%，较上年提高了 16.39 个百分点。两项资产性成长指标增幅均有较大幅度的提升，表明该行业的结构性调整已经初步完成。

2011 年—2017 年生产业成长性指标分析见图 19。

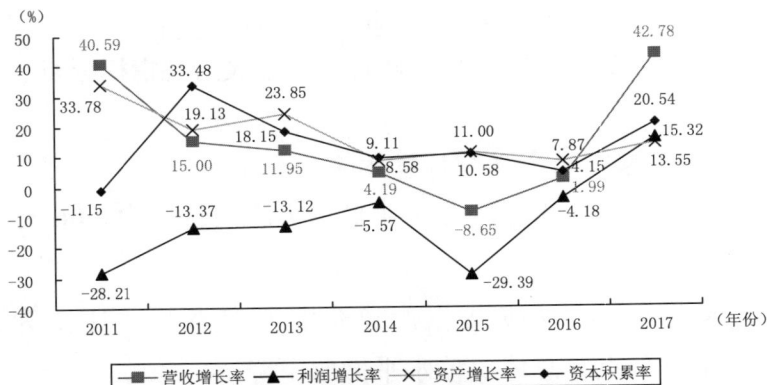

图 19　2011 年—2017 年生产业成长性指标分析

（二）制造业特征分析

1. 制造业进一步稳固复苏态势，经营形势持续好转

第一，从制造业的总体信用环境分析。2017 年制造业企业的景气指数为 119.06 点，较上年的 112.88 点提高了 6.18 点；盈利指数为 106.74 点，较上年的 105.48 点提高了 1.26 点；效益指数为 107.01 点，较上年的 105.87 点提高了 1.14 点，三项指数均呈现较大幅度的提升。这一情况表明，我国制造业进一步稳固了复苏态势，终止了持续 5 年的振荡波动，开始构筑稳中有升的基本态势。

2011 年—2017 年制造业信用环境分析见图 20。

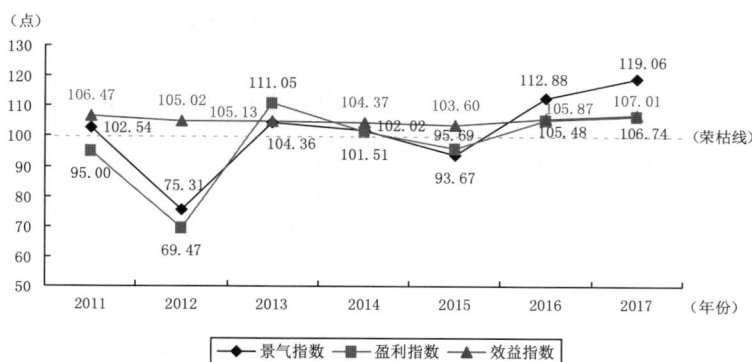

图 20　2011 年—2017 年制造业总体信用环境分析

第二，2017 年制造业亏损的企业面占比为 5.77%，较上年 7.49% 回落了 1.72 个百分点；利润负增长的企业面占比为 37.07%，较上年 38.83% 下降了 1.76 个百分点。从这两项指标对比分析可以看出，我国制造业亏损的企业面和利润负增长的企业面均有进一步收窄。本年度入库制造业样本企业近三年的亏损比率分别为 21.64%、9.39%、7.90%，亏损额占利润总额的比率持续较大幅度的降低，表明该行业的经营形势整体持续好转，盈利能力持续提高，预计后期市场仍将会延续这种态势。

2011 年—2017 年制造业利润负增长和亏损的企业面占比分析见图 21。

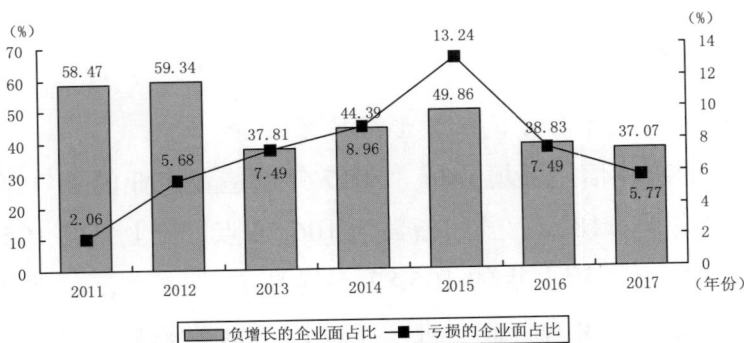

图 21　2011 年—2017 年制造业利润负增长和亏损的企业面占比分析

2. 制造业的收益性持续好转，盈利能力进一步提高

2017 年制造业营收利润率为 7.40%，较上年 6.65% 提高了 0.75 个百分点；资产利润率为 4.59%，较上年 4.16% 提高了 0.43 个百分点；所有者权益报酬率为 9.04%，较上年 6.81% 提高了 2.23 个百分。三项收益性指标均有不同程度的提高，且保持了较高的盈利水平，进一步稳固了复苏的态势，预测后期市场仍有一定的上升空间。

2011 年—2017 年制造业企业收益性指标分析见图 22。

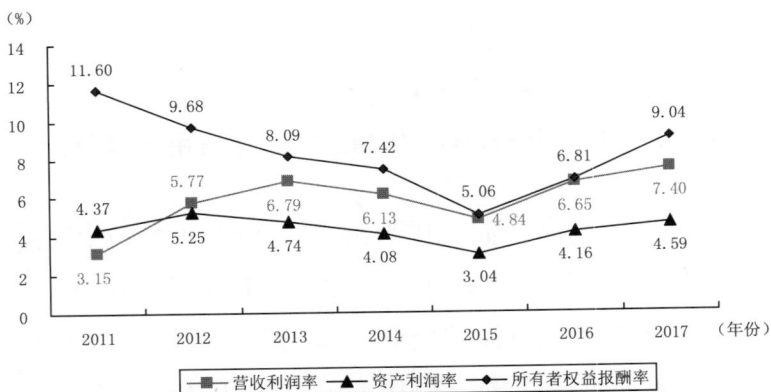

图 22　2011 年—2017 年制造业企业收益性指标分析

3. 制造业的流动性仍处在低位运行，安全性进一步提高

第一，从流动性分析。2011 年—2017 年制造业资产周转率分别为 1.09 次 / 年、1.05 次 / 年、1.04 次 / 年、0.97 次 / 年、0.72 次 / 年、0.79 次 / 年、0.79 次 / 年，2017 年较上年持平，流动性尚显滞缓，并没有大的改善。

第二，从安全性分析。2017 年制造业企业的平均所有者权益比率分别为 57.16% 较上年的 55.16% 提高了 2 个百分点，理论负债率水平有所下降；2011 年—2017 年制造业资本保值增值率分别为112.77%、113.06%、110.15%、106.31%、104.03%、106.80%、110.82%，2017年资本的保值增值率较上年提高了4.02个百分，表明该行业的整体安全性进一步提高。

4. 制造业经济增速反弹明显，且力度较大

第一，从两项经营性成长指标分析。2017年制造业平均营收增长率为24.22%，较上年15.47%提高了8.75个百分点，其增速创下了自2012年以来的最好水平。平均利润增长率为13.90%，较上年的10.30%提高了3.60个百分点，利润增速持续保持在两位数的较高水平，且增速明显加快。预测后期市场仍将保持在较高的运行区间，出现大幅波动的可能性较小。

第二，从两项资产性成长指标分析。2017年制造业平均资产增长率为21.51%，较上年的20.25%提高了1.26个百分点；平均资本积累率为25.13%，较上年23.68%提高了1.45个百分点。两项资产性成长指标均保持了20%以上的增幅，增速较上年明显加快。

综上所述，我国制造业四项关键成长性指标回升势头表现强劲，表明该行业经济增速明显加快，稳中向好的态势进一步稳固。

2011年—2017年制造业企业成长性指标分析见图23。

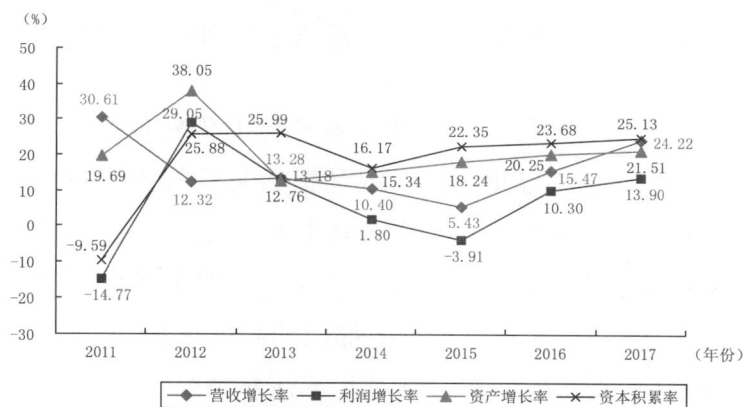

图23　2011年—2017年制造业企业成长性指标分析

第三，2011年—2017年制造业从业人员增长率分别为15.24%、13.25%、10.58%、3.00%、7.72%、5.82%、5.55%。从业人员增速有所回落。

第四，我国制造业近8年来的研发经费投入占营业额的比重分别为4.16%、4.27%、4.38%、4.60%、4.63%，2017年较上年有所提高，总体延续了持续加大的基本态势。

（三）服务业特征分析

1. 服务业整体运行相对平稳，波动较小

2017 年我国服务业的景气指数为 113.68 点，较上年 112.69 点提升了 0.99 点；盈利指数为 104.26 点，较上年 104.78 点回落了 0.52 点；效益指数为 106.90 点，较上年 107.27 点回落了 0.34 点。

2011 年—2017 年服务业信用环境分析见图 24。

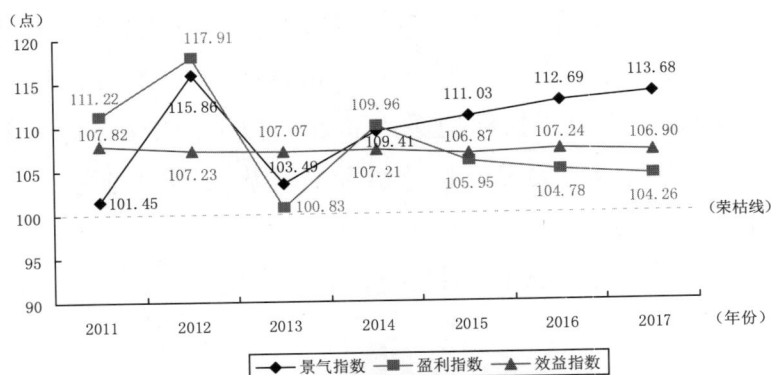

图 24　2011 年—2017 年服务业信用环境分析

综合三项指数分析，2017 年我国服务业企业总体上仍然保持了相对较高的增速，且呈现增速逐年加快的基本态势。与此同时，盈利指数与景气指数背向相行的趋势也更加明显，一方面景气指数的稳步提升，另一方面盈利指数逐年下降。这一情况表明，服务业在市场空间持续放量的同时，盈利空间有持续压缩，服务业同质化竞争依然存在，且有进一步加剧的趋势，应引起业界和政府有关部门的高度重视。

2. 服务业收益性有逐年减弱的迹象，应引起关注和警觉

第一，从经营性收益分析。2017 年服务业企业平均营收利润率为 6.20%，较上年 8.05% 回落了 1.85 个百分点，这也是在上年回落了 0.98 个百分点之后的再次回落，且回落幅度有所扩大。

第二，从资产性收益分析。2017 年服务业企业平均资产利润率为 3.00%，较上年 3.42% 下降了 0.42 百分点。自 2014 年以来总体处在低位徘徊，且有总体下降的态势。

2017 年平均所有者权益报酬率分别为 7.91%，较上年 7.97% 回落了 0.06 个百分点。净资产回报率也延续了下降的态势。

2011 年—2017 年服务业企业收益性指标分析见图 25。

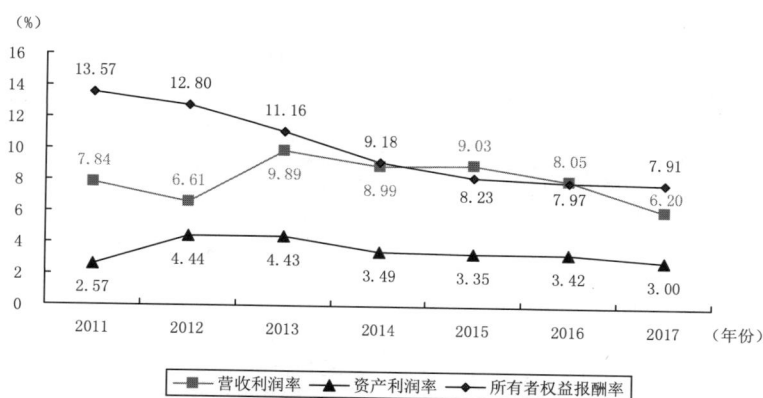

(%)

图 25　2011 年—2017 年服务业企业收益性指标分析

从图 25 中可以看出，我国服务业的收益性指标运行相对平稳，但同时逐年下降的态势也更加明显，应引起高度关注和警觉。

3. 服务业的流动性良好，安全保障性进一步提高

从服务业企业的流动性与安全性指标分析。2011 年—2017 年服务业企业的平均资产周转率分别为 1.53 次 / 年、1.48 次 / 年、1.02 次 / 年、0.98 次 / 年、0.98 次 / 年、1.06 次 / 年、1.15 次 / 年；所有者权益比率分别为 21.88%、31.60%、41.39%、34.93%、41.59%、42.71%、43.41%；资本保值增值率分别为 113.79%、114.97%、129.30%、111.33%、111.88%、110.96%、111.77%。

从这三项指标可以看出，服务业企业的流动性表现平稳，理论负债率进一步降低，资本保值率相对平稳，波幅较小，且仍然保持较高水平。

4. 服务业成长指标仍然保持较高增速

第一，从经营性成长指标分析。2017 年服务业平均营收增长率为 17.76%，较上年 16.64% 提高了 1.12 个百分点；平均利润增长率为 9.60%，较上年 8.74% 提高了 0.86 个百分点。两项经营性成长指标均有所提高，且增速明显加快。这一情况表明，我国服务业增速总体仍然保持在较高水平。

第二，从资产性成长指标分析。2017 年服务业平均资产增长率为 17.65%，比上年的 21.57% 回落了 3.92 个百分点；平均资本积累率为 17.69%，比上年的 25.19% 回落了 7.50 个百分点。两项资产性成长指标均有较大幅度的下降，但总体上依然保持较高增速。

2011—2017 年服务业企业成长性指标分析见图 26。

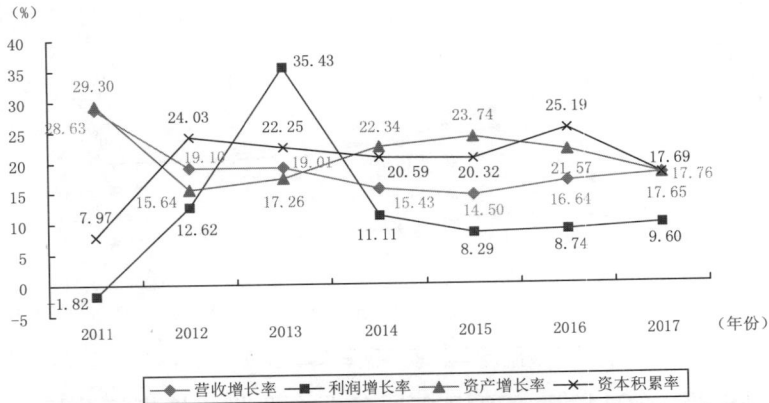

图 26　2011 年—2017 年服务业企业成长性指标分析

第三，从人员增长率分析。2017 年服务业的平均人员增长率为 7.72%，较 2016 年 9.44% 回落了 1.72 个百分点。

综上所述，尽管我国服务业企业经营性成长指标仍然保持相对较高的增速，但资产性增速有所放缓，可能因此而会拖累服务业整体增长的势头，也应引起业界的关注和重视。

三、2018 中国企业信用发展所有制特征分析

（一）信用环境所有制特征分析

1. 国有企业整体形势持续好转

2017 年国有及国有控股企业的景气指数为 111.57 点，较上年的 100.61 点提高了 10.96 点；盈利指数为 103.59 点，较上年的 97.38 点提高了 6.21 点；效益指数为 105.41 点，较上年的 104.09 点提高了 1.32 点。

2011 年—2017 年国有及国有控股企业信用环境分析见图 27。

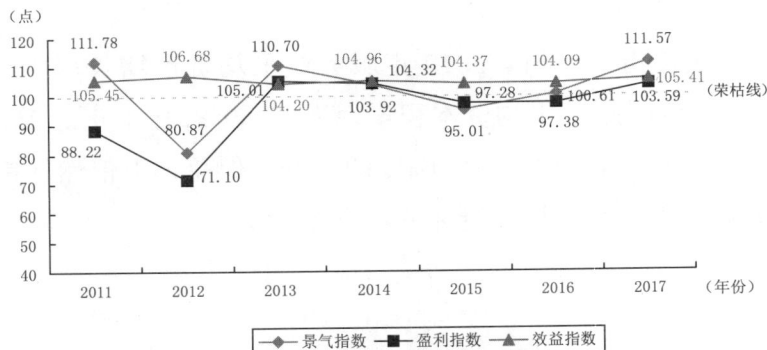

图 27　2011 年—2017 年国有及国有控股企业信用环境分析

通过图 27 可以看出，2017 年国有及国有控股企业的三项指数均已经回归到荣枯线以上，且接近自 2011 年以来的最好水平。由此可见，国有及国有控股企业整体经营形势明显好转，尤其是国有及国有控股企业担负着供给侧结构性调整的繁重任务，其整体经营形势的日趋好转，表明产业结构调整的效果已经显现。预测后期市场，国有及国有控股企业将会延续复苏回暖的态势，后期市场也将可能保持一定的增长幅度，不会出现大的波动。

2. 民营企业持续高位平稳运行

2017 年民营企业的景气指数为 119.69 点，较 2016 年的 119.49 点提高了 0.20 点；盈利指数为 106.81 点，较 2016 年的 109.38 点回落了 2.57 点；效益指数为 107.40 点，较 2016 年的 107.30 点提高了 0.10 点。

2011 年—2017 年民营企业信用环境分析见图 28。

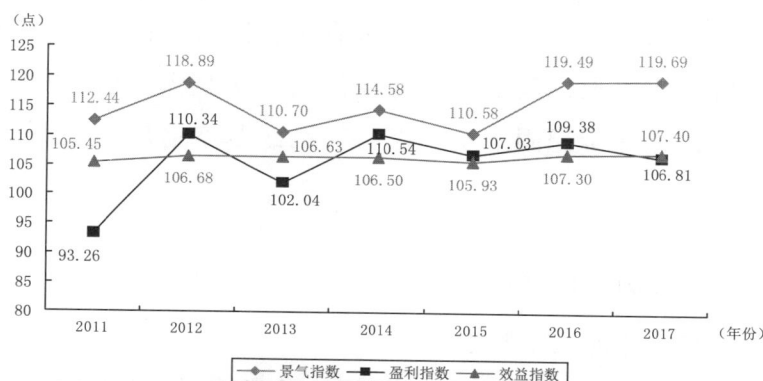

图 28　2011 年—2017 年民营企业信用环境分析

从图 28 中可以看出，民营企业的三项指数虽有小幅波动，但总体上依然保持高位运行。表明我国民营企业仍然保持着强劲的发展势头。

3. 其他所有制企业运行明显提速

包括集体所有制、混合所有制在内的其他所有制企业，2017 年的景气指数为 118.61 点，较 2016 年的 112.50 点提高了 6.11 点；盈利指数为 106.55 点，较 2016 年的 105.23 点提高了 1.32 点；效益指数为 107.69 点，较 2016 年的 106.89 点提高了 0.80 点。

2011 年—2017 年其他所有制企业信用环境分析见图 29。

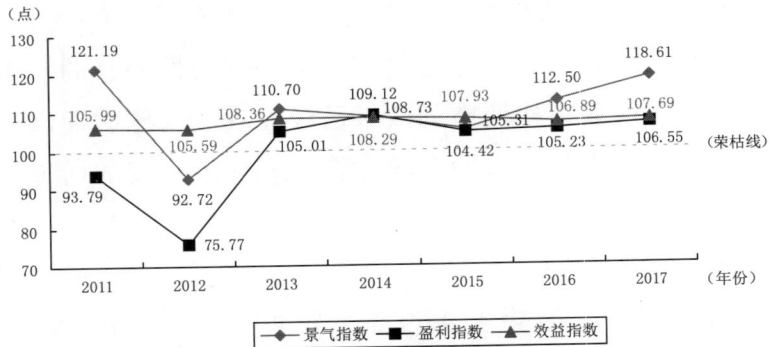

图 29　2011 年—2017 年其他所有制企业信用环境分析

综合分析可以看出，其他所有制企业的三项指数在 2017 年均有不俗的表现，依然保持着较快发展的强劲势头。

通过对上述三种不同所有制企业分析可以看出，国有及国有控股企业经营形势明显好转，民营企业保持较快增长，其他企业充满活力。从整体上看，我国企业整体上已经渡过了最为艰难时期，进一步稳固了复苏态势，已经基本适应了中高速增长的新常态化运行。

（二）效益及其所有制特征分析

1. 企业的收益性指标普遍呈下降态势

第一，从营收利润率指标分析。2017 年国有企业营收利润率为 6.85%，较 2016 年的 5.91% 提高了 0.94 个百分点；民营企业营收利润率为 8.21%，较 2016 年的 8.84% 下降了 0.63 个百分点；其他企业营业利润率为 9.67%，较 2016 年的 9.02% 提高了 0.65 个百分点。三种不同所有制的企业其营收利润率均不同程度提高。其中，其他企业依旧保持较高的盈利水平，国有企业和民营企业的收益能力也有了明显改善，并创下了自 2011 年以来的最好水平。

2011 年—2017 年营收利润率所有制对比分析见图 30。

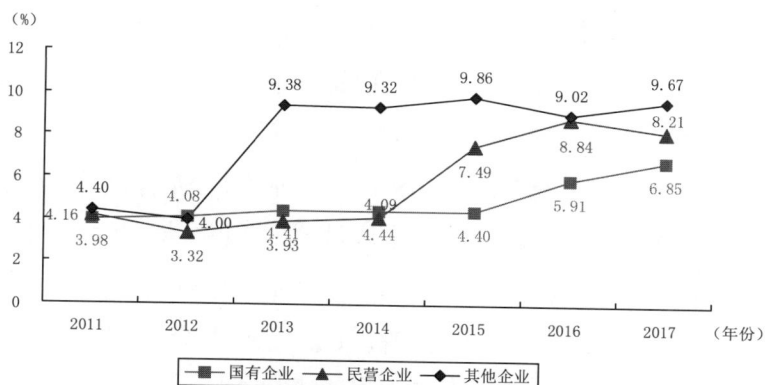

图 30　2011 年—2017 年营收利润率所有制对比分析

第二，从资产利润率分析。2017 年国有企业资产利润率为 2.72%，较上年的 1.03% 提高了 1.69 个百分点；民营企业资产利润率为 4.49%，较上年的 4.73% 回落了 0.24 个百分点；其他所有制企业资产利润率为 4.42%，较上年的 1.22% 提高了 3.2 个百分点。三种不同所有制企业的资产利润率均呈现较大幅度的提升，表明我国企业的资产运营质量有了明显提高。

2011 年—2017 年资产利润率所有制对比分析见图 31。

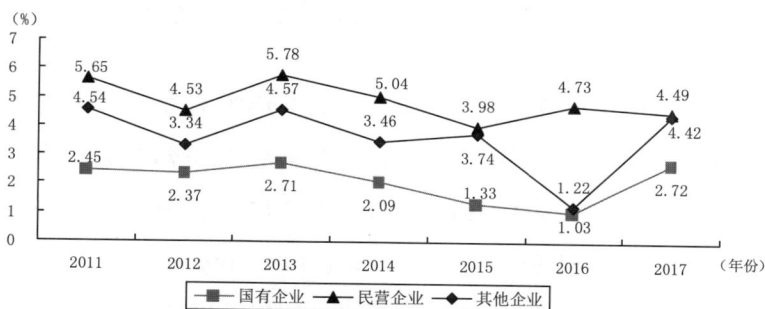

图 31　2011 年—2017 年资产利润率所有制对比分析

2. 流动性有所改善，安全性有良好保障

第一，从流动性指标分析。2013 年—2017 年国有企业的资产周转率分别为 0.86 次 / 年、0.79 次 / 年、0.71 次 / 年、0.61 次 / 年、0.69 次 / 年；民营企业的资产周转率分别为 1.00 次 / 年、0.96 次 / 年、0.86 次 / 年、0.65 次 / 年、0.70 次 / 年；其他企业的资产周转率分别为 0.77 次 / 年、0.75 次 / 年、0.65 次 / 年、0.57 次 / 年、0.61 次 / 年。与上年相比，三种不同所有制企业的流动性均有所加快，但总体来看，企业的流动性仍然处在一个相对较低水平区间运行。

第二，从负债水平分析。2013 年—2017 年国有企业所有者权益比率分别为 37.80%、36.33%、36.99%、38.57%、39.13%；民营企业所有者权益比率分别为 54.32%、50.26%、56.33%、57.34%、55.53%；其他企业所有者权益比率分别为 50.31%、47.73%、51.15%、52.35%、55.38%。三种不同所有制企业的所有者权益比率均呈现相对平稳的运行态势，并没有大的起伏波动，负债水平没有明显提高，安全性有良好保障。同时，随着融资政策环境的进一步改善，预测后期市场民营企业的负债水平将会有所提升，适度提高负债率对企业持续高质量发展将会起到积极的促进作用。

2013 年—2017 年所有者权益比率对比分析见图 32。

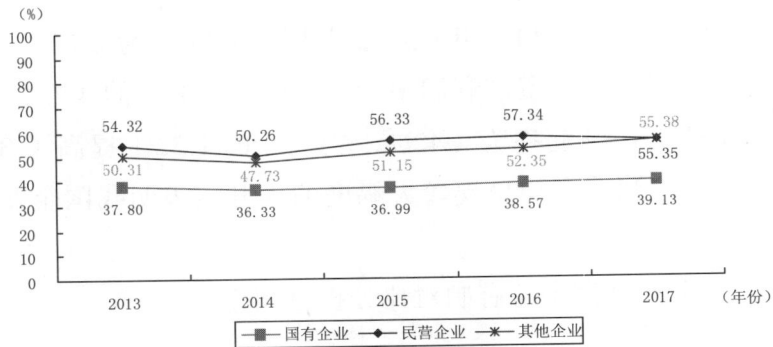

图 32　2013 年—2017 年所有者权益比率对比分析

第三，从资本保值增值率分析。2013 年—2017 年国有企业平均资本保值增值率分别为 111.36%、106.69%、104.14%、105.69%、107.34%；民营企业平均资本保值增值率分别为 116.19%、112.23%、112.05%、111.90%、112.03%；其他企业平均资本保值增值率分别为 117.57%、110.34%、111.98%、110.42%、111.26%。从资本保值增值率指标来看，三种不同所有制企业均呈现稳中有升的基本态势。但与 2013 年相对，企业的资本保值增值率仍有进一步提升的空间和动力。

3. 成长性指标增长加速，且力度较大

第一，从营收增长率分析。2017 年国有企业营收增长率为 16.63%，较 2016 年的 7.77% 提高了 8.86 个百分点；民营企业营收增长率为 24.62%，较 2016 年的 20.85% 提高了 3.77 个百分点；其他企业营收增长率为 23.15%，较 2016 年的 14.34% 提高了 8.81 个百分点。

2011 年—2017 年营收增长率所有制对比分析见图 33。

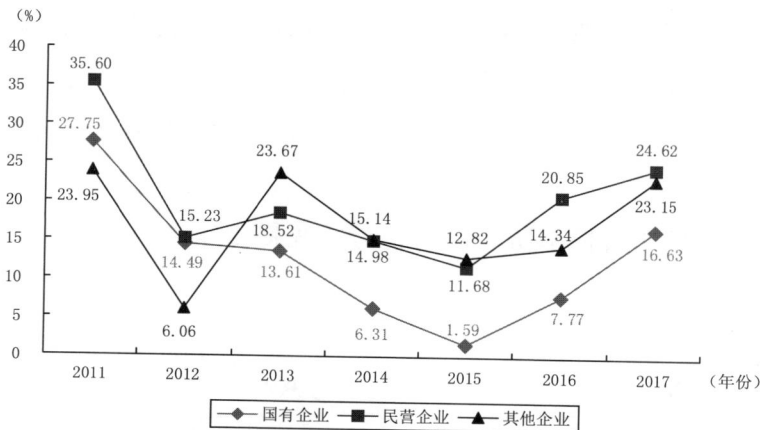

图 33　2011 年—2017 年营收增长率所有制对比分析

　　三种所有制企业的营收增长率均呈现持续较大幅度的提高，相比 2016 年增幅又有所扩大。其中，尤以国有企业增长幅度最高，再次回归到两位数的增长区间；民营企业和其他所有制企业基本处在平稳运行之中，波幅不大。从总体分析来看，2016 年三种不同所有制的总体营业收入增速都明显回升，且幅度也较大。

　　第二，从利润增长率分析。2017 年国有企业利润增长率为 14.60%，由上年的负增长回归到正增长区间，这也是自 2011 年以来首次实现正增长，且力度较大，表明国有企业已经走出了振荡调整时期，产业结构初步实现了再平衡；民营企业利润增长率为 17.86%，依旧保持快速增长的强劲势头；其他企业利润增长率为 14.88%，比 2016 年的 10.65% 提高了 4.23 个百分点。总体来看，三种不同所有制企业的利润增长率均有大幅度提升，全部实现了两位数的增幅，表明我国企业已经呈现出明显的复苏迹象，产业结构性调整成效显著。

　　2011 年—2017 年利润增长率所有制对比分析见图 34。

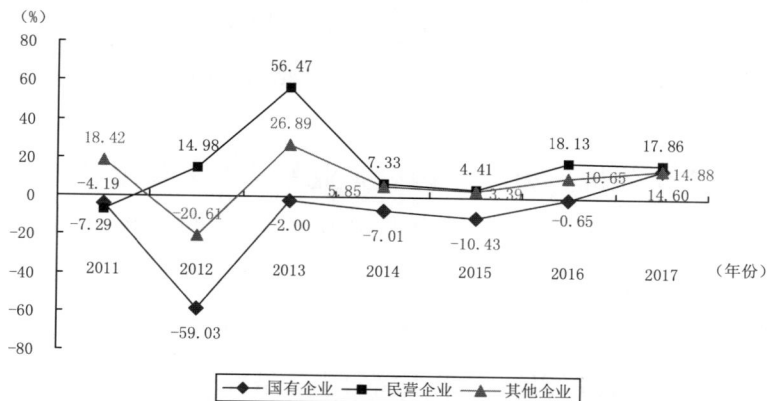

图 34　2011 年—2017 年利润增长率所有制对比分析

第三，从资产增长率分析。2017 年国有企业资产增长率为 9.74%，比 2016 年的 10.68% 下降了 0.94 个百分点；民营企业资产增长率为 25.42%，比 2016 年的 27.16% 回落了 1.74 个百分点；其他企业资产增长率为 21.88%，比 2016 年的 21.13% 提高了 0.75 个百分点。

2011 年—2017 年资产增长率所有制对比分析见图 35。

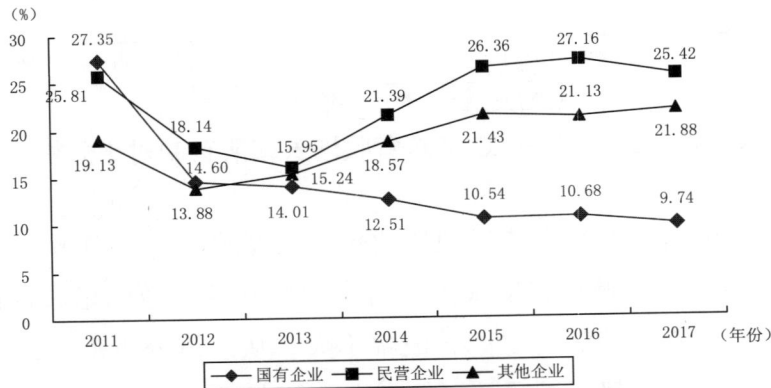

图 35　2011 年—2017 年资产增长率所有制对比分析

从资产增长率指标分析可以看出，国有企业的资产增速总体呈现放缓的趋势，仍然处在产业结构的深层调整时期，正在由速度型转向高质量发展。民营企业和其他企业的资产增速总体保持较高水平，持续 3 年增长速度甚至超过 20%。可以预见，随着宏观经济环境的日趋好转以及金融政策效应的溢出，实体经济的资产增速也将会持续保持在高位运行。

第四，从资本积累率分析。2017 年国有企业的资本积累为 12.32%，较 2016 年的 10.68% 提高了 1.64 个百分点；民营企业的资本积累率为 28.21%，较 2016 年的 31.31% 回落了 3.10 个百分点；其他企业的资本积累率为 22.29%，较 2016 年的 24.45% 回落了 2.16 个百分点。该项指标除国有企业有所提高外，民营企业和其他企业的资本积累均有所回落，但总体运行相对平稳。

第五，从业人员变化分析。2017 年国有企业的从业人员增长率为 3.05%，比 2016 年的 4.20% 回落了 1.15 个百分点；民营企业的从业人员增长率为 7.87%，比 2016 年的 9.14% 回落了 1.27 个百分点；其他企业的从业人员增长率为 7.44%，比 2016 年 5.73% 提高了 1.71 个百分点。从业人员增长率总体上处在低位徘徊，就业压力依然存在。

综合以上成长性指标分析可以看出以下特征：一是经营性成长指标均呈现较快增速，表明企业的经营环境明显改善；二是资产性成长指标总体有所回落，尤其国有企业仍然处在低位徘徊，表明其处在深层结构性调整时期；三是从业人员增速并未有明显好转，就业压力依然存在。但从总体分析而看，我国企业整体经营形势明显好转，后期市场的增长空间很大，发展潜力和动力充沛。

四、2018 中国企业信用发展规模特征分析

延续往年惯例，2017 年本报告入库企业有效数据样本中，特大型企业占样本总量的 8.82%；大型企业占样本总量的 32.38%；中型企业占样本总量的 46.81%；小型企业占样本总量的 11.99%，与上年相比没有大的变动。

企业规模划分标准及所占比例见表 1。

表 1　企业规模划分标准及所占比例

项目	特大型企业	大型企业	中型企业	小型企业
营业收入总额(亿元)	≥ 500	50 ~ 500	5 ~ 50	< 5
所占样本量比例(%)	8.82	32.38	46.81	11.99

（一）信用环境规模特征分析

1. 特大型企业强势回升

2017 年特大型企业的景气指数为 103.64 点，较上年的 121.04 点提高了 17.40 点；盈利指数为 110.66 点，较上年的 98.06 点提高了 12.60 点；效益指数为 105.62 点，较上年的 105.12 点提高了 0.50 点。

2011 年—2017 年特大型企业信用环境分析见图 36。

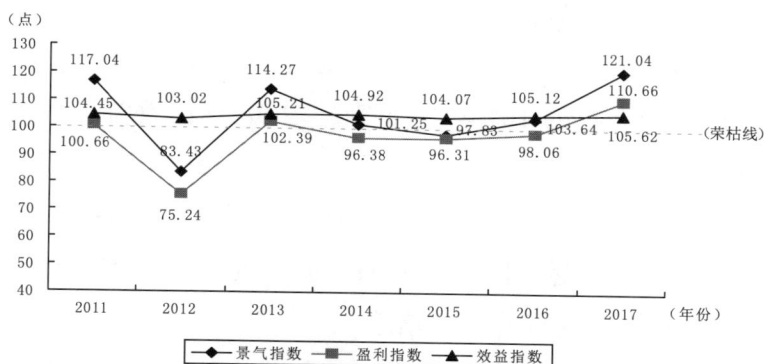

图 36　2011 年—2017 年特大型企业信用环境分析

从图 36 中可以看出，我国特大型企业的三项指数已经走出了持续低迷的运行周期，且提升幅度较大，三项指数不仅全面回归到荣枯线以上，而且均创下了自 2011 年以来的最好水平。预测后期市场特大型企业的三项指数稳定在荣枯线以上，并将保持合理的增长区间，再次出现较大波动的可能性不大。

2. 大型企业增速明显加快

2017 年大型企业的景气指数为 122.24 点，较上年的 112.89 点提高了 9.35 点；盈利指数为 111.08 点，较上年的 106.36 点提高了 4.72 点；效益指数为 107.17 点，较上年的 106.26 点提高了 0.91 点。

2011 年—2017 年大型企业信用环境分析见图 37。

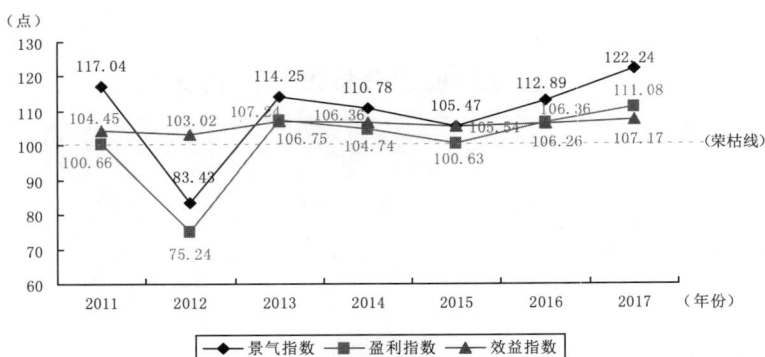

图 37　2011 年—2017 年大型企业信用环境分析

综合三项指数可以看出，我国大型企业在 2017 年的表现也十分强劲，与特大型企业有着相似的走势，三项指数也均创下了自 2011 年以来的最好水平，但总体走势要好于特大型企业，三项指数已经持续 5 年保持在荣枯线以上。这一情况表明，我国大型企业抵御风险的能力和抗外部干扰因素的能力相对要强，发展的柔韧性更强。

3. 中型企业运行平稳，且保持较高增速

2017 年中型企业的景气指数为 116.73 点，较上年的 116.94 点微幅回落了 0.21 点；盈利指数为 104.49 点，较上年的 107.47 点回落了 2.98 点；效益指数为 106.84 点，较上年的 106.53 点微幅提高了 0.31 点。

综合三项指数分析可以看出，我国中型企业的三项指数走势与大型企业相比略显平稳，其中有两项指数均有所回落，但幅度有限，且也是在上年高基点上的微幅回落。从总体走势分析，中型企业依然保持着较高增速。

综合特大型企业、大型企业和中型企业，其总量占比较高，也代表了我国企业的总体运营情况和发展趋势。预测后期市场，也将保持在一定的增长区间。

2011 年—2017 年中型企业信用环境分析见图 38。

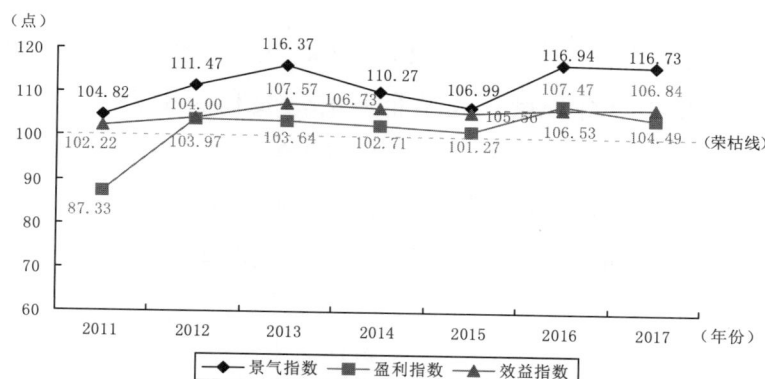

图 38　2011 年—2017 年中型企业信用环境分析

4. 小型企业低位徘徊，动力明显不足

2017 年小型企业的景气指数为 101.33 点，较上年的 96.95 点提高了 4.38 点；盈利指数为 93.91 点，较上年的 94.62 点微幅下降了 0.71 点；效益指数为 105.66 点，较上年的 106.06 点下降了 1.60 点。我国小型企业的景气指数和效益指数双双回升到荣枯线以上，这也是在持续三年之后，两项指数回升到荣枯线以上，但盈利指数较上年却略有下降，表明其仍然存在较大的收益性压力。相比于特大型企业、大型企业和中型企业而言，我国小型企业所面临的经营环境及竞争压力在更大一些。需要引起各级政府及业界的高度关注。如何破解我国小微企业的发展瓶颈，进一步改善小微企业生存环境和发展环境，为小微企业提供更为宽松的经商环境和政策支持，进一步激发小微企业活力，是亟待解决的现实问题。

2011 年—2017 年小型企业信用环境分析见图 39。

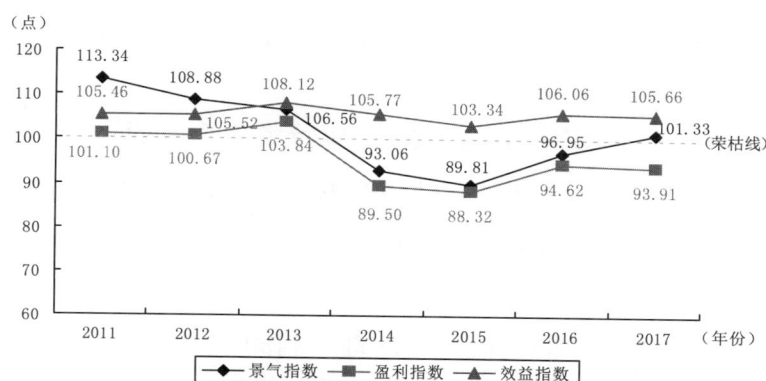

图 39　2011 年—2017 年小型企业信用环境分析

（二）效益及其趋势规模特征分析

1. 企业收益性指标全面提升，盈利能力得以增强

第一，从营收利润率规模特征分析。2017 年特大型企业的营收利润率为 4.70%，比上年的 4.16% 提高了 0.54 个百分点；大型企业的营收利润率为 6.20%，比上年的 5.79% 提高了 0.41 个百分点；中型企业的营收利润率为 8.93%，比上年的 9.25% 下降了 0.32 个百分点；小型企业的营收利润率为 8.92%，比上年的 10.33% 下降了 1.41 个百分点。

2011 年—2017 年营收利润率规模特征对比分析见图 40。

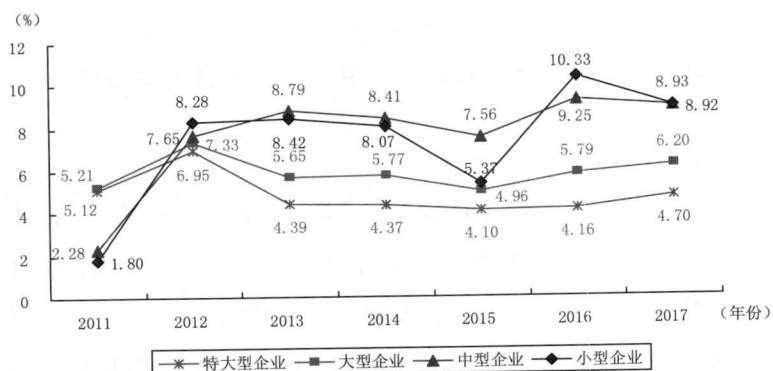

图 40　2011 年—2017 年营收利润率规模特征对比分析

从图 40 中可以看出，不同规模企业的营收利润率总体特征并未发生根本性改变，但其走势却有明显区别。总体来看，中小型企业的营收利润率相对居于较高水平，特大型和大型企业相对较低。但在 2017 年，中小型企业均有不同幅度的下降，特大型和大型企业却较上年有一定的提高，盈利能力有所增强。预测后期市场，中小型企业将会维持在较高水平，但特大型企业和大型企业的营收利润率将会有所提高，两者之间的差距将会有所缩小。

第二，从资产利润率规模特征分析。2017 年特大型企业的资产利润率为 2.63%，比上年的 2.85% 回落了 0.22 个百分点；大型企业的资产利润率为 4.17%，比上年的 3.78% 提高了 0.39 个百分点；中型企业的资产利润率为 4.22%，比上年的 4.09% 提高了 0.13 个百分点；小型企业的资产利润率为 2.97%，比上年的 3.31% 下降了 0.34 个百分点。

从资产收益性指标分析，不同规模企业的资产利润率均无大的波动，运行相对平稳。其中特大型企业和小型企业的资产利润率与去年相比有微幅回落，大型企业和中型企业有所提高。但从总体上看，波幅较小，预测后期市场也将会维持相对平稳运行状态。

2011 年—2017 年资产利润率规模特征对比分析见图 41。

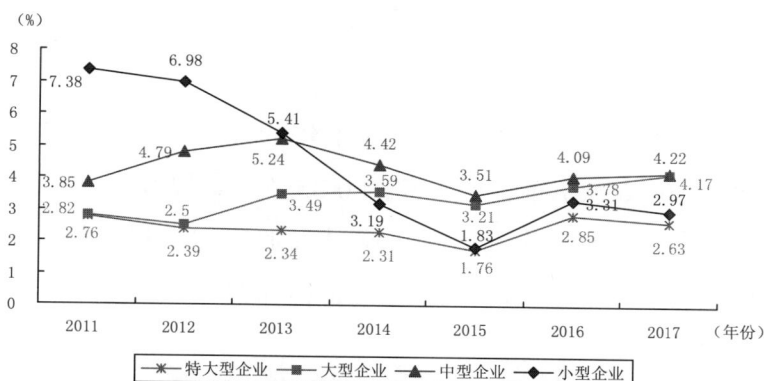

图 41　2011 年—2017 年资产利润率规模特征对比分析

　　第三，从所有者权益报酬率分析。2017 年特大型企业的所有者权益报酬率为 9.54%，比上年的 8.36% 提高了 1.18 个百分点；大型企业的所有者权益报酬率为 11.13%，比上年的 9.21% 提高了 1.92 个百分点；中型企业的所有者权益报酬率为 7.37%，比上年的 6.25% 提高了 1.12 个百分点；小型企业的所有者权益报酬率为 5.09%，比上年的 4.54% 提高了 0.55 个百分点。

　　从所有者权益报酬率指标分析来看，延续了 2016 年的基本走势，不同规模企业的净资产收益水平进一步得到提升。除小型企业的净资产收益率增幅较小外，特大型企业和大型企业和中型企业的提升幅度均超过了 1 个百分点以上，其中又以大型企业的增幅最高，接近 2 个百分点。总体上看，企业的净资产收益率逐步回升到近 5 年来的最高水平区间。

　　2011 年—2017 年所有者权益报酬率规模特征对比分析见图 42。

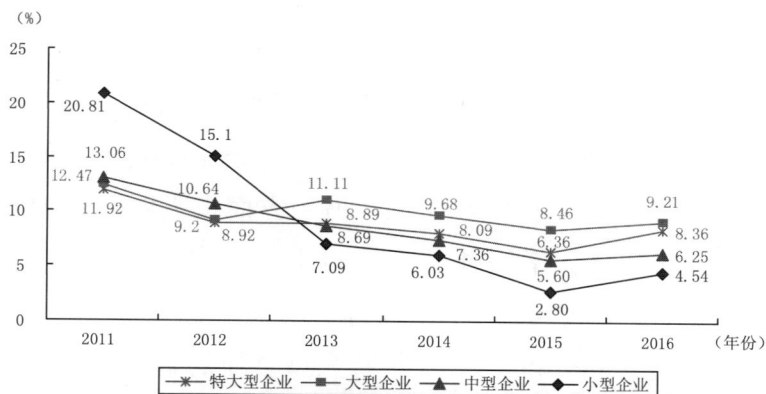

图 42　2011 年—2017 年所有者权益报酬率规模特征对比分析

2. 企业的流动性平稳加快，负债率持续下降，安全性有良好保障

第一，从流动性分析，2017 年特大型企业的资产周转率为 0.95 次 / 年，比上年的 0.90 次 / 年提高了 0.05 次 / 年；大型企业的资产周转率为 0.88 次 / 年，比上年的 0.87 次 / 年提高了 0.01 次 / 年；

中型企业的资产周转率为 0.54 次 / 年，比上年的 0.53 次 / 年提高了 0.01 次 / 年；小型企业的资产周转率为 0.36 次 / 年，比上年的 0.35 次 / 年提高了 0.01 次 / 年。

从以上分析可以看出，企业的流动性普遍呈现加快的态势，但提高的幅度有限。除特大型企业加快 0.05 次 / 年外，其他规模的企业均加快了 0.01 次 / 年，总体呈现平稳加快的态势。

近 3 年不同规模企业的流动性、安全性指标对比分析见表 2。

表 2　近 3 年不同规模企业的流动性、安全性指标对比分析

指标＼规模	特大型企业			大型企业			中型企业			小型企业		
	2015	2016	2017	2015	2016	2017	2015	2016	2017	2015	2016	2017
资产周转率（次/年）	0.91	0.90	0.95	0.95	0.87	0.88	0.55	0.53	0.54	0.31	0.35	0.36
所有者权益比率（%）	23.02	22.91	24.46	33.48	35.30	36.15	55.11	57.69	58.94	67.49	69.73	70.67
理论负债率（%）	76.98	77.09	75.54	66.52	64.70	63.85	44.89	42.31	41.06	32.51	30.27	29.33
资本保值增值率（%）	107.94	109.94	111.53	110.14	112.13	112.66	107.89	109.39	109.59	105.69	105.26	107.04

第二，从所有者权益比率分析。2017 年特大型企业的所有者权益比率为 24.46%，比上年的 22.91% 提高了 1.55 个百分点；大型企业的所有者权益比率为 36.15%，比上年的 35.30% 提高了 0.85 个百分点；中型企业的所有者权益比率为 58.94%，比上年的 57.69% 提高了 1.25 个百分点；小型企业的所有者权益比率为 70.67%，比上年的 69.73% 提高了 0.94 个百分点。从表 2-2 中可看出，各种规模企业的所有者权益比率较上年均有所提高，其中特大型企业和中型企业的提高幅度超过了 1 个百分点以上。这种现象一方面表明企业的负债水平持续下降，安全性有良好保障；另一方面也表明企业的信贷规模在降低，尤其是小型企业的所有者权益比率超过了 70% 以上，其中是否存在融资难的因素尚未可知。过低的负债水平在一定程度可能会制约企业的发展。

第三，从资本保值增值率分析。2017 年特大型企业的资本保值增值率为 111.53%，比上年的 109.94% 提高了 1.59 个百分点；大型企业的资本保值增值率为 112.66%，比上

年的 112.13% 提高了 0.53 个百分点；中型企业的资本保值增值率为 109.59%，比上年的 109.39% 提高了 0.20 个百分点；小型企业的资本保值增值率为 107.04%，比上年的 105.26% 提高了 1.78 个百分点。各种规模企业的资本保值增值率较上年均有所提高。但从总体上看，特大型企业和大型企业仍然保持相对较高水平，企业规模越小则资本保值增值率则相对较低。

3. 经营形势日趋向好，增速明显加快

第一，从营业收入增长率规模特征分析。2017 年特大型企业的营业收入增长率为 21.07%，比上年的 11.13% 提高了 9.94 个百分点；大型企业的营业收入增长率为 22.84%，比上年的 13.47% 提高了 9.37 个百分点；中型企业的营业收入增长率为 23.63%，比上年的 19.58% 提高了 4.05 个百分点；小型企业的营业收入增长率为 12.39%，比上年的 7.36% 提高了 5.03 个百分点。

2011 年—2017 年营业收入增长率规模特征对比分析见图 43。

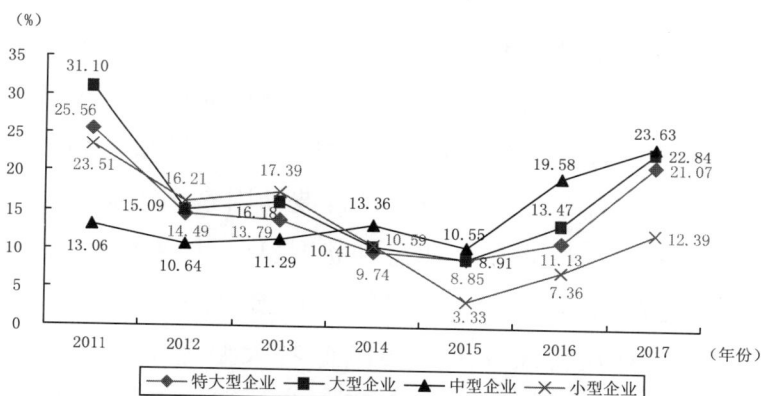

图 43　2011 年—2017 年营业收入增长率规模特征对比分析

第二，从利润增长率规模特征分析。2017 年特大型企业的利润增长率为 21.015%，由上年的 −3.85% 转为正增长，且增幅较大；大型企业的利润增长率为 21.65%，比上年的 12.31% 提高了 9.34 个百分点；中型企业的利润增长率为 9.84%，比上年的 14.31% 回落了 4.47 个百分点；小型企业的利润增长率为 −9.74%，与上年的 −13.47% 相比，负增长收窄了 3.73 个百分点。

2011 年—2017 年利润增长率规模特征对比分析见图 44。

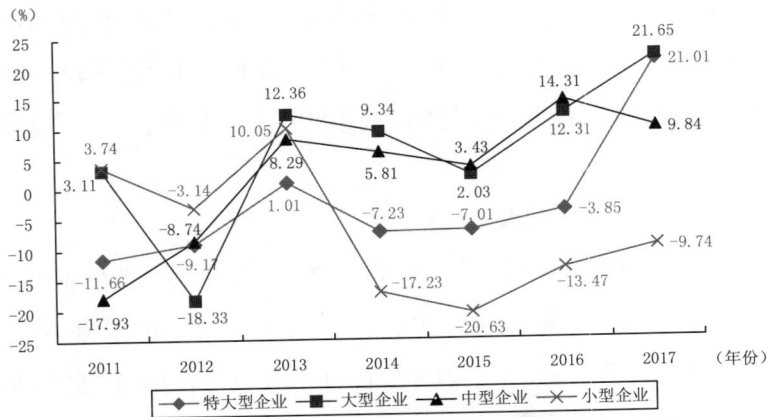

图 44　2011 年—2017 年利润增长率规模特征对比分析

　　综合以上两项经营性成长指标分析，我国企业整体经营形势进一步转好。其中，营业收入均处于正增长的态势，且增长幅度也较大，尤其是大、中型企业的增长幅度均超过了 20%，小型企业则增长的势头相对要弱一小；大中型企业的利润增速也相对较快，而小型企业仍然处在负增长区间。值得注意是，小型企业的利润增幅表现出明显的不平衡特征：由于持续几年负增长，一些企业处于亏损或微利状态，2017 年表现强势反弹，有些企业利润表现为巨量增幅，如果不扣除异常波动因素则小型企业的利润增长率则为 1162.63%。这一现象表明，一些小型企业盈利状况已经开始回升，预期后期市场随着整体形势的进一步好转，也将会全面回归到正增长的轨道上来。

　　第三，从资产增长率规模特征分析。2017 年特大型企业的资产增长率为 14.50%，比上年的 14.28% 提高了 0.22 个百分点；大型企业的资产增长率为 14.04%，比上年的 14.86% 回落了 0.82 个百分点；中型企业的资产增长率为 22.47%，比上年的 24.48% 回落了 2.01 个百分点；小型企业的资产增长率为 27.05%，比上年的 22.14% 提高了 4.91 个百分点。综合资产增长率指标分析，特大型企业和大型企业基本保持上年水平，波幅较小；中型企业较上年增速虽有回落，但仍然保持在高位运行；小型企业在上年高基点上又有较大幅度提升。总体来看，我国企业的资产规模依然保持着强劲的增长势头。

　　2011 年—2017 年资产增长率规模特征对比分析见图 45。

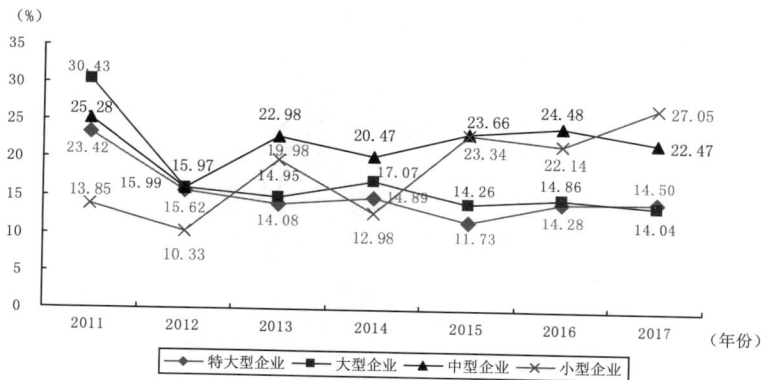

图 45　2011 年—2017 年资产增长率规模特征对比分析

第四，从资本积累率规模特征分析。2017 年特大型企业的资本积累率为 16.01%，比上年的 16.42% 回落了 0.41 个百分点；大型企业的资本积累率为 16.18%，比上年的 19.22% 回落了 3.04 个百分点；中型企业的资本积累率为 24.47%，比上年的 27.27% 回落了 2.80 个百分点；小型企业的资本积累率为 31.55%，比上年的 26.17% 提高了 5.38 个百分点。大中型企业的资本积累率较上年均有所回落，但总体上保持较高水平；小型企业增速明显加快，超过 30%，且也是在上年较高水平基础之上。总体来看，我国企业的资本积累逐年提高，企业实力明显增强。

第五，从人员增长率规模特征分析，2017 年特大型企业的人员增长率为 5.60%，比上年的 3.92% 提高了 1.68 个百分点；大型企业的人员增长率为 6.48%，比上年的 6.73% 回落了 0.25 个百分点；中型企业的人员增长率为 7.12%，比上年的 9.17% 回落了 2.05 个百分点；小型企业的人员增长率为 3.88%，比上年的 0.65% 提高了 3.23 个百分点。特大型企业和小型企业增速明显加快，但总体上大型企业和中型企业相对保持较高水平。

4. 效益及其趋势规模特征综合分析

综合以上各项指标分析可以看出，特大型企业和大型企业具有相似的基本走势，而中型企业则相对处于平均水平，小型企业与特大型企业和大型企业形成对应态势。

2017 年效益指标规模特征对比分析见图 46。

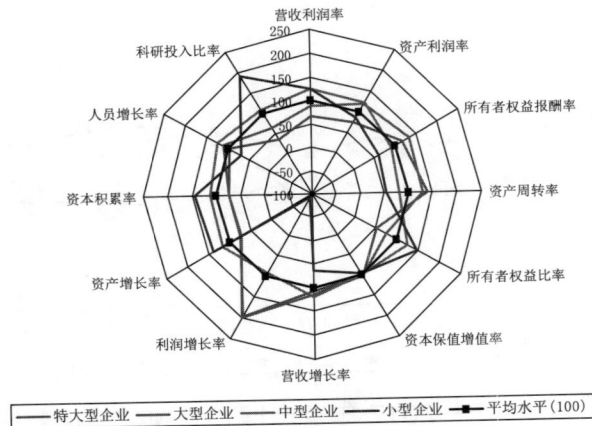

图 46 2017 年效益指标规模特征对比分析

通过图 46 可以明显看出，不同规模企业具有下基本趋势特征：一是特大型企业和大型企业高于平均水平的指标相对集中在资产性收益和营业收入、利润两项成长性指标，表明其回升态势强劲；而小型企业表现相对较弱，与平均水平差距较大，表明其仍然处于相对艰难时期，增长相对乏力。二是特大型企业和大型企业的资产增速相对放缓，而中小型企业资产增速较快，拉动投资的贡献率也相对较高。三是企业规模越大，其负债水平越低，尤其是中小型企业的负债水平较低，明显已经影响到企业的流动性。四是由于大型企业的体量较大，科研投入比率表现相对较低，但小型企业相对较高的科研投入比率，将会对其创新性和动能转换产生积极作用。

五、2018 中国企业信用发展地区特征分析

（一）信用环境地区特征分析

1. 东部地区企业日趋向好，增速持续加快

2017 年东部地区企业的景气指数为 117.92 点，较上年的 114.59 点提高了 3.33 点；盈利指数 106.74 点，较上年的 106.70 点提高了 0.04 点；效益指数 107.33 点，较上年的 106.93 点提高了 0.40 点。

2011 年—2017 年东部地区企业信用环境分析见图 47。

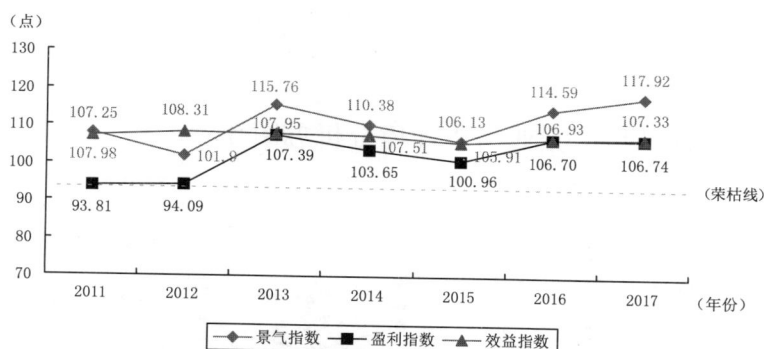

图 47　2011 年—2017 年东部地区企业信用环境分析

从趋势分析看，东部地区企业的三项指数持续 5 年保持在荣枯线以上，尤其是 2017 年的三项指数在上年较高基点之上又有较大幅度的提升，表明我国东部企业总体增长势头较强，趋势日益向好，发展动力充足。

2. 中部地区企业增速明显加快

2017 年中部地区企业的景气指数为 116.25 点，较上年的 107.36 点提高了 8.89 点；盈利指数 103.77 点，较上年 101.28 点提高了 2.49 点；效益指数 105.11 点，较上年的 105.22 点微幅回落了 0.11 点。

2011 年—2017 年中部地区企业信用环境分析见图 48。

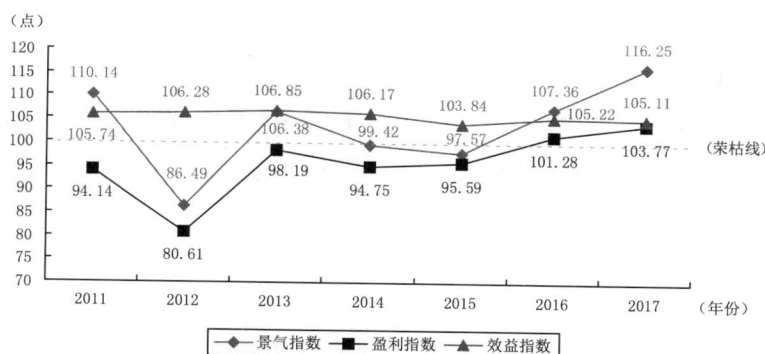

图 48　2011 年—2017 年中部地区企业信用环境分析

我国中部地区企业的三项指数表现也非常喜人，尤其是景气指数在上年基础上又有大幅提升，表明其增速有明显加快的趋势，但整体效益和盈利能力较东部地区企业仍有一定的差距。

3. 西部地区企业恢复性增长迹象显现

2017 年西部地区企业的景气指数为 112.12 点，较上年的 103.04 点提高了 9.08 点；

盈利指数 102.58 点，较上年的 97.40 点提高了 5.18 点；效益指数 105.99 点，较上年的 103.93 点提高了 2.06 点。

2011 年—2017 年西部地区企业信用环境分析见图 49。

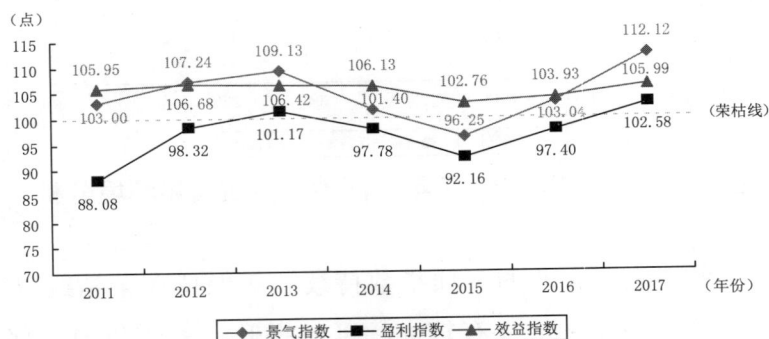

图 49　2011 年—2017 年西部地区企业信用环境分析

我国西部地区企业在经过持续 3 年的低迷期之后，2017 年三项指数终于回归到荣枯线以上，其中景气指数创下了自 2011 年以来的最高水平，表明西部地区企业已经实现了全面恢复性增长，与产业结构性调整有着密切关联，供给侧结构性改革效果显著。

（二）效益及其趋势地区特征分析

1. 东部地区企业收益性居于较高水平，中西部地区企业收益性有待提高

2017 年东部地区企业的营收利润率为 8.62%，比上年的 8.47% 提高了 0.15 个百分点；中部地区企业的营收利润率为 5.65%，比上年的 7.05% 下降了 1.4 个百分点；西部地区企业的营收利润率为 7.69%，比上年的 5.23% 提高了 2.46 个百分点。

2011 年—2017 年营收利润率地区对比分析见图 50。

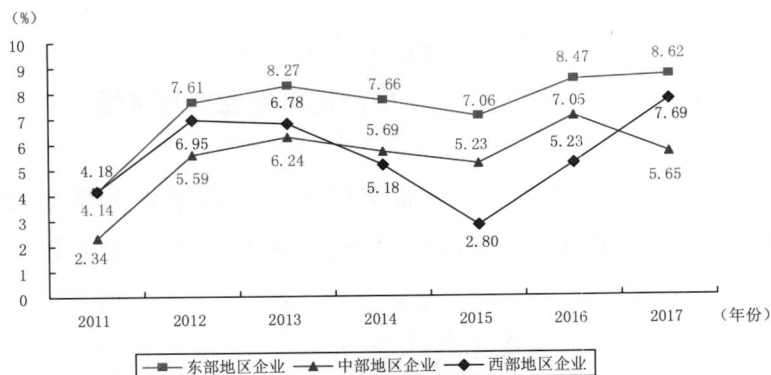

图 50　2011 年—2017 年营收利润率地区对比分析

2017 年东部地区企业的资产利润率为 4.20%，比上年的 4.17% 提高了 0.03 个百分点；中部地区企业的资产利润率为 3.34%，比上年的 3.36% 微幅回落了 0.02 个百分点；西部地区企业的资产利润率为 2.98%，比上年的 2.24% 提高了 0.74 个百分点。

2011 年—2017 年资产利润率地区对比分析见图 51。

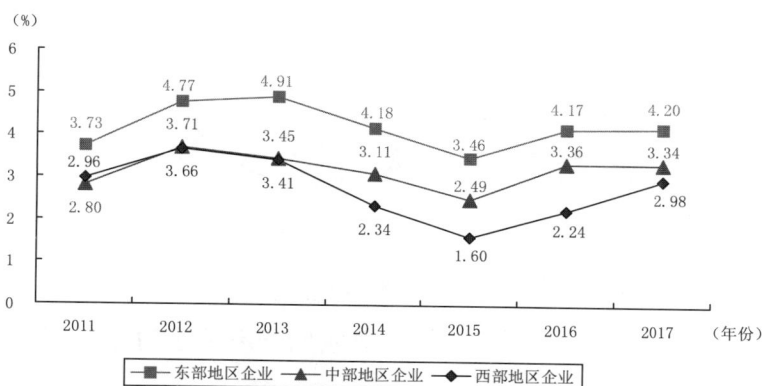

图 51　2011 年—2017 年资产利润率地区对比分析

通过图 50、图 51 分析可以看出，东部地区企业和西部地区企业的收益性指标较上年均有所提高，而中部地区企业则有所下降。尽管西部地区的营收利润率单项指标提升幅度较大，但总体格局并没有发生质的变化，东部地区企业的收益性仍然是居于高位，而中西部地区企业收益性则相对较低。由此可见，转型发展、提质增效对中西部地区企业来说仍然是重中之重的首要任务。

2. 流动性平稳加快，西部地区的债务负担要重于东、中部地区

2017 年东部地区企业的资产周转率为 0.68 次 / 年，较上年的 0.67 次 / 年提高了 0.01 次 / 年；中部地区企业的资产周转率为 0.66 次 / 年，较上年的 0.62 次 / 年提高了 0.04 次 / 年；西部地区企业的资产周转率为 0.56 次 / 年，较上年的 0.53 次 / 年提高了 0.03 次 / 年。企业的流动性总体呈现平稳加快的态势，但相对来说，从东向西呈现阶梯下降的走势。

2017 年东部地区企业的所有者权益比率为 51.11%，较上年的 49.89% 提高了 1.22 个百分点；中部地区企业的所有者权益比率为 47.86%，较上年的 47.71% 提高了 0.15 个百分点；西部地区企业的所有者权益比率为 45.86%，较上年的 45.25% 提高了 0.61 个百分点。由此也可以看出，东部地区企业的理论负债率也相对较低，且呈现自东向西阶梯上升的走势，也就是说中西部地区企业的债务负担要高于东部地区企业。

3. 经营性成长指标增速明显加快，地区之间的差距有所缩小

第一，从营收增长率分析。2017 年东部地区企业营收增长率为 21.70%，比上年的

16.48% 提高了 5.22 个百分点；中部地区企业营收增长率为 23.04%，比上年的 13.47% 提高了 9.57 个百分点；西部地区企业营收增长率为 20.90%，比上年的 11.90% 提高了 9.00 个百分点。

2011 年—2017 年营收增长率地区对比分析见图 52。

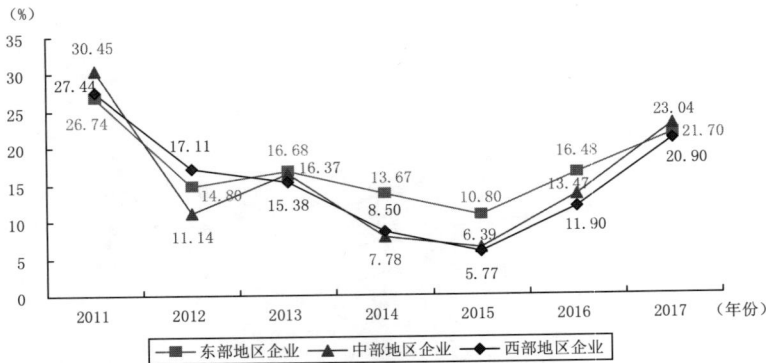

图 52　2011 年—2017 年营收增长率地区对比分析

第二，从利润增长率分析。2017 年东部地区企业利润增长率为 14.14%，比上年的 12.71% 提高了 1.43 个百分点；中部地区企业利润增长率为 9.46%，比上年的 1.24% 提高了 8.22 个百分点；西部地区企业营收增长率为 3.33%，由上年的 -5.82% 转为正增长。

2011 年—2017 年利润增长率地区对比分析见图 53。

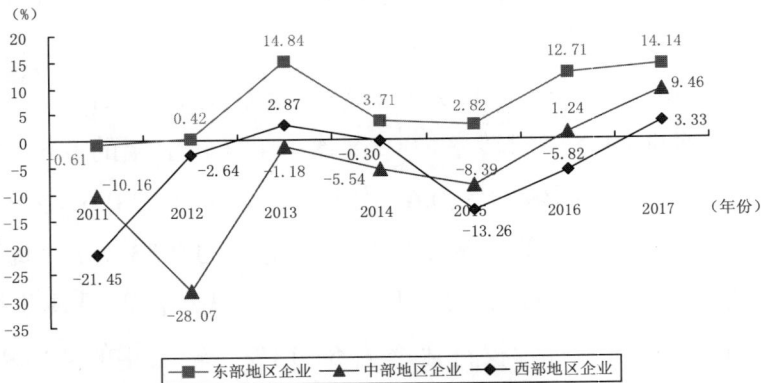

图 53　2011 年—2017 年利润增长率地区对比分析

从图 52、图 52 中可以看出，地区之间的经营性指标的差距有明显缩小，特别是营业收入增速几乎相当，但上年的基点不同。中西部地区利润增长率也有明显的提升，这也是自 2011 年以来首次实现全部进入正增长区间，表明中西部地区企业也走出了低迷时期，整体经营形势发生了根本性好转。

4. 企业资产规模增速不减，东部地区势头强劲

2017 年东部地区企业的资产增长率为 23.55%，比上年的 21.94% 提高了 1.61 个百分点；中部地区企业的资产增长率为 18.56%，比上年的 18.24% 提高了 0.32 个百分点；西部地区企业的资产增长率为 15.70%，比上年的 14.94% 提高了 0.76 个百分点。

2011 年—2017 年资产增长率地区对比分析见图 54。

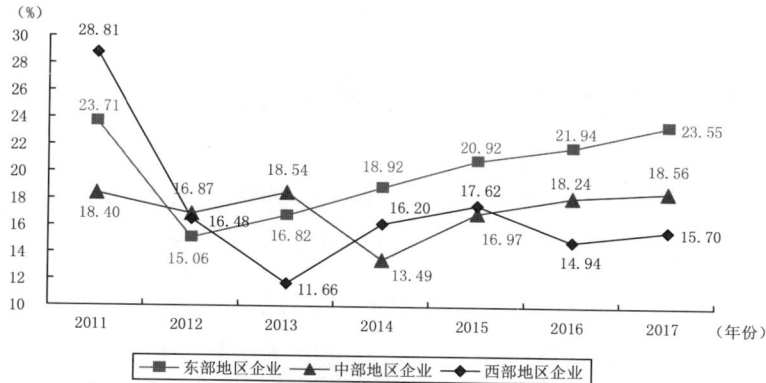

图 54　2011 年—2017 年资产增长率地区对比分析

从图 54 中可以看出，东部地区和西部地区企业的资产增速已经恢复到 2011 年水平。其中，东部地区企业持续稳定增长，2017 年达到 23.55%，接近 2011 年水平，表明东部地区企业的产业结构调整、转型升级已经取得显著成效，其投资热情恢复，发展动力充沛。中部地区虽经波折，但近 2 年保持中高速增长，2017 年达到 18.56%，已经超过了 2011 年水平。西部地区波折较大，近 2 年投资规模增速平稳，动力尚显不足。

5. 效益及其趋势地区特征综合分析

2017 年效益指标地区特征对比分析见图 55。

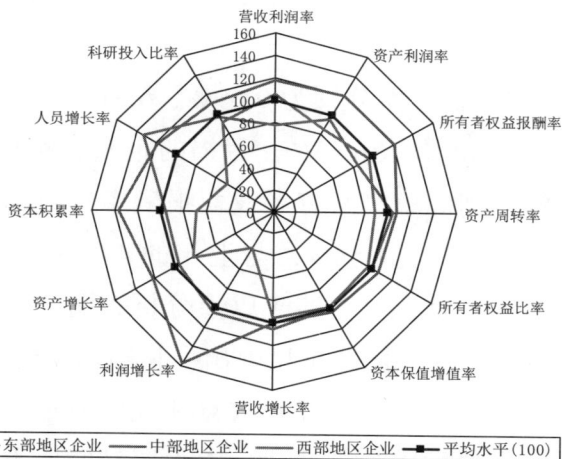

图 55　2017 年效益指标地区特征对比分析

通过图 55 可以明显看出，不同地区企业具有下基本趋势特征：一是东部地区企业具有全方位优势，尤其是收益性和成长性优势极其明显，与中西部地区企业的差距拉得比较大。表明其发展质量较高，活力强劲，潜力也较大。二是中部地区企业收益性相对较低，应着力提高经营效益。三是西部地区企业收益性和成长性表现较差，应着力补齐提质增效和新旧动能转换的短板，培育和开发新的经营增长点。四是东部地区和中部地区企业的人员增长率较高，对社会就业的贡献率也较大。

六、中国企业信用发展中存在的突出问题及对策建议

综合对我国企业总体信用环境、效益变化总体趋势以及行业特征、所有制特征、规模特征以及地区特征分析，表明我国企业整体经营形势日趋向好，供给侧结构性改革与调整成效显著，恢复性增长的基础进一步加固。但同时也应看到，在当前宏观经济稳中有变的新环境条件下，影响我国企业信用发展中的一些问题和矛盾也发生了一些新变化，外部因素干扰以及不确定因素增多，需要引起我们的高度关注。

（一）中国企业信用发展中的新变化、新问题及新挑战

1. 发展不平衡问题日益凸显，外部因素干扰导致不确定性因素增多

据本报告统计，2018 年入库样本企业 2015 年—2017 年的营收总额为 820472 亿元、910362 亿元、1044174 亿元，分别提高了 10.96% 和 14.70%。净利润总额分别为 43603 亿元、47127 亿元、55728 亿元，分别提高了 8.08% 和 18.25%。其中，总利润额分别为 40336 亿元、45024 亿元、53696 亿元；亏损总额分别为 -3267 亿元、-2103 亿元和 -2033 亿元；亏损比率分别 7.49%、4.46% 和 3.65%。尽管营业收入和净利润大幅提高，但亏损总额和亏损比率仍然相对较高。

2015 年—2017 年亏损的企业面分别为 9.69%、6.51%、6.33%；2016 年—2017 年利润负增长的企业面分别为 36.86%、36.63%。亏损的企业面和利润负增长的企业面并未明显改善。营收利润率、资产利润率、所有者权益报酬率三项收益性指标处于负增长的企业面分别达到 52.31%、52.74%、51.54%，与上年的 47.06%、52.77% 和 53.13% 相比，营收利润率负增长的企业面不降反升。鉴于以上分析表明，我国企业的总体经营形势虽有好转，但下行压力仍然存在。这些问题也反映出了长期积累的发展不平衡问题日益凸显，深度调整的基本面并未根本改变，整体经营效益和经营质量还有待进一步提高。当前经济运行稳中有变，外部环境也发生深刻变化，中美贸易摩擦不断升级等外部干扰因素增

多，也对我国企业信用发展增加了不确定性。这些新变化、新问题都对企业提出了新挑战，应引起我国企业界的高度关注与警觉。

2. 流动性和理论负债率长期居于低水平，企业经营困难增多

据本报告统计显示，扣除异常变动因素后入库样本企业 2015 年—2017 年的平均资产利润率分别为 4.49%、4.41%、3.92%，呈现逐年下降的态势；资产周转率分别为 0.69 次 / 年、0.66 次 / 年、0.66 次 / 年，长期居于较低水平。总体来看，企业的资产收益水平相对较低，且仍然处在下行态势，企业流动性面临的困难极其严重。

另一方面，我国企业的所有者权益比率普遍呈现上升的态势。2015 年—2017 年入库样本企业的所有者权益比率分别为 49.55%、49.90% 和 49.95%；而中型企业的所有者权益比率分别为 55.11%、57.69% 和 58.94%；小型企业的所有者权益比率分别为 67.49%、69.73% 和 70.67%，与之相对应的理论负债率则明显呈现逐年下降的态势，特别是中小型企业的理论负债率长期居于较低水平区间。这一情况表明，负债水平较低、流动性放缓、资产经营效率效益不高，依然是制约中小型企业信用发展瓶颈，导致部分企业特别是中小型企业经营困难增多，长期积累的风险隐患有所暴露，应引起我国企业界的关注与警觉。

3. 科研投入比率偏低，创新动力不足，政策效应有待进一步释放

按本报告 2017 年期的统计口径计算，2015 年—2017 年我国企业的平均研发投入占营收总额的比率为 4.85%、4.68%、4.88%。其中，特大型企业分别为 1.57%、1.52%、1.54%；大型企业分别为 2.75%、2.75%、2.82%；中型企业分别为 5.02%、4.79%、4.84%；小型企业分别为 8.14%、7.47%、8.54%；信用 500 强企业分别为 3.57%、3.64%、3.51%。虽然按 2017 年的统计口径看有所上升的态势，但大型企业相对居于较低水平，尽管受体量因素影响，但总体增幅并不明显，尤其是入围 2018 中国企业信用 500 强的企业，其科研投入比率不升反降。

由此可见，研发投入强度总体偏弱，是我国企业普遍存在的共性问题，同时也反映了我国企业的创新动力不足，创新激励政策落实不到位，政策效应有待进一步释放。

（二）促进中国企业信用发展的对策和建议

1. 以新发展理念引领企业高质量发展

我国经济已经由高速发展阶段转向高质量发展阶段。当前经济运行稳中有变，经济下行压力有所加大，部分企业经营困难较多，长期积累的风险隐患有所暴露。当前我国经济形势是长期和短期、内部和外部等因素共同作用的结果。外部环境也发生深刻变化，一些政策效应有待进一步释放。这是 2018 年 10 月 31 日中央政策局会议对当前经济形势

作出的科学判断。

制造业中传统基础性制造业如钢铁、有色冶金、建材、特种机械、通用机械和动力、电力等装备制造业等行业整体经营形势明显好转，增速加快，盈利提高，表明这些行业的产能过剩矛盾有所缓解，供给侧结构性改革与调整效果显著，但深层次结构矛盾仍然是制约我国制造业发展的主要问题。

服务业总体呈现稳中向好、提挡增速的发展态势。但同时也要看到，与一、二产业关联度较高的行业经营困难增多，下行压力仍然很大；与生活消费关联度较高的行业无论是质与量尚不能满足人们日益提高的消费需求。

民营企业相对集中的劳动密集型、资源依赖型和能源消耗型企业存在的产业结构不合理，产业链不成熟，处于价值链中低端以及技术研发投入不足，技术创新能力不强，产学研融合度不高，资产运营效益效率不高，负债水平持续偏低等问题仍然突出。

在宏观经济环境发生深刻变化的条件下，我国企业界要坚持以新发展理念引领高质量发展，结合企业自身实际情况，从中短期规划着手，以长远发展布局，兼顾好短期利益和长远发展，着力实现增长方式和发展方式的根本转变，推动我国经济发展产生更深刻、更广泛的历史性变革作出应有贡献。

2.深化结构性改革推动高质量内涵发展

尽管我国企业结构性调整成效显著，但任务仍然十分艰巨，尤其传统基础性产业和与之有高度关联的制造业和服务业的供需矛盾更加突出。同时，不同行业、不同规模、不同地区之间发展不平衡问题日益凸显。这些不平衡问题的存在，既反映了存在的结构性矛盾，也提供了新的发展机遇。这些行业和地区要切实转变发展观念，坚持协调、绿色发展理念，优化存量资源配置，扩大优质增量供给，只有形成优质高效多样化的供给体系，才能在新的水平上实现供求均衡。不仅新旧动能转换需要时间，而且实现供需结构的再平衡也需要时间，也需要对产业结构调整和产业转移接续提供必要的区间、空间和时间，不可能一蹴而就。我国企业界必须坚持质量第一、效益优先，推动经济发展质量变革、效率变革、动力变革，提高全要素生产率，尤其是结构性矛盾突出的产业和地区，要进一步深化结构性改革，尽快调整好企业的产业结构和产业布局。

当前，企业经营形势普遍好转，但宏观经济环境也在发生深刻变化，外部干扰因素增加了不确定因素，企业资产运营效益效率不高，流动性和负债水平持续处于较低水平，企业经营困难增多，这些矛盾是量变积累到一定程度必然引起质变。在高速增长阶段，由于需求旺盛，需求大于供给，所以规模决定了效益，一些企业在规模上过度扩张。而在中高速增长成为新常态的条件下，内涵竞争力就成为决定性因素。内涵竞争力是企业所有要素的集成，既包含了质量、研发、成本、管理、文化、品牌以及风险控制等企业内部要素，也包含了产业链、价值链上的所有外部资源，是一个企业产品表现于市场竞争力的综合内涵能力的体现。只有实现由规模的扩张转型到主要依靠知识积累、技术进步和劳动力素质提升的内涵式发展转变，才能实现经济发展从量的扩张转向质的提高。

3. 坚持创新驱动促进高质量融合发展

创新是引领发展的第一动力，是建设现代化经济体系的战略支撑。当前，新技术、新模式、新业态、新材料、新工艺以及"互联网+"、数字经济、3D打印、区块链、人工智能等出现及应用，可谓是日新月异，不断涌现，甚至改变或模糊了原有的产业链边界。而我国企业普遍存在着研发投入强度总体偏弱的共性问题，反映了我国企业的创新动力不足，创新激励政策落实不到位，难以适应新时代的变化，政策效应有待进一步释放。企业界要坚持创新驱动战略，要瞄准世界科技前沿，强化基础研究，实现前瞻性基础研究、引领性原创成果重大突破。加强应用基础研究，拓展实施国家重大科技项目，突出关键共性技术、前沿引领技术、现代工程技术、颠覆性技术创新，为建设科技强国、质量强国、航天强国、网络强国、交通强国、数字中国、智慧社会提供有力支撑。加强国家创新体系建设，强化战略科技力量。深化科技体制改革，建立以企业为主体、市场为导向、产学研深度融合的技术创新体系，加强对中小企业创新的支持，促进科技成果转化。倡导创新文化，强化知识产权创造、保护、运用。培养造就一大批具有国际水平的战略科技人才、科技领军人才、青年科技人才和高水平创新团队。同时，也要注重制度创新、管理创新、市场创新、文化创新等，由粗放型发展向质量型发展转变，依靠创新驱动促进企业高质量融合发展。

4. 充分释放政策效应激发内生动力和活力

负债水平较低、流动性放缓、资产经营效率效益不高，依然是制约中小型企业信用发展瓶颈，导致部分企业特别是中小型企业经营困难增多，长期积累的风险隐患有所暴露。

中央政治局会议强调解决民营企业、中小企业发展中遇到的困难，也意味着后期政策对于民企、中小企业的支持力度将会进一步加大，包括央行、银保监会、财政部等部委近期来密集出台多项政策，旨在化解民企融资难、融资贵问题。这些信息传递出对民营企业和中小型将会带来一系列的利好政策，统筹平衡稳增长、去杠杆，抓住有利时机，加快转型发展、创新发展，推动企业经济高质量发展。

坚持稳增长、去杠杆，充分释放政策效应，激发企业发展活力。我国企业尤其是民营企业和中小型企业的平均所有者权益比率持续高位运行，理论负债率普遍偏低。各级、各地等政府部门针对民营企业和中小微企业融资难、融资贵甚至融不到资问题相继出台了一系列政策，这些企业要充分释放政策效应，统筹平衡稳增长去杠杆，在确保结构性改革与调整的成果和防患系统性信用风险的前提，适度提高负债率，提高流动性，激发企业内生动力和发展活力。

5. 推进诚信建设有效防患系统信用风险

2016 年 5 国务院印发《关于建立完善守信联合激励和失信联合惩戒制度加快推进社会诚信建设的指导意见》（国发〔2016〕33 号）指出，守信联合激励和失信联合惩戒是构建以信用为核心的新型市场监管体制的重要内容。要进一步加快推进社会信用体系建设，加强信用信息公开和共享，依法依规运用信用激励和约束手段，构建政府、社会共同参与的跨地区、跨部门、跨领域的守信联合激励和失信联合惩戒机制，促进市场主体依法诚信经营，维护市场正常秩序，营造诚信社会环境。随着社会信用体制建设以及守信联合激励和失信联合惩戒机制日益完善，对企业的信用建设提出了更高要求。2017 年—2018 年发生的一些企业失信案件，成为社会的关注热点，也集中暴露出企业的诚信问题，如虚假广告、假冒伪劣产品、商业欺诈等，上市公司存在的信息披露违规违法、内幕交易、市场操纵、违法减持套现以及未履行承诺等行为，都对企业的健康发展构成威胁。

GB/T 31950《企业诚信管理体系》标准着重以企业的自身诚信水平提升为关注焦点，通过引导企业增强社会责任感，在生产经营活动各环节中识别诚信要素，强化诚信自律，不断提高满足顾客及其他利益相关方要求的能力，来获得企业持续健康发展，进而达到持续提高企业的诚信管理水平的目的。因此，企业积极推进 GB/T 31950《企业诚信管理体系》标准的贯彻与实施，切实建立信用风险管理与控制体系；要强化社会责任意识、规则意识、奉献意识，把诚信作为基本的道德操守，形成诚信价值观，培育诚信文化，以诚信为准则来约束自身的行为，培养信守承诺的社会责任感，树立"诚信经营"的理念，并且将诚信作为一项基本义务严格履行；要全面推进企业诚信管理建设，进一步倡导诚信文化，强化社会责任意识，坚守道德底线，有效控制已经存在或可能存在的信用风险，尤其是控制系统性风险的发生，以避免产生不可控制的严重后果，以维护良好社会公众形象，营造良好的经商环境和市场秩序，推进企业持续健康和高质量发展。

2018 中国企业可持续发展指数报告

《2018 中国企业可持续发展指数报告》（以下简称"报告"）由中国可持续发展工商理事会与中国企业联合会于 2016 年共同发起设立，作为"中国企业 500 强"指标的有效补充，构建了立体、全面、科学，具有引领性的评价指标体系。该指标体系经过扎实的理论研究，深入企业的实地调研，构建了科学的理论模型；依靠自主研发建设的"可持续发展数据平台[①]"采集的上万个有效数据，经过多维度、多层次数据对比应用，完成了 2018 年度报告，发布了首个"中国企业可持续发展百佳榜单[②]"，开创了从中国企业整体发展现状的角度研究企业可持续发展的先河。

报告坚持了从中国企业实际发展阶段及需求出发，参照了国际可持续发展理念及公认做法，选取了主要行业不同地域、不同所有制的近千家在华领先企业。从竞争力、环境、社会 3 个维度，产品、治理、员工、环境、资源、客户、社区、政府 8 个方面，对中国企业的可持续发展进行了详细分析，揭示了发展现状，展示了优秀实践成果，为中国企业的高质量可持续发展开启了新的篇章。

报告主要研究发现有以下 7 个方面：（1）创新能力与转型升级是企业实现高质量、高效益发展的关键因素，上榜的百佳企业创新能力更突出；（2）人才是企业发展、提升竞争力的核心要素，上榜的百佳企业对人才培养、员工职业发展的普遍重视程度较高；（3）品牌是企业提供商品与服务的质量标签，更是打造百年老店的基础，但企业对品牌建设的重视程度依然较低；（4）企业的生存离不开满足国家经济发展的刚性要求，其发展更离不开主动布局顺势而为，但企业对把握短期与长期利益平衡关系的能力仍有待加强，对可持续发展理念的认知程度有待深化；（5）产品全生命周期和全产业链管理是可持续发展的重要组成部分，提高资源综合利用效率，提供环境友善的产品是可持续发展战略的重要内容，企业应更积极的实践与探索适合本企业发展的路径；（6）稳健经营是企业可持续发展的重要标志之一，风险防控能力是企业可持续发展的重要保障，但部分企业风险防控意识依然不足，风险管理能力急需提高；（7）企业是实践经济的主体，是

---

① 自主研发搭建的数据平台第一阶段搭建工作圆满完成，欢迎访问 http://www.sdindex100.com。
② 已于 2018 年 9 月 1 日在中国企业 500 强峰会上正式发布，详见 http://www.sdindex100.com。

经济、社会可持续发展的重要力量，可持续发展方法与路径是相互学习、融合创新、共同进步的综合成果，中国企业可持续发展研究及数据平台的搭建正是为企业提供了这样一个沟通、展示的服务平台，引导、督促企业逐步实现可持续发展，其意义深远。

一、2018 中国企业可持续发展指数概况

（一）测算对象选取

《2018 中国企业可持续发展指数报告》的指标测算以中国企业联合会、中国企业家协会发布的中国企业 500 强为基础，面向国内领先企业，涵盖了各行业、各区域、多种所有制的领先企业，得到了企业的高度关注与积极参与。企业通过主动参与、定向邀请的方式参与指标测算，其范围主要有：

（1）企业主动参与可持续发展指标测算，且各项基础数据信息填写完整度高、有效性好、有数据证明的企业；

（2）中国企业联合会、中国企业家协会发布的年度中国企业 500 强、中国制造业企业 500 强、中国服务业企业 500 强等企业；

（3）各行业协会业内可持续发展水平较好、且在单项上有优秀表现的企业；

（4）连续三年以上发布企业可持续发展报告，且可持续发展相关信息公开、可获取、内容详实的企业。

（5）参考国际通行准则、可持续发展评价原则与相关规定，烟草等行业企业暂不被列入测算范围。

企业可持续发展指标测算的基础数据有四方面特点：

（1）财务与非财务数据相结合。以各利益相关方关心的非财务数据为主，涵盖了金融资本、制造资本、智力资本、人力资本、社会资本、自然资本等在内的企业综合数据信息，力求全面反映企业可持续发展理念、路径与实践成果；

（2）定量与定性数据相结合。对管理理念、制度体系、治理成果、安全生产、知识产权等核心内容进行了标准化处理，力求数据具有可量化、可比性。

（3）企业主动披露与第三方信息相结合。以获取企业主动公开披露信息为主，利用大数据精准采集国家部委、行业监管部门公布的与企业发展相关的经济、环境、资源等权威数据和监管通告，有效检验企业主动披露的完整性与合规性，力求还原事件真实情况，实现好中选优；

（4）正面信息与负面信息对比验证相结合。以实时主流媒体权威舆论为监测要件，

对企业单一事件进行导向甄别，实现动态与静态双评估，力求对企业风险防控能力与制约企业可持续发展的关键事件起到正面预警作用。

截至 2018 年 8 月，本研究筛选并确定了 980 家测算企业。通过自主获取公开数据、企业填报缺失数据、企业实地调研、电话／邮件沟通确认等多方式、多途径，对企业可持续发展指标进行测算、验证。《2018 中国企业可持续发展指数》指标测算的基础数据时间为 2017 年 1 月 1 日至 2017 年 12 月 31 日（或企业财年），同时将企业 2015 年 1 月 1 日至 2016 年 12 月 31 日的数据作为对比基础数据。部分企业由于 2017 年、2018 年涉及重大兼并重组，集团公司数据不完整，暂不纳入 2018 年度测算范围。

（二）测算数据情况

2018 中国企业可持续发展指数评价工作以数据完整性为重要筛选标准，在 980 家纳入测算范围的企业中，筛选出了 310 家覆盖多行业、多地区和不同所有制，且数据完整性在 90% 以上的领先企业，通过客观、严谨、全面的分析，形成了首个以自主研究为主、完整、科学反映中国企业可持续发展现状的指标体系。

从 310 家企业行业分布看，覆盖了钢铁、有色、能源化工、通用机械设备、汽车、建筑业、消费品工业、交通运输仓储业、建材等主要行业（详见图 1）。其中，消费品工业企业数量最多，占比 16.5%；通用机械设备业企业数量次之，占比 11.3%；建材业企业数量最少，占比 3.2%。

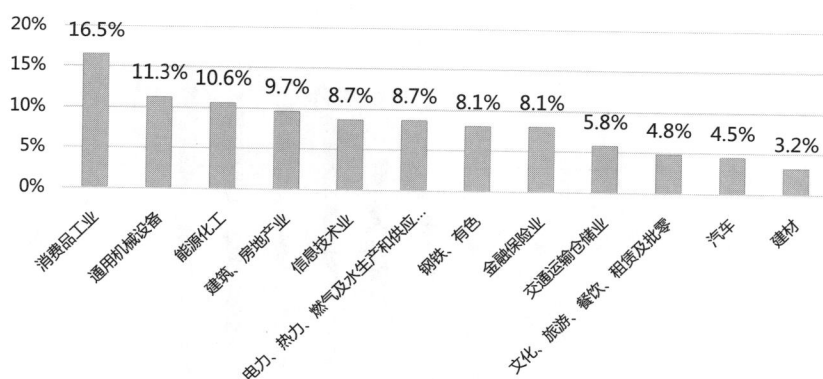

图 1　测算企业行业分布

从 310 家企业规模、品牌影响力、绿色发展看，大多数企业位于中国企业 500 强前列，其中，营业收入突破万亿以上企业 5 家，实现百亿以上企业数量最多，占比 71.4%；资产总额突破万亿以上企业 20 家，实现百亿以上企业数量最多，占比 82.8%（详见图

2）。这些企业 2017 年营业收入之和超过 37 万亿元人民币，相当于中国 2017 年 GDP 的 44.3%。

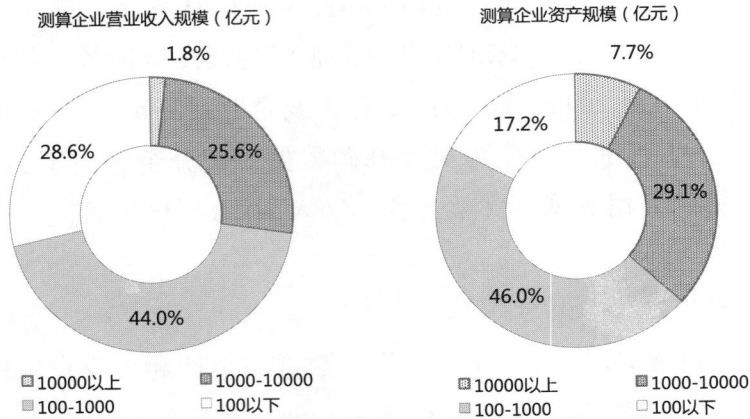

测算企业营业收入规模（亿元）

1.8%
28.6%
25.6%
44.0%

■10000以上　■1000-10000
■100-1000　□100以下

测算企业资产规模（亿元）

7.7%
17.2%
29.1%
46.0%

■10000以上　■1000-10000
■100-1000　□100以下

图2　测算企业的营业收入和资产规模分布情况

从 310 家企业数据公开程度看，90% 以上的企业连续多年以企业社会责任报告、可持续发展报告及企业年报等形式对外公开披露了企业数据，其中，国家电网、中国建材、宝武钢铁等一批企业填报的数据尤为详实、具体，能充分反映企业可持续发展理念、战略、路径及实践成果。（详见图 3）

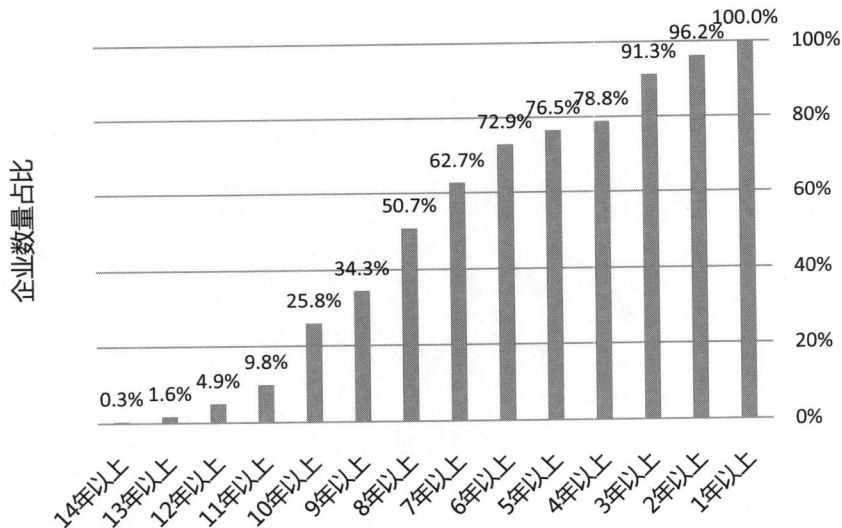

企业数量占比

0.3% 1.6% 4.9% 9.8% 25.8% 34.3% 50.7% 62.7% 72.9% 76.5% 78.8% 91.3% 96.2% 100.0%

14年以上 13年以上 12年以上 11年以上 10年以上 9年以上 8年以上 7年以上 6年以上 5年以上 4年以上 3年以上 2年以上 1年以上

图3　测算企业连续发布年度可持续发展报告情况

本报告是国内首份从企业层面研究可持续发展的年度报告，搭建了首个以中国企业可持续发展信息为主的大数据服务平台，开发了首个引领、督促中国企业可持续发展的指标体系，发布了首个中国企业可持续发展百佳榜单。中国企业可持续发展指数是反映中国企业可持续发展全貌的、宣贯企业可持续发展理念的，引领企业可持续发展战略的，推动可持续发展实践的国际交流平台、展示平台、学习平台，是企业与政府、社会、企业间的重要桥梁。

二、分析报告

（一）整体分析情况

1. 发展整体情况

中国企业可持续发展指标体系满分 50 分，得分区间 [−18,50]。为了直观反映企业可持续发展绩效与水平，根据得分结果将企业分为可持续发展表现良好、合格、需要改进三类。（详见表 1）

表 1　企业可持续发展绩效与水平分类

分数区间	等级	具体描述
40~50 分	良好	企业对可持续发展有深刻认识及较为完善的战略、目标及管理体系,竞争力领先、环境绩效好、积极履行社会责任。
30~39 分	合格	企业重视可持续发展,作出了相应管理与绩效考核安排,并积极披露相关信息。
29 分及以下	需要改进	企业在可持续发展的实质性议题识别、信息披露与绩效考核等方面改进空间较大,需要积极对标并采取行动。

从 310 家企业得分看，表现良好的企业有 108 家，占比 34.9%；表现合格的企业 139 家，占比 44.8%，需要改进的企业 63 家，占比 20.3%（详见图 4）。310 家企业的平均分为 35.4，其中，最低分 21，最高分 47，企业可持续发展整体表现较好。

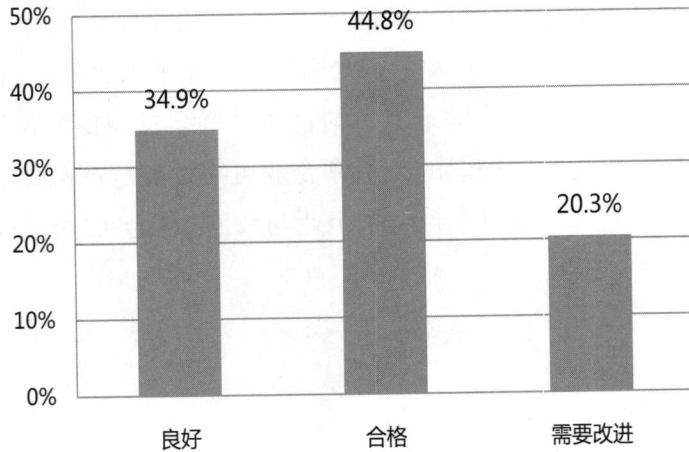

图 4　测算企业可持续发展指数评价情况

从指标得分率看，3 个一级指标的得分率分别为竞争力 84.2%、环境 63.1%、社会 86.3%；8 个二级指标的得分率分别为产品 75.5%、治理 84.7%、员工 98.7%、环境 67.8%、资源 54.4%、客户 81.4%、社区 83.7%、政府 94.8%。（详见图 5 和图 6）。可以看出，企业对治理、员工、客户、社区、政府等五个方面的重视程度普遍较高。但不论是一级指标还是二级指标都可以清晰的反映出，企业在资源、环境方面的表现仍有待加强。如，有些企业对污染物排放、碳排放的相关数据统计与披露不重视、不完整。但随着政府监管部门对生态环境、自然资源等方面的进一步严管，及社会强大的舆论监督压力，企业对资源环境的重视程度应日益提高，对数据的收集与主动披露应有所加强。

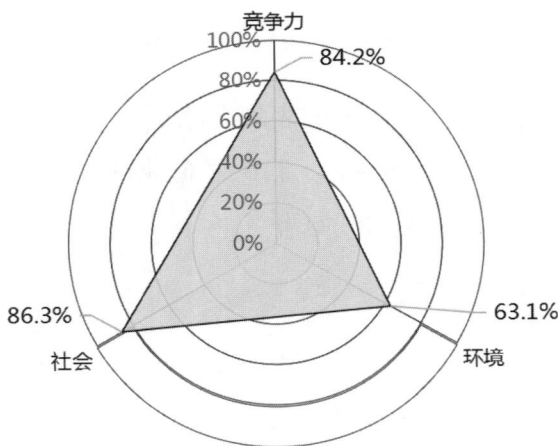

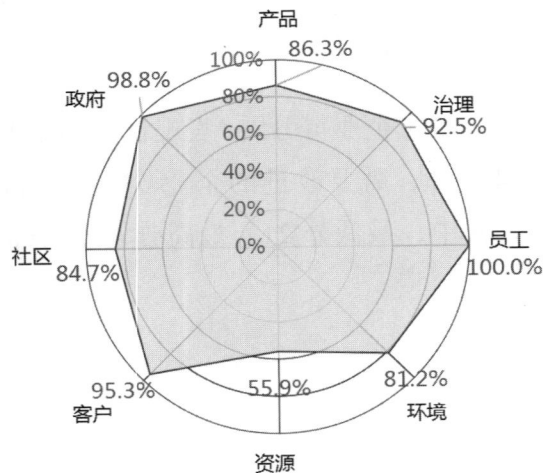

图 5　测算企业一级指标得分率　　　**图 6　测算企业二级指标得分率**

2. 行业整体情况

从 310 家企业所处行业看，能够反映出不同行业企业在可持续发展不同领域的共性及显著差异，其中，汽车、金融保险业、通用机械设备业企业的可持续发展表现较好，主要原因是这三类行业产业集中度较高、单一企业规模较大；文化、旅游、餐饮、租赁及批零业企业的可持续发展表现较弱，主要原因是这类行业企业规模较小、多处于企业生命周期前期；其它行业得分率差距较小，说明这些行业企业的总体可持续发展水平相当。（详见图 7）

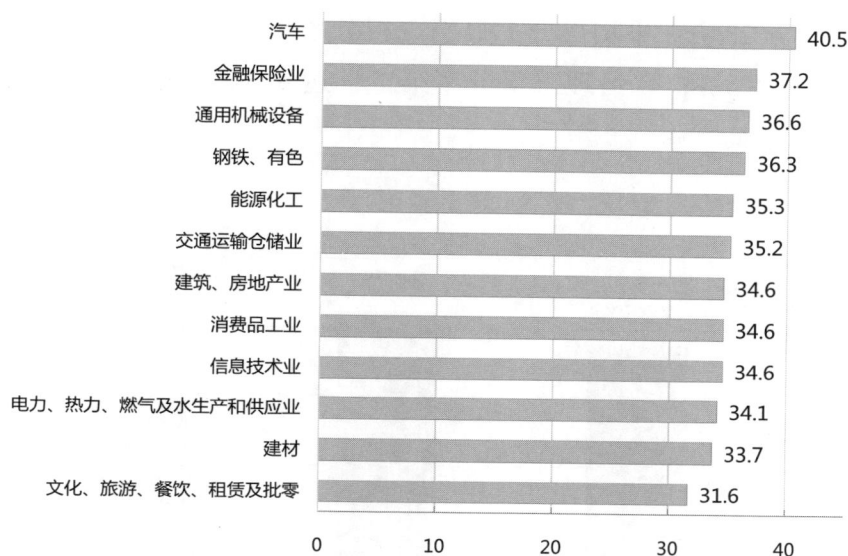

图 7　不同行业的企业得分情况

3. 企业整体情况

从 310 家企业的 8 个二级指标看，各行业企业在员工、客户、社区、政府 4 个方面普遍表现良好，这反映了领先企业紧跟国家政策、把准方向，与监管部门沟通、遵纪合规，重视人才队伍建设、关爱员工，尊重社区特点、加强地方建设；但在治理、产品、环境、资源 4 个方面，不同行业企业的可持续发展表现差异较大，这不仅反映出企业所处行业自身的特点，更是企业可持续发展中需要重点关注及积极努力的方向。

综上所述，90% 的领先企业虽处不同行业，但在各自领域对企业可持续发展理念的理解、战略的制定、路径的选择及实施方案等各方面具备了较强的综合竞争能力，树立了较强的品牌形象，建立了基本的制度体系且能够取得较好的实践成果。310 家企业在可持续发展不同方面的各自表现，不仅体现了所处行业固有特点，揭示了企业发展的阶

段性特点，也反映了我国行业发展周期与企业发展的特殊性与特色，这充分说明本指标
体系是能够客观、公正、科学的反映中国企业可持续发展整体情况及行业、企业现状的。

（二）竞争力

1. 指标概述

竞争力维度包含产品、治理、员工等 3 个二级指标及 31 项三级指标。其中，"产品"包含 11 项正向指标、3 项负向指标，共计 14 项三级指标；"治理"包含 6 项正向指标、3 项负向指标，共计 9 项三级指标；"员工"包含 5 项正向指标、3 项负向指标，共计 8 项三级指标。

竞争力维度满分 22 分，平均得分 17.1 分，得分率 84.2%。其中二级指标中，"员工"得分率最高，达到 98.7%；"治理"得分率第二，达到 84.7%；"产品"得分率最低，仅为 75.5%（详见图 8）。

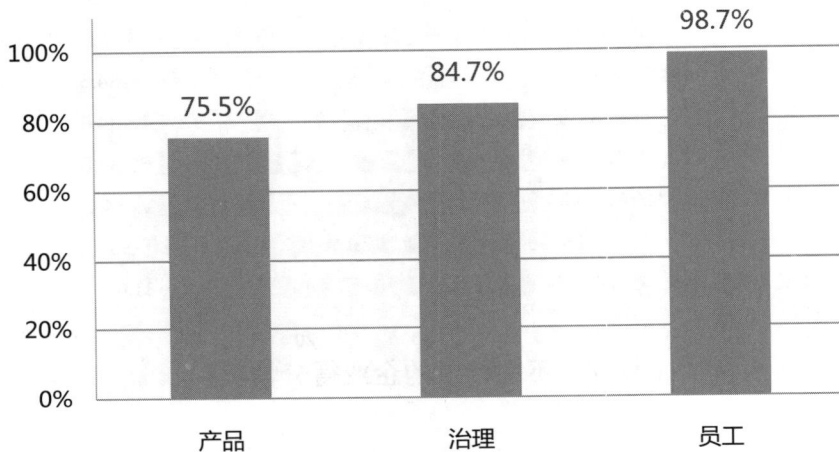

图 8 "竞争力"的二级指标得分率

竞争力维度中，不同行业的表现有较大差异，得分率分布在 77.0%~91.2% 之间，其中汽车制造业、通用机械设备制造业、钢铁有色行业列位前三（详见图 9）。同一行业不同企业之间的得分差异较大，与同行业表现更好的企业有针对性的进行对标，提出切实可行的实施方案加以改进与提高。

2017 年，尽管外部经济环境不利因素增多，企业面临金融与资金、产业结构调整、国际化进程等多重挑战和压力，但是领先企业高度重视高质量发展，在转型升级、加强公司治理等诸多领域采取了更为务实的新措施，仅从竞争力维度中的三级指标具体投入、产出定量数据看，百佳企业得分率远高于 310 家企业均值，达到 80% 以上。

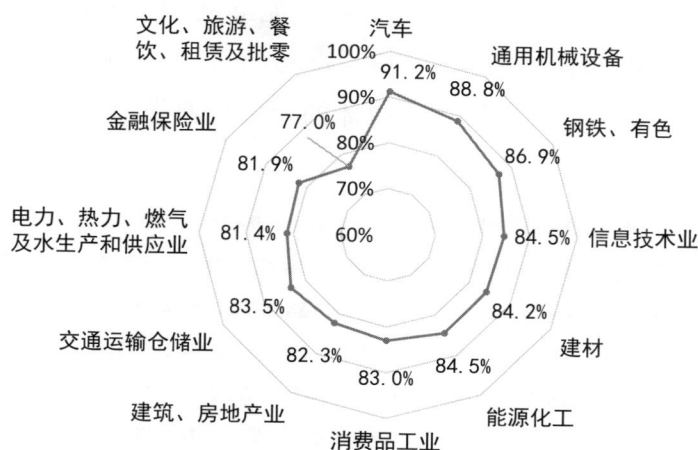

图 9 不同行业企业"竞争力"表现

2. 产品

"产品"指标满分 11 分，得分平均 7.6，得分率 75.5%。从得分分布看，68 家企业得分较高，得分 10~11 分，占比 21.9%；181 家企业得分中等，得分 6~9 分，占比 58.4%；61 家企业得分较低，得分 0~5 分，占比 19.7%（详见图 10）。"产品"指标得分率仅为 75.5%，在竞争力维度中，是得分率最低的二级指标。

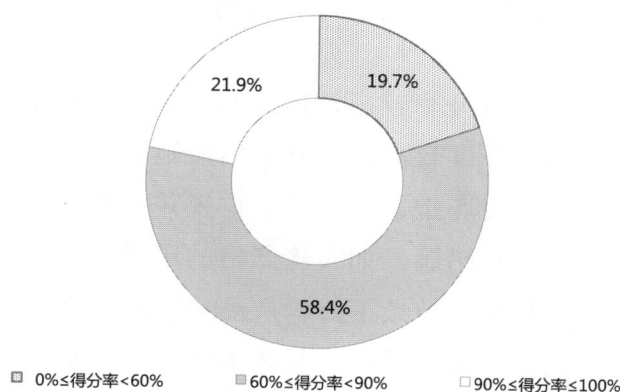

0%≤得分率<60%　　60%≤得分率<90%　　90%≤得分率≤100%

图 10 "产品"指标下企业得分率分布情况

从 14 项三级指标看，得分较低的指标分为绿色采购、创新成果、研发投入、新产品创效、品牌建设等 5 项指标，得分率均在 60% 以下；质量控制、知识产权保护等正向指标以及不正当竞争、供应商违规、质量问题等三个负向指标失分情况较小（详见图11）。这说明一方面，企业在产品及服务质量、保护知识产权、遵守国家法律法规等方面的意识有一定提高，加强了对供应商的管理，能够剔除出现违法违规并受到行政处罚或警告的供应商，形成内部良好循环机制；另一方面，由于企业加强了重视程度与内部监管力度，其在政府监管部门及主流权威媒体的相关负面报道逐渐减少。

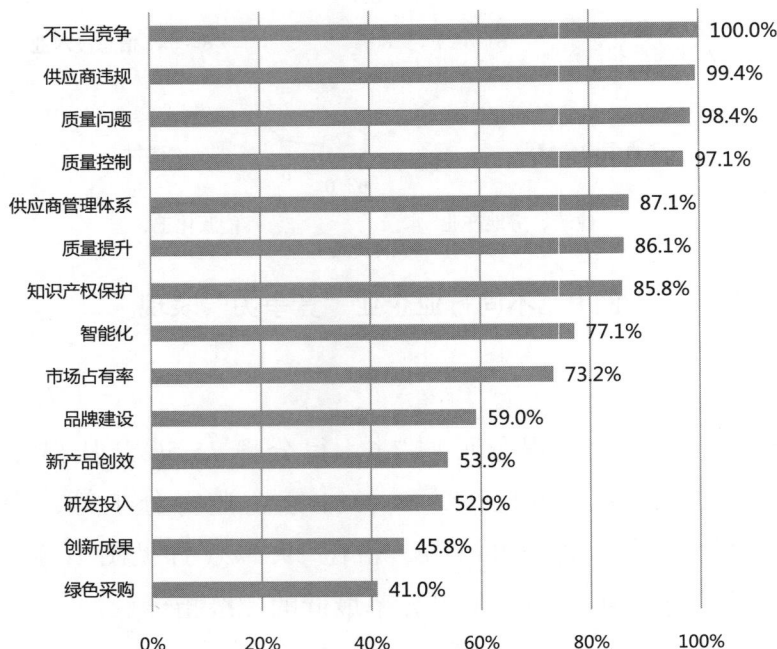

图 11 「产品」的三级指标得分率

三级指标"质量提升"的得分率较高，达到 86.1%，总体表现优秀。该指标揭示了企业对提升产品质量方面的关注度较高，能够运用措施有效实现较为明显的效果。大多数企业在公开报告或官方信息发布中，都提到了重视并不断提升产品和服务质量；半数企业制定了关于质量提升的具体措施，如实施严格的质量管理体系、积极与国际先进企业进行对标，产品质量问题检出率持续下降，产品质量不断提高；约有五分之一的企业在提升产品和服务质量方面，对顶层设计、具体措施、目标和计划进行了解释说明，并列出了具体行动计划。

三级指标"研发投入"和"新产品创效"两项指标的得分率低，分别只有 52.9% 和 53.9%，总体表现较弱。但上榜的中国企业可持续发展百佳企业在"研发投入"和"新产品创效"两项指标的得分率均为 72.0%，平均研发投入达 29.1 亿元，表现明显优于 310 家企业整体水平。

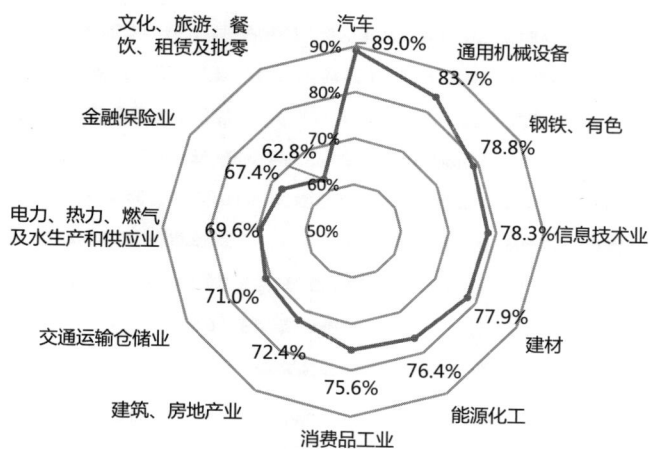

图 12 不同行业的"产品"指标表现

3. 治理

"治理"指标满分 6 分，得分平均 4.6 分，得分率为 84.7%。从指标得分分布看，89 家企业得分较高，得分 6 分，占比 28.7%；205 家企业得分中等，得分 3~5 分，占比 66.1%；16 家企业得分较低，得分 0~2 分，占比 5.2%。

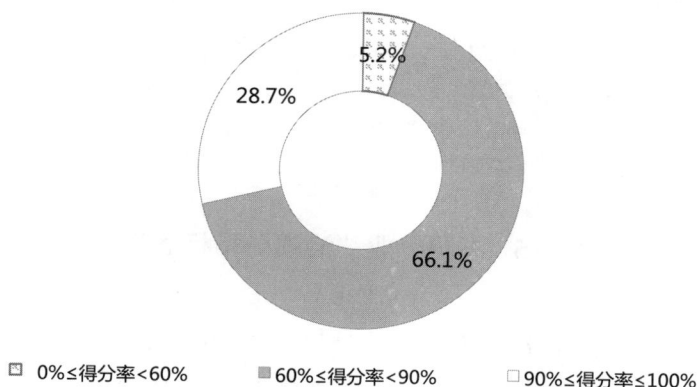

☐ 0%≤得分率<60%   ■ 60%≤得分率<90%   ☐ 90%≤得分率≤100%

图 13 "治理"指标下企业得分率分布情况

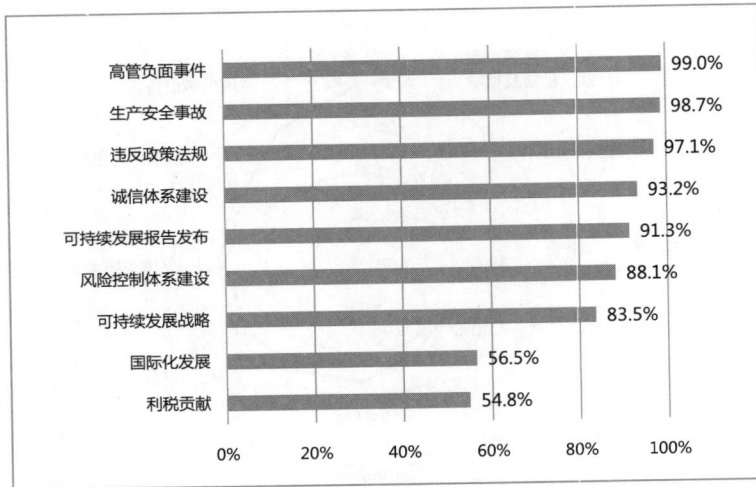

图 14 "治理"的三级指标得分率

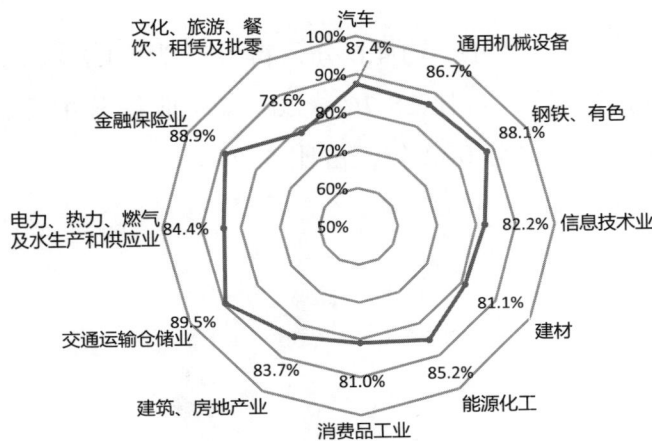

图 15 不同行业"治理"指标表现

从9项三级指标看,"国际化发展"和"利税贡献"得分率低,分别为54.8%、56.5%(详见图14)。在三级指标"利税贡献"中,有部分企业未达到2016年中国企业500强利润和纳税总和的基准值,因此未得分。在"国际化发展"方面,如浙江吉利、海尔集团、三一重工等企业在拓展海外市场、开展国际并购等方面表现强劲,在国际市场中占据了较为稳定的地位;但多数企业主要是企业年度跨国指数较低,且未参与国际合作,如加入国际组织、第三方公约等导致失分,揭示出我国企业在国际化方面还有较大提升空间。

4. 员工

"员工"指标满分 5 分，得分平均 4.9，得分率 98.7%，在 8 项二级指标中最高。从得分分布看，285 家企业得分较高，得满分，占比 91.9%；25 家企业略低，得分 2~4 分，占比 8.1%（详见图 16）。

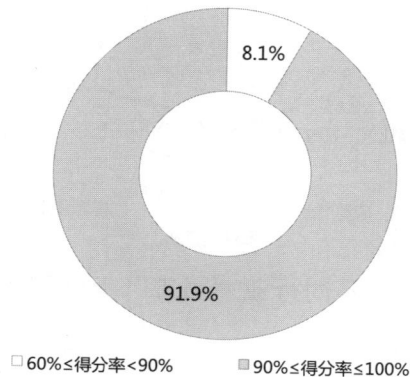

图 16 "员工"指标下企业得分率分布情况

从 8 项三级指标来看，"职业健康管理问题"、"劳动关系"、"员工发展"等 3 项指标表现优异。能源化工行业企业在"职业健康和安全"、"职业健康管理"等 2 项指标的得分率相对较低，充分反映了能源化工行业的天然属性，这就要求企业要有足够的能力对影响可持续发展目标中的实质性问题进行有效识别与管理（详见图 17 和图 18）。

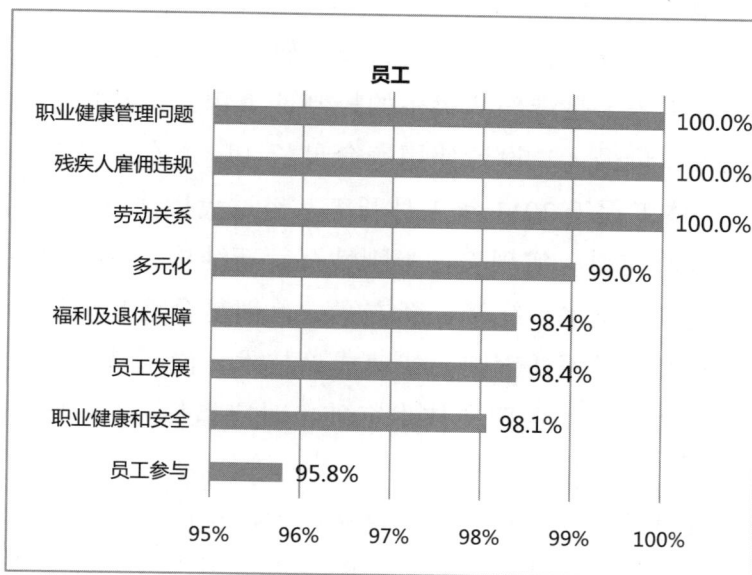

图 17 "员工"的三级指标得分率

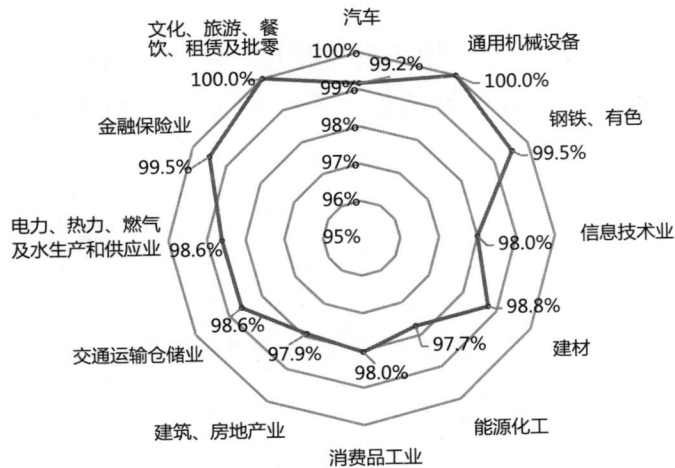

图 18 不同行业"员工"指标表现

5. 企业案例分享

国家电网积极推进电网服务高质量发展，将发展优质、可靠、可持续和有抵御灾害能力的基础设施；升级基础设施，提高资源利用率作为目标之一。积极推进国内电网建设，已建成全球输电能力最强、安全水平最高、接入新能源装机容量最大的电网。在此基础上，努力打造特高压电网世界品牌，成功研制世界首个 ±1100 千伏特高压直流穿墙套管，自主研发并投运世界首台 1100 千伏交流滤波器组断路器。继续推进苏通 GIL 综合管廊工程关键技术、三维数字化设计、特高压交流复合横担技术等多项技术攻关（对应指标：J-C2 质量提升、J-C7 创新成果、J-C8 品牌建设）。

中国交建高度重视创新发展，积极开展新技术研发，在港珠澳大桥工程中负责承建全长超过 7 公里的岛隧工程，是港珠澳大桥的控制性工程，也是迄今世界长度最长、埋入海底最深、单个沉管体量最大、设计使用寿命最长、隧道车道最多、综合技术难度最高的沉管隧道工程。主体工程于 2011 年 1 月开工，经过大桥建设者 7 年的砥砺奋战，于 2018 年 2 月 6 日完成验收交付。实现首创半刚性沉管新结构、首创曲线段沉管工厂法预制新工艺、首创整体式主动止水最终接头新方案、首创复合地基加组合基床的隧道基础新形式等四大创新，和大直径深插钢圆筒快速成岛技术、深水基础施工技术、外海沉管安装成套技术、第三代沉管技术等四项技术突破（对应指标：J-C2 质量提升、J-C7 创新成果）。

京东方将多年积累的显示、传感、人工智能和大数据四大核心技术与医学、生命科技相结合，跨界创新，发展移动健康、数字医院、再生医学，整合健康园区资源，提供物联网智慧健康产品及服务。京东方健康服务事业的核心关键词为"以人为中心"、"大数据"、"治未病"。如移动健康方面，京东方打造移动健康管理平台，通过智能终端检测数据，智能医学助理可以预测健康风险、出具治疗建议方案，为用户提供个性化诊疗和健康管理方案。数字医院方面，京东方在北京、合肥、成都等地布局了多家数字医院，并与美国医疗集团 Dignity Health、北京航空航天大学等展开合作，将国际顶尖的医疗技术和运营理念应用到数字医院中（对应指标：J–C2 质量提升、J–C7 创新成果）。

东方电气作为国家重大技术装备国产化基地、国家级企业技术中心，拥有中国发电设备制造行业中一流的综合技术开发能力。2017 年研发投入达到 11.96 亿元，占营业收入的 4.78%，创新成果丰富，公司研发的 600MW 超临界循环流化床锅炉技术开发、研制与示范工程获国家科学技术进步一等奖；巨型贯流式水轮发电机组关键技术研究及杰瑞机组研制获四川省科学技术进步特等奖；1000MW 高效超超临界锅炉研制获四川省科学技术进步一等奖（对应指标：J–C4 研发投入、J–C7 创新成果）。

中国建筑积极相应国家"一带一路"倡议，践行"大海外"战略，夯实运营基础，助力全球打造"可持续城镇"。近年来，中国建筑充分发挥品牌优势，整合内部资源，深耕国际市场，推进房屋建筑、轨道交通、机场、电力等专业工程领域的扩张，服务"一带一路"沿线国家提高基础设施水平，增进当地民生福祉，提升公司品牌影响力。以股份公司品牌为主、多家子企业共同出海的"1+N"局面初步显现；公司经营区域覆盖"一带一路"沿线 65 个重点国别市场中的 44 个国家和地区（对应指标：J–C8 品牌建设、J–Z5 国际化发展）。

表 2　企业研发投入的领先实践

企业	领先实践
中联重科	重视科技研发与创新，年均研发投入占比 3% 以上，重视品质提升，开发高精高效、低耗节能技术，相关产品的全球市场占有率很高
华为	研发投入 2016 年为 764 亿元，2017 年达到 897 亿元，占营业收入的比重达 14.9%，高强度的研发和不断创新是支持华为实现可持续增长的重要保障
中国中车	中国中车重视研发与科技创新，2017 年研发投入为 104.91 亿元，占营业收入的 5.0%
兴业银行	2017 年研发投入 27.995 亿元，接近全年净利润的 5%，向引领业务发展和促进经营模式的转型转变，在同类企业中表现突出
宇通客车	2017 年研发投入 14.998 亿元，占主营业务收入的 4.83%。公司基于市场需求，加快推进研究成果转化

表 3 企业创新成果的优秀实践

企业	领先实践
国家电网	1. "特高压 ±800 千伏直流输电工程"获国家科学技术进步奖特等奖 2. 国家风光储输示范工程获全国质量奖卓越项目奖 3. 获 2017 年中国电力科学技术进步一等奖 4. 获全国企业管理现代化创新成果一等奖 3 项
比亚迪	1. 三项技术顺利入围第二届"中国工业车辆创新奖" 2. 客车斩获"中国汽车工业科学技术进步奖"一等奖
中联重科	1.56 米混凝土泵车获得湖南省首届产品创新奖 2. 多项核心技术获 2017 年度中国机械工业科学技术奖二等奖 3. 两项发明专利获中国专利优秀奖
招商银行	2017 年获得资产管理、家族办公室、商业银行服务能力、投行业务服务能力及科技创新等多项中国区第一,包揽所有细分领域榜首。信用卡也荣获《亚洲银行家》科技创新奖——"移动社交媒体最佳体验奖"

(三)环境

1. 指标概述

环境维度包含环境、资源 2 个二级指标、20 项三级指标。其中,"环境"包含 9 项正向指标、4 项负向指标,共计 13 项三级指标;"资源"包含 7 项正向指标、0 项负向指标,共计 7 项三级指标。

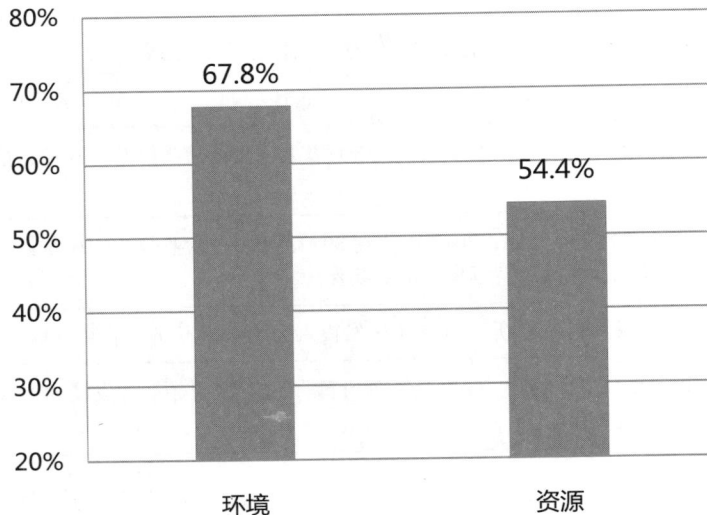

图 19 "环境"的二级指标得分情况

环境指标满分 16 分，平均得分 8.6 分，得分率 63.1%。其中，二级指标"环境"得分率 67.8%，"资源"得分率仅为 54.4%。

从不同行业得分情况看，行业属性对企业的影响因素较大（详见图 20），其中，汽车、金融保险等企业的平均得分较高，钢铁有色、建材等行业企业的平均得分较低。值得一提的是，信息技术、金融保险业、通用机械设备、消费品工业等行业，虽然污染排放相对较少，但在资源和环境领域普遍存在信息公开机制不完善、数据不完整、对资源环境与企业可持续发展相关性的认识急待提高。

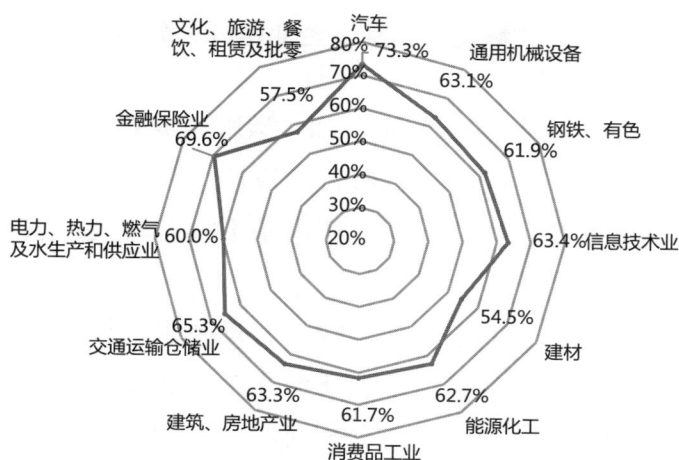

图 20　不同行业企业"环境"维度表现

从企业可持续发展得分看，尽管所处行业有差异，资源依赖程度与环境影响程度各不相同，上榜的可持续发展百佳企业对资源环境都都高度重视，建立了较完善的资源管理体系和环境管理体系，积极的公开资源综合利用情况，做到了对温室气体排放、排污费、环境治理效果等方面的信息披露。可持续发展百佳企业中，有相当数量的企业在生态修复和生物多样性保护等方面开展了卓有成效的工作。

2. 环境

"环境"指标满分 9 分，得分平均 4.8，得分率为 67.8%。从得分分布看，18 家企业得分较高，得分 8~9 分，占比 5.8%；218 家企业得分中等，得分 4~7 分，占比 70.3%；74 家企业得分较低，得分 0~3 分，占比 23.9%（详见图 21）。

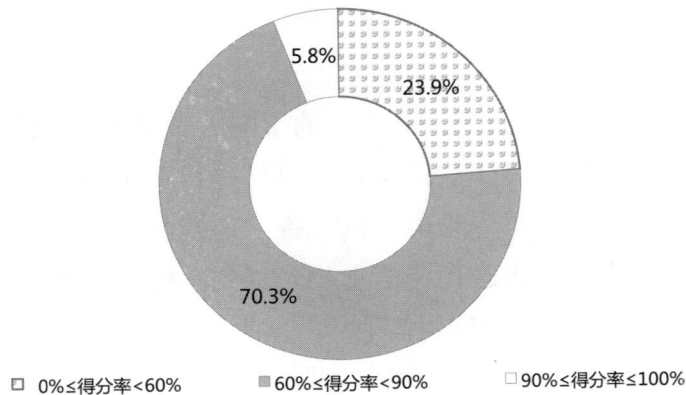

图 21　"环境"指标下企业得分率分布情况

　　从 13 项三级指标看，"环境管理体系"和"碳减排成效"指标得分较高，制造业企业普遍建立了环境管理体系，金融企业以履行赤道原则为环境风险管理标准构建了绿色金融产品体系。值得一提的是，企业在评价期内基本没有较大生态环境损害或发生有害物质排放违规（详见图 22）。

　　从行业平均得分看，不同行业表现差异较大，反映出可持续发展的行业属性及行业亟需注意的问题。钢铁和有色、交通运输、能源化工类属于资源密集型产业，对环境依赖程度较高，企业与环境有天然劣势，得分相对较低。即便如此，行业领先企业仍通过产业转型升级、技术工艺改进等具体措施不断提升资源综合利用效率，降低对环境影响和损害（详见图 23）。

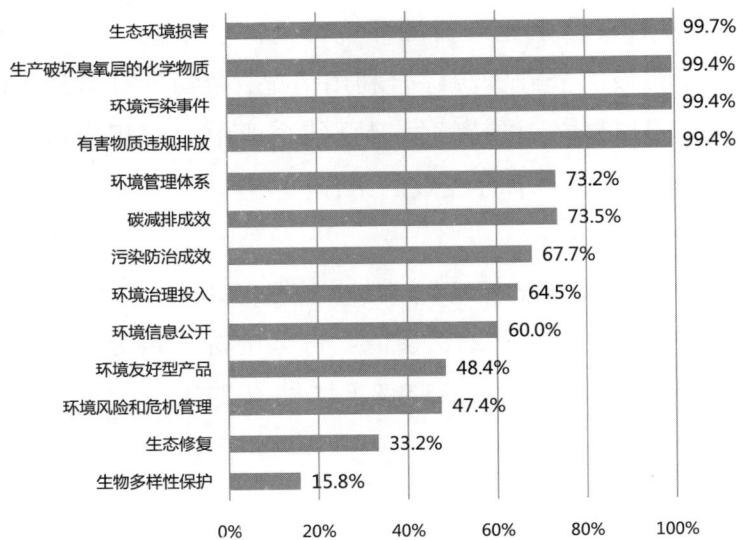

图 22　"环境"的三级指标得分率

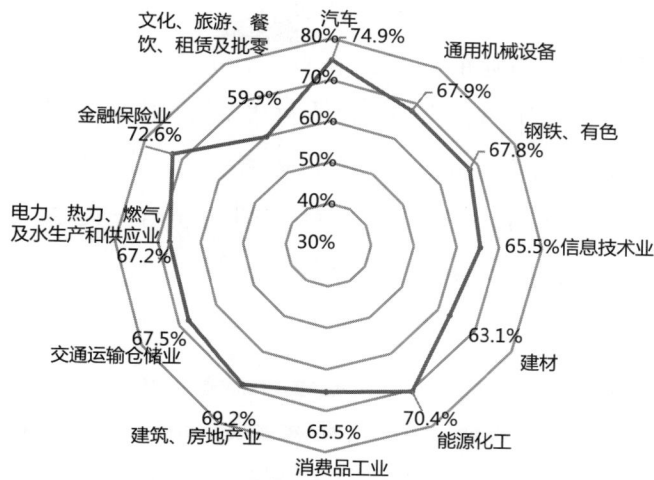

图 23　不同行业"环境"指标表现

3. 资源

　　"资源"指标满分7分,得分平均3.8,得分率仅为54.4%,在8个二级指标中得分率最低。从得分分布看,13家企业得分较高,得分7分,占比4.2%;97家企业得分中等,得分5~6分,占比31.3%;200家企业得分较低,得分0~4分,占比64.5%(详见图24)。

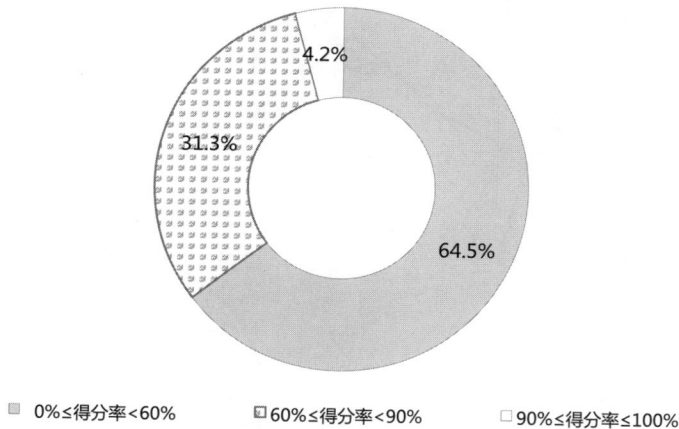

□ 0%≤得分率<60%　　▨ 60%≤得分率<90%　　□ 90%≤得分率≤100%

图 24　"资源"指标下企业得分率分布情况

　　从7项三级指标看,得分率从高到低依次为水资源产出率,75.8%;能源产出率,75.2%;资源利用信息公开,56.8%;资源管理体系,56.5%;循环利用协同处理,48.4%;清洁能源利用,47.4%;终端回收体系,20.6%;数据揭示出,我国企业仍需进一步完善资源管理制度,主动披露信息,注重提供清洁的产品及服务,提升水资源和能源的利用效率，加强资源循环利用与全生命周期管理（详见图25）。

从行业得分分布看，六大高耗能高排放行业[①]、十大高耗水行业[②]的能源产出率和水资源产出率较低，这与企业对环境有较高的依存度密切相关，钢铁有色、能源化工、建材等行业企业的较低得分还与企业数据披露不完整有关。同时应该注意到，具体数据较2016年仍有改善，企业对能源利用效率及水资源利用率有一定提高，对污染物零排放、物质能耗零增长、废弃物全回收的重视程度有一定增强（详见图26）。

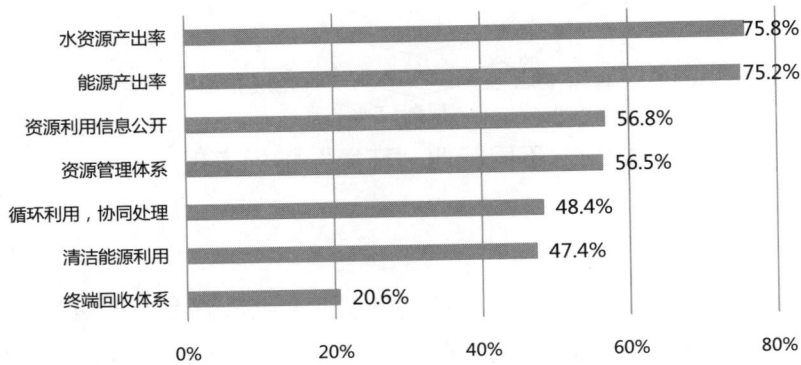

图25　"资源"的三级指标得分率

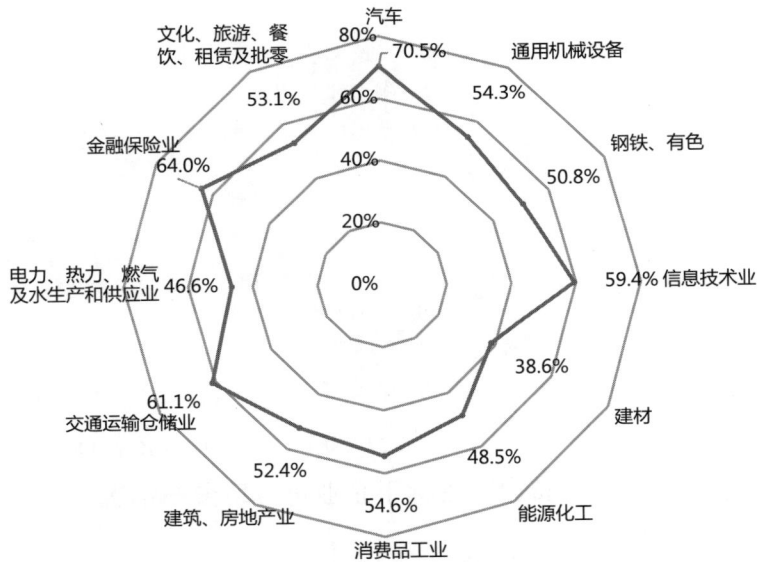

图26　不同行业企业"资源"指标表现

---

①　碳交易市场首批拟纳入六大行业：电力、冶金、有色、建材、化工、航空服务业。
②　国家统计局公布的十大高耗水行业分别为煤炭开采和洗选业，黑色金属冶炼和压延加工业，非金属矿采选业，电力、热力生产和供应业，纺织业，造纸和纸制品业，有色金属冶炼和压延加工业，化学原料和化学制品制造业，非金属矿物制品业，石油加工、炼焦和核燃料加工业。

4. 企业案例分享

宝武集团高度重视能源管理，积极开展能源管理体系认证。目前，下属全流程钢铁企业、非钢产业重点工业企业全部通过了能源管理体系认证。2017 年实现吨钢综合能耗较上年下降 11 千克标煤/吨，万元产值能耗较上年下降 10.3%（对应指标：H-Z1 资源管理体系、H-Z3 能源产出率）。

中国石化根据自身的行业优势与特点，在地热资源循环利用方面，取得了显著成效。目前，中石化提供中深层地热供暖能力达 4900 万平方米，占全国中深层地热供暖面积的 40%，年可替代标煤 142 万吨/年，减排二氧化碳 350 万吨/年，现已成为国内地热开发利用规模最大的企业（对应指标：H-Z6 清洁能源利用、H-H7 碳减排成效）。

中国建材积极实施绿色制造和资源循环利用，结合自身特点，通过内部资源协同，大幅提升固废处置能力，现已实现水泥、商混和建筑板材板块年综合协同处置能力超过 1.2 亿吨，南方水泥建成 6 条回转窑协同处置生产线，形成年处理固（危）废能力 43 万吨（对应指标：H-Z5 循环利用，协同处理）。

兴业银行将绿色金融业务发展情况纳入年度综合考评指标等激励制度，绿色金融发展成效显著。截至 2017 年末，已累计为超过 14,395 家企业提供绿色金融融资 14,562 亿元，绿色金融融资余额达 6,806 亿元。业务覆盖低碳节能、循环利用、生态环境三大领域，所支持的项目每年节约标准煤 2,912.23 万吨，年减排二氧化碳 8,378.23 万吨，年减排化学需氧量（COD）385.43 万吨，年减排二氧化硫 78.91 万吨，年减排氮氧化物 5.78 万吨，年综合利用固体废弃物 4,479.48 万吨，年节水量 40,842.37 万吨（对应指标：H-Z6 清洁能源利用、H-H7 碳减排成效）。

中海油注重海洋生态环境保护，2017 年，采用电磁感应热解技术和新型岩屑处理设备，将海上钻井作业中 1,000 吨含油钻屑成功进行了无害化处理。2017 年，深圳分公司积极实施渔业资源补偿增殖放流的举措，共投放紫红笛鲷 160 万尾、浅色黄姑鱼 60 万尾，完成了相关项目渔业资源补偿增殖放流验收（对应指标：H-H4 环境风险及危机管理、H-H8 生态修复）。

万科集团积极开展生物多样性保护，万科公益基金会支持世界自然基金会长江江豚保护项目，拯救江豚，保护生态系统的生物多样性；支持深圳红树林基金会（MCF）开展生物多样性的监测与研究、红树林湿地修复和外来入侵物种清理等工作（对应指标：H-H9 生物多样性保护）。

表 4　企业资源管理及生态环境的优秀实践

企业	领先实践
上海汽车	2017 年能源管理体系在上汽集团主要生产基地均已推广或取得第三方认证，年能耗 1 万吨的重点用能企业开始能源管理体系建设效果评价，上汽集团"全员能效管理平台"正式上线
中国农业银行	（1）成立能源专项工作领导小组统筹全行能源管理工作 （2）认真执行《中国农业银行总行机关能源管理制度》等管理办法 （3）完成《节能自查报告》《能源利用状况报告》《能源管理负责人备案》《碳排放核查报告》、碳交易履约等工作事项 （4）优化中央空调、照明系统等重点耗能设备节能运行方案开展耗能设备节能、LED 照明改造等多项技改项目
中国中铁	首创探索大批量建碴再生利用，集中加工处理拆迁产生约 100 多万吨的建筑固体废弃物，并用于填筑道路结构层
内蒙古伊利集团	伊利集团于 2016 年联合国《生物多样性公约》第十三次缔约国大会，正式签署 2016 联合国《生物多样性公约》（CBD）《企业与生物多样性坎昆承诺书》，成为唯一一家签署该承诺书的中国企业，此后已连续两年发布《伊利集团生物多样性简报》，披露企业在生物多样性保护方面的承诺与行动，展示企业保护生物多样性最佳实践，为推动行业可持续发展发展起到带头和示范作用

（四）社会

1. 指标概述

社会指标包括客户、社区、政府 3 个二级指标、18 项三级指标。其中，"客户"包含 4 项正向指标、1 项负向指标，共计 5 项三级指标；"社区"包含 5 项正向指标、2 项负向指标，共计 7 项三级指标；"政府"包含 3 项正向指标、2 项负向指标，共计 5 项三级指标。

社会指标满分 12 分，平均得分 9.7 分，得分率 86.3%。二级指标中，"政府"得分率最高，达到 94.8%；"社区"得分率第二，达到 83.7%；"客户"得分率最低，仅为 81.4%（详见图 27）。

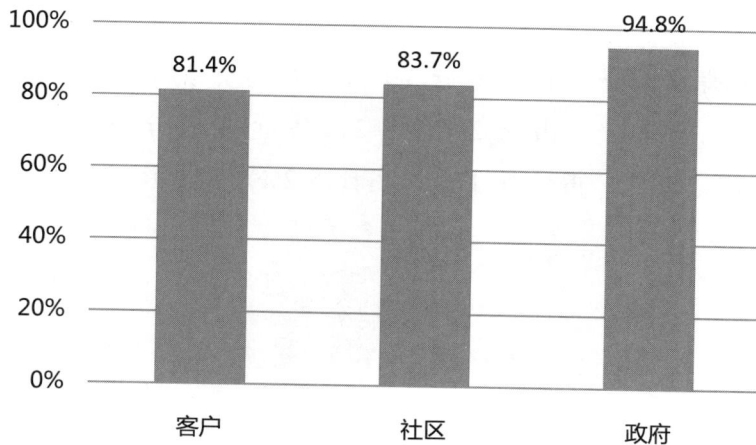

图 27 "社会"二级指标得分情况

从社会指标看，不同行业企业普遍得分较高，得分率位于 81.4%~93.2% 区间，其中，"政府沟通""投资者关系""就业政策落实""尊重社区文化" 4 项三级指标得分率均高于 95%；但仍有少数企业因自身经营活动严重危害到了所在社区的生活质量、赋税基础或者产权价值，包括肆意排污污染自然环境，随地焚烧垃圾污染空气，随意关闭厂房引起社会不稳定等。

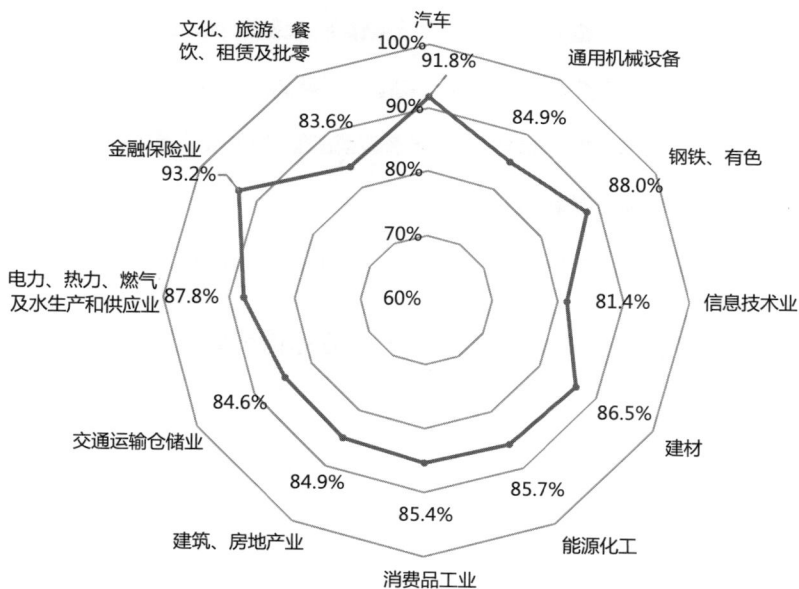

图 28 不同行业"社会"维度表现

2. 客户

"客户"指标满分 4 分，平均得分 3.1 分，得分率为 81.4%。从得分分布看，82 家企业得分较高，得分 4 分，占比 26.5%；212 家企业得分中等，得分 2~3 分，占比 68.4%；16 家企业得分较低，得分 0~1 分，占比 5.2%（详见图 29）。

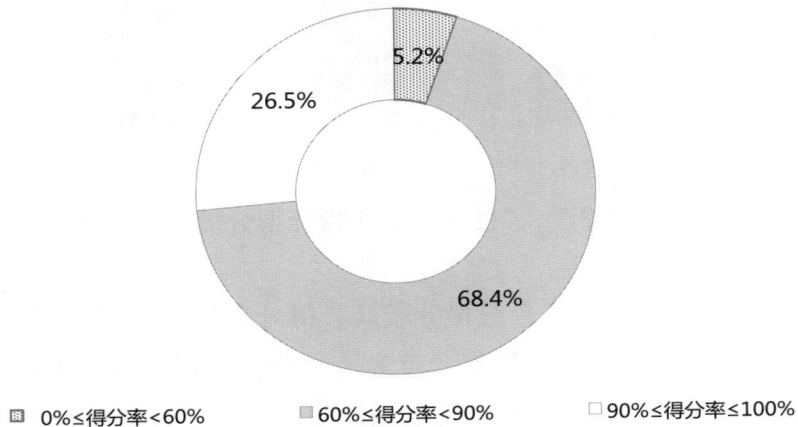

图 29　"客户"指标下企业得分率分布情况

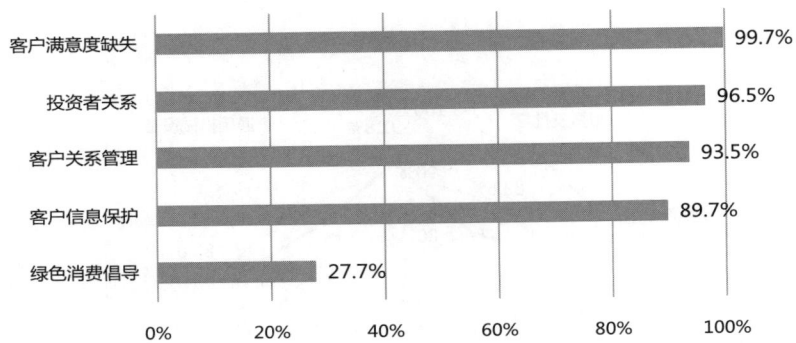

图 30　客户"的三级指标得分情况

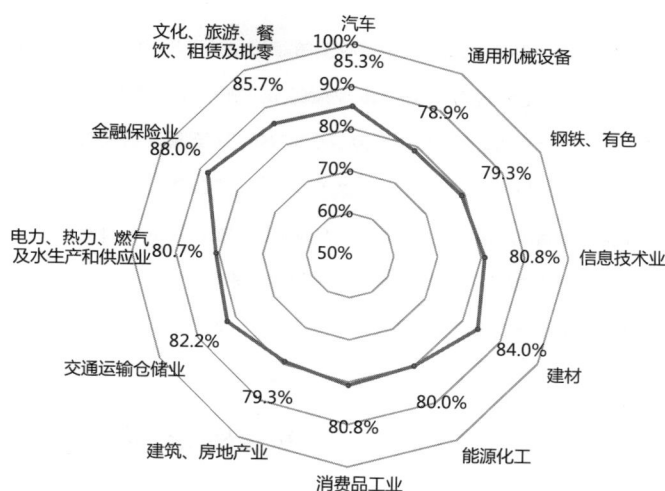

图 31　不同行业企业"客户"指标表现

从三级指标看，不同行业企业普遍在"投资者关系""客户关系管理""客户信息保护"3 项指标中表现优异（详见图 30 和图 31），尤其是金融保险业、文化旅游餐饮租赁及批零等以服务为主的行业，客户相关三级指标的得分率更高，服务业综合得分达到投资者关系 100.0%，客户关系管理 94.9%，客户信息保护 92.3%。

3. 社区

"社区"指标满分 5 分，平均得分 3.9 分，得分率 83.7%。从得分分布看，121 家企业得分较高，得分 5 分，占比 39.0%；144 家企业得分中等，得分 3~4 分，占比 46.5%；45 家企业得分较低，得分 0~2 分，占比 14.5%（详见图 32）。

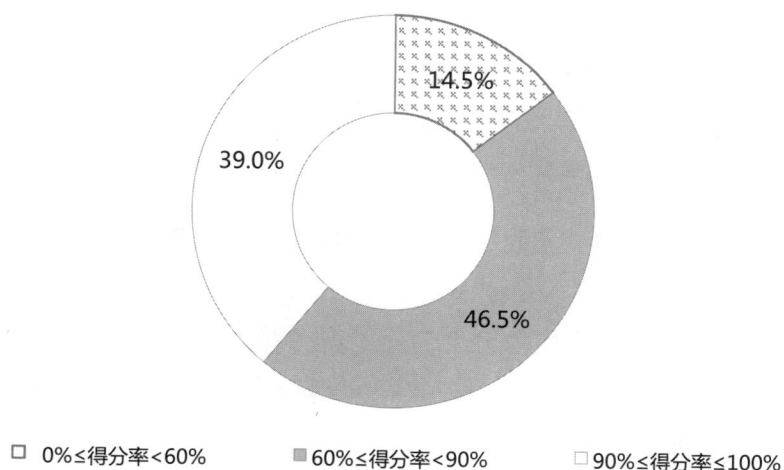

□ 0%≤得分率<60%　　■ 60%≤得分率<90%　　□ 90%≤得分率≤100%

图 32　"社区"指标下企业得分率分布情况

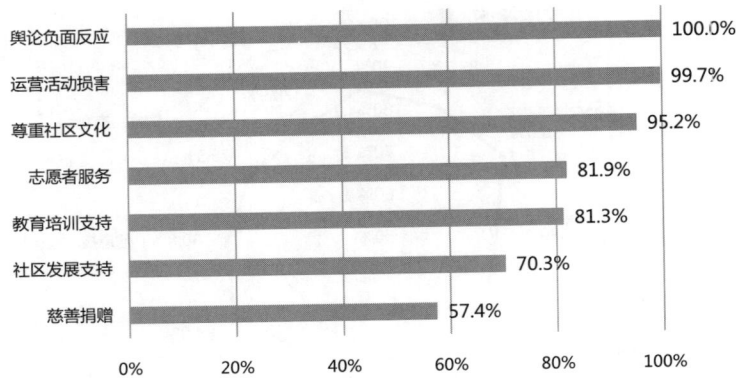

图 33 "社区"的三级指标得分情况

大多数企业都高度重视与经营所在地社区保持良好关系，充分尊重当地人文环境。2017 年，近 180 家企业慈善捐赠金额超过 100 万元人民币，企业越来越重视支持社区教育，通过援建、助学等方式开展形式多样的教育活动，同时加大力度融入经营所在地社区生活，支持地区基础设施建设（详见图 33 和图 34）。

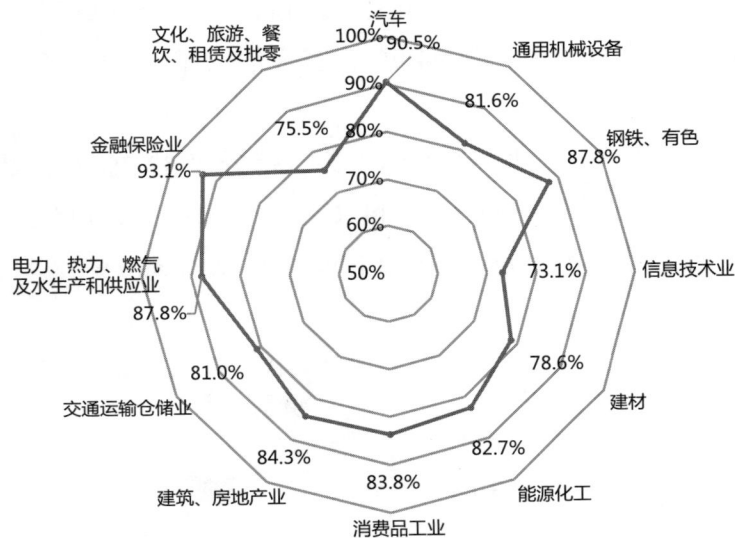

图 34 不同行业企业"社区"指标表现

4. 政府

"政府"指标满分 3 分，平均得分 2.7 分，得分率 94.8%。从得分分布看，242 家企业得分较高，得分 3 分，占比 78.1%；66 家企业得分中等，得分 1~2 分，占比 21.3%；2 家企业得分 0 分，占比 0.6%。

企业普遍重视政府沟通工作，积极落实就业政策，有 247 家企业制定并实施了成效显著的扶贫公益活动，其中，中央企业的扶贫投入和成效尤为突出，帮扶地域广、帮扶内容丰富，通过结对帮扶、对口支援和建立产业基金等方式，2017 年央企投入扶贫资金近 200 亿元 [1]，为落实 2030 年可持续发展议程中的脱贫目标做出了重要的突出贡献。

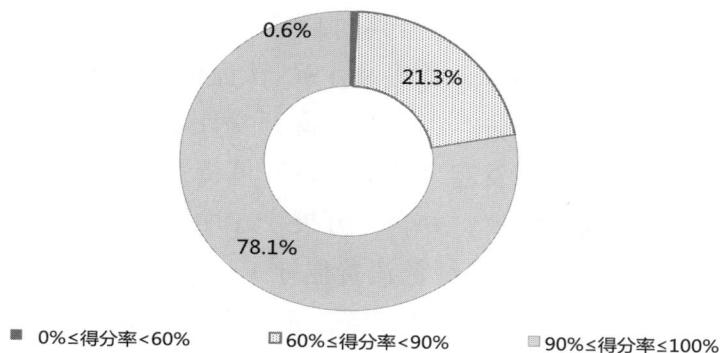

图 35 "政府"指标下企业得分率分布情况

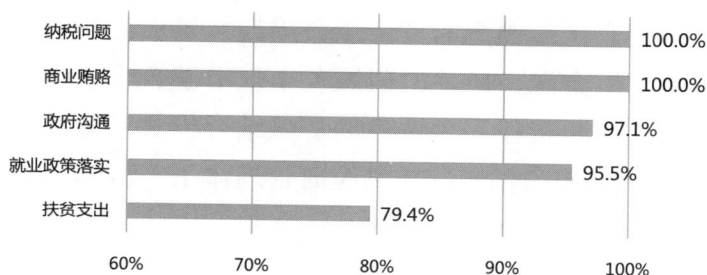

图 36 "政府"的三级指标得分情况

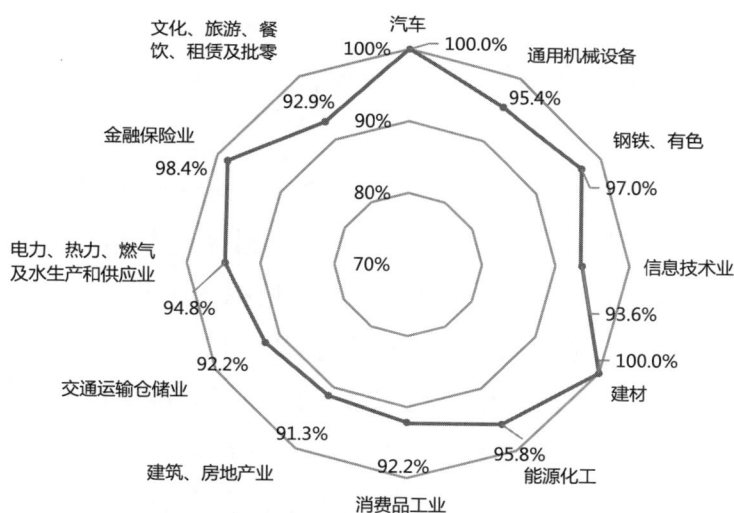

图 37 不同行业企业"政府"指标表现

[1] 国资委官方数据

5. 企业案例分享

京东集团优先推动满足环境和社会友好标准的主要产品的可持续生产和消费，推广带有可持续标识的产品，同时促进建立行业可持续发展标准和认证，规范上下游供应商在环境影响方面的行为。与世界自然基金会共同制定行动计划推进森林管理委员会（FSC）认证纸张在京东快递包装上的使用率，并提高 FSC 认证标识使用率，基于京东消费大数据，发布了《京东绿色消费发展报告》；与联合国开发计划署（UNDP）、中国纺织工业联合会、中国社会福利基金会共同发起"蔚蓝地球"可持续周，联合 30 余家国内外知名品牌共同发出可持续发展的联合倡议，并合作开展 2017 中国可持续时尚周展览以及数十个线上可持续活动（对应指标：S-K4 绿色消费倡导）。

伊利通过构建绿色、可持续发展的供应链，全面推动行业发展。支持牧场发展，向标准化、规模化、集约化、智能化的"四化牧场"发展，为保证原奶品质奠定坚实基础；开办奶牛学校，为牧场业主讲解先进牧场管理经验，帮助牧场业主提升养殖理论知识、实操技能及经营能力；建立国际领先的"全生命周期"供应商管理体系，注重供应商审核与能力提升；开展产业链金融，搭建专门服务于上下游合作伙伴的融资平台，探索出以"核心企业承担实质性风险责任"为特色的产融结合模式，荣获"社会价值共创企业社会责任案例卓越奖"（对应指标：J-C9 供应商管理体系、S-S4 社区发展支持）。

三、主要研究发现

（一）高质量、高效益发展离不开企业的创新能力与企业的转型升级，其中百佳企业创新表现更好

创新是第一动力，企业可持续发展离不开创新，只有创新才能保证企业可持续发展。数据分析结果显示：

第一，企业在研发投入数额上增速可观，企业已经成为国家创新主体，但与发达国家领先企业相比还有较大差距。据不完全统计，测算企业 2017 年度研发投入总额超 4718 亿元，平均每家企业研发投入达 22.9 亿元。根据国家统计局数据，2017 年中国研发经费投入较上年提高 1%，企业研发经费比上年增长 13.1%，连续 2 年实现两位数增长，中国企业在研发方面投入占全社会投入的 78%，已经成为国家的创新主体。整体上看，研发投入较高的企业，可持续发展指数表现更优；总分高的企业创新发展成效显著。

第二、研发投入、新产品创效、科技转化等指标存在着行业差异。研发投入占比较高的前两位行业分别是通用机械设备、信息技术业，分别达到了 11.68%、10.05%；传统制造业，尤其是钢铁有色行业研发投入仅为主营业务收入的 2.09%，差异显著（详见图

38）。尽管能源和传统制造业规模大、主营业务收入高，以及研发投入大、行业技术风险高等因素在一定程度上造成了研发投入比例偏低的现实情况，但制造业转型升级，大量利用先进技术迈向制造业的中高端，靠的是核心技术的创新能力与重点突破。因此，加大能源与传统制造业的创新投入力度，提高创新力能是刻不容缓、不容忽视的。目前，我国制造业与美国、日本、欧盟企业相比在基础研究能力方面表现仍然较弱，这就需要企业、政府和全社会切实从战略高度出发，深刻认识科技创新是持续推动生产力的源泉，加大研发与创新投入，提升自主创新能力，实现价值创造。

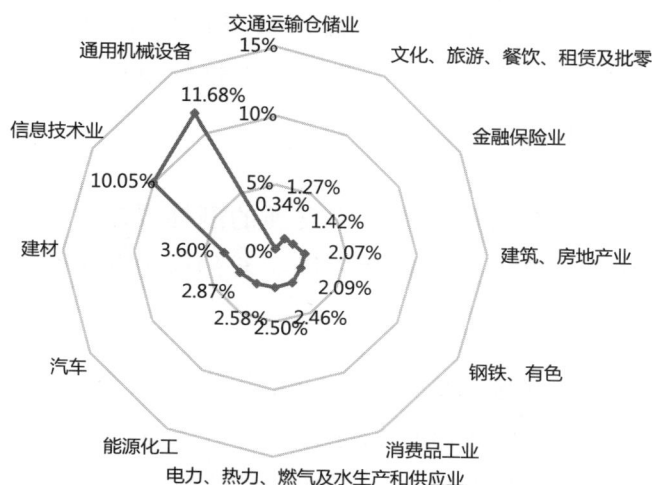

图 38　不同行业企业的研发投入占主营业务收入比例情况

（二）人才是企业发展、提升竞争力的核心要素，上榜的百佳企业对人才培养、员工职业发展的普遍重视程度较高

员工是企业的核心资源之一，重视员工、人才培养是优秀企业可持续发展的强有力支撑，是可持续发展的基础。可持续发展百佳企业在员工指标的得分率相比全体样本企业高出 0.9 个百分点，得分率为 99.6%。百佳企业普遍设立了科学高效的人才管理制度和晋升激励机制，通过打造人才高地，激发员工热情与活力，弘扬工匠精神，有效提升了企业综合竞争力。

（三）品牌是企业提供商品与服务的质量标签，更是打造百年老店的基础，但企业对品牌建设的重视程度依然较低

品牌是企业最有价值的无形资产之一，企业要实现基业长青、建设世界一流企业，必须高度重视企业品牌建设与发展。数据分析显示，企业"品牌建设"指标得分率仅为 59.0%，部分企业在品牌理念、品牌形象方面的重视程度依然不足，不能将品牌意识、品牌建设融入企业战略发展高度、也没有在企业生产经营中意识到品牌的溢价能力。

与发达国家相比，我国企业国际知名品牌少、影响力弱，话语权小、企业价值低、整体形象不高，品牌建设水平严重滞后于经济发展，企业品牌竞争力整体偏弱。企业应充分加强对打造品牌的理解与重视程度、加强品牌建设、发展品牌经济、创造品牌价值，推动中国低端的代工制造服务业向输出中国概念、中国品牌转变。这既是企业提升综合竞争能力的有效途径，也是推动我国供给侧结构性改革的重要实践。

数据分析显示，百佳企业对品牌建设的重视程度较高，品牌建设指标得分率达到了88.0%，充分说明了百佳企业在打造品牌效益，发挥品牌引领作用不可替代的地位。如青岛海尔坚持自有品牌全球化，连续 9 年蝉联全球大型家电第一品牌，也是物联网时代智慧家庭生态品牌引领者与推动者。

（四）企业的生存离不开满足国家经济发展的刚性要求，其发展更离不开主动布局顺势而为，但企业对把握短期与长期利益平衡关系的能力仍有待加强，对可持续发展理念的认知程度有待深化

数据分析显示，企业能够按照政府的要求组织生产经营活动，尤其在照章纳税、反商业贿赂、安全生产、职业健康等刚性指标完成得好较好，得分平均在 98% 以上，有些指标甚至达到 100%。但对政府没有具体细化的要求或指导性指标时，企业的重视程度与实践成果堪忧，如终端回收、生物多样性保护、循环利用、绿色消费等指标得分率分别为 20.6%、15.8%、48.4%、27.7%，这印证了企业在可持续发展理念的认知程度和主观能动性上相比国际大型企业还有很长的一段路要走。

特别是从二级指标"资源"看，满分 7 分，平均得分 3.8 分，得分率仅 54.4%，在二级指标中得分率最低；而从一级指标"社会"看，其指标满分 12 分，平均得分 9.7 分，得分率 86.3%，尤其在三级指标"社区文化"、"政府沟通"的得分率均高于 95%。造成这一高一低差别直接原因是有政府刚性要求的企业普遍重视，没有刚性要求的往往忽视。企业的可持续发展动力应来自于企业的自身，是企业的内生动力，直接反映企业的主观能动性与真实能力。现阶段的这种"刚性重视，软性忽视"的现象是应该引起极其高度关注，并努力改进的。

（五）产品全生命周期和全产业链管理是可持续发展的重要组成部分，提高资源综合利用效率，提供环境友善的产品是可持续发展战略的重要内容，企业应更积极的实践与探索适合本企业发展的路径

要从根本上提高全社会的资源利用效率、降低对环境的影响与破坏程度、优化整体效益，企业必须要强化产品全生命周期和全产业链理念，从可持续发展的角度全面审视生产、经营、消费过程中对环境、资源的影响，主动调整战略布局。数据分析显示，可持续发展百佳企业高度重视全产业链的可持续发展与产品的全生命周期分析，将环境友好型产品、循环利用、协同处理、终端回收体系、绿色生产、绿色采购、绿色消费等内容，落实到企业生产运营的全过程，与上下游企业共同携手打造环境友好、资源节约的绿色、可持续发展的产业生态圈。

数据分析发现，领先企业已经开展的循环利用、提升废弃资源利用率的实践成果，通过实现企业自身技术水平和环境绩效不断提升的同时，制定了环境领域的行业或企业标准、技术导则、创新范例，提高了行业标准，设置了技术壁垒，有效推动了全行业废弃物资的减量化和再利用，有很强的引领作用。如钢铁企业制定了产品生产生命周期管理、碳足迹管理等规范与标准，实施了高炉渣、钢渣、含铁的泥和尘以及废钢铁等生产废弃物的再利用；石化企业制定了企业安全生产标准、危化品道路运输导则，石油开采过程实施钻井废液再利用；建材企业实现了玻璃碎片、碎渣、污泥、高炉渣等废弃物回添原材料的闭环资源循环利用链；橡胶企业通过逆向物流对废旧轮胎进行轮胎翻新，生产再生胶、胶粉和热裂解，减少橡胶废弃物的污染，极大降低了原材料成本。

（六）稳健经营是企业可持续发展的重要标志之一，风险防控能力是企业可持续发展的重要保障，但部分企业风险防控意识依然不足，风险管理能力急需提高

数据分析显示，部分企业对风险控制体系建设重视不够，在知识产权保护、质量控制、环境污染防治、安全生产、腐败与商业贿赂、诚信经营等方面暴出大量负面信息，一些企业存在专利保护不足、重大工程质量问题、重大环境事件、重大或特大安全事故，严重影响到企业的声誉、诚信，威胁到企业的稳定运营。因此，重视可持续发展中的实质性议题并采取有效风险控制，是企业基业长青的核心保障。识别企业实质性的议题并就关键议题作出战略调整、设定关键目标，是实现命运共同体、识别并管理社会风险、实现与利益相关方有效沟通的唯一途径，具有极强的现实意义。

（七）企业是实践经济的主体，是经济、社会可持续发展的重要力量，可持续发展方法与路径是相互学习、融合创新、共同进步的综合成果，中国企业可持续发展研究及数据平台的搭建正是为企业提供了这样一个沟通、展示的服务平台，引导、督促企业逐步实现可持续发展，其意义深远。

中国企业可持续发展指数从竞争力、环境、社会三个维度，8个方面及68项三级指标，系统、全面、客观的分析了我国企业可持续发展现状，是国内首个从企业层面，使用国际通用语言，自主研究开发的，具有中国经济和企业发展阶段特点的指标体系。该指标体系依托自主搭建的企业可持续发展数据平台，实现了实时采集与企业可持续发展相关的动态及静态数据，通过对有效数据的高效管理、全面分析，以可视化的方式呈现了企业自身的动态比较，和跨行业、全品类企业整体水平横向比较，对企业深化可持续发展理念，探索适合企业发展特点的可持续发展路径，设定阶段性实施目标，引领与推动中国企业可持续发展具有较强的现实意义。

中国企业可持续发展平台的搭建是实现中国式管理研究的基础数据库，是中国企业以国际通用语言与国际领先企业交流沟通的公共平台，是中国企业相互学习、融合提炼、共同发展的学习创新平台，是中国企业可持续发展现状的权威发布平台，是政府验证政策法规实际效力的服务平台，意义深远。

国有资本投资公司模式研究

一、国有资本投资公司概述

（一）国有资本投资公司的产生背景

自经济体制改革以来，我国的国有资产管理体制经历了计划经济体制下的国有企业管理、国有资产管理体制改革初步探索、国有资产管理体制新体制孕育与新国有资产管理体制确立四个阶段。2003 年国资委成立以来，我国新的国有资产管理体制不断得到完善，深化国有企业改革进入了出资人机构主导阶段，取得了显著成绩。确立了国有资产监管机构作为出资人代表的体制，解决了出资人缺位问题，改变了"九龙治水"的局面，明确了出资人机构的责任主体；建立了一整套国有资产监管制度体系，包括统计评价、产权管理、业绩考核、薪酬管理、规划投资、领导人员选任、监事会监督、国有资本经营预算等。2003 年 –2014 年，国务院国资委先后发布了 27 项部门规章 326 项规范性文件，形成了一整套国有资产监管制度体系。当然，同时必须看到，现行国有资产管理体制中政企不分、政资不分问题依然存在，国有资产监管还存在越位、错位、缺位的现象。以管资本为主推动国有资产监管机构的职能转变，核心是要做到由实物形态的企业管理，转变为价值形态的资本管控。科学界定国有资产出资人监管的边界，建立监管的权力清单和责任清单，将依法由企业自主经营的事项归位于企业；将延伸到子企业的管理事项，原则上归位于一级企业，由一级企业依规决策；将配合承担的社会公共管理职能归位于相关政府部门和单位。

（二）国有资本投资公司的基本内涵

国有资本投资公司是完善国资管理体制，实现"以管资本为主加强国有资产监管，改革国有资本授权经营机制"的重要载体。从定位来看，国有资本投资公司公司是国家授权经营国有资本的公司制企业，目的是要实现国有资本的保值增值。国有资本投资公司的功能为服务国家战略目标、提高国有资本运营效率和优化国有经济布局结构。

（三）国有资本投资公司功能与定位

国有资本投资公司服务国家战略，引导社会资本投向，发挥资本杠杆作用，通过调整产业结构，培育新兴战略产业，国有资本投资公司的功能如下：

第一，投资融资和项目建设投资。主要包括（1）公共服务和基础设施建设公益性企业等的投资；（2）稀缺资源、支柱性、前瞻战略性新兴产业等的投资；（3）实现特定战略目标，如促进城镇化、"走出去"、保障房、养老产业等的投资；（4）现有产业的并购整合、调整、转型升级等的投资。

第二，资本经营。通过资本市场、产权市场的运作、实现国有资本的进退；（1）围绕国家战略目标和国有资本保值增值，以市场化方式增、减持投资企业的股权；（2）广泛吸纳各类产业资本和金融资本，设立股权投资基金，推进并购重组和行业整合，投资新兴产业，放大国有资本功能，增强国有资本盈利能力。（3）管理国家支持前瞻战略性新兴产业发展成立的基金，如健康产业发展基金、集成电路产业发展基金。

第三，资产经营。通过市场化方式实现生产要素分解、重组和流动。包括（1）业务结构性调整和剥离（包括化解过剩产能等）；（2）非主业、存续、低效无效等资产整合和运营；（3）困难企业救助和重组再生；（4）债务重组等特殊性业务。

二、国有资本投资公司试点分析

（一）中粮集团

中粮集团经过不断的业务逻辑梳理、优化和调整，目前已基本形成以粮油食品为核心主业的投资公司型组织架构，具备了国有资本投资公司的雏形。

1. 战略定位（产业布局）

做强粮油食品主业，推动转型升级。搭建农粮食品领域的国有资本投资平台、资源整合平台和海外投资平台，在国有资本布局结构调整和供给侧结构性改革中发挥带动作用，在保障食品质量安全中的示范作用和在农业"走出去"中的领军作用。

农粮业务：保持中粮绝对控股地位，在股东基础上，积极引入国内外各类资本，中粮通过层层控股的形式，充分放大国有资本功能。

食品业务：保持中粮相对控股或仅保留第一大股东地位，积极引入各类资本。

金融业务：通过产融结合提高服务业务主业的能力，地产业务通过混合所有制改革优化资本结构提升盈利水平服务主业发展。

地产业务：通过混合所有制改革优化资本结构、提升盈利，服务主业发展。

非核心业务：推动混合所有制改革，淘汰退出非主业不良资产，实现资本证券化。未来达到这一目标，用三年时间重组整合和淘汰退出企业百户，并减少五分之一的法人机构。

2. 管控模式（组织结构）

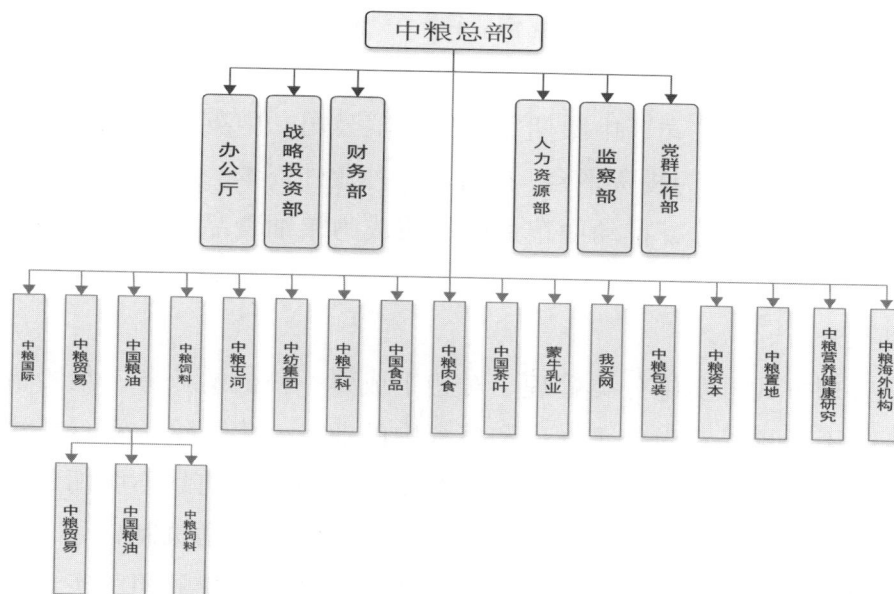

图 1   中粮集团组织结构图

按照"小总部、大产业"的原则，把资本经营与资产管理经营分开，压缩管理层级至三级，形成定位清晰且职责明确的"集团总部资本层——专业化公司资产层——生产单位执行层"三级架构。优化精简集团总部，做实专业化公司（平台），总部下放资产经营调度权，直接管理专业化公司（平台），实现集团总部向管资本的转型。

集团总部资本层：向资本转型。依据精简高效原则，中粮将总部职能部门从 13 个压缩到 7 个，人员从 610 人调整至 240 人之内，做实资产层和生产层。同时，将用人权、资产配置权、生产和研发创新权、考核评价权及薪酬分配权等五大类关键权力下放给专业化公司（平台），总部主要通过派驻专职董事、监事行使股东权利，不直接干预企业经营决策和业务运营，专业化公司（平台）对立项有规划和运营权，集团总部把控和批准重大问题、重要事项和重点环节，对年度预算实行刚性考核的同时管投资来源、管业务界限、管投资底线。

专业化公司资产层。依据业务聚焦原则，中粮组建了 18 个专业化公司（平台）。专业化公司（平台）的目标是解决产业发展中专业化经营的问题，以资产、经营、管理的专业化为核心，是资产经营层面和管理体系改革，不涉及上市公司资本结构的调整。专业化公司（平台）是资产运营实体核心，对资产运营的盈利回报负责。中粮要求专业化公司（平台）以核心产品为主线加快整合，全面建立现代企业制度，努力实现股权多元化，真正成为依法自主经营、自担风险、具有核心竞争力的市场主体。"十三五"期间，中粮将致力打造 2-3 个营收超 1000 亿元规模，4-5 个超 500 亿元规模的专业化公司（平台）。

3. 国有资本投资平台

以中粮信托有限责任公司、中粮期货经纪有限公司、中英人寿保险有限公司、龙江银行、中粮农业产业基金等为投资平台，在引进各种业外资本的同时，通过实现全产业链、板块分拆上市等办法、措施，推动中粮集团尽快成为粮油食品为核心主业的国有资本投资公司。

4. 增强企业活力。

一是改变管理方式，实施分类管理。对趋于成熟、稳健的业务，集团给业务团队充分授权，原则上不干预；对尚处于发展和培育中的业务，集团给予重点关注和扶持，激励和帮助业务团队尽快提升经营管理和增强竞争力；对行业前景不明朗的业务，限制投资扩张，集团帮助团队尽快重新作出战略选择。二是改革激励机制，分享超额利润。中粮在原有激励报酬体系基础上，新增超额利润分享计划，从业务团队实现的净利润与集团下达的"目标值"之间的增量部分中拿出一定比例奖励团队。三是改革约束机制，实行末位淘汰。市场化管控，按照市场化要求，以控股公司架构对下属业务板块进行管理，充分发挥董事会的作用；完善职业经理人制度，建立国际化、专业化、市场化、能上能下、能进能出、收入能增能减的职业经理人制度，最大程度地发挥经理人团队的创造性和激情。

选人用人制度改革（社会招聘、职业经理人制度、市场化招聘、"直通车"机制）。签订聘任协议和业绩合同明确双方责权利，约定聘期、业绩考核标准、薪酬、合约终止条件和责任追究等内容，经理人实行任期制，三年为一任期，采取市场化原则确定薪酬激励水平。

实现职务能上能下、人员能进能出的合理流动机制。发挥各类人才积极性、主动性、创造性、激发各类要素活力。

风险控制（综合风控管理部门、审计垂直管理体系）。统筹审计、法律、质量安全和风险控制等综合监督，由集团董事会直接管理。外派专职董事、监事、对国有资本进行、风险预警跟踪以及科学评估。以行业 75 分位为主要依据确定各专业化公司（平台）的预算指标，并进行刚性考核。积极探索加强境外经营监管、增加境外审计频次、防范境外投资和经营风险。

加快国际化进程。全球并购，中国整合：中粮集团定位为国际一流粮商，产业并购方向将依据下属专业化公司定位决定，战略投资、重组一批价值链和产业链高端的国际公司，将资产注入到上市公司实现股权运营，价值管理。加强党对海外企业的有效领导：中粮将逐步向海外企业董事会、管理层以及人力、财务等关键职能选派政治素质过硬、准确把握政策的党员经理人，充分发挥这些人员在企业管理中的重要作用。海外营业收入占比超过60%，海外粮源掌控量超过5000万吨，第三国贸易量超过8000万吨，总经营量2亿吨，成为能够高效执行国家粮食进口战略的"国家队"。

表1 国务院国资委授权中粮集团的十八项权利

试点企业授权项	原监管方式	现监管方式
1. 国资委将不再干预企业的战略和投资计划，中粮集团可自主决定五年发展规划和年度投资计划	审批	授权
2. 中长期发展战略和规划则由中粮研究决定后报国资委备案	审批	备案
3. 董事会还可确定1-3个新业务领域，经国资委备案后在投资管理上视同主业对待	审批	备案
4. 海外投资管理实施备案管理	审批	备案
5. 公司内部企业之间的产权无偿转让	审批	授权
6. 通过产权市场转让国有产权	审批	授权
7. 子企业增资	审批	授权
8. 公司及子企业重大资产处置事项	审批	授权
9. 在法律法规和国资监管规章规定的比例或数量范围内，增减持上市公司股份事项	审批	授权
10. 不涉及控股权变动的情况下，上市公司股份的协议受让等	审批	授权
11. 公司董事会议事规则优化	审批	授权
12. 子公司人事管理	审批	授权
13. 经理层的市场化选聘	审批	授权
14. 可以根据国家有关规定和国资委考核导向，对经理层实施个性化考核	审批	授权

试点企业授权项	原监管方式	现监管方式
15. 市场化选聘的职业经理人实施市场化薪酬分配机制	审批	授权
16. 可采取多种方式探索完善中长期激励机制	审批	授权
17. 自主决定职工工资分配	审批	授权
18. 工资总额实行备案制	审批	备案

（二）国投公司

国投集团于 2001 年 4 月成立国投资产管理公司，专门从事对不良资产和非主业资产的管理业务；于 2010 年 1 月成立国投资本控股有限公司，不断加大金融产业的投资力度；于 2015 年 12 月成立中国国投高新产业投资有限公司，投资前瞻型战略性产业，逐步将集体打造成具有国际竞争力的一流的国有资本投资公司。

1. 战略定位（产业布局）

引导各类社会资本投资建设一批在国民经济和区域发展中起重要作用的大项目，在一带一路、京津冀协调发展、长江经济带等建设中，率先布局引领发展。

基础产业在调整中发展。电力着力发展清洁能源；推动煤炭公司向矿产资源开发企业转型；加大战略性稀缺性矿产资源投资力度；加大港口资源整合力度。

前瞻性战略性产业在创新中发展。重组中国高新和国投高科两家子公司，打造前瞻性战略性产业投资平台；设立国投先进制造产业投资基金、国投科技成果转化创业投资基金等，募集基金 1100 亿元，引导 5000 亿左右社会资本进入前瞻性战略性产业。

民生产业常抓不懈。国投设立贫困地区产业发展基金，引导各类社会资本投资建设一批在国民经济和区域发展中起重要作用的大项目。

2. 管控模式（组织结构）

"小总部，大企业"格局初步形成。国投集团建立起以资本为纽带的母子公司管理体制，实行集团总部——子公司——投资企业三级管理。

集团总部。集团总部作为战略决策中心、投资决策中心、运营监管中心和信息共享服务中心，负责公司发展战略、经营目标、对外投资等重大事项的决策；监督子公司、投资企业经营管理，提供支持服务。

子公司。子公司作为专业化经营管理平台，负责投资企业的经营管理，寻找投资机会，推进业务发展，促进投资企业提高运营绩效。

投资企业。投资企业作为业务运营单位，负责具体业务的直接经营管理，是公司的利润中心。

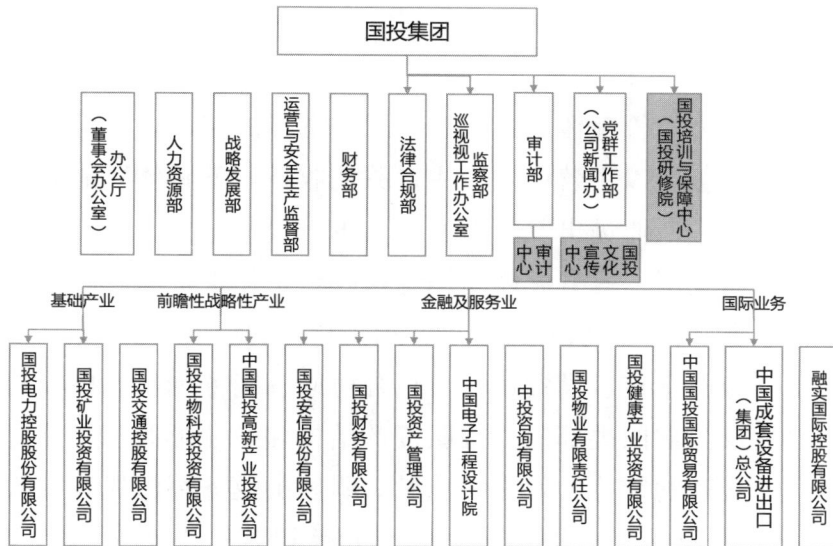

图2　国投集团组织结构图

3. 国有资本投资平台

国投集团以国投资本、国投高新、国投资产作为金控平台，通过设立产投基金，推动国有资本投资平台运营搭建，以国有资本引导产业发展方向，承担国有资本投资平台功能定位。设立了国家先进制造产业投资基金，基金规模1100亿元；贫困地区产业发展基金，基金规模28亿元；国投水环境基金，基金规模100亿元；中移国投创新投资基金，首期募集50亿元。引导各类社会资本投资建设一批在国民经济和区域发展中起重要作用的大项目。

4、增强活力。

国投集团监事会由国务院派驻，公司建立了规范的董事会，搭建了高效的经理层；公司投资企业亦全部建立了规范的法人治理结构。

（三）宝武钢

1. 战略定位（产业布局）

2016年作为中国钢铁行业骨干企业的宝钢和武钢迈出了联合重组的关键一步。中国宝武集团诞生，并被列入国有资本投资公司试点单位。

原宝钢集团和武钢集团都是中国钢铁行业的骨干企业，联合重组后，首要任务是牢记使命、服务国家战略，坚定不移做强做优做大钢铁核心主业，成为中国钢铁行业转型升级的引领者。同时宝武集团按照国有资本投资公司的定位，根据自身的综合能力和资源优势，选择适合宝武集团发展的若干主业，以优化国有资本布局结构，促进国有资本合理流动，实现保值增值。

2. 管控模式（组织结构）

集团公司强调母子公司管理体制，管控模式上选择战略、财务管控，总部以管资本为主，各子公司和业务板块以主营业务为主，关注收益。就具体职能而言，总部主要负责战略规划、产业组合、产业进出及转型发展、重大投资融资、核心人员管理、监督风控及"去产能""治僵脱困、瘦身健体"等专项改革工作推进。子公司负责贯彻落实集团战略意图，开展产业领域内经营管理活动并承担相应的绩效责任。

集团总部突出"分类管控、投资运营、整合协同、服务创新"核心功能，并相应组建业务、职能、服务及党群四类部门。按照资产结构和产业形态，组建集团业务部门，负责集团内所辖产业资产的结构、效率和质量。明确由业务部门代表宝武集团行使子公司积极股东的权利，通过资源配置和价值创造，承担所辖业务领域内的资产保值增值责任。业务部门主要采用项目化运作方式开展业务，项目类型主要包括所辖业务领域内的投资并购、资产重组、资产证券化、股权运作、资产处置、协同支撑、资源整合、产融结合、产城结合、产网结合等。职能部门负责集团管理制度体系优化，并为业务部门、子公司提供业务管理支撑。服务部门为其他部门和子公司提供人力资源、财务、培训等共享服务。党群部门结合经营业务开展党建工作，充分发挥党组织政治核心和领导核心作用。

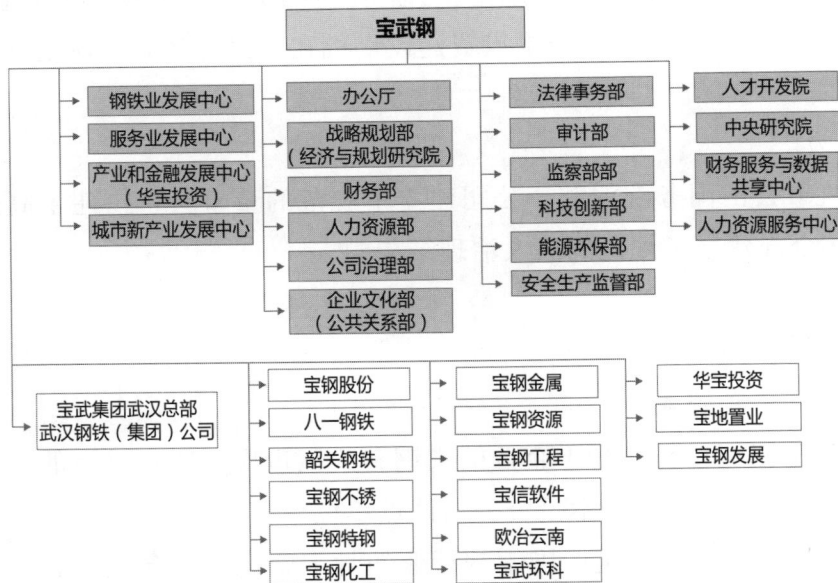

图 3　宝武钢铁集团组织结构图

3. 增强企业活力

持续推进法人治理结构优化。宝武集团作为国有资本投资公司，对所出资企业行使股东职责，子公司定位为自担风险、自我约束、自我发展的独立市场主体，为此宝武集团在总部职能改革的同时，进一步推进完善子公司法人治理结构优化工作，形成董事会、监事会与经理层权责对等、协调运转、有效制衡的决策执行监督机制，促进子公司转换市场化经营机制、提高运行效率。2016年，宝武集团出台了《完善子公司法人治理结构指导意见（试行）》，文件从完善董监事会设置、优化重大事项决策授权、健全董监事的培养选用和激励约束机制、完善派出董监事履职支撑体系、坚持党的领导与公司治理有机统一等方面，对完善子公司法人治理结构提出了具体改革举措并加快推进落实。

优化子公司派出董事授权体系。根据国有资本投资公司定位和综合试点进展情况，以及各子公司的管控模式和公司治理的要求，结合子公司董事会、监事会换届周期，按照"一企一策"原则优化子公司董事会、监事会的成员配置，规范派出董事的授权方式，明确决策程序和决策责任。同时兼顾控制与效率原则，针对董事会职权事项对派出董事进行合理授权，收紧长期投资、固定资产投资、资金运作、金融衍生品等事项的授权，而对于与子公司日常经营管理相关的事项则充分授权派出董事行权。

完善组织绩效评价机制。为建立适应国有资本投资公司的激励机制，集团公司经过反复研究，设计了新的组织绩效评价方案。重点突出了战略性牵引、市场化评价、强绩效应用的特点，重点关注跑赢大盘和进步提升。评价方案贯彻三个原则：1）战略性牵引：通过有效的产业研判和"融投管退"项目，实现保值增值；2）市场化评价：以EVA作为核心评价指标，采用行业对标，一企一策，自我驱动，鼓励子公司争创一流；3）强绩效应用：组织绩效与激励强挂钩，影响工资总额，打造高绩效文化。

该套组织绩效评价方案遵循公平、公正的基本原则，科学评价各二级企业的年度绩效，并综合考虑了各子公司的实际情况和绩效表现。同时，结合推进股权多元化混合所有制研究分配机制改革，充分发挥分配制度对绩效提升的效应。

推进法制央企建设。作为全面推进法治央企建设的制度基础，集团公司法务部门制定了《全面推进法治央企建设方案》，明确集团公司推进法治央企建设的指导思想、工作原则，通过加快推进总法律顾问制度建设、健全子公司法律风险防范机制、增强依法合规经营能力、积极处置法律纠纷案件、强化落实合同基础管理职能等体系能力建设，加强法务管控。

加强国有资产监管，防止国有资产流失。集团公司认真落实《国务院办公厅关于加强和改进企业国有资产监督防止国有资产流失的意见》的文件精神，制定了《加强和改进监督体系防范国有资产流失实施方案》，通过构筑"四道防线"和健全"六个机制"，推进全方位监督体系建设，强化对子公司经营、投资和产权流转全过程监督。

一是，建立内部监督工作会商机制。会商机制由纪检监察部门牵头，投资、财务、法务、审计等部门和子公司监事会成员参加，加强各监督主体部门监督信息共享，及时分析、研判和处置内部监督工作有关事项，形成监督合力，减少重复检查，提高监督效能。重点对四项工作进行会商：1）共享各监督部门在年度计划、项目实施和监督结果信息及近期发现的管理运营和党风廉政建设中倾向性、苗头性问题；2）制定需要跨部门、跨单元协同完成的监督（检查）工作方案；3）研究监督工作中发现的重大问题和有关政策、措施及重要政策的答复性意见；4）完善有关内部监督工作会商机制建设和相关工作制度。

二是，健全党风廉政建设责任体系。进一步完善责任分解、监督检查、考核评价、责任追究等工作机制，推进基层单位细化"两个责任"的问题清单、责任清单、任务清单，推动"一岗双责"落地；优化"季度抽查、半年督导预评价、年度实地验证综合评价"的常态化检查考核方式；加大问责力度，对党的领导弱化、党的建设缺失、从严治党责任落实不到位、维护党的政治纪律和政治规矩失责、贯彻中央八项规定精神不力、选人用人问题突出、腐败问题严重、不作为乱作为的，要严肃问责、曝光典型问题，对该问责而不问责的，也要严肃问责。探索完善容错纠错工作机制，制定贯彻落实"三个区分开来"的实施意见，旗帜鲜明地支持干事者、保护改革者、宽容失败者、严惩违纪者。

三是，坚持问题导向，强化巡视监督。巡视是加强党内监督的战略性制度安排，是全面从严治党的重要手段。加强巡视队伍建设、加强巡视工作规范化、创新巡视方式方法。突出巡视重点，围绕党内政治生活状况、党风廉政建设责任制落实、领导人员亲属经商办企业、作风建设、廉洁风险防控、敏感岗位管理、礼品管理等情况开展专项巡视，对问题线索集中、职工群众反映强烈、廉洁风险易发的基层单位开展综合巡视。深化巡视成果应用，探索建立巡视反馈问题、巡视整改结果公开及评价机制。

探索建立信息化监督平台。集团公司针对内控力度逐级递减、缺乏经营风险预警机制的问题，策划构建动态化信息监督平台，在不干预子公司日常经营的情况下，通过信息化的手段，开展战略绩效评价管理、供应链浮动盈亏预警、异常经营事件的甄别、授权受控在线提示、经营投资内控责任界定，以服务于派出董监事、业务中心和相关监督部门。该项工作目前正在方案制定中，待完善后拟尽快实施。

三、国有资本投资公司试点经验总结

表 2　国有资本投资公司试点经验总结

标杆企业	战略定位	管控模式	国有资本投资平台	增强企业活力
中粮集团	做强粮油食品主业，推动转型升级。农粮业务、食品业务、金融业务、地产业务	按照"小总部、大产业"的原则，形成"集团总部资本层－专业化公司资产层－生产单位执行层"三级架构	分散型金融板块+产业基金。中粮信托有限责任公司、中粮期货经纪有限公司、中英人寿保险有限公司、龙江银行、中粮农业产业基金	改变管理方式，实施分类管理；改革激励机制，分享超额利润；改革约束机制，实行末位淘汰
国投集团	基础产业、前瞻性战略性产业、金融及服务业和国际业务	按照"小总部、大产业"的原则，建立起以资本为纽带的母子公司管理体制，实行集团总部－子公司－投资企业三级管理	金控平台+产业基金 国投资本、国投高新、国投资产 国投创新、国投创益、国投创业、国投创和、海峡汇富管理基金 38 支	以市场化手段，通过专业化资产处置平台，退出不符合发展战略项目 1736 个，回收资金 261 亿元。股权投资－股权管理－股权转让，境内外控股上市公司 7 家，参股上市公司 20 家，资产证券化率约 70%
宝武钢	中国钢铁行业转型升级的引领者。钢铁业、服务业、产业链金融、不动产及城市新产业	集团总部突出"分类管控、投资运营、整合协同、服务创新"核心功能，并相应组建业务、职能、服务及党群四类部门	金控公司 华宝投资有限公司，华宝信托有限责任公司，华宝兴业基金管理有限公司，华宝证券有限责任公司，四源合钢铁结构调整基金	持续推进法人治理结构优化。宝武集团作为国有资本投资公司，对所出资企业行使股东职责，子公司定位为自担风险、自我约束、自我发展的独立市场主体
神华集团	以煤为基础，集电力、铁路、港口、航运、煤制油与煤化工为一体，产运销一条龙经营的特大型能源企业，是目前我国规模最大、现代化程度最高的煤炭企业和世界上最大的煤炭供应商	找准发展模式上的产业金融之短和科技创新之短，提出在国有资本投资公司试点改革中"扬一长补两短"，通过强大产业金融支撑下的资本运作和清洁能源技术的创新驱动	尚未形成金融板块 中国神华，集团公司资本运营部，神华电力投资有限公司，国华能源投资有限公司	神华集团在投资管理、公司治理、职业经理人管理、管控模式、考核分配等方面都将更加市场化、充分体现国有经济的活力、控制力和影响力

中交	六大支柱产业：交通基础设施投资建设运营产业集团、城市综合开发投资建设和运营服务产业集团、装备制造及海洋重工投资制造服务产业集团、疏浚环保及海洋产业集团、国际产能合作平台及园区投资建设运营产业集、产业金融服务集团	总部职能部门、事业部和区域总部"三位一体"的管理体制中交海洋经济投资开发集团。中交装备新能源投资开发建设服务集团。中交新兴城镇化建设投资运营平台。中交基础设施特许经营服务集团	金控公司中交金融控股公司作为集团资本化运作平台，并在其名下设立信托公司、保险公司、证券公司、基金管理公司（公募）等金融机构	优化公司股权结构，健全法人治理结构，实行市场化的薪酬分配制度，推进混合所有制及员工持股，推进专业化整合，推进区域化整合，探索外部资源整合并购
招商局	集中资源发展主业，加强行业趋势分析，优化产业结构。搭建实业经营、金融服务、投资与资本运作三大平台	总部聚焦战略引领、综合服务和风险管控功能，切实发挥战略管控核心作用	金控公司 + 产业基金招商局金融集团、招商局资本、招商基金	按照"强化战略管控、突出业绩导向、创新手段工具"的原则，以集团高级管理人员薪酬管理机制改革为着力点，持续完善内部激励体系及配套的约束机制
保利集团	窗体顶端窗体顶端保利集团已形成以军贸业务、地产业务、文化业务、资源业务、民爆业务为主业的"五业并举、多元发展"格局窗体底端	构建三级架构模式：集团总部资本层、平台公司资产层、生产经营单位执行层总部作为资本配置和资本运作中心，主要履行五大职能：战略管理、股权管理、资本运营、风险管控、监督考核	分散型金融板块保利投资控股有限公司、保利财务有限公司	保利集团公司重点强化融资、投资和风险管控三大核心职能，并据此完成总部机构改革和干部人事调整，为深入推进试点工作奠定基础
五矿集团	以五矿中冶战略重组为契机，对新中国五矿的业务架构进行全面梳理，建立 14 个战略业务单元	按照"小总部、大产业、市场化、专业化"的思路，健全完善集团总部、战略业务单元、生产和业务单位三级管理体制，做精集团总部，做实战略业务单元，做专生产和业务单位	分散型金融板块中国五矿的金融业务以集团公司为平台，积极发挥内部协同效应，提供包括内部结算、票据、委托贷款，以及租赁、证券、期货和保险在内的综合金融服务	中国五矿对具备条件的战略业务单元一企一策放权授权，逐步落实直管单位董事会法定职权。合理切分事项权限，在主业规划、项目投资、资产处置、资金预算、选人用人、薪酬分配、考核评价、组织管理、制度管理、运营决策等方面研究授权

国有资本投资公司试点经验，可得出以下结论：

一是从战略定位看，都扩展了新产业，退出非核心产业，重组整合了产业，实现产业聚集和产权流转。例如，中粮集团通过产融结合提高服务业务主业的能力，地产业务通过混合所有制改革优化资本结构提升盈利水平服务主业发展，推动混合所有制改革，淘汰退出非主业不良资产。国投退出了煤炭产业，新建了先进制造业。

二是从管控模式看，都是三级管理架构、实行战略管控为主、小总部大产业。按照"小总部、大产业"的原则，梳理、清晰界定总部、子公司的权责界限，建立精干、规范、高效的组织机构和决策体系。总部是资本配置和资本运作中心，以战略管控。财务管控为主，主要通过公司治理机制，对所出资企业履行出资人职责，行使股东权利；确定投资企业的战略规划，通过预算、决算等财务手段，对战略推进和资本运营效果进行管控；依法建立健全监督与追责并重的监督评价体系，完善考核评价、审计、监察、巡视等监督职能，全面落实国有资本经营责任。

三是搭建国有资本投资平台，主要有金控公司、产业基金平台、金控公司＋产业基金、分散型金融板块等模式。金控公司＋产业基金模式：成立专门的金控公司，同时成立相关产业基金，这类企业的产融结合业务能力很强；金控公司＋产业基金模式：成立专门的金控公司，同时成立相关产业基金，这类企业的产融结合业务能力很强，例如：国投集团、招商局集团；金控公司模式：成立专门的金控公司，在此公司下进行相关的投融资业务，这类企业的产融结合能力较强，例如：中交集团、宝武钢；分散型金融板块模式：基于原有的金融业务进行平台搭建，这类企业具有一定的产融结合能力，例如：中粮集团、五矿集团、保利集团。

四、国资委对改组或组建国有资本投资公司的标准与条件研究

（一）国资委对改组或组建国有资本投资公司的标准

国有资本投资、运营公司是国家授权经营国有资本的平台公司。对这两类公司的管理，应通过建立具体目标合约和公司治理渠道来管理。具体有四个方面：

第一，完善法人治理结构。组建适合国有资本投资、运营公司特点的董事会。董事会中除了投资、资本运作等方面的专家型董事，还需要配备能与出资人充分沟通、代表出资人意志的股权董事。

第二，建立授权体系。国有资本投资、运营公司代表国家行使出资人权力和履行出资人职责，因此要做实做强董事会，上级主管部门要将部分出资人权力和管理权授予两类公司，包括向董事会授予业绩考核、经营层的市场化选聘、薪酬管理和激励等职权符合投资方向和股权比例限额内的国有资本的进入和退出等。国家对国有资本投资、运营公司的监管方式，应从事前审批转为目标完成情况和授权事项的报告，可建立定期报告和专项报告相结合的制度。

第三，调整考核指标和方法。根据资本投资、运营公司特点，制定针对性的关键考核指标。将国有资本保值增值率、股东总回报率、经济增加值、资产证券化率等财务类指标和资产配置、社会责任等非财务类指标相结合，并根据不同类型公司特点确定不同比重。调整考核周期，以任期考核为主，年度考核为辅。

第四，强化审计监督。监督机构要对国有资本投资、运营公司进行审计，对运作合规性、资产状况和运作效率进行监督。国有资本的状况、损益，经营预算和收益分配应当报告，接受监督，并获得批准。

（二）国资委对国有资本投资公司试点企业的改革方向

通过改革，建立适应市场。激发活力、管理有效、监督到位的体制机制。

一是按照"小总部、大产业"的原则，重新梳理、清晰界定总部、子公司的权责界限，建立精干、规范、高效的组织机构和决策体系。总部是资本配置和资本运作中心，以战略管控。财务管控为主，主要通过公司治理机制，对所出资企业履行出资人职责，行使股东权利；确定投资企业的战略规划，通过预算、决算等财务手段，对战略推进和资本运营效果进行管控依法建立健全监督与追责并重的监督评价体系，完善考核评价、审计、监察、巡视等监督职能，全面落实国有资本经营责任。

二是确立子公司的市场主体地位，建立健全法人治理结构，充分发挥董事会的决策作用、监事会的监督作用、经理层的经营管理作用、党组织的政治核心作用。按照市场化要求，一企一策，对子公司分类授权、分类监管、分类定责、分类考核，推动子公司自主经营、自我约束、自我发展。

三是稳妥推进全资子公司股权多元化改革推行职业经理人改革试点；改革人事管理和工资分配制度，建立管理人员能上能下，员工能进能出，收入能增能减的市场化机制，进一步激发活力。

四是加强党的建设。充分发挥党组织的政治核心作用，将党建工作纳入企业章程；切实落实"两个责任"，完善反腐倡廉制度体系，构建风清气正的良好风气。

（三）国资委对国有资本投资公司试点企业将确定权责范围

国资委对国有资本投资公司试点将明确权责范围。

一是将进一步明确政府、国有资产监管机构和国有资本投资、运营公司的权责边界。制定管资本的权力清单、责任清单，使政府、国资监管机构和国有资本投资、运营公司权责利边界清晰，责任明确，追责有据。

二是将出台国有资本布局结构调整方案，建议以国有资本投资、运营公司为主要依托，优先重组中央企业相关产业资源，促进国有资本合理流动，优化国有经济布局结构。

三是鼓励改革试点单位大胆探索，在实践中摸索改革路径。一方面，对集团公司现在承担的直接管理到三级企业的事项（如评估备案、产权转让相关环节的批复）等，允许试点单位在向国资委备案后，授权二级子公司管理。另一方面，将国有资本投资运营公司改革试点作为综合性试点，给予其他专项试点同样的授权和政策。

四是按照管资本的总体要求，在国资委承担的安全管理、节能减排管理等公共管理职能移交有关部委的同时，明确中央企业集团总部也不再承担相关管理职责。由有关部委按照属地化原则落实管理责任。

国有企业混合所有制改革路径探索

对于国有企业的重要地位和作用，习近平总书记多次作出包括"两个支柱""两个基础""六个力量""三个排头兵""顶梁柱"等的重要论述。关于"两个支柱"，总书记强调，国有企业特别是中央管理企业，在关系国家安全和国民经济命脉的主要行业和关键领域占据支配地位，是国民经济的重要支柱，在我们党执政和我国社会主义国家政权的经济基础中也是起支柱作用的，必须搞好。关于"两个基础"，总书记强调，国有企业是中国特色社会主义的重要物质基础和政治基础，关系公有制主体地位的巩固，关系我们党的执政地位和执政能力，关系我国社会主义制度。习近平总书记在十九大报告中强调，深化国有企业改革，发展混合所有制经济，培育具有全球竞争力的世界一流企业。《中共中央、国务院关于深化国有企业改革的指导意见》和《国务院关于国有企业发展混合所有制经济的意见》分别于 2015 年 8 月 24 日、2015 年 9 月 23 日以党中央、国务院文件的形式印发，标志着深化国企改革，特别是国企混合所有制改革的集结号正式鸣响。

一、国有企业混合所有制改革的背景和意义

经过"中小企业全部退出""大中型企业部分破产"和"大型企业改组"等 20 多年的改革，先后有 10 多万家中小企业、100 万户集体企业、5000 户大中型企业退出公有制序列，当前国有、国有控股企业不足全国企业户数的 1%，国企（含集体企业）职工总数也由当初的 1 亿人减少到当前的 4000 万人，仅占全国职工总数的 10% 左右，但国企资产总额仍至少占我国资产总量 30%，国有企业由劳动密集型向资本密集型和技术密集型转化特征更加明显。而在此期间，外资企业和民营经济等私有经济得到了长足发展，私营企业在吸纳就业方面作用更加突出。由一批国有企业通过改制发展而成的国有、集体、非公等各类资本交叉持股、相互融合的混合所有制经济也不断涌现，而且混合所有制经济也逐步被普遍公认为我国基本经济制度的重要实现形式。

国企混合所有制改革有五重意义。

一是经济意义。我国经济已由高速增长阶段转向高质量发展阶段，正处在转变发展方式、优化经济结构、转换增长动力的攻关期，需要通过深化国有企业混合所有制改革，提高国有资本配置和运行效率，优化国有经济布局，推动增强国有经济活力、控制力、影响力和抗风险能力，同时也在全社会营造大众创业、万众创新的新格局，激发社会活力，主动适应和引领经济发展新常态，以供给侧结构性改革为主线，推动经济发展质量变革、效率变革、动力变革，着力建设现代化经济体系。

二是社会意义。当前社会舆论对国有企业诟病颇多，对国有企业的未来存在着一些不同的认识，在某些方面对社会融合有所割裂。当前对国有企业的诟病，来自如下方面：竞争者（私营企业或外资企业资本家，包括以美国为首的西方社会）因利而怨、所有者（全民所有的获得感和实现途径不清不强）因权而怨、消费者因价（说国企垄断价格）而怨、劳动者因腐而怨（国有企业中下层员工痛恨个别中高层管理者腐败行为，以及企业职工自身获得感不强），执政者（党政机关）因羡而怨！通过国企混合所有制改革，通过各种所有制资本取长补短、相互促进、共同发展，实现"国民共进、相互融合"，促进共享成果，有效消弭冲突，促进经济利益弥合与阶层和谐。

三是政治意义。当前国有企业用工总量仅占全国职工总量的10%，国企党员总量比例也逐渐减少，党通过国企直接控制的群众基础、阶级基础和政治基础遇到很大挑战（国有控制企业范围增大，党的强影响半径扩大），换言之，人本主义让位于物本主义（一定程度上是资本主义），国企吸纳就业能力越来越低，也就是人们常说的"体制内"力量已经薄弱，当国内外敌对势力利用媒体等工具集中攻击国企时，直接用于应战的声音不强，而通过国企混合所有制改革，不仅可以放大国有资本功能，以国有经济主导和对非公经济引导来确保中国特色社会主义方向，夯实社会主义基本经济制度的微观基础，也可以将更多的职工群众和人才资源直接纳入党直接控制的"体制内"，从而巩固发展党的执政地位。可见，发展壮大国有企业和国有经济，绝不只是一个纯粹的经济问题，更是一个重大政治问题，必须要有硬气、有底气，坚持国有企业在党和国家发展中的重要地位不动摇，坚持国有企业做强做优做大不动摇。国有企业和国有资产必须牢牢掌握在党的手中。

四是治理意义。通过不同所有制和不同投资主体的"混"，有利于促进国有企业完善治理结构、转换经营机制，形成股权多元化框架下，不同股东代表之间各为其主、不同所有制之间各尽其能的利益博弈和有效制衡机制。

五是品牌意义。在"走出去"中，国企目前成为欧美等一些发达国家故意刁难的对象。比如去年欧盟和美国议会拒绝给中国市场经济地位。今年美国发起以中国为主要攻击对象的贸易战，都对国有企业走出去不利。通过国企混合所有制改革，有利于淡化"国企"烙印和政府背景，化解"准入壁垒"，更好融入经济全球化。

二、国有企业混合所有制改革的范畴与目标

（一）范畴

推进国企混合所有制改革，必须什么是混合所有制及其范畴。我们从党中央国务院发布的"1+N"国企改革系列政策来看，中央倾向于广义的解读。《中共中央、国务院关于深化国有企业改革的指导意见》关于"发展混合所有制经济"中指出的"对通过实行股份制、上市等途径已经实行混合所有制的国有企业，要着力在完善现代企业制度、提高资本运行效率上下功夫"来看，"股份制"应属于国企混合所有制的形式，这当然包括不同国有企业之间出资设立的股份制公司。而从《国务院关于国有企业发展混合所有制经济的意见》关于"引导公益类国有企业规范开展混合所有制改革"中指明的"推进具备条件的企业实现投资主体多元化"进一步来看，并没有限定于必须是不同所有制性质之间。

课题组倾向于《意见》所体现的"主体多元论"，国企混合所有制改革界定为：将国企由国有独资等形式向国有、集体、非公等不同性质所有者之间或在国有产权内不同投资主体（限定于投资主体不能来自同一个一级法人旗下——天然一致行动人）之间产权持续混合磨合融合过程。混合而成的目标企业从大的形式看，有公众公司（上市公司）、股份公司、有限公司等，而同样是股份公司，投资主体可能全是国有资本，也可能是国有资本、集体基本、非公资本、境外资本，同样是公众公司，可能是国有控股，也可能是国有参股，等等具体形式。

但国有企业混合所有制改革绝不是一"混"了之，其形式在"混"，但其路径在"合"，突破在"改"，关键在"制"。"合"，即优化配置对目标企业所有权、索取权、处分权、控制权、经营权、人事权、并表权设计和实施（强弱或有无）的配套组合；"制"，即使得上述组合配置体制化、机制化和规制化。

其中，所有权是企业产权所有人依法对自己财产所享有的占有、使用、收益和处分的权利。国有企业或混合所有制企业中国有资本的终极产权为中华人民共和国全民所有，目前的代理体制机制设计师由政府或委托国资机构或财政部门履行出资人职责。

一般而言，索取权、控制权、并表权、人事权是由企业所有权派生受所有权授权或决定的，但由于股权结构、治理结构、契约规定、业务需要等因素的影响，上述权力组合可能是不一样的。这些权限组合配置可依据国有资本在不同功能分类（公益、商业 I、

商业Ⅱ类）领域的定位要求来设计、实施。

（二）目标

对于国企混合所有制改革的目标，《国务院关于国有企业发展混合所有制经济的意见》在"改革出发点和落脚点"中指出，"……需要通过深化国有企业混合所有制改革，推动完善现代企业制度，健全企业法人治理结构…..促进国有企业转换经营机制，放大国有资本功能……"。

课题组理解为：国有企业混合所有制改革目标至少有三个：

（1）以适当的混合形式扩大国有资本功能，国有资本布局结构得到优化，国有经济活力、控制力、影响力、抗风险能力得到提升；

（2）以有效的治理模式完善现代企业制度，企业治理体系运转高效；

（3）以科学的管理方式转换国企经营机制，经营业绩得以提升，国有资本得以增值。这也是检验国企混合所有制改革成功与否的重要标准。另外课题组认为，人才资源和人力资本保值、增值也应当在国企混改中得到重视和关注，这原本是我党的传统优势，属于"无形国资"的重要元素。

以上是课题组研究的重点，也是对重点典型公司实践所关注的切入点。

三、国有企业混合所有制改革的样本与特征

《国务院关于国有企业发展混合所有制经济的意见》也强调，"尊重基层创新实践，形成一批可复制、可推广的成功做法"。国有企业改革推进30多年来，一些企业在上级主管机构的推动下，在社会主义市场经济大潮中着眼于做强做优做大，由控制权改革向所有权改革逐步突进，通过混合形式－治理模式－经营方式的配套协同，在所有权（财产权）、索取权（分红权）、控制权（经营权）、人事权等方面配置组合，创造了一些值得关注的"混改范式"，值得我们研究和总结并创造性地借鉴、适应性地推广。

（一）国企混合所有制改革的典型范式。

按照国有资本权限特别是实际控制权情况分别介绍如下。

1.建材范式——"母鸡（国有绝对或相对控股且合并报表）护仔"型控制：母独子混、集合成团。主要有如下特点：

（1）"三层混合"。中国建材坚持以股权说话，不管占股多少，都只是企业平等的股东，

不在《公司法》以外强加给企业其他东西，民营资本同样具有话语权，用公平实在的收益吸引重组企业加入，为发展混合所有制经济、实现"国民共进"奠定制度基础和实现路径。集团层面为国有独资。二三级企业混合面 85.4%，比如母公司中国建材集团直接持有及通过下属公司持有中国建材（上市公司）合计 44.11% 的股权；又通过国建材持有北新建材 52.4% 的股权。中国建材在集团层面国有独资的基础上，内部已经形成三层混合结构：第一层，上市公司中，中国建材股份等公司吸纳大量社会资本；第二层，在中联水泥、南方水泥、西南水泥、北方水泥等四大水泥公司等大型业务平台上，把民营企业的一部分股份提上来交叉持股；第三层，在水泥生产企业层面，给原来所有者留 30% 左右的股权。"三层混合"确保了集团战略决策的主导地位（合并报表）、维持了控股地位，降低了资产负债。

（2）"三大融合"。一是利益融合。在和民营企业"混合"中，中国建材集团端出公平合理定价、给创业者留有股份、保留经营团队并吸引创业者成为职业经理人这"三盘牛肉"，其一，聘请专业机构，结合国际通行的定价模式评估民企资产，保证民营企业家的原始投资得到公平合理的回报，甚至可在公允价格的基础上给予其一定程度的溢价。其二，为民营企业保留 30% 的股份，使众多民企老总能够分享整合带来的效益以及企业发展的成果，与中国建材形成利益共同体。其三，聘请有能力、有业绩、有职业操守的民营企业家担任职业经理人，以此和国企员工形成"杂交优势"。二是文化融合。中国建材集团坚持"规范运作、互利共赢、互相尊重、长期合作"的"十六字"混合原则，寻求各方最大公约数，维护了国有资本权益、民营资本权益和小股东利益，实现了国民共进。在企业内部，坚持"以人为本"，建立了以融合为特质的"三宽三力"（待人宽厚、处事宽容、环境宽松，向心力、凝聚力、亲和力）的文化体系。优秀的文化对成功"混合"发挥了重要作用。进入中国建材集团的企业，不分先后，无一例外都有很强的归属感。三是管理融合。中国建材集团不断创新管理方法、管理措施和管理工具，建立起一整套符合集团特点的管控模式，确保了混合所有制改革扎实有效。"格子化"管控模式，包括治理规范化、职能层级化、业务平台化、管理精细化和文化一体化，推动企业转变为规范的市场化运作的企业集团。"八大工法"，包括五集中（市场营销集中、采购集中、财务集中、技术集中、投资决策集中）、KPI（关键经营指标）、零库存、辅导员制、对标优化、价本利、核心利润区、市场竞合，通过外抓市场与内控成本，提升了企业竞争力。大力建设业绩良好、管理精细、环保一流、品牌知名、先进简约、安全稳定的"六星企业"，有效防范机构臃肿、人浮于事、士气低沉、效率低下、投资混乱、管理失控的"大企业病"，促进各级企业逆势而上，不断提升效益，防范经营风险。

（3）"三大成效"。第一，实现国资撬动。十多年来，中国建材联合重组了上千家民营企业，中国建材集团用220亿元国有权益控制了660亿元净资产，进而带动了超过3600亿元总资产，可以说，以国有资本吸纳、带动、激活了大量社会资本，放大了国有资本功能。通过发展混合所有制不断优化产业布局，实现了自身跨越式发展、水泥产能居世界第一，使产能严重过剩的水泥行业集中度从2008年的16%提高到2013年的53%，提升了国有资本控制力。第二，实现价值提升。坚持央企实力＋民企活力＝企业竞争力，营业收入和利润总额十年双双增长100倍，分别超过2500亿、120亿；连续四年进入世界500强，连续六年获中央企业负责人年度经营业绩考核A级。第三，实现央企市营。

中国建材混合所有制范式经验入选了哈佛案例。课题组认为"建材范式"要义：治理和管理层面，以混合所有制推动了企业所有者到位、治理规范化和激励机制到位；政治和经济层面，以混合所有制解决了国有经济和市场接轨、国有企业深化改革、社会资本进入国有企业部分特定业务的途径和国进民退、国退民进的长期纷争四个难题；改革和发展层面，找到了"央企的实力＋民企的活力＝企业的竞争力"这一两者优势融合点，而不是把传统国企常有的官僚主义和民企常有的非规范化结合在一起，导致混合所有制失败。

与中国建材同批列入国企混合所有制改革试点的中国医药集团，其模式大致与中国建材类似，其内部成员企业混合所有制企业数量、资产总额、营业收入占集团总数的比重也超过了85%。其主要特点是以多种方式推进与非公资本混合。

（1）有序引入非公资本。先后在医药商业、医疗器械、医药会展等三大业务板块有计划有步骤有选择地引入非公资本。比如医药商业板块与民营产业资本——复星医药作为战略投资者组建"国药控股"（由国药和复星按照51:49组建国药产业投资有限公司，占国药控股56.79%，公众股东占43%），形成国有资本、民营资本和公众资本有效制衡的公司治理结构。目前其市场占有率居于全国首位，拥有51个药品分销中心、12000家医院和3000多家门店，为全国最大医药零售连锁机构。

（2）主动入股非国有企业。比如在重要领域入股收购香港上市公司盈天医药，更名中国中药，作为产业发展和资本运作平台并购了同济堂、天江药业等知名中药企业，成为国内综合实力最强、产品线覆盖最全的一流中药企业。

（3）推动具备条件的成员企业上市。目前拥有6家境内外上市公司，以300亿的国有资本牵动了1000亿规模市值。

另外，对于国有企业集团层面，财政部和国资委近年来也作了一些混合所有制探索。

比如商飞、南网、联通、广核等为国资委联合其他兄弟央企或地方国企共同持股,建立股份制,贝尔由国资委和朗讯(已被诺基亚收购))按照各占 50% 合资(朗讯 +1 股)建立股份制,采取总经理由外方派出、董事长由中方派出的治理模式。

新组建的中国航空发动机集团有限公司也是由国务院国有资产监督管理委员会联合中航工业、中国商飞两大相关央企和北京国有资本经营管理中心四个股东混合。

中、工、农、建、交等五大商业银行改组为由财政部、中投等控股的上市公司等等,控制权仍在体制内。

2. 中集范式——"双狮(两个国有相对大股,单独难以控制)控群"型控制:双股均衡、经营放权

中国国际海运集装箱有限公司于 1980 年,由招商局和丹麦宝隆洋行各占 50% 出资 300 万美元成立 1987 年,中远集团受让了宝隆的大部分股权,新的股权结构为:"中远"45%,"招商局"45%,"宝隆洋行"10%。形成了独特的"两股均衡"的法人治理结构。1994 年 4 月,中集在深交所上市,成为国有控股的公众上市公司,招商局与中远集团依然均衡持股。2009 年底,中集面向管理层和骨干员工推行股票期权激励计划。包括总裁麦伯良在内,187 名高管和员工获得 6000 万股认购权,占总股本的 2.25%。2013 年,中集通过 B 转 H 股引进战略投资者联想弘毅。 2014 年,中集向管理层和核心团队增发 H 股,集团总部和主要子公司核心骨干团队 80 人合计出资 19.28 亿元,合计持股比例 4.83%,公司投资主体进一步多元化。目前,招商局集团合计持股 25.54%,中远集团合计持股 22.75%,仍然处于均衡持股、联合持有 48.29 的国有相对控地位。

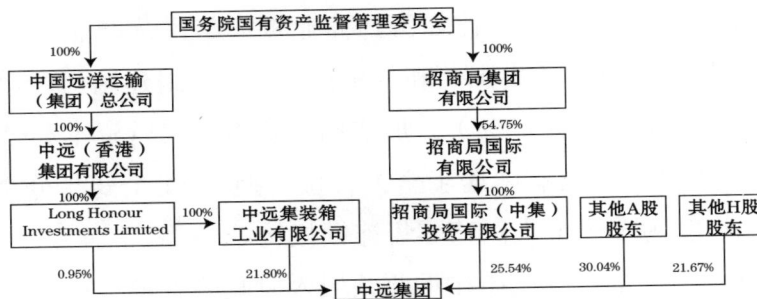

图 1 中集集团股权结构图

基于这样混合所有制股权结构,中集得以呈现不同于传统国有企业的特质:

(1)政企分开。相对国有股东,中集业务、财务、人事完全独立,股东方通过董事会行使出资者权利,对日常经营不做任何干预。在两个国有股东体系内均不能按照国有

控股企业管理。

（2）资本平等。董事会层面，确保平等对待国有资本与非国有资本，8个董事会席位，招商局2个，中远2个，经营层1个，独立董事3人（内地2人，香港1人）。董事会决策必须是四方共识。任一股东和经营层都不能控制董事会。

（3）职业经理。中集高管团队是职业经理人，只对董事会负责。国有资本或行政单位不能通过人事任免权直接干预企业法人的经营权。职业经理人薪酬待遇与市场接轨，与国企高管的行政工资制度不同，不受股东单位工资总额限制。从历史严格看，1992年，公司董事会做出决定，公司经营层应该是职业经理人，由董事会聘任；为保障经理人经营的独立性，各股东方不再派出干部，经营班子由总经理提名，董事会聘任。为保障这一制度的严肃性，总经理麦伯良辞去招商局集团职务，成为职业经理人，不再从属于任何股东方。麦伯良担任中集集团总经理、总裁至今，已有20余年，先后历经了五位董事长。以麦伯良为首的职业经理人团队在稳定中不断扩大，保证了公司经营思想的一致性和中长期规划的连续性，企业长远发展的战略可以通过职业经理团队一系列的管理措施加以贯彻实施，实际上控制着日常经营。

（4）强励严罚。中集董事会每年都会对经理班子提出目标责任，辅之以岗位年薪制。达到或超过目标者，领取年薪并给予奖励；当年未完成目标者则予以重罚；连续两年完不成岗位目标，就要让出岗位。2009-2014年，麦伯良的薪酬浮动范围在59-998万之间，充分体现薪酬与绩效的紧密相关。2013年，公司决定开始实施利润分享计划。即从集团当年超额完成的净利润中按照一定规则提取奖金并发放给集团执委会成员（含董事会聘任的公司高管）、集团总部职能部门负责人、集团总部业绩优异员工。中集的奖金提取办法和利润分享计划设计并不复杂，但起到了很好地激励效果，关键在于激励力度足够，上不封顶下不保底。

（5）有效控制。 第一是授权控制，子公司没有投资权、担保权；第二是预算控制，子公司的资金用途用量受集团资金管理部严格的预算约束和监管；第三是职位监督，下属公司的总经理和财务经理由集团统一管理，他们由集团提名任用、考核业绩、发放薪酬，两个职位相互监督；第四是考核监督，每年由企管部主持并外聘专家，对各个工厂的管理状况进行实地考评；第五是审计监督，内部专设审计机构；第六是重大事件报告制度和信息披露制度； 第七是董事派出制度，明文规定了派出董事责任，所在公司出了问题要按规定扣罚董事酬金，相关职能部门甚至集团总经理也要承担相应责任。

中集范式要义：国有双股均衡控股，授权经理日常经营，配套激励内控机制。特别是中集的股权结构很有特点，没有一股独大的问题。在这样的股权结构里，任何一方，包括任何一个股东、包括企业的经营者，都处在一种被制衡的状态中，谁都不能为所欲为，所以公司运作比较规范。中集模式体现的正是一种持续的制度效应，特别值得重视。近年来，受宏观经济形势影响，中集的发展速度有所放缓，企业转型升级压力较大，但在寻找新业务增长点的过程中，中集的治理结构和经营机制仍然发挥了积极作用，保证了企业的理性审慎决策和高效执行，显示了中集模式的持续生命力。

与中集范式类似、但股权配置组合不同的是绿地集团。其股权结构为：上海市国资委监管企业上海地产集团与中星集团持股 25.82%、上海城投持股 20.55%、深圳平安持股 9.91%，平安创新资本、鼎晖嘉熙、宁波汇盛聚智、珠海普罗、国投协力五家财务投资人持股近 20%。而由绿地集团董事长张玉良等 43 位绿地集团管理层人士组建而成的上海格林兰（绿地管理层 43 人出资设立格林兰投资管理公司，作为上海格林兰投资企业（有限合伙）的执行合伙人。上海格林兰承继职工持股会在绿地的持股。由于持股员工多达 982 名，在现行法律框架下合伙企业合伙人不能超过 50 人，于是张玉良团队对 982 名员工的持股权益打成 32 包，成立了 32 个"小合伙"。"小合伙"再集中成上海格林兰）持股 28.79%，获得单方持股大股东地位。加之，上海国资系统两大国有股东尽管合计持股 46.37%，但公告承诺不作一致行动人，且不参与企业的日常经营管理，上海格林兰背后的职工持股会实质管控上市公司仍是定局。绿地的实践则证明，在国有控股的体制下，坚持并创新灵活高效的市场化运营机制，实现管理模式、决策机制、用人机制、收入水平等方面的完全市场化，而且充分信任并充分发挥企业家（张玉良）作用，能够为企业不断做大做强提供异常广阔的空间和平台。

借鉴此模式，近年来，国资委对一些中央企业集团旗下主要上市公司的股权结构作了一些优化调整。比如 2016 年 4 月 12 日，国家开发投资公司将国投新集 1.26 亿股 A 股股份无偿划转给中国远洋海运，2015 年 12 月 29 日中国远洋海运将 8.56 亿股 A 股股份（7.33%）分别无偿划转至国投公司和国新投资有限公司。

2016 年 6 月 17 日中国石油集团通过无偿划转方式，将 6.24 亿股中国石油天然气股份有限公司 A 股股划转给宝钢集团。划转后，中国石油集团持有中国石油 A 股股份 86.01%；宝钢集团将持有中国石油 A 股股份 0.34%。

2016 年 6 月 21 日，武钢集团将所持有的武钢股份 5 亿股无偿划转给中国远洋海运集团有限公司，股票过户后。中国远洋海运集团持股 4.95%，武钢集团持股 57.66%。

以上划转的股权比例虽小，但这是逐渐推广中集模式，一步促进上市公司股权多样化，在一定程度上优化上市公司股权结构的重要举措。

3. 万科范式——"弱夫（国有小额大股）强妻型"（萍水夫妻，婚姻不稳）控制：国有大股，内部主导

万科企业股份有限公司是国内首批公开上市的公司之一，成立于 1984 年 5 月，前

身是深圳经济特区发展公司下属并由王石创建的"现代科教仪器展销中心"，1988 年更名为"万科"。1989 年初，在市政府强力推动下，万科抓住当时甚至退订国营集团公司系统推行股份制改造试点契机，作为深圳 3 家试点企业之一完成了企业发展历史上的重要一步，完成了股份化改造，成功募集到了 2800 万元资金，深特发股权占比由 100% 降到 30% 出头。1991 年 1 月 29 日，万科正式在深圳交易所挂牌上市。1993 年 4 月发行 4500 万 B 股，此后又多次扩股融资，深特发所占股份一降再降到 8.11% 的股份，1998 年深特发最终退出万科股份，万科成为股权高度分散的公众公司。2000 年年底，万科引入华润为"策略性投资者"——华润集团及其关联公司成为第一大股东，持有的万科股份占万科总股本的 15.08%，此后经多次增减持目前仍拥有 15.29% 的股权，华润事实上已经成为了万科的"单一优势股东"，万科的公司治理模式演变方向也从 2000 年以前的股权逐步分散下的创始人控制模式转变为股权重新集中的单一优势股东和初创人相对控制模式——到目前为止中国公司中最有创始人控制公司治理模式特色的公司。尽管万科的股权还并不是太分散，王石对万科经营上的控制权力在很大程度上来自于他与公司大股东华润之间的良好关系。自 1984 年万科成立以来，王石一直保持着对万科经营权的控制，还能"游山玩水"、攀登各大洲最高峰，成为中国公司中"最轻松、最潇洒"的董事长。

万科治理结构中，股东会由出资者组成是公司的权力机构决定公司的重大事项。董事会是公司的经营决策机构由股东会选举产生对股东会负责。监事会股东和公司职工组成是公司内部的监督机构。经理层是公司经营管理的执行机构在董事会领导下开展各项经营管理工作。体现在以下三个方面：

（1）分散的股权结构保证了较好的企业所有制关系。万科在大股东的选择上采取了选择具有极度专业化知识和丰富操作经验的股东——华润集团。华润成为公司第一大股东后，万科在相关的各项操作中，始终秉承公平、公正、公开的原则，按规范运作。万科与大股东在业务、人员、资产、机构、财务等方面一直是完全分开的，保证了公司具有独立完整的业务及自主经营能力。华润控股的华润置地在北京、深圳和成都等地与公司存在因原有市场关系而自然形成的同业竞争，但华润从未在万科的业务扩张和发展中提出过任何不利于公司发展的异议，也从未因同业竞争而出现对华润置地偏袒的情况。但万科股权结构历史上三度动荡："君安 – 万科之争"、事业合伙人机制、百亿回购计划（万科管理层联合华润与前海人寿控制权之争，华润超越前海再次成为大股东），这也是股权高度分散情况下经常面对的问题。

（2）职业经理人特别是初创人在企业内处于主导地位。在股权分散的所有制模式下，公司的运营过程中经理层拥有很大的发言权，最大股东也能给予经理层开展工作以最大支持和给予企业发展以最好的配合。这使企业一直运营在市场化、专业化的正确轨道上。万科的职业经理人是企业的主导性力量，企业在人力资源的建设上是围绕职业经理人的打造来进行的。万科通过职业经理人来建设团队通过考核团队中个体的能力来选择职业经理人并以完善的考核、薪资、福利及制度来回报人才。

（3）董事会与总经理之间合适的权力分界线既便于董事会控制公司的经营风险，又充分调动经理层的积极性。万科利用"增量—存量"投资决策管理模式，有效地控制了投资决策风险。"增量管理"指的是万科对新增投资、新设业务的管理，包括进入新的行业、投资新的项目、新设公司及增资扩股等。增量项目必须经过公司常设联席机构"项目论证委员会"论证，通过后再提交给公司董事会审议，必要时提请股东大会审议批准。"存量管理"则指预算内控制，也就是公司日常经营管理，其中包括调整业务结构、控制经营节奏、成本和质量控制、制订并实施经营计划等。"存量管理"是公司总经理的职责。"增量—存量"决策投资决策模式，简练地明确了委托人（股东）和代理人（经理层）之间的责权分界线，避免了项目重复审议或规避董事会审议等操作漏洞，同时也为企业设定了最低的风险警戒线。

万科范式要义：由地方国有全资公司逐步股权多元化并上市成为公众化公司，股权高度分散化，管理层操作或默认多次更换第一大股东，对董事会负责，但多年以来有绝对的发言权，即内部人控制，形成管理层-大股东-中小股东联合的三方博弈结构，管理层在协调大股东和中小股东利益中具有充分话语权。对国有资本（大股东）而言，有所有权（处分取、收益取）和部分人事权，但管理层具有所有权变更的实际权力，特别是拥有近乎绝对的经营控制权，因此宝能和华润指责其"内部人控制"。后来，管理层与国有股东华润、民营股东宝能、目标国有股东深铁的股权、控制权之争曾经精彩上演，当前深铁胜出。充分说明，同样是国有企业之间是有竞争的。

4.航导范式（硅谷范式）——"搭乘便车"型控制：国有增值，人本共享

中航材导航技术有限公司作为国家高新技术企业、双软认证企业，主要从事民航航行情报系统软件开发和技术服务，现有员工45人中41人为技术研发和数据制作人员。是由中国航材技术装备公司对原北京中白羽科技有限公司实施战略重组，持有期45%的第一大股，李杰、孙大庆等原股东合计拥有25%的股份，30%技术团队持股，其中职业经理人实际运营公司。类似甚至程度更深的是诸如硅谷的高科技初创公司，其创投资本即使占局超半数的股权，但基于信任和对外来增值空间的预期，也一般同意将控制权由初创人或初创团队来控制，即并非"一股一权"，这也进一步增强了内部人控制，形成

了"经理人雇佣资本"的格局。

航导范式要义：对高新企业、媒体企业、渠道企业等人力资本在企业发展中占有更重地位的目标企业，国有资本可（或联合其他资本）作为创投资本占大股，而代表人力资本的经营和技术骨干入股，分享企业发展成果，持股绝对比例不必过高，但又能在个人财产中占有重大比例，实现内部人力资本和外部创投股东利益真正捆绑；国有资本即使大股而放手人力资本团队，实为追求企业成长价值，使原投资本搭乘人智力资本创造的价值便车而增值。此类范式，若不考虑目标企业功能，可在（或进一步在创业板上市）企业增值后转让或减持，实现国有资本收益最大化。在欧美等发达国家，具有发展前景的初创高科技公司（如美国硅谷的很多企业）、媒体公司或平台企业中，占有较大股本比重的所有者出于对初创人信任和企业未来价值看好等因素，或者认为这些企业的人力资本等无形资产实际对公司影响很大，可能会以协约的方式放弃控制权、人事权等权力，只保留索取权或处分权，实际上也就是甘当财务投资人，共享企业价值增值的收益。

5. 三星范式——"蜘蛛结网"型控制：交叉持股，以小博大

三星集团并非韩国国企，但在韩国国民经济中占据重要地位，影响力很大，对中国国企混合所有制改革有一定借鉴意义。在过去数十年间，韩国政府对财阀的支持，让三星集团等财团迅速实现了现代化。这些财团不仅让朝鲜战争后的韩国摆脱贫穷，而且也让韩国成为亚洲第四大经济强国。三星集团会长李健熙 (Lee Kun Hee) 及李氏家族通过复杂的股权结构设计，编织出庞大的交叉持股网络，仅联合持有三星集团 1.53% 的股份，却持有该集团 49.7% 的控制权，并让其经营控制权远离外部影响，成为一家全球领先的涵盖智能手机、人寿保险等众多领域的金融、产业、商业混业经营企业。

三星集团旗舰事业三星电子超过一半的股权由国外机构及个人持有，李健熙、李在父子直接持股量不足 5%。虽然三星电子是三星集团最大的子公司，但李氏家族的势力主要来自于三星爱宝乐园。三星爱宝乐园事实上是一家由李氏家族控股的公司，并拥有三星集团旗下电子、金融和贸易等各项业务的股权。 举例来说，三星爱宝乐园持有三星人寿保险 19.3% 的股权，以及三星电子 7.6% 的股权。三星电子持有信用卡业务附属公司三星卡公司 (Samsung Card Co.)37.5% 的股权。换句话说，三星爱宝乐园间接持有了三星卡公司 5% 的股权。李氏家族当前完全控股三星爱宝乐园。李在镕持有该公司 25% 的股权；他的两个姐姐李富真 (Lee Boo-Jin) 和李叙显 (Lee Seo-Hyun) 则分别持有该公司 8.4% 的股份。李健熙本人持有该公司 3.7% 的股份。三星爱宝乐园剩余的绝大多数股份则被其他财阀友善的持有。市场分析师表示，三星爱宝乐园的非李氏家族股东可能会在首次公开招股中进行抛售，这也让李氏家族完全控制三星爱宝乐园。

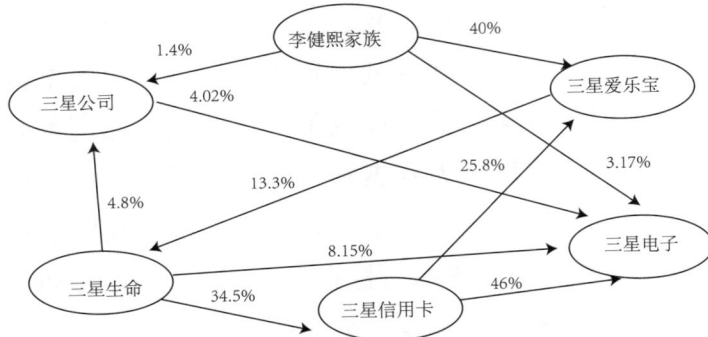

图3　三星交叉持股图（合并简化）

三星范式要义：所有者法人通过繁琐的交叉持股、循环持股设计，实现以较小的股权份额来实际控制整个企业集团的现象。通过金字塔与交叉持股，集团各子公司间紧密相连。交叉持股及复杂的金字塔结构使得创始人所有者在拥有有限股份的情况下，最大程度上控制整个集团，实现"小产权大控制"，同时，此复杂的结构可在一定程度上转移利润、规避税收，使其价值最大化。当然如果实行双层股权结构也可以实现小股权大控制。

6. 民生范式——"无米巧妇"型控制：完全分散、国家主政

民生银行成立于1996年2月，由全国工商联负责组建、59家企业（48家民营企业）参与发起，注册资本13.8亿元，起初，最大股东持股比例仅为6.54%。成立不久，随着民生银行的业绩持续向好，59名股东之间的争斗之声不时爆出。在这一股权巨变中，股权趋向集中，逐渐形成了希望系、泛海系、东方系三大集体，成为民生银行的三驾马车。泛海系实际控制人为卢志强，泛海控股、船东互保协会及中色建设合计持股23.9%；希望系由刘永好领衔，与其女儿刘畅等合计持股17.05%；东方系的代表为张宏伟，持有民生银行2.5265亿股，与泛海控股并列为第二股东。内部三驾马车为争夺第一大股拼得你死我活，民生银行也成为外部各路资本觊觎的目标，如一大型外资银行曾提出入股19.9%的要求，GE金融公司也要求在合作汽车金融业务后可优先认购民生银行股权，都被民生银行股东及管理层拒绝。尽管民生股权争斗从未停歇，但事实上以希望系为首的三驾马车客观上形成了相互制衡的效果，刘永好、卢志强及张宏伟等常常争斗不断，股东们所持股份也曾多次变化，虽然泛海系提出金融控股概念，希望系和东方系也将民生银行当其金融链条中的重要一环，但各个股东持股比例从未超过10%的红线，民生银行因此赢得了近10年的黄金发展期。后来，安邦又加入股权之争，成为第一股东。当然现

在安邦已经被保监会托管。

尽管高度分散的股权结构和全国性银行牌照及不菲业绩让各种诸侯逐鹿,但根据民生银行章程和银行业监管法规,特别是中国全国性银行管控的国情,实际控制权依然在一定程度上控制在"体制内",比如其董事长、行长基本由有关部门提名,再由法人治理机构去酝酿、选举或聘任的。

民生范式要义:股权高度分散,股东博弈激烈,董事长、党委书记、行长等关键岗位的控制权仍在政权体系。这是由当前中国国情决定的。在法德等发达国家,即使政权不持有股份,但对于关系国计民生的大企业,也将其列入重点关注企业名录,其股权、治权结构发生重大变化调整前或后需要向政权报备同意,体现政权对其控制权。

对于以上 6 种范式,国有资本所有权控制力大小的排序用(控制权/所有权)计量,则应为民生范式＞三星范式(假定李氏家族为国有资本)＞建材范式＞中集范式＞万科范式＞航导范式。控制方式可分别形象比喻为:民生范式为用"杖"(权杖)投票,三星范式为用"指"(网状渗透)投票,建材范式为用"拳"投票,中集范式为用手投票,万科范式为"手、脚并用"投票,航导(硅谷)范式主要为用"脚"投票。

国有资本增值力和对应的风险大小的排序,航导范式理论上应最大,属于风险投资回报型,万科范式和中集范式载理论上为其次,属于财务投资回报型;其他属于产业投资回报型。

我们还可从上述范式可以看出,股权结构越集中,所有者拥有的上述权限越多、行权程度越深。也就是说,一般而言,股权决定治权(控制权)。比如在某股股权超过51%(绝对控股)的情况下,所有者法人可能对目标企业的并表权和按股比的索取权、处分权、完全控制权、人事权、经营权,甚至是资金侵占权。股权在34%以上(相对控股),则至少在控制上具有否决权。而在股权高度分散化的企业中,所有者股东则权限大大受限或影响力降低,有可能形成经理人或初创人实际控制着大部分董事席位等高管提名,使得经理人成为企业实际控制人,职业经理人逐步成长为企业家。这些企业则容易受内部人控制的制约(比如以各种理由杜绝向所有者分红),所有者股东有可能只享有所有权中的处分权——卖出股票或产权,此时所有者更看重企业价值,即现有所有权的增值权。

从国有资本流动性上看,上市公司比一般股份公司、有限公司流动性强,但在上市公司内,国有资本份额较少的万科范式、民生范式比较易于流动,处于创投目的的航导范式若在成功上市后也便于流动,其所有者代表适合为将来的国有投资、运营公司(最好是不同的国有投资、运营公司联合)。而建材范式属于产业投资型,不便于流动,而且流动后也容易影响控制力,其投资主体适合于现存的国有独资或控股企业。

7. 交行范式——"借种生娃"型

对于像交通银行（其他银行也类似）这样由财政部占 26.53% 实际控制，引进汇丰银行作为战略投资者的上市银行企业，政权对其控制力也是很高的，暂称作"借种生娃型"（引入战略资本的同时也引入西方发达国家银行业良好的治理和管理）。

8. 铁塔范式——"兄弟合灶"型

对于铁塔公司等由国新代表国资委持股与中国移动、中国电信、中国联通等三大移动通信公司联合持股 100% 的股份制公司，政权对其控制力相比一般的国资委或财政部履行出资人职责的企业控制力要稍弱些，在控制上由四方股东管控，但国务院国资委在管理上一般通过企干二局来通知其参加中央企业相关会议，暂称作"兄弟合灶型"。

中国铁塔作为具有不同控制人的国有资本之间的混合所有制企业，也是供给侧结构性改革的重要试点之一。基于供给侧结构性改革的资源和产业整合模式有如下几种：

基于要素协同的横向整合，强强联合：南车与北车组建的中车模式；（2）基于产业延伸的纵向整合，穿珠成链：招商局与外运长航的重组；（3）基于龙头辐射的径向整合，成龙配套：国机的大规模、多频次整合；（4）基于资源共享的专向整合，众筹共用：铁塔模式。中国铁塔股份有限公司由国务院倡导于 2014 年成立，立足于共享三家电信企业剥离的基础资源，转变了多家自建、自维、自营的局面，由一家建设、维护、运营，多家共享同类资源，实现了共享共赢，解决了重复建设问题，比三家电信企业分别建设投资低 57%。

9. 证金范式——"遍撒胡椒"型

对于证金公司在股票市场参股的一些原来民营控制上市公司，其股权占比和控制力显得更小（暂称作"遍撒胡椒型"）。我们将其视作另外 3 种不同范式。将 9 种范式按照所有权和控制权两个维度来分析，强度分别计为 3、2、1，则可有如下示意：

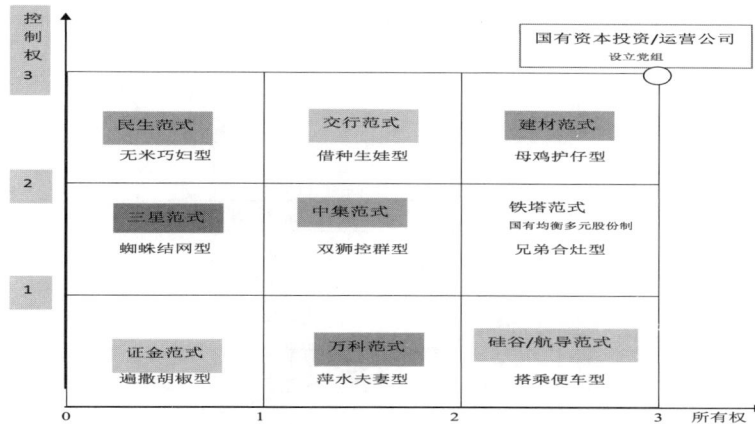

图4 国企混合所有制改革成功范式九宫格

九宫格中不同范式所代表的所有权与控制权组合，也是国有股本在混合所有制改革中的不同权责配置，应与企业功能定位有关。其中处于顶点位置的国有投资/运营公司，为国有独资，且按照中办发〔2015〕44号文设立党组，其所有权/控制权组合达到（3，3）最高值。

在同股同权规则下，需要进一步指出的是，我们认为，没有对企业的控制权，就无所谓有国有资本控制力，有了企业内部控制权，还应当考虑国有资本撬动力（同一企业内非国有资本与国有资本量比）。在同股同权情况下，企业内部国有股权越大，控制力越大，但撬动力越小。如何既保持内部控制力，又能撬动更多非国有资本，寻找二者的均衡，这也是我们需要关注的。

如果我们把某国有大股东股权占比设为 X，那么，同一企业内非国有资本与国有资本量比就是（1−X）/X。从控制权上讲，X 越大越好，但从国有资本撬动力看，（1−X）/X 越大越好，即 X 越小越好。那么是否存在一个均衡点的 X，既控制住企业，又能使国有资本撬动力最大呢？是并 B 点（X=0.5），还是 A 点（X=0.382）？或者其他点、区域？或者根本不存在呢，这也是我们另外需要研究的课题。

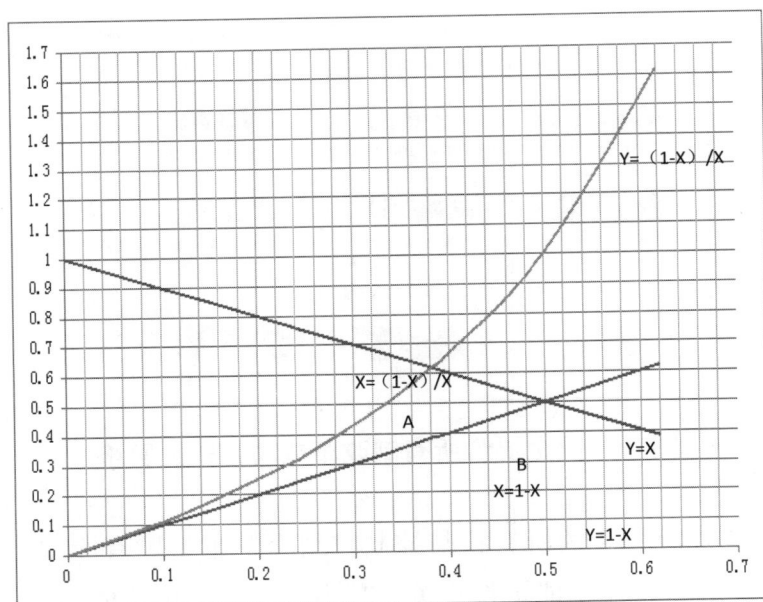

图 5

是不是一混就灵？是不是不混不灵？我们认为需要慎重下结论。中石化和中海油前领导人傅成玉认为：国有企业搞不好，是人的问题，是体制机制的问题，和所有制没有必然联系。第一，要市场化的治理机制；第二，要市场化的运行机制；第三，要市场化的管理制度。

（二）国企混合所有制改革成功机理

从上述成功范式来看，在"混"中，有两个动力得以释放，其一是私有资本的天然的利益驱动机制，社会资本或者私营资本代表通过法人治理结构表达诉求，杜绝或降低任何单方面的股东想要独断专行可能性，其他股东参与公司治理的动力和热情会大大增加，这就从体制机制上保证了公司治理的有效制衡和规范决策。其二是国有投资追责机制，通过私有资本的利益诉求驱动所带，国有资本的责任诉求也得到激发。按照十八届三中全会决定强调的"强化国有企业经营投资责任追究"，使各种资本的委托－代理机制进一步厘清、理顺、强化、落实。从这个角度来说，国有企业实施混合经济，也就相当于从治理体制层面上引进更有效的监管与制衡，企业也就有了改善规范治理、健全优化管理从而提升经营水平的内生动力和内部活力。即使同是国有资本，但只要不是来自于同一个一级法人（含不同的国有投资、运营公司），其各为其主的利益诉求表达明晰化也比独资利益诉求完全趋同化对治理的制衡机制有明显的正向作用。比如中集范式的双控股股东机制，二者之间存在着竞争合作关系，从而激活了体制机制。这从万科股东华润与深铁之争可见一斑。

我们进一步从实证角度研究，混合所有制国企效率提高的四个原因是市场势力、政策优惠、优势协同和企业家作用，且市场势力是最为主要的因素。

（1）市场的作用。有人曾做过量化分析，平均而言，市场势力对国有独资和国有控股企业生产率的贡献为14%。

（2）混合所有制国企可以凭借国企地位获得更低的融资成本。2013年，国有独资企业和国有控股企业的平均债务融资成本分别为2.23%和2.56%，不仅明显低于私营独资企业的3.54%，也低于非国有内资混合所有制企业。在控制市场势力和投资-现金流敏感性指数后，国有资产比重对效率的正面影响被削弱，即国企股份的优势不再明显。此外，在其他条件相同的前提下，企业中非国有经济比重的提高则倾向于增进企业生产率。

（3）公司混合可取长补短、形成协同。建材范式等案例表明，通过国有与非公经济混合所有制改革，既可发挥国资的优势，也可发挥私资、外资的优势，尤其可把国企的责任定力、管理内力、技术功力、信誉张力，与私企的思维潜力、逐利动力、渠道（市场）眼力和机制活力叠加起来，把"国企这种擅长持久战、阵地战的集团军大稳韧优势与私企那种擅长速决战、游击战的特种兵小快灵特长协同起来。另外，员工持股，无论是以自然人形式或者集体形式参与，对于提升国有控股和参股上市公司的效率有一定的正面作用。计量回归分析表明，员工持股比例在国有控股和参股企业样本下对企业生产率有显著为正的效应，但在全样本下不显著。一种解释是，国有企业普通员工薪酬相对固定，使得股权激励成为更加有效的补充性激励手段。另一个实证就是由中科院计算所投资10万元、由柳传志等8人创立的联想，通过建立骨干股权池（根据退休、辞退、辞职、死亡等不同情况才有不同价格回收股权用于发放给新的骨干）来进行激励，最终发展成为国有参股（有一定控制力，由管理层控制）的全球性股份制公司，创造了民族品牌。

（4）一些发展较好、市值较高的企业，还有一个重要特征是：企业家作用充分发挥，比如中国建材宋志平（曾兼任中国建材和中国国药两家央企集团董事长，为国资委成立以来第一人）、新兴际华刘明忠（曾兼任新兴际华集团和中国一重两家央企集团董事长，在中管央企中为第一人）、中粮宁高宁（已调任中化董事长）、中集集团麦伯良、万科企业王石、绿地集团张玉良、联想柳传志等等，他们基本是长期执政（10年以上），上级或大股东给其较为广阔的空间供其发挥才智，不仅带领企业取得不菲业绩，他们大多也被社会所认可，成为袁宝华企业管理金奖、CCTV年度经济人物等中国企业界或经济界的翘楚。

四、国有企业混合所有制改革的机遇和挑战

当前，国有企业混合所有制改革面临着难得机遇，也面临着诸多挑战。

（一）机遇：国企深化改革"1+N"系列政策出台为"混改"提供了指引和契机

"四个全面"战略布局和"13·5"意见为"混改"明确了方向。"一带一路"为"混改"扩展了实践舞台和运行平台。工业制造 2025 则从产业端助推了"混改"。而"双创"战略特别是新常态下供给侧结构性改革调整则为"混改"注入了新动力和新支撑。特别需要强调的是，当前国有企业发展面临前所未有的困难，而这种困难将成为国有企业混合所有制改革的内外部动力。

（二）挑战：当前发展混合所有制经济面临着一些比较突出的矛盾和挑战

1. 国资监管与资产定价

但对于当前中央企业和地方国有企业而言，由于现有国资监管规定对于国有控股企业视同国有企业管理，并要求延伸到子企业，混合所有制企业难以独立运作；新设企业比较容易厘清与国有股东的关系，而历史悠久的传统国企子企业彻底摆脱集团影响比较困难；国有股东、非国有股东、核心团队的诉求可能差异较大，达成一致预期形成利益共同体比较困难；国有企业集团重视规模的导向决定了追求绝对控制和并表；国有企业管控机制仍比较传统，缺乏能够以市场化方式参与公司治理的能力和人才资源。国有资产评估定价难把握、入股民企不能真正参与决策、股权退出的难度大等，有前发展混合所有制经济面临着与谁混、怎么混、混多少、保障机制如何完善等问题，这些问题都需要认真加以探讨和解决。

2. 价值取向与舆论质疑

有企业混合所有制改革涉及面广、政策性强、社会关注度高。尽管中央重申坚持"两个毫不动摇"（毫不动摇巩固和发展公有制经济，毫不动摇鼓励、支持、引导非公有制经济发展）为导向推进国有企业混合所有制改革。但在此进程中，一些来自不同利益群体或阵营的声音政策内涵、目标方向对此有着不同甚至对立的解读和阐释，社会舆论莫衷一是，社会思想共识难形成，不仅导致混合方式难选择、市场主导难确定、运营管理难到位也为有效吸引广大人民群众了解和支持改革带来不少挑战。

3. 法律配套与政策保障

国企混合所有制改革涉及产权改革、资本市场完善、政策保障和企业社会职能剥离

等领域的配套联动，需要在立法、司法、释法和行政执法过程中，尽快配套完善。

4. 党的领导与治理机制

党的领导如何体现在企业治理体系和管理机制中，并有效运转，实现党组织领导作用有效发挥和法人治理结构有效运转这两个有效，需要在实践上、特别是流程设计上作出探索。

五、国有企业混合所有制改革的建议与思考

基于上述研究分析，课题组对国企混合所有制改革有如下建议或体会。

（一）找准模板，创新借鉴

对于所列 9 种范式，可作适应性调整后作为国企分层分类推进混合所有制的参照系或借鉴范式。

1. 国有企业混合所有制分类改革可借鉴的范式

（1）主业处于充分竞争行业和领域的商业类国有企业混合所有制改革，可考虑建材范式和中集范式，积极引入其他国有资本或各类非国有资本实现股权多元化，最终实现一个集团整体上市或分板块全部上市，成为真正的市场主体。

（2）主业处于重要行业和关键领域的商业类国有企业混合所有制改革，可考虑建材范式、铁塔范式或交行范式。其中重要通信基础设施、枢纽型交通基础设施、重要江河流域控制性水利水电航电枢纽、跨流域调水工程等领域，以及重要水资源、森林资源、战略性矿产资源等开发利用可借鉴建材范式；江河主干渠道、石油天然气主干管网、电网等，根据不同行业领域特点实行网运分开、主辅分离，除对自然垄断环节的管网实行借鉴铁塔范式；核电、重要公共技术平台、气象测绘水文等基础数据采集利用等领域、粮食、石油、天然气等战略物资国家储备领域，国防军工等特殊产业，从事战略武器装备科研生产、关系国家战略安全和涉及国家核心机密的核心军工能力领域，设立国有投资公司或借鉴铁塔范式。对其他服务国家战略目标、重要前瞻性战略性产业、生态环境保护、共用技术平台等重要行业和关键领域，可借鉴硅谷范式，逐步发挥国有资本引导和带动作用。

（3）公益类国有企业规范开展混合所有制改革，特别是水电气热、公共交通、公共设施等提供公共产品和服务的行业和领域，根据不同业务特点，设立国有投资公司或可借鉴铁塔范式。

2. 国有企业混合所有制分层改革可借鉴的范式

（1）子公司层面混合所有制改革可借鉴建材范式、中集范式。

（2）集团层面混合所有制改革，在国家有明确规定的特定领域，可借鉴交行范式；在其他领域，可借鉴中集范式或万科范式，逐步调整国有股权比例，形成股权结构多元、股东行为规范、内部约束有效、运行高效灵活的经营机制。

（3）地方国企混合所有制改革，可根据需要借鉴交行范式、中集范式、万科范式。

3. 国有与集体、私有和外资资本相互进入改革可借鉴的范式

非公有资本参与国有企业混合所有制改革，特别是为形成产业、商业、金融一体化的联盟或集团，可借鉴建材范式和三星范式，以一定国有股权控制更多社会资本。其中外资参与国有企业混合所有制改革，可借鉴交行范式。国有资本入股非国有企业时，在公共服务、高新技术、生态环境保护和战略性产业等重点领域，以市场选择为前提，以资本为纽带，充分发挥国有资本投资、运营公司的资本运作平台作用，采用硅谷范式对发展潜力大、成长性强的非国有企业或国外上市公司进行股权投资。国有资本与非国有资本共同设立股权投资基金，参与企业改制重组中也可借鉴硅谷范式。在股票市场上，可采用证金范式对根据需要还有部分股权的上市公司进行适度持股，以达到收益或"护市"等功能。

4. 混合所有制企业员工持股改革，可借鉴硅谷范式，适度学习联想经验，以增量为着眼点，在人才资本和技术要素贡献占比较高的转制科研院所、高新技术企业和科技服务型企业，面向对企业经营业绩和持续发展有直接或较大影响的科研人员、经营管理人员和业务骨干等开展持股改革。

表 1

混改范围	参考范式
主业处于充分竞争行业和领域的商业类国有企业	建材范式和中集范式
主业处于重要行业和关键领域的商业类国有企业	建材范式、铁塔范式或交行范式
主业涉及基础设施、基础工程、重要资源等国有企业	建材范式
公益类国有企业	国有独资公司或铁塔范式
国有企业子公司层面	建材范式、中集范式或万科范式
国家有明确规定特定领域国企集团层面	交行范式
国家无明确规定特定领域国企集团层面	中集范式、绿地经验、新兴际华经验
公私混合为形成产业商业金融一体化的联盟或集团	建材范式和三星范式

中外混合为形成产业商业金融一体化的联盟或集团	交行范式
国有资本对发展潜力大、成长性强非国有或国外公司股权投资	硅谷范式
国有资本参与上市公司股权投资	证金范式
高科技类（平台类）员工持股改革	硅谷范式、联想经验

（二）优化结构，明细权责

1. 优化股权结构，理清所有权责

鉴于当前中国 A 股市场容量较小（截至 2015 年 7 月 22 日，在主板、中小板、创业板上市企业数量总和 2800 家，新三板挂牌企业 2811 家）），国有企业混合所有制形式主要是股份制，目标是成为上市的公众化公司。混合股份制形式既可以是几家公有资本的均衡混合，也可是国有、集体、非公资本均衡混合，均应避免一股独大。其中国有资本在不同功能定位中采取不同股权结构。总结分析本课题所研究 9 种范式以及他人相关研究，我们进一步延伸解读，从股权角度看，混合所有制企业股权比例设定要合理，从业绩上看合适的股权集中度对公司治理的有效性意义重大。一是股权集中度与公司业绩之间存在一定的正相关性，只是这种正相关性不是单纯的线性关系，即当股权集中度保持在合理规模时，就会对公司业绩产生积极的促进作用；二是处于经济转轨过程中的国家，公司股权集中度与公司业绩之间呈现正相关性；三是当股权集中度过低或过高时，都会对公司业绩产生一定的消极作用，如股权集中度过高的副作用主要体现为控股大股东对小股东利益的侵占，这涉及到企业内部的利益分配问题，并不是完全意味着股权集中度过高的企业没有较高的企业收益。根据国务院发展研究中心企业研究所副所长、国企研究专家张文魁等人的研究，当非国有投资者单股或与一致行动人多股占比达到 33.4%，或者达到国有股比的 1/2 多一点时，国企的混合所有制才有效果。"其研究研究发现，当非国有资本的股比从 30% 上升到 40% 的时候，混合所有制企业的公司业绩明显改善。中国建材董事长宋志平认为，理想的国企混改股权结构是：国有股权占 40% 左右，引入两名私有资本战略股东各占 15% 左右，其余股权由股票市场散户持有。从价值创造角度看，特别是对于企业价值提升空间大的目标企业，要充分考虑初创人、技术骨干等人力资本的无形价值及其在企业价值创造中的绝对地位。尤其是在当前全新融资模式特征使传统公司治理范式在互联网金融时代面临巨大挑战。随着互联网金融时代的来临，大数据的平台共享一定程度减缓了融资双方的信息不对称；而快速便捷的网络则有助于实现信息及时更新和合约动态调整，这使得合约不完全问题变得并不严重。投资者与消费者身份的重叠又使得资本的责任能力弱化许多，以往相对稀缺的资本退化为普通的生产资料。任何需要资金支持的项目可以借助互联网金融轻松实现外部融资，而不再受到资本预算瓶颈的限制。业务模式竞争背后更多反映的是"人力资本的竞争"。在"劳动（创新的业务模式）雇佣资本（通过互联网实现外部融资）"时代悄然来临情况下有效推进公司治理结构的完善与调适，国有资本入股这样的企业，即使占大股也可放手经理人经营，以求得增值价值。

需要说明的还有三点：

（1）要从中观层面上打通财政部系和国资委系的壁垒，在这两大出资人旗下企业之间的股权混合和合作。设立共同资金池对股权高度分散化但实际控制的上市公司，一旦遇到其他资本敌意收购以求控制，资金池就要出手，确保国有资本控制权。

（2）从宏观和长远角度看，国有企业既然属于全民所有，则应将统一的国资委由国务院择机上划为直接对全国人大负责，编制体制上与"一府两院"并列，由全国人大代表作为股东代表行使权力，同时要逐步强化各级人大中普通公民话语权的体现。

（3）从微观经济主体层面看，组建或改组中央国资投资运营公司后，对现有中央企业资产实施资本化，引入合作投资者，更多改制为整体上市公司或分业务板块上市公司。整体上市和分业务板块上市公司由国资投资运营公司或其持股的中央经营企业持股，分类打造中央国有独资、国有控股或国有持股的混合所有制企业。对中央国资投资公司和国资运营公司所持股的承担具体经营功能的中央企业进行绩效管理，对国有资本进行战略进退、战术流转。战术流转主要是指在不同国有投资运营公司或具体经营性中央企业之间进行流转。比如，借助基于绩效的行政手段，"华润投资"（假定名）旗下的医药上市公司在投资管理下未达到预算目标可流转到"新兴际华投资"（假定名）旗下进行投资管理。基于绩效，笔者建议可用 EVA 值和 EVA 率（EVA/净资产或其他指标）两个指标按照 50% 加权衡量。当然，也可以用产业链和价值链的基础上转会市场的手段，在不同的投资经营公司，主要是通过市场来确定资产的流转，投资商。

2. 优化治理结构，规范控制权责

我国《公司法》为贯彻公司民主管理原则而承认同股同权、一股一票，具体表现在股东大会上或者股东会上，股东按照其所持股份或者出资比例对公司重大事项行使表决权，经代表多数表决权的股东通过，方能形成决议，这种民主表决方式即为"资本多数决"。由于控股股东持有股份多，因而拥有更多的投票权，在进行重大决策时，控股股东由此具有绝对优势，可以合法的通过有利于实现其利益的决议。且《公司法》中对于确定控股股东的义务方面的规定较少，控股股东缺乏一般性的法律义务，也缺乏各种复杂情况中具体而细节的规定。这样，资本多数决作为民主原则的体现就出现了异化，为控股股东滥用控制权的行为披上了合法的外衣。因此如果没有其他控制机制的制约，"资本多数决"就会成为控股股东伤害小股东利益的通行证。在这种情况下，"强者愈强、弱者愈弱"的问题没有解决，实力大于原则的现象也就在所难免的成为公司股权治理的根本问题之一。从治理机制来看，单一国有股东持股比例不能过高，既要体现国有资本的主体地位，又要避免一股独大带来的体制机制问题；具有资金或管理优势的非国有投资者股权比例应达到能够委派董事参与公司治理的水平，既能够制衡大股东防止一股独大，又能制衡管理层避免内部人恶意控制。研究发现，当非国有资本超过1/3时，非国有的股东才可以发挥实质性的制衡功能，参与公司的战略规划和日常管理，有效发挥其公司治理作用，从而有助于混合所有制企业的公司治理转型，促进企业的政企分开和依法行权。国内有专家从一般意义上研究我国上市公司后，认为存在最优股权结构：前五大股东最优股权集中度在44%附近、前十大股东最优股权集中度在52%附近，第2～第5位非控股大股东最优股权比例在22%附近、第2～第10位非控股大股东最优股权比例稳定在29%附近。其中大股东比例不宜过高，应在20%以内（控股股东为国家时应更低），这样保证大股东间分享控制权和互相监督、制衡。

对于不需要控股的业务领域，在推进国有企业混改中可以设立优先股或黄金股，在没有日常控制权的情况下获得财产优先清偿权或特定领域一票否决的权力。相反，对于通过股权基金投入的一些前景较好的项目，即使国有资本份额较大，也可将控制权放手给经理人或初创人，以获得项目增值收益。特别是要理顺风险－创新治理体系。在健全内部风险防范和外部监管的基础上，敢于实行"股权（所有权）、治权（经营权）、红权（收益权）"分离。一是借鉴美国风投资本参与高科技初创公司的经验，稳妥进入具有发展前景的私有高科技或大平台初创公司，在股权较大的情况下也可采取搭乘私有初创公司便车的方式，赋予初创人控制权，国有资本以获利为目标，不求"同股同权"；二是借鉴欧美国有资本与私有公司合作的经验，建立优先股（财务权保证）、黄金股（重大事项否决权保证）制度，日常经营放手由可信任的职业经理人控制；三是在特定区域或领域，即使在私有股权占比大但股权高度分散情况下，由国有资本或政权组织实际控制（如中国民生银行），或者出台重要领域非公企业管理名录，对非国有资本投资企业股权重大变化进行管控，以保证国家安全和经济命脉的控制。

从具体运行上看，在不同股东代表及出资人代表关系管理，要坚持四项原则：不忘合作初衷，优势互补；文化融合、心态调整；机制结合、互相信任；沟通协调、相互包容。

在治理体系设计上，尤其是中国特色社会主义背景下，治理结构中还需要融入委的领导作用机制或党组的领导核心作用机制，按照中办〔2015〕44 号文和〔2013〕5 号文精神，将法人治理的制衡与党的体系的平衡有机融合起来。我们建议，落实深化国企改革"1+N"配套文件精神，学习借鉴宝钢经验，把加强党的领导和完善公司治理统一起来，将党建工作总体要求纳入试点企业的公司章程，明确国企和国资独、控、参股企业党组织在公司治理结构中的法定地位。在一般中央企业集团建立"下派监事会 + 外部董事过半数的董事会 + 内部经理层 + 内部党委（党组）+ 内部职代会（工会）"，即公司法人治理（法人权力系统）与党组织政治（领导）核心作用（政治领导系统）、职工民主管理（劳动权益系统）三大体系融合化的中国特色现代国有企业制度。同时应当按照公司法和党章规定，确定法人治理结构和党组织权责、工作重点和决策重点及各组成部分的职责分工和运转机制（这是关键），编入《层级职责手册》，以《公司章程》条款或附则等形式予以法规化，以公司程序文件的形式予以实操化。对于以上分层分类改革后的国有独资、绝对控股、相对控股、大股实际控制、参股（黄金股）或财务投资入股后的混合所有制企业，其党的领导体系也相应适应性配置。其中，国有投资、运营公司设立党组，发挥领导核心作用，国有独资公司中公益类或关系国计民生防务等领域的设立党组，发挥领导核心作用，一般的设立党委发挥领导作用。控股和大股有控制力的，设立党委，发挥领导作用。其余的设立党委，发挥政治引领作用，但在董事会或经理层应有党组织代表（可与职工代表交叉）。

在治权改革中，特别是国企领导体制机制改革，有"四大关键点"需要把握：完善国企外部董事制度是国企领导体制机制改革的"支点"；理清董事长和总经理权责体系，是国企领导体制机制改革的"难点"；党组织作用有效融入法人治理结构，是国企领导体制机制改革的"亮点"；充分发挥内部核心团队作用，是国企领导体制机制改革的"重点"。

3. 优化经理结构，松绑经营权责

重点加强董事会建设，落实和维护其重大决策权、高管选聘权、业绩考核权和薪酬管理权，建立派出董事的行权规范，改进考核评价体系，同时保障经理层的经营自主权，切实发挥监事会的监督作用。坚持党管干部原则与董事会依法产生、董事会依法选择经营管理者、经营管理者依法用人权相结合，不断创新有效实现形式。在企业高管人员中推行职业经理人制度，以任期制和契约化管理为基础，建立市场化的选聘、激励、约束、流动退出机制和配套的培养、评价、绩效管理体系，实现职业经理人的能上能下、能进能出。特别要从职业经营者中大力培养和充分发挥企业家作用，将其视为重要资源盘活。同时，全面推行劳动合同管理，完善和落实市场化的劳动用工制度。

对非职业经理人，也要学习借鉴新兴际华经验和建材范式，推进全面实行身份社会化和职责契约化管理，依法签订《高级管理人员聘书》，责权利对等统一，严格任期管理、目标考核和审计评价，逐步健全完善与业绩考核机制挂钩的市场化退出机制，高管人员职务解聘后就只能到市场上找岗，真正实现"能进能出"。试点董事会选聘总经理的中央企业，经理班子应该落实经营管理权和依法用人权。2015年9月，依据《中共中央 国务院关于深化国有企业改革的指导意见》（中发〔2015〕22号）和《关于在深化国有企业改革中坚持党的领导加强党的建设的若干意见》（中办发〔2015〕44号）文件精神，在国资委党委领导下，新兴际华业集团总经理人选按照"5+2——4——2——1"的程序，即先由国务院国资委党委提名推荐5名人选（中国兵器、中国船舶、鞍钢集团、中煤科工、中国交建等5户央企副总）、该中央企业集团党委提名推荐2名人选（集团1名副总和1名党委常委）统一上国资委党委会研究，先期进行由该中央企业集团董事会成员（外部董事为主）、其他央企主要负责人、国资委企干二局主要负责人组成的选拔委员会的初选，遴选4人进行面谈，而后确定2名差额人选公示，最后提交董事会选聘，2015年10月15日已经正式聘任杨彬为总经理（原集团副总）。

对高级管理人员履责，以一套量表建立工作责任指南。《经营业绩考核责任书》作为"血肉"、"落地"，实行刚性兑现。董事会与经理层每年签订经营业绩考核责任书，优化考核指标，突出发展瓶颈、经营短板，紧密结合中长期发展、企业改革、创新驱动。深化"三个挂钩"（考核指标与经营短板、社会责任、发展成果与职工共享挂钩，考核结果与薪酬分配挂钩、与聘任解聘挂钩），对连续两年未完成经营业绩考核要求的高级管理人员予以调整。

对高级管理人员激励，以两个办法构建考评体系。《高级管理人员业绩考核办法》和《高级管理人员薪酬管理办法》作为"骨架"、"支撑"，推行激励与约束相统一，薪酬与风险、责任相一致的业绩考核与薪酬管理机制。

现阶段聘期制和契约化管理的高级管理人员的总薪酬，由董事会参照同行业、同规模、同职位、同业绩的职业经理人薪酬市场水平，合理确定限高幅度，逐步过渡到市场化薪酬。对于成员企业负责人薪酬考核，分为年期和任期两部分，逐步拓展为三部分逐步探索长期股权期权激励机制，按经营性净利润增幅的一定比例给予期权或股权，即"增量期权"。

4.优化管理结构，落实监管权责

建议实行资本监管与职能监管分开，组建一个国有资产监督管理机构（大国资模式）履行出资人职责，从管资本为主着力，统一监管4类143（截至2016年5月1日有106+33户）户中央企业和8000多户中央部门、部属高校所管企业，而对于其涉及的国计民生、国防军工、金融财税、文化舆论等管控职能，由有关部委协会通过职能监管、行业监管的形式予以施行，从而实现三个一视同仁：（1）加强社会主义市场经济体系完善，对国有企业、民营企业、外资企业等不同所有制经济类企业作为市场主体在整个社会主义市场经济运行中经济行为，通过经济手段一视同仁予以对待，发挥市场决定性作用。关键是要从破除地区壁垒、物流壁垒、政策壁垒和行业壁垒入手，建立统一性、开放性、公平性、竞争性、有序性的全国统一大市场体系，在此基础上融入全球一体化市场。（2）加强社会主义立法执法司法体系建设，对国有企业、民营企业、外资企业等不同所有制经济类企业作为企业公民在整个领土范围内的社会行为，通过政策手段特别是法律手段一视同仁予以监管，更好发挥政权职能，突出阳光操作和信息披露监管。（3）加强社会道德信用体系建设，纳入 44 部委《关于对失信被执行人实施联合惩戒的合作备忘录》，从"探索用《备忘录》共提出 55 项惩戒措施，对失信被执行人设立金融类机构、从事民商事行为、享受优惠政策、担任重要职务等方面全面进行限制，更大范围惩戒失信被执行人"入手，对国有企业、民营企业、外资企业等不同所有制经济类企业"内部人"和外部人道德信用作出评价和联网，以道德手段约束企业经营管理者，包括出资人代表、董监事等的行为，提升诚信度和自制力。

5. 优化预算结构，落实分红权责

全面全覆盖地落实《国务院关于试行国有资本经营预算的意见》。国有企业属于全民所有，那么全民收益权既体现在划转国有上市公司股权给社保基金，也应体现在每个公民收益上，可将国有资产视作全民股权池，分公民退休、死亡、犯罪等不同形式，按照不同额度折成现价从中变现，交其继承人继承或本人套现，由于人数较少，也不会造成国有股权分掉的乱局。今后犯罪的，即可剥夺政治权利，也可剥夺其经济权利，也就是公民收益权。若按死亡来支付兑现，从 2015 年 7 月 24 日，由中国社科院国家资产负债表研究中心发布的《中国国家资产负债表 2015》显示，以及 2016 年 6 月 30 日，国务院国资委主任肖亚庆受国务院委托，就国有资产管理与体制改革情况向全国人民代表大会常务委员会作报告显示，截至 2015 年底，全国国有企业资产总额 119.2 万亿元、所有者权益 40.1 万亿元，其中，中央企业资产总额 47.6 万亿元、所有者权益 15.9 万亿元。那么中国非金融性国企净资产约 40 万亿元，人均 3 万元。若按每年死亡 890 万人计，每年需要兑现净资产 2700 亿元，这个无论是财政还是资本收益金均能支付得起。

（三）规范运作，配套保障

国企混合所有制改革全社会关注，严格规范操作流程和审批程序。国有企业产权和股权转让、增资扩股、上市公司增发等，应在产权、股权、证券市场公开披露信息，公开择优确定投资人，达成交易意向后应及时公示交易对象、交易价格、关联交易等信息，防止利益输送。国有企业实施混合所有制改革前，应依据本意见制定方案，报同级国有资产监管机构批准；重要国有企业改制后国有资本不再控股的，报同级人民政府批准。方案审批时，应加强对社会资本质量、合作方诚信与操守、债权债务关系等内容的审核。要充分保障企业职工对国有企业混合所有制改革的知情权和参与权，涉及职工切身利益的要做好评估工作，职工安置方案要经过职工代表大会或者职工大会审议通过。健全国资定价机制。通过产权、股权、证券市场发现和合理确定资产价格，发挥专业化中介机构作用，借助多种市场化定价手段，完善资产定价机制，实施信息公开。健全多层次资本市场。加快建立规则统一、交易规范的场外市场，促进非上市股份公司股权交易，完善股权、债权、物权、知识产权及信托、融资租赁、产业投资基金等产品交易机制。建立规范的区域性股权市场；健全股权登记、托管、做市商等第三方服务体系。以具备条件的区域性股权、产权市场为载体，探索建立统一结算制度，完善股权公开转让和报价机制。加快建立健全法规制度。根据改革需要抓紧对合同法、物权法、公司法、企业国有资产法、企业破产法中有关法律制度进行研究，依照法定程序及时提请修改。推动加快制定有关产权保护、市场准入和退出、交易规则、公平竞争等方面法律法规。同时要加强国有企业混合所有制改革舆论宣传，做好政策解读，阐释目标方向和重要意义，宣传成功经验，正确引导舆论，回应社会关切，使广大人民群众了解和支持改革。另外，对于国有资本进入而没有控制权的混合所有制企业初创人、职业经理人无论是否党员，均可通过统战部门和工商联等机构将其作为重点统战对象进行联系，以使之其与党和政府同心同德。

总之，在国企混合所有制改革实践中，要着眼于形成股权结构多元、股东行为规范、内部约束有效、运行高效灵活的经营机制，坚持混合形式、治理模式、管理方式必须协同与匹配，通过产权伦理文明化、内外治理规范化、公司经理职业化、经营管理市场化，追求产权治权管权协同高效。其中，推进股权多元化，为完善现代企业制度奠定产权基础；建立规范的公司制和法人治理结构，即按照公司法规范央企的相关制度，使公司真正成为市场竞争中的法人主体，推行外部董事占多数的董事会运行机制，明晰董事会、经理层的责权利，实现行权顺畅。建立职业经理人制度，坚持董事与经理人社会化、市场化方式选拔，特别要主要充分发挥企业家作用，用人力资本撬动经济资本、用活劳动激活固化劳动，从而用市场化、契约化方式解决好企业经营委托代理的完整闭环；推进公司内部机制市场化，即用人用工及分配机制等方面与市场接轨。在此基础上，依照市场规律和经济运行规律，依法合规尊俗开展企业运营，实现国有、集体与私有、外资资本的共生共赢，为中华民族伟大复兴打牢经济根基。

推进党的领导与现代企业制度
有机融合的探索与实践

党政军民学，东西南北中，党是领导一切的。加强和改进国有企业党的建设，对于加强党和国家各方面的建设具有重要现实意义和深远的历史意义。党的十八大以来，以习近平同志为核心的党中央提出了一系列治国理政新理念新思想新战略，开辟了治国理政新境界。2016 年 10 月，习近平总书记在全国国有企业党的建设工作会议上指出，坚持党对国有企业的领导是重大政治原则，必须一以贯之；建立现代企业制度是国有企业改革的方向，也必须一以贯之。中国特色现代国有企业制度，"特"就特在把党的领导融入公司治理各环节，把企业党组织内嵌到公司治理结构之中，明确和落实党组织在公司法人治理结构中的法定地位，做到组织落实、干部到位、职责明确、监督严格。习近平总书记强调，坚持党的领导、加强党的建设是我国国有企业的光荣传统，是国有企业的"根"和"魂"，是我国国有企业的独特优势。深刻论述了国企发展的规律所在，为做好新形势下国企党建工作提供了根本遵循。

本报告从实际出发，系统总结了现代企业制度及中国特色现代企业制度的相关内涵及现代企业制度下党的建设实践经验，深入分析了现代企业制度下国有企业党组织的地位及作用，结合中国建材集团改革发展实际，以"四个融合"实现党建促发展思路，研究了推进党的领导和现代企业制度有机融合的途径方式，为深化国企改革、加快完善中国特色现代国有企业制度体系建设，加强国有企业党的领导提供借鉴参考。

一、现代企业制度的概念

（一）现代企业与现代企业制度

"现代企业"是由美国著名企业管理史学家钱德勒在考察美国企业生产和管理方式时提出："由一组支薪的中、高级经理人员所管理的多单位即可适当地称之为现代企业。"这应该是比较具有代表性的现代企业定义了，它揭示了现代公司的重要特征，那就是企业的经营管理者不再是资本家本人，而是职业经理人员。出资人并不管理企业而是从经理市场聘用职业经理人来帮助自己管理企业，这就说明出资人的最终所有权与企业的控制权（经营权）出现了分离。其次，现代企业应该是多单位的企业，企业规模庞大，现代企业将许多单位至于其控制之下，在不同地点进行经营，通常进行不同类型的经营活动，提供不同的产品和服务。

现代企业制度是企业组织发展的新形式，是相对于传统企业制度而言的。从现代企业制度的理论演变进程来看，现代企业理论产生是在 1937 年科斯发表的《企业的性质》一文为标志。现代企业制度最基本的特征是委托代理关系的确立。这是社会发展进程中企业管理复杂化和交易成本节约化两个要求相互妥协的结果，也依赖于市场经济条件下信用体系等外在条件的形成。企业制度伴随着企业的发展创新，主要的企业制度有个人业主制、合伙制和公司制，其中公司制是企业制度的典型形式。也有学者提出，现代企业制度就是现代公司制度。[①]

（二）现代企业制度的内涵

我国学者对于现代企业制度的本质的认识存在较大争议，存在三个代表性的观点：一种观点认为法人财产权是现代企业组织制度和管理制度的依托，因此认为法人产权制度是现代企业制度的实质，可以称为"法人产权"派；第二种观点认为公司以其拥有的法人财产承担有限责任，只有这样的公司法人才能够分散风险、广泛集资，适应现代市场经济发展的要求，因此现代企业制度的最本质特征应当是有限责任，可以称为"有限责任"派；第三种观点认为近代企业制度已经具有法人财产和有限责任的特征，现代企业制度才是以两权分离和经理阶层为基础，经理制度在现代企业制度中处于核心地位，可以称为"经理制"派。[②]实质上上述三个特点都是现代企业制度所具有的，这三种观点并非对立，只是各自的侧重点不同。

有学者认为，现代企业制度是一个制度体系，主要包括：现代企业产权制度、现代企业组织制度、现代企业领导制度、现代企业管理制度、现代企业上市制度、现代企业公示制度、现代企业监管制度、现代企业退市制度等等，以及围绕这些制度和在这些制度下企业处理与各方面关系的行为规范和准则。[③]也有学者认为，现代企业制度就是现代企业所采取的制度，可以把现代企业制度概括为，以完善的企业法人制度为基础，以有限责任为特征，以公司行带为代表的企业组织形式。现代企业制度包括三个方面的内容，

① 现代企业制度，牛国良，北京大学出版社 2006 年 9 月第二版，第 74 页。
② 国有企业领导制度研究，蒋兴旺，东北财经大学出版社 2011 年版，第 32-34 页。
③ 现代企业制度下国有企业党的建设研究，李德强，博士论文，2016 年，第 29-30 页。

一是企业财产所有者与企业高层决策者的行为规范与相互制衡关系；二是企业内部管理制度；三是企业的产生与消亡制度。[①] 还有学者认为，现代企业制度是企业产权制度、企业组织制度和经营管理制度的综合，包括四个方面，一是现代企业产权制度，这是现代企业制度的核心；二是现代企业法人治理制度，这是重要内容；三是现代企业有限责任制度；四是现代企业管理制度，涉及人力资源管理、组织管理、财务管理、战略管理、信息管理、文化管理等等。[②]

（三）国企改革背景下的现代企业制度

1993 年，党的十四届三中全会决议首次提出，国有企业要建立健全产权清晰、权责明确、政企分开、管理科学的现代企业制度。同时指出，"现代企业按照财产构成可以有多种组织形式。国有企业实行公司制，是建立现代企业制度的有益探索。"本次会议提出的现代企业制度的目标（简称十六字目标）一直沿用至今，其中的"管理科学"，可以理解为广义上的企业管理。

1999 年党的十五届四中全会通过的《关于国有企业改革和发展若干重大问题的决定》是党中央第一次以全会的形式对国有企业改革的目标、方针政策和主要措施作出了全面部署，也可以是一次系统阐述了现代国有企业制度的总体内涵。该决定提出，公司制是现代企业制度的有效组织形式，公司法人治理结构是公司制的核心，股东多元化有利于形成规范的公司法人治理结构，要积极发展多元投资主体公司。

2013 年召开的党的十八届三中全会通过的《中共中央关于全面深化改革若干重大问题的决定》在"坚持和完善基本经济制度"中部分，两次提到现代企业制度：一是推动国有企业完善现代企业制度，除总论段外又分为三点，分别是：准确界定不同国有企业功能；健全协调运转、有效制衡的公司法人治理结构；国有企业要合理增加市场化选聘比例，合理确定并严格规范国有企业管理人员薪酬水平、职务待遇、职务消费、业务消费。二是在"支持非公有制经济健康发展"中，提出"鼓励有条件的私营企业建立现代企业制度"。

2015 年印发的《中共中央国务院关于深化国有企业改革的指导意见》（中发 [2015]22号，简称 22 号文）中，"完善现代企业制度"部分分为五点，分别是：推进公司制股份制改革；健全公司法人治理结构；建立国有企业领导人员分类分层管理制度；实行与社

① 现代企业制度，牛国良，北京大学出版社 2006 年 9 月第二版，第 81-82 页。
② 现代企业制度概论，吴申元，首都经济贸易大学出版社 2016 年 3 月第 3 版，第 9-11 页。

会主义市场经济相适应的企业薪酬分配制度；深化企业内部用人制度改革。

国资委改革办编写的《关于深化国有企业改革的指导意见学习读本》提出，健全公司法人治理结构，是建立现代企业制度的核心。[①]国资委研究中心编写的《关于深化国有企业改革的指导意见百题百答》，指出健全现代企业制度要抓好以下几个环节：继续推进政企分开、积极探索公司制改革，对国有大中型企业实行规范的公司制改革，面向市场着力转换企业经营机制。

2017 年印发的《国务院办公厅关于进一步完善国有企业法人治理结构的指导意见》（国办发〔2017〕36 号）"当前，多数国有企业已初步建立现代企业制度，但从实践情况看，现代企业制度仍不完善，部分企业尚未形成有效的法人治理结构，权责不清、约束不够、缺乏制衡等问题较为突出，一些董事会形同虚设，未能发挥应有作用。"由此可见，现代企业制度与现代法人治理机制内涵近似。

2017 印发的《国务院办公厅关于转发国务院国资委以管资本为主推进职能转变方案的通知》（国办发〔2017〕38 号）在"调整优化监管职能"中提出，"加大简政放权力度，更好维护企业市场主体地位，推动完善现代企业制度，健全各司其职、各负其责、协调运转、有效制衡的国有企业法人治理结构。"

综上，现代企业制度的概念是伴随着现代企业而产生、发展的，随着改革开放的不断深化，我国的企业制度不断完善，现代企业制度也逐步建立起来。国有企业建立现代企业制度是长期以来我们党领导国有企业改革的一个重大理论创新。[②]建立并完善现代企业制度是国有企业改革的方向，是深化国有企业改革的关键，是增强国有企业竞争力、提高国有资本配置效率必须加强的微观制度基础。[③]目前，企业管理学术界和国企改革的政策中，对现代企业制度都未作出明确界定，总体上看，可以从广义和狭义两个角度来理解，广义上的现代企业制度包括与现代企业相关所有管理制度，狭义上的现代企业制度特指企业法人治理结构。本文中，现代企业制度是指以产权制度为基础、以公司治理为核心、以内部机制为重点，包括生产运营管理在内的一整套公司运作制度。

二、中国特色现代国有企业制度的演变及内涵

党的十四届三中全会确定了国企改革的方向是建立现代企业制度。至此，现代企业

① 关于深化国有企业改革的指导意见学习读本
② 《深化国有企业改革的指导意见》学习读本，中国经济出版社，2016 年，P64
③ 《深化国有企业改革的指导意见》百问百答，中国经济出版社，2016 年，P61

制度叩开了中国的大门。虽然中国企业制度改革之路曲折不平，但当今中国经济正在走向世界第一，中国越来越明白：加入"中国特色"的现代企业制度无论是对国有企业还是民营企业，都产生了优化企业管理、激发内在动力、提高竞争能力、提高竞争能力、提升发展质量的作用和成效。

经过四十年的理论探索和实践发展，党的领导、党的建设在加强中改进，在探索中完善。现代企业制度下国有企业党的建设和经济建设相得益彰、互促共进，彰显了中国特色现代企业制度的优越性和竞争力，彰显了公有制经济与非公有制经济协同发展、联动发展的内在活力。中国特色现代企业制度并不是党的领导和传统现代企业制度的简单相加，而是党的领导和传统现代企业制度辩证统一的新的企业制度。

（一）中国特色国有企业党的领导制度演变及内涵

1. 国有企业党的领导制度的演变历程

表 1　国有企业党的领导制度演变历程

时间	方式	内容
1984 年	厂长（经理负责制）	实行生产经营和行政管理厂长（经理）负责制
1989 年	发挥政治核心作用	发挥党组织的政治核心作用，坚持和完善厂长负责制，全心全意依靠工人阶级
1993 年	坚持"三句话"指导方针	通过"双向进入、交叉任职"建立和完善法人治理结构
2016 年	国有企业党组织发挥领导核心和政治核心作用	把方向、管大局、保落实；依照规定讨论和决定企业重大事项
2017 年	党委（党组）发挥领导作用	

2. 国有企业坚持党的领导的基本内涵

2016 年习近平总书记在全国国企党建会上系统阐述了国有企业坚持党的领导的基本内涵。2017 年最新修订的《中国共产党章程》进行了明确规定，指出国有企业党委发挥领导作用，把方向、管大局、保落实，依照规定讨论和解决企业重大事项。保证监督党和国家的方针、政策在本企业贯彻执行；国有企业和集体企业中党的基层组织，围绕企业生产经营开展工作。支持股东会、董事会、监事会和经理（厂长）依法行使职权；全心全意依靠职工群众，支持职工代表大会开展工作；参与企业重大问题的决策；加强党组织的自身建设，领导思想政治工作、精神文明建设、共青团等群团组织。

（二）中国特色现代国有企业产权制度演变及内涵

公司制是公有制的重要实现形式，股份制是公有制的主要实现形式。公司一般分为有限责任公司和股份有限公司两种，股份有限公司又分为上市股份公司和非上市股份公司两种。虽然股份制公司也属于公司范畴，但习惯上，一般将股份有限公司称为股份制企业，而将有限责任公司称为公司制企业。正因为如此，党的决议和政府工作报告中经常将公司制股份制并列来讲，强调要深化国有企业公司制股份制改革。在实践中，并非所有国有企业都具有投资价值，更不是都符合上市条件，特别是承担公益性功能或主要承担保障性功能的国有企业，所以国有企业不可能也不需要都采用股份制的资本组织形式。适应建立现代企业制度的要求，国有企业也可以进行公司制改革。为此，中央历来强调，国有企业要加快推进公司制股份制改革，具备条件的国有企业进行改制上市。通过中央对混合所有制企业发展作出一系列重要部署，理论内涵和政策要求经历了不同阶段发展演变。混合所有制经济的理论地位不断提升，重要性日益凸显，政策表述逐步具体化。

表 2　国有企业产权制度演变

时间	会议	表述	意义
1993 年	十四届三中全会	随着产权的流动和重组，财产混合所有的经济单位原来越多，将会形成新的财产所有结构。	提出财产混合所有
1997 年	十五大	公有制实现形式可以而且应当多样化。要努力寻找能够极大促进生产力发展的公有制实现形式。股份制是现代企业的一种资本形式，有利于提高企业的一种资本组织形式，有利于所有权和经营权的分离，有利于企业和资本的运作效率，资本主义可以用，社会主义也可以用。	提出公有制实现形式的多样化，提出股份制可以作为公有制的实现形式
1999 年	十五届四中全会	国有大中型企业尤其是优势企业，宜于实行股份制的，要通过规范上市、中外合资和企业相互参股等形式，改为股份制企业，发展混合所有制经济。	要求优势国有企业推行股份制，提出发展混合所有制经济
2002 年	十六大	除极少数必须由国家独资运营的企业外，积极推行股份制，发展混合所有制经济。	要求大部分国有企业推行股份制
2003 年	十六届三中全会	要适应经济市场化不断发展的趋势，进一步增强公有制经济的活力，大力发展国有资本、集体资本和非公有资本等参股的混合所有制经济，实现投资主体多元化，使股份制成为公有制主要实现形式。	要求股份制成为公有制的主要实现形式
2013 年	十八届三中全会	必须毫不动摇鼓励、支持、引导非公有制经济发展，激发非公有制经济活力和创造力。要完善产权保护制度，积极发展混合所有制经济，推动国有企业发展现代企业制度，支持非公有制经济健康发展。	进一步要求发展混合所有制经济，并提出与之配套的产权保护制度和现代企业制度。
2018 年	十九大	深化国有企业改革，发展混合所有制经济，培育具有全球一流的世界一级企业。	进一步凸显混合所有制经济的重要地位和作用

（三）中国特色现代国有公司治理制度演变及内涵

新中国成立以来，我国国有企业领导和治理制度的演变，大体经历了党委领导下的厂长负责制、厂长（经理）负责制、国有企业党组织发挥政治核心作用、通过积极探索"双向进人、交叉任职"建立和完善公司法人治理结构等阶段，已经实现了从传统国有企业领导体制到现代公司法人治理结构的重要转变。1999 年 9 月党的十五届四中全会决定明确指出：公司制是现代企业制度的一种有效组织形式，公司法人治理结构是公司制的核心；要明确股东会、董事会、监事会和经理层的职责，形成各负其责、协调运转、有效制衡的公司法人治理结构。

关于公司法人治理制度的重要性，2004 年版的《OECD 公司治理准则》作了充分阐述。该准则认为：公司法人治理涉及整个的有关公司经营管理层、董事会、股东和其他利益相关者之间的关系；公司法人治理也提供了一个框架从而有助于确定公司发展目标、实现目标的手段、对执行过程的监控；对董事会和经营管理层推动公司和股东利益目标的实现，良好的公司法人治理将提供适当的激励并采用有效的监控；公司法人治理成为改善公司经济效率和促进投资者信心增长的一个关键性因素。

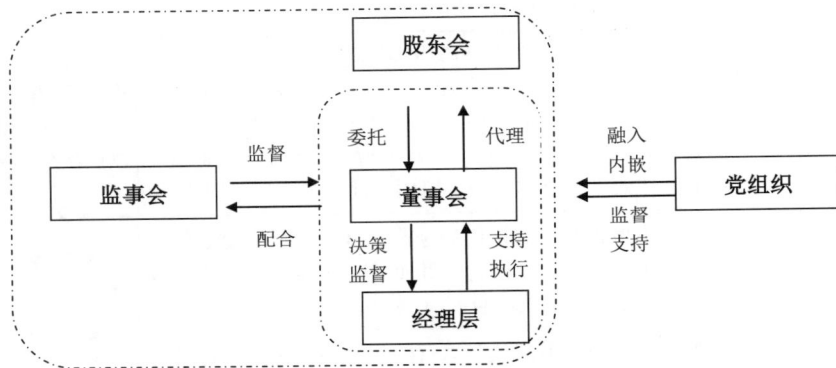

图 1 治理结构中的各方关系

公司治理是一套制度安排或体系，建立在出资者所有权与公司法人财产权分离基础上，通过一系列治理结构和治理机制的安排，协调公司股东、经营者及其他利益相关者之间的关系，保证公司科学决策、有效运行。《国务院关于国有企业发展混合所有制经济的意见》（国发〔2015〕54 号）明确提出，混合所有制企业要建立健全现代企业制度，明晰产权，同股同权，依法保护各类股东权益。规范企业股东（大）会、董事会、经理层、监事会和党组织的权责关系，按章程行权，对资本监管，靠市场选人，依规则运行，形成定位清晰、权责对等、运转协调、制衡有效的法人治理结构。

（四）中国特色现代国有企业制度管理制度演变及内涵

经过新中国成立以来、特别是经过 40 年改革开放和国内外市场竞争的洗礼，我国国有企业的管理工作开始实现从传统粗放式管理向现代集约式管理的重大转变，主要体现在以下四个方面：一是管理组织从工厂企业到公司集团，国有企业在组织功能上，从单生产功能为主的工厂制连步演变为具有较完整市场经营功能的法人体制；在组织体制上，则由单的行政性企业为主转向具有现代市场意义的公司和集团。二是管理念从计划到市场。大多数企业牢周树立起市场、客户、质量、品牌、成本、效益、人本、环保等适应现代市场经济要求的理念和社会责任意识。三是管理方法从传统到现代。精益管理、经济增加值 (EVA)、管理会计、供应链管理、智能管理、绿色管理等国际流行的管理方法都在国有企业得到应用：战略管控、并购重组、流程再造、电子商务、互联网、大数据等新管理思想已经进入国有企业管理的视野。四是管理手段从硬件到软件。国有企业通过构建文化、加强知识管理、推进管理创新、实施名牌战略、履行社会责任、塑造社会主义核心价值观等培育企业核心能力，努力保持和创造竞争优势。

三、党领导下的现代企业制度的实践成效与途径方式

党的十八大以来，尤其是全国国有企业党建工作会议召开以来，国有企业党的建设取得了明显进展和显著成效，国有企业各级党组织和广大党员深入学习贯彻落实习近平总书记重要讲话精神，对坚持党的领导、加强党的建设重大意义认识更加深入，对肩负管党治党责任更加明确。党组织融入公司治理更加纵深，党建工作与生产经营更加紧密，强党建促发展氛围更加浓厚。党建工作重点任务扎实推进，取得了明显成效。

（一）推进党的领导与治理管理相结合

1. 明确法定地位

"党建入章程"是落实党组织在公司法人治理结构中的法定地位的重要制度安排，是把加强党的领导和完善公司治理统一起来，建设中国特色现代国有企业制度的重要举措。全国国有企业党的建设工作会议明确提出，把党建工作要求写入国有企业公司章程。中共中央组织部、国务院国资委党委下发《关于扎实推动国有企业党建工作要求写入公司章程的通知》（组通字〔2017〕11号）。对国有绝对控股、相对控股混合所有制企

业"党章入章程"工作进行了全面部署。整体来看，国有企业各级党组织把"党建入章程"作为当前党建工作的重中之重，2017年"党建入章程"工作取得突破性进展。据有关统计，2017年在调查的99家中央企业中，除中国冶金地质总局等单位为事业单位没有公司章程外，中央企业集团层面已全部将党建工作总体要求纳入公司章程，并且在二级及以下更基层企业持续深入推进此项工作，取得较好成效。[①]

2. 明确党委议事规则和职责边界

现代企业制度下国有企业党的建设最核心的问题是党的领导与公司治理相融合的具体实现方式，最关键的内容是厘清党委与董事会在重大决策、选人用人等方面的职责边界。国有企业要把制定党委会议事规则作为融入治理的一项极为重要的制度保障，同时也作为企业内部决策管控制度的重要组成部分。党委在公司治理结构中发挥领导作用，体现政治领导、思想领导和组织领导的有机统一。根据这一原则，结合企业实际，在党委会议事规则中详细规定党组织的决策范围、决策程序，以及与董事会、经理层的关系等。党组织的职责边界要把握好，既不能缺位，管好该管好的，做好该做的，发挥领导作用，也不能越位，不能出现代替董事会对重大问题的决策权，也不能直接作为企业生产经营的决策和指挥中心。

3. 落实党管干部原则

习近平总书记强调，要"坚持党组织对国有企业选人用人的领导和把关作用不能变，着力培养一支宏大的高素质企业领导人员队伍"。建设高素质、专业化的干部队伍，构建适应职业经理人的新型人力资源管理机制，吸引、保留和激励各类职业经理人才，从而增强企业的核心竞争力，是确保现代企业可持续发展的前提和基础。国有企业党组织要主动适应改革，将党管干部、党管人才原则与《公司法》赋予的出资人依法选派产权代表、董事会选择经营管理人员以及经营者行使用人权有机结合起来。明确企业党组织坚持党管干部、党管人才的原则的职责权限、管理范围、方法程序，明确党组织在选人用人各环节中的具体职责边界。

泰山石膏党委在54家子公司一把手配备中，一律挑选那些既懂政治，也懂经营的干部实行"一人双岗、双岗双责"，实行党组织书记和企业负责人"一肩挑"。安徽天柱新能源公司，有一位副总经理，非中共党员，业务能力很强，但在思想上有些偏激，在网络上数次发表与中央不一致的言论。公司党组织认识到这个问题的严重性，及时采取措施，支付了较高的经济补偿金，解除了与该高管的劳动关系。董事长个人作为第二大

[①] 国有企业改革落实情况调查问卷分析报告 2017 年度版 国务院国资委研究中心 中智人力资源管理咨询有限公司 p85

股东，也非常支持党组织决定，认为经济损失是小事，给干部员工带来正能量才是大事。

4. 建立党建责任体系

建立完善党建工作责任考评体系是加强党对国有企业领导的必然要求和落实党建工作责任制的重要保障，也是推进国有企业党建工作科学化的重要举措。国有企业必须注重发挥党建考核"指挥棒""风向标"作用，严格党建责任考核，将党建成效考核融入企业经营发展考核之中，实现同步考核、结果联动。一是明确考核目标，不同类型的国有企业党建工作考核评价重点不同；二是建立标准化信息化考核体系，围绕提高企业发展质量等中心工作，细化考核标准、创新考核方式、强化结果运用，健全规范化、制度化考核体系；三是明确考核主体，对不同类型的国有企业党组织进行考核，原则上按国有控股资本方企业党组织作为上级党组织进行考核，按属资管理。

（二）推进党的领导与生产经营相结合

1. 围绕中心发挥党支部和党员作用

党组织和党员队伍对企业经营发展有着重要的推动作用，党组织与其他组织相比更具有纪律性、战斗力，党员与普通群众相比更具有奉献精神、担当意识，这种精神和这种战斗力是企业改革发展的宝贵财富，也是党组织和党员的独特优势。党组织和党员要把坚持服务企业生产经营不偏移作为工作的出发点和落脚点充分发挥党支部战斗堡垒作用和党员的先锋模范作用。立足企业的重点项目、重大工程和急难险重任务，围绕企业深化改革、创新转型、高质量发展、国际化经营等攻坚任务，成立党员先锋岗、党员示范岗、党员突击队、党员攻关小组、冲锋党支部、红旗党支部等，发挥党支部战斗堡垒作用和党员先锋模范作用。国有企业党组织围绕生产经营开展活动，把党员和群众都作为活动参与对象来组织发动，在党员发挥带头作用的同时，团结动员职工群众共同为企业改革发展攻坚克难、建功立业。

海螺水泥以党支部保分厂、党小组保工段、党员保班组的"三保"为主要内容，引导各基层党组织找准工作的着力点和切入点，加大党员示范岗、党员突击队、党员责任区建设，创建了宁国水泥厂"让党建成为看得见的生产力"、荻港海螺"党建＋五融合"、芜湖海螺"打造学习型党组织"、白马山水泥厂"服务型党组织争创"等富有特色的基层党建品牌，进一步增强企业的发展后劲。中国巨石强化"一名党员、一面旗帜、一个标杆"的理念，在技术攻关、精细管理、成本节约、节能减排、安全生产等企业生产经营的各个方面，做到党员标准比群众更高、能力比群众更强、业绩比群众更突出。泰山石膏在公司项目建设、技术难题的解决过程中，把业务精、觉悟高的党员干部放在首当其冲的位置，充分发挥党员的带头作用，打好了一场场攻坚战。把党组织的管理制度与公司的安全生产、运营制度相结合，把党员干部的考察和考评与其经营业绩相结合，较好地解决了党建工作与企业发展"两张皮"的问题。

2. 教育引导干部员工树立市场化经营理念

一些国有企业干部往往有两种思维惯性：一是认为国有企业是国家的买卖，关不了门，旱涝保收；二是认为工作论资排辈，只要不犯错误，就不用担心职位。这两种思维惯性导致企业缺乏竞争力和活力。就如何树立国企干部们的市场竞争意识，是一项非常重要的工作。近年来，中国建材集团输送了大批干部到北大、清华、南开等一流大学的商学院学习，举办了中青班、研修班、党建班、博士班等，极大的提高了干部们的素质和能力。经过系统培训，领导干部分析处理复杂问题的能力、创新能力、带队伍能力等极大提升。

3. 运用现代管理理念提升党建质量

以改革创新精神加强党的建设，是当今时代发展的必然要求，也是各级党组织研究的课题，越来越多的企业将现代管理理念引入到企业党建管理工作中，有效地推动了党的基层组织建设。

中国建材集团党建工作借鉴现代管理理念，强调规范和精细管理。健全完善党的各级基层组织，督促成员企业逐级按期换届，实现"应建必建""应换必换"。2017 年新设立党组织 124 个，按期换届选举 363 个。针对混改进入的部分民营企业在党建方面存在的薄弱问题，做到"规范组织、规范制度、规范活动"，将央企党建工作要求全面延伸到混合所有制企业。新成立 87 个党委、603 个党支部，消除党建盲区，使党组织设置与企业资产管理体系一致。强调"细致了再细致、严格了再严格"，建立工作指引和参考模板 70 余项。并通过开展党委书记党建责任述职评议、制定党员领导干部党建责任 KPI、探索党员先锋模范作用"指标化"等，使各项管理落地见效，有力提升了基层党建质量。

中联水泥制定党建工作规范化科学化指引。针对基层党建工作中存在的"宽松软"和"四化"问题，以推进全面从严治党，加强党的政治建设、思想建设、组织建设、作风建设、纪律建设、制度建设和反腐败建设为主线，编制《关于提升党建工作规范化科学化水平的指导意见》和《党建工作指导手册》，对明确党建工作标准、规范党建制度流程、严肃党内组织生活、丰富党建活动载体，起到了积极的推动作用。

4. 服务职工群众加强组织关怀

国有企业要主动适应新形势，不断增强服务意识和服务能力，积极推进国有企业基层服务型党组织建设。近年来，一批批国有企业通过改制发展成为混合所有制企业，混合所有制国有企业的产权关系、组织结构、经营模式、用工方式发生了多种多样的变化。党组织要更加注重发挥服务职能，在关怀帮扶、文化引领、精神激励上发挥独特优势，在党员和职工群众中构筑健康充实的精神家园，增强党员的荣誉感和群众的归属感，在服务中夯实党组织的群众基础，凝聚企业改革发展合力。

中国巨石随着"走出去"战略深入推进、海外市场积极拓展，及时增设海外临时党支部，在海外项目建设、技术项目攻关、销售市场开拓等领域，基层党组织深入一线了解企业职工困难疾苦，细致做好一人一事思想和帮扶解困工作，成为广大职工思想上的贴心人、工作中的主心骨。中复连众发挥党组织在服务群众中的关键作用，公司党委始终把关心职工的生活、帮助职工解决困难，增强职工队伍的凝聚力向心力作为一项重要的工作来抓。坚持定期组织职工进行健康体检，建立健全了职工健康档案。关心职工的疾苦，制定了《购房补贴制度》《大病医疗保险》、《慰问制度》、《女职工困难补助基金》等规章制度。中车四方股份公司党群工作组定期开展"冬送温暖、夏送清凉、秋送助学、节送慰问、难送帮扶、病送关怀"为内容的"六送"和"三关心、三保证"活动，特别是对党员劳模、骨干和困难党员通过建立档案、固化慰问、帮扶机制等措施，把组织的温暖送到党员和员工身边。结合公司发展和员工成长需求，深入推进 EAP 工作（员工幸福帮助计划），开展"关爱"活动，推进"幸福团队"、"幸福文化"建设，帮助员工排忧难，促进员工提升幸福指数。

（三）推进党的领导与企业文化相结合

1. 提炼和弘扬先进文化

企业文化作为一种潜移默化的精神力量，在企业生产经营的全过程发挥着无形的制约、凝聚、导向、激励、规范作用，在现代企业管理中越来越处于突出的地位，企业文化已成为决定企业发展的重要因素。越来越多的企业党组织更加注重推进企业文化建设，在党组织的会议和培训中加强企业文化宣贯，营造统一、良好的文化氛围，使企业文化得到员工广泛的认知认同，有力巩固广大员工的思想基础和价值观纽带，为企业发展提供坚强的思想保证、精神动力、文化支撑。

中国建材集团教育干部职工"珍惜党和人民提供的施展才华的舞台,懂感恩,知回报"，培育践行"创新、绩效、和谐、责任"企业核心价值观和"敬畏、感恩、谦恭、得体"行为准则；按照"讲政治、有信念，讲规矩、有纪律，讲道德、有品行，讲奉献、有作为"的要求，争做有学习能力、市场意识、敬业精神、专业水准、思想境界的"五有干部"。

2. 塑造优秀的企业品格

进入新时代，高质量发展对企业自身的品格也提出了更高的要求。企业是盈利组织,同时又是社会组织，所以企业既有经济性又有社会性。作为社会组织，企业要承担社会责任，处理好社会中方方面面的关系，只有被社会接受和受社会支持的企业才会获得长远发展。和人一样，企业在成长的过程中也会形成自己的品格，恰恰是企业的品格绝对了其社会认同度。企业的品格是企业在经营活动和社会交往中展现出的品质、格局和作风，反映了企业的世界观、价值观和组织态度。企业的品格也是集企业理念、文化和行为于一体的企业形象。

中国建材集团秉持绿色发展的理念，特别强调保护环境、热心公益、关爱员工和做世界公民四项品格。集团主动实施"责任蓝天计划"，终坚持环境、安全、质量、技术、成本的价值排序，在生产中秉持三原则，即原料尽量采用城市和工业固体废弃物，生产过程中要做到零排放，产品绿色健康；全力参与抢险救灾、灾后援建、帮助弱势群体等工作，积极落实四县一区的对口扶贫，成立"善建公益"基金，打造"禾苞蛋"电商扶贫平台；在"一带一路"建设中秉持"为当地发展作贡献、与当地企业合作、与当地居民友好相处"三原则，体现央企责任与担当。

3. 营造浓厚的党建氛围

中国建材集团将建设党建阵地作为一项加强党组织建设基础来抓，营造了浓厚的党建文化氛围。切实增强了员工的认同感和归属感以及党组织的号召力、凝聚力、战斗力和创造力，充分发挥了党建的激励引领作用，有效提高了全体干群的思想意识、政治意思，为促进党建工作的发展提供良好的氛围。

北新建材的文化有着优秀的传统和强大的凝聚力，公司党委带领各级党组织和广大党员，充分运用集团"和谐"文化，充分发挥党建工作在统一思想、凝聚力量鼓舞斗志方面的作用，推行"三个和谐"：追求企业与自然的和谐，强调善用资源，强调全绿色经营；追求企业与社会和谐，持续开展扶贫工程、志愿者行动等活动；追求企业与人的和谐，强调"企业是人、企业为人、企业靠人"，持续开展暖心工程、惠民工程，特别对困难党员、困难群众的关注与帮扶；建立了驻外人员服务总队，加强对长期驻外人员及其家属的关爱和服务，形成"理解人、关心人、凝聚人"的氛围，打造彰显和谐文化的企业。

（四）推进党的领导与廉洁从业相结合

党委履行党风廉政建设主体责任，纪委履行监督责任，落实两个责任，必须有机结合。

1. 同步落实两个责任

反对腐败、建设廉洁政治，是我们党一贯坚持的鲜明政治立场。党的十八大以来，以习近平同志为核心的党中央在全面推进党的建设新的实践中，不断加强和改进党内监督工作。巡视工作一路高歌猛进。根据统计，从 99 家中央企业的有效样本来看，96 家中央企业集团开展了内部巡视（或巡查）工作，占比 97%。在调查 37 家省级国资委中，有 27 家省级国资委建立了巡视（或巡查）制度，占有效样本的 73%。[①]

北京城建集团完善了党风廉政建设责任制检查考核评估指标体系，细化考核内容，每年由集团党委常委带队，组织党风廉政监督员参加，对集团所属控股企业"两个责任"落实情况进行检查考核，考核结果在年度党风廉政建设工作大会上进行通报奖罚。中国建材集团坚持党要管党、从严治党，召开党的建设、党风廉政建设和反腐败工作会议，研究部署党建和反腐败工作任务。集团党委与二级企业签订党风廉政建设责任书，层层落实责任。成立党委巡视工作领导小组，设立巡视工作办公室，制定巡视工作五年规划，开展了二级单位的内部巡视工作。组织开展党章党规党纪教育、警示教育，开展遵守八项规定精神专项检查。

2. 严格监督管理

无论是国有资本股东，还是非公股东，包括职工群众，在实现资产保值增值、提高资本回报率、促进企业健康发展上目标一致，对侵占公司利益、贪污腐败的现象都深恶痛绝，对党组织加强企业内部监督大力支持。不少国有企业党组织强化企业内部监督，与企业风险管控结合起来，聚焦关键岗位、重要人员特别是一把手的监督管理，强化了在工程招投标、改制重组、产权变更和交易等容易滋生腐败领域的监督，在一定程度上防范了风险。

中车长春轨道客车股份有限公司通过召开专题民主生活会、领导干部思想作风暨党风廉政建设讲评会，定期对领导干部思想作风和党风廉政建设情况进行讲评，对干部队伍工作、思想作风、党风廉政建设情况集中梳理、分析和点评，督促基层党组认真落实党风廉政建设主体责任和监督责任。党委对党员干部的问责力度也越来越严格。南方水泥以业绩为导向建立了"业绩评价、民主评估、监督约束、学习培训"四位一体干部评价体系。2016 年，问责干部 110 名，其中受到免职撤职以上问责的干部 17 名。江西建工集团坚持将党建和党风廉政建设工作与行政工作同规划、同部署、同检查、同考核，考核权重占企业领导人员业绩考核分值的 10%，与领导人员薪酬、晋升挂钩。

3. 坚持严管厚爱

党的十九大报告明确了新时代党的建设总要求，对坚定不移全面从严治党作出战略性安排。要深刻把握基本内涵，领会精神实质，坚持"严管就是厚爱，厚爱不能溺爱"，

① 国有企业改革落实情况调查问卷分析报告 2017 年度版 国务院国资委研究中心 中智人力资源管理咨询有限公司 p85

在从严从细从实上下功夫，打一场全面从严治党攻坚战持久战，做到管党有方、治党有力、建党有效。

中国建材集团制定《集团党委实践运用监督执纪"四种形态"指导意见》《集团落实"三个区分开来"实施办法（试行）》等制度16项，构建监督执纪体制机制。对巡视工作移交的86件举报件进行了分类梳理，对查实的违纪问题，依纪依规严肃处理。同时，积极营造环境，为干事创业提供保障，结合实际探索制定相关制度，建立容错纠错制度，既要对领导干部严格管理，又要对领导干部政治上关心、工作上支持、生活上关怀，让员工心情舒畅、充满信心，积极作为，为员工创造安心、安身、安业的环境，创造干事创业的条件，为负责者负责，为担当者担当。

4. 营造亲清文化

国有企业党组织对党员干部党风廉政的要求，有助于带动企业形成廉洁从业的良好氛围。党组织要抓好纪律建设、廉洁教育，强化党员干部纪律意识规矩意识，知敬畏、存戒惧、守底线，习惯在受监督和约束的环境中工作生活。同时也要做好非公股东、职业经理人思想工作，让他们充分认识到廉洁从业不仅是党组织对党员的要求，也是企业管理的重要方面，让他们理解党组织的规定和要求，与体制内干部安全相处、亲密合作，推动企业形成廉洁从业、干净干事、抵制贿赂、反对腐败的价值取向。在股东型职业经理人、体制内职业经理人和市场化职业经理人之间建立工作上亲密合作、利益上清清白白的"亲清"文化。

企业案例

III

万华的奥秘

宋志平

2018 年 12 月 18 日我带着中国建材的干部来万华学习。在烟台市政府的安排下，万华热情接待了我们。万华廖董事长在展厅里为我们作讲解，并在座谈中详细介绍了万华的改革和发展情况，回答了我们的一些问题，虽然参观学习只有短短的一天时间，但我们基本了解了万华发展的主要动因，或者说探究了一些万华发展的奥秘，概括起来是三条，创业文化，自主创新，激励机制。

一、万华的 DNA——创业文化

万华是伴随改革开放成长起来的。1978 年在烟台正式建厂，一开始是从日本引进技术装备，从事人造革生产。因为这套技术中有一套年产一万吨的聚氨酯原料聚氨酯生产线，使万华进入了化工原料生产领域。历经了四十年发展，去年万华已经成为全球最大的聚氨酯原料聚氨酯供应商，在烟台、宁波、珠海、匈牙利有制造基地，1.3 万名员工中近四分之一为外籍员工，去年万华的销售额达到了 650 多亿元。关键是效益更加惊人，2018 万华的利润总额竟达 160 多亿元，创造了企业经营发展的奇迹。

廖董事长总给我们讲到一句话，万华的 DNA，也就是万华的创业文化，用万华的语言来讲就是敢想敢干、锲而不舍。万华的发展之路并不平坦，历经了许多坎坷，万华从日本引进设备后，起初一直无法扩大规模，期间还一度希望依靠合资引进技术，但万华把做了四年市场调查的情况拿给跨国公司后，招来的却是跨国公司直接来中国跑到家门口来建厂，这和我当年在北新建材（000786）的经历相同。万华只能靠自己在消化原来一万吨聚氨酯原料厂技术基础上，走一条自我发展的路子。廖董事长说，这么多年来万华的发展就是靠自己，就是靠敢想敢干、锲而不舍，有这种精神就没有完不成的事，他把万华这股精神归结为万华的创业文化，归结为万华的 DNA。

万华的干部人事管理中有个原则，叫公平公正，有为有位，在万华，干部提拔标准只有一个，就是做了事有成绩，不靠阿谀奉承，不靠溜须拍马，更不能搞团团伙伙，拉拉扯扯，一切都公开透明。所以企业风清气正，上下齐心协力把企业做好。其实，衡量一家企业的关键点是人事制度，能不能公正公开，能不能能者上庸者下。万华启示我们，企业的凝聚力正是来源于这种公平公正的原则。

陪同我们一起参观的一位市里老领导给我说，万华的带头人很重要，万华三任历任领导，都是从万华里培养出来的，传承了万华的文化，而且都是搞技术出身。廖董事长告诉我们，在万华每位员工必须认同万华的文化，不认同万华文化的人再能干万华也不用。由此，使我理解了廖董事长为何反复强调万华的文化是万华的 DNA。DNA 的特点是每次复制都要惊人的准确，DNA 的另一个特性是排它性，正是这些特点保证了物种的生存和延续。万华认为企业也是如此，必须有强大的 DNA。

二、万华的动力——自主创新

万华目前已经成为一家高科技企业了，除生产聚氨酯以外还生产一些高档的树脂材料，包括我们做镜片的树脂材料，万华目前有国家级的技术中心，支撑万华发展的是万华的创新能力，而万华的创新中既有科技人员的技术创新，也有生产经营人员的工艺创新和业务创新，在万华无论何种创新，只要产生效益，创新者都会得到应有的奖励。

廖董事长讲了个当年奖励技术创新人员的故事，有一年有个技术团队做了一项重大创新，解决了生产重大问题，为企业创造了很大效益，企业决定重奖这个技术团队，一次性奖励了 90 万元，其中技术带头人拿到 20 万元，当他把奖金拿回家时把爱人吓坏了，怎么也不信这是奖励，一定要他去公安局自首。廖董事长说，那个时候，万华全厂的工资总额才有 200 万元。

万华比较早建立了科研奖励体系，实际上是技术分红权。万华奖励范围包括技术创新也包括其它业务创新，研发新产品盈利之后 5 年内税后净利润 15% 给个人，一次性技改创造效益部分的 20%—30% 给个人等。我希望有个数量概念，问廖董事长去年奖励最多的是多少，他笑了，答应单独告诉我。

万华以技术创新为第一核心竞争力，构建了集基础研究、技术开发、成果产业化为一体的，能够支撑万华中长期发展的技术创新体系。由于特殊的成长背景，对万华人来讲那段为争取跨国公司技术而受到的屈辱是万华人奋起的原因，而万华的创新奖励制度是万华创新的动力，万华人认为核心技术是买不来也引不进的，只能靠自力更生和自主创新，当然自主创新也并非关起门来全部自己干，世界没有哪个技术不是互相借鉴和学习的。万华这些年在科技上的投入不小，大大小小的试验室也不少，每年都要招收一些大学生、硕士生、博士生。万华也与许多大学联合设立试验室，用产学研的方法攻克了不少技术难关。万华还通过积极引入海内外高层次创新人才，在全球化的发展趋势下不断加强企业对于前沿技术的判断和把握，为未来的可持续、全球化发展打下坚实的基础。

三、万华的活力——员工持股

万华是1995年进入全国建立现代企百户试点企业行列的。1998年正式组建股份公司，把万华集团的聚氨酯业务剥离出来装到上市公司，并引入了三家市属企业作为股东。后来万华又成立了员工持股公司，当时的4000多名员工全部成了股东，万华的员工持股公司也加入万华的改制成了万华的股东。万华是2001年上市的，上市后公司进入快速发展阶段。

今年万华又进行了一次改革，就是万华整体上市。万华上市公司反过来吸收合并了母公司万华集团，新的万华股份的国有股权由市国资委构建的国有资产投资公司国丰集团持有，占21.6%。两个员工持股公司各占10%左右，一家外资企业占10%，而流通股占45%。我问到这么好的万华，国丰集团只占21%，随时都会被"野蛮人"拿跑，怎样确保上市公司股权稳定，廖董事长告诉我他们采用国有股和职工股做一致行动人的绑定的办法，我不由地赞叹万华人真有办法，既解决了员工持股问题，也解决了国有股比例降低后对企业的控制力问题。

万华的职工持股公司在上市公司持有股票，而职工个人并不持有股票，而是享有分红收益和净资产升值收益，我粗略算了一下，如果按照万华这些年累计分红160亿元现金，那么第一个老员工持股公司要分得16亿元现金，如果放在每人头上大概也将近40万元，这不包括在企业里净资产升值那部份，因此万华的员工持股是有吸引力的。

员工持有的股份不流通，员工就享受不了市场的溢价收益，但坦率来讲这些年股价大幅波动，对员工来讲，可能目前这种方法利益更安稳些，而对企业而言等于给员工带了金手铐，使员工在企业更加稳定地工作，这比起过去我们搞员工股时让大家一次性从票价高位变现要好，员工长期持有股份才能与企业共存亡。

万华坚持人才是重要战略资源。让高管人员、核心骨干、专业技术人员员工持股，充分体现了劳动创造价值的思想，极大地激发了骨干员工干事创业的热情。一位领导同志问廖董事长，万华如果没有员工持股会怎样，廖董事长脱口而出，那万华就没有今天的成就。我想领导同志提的问题并非自己不知答案，而是想由万华人说出来再次印证一下。国企改革的关键是建立有活力的内部激励机制，而这点万华做到了。

附件

唯有创新活水来

——万华化学调研报告

为学习万华化学的先进管理经验，2018 年 12 月 18 日宋志平董事长率团赴烟台万华工业园参观考察和学习交流。中国建材集团本部和重要子企业、中国企业改革与发展研究会的部分高管共计 19 人参加了本次调研活动。

本报告是在整理万华化学董事长兼党委书记廖增太及其高管团队现场访谈内容的基础上，参考万华提供的相关资料而完成。

一、万华基本情况介绍

（一）企业概况

万华化学集团股份有限公司（以下简称"万华化学"、"公司"）是一家全球化运营的化工新材料公司，成立于 1978 年，前身为烟台合成革总厂聚氨酯分厂，1998 年改制成立，2001 年在上海证券交易所挂牌上市（股票代码 600309）。

在近 40 年的发展历程中，万华化学依靠具有自主知识产权的聚氨酯产业核心技术，已经成长为全球技术领先、产能最大、最具综合竞争力的聚氨酯供应商，是中国唯一一家拥有聚氨酯制造技术自主知识产权的企业，并将业务从聚氨酯单一产品扩展至异氰酸酯、多元醇等聚氨酯全系列产品，丙烯酸及脂等石化产品，表面材料、TPU、SAP、PC、有机胺等精细化学品三大领域。在烟台、宁波、珠海、匈牙利拥有制造基地，在烟台、北京、佛山、上海、休斯敦拥有研发中心，并在欧洲、美国、日本等十余个国家和地区设有公司和办事处。目前，全球范围内拥有员工近 11000 人，近三分之一为外籍员工。

（二）发展历程

1978 年—1998 年：1978 年筹建烟台合成革厂，属于国家六五重点项目；1983 年烟台合成革厂投产；1995年聚氨酯装置年产量首次达到一万吨的设计能力；1998年经过股份改造，烟台万华聚氨酯股份有限公司（以下简称"烟台万华"）正式成立。

1999年—2002年：2001年烟台万华上市；2002年经过年度大修，聚氨酯装置产能扩至10万吨。

2003年—2008年：万华宁波工业园2003年开工建设，2005年一期投产，2008年开工建设。

2009年—2013年：2011年万华实业（上市公司的原控股股东）全面收购匈牙利BC公司，由烟台万华托管；2013年，烟台万华正式更名为"万华化学集团股份有限公司"。

2014年至2017年：2014年公司总产能达到180万吨/年；2015年万华烟台工业园一期工程全线竣工；2017年万华珠海工业园一期项目正式投产。

2017年12月4日，烟台市政府出具《关于万华实业集团有限公司整体上市有关问题的批复》（烟政字[2017]110号），原则同意万华实业整体上市方案，要求依法依规做好分立相关工作：

第一步：原万华实业存续分立。为实现原万华实业旗下聚氨酯化工业务的整体上市，将原万华实业旗下与上市公司主营业务关联度较高、盈利能力较强的聚氨酯化工产品生产业务相关资产分立置入新设烟台万华化工有限公司（以下简称"万华化工"，为万华化学的现任控股股东），而其余与上市公司主营业务关联度较低的其他资产则保留在存续万华实业。目前万华化学的股权结构如下：

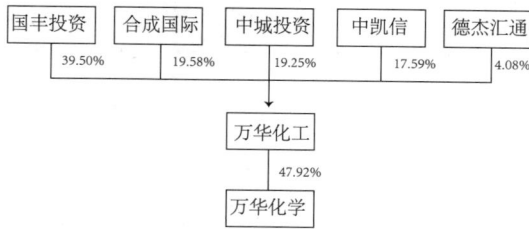

图1

第二步：万华化学吸收合并万华化工。本次吸收合并完成后，万华化工注销，万华化工旗下资产将实现整体上市，有利于增强上市公司的资产质量和盈利能力。万华化学新的股权结构如下：

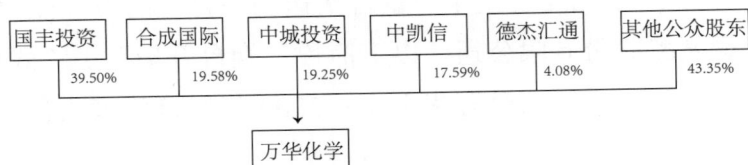

图 2

（三）主要财务数据

近年来，伴随供给侧改革取得成效，聚氨酯市场需求旺盛，价格大幅提升，万华化学凭借技术、产能、产品质量等优势，市场影响力持续提升。2017 年万华化学实现营业收入 531 亿元，同比增长 77%；实现利润总额 167 亿元，同比增长 196%；实现归属于上市公司股东的净利润 111 亿元，同比增长 203%。万华化学最近三年一期主要财务数据如下：

单位：亿元

	2018/09/30	2017/12/31	2016/12/31	2015/12/31
总资产	719.94	658.28	507.65	478.04
归母净资产	321.40	272.80	148.22	115.71
	2018 年 1—9 月	2017 年度	2016 年度	2015 年度
营业收入	459.23	531.23	301.00	194.92
利润总额	136.86	167.50	56.53	29.54
归母净利润	90.21	111.35	36.79	16.10

二、调研重点内容

（一）激励机制

万华化学根据行业发展及企业自身状况，建立了较为完善的激励约束机制，特别是重组完成后，员工持股平台的激励效应将为公司长期发展奠定坚实的基础。万华化学员工激励体系主要包含三个层面，即员工持股平台、科研奖励体系及绩效考核体系。

1. 员工持股平台

万华化学拥有两个员工持股平台，分别为烟台中诚投资股份有限公司（1994 年成立，自然人股东总数为 3438 人）、深圳市中凯信创业投资股份有限公司（2005 年成立，自然人股东总数为 1239 人）。在公司发展过程中，面对激烈的竞争环境，两个员工持股平台对于稳定员工队伍，激励员工创造优秀业绩，做出了卓越的贡献。但是，伴随时间的推移，也制约了公司的发展。一方面，万华近年来业绩持续增长并保持同比例现金分红，员工持股平台收益较高，老员工（多数已退休）从员工持股平台中获得巨大回报；另一方面，受限于当时"股份可以继承、不能增发"僵化的管理机制，导致 2005 后新进入公司的骨干员工不能参与到员工持股计划，不能享受公司高速增长带来的红利，新老员工较大的收益差距造成公司内部薪酬体系严重失衡，成为公司发展的最大障碍。因此，规范员工持股平台管理也是万华推动重组的目的之一。重组完成后，2 个员工持股平台将分别持有上市公司 10.52%、9.61% 的股份，通过进一步规范持股，增资扩股吸引优秀的管理者不断加入，从而保障平台的长期激励效应，主要措施有以下几点：

（1）老员工老办法，新员工新办法。在征得平台公司绝大多数股东的同意下，对平台公司章程进行修订，主要内容包括股份不能继承（去世后必须退出）、平台公司可以增发股份（第一次增发不少于 60%，以后每年不少于 5%）等。

（2）员工持股并非全员持股，只有骨干持股。骨干包括管理骨干、博士及科研骨干，约占员工总数的 1/3。在已有的平台公司设定骨干员工筛选、退出等标准，在员工自愿的基础上，因对企业的贡献程度不同，给予不同比例的股份。

（3）员工持股平台不在二级市场买卖上市公司股票，只享有增值权和分红权，不赚取股票差价。员工以净资产出资，退股时也以净资产退出。

（4）考虑到重组完成后，国有股东仅持有上市公司 21.59% 的股权，因此中诚投资、中凯信与国有股东签订《一致行动人协议》，保持和巩固国有资本的控股地位，防范"野蛮人"风险。

2. 科研奖励体系

在公司的发展历程中，万华化学始终将技术创新作为企业发展战略的第一核心竞争力，并倡导"奖励成功、宽容失败"的创新文化，在企业内部形成了激励创新的文化氛围，成功闯出了一条"生存→发展→赶超→全面国际化"的道路。通过实施"体制创新是前提、观念创新是先导、技术创新是核心、管理创新是基础、文化创新是保证、人才创新是主线"的创新系统工程，万华化学的研发创新能力得到了快速的发展。

目前，万华化学拥有研发人员超过 1,400 名，其中近 40% 的研发人员拥有硕士及以上学历，并有 20 余人入选国家千人计划、国家科技创新领军人才、享受"国务院政府特殊津贴"专家、泰山学者特聘专家、泰山产业领军人才等。与此同时，万华化学还通过积极引入海内外高层次创新人才，在全球化的发展趋势下不断加强企业对于前沿技术的判断和把握，加深对于全球化工行业发展趋势的理解，为万华化学未来的可持续、全球化发展打下坚实的基础。

万华化学每年将销售收入的 2—4% 用于研发支出，对新产品开发、工艺改善方面有突出贡献的研发人员实施项目奖励。如，研发新产品盈利之后 5 年内税后净利润 15% 给个人；一次性技改创造效益部分的 20%—30% 给个人等。通过"重奖"的方式，使科研项目创造的效益与研究成果紧密挂钩，激发了科研工作者的研究热情，研发工作走向良性循环。

3. 绩效考核体系

万华化学通过外部引进和内部培养的方式，不断充实研发、采购、生产、销售、管理等各方面中高级人才队伍，并持续完善综合绩效管理和薪酬激励体系。每年年初制定公司年度计划，并根据年度计划进行层层分解，明确管理层和员工的绩效指标。每月、季度组织召开会议对指标完成情况进行总结打分，年底绩效打分严格执行强制分布，区分高低绩效，绩效结果与个人奖金、薪酬和晋升挂钩。通过以上方式，公司内部建立了具有市场竞争力的薪酬激励体系，为选拔优秀人才、稳定员工队伍创造了良好的环境。

（二）企业文化

万华化学非常重视企业文化的建设、丰富和完善，将"优良文化"作为三大战略驱动力之首（另外两个驱动力为技术创新、卓越运营）。万华人相信，文化只有触摸到万华历史和现实的细节与温度，才能深入人心。经过多年的实践与探索，万华已经形成以使命、愿景、核心价值观为主要内容，且具备万华特色的企业文化。

1. 万华化学企业文化理念

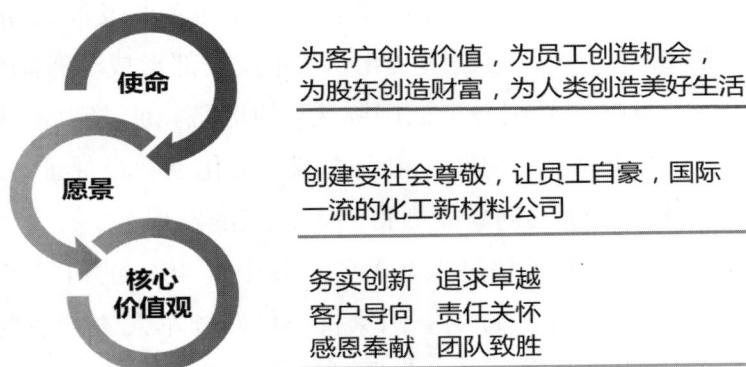

图 3　万华文化理念

2. 万华化学核心价值观解读

（1）务实创新、追求卓越是万华文化的精髓

从万华化学成立至今，务实文化是万华始终倡导的核心文化。务实就是指做事要尊重人性规律、市场规律、科学规律，这是万华人做事的出发点。同时，万华化学从发展的实践中体会到，创新不能只是技术创新，而应是一个系统工程。万华化学成立伊始就提出了"体制创新是前提、观念思维创新是先导、技术创新是主线、管理创新是基础、文化创新是保障"的系统创新工程，正是这个系统创新使企业焕发出巨大的活力。

（2）客户导向是长远发展的基础

万华化学的营销理念在不断创新，从"最可靠的聚氨酯供应商"到"值得信赖的 PU 供应和服务商"，再到"成为行业负责任的供应商"，一路见证了万华化学市场角色的变化。在 2012 年以前，万华化学的价值观里是没有客户导向这一条的。因为聚氨酯产品进入中国市场以来，长期处于卖方主导地位，而万华化学是中国唯一一家掌握聚氨酯技术的企业，产品质量国际领先，产品长期供不应求，客户导向不是万华化学最关注的问题。当外部环境发生变化，当公司开始涉足新的产业领域，公司面对的市场竞争越来越激烈。万华化学开始提出 24 小时客服无障碍沟通，以责任关怀的理念服务客户，建设一站式、一体化的物流服务大厅，将"客户导向"加入到核心价值观进行全面推行，要求每个人员工从自身考虑自己与客户之间的关系。

（3）责任关怀是基业长青的保障

在万华化学，HSE（员工健康、安全、保护环境）是企业文化的重要方面，也是万华化学基业长青的保障。万华化学倡导责任关怀，不仅仅针对员工，还落实到产品整个产业链和生命周期，将安全作为所有工作的前提。万华化学时刻加强员工安全意识的培养，每位员工进入万华化学必须签订安全承诺书，提出全员安全责任、全员安全稽核、全员安全培训、全员安全承诺、全员事故调查，同时对相关方安全严格要求，增强相关方的安全意识。万华化学的 HSE 目标是：零伤害、零事故、零排放，建设绿色现代化工企业。

（4）感恩奉献、团队致胜是万华快速发展的助推剂

感恩奉献的文化是万华化学创业时期的主旋律，在万华化学不断发展过程中，所有员工继承了这样的优良文化。在万华人看来，永远都在创业的路上，万华化学的事业是所有员工的共同事业，为了自己的事业，所有员工甘愿拼搏奉献、追求卓越，员工收获的不仅仅是工资，更是成就事业理想的满足感。万华化学坚决反对的是小团体主义、宗派主义，员工之间、部门之间都能以战略为中心，相互配合、优势互补。万华化学的团队十分乐意以开放的心态，主动与团队成员分享自己掌握的信息，讨论问题直言不讳，

从而形成了一种开放、民主的团队氛围。

3. 万华文化的实践与传承

为做到万华文化与时俱进，进一步推进文化落地生根，从 2005 年至今，万华化学在文化理念上进一步梳理完善，管理者身体力行发挥示范，宣传渠道形式多样，文化活动丰富创新，获得了广大员工的认可，使优良文化进一步深入到每位员工心中，形成凝聚力、向心力。

（1）领导重视，率先垂范

培育优良文化首先得到万华化学高管层大力倡导，并将其定位为"实现万华化学战略的第一大驱动力"。每年新员工入厂培训，万华化学的每一位高管层会亲自为新员工介绍万华的企业文化、发展历程，将企业文化的种子洒在每位万华人的心中。每逢新春佳节，万华高管陪过年期间上班的员工吃年夜饭，并去现场每一个岗位看望在岗员工。

（2）尊重人性，以人为本

万华化学坚持从人性出发，认为员工是企业发展最重要的战略资源，不断加强与员工之间的沟通，提出一系列切实可行的措施，留住员工的心。

2009 年，万华开始实施高管 Coffee 时间，每月一位高管要与员工进行一次长达 3 个多小时的交流，随机从各个部门找出十几位员工与高管进行面对面交流，提出工作建议、个人感受，高管逐一进行解答，沟通会后一些需要落实的措施也会通知各部门逐一落实。沟通过程除了高管没有任何部门领导参与，为的就是让员工切实感受到万华化学公平、公正的氛围，畅所欲言，让员工有被重视、被尊重的感觉。

对待新员工住宿问题，万华实施钥匙工程，员工只需领取一把钥匙即可入住。每一位新员工的宿舍里床、桌子、衣柜等设施一应俱全，甚至是被褥都已铺好，完全是宾馆式的服务。宿舍区还配有食堂、健身房、洗衣房、篮球场、图书室、培训室、舞蹈室等。

各类员工文体活动也是传播万华文化的重要载体。每年万华化学组织各类文体活动 30 余次，包括各种歌唱、舞蹈等文艺活动、运动会、球类比赛体育活动，辩论赛、征文活动、书画活动、读书会等文化类活动，相亲会、集体婚礼等人文类活动，庆典，各部门的横向交流等。员工表彰大会、相亲会、集体婚礼、运动会、感恩节等已成为万华文化的品牌性仪式，不断推动万华文化的逐步深化，使文化通过参与、通过行动渐渐养成行为习惯。正是由于万华化学这一系列让员工认同的做法，2017 年，万华化学蝉联五届翰威特最佳雇主企业。

（3）责任关怀，全员参与

作为中国首批责任关怀会员企业和中国首家引进 HSE 理念的化工企业，万华化学积极推广责任关怀理念，加强员工安全意识的培养，全员参与安全，同时深入履行社会责任，加强在化学品安全使用、运输、储存、包装与废弃管理等方面投入力度。

万华化学一直提倡全员参与的安全文化，全员安全责任、全员安全承诺、全员安全培训、全员安全稽核、全员事故调查。在全员参与的过程中，提升万华化学的安全管理水平。万华化学对所有进入公司的新员工进行三级安全教育培训并进行考核，对所有在职员工每季度要求参加安全培训，甚至进入万华化学所有承包商、承运商等也要进行安全培训。如今万华化学已开发理念类、程序类、工具类、基础类、技能类、交通类等培训课程 50多门，另有 11 门课程正在完善中。全方位、多角度的安全培训，不仅为万华安全文化打下坚实的基础，也为相关方提供了安全的工作意识和氛围，维系了双方可持续发展，责任关怀文化表现的淋漓尽致。

（4）丰富渠道，多样宣传

文化传播离不开媒介，要想有效的传播万华文化，让员工切实参与到企业文化建设和实践当中，就必须建立公司自己的文化宣传平台。万华化学现已搭建起集《万华人》双周刊、《万丈光华》微信公众号、内部论坛、环境展示等为一体的立体化传播体系，不断生动传播万华发展新动态、文化理念、高管思想、员工心声等内容，为万华文化的薪火相传发挥了积极的推动作用。

《万华人》双周刊以报纸形式，每期 12 版，囊括文化引导、新闻热点、管理论道、一线人、万华人生活心得等内容，深受员工喜爱；《万丈光华》微信公众号，是近期推出的文化媒介，旨在做有意思的传播，迎合年轻员工的口味，成为万华文化的移动展示窗口；内部论坛是万华开放包容文化的集中体现，每一员工可以自由发表个人观点，问答、分享、心得、意见等，是员工抒发情感的平台，也是公司观察发现员工需求的平台；环境展示让万华文化触目可及，充分利用楼体、走廊、会议室、生产现场展示企业文化的理念。

（5）制度落实，行为约束

文化必须有制度的支撑才会显得有力。万华化学在出台各项规定时都会将企业文化特点纳入考虑范围，衡量制度的出台、流程的制定是否符合万华文化，甚至在人员晋升过程中，将文化作为重要的考核项。

万华化学出台规定，文化价值观纳入主管及以上管理者 360° 考核，文化考核比重占 50%，评估结果用于人才培养、发展及提拔。考核内容包含诚信正直、敬业精神、积极创新、引领团队、反思内省等与万华文化密切相关的内容。2009年万华化学出台了"十大不可违背条例"，员工首次违反其中任意一条就会受到通报批评，第二次违反就要受到开除的处分。

（6）与时俱进，不断提升

一个企业的文化决不能一成不变，而要做到与时俱进，符合企业的发展和员工需求。为此，万华化学每隔3—5年，进行一次文化诊断，从今后发展、社会及行业环境、员工反馈等多方面考虑，对万华文化进行梳理、完善、创新。2005年进行了首次企业文化理念系统梳理，出版了第一版的万华文化手册。此后，2009，2011，2014，2017，分别进行了调研、梳理，结合时代背景，不断更新万华文化手册，已更新五个版本。每一次调整都是对新的发展情况的呼应，都是对战略新方向的支撑，让员工在万华化学新的发展蓝图中找到定位。

近年，万华化学在多年实践基础上梳理形成了文化落地六化法：榜样化、制度化、故事化、讨论化、沟通化、仪式化。榜样化，示范文化力量；制度化，践行文化融入行动；故事化，生动传播文化；讨论化，凝聚共识，形成合力；可视化，让文化触目可及；仪式化，让文化融入行动。万华文化落地六化法正在不断推动万华文化的持续提升，也不断促进万华的长远健康发展。

三、启示与思考

万华化学高速奔跑的奥秘在于以优秀的企业文化为依托，通过机制创新和技术创新，走出了一条具有自身特色的国有企业改革发展之路，实现了高质量跨越发展。

（一）机制创新，践行以员工为中心的发展理念

万华化学的飞速发展，让万华人切身体会到：创新是万华发展的动力源泉。人才又是创新的不竭动力，离开人才，一切的创新活动都无从谈起。万华化学坚持"人才是能够为企业带来超额价值"和"人才是企业最重要的战略资源"的人才理念。通过高管人员、核心骨干、专业技术人员员工持股，充分体现了劳动创造价值的思想，极大的激发了骨干员工干事创业的热情；通过建立与国际标准接轨的科研人员薪酬激励体系，极大地激发了科研人员的能动性和创造力，为万华化学技术创新、转变发展方式提供了无尽的活力和制度基础，使万华化学的发展快速与国际接轨，得到国内外社会的普遍认可和赞誉。

（二）技术创新，从依赖技术引进转向立足自主研发

习近平总书记在考察万华工业园时说："回顾你们这个历程，一路走得很好，虽然是一个艰辛创业之路，但是很成功。之所以取得成功，我的一个体会就是走了自主创新之路。"

万华化学以技术创新为第一核心竞争力，构建了集基础研究、技术开发、成果产业化为一体的、能够支撑万华化学中长期发展的技术创新体系，推动着新产品、新技术的不断问世，成就了今天万华化学在化工新材料领域掌握多项核心关键技术，在多项领域拥有话语权。然而，技术创新的路并非只有掌声和鲜花，而是布满了荆棘和坎坷。为引进先进技术，万华化学经历了几十次与欧美日等跨国公司艰难的谈判，均被拒绝，甚至都不让万华化学的交流考察人员近距离观察装置，万华人备尝屈辱，由此得出了一个深刻的教训："核心技术是引进不来的，自主创新能力是买不到的"。只有走自主创新的发展道路才能真正打破垄断，才能发展壮大战略性新兴产业。万华化学最终从依靠技术引进的旧观念中走了出来，开启了万华辉煌的自主创新的新征程。

（三）文化创新，塑造公司基业长青的灵魂

回顾万华化学的发展历程，经历了太多汗水伴着泪水、艰难与光荣同在的日子，经历了一次次从造梦到圆梦的旅程。这种深深熔铸在企业生命力、创造力和凝聚力之中的无形力量，就是企业最珍贵的精神财富，就是企业文化。每个企业都有自己的文化，都有自己的DNA，而这个DNA是不容易复制的，是企业生存、竞争、发展的灵魂，更是企业发展的基石。要想公司在快速发展中不失本色、永葆活力，必须让企业文化在每个员工身上得到成功复制，让企业文化薪火相传。万华化学董事长廖增太在调研座谈时说："我们这一代人，都有一个家国情怀。我们80年代一毕业就到这个企业，我们是跟着企业一路走过来的，对企业有很深的感情。与外商谈判的那几年，外商在技术方面的优越感深深地刺激着我们，我们也深深地体会到'没有作为，就没有尊严'，我们必须要做出点事情。当机遇到来的时候，我们努力地抓住机遇，这就是万华的文化。我们在招人的时候，就是要考察是否认同我们的核心价值观，是否会践行核心价值观，如果不践行核心价值观，就不可能在万华有所作为。万华提拔的干部都是万华文化的继承者，我们不相信中国这么大，找不到2万人与万华志同道合一起来成就伟大的事业。万华最有价值、最宝贵的资源就是企业文化和核心价值观。"

  万华化学的发展历程是中国改革开放的一个缩影，也是国有企业改革的一个缩影。万华化学由小到大、由弱变强的发展历程再次证明，机制创新和技术创新是实现企业可持续发展的不二法门。而一个企业要想长久的发展，必须有自己的灵魂，也就是企业文化，正如万华化学的公司之歌《万丈光华》唱到的"这是一条奔向太阳的路，一路奋发图强，手牵手从小到大，肩并肩从无到有。辉煌中永不满足，奉献里感受幸福"。

徐工集团的创新实践与启示

2017 年 12 月 12 日，习近平总书记十九大后的首次调研，来到江苏徐州，考察了徐工集团。习近平总书记详细了解徐工集团历史起源、经营发展、自主创新、国际拓展、人才培养、党的建设、企业文化等情况，肯定了徐工集团继承红色基因、适应时代发展取得的成绩。习近平总书记面向徐工集团的工人们，也面向全国发出了明确的指示：装备制造业是制造业的脊梁，要加大投入、加强研发、加快发展，努力占领世界制高点、掌控技术话语权，使我国成为现代装备制造业大国。创新是企业核心竞争力的源泉，很多核心技术是求不到、买不来的。落实党的十九大关于推动经济发展质量变革、效率变革、动力变革的重大决策，实现中国制造向中国创造转变、中国速度向中国质量转变、中国产品向中国品牌转变，必须有信心、有耐心、有定力地抓好自主创新。国有企业要成为深化供给侧结构性改革的生力军，瞄准国际标准提高发展水平，促进我国产业迈向全球价值链中高端。

此后，徐工集团的创新实践迅速引起全社会高度关注。我们研究徐工集团成长发展的脉络，从中领悟经验、获得启迪。

一、徐工集团的成长历程

翻开徐工集团的履历，经过 75 年的发展，徐工集团从苏北的一个市属地方国企（徐州国资委 100% 控股），成长为如今中国工程器械行业的排头兵，规模长期位列中国工程机械行业第 1 名，根据最新的"2018 年全球工程机械制造商 50 强排行榜"显示，徐工集团位居全球工程机械行业第 6 位，是唯一进入全球前十强的中国企业。

（一）在抗战炮火中诞生，扛起新中国经济建设大旗

成立于 1943 年的徐州工程机械集团有限公司（下称"徐工集团"），前身是抗日烽火中许世友将军麾下的八路军兵工厂，当时主要生产地雷、拉雷、手榴弹、炮弹等军工产品。

建国初期，中国正处在工业化体系的初步构建时期，开始转向农业机械生产。1953 年，

在毫无经验，设备、人力严重不足的情况下，全厂职工发扬"没有条件创造条件也要上"的创业精神，经过 3 个月的昼夜奋战，成功试制出徐州第一台工作母机——35 吨倾斜式冲床，2 年内共生产 77 台，发往全国各地，有力支援了国家经济建设。

"一五"期间，全国掀起农业生产高潮。按照国家下达的 11 万部双轮双铧犁生产任务，工厂开展了"产量翻番八番，成本降一半"的劳动生产竞赛，千余名工人吃住在工厂，昼夜奋战，并于 1956 年提前半年超额完成任务，被评为全国六个先进农业机械厂之一。

（二）投身工程起重机，开辟中国制造新时代

20 世纪 50 年代，中国工程机械产业仍然一穷二白，徐州重型机械厂成为新中国工程机械产业的奠基者，重型厂在 1957 年试制出第一台 2 吨塔式起重机，这是徐工集团涉足工程机械产业及制造大型机械设备的起始。

1963 年 3 月，重型厂接受第一机械部下达的任务，经过半年多的摸索尝试，成功研制出第一台 Q51 汽车起重机，掀开了中国起重机产业发展新的篇章。此后的 20 年间，Q51 汽车起重机作为主导产品，共生产 6652 台，出口至 22 个国家。2003 年，该产品仍在服务国家建设。

文革期间，在全行业生产瘫痪之下，重型厂一批技术人员坚守创新岗位，突破了液压传动的技术和起重机专用底盘技术，实现了汽车起重机由机械传动向液压传动的技术转型，填补了中国不能生产中大吨位起重机专用底盘的空白。此后，重型厂逐渐具备了 5-50 吨汽车起重机及其专用底盘生产能力，并成为行业内第一家销售收入过亿元的企业。图为 1979 年试制成功的中国第一台 QY16 全液压汽车起重机。

从 70 年代起，按照中央"常规武器民造化"的指示精神，先后生产出起重机、抢救车等军工产品，重型厂研制成功的 Q2-5H 型 5 吨液压汽车起重机，在此后的九年中向部队交付 365 台。图为获得解放军总后勤部科技成果二等奖的 QYJ5 全液压多功能军用抢救车。

1978 年，十一届三中全会之后，全国工程机械行业开始以生产为中心进行恢复性的调整、整顿工作。此时徐工积极配合国家经济委员会，主动引进一批适合我国情况的先进技术，特别是有助于企业技术改造的先进技术，努力加以消化和发展。通过引进消化吸收，徐工重型汽车起重机由单一机械传动发展到全液压 5T-50T 系列产品；其中，国产化率达 80% 的 20 吨汽车起重机，成为江苏省引进技术第一个实现国产化的大型机电产品，并实现了产品品种系列化；1987 年，QYl6 汽车起重机销往美国，是国内同行业首次打入美国市场的产品，开创了我国 16 吨汽车起重机向发达国家出口的先例，并被国家

评为金牌产品。

（三）对内改革运营模式，对外探索先进技术

1989年，徐州市将一批主机企业和零部件企业分离出来，组建生产经营型企业实体徐工集团，并通过取消核心企业法人资格、推行股份制试点、积极吸收半紧密层进入紧密层等系列改革举措，逐步实施集团化运营，打造出了"十个集团九个空，一个不空在徐工"的标杆典范。

上世纪90年代，国外工程机械制造商对中国客户都非常傲慢和轻视，国家重大工程项目的施工进度、设备购置价格反而要看这些国外企业的脸色。因为那时在装备制造业方面中国还没有形成自己的核心技术和核心产品，与众多中国制造业企业一样，徐工集团没有专门的研发团队，研发能力几乎为零，为了改变这种受制于人的局面，徐工在国家经济委员会的支持下，通过购买全套德国利勃海尔50吨产品图纸与整机全部零部件进行生产与产品研究。

2000年，徐工在行业内率先推出以先导操纵、高抬式平衡重、全头驾驶室外观、全覆盖走台板为特点的自主研发的K系列汽车起重机（QY16K、QY25K、QY35K、QY50K），发起中国起重机行业的第二次技术变革。K系列起重机也是行业内第一次由中国自主研发的系列产品。

（四）开拓创新，为中国制造装上臂膀

2001年，徐工超前性的瞄准了当时被国际巨头垄断的市场主流机型——全地面25吨起重机。

2002年，经过无数次的试验、改进，攻克了油气悬挂等关键设计与制造技术，中国第一台具有自主知识产权的25吨全地面起重机面世。它的面世，对中国工程机械行业具有里程碑的意义，当年被评为行业十大新闻事件之一。它的出现不仅打破了欧美国家的高端垄断，也促使整个行业摆脱了低端市场，坚决向自主技术创新转变。

在国务院发布的各类振兴装备制造业的产业化与国产装备首台套政策不断的支持下，从2002年的25吨，到2012年的1600吨，徐工集团仅仅用了十年的时间，就走过了国外巨头50年的技术升级之路，成为国内唯一一家实现全地面起重机产业化的企业。

技术创新体系的激活，使得人员梯队也产生了规模裂变，从2002年的25吨开始，徐工的研发团队从原有的二百多人不断壮大，他们为徐工拿下了一个又一个技术难关，每突破一个难关，徐工产品的技术水平就不断拉升，平均每年都有"第一"诞生。

（五）触及全球行业桂冠，徐工聚力登顶珠峰

2012 年，徐工成功研制全球最大吨位、技术含量最高的 XCA5000 全地面起重机，徐工凭借不断提升的综合实力与竞争力，首度超越国际巨头，荣登全球移动式起重机行业榜首位。

2012 年，徐工集团提出了要全面赶超世界一流，从跟跑向并行、领跑转变的 G 计划，要全力实现珠峰登顶。G 是汉语拼音"赶超"的第一个字母，在英文中是"Global"（全球化）的首字母。

2016 年徐工 G 一代起重机诞生，并实现井喷。G 一代产品在智能化、节能、轻量化、人性化四大技术方向上站在全球行业前端，形成了全球行业首创的产品技术平台，并在此基础上研发出引领中国起重机行业的 8 吨 –1200 吨系列产品。起重机智能作业技术、独立悬架技术、重载转场技术等等技术难题，徐工集团一个一个攻克，都做到了世界领先。

2017 年，徐工移动式起重机市场占有率稳居世界第一，并进入欧美高端市场。在"中国制造 2025"国家战略指引下，徐工将以智能化、绿色节能、品质提升为突破点，继续带领中国起重机产业不断超越前行。

（六）从大国重器到智造先锋，徐工续写实业报国传奇

习近平总书记调研一年来，徐工集团按照总书记的嘱托和期望，坚持有质量、有效益、有规模、可持续"三有一可"高质量发展理念，以"几十年磨一剑"匠心铸造大国重器，推动徐工集团尽早进入全球前五乃至前三，交出一份高质量发展的亮丽答卷。

1. 坚定不移地推进创新驱动战略，切实掌控关键核心技术话语权

2018 年，徐工集团的创新跨越了一个新高度：徐工集团超级移动起重机创新工程获得了中国工业大奖，也是徐工集团第二次捧得"中国工业界的奥斯卡"。2018 年，徐工集团成功推出"神州第一挖"700 吨矿用挖掘机；之后，第 5 万台随车起重机、4000 台大吨位装载机、10 万台压路机下线；第 8 次获国家企业管理创新成果一等奖；目前徐工集团有三个单项冠军企业，一个单项冠军产品，2018 年也在行业内成立全国首家高端工程机械及核心零部件创新战略联盟，汇聚全球智慧，让中国的装备制造业的短板——共性的核心技术、核心零部件取得行业重大突破！

2. 坚定不移走国际化发展道路，坚决打赢全球市场竞争主动仗

2018 年，徐工集团的国际化迈出了一个新步伐："洋朋友圈"不断扩大，"一带一路"越走越宽，"一带一路"已经覆盖到了 97% 的国家。从全球物联网大会到世界智能制造

大会，从上海国际工程机械展到中国（巴拿马）综合品牌展览会，巴拿马总统盛赞徐工集团"中国榜样"，徐工集团一次次亮相国际舞台，吸引世界目光。4大海外研发中心、15大海外制造基地和 KD 工厂汇聚"全球智慧"，产品远销 182 个国家和地区，连续 26 年保持中国工程机械出口第一。300 吨液压挖掘机、120 吨电传动自卸车、12 吨装载机等 60 台、2.5 亿元矿业装备出口高端国家市场澳大利亚；中国出口最大吨位全地面起重机、首批智能化起重机进入欧洲市场；巴西工厂拿下政府及军方第一大单，成为巴西工程机械主流品牌之一；跨境电商产业实现连续翻番增长；出口实现爆发式增长，西亚北非、中亚、美洲、欧洲等地区出口翻番增长，取得了高端市场突破。

3. 坚定不移迈向全球价值链中高端，助力建设世界级先进制造业体系

2018 年，徐工集团在做强装备制造业的事业上踏出了新步伐：打造两个超百亿版块，重机的版块和挖掘机的版块；形成了四个 50 亿的版块，以及一批隐型冠军版块，移动式起重机占有率世界第一，成套混凝土机械、桩工机械前两强；冲进世界大型成套矿业机械豪华俱乐部，改变了德美日少数几家企业垄断全球产业竞争格局；徐工集团 2018 年成套的大型矿产机械设备设备打破了国外企业的垄断，走向了市场，徐工集团不断地做好做强中国装备制造业。

4. 坚定不移锻造高素质人才队伍，不断增强广大职工在持续发展中的获得感、幸福感

2018 年，徐工集团的队伍建设迈向了一个新的征程：不断打造好人才队伍，形成集团党委领导下国企特色经营机制，以红色基因大器文化引领员工砥砺前行奋发作为，徐工集团干部职工斗志昂扬，战斗力执行力在行业和用户中有口皆碑。徐工集团已有硕士博士占比 55% 的 6000 多人的工程师群体，高级工以上人员占比 50% 的高技能人才群体，在长期的文化塑造培养与价值激励中，逐渐积淀了一批企业发展的顶梁柱。2018 年借习总书记考察给徐工集团带来的期望和要求，全体的徐工集团人保持一根筋精神、一种激情和一份清醒，勇于创新、追求卓越，打造了一支钢铁般的队伍，冲刺全球产业珠峰登顶。举办第九届职工艺术节，唱响主旋律，增强年轻职工使命责任抱负和爱党爱国爱徐工集团激情。

5. 坚定不移推进创新体制机制改革，不断激活高质量发展的竞争力。

2018 年，徐工集团的发展跨上了一个新的台阶：徐工集团一年来实现了高质量发展，1-11 月份，徐工集团主营收入同比增长 41.2%，利润同比增长 67.7%，产品销量同比增长 44.4%，2018 年预计营业收入破千亿，持续领跑行业。"全球第一吊"4000 吨级履带式起重机完成近百次吊装，1500 吨以上吊装 40 余次，并成功实现第二台销售；G1 代全地面起重机推向市场一年多销量占比达到 63%；"钢铁螳螂"的 ET110 步履挖掘机获部

队超亿元订单；新型电控箱、高端液压阀、智能控制系统替代进口批量配套；推进徐工集团有限及新业务企业混改，徐工集团现在已经列为国资委的国家双轨混改试点的企业；信息产业在新三板挂牌上市；徐工机械完成定增，募资 25.4 亿；徐工集团 2018 年整个的营业规模将稳超千亿，又一次站在千亿级的台阶，实现了公司高质量发展。

二、徐工集团的巅峰亮点

（一）以创新驱动续航高质量发展

徐工集团人说"创新是引领发展的第一动力，徐工就是要走出一条自主创新、变革发展的特色道路。"为克服关键技术核心零部件掌控不足、技术积淀和技能积累不足、创新缺乏持续"源动力"、复杂离散制造模式和自主工业软件存在短板等发展挑战，徐工集团做出了一系列创新举措。

1. 放眼全球，推进全球研发体系及制造业创新中心建设，夯实技术创新平台基础

徐工制定了全球研发中心发展规划，加大研发平台建设投资。在中国先后建立了中央研究院、高端工程机械智能制造国家重点实验室、国家级工业设计中心、整机试验场等重大技术创新平台，建立了欧洲、美国和巴西等国际化研发平台，形成了全球研发体系布局，有力支撑了前沿关键和共性技术研发、试验检测和产品开发等技术创新工作的深入开展。

2. 自主创新，协同全球资源，突破关键核心技术及零部件，支撑高端产品研发

经过近几十年时间的积累与突破，徐工在绿色、智能、轻量化等技术方向上站在全球行业的前端。"全球第一吊"4000 吨级履带起重机拥有 80 多项国家专利，解决了行业技术难题；"神州第一挖"700 吨矿用挖掘机，是中国在超大型液压挖掘机领域首次实现关键核心技术的集中应用突破，彰显了"中国制造"深度重塑全球产业格局的实力和魄力。

3. "核心技术使徐工发挥了对行业的引领示范效应，自主创新成为'徐工金'闪耀全球的制胜砝码。"

从 2010 年开始，徐工先后收购了德国 FT 公司和荷兰 AMCA 公司，并在德国投资建立欧洲研发中心，重点攻克液压、传动和智能控制等核心元件与关键技术；在国内建立了液压技术、传动技术、智能控制专业化研发团队和制造工厂。

通过聚集国内外优势资源和长期持续攻关投入，徐工成功开发了多款液压多路阀、液压油缸、变速箱、控制器等关键零部件产品，实现自主配套。

（二）持续打造一流人才队伍，筑牢技术创新人才基础，增强持续创新的源动力

徐工一直坚持以人才驱动发展战略，围绕"将人才资源打造成世界一流资源"的战略目标，通过国际协同研发、校企合作等方式，积极打造行业领军人才队伍。目前，拥有国内外6000多名技术人员，占比超过25%。

"为打破进口依赖、受制于人，徐工企业家群体勇于自我否定、自我革命，敢为天下先，在这个较为艰苦的行当，创造出一个客户青睐、世人尊重、响当当的装备制造标志性品牌，这恰恰是徐工打造百年老店的坚强后盾。"

（三）以智能制造为主攻方向，依托工业互联网平台，推动工程机械质量、效率和动力三大变革

未来20年，是中国制造业实现由大到强的关键时期，也是"智能制造"这个新一轮工业革命核心技术发展的关键时期。围绕"主机 + 核心零部件"产业，徐工的智能制造早已提前布局。

"目前，徐工打造的全球起重机行业首个大型结构件智能工厂已投入运行，生产效率提升一倍，自动化焊接率从40%提升至90%，产品一次交验不合格率降低至1%以下，一人多机水平提升至1人10机，达到全球行业领先水平。"徐工还发布了国内首个具有自主知识产权的工业互联网平台—Xrea。

截至目前，该平台累计入网设备数量已经达到60多万台，服务客户超过300家，覆盖50多个细分行业领域，Xrea海外推广至20多个国家，其中"一带一路"沿线国家10个，并成功申报国家2018年跨行业跨领域工业互联网平台，跻身国内工业互联网第一梯队。

（四）专注塔机六十年，徐工匠心为国

我国塔式起重机自50年代起步，到现今已是世界最大的塔式起重机生产、销售国家。徐工是民族塔机行业的先行者和实践者，新中国成立之初，秉承着红色基因和军工血统的徐工人艰苦奋斗、自力更生，从当初仿制国外产品、突破外资品牌对塔机市场的垄断、支援祖国建设，到今日产品远销海外、与国外品牌同台竞技，徐工塔机的发展历程也浓缩着中国塔式起重机发展历程。从战火中诞生的红色基因，到《第一台大型塔式起重机在农业机械厂试制成功》、六吨塔机达到国际标准、QTZ25/40组合塔式起重机，掀起销售热潮的成长之路；再由转为民营的六年低谷到融合转型、回归徐工，徐工集团斥巨资打造的三大塔式起重机制造基地，完成了变革升级、打造行业典范的蜕变。成功推出获

得业内好评的 125t·m–565t·m 建筑工业化高端新产品，重点打造了以智能化、高可靠性、高性价比为主打的 XGT7020、XGT7530、XGT8020、XGT8040 等主力机型，全力塑造中高端塔式起重机品牌形象。900t·m 超大型工程塔中标海外水电工程、徐工塔机助建阿联酋迪拜世界第一高楼 …… 徐工塔机凭借六十年的深厚技术积淀，形成了完善的产品型谱，拥有塔顶式、平头式、动臂式三大系列涵盖 80t·m 到 3500t·m 的 33 种主力机型，立志代表民族建筑起重机械行业，以"做最安全的塔式起重机、施工升降机"的目标定位，进军海外塔机高端市场，与世界顶尖品牌同台竞技，持续为全球建筑施工提供全套解决方案。

（五）新目标

以新一轮国企改革为动力，以技术创新和国际化为战略重点，以工业互联网技术为抓手，全面巩固提升工程机械主业竞争优势，锻造全球产业高端人才队伍，推动工程机械产业向中高端制造的升级转型，力争在 2020 年之前进入全球行业前 5 强，2025 年跻身前 3 强，全力冲刺世界工程机械产业"珠峰登顶"，高质量打造具有全球竞争力的世界一流企业。

三、徐工集团的经验与启示

（一）以技术创新提升核心竞争力

技术创新是装备制造业发展的核心，掌握关键核心技术是制造企业的生存之本和制胜之要。徐工集团始终坚持创新驱动发展不动摇，着力推进核心技术自主创新，不断破解"卡脖子"难题，确保技术创新处于国际领先地位。

1. 重抓高端产品创新

始终坚持以突破核心技术为引领，推动工程机械制造整体创新并向全球价值链中高端迈进。上世纪八九十年代，徐工集团产品技术主要靠引进消化吸收。进入新世纪，大力实施高端、高附加值、高可靠性、大吨位的"三高一大"产品战略，紧紧围绕"技术领先、用不毁"的技术标准，聚焦产品智能、绿色设计、可靠设计、工业设计等创新重点，每年安排销售收入的 5% 支持技术研发，走出了有质量、有效益、有规模、可持续的创新之路。

2. 重抓高端平台创新

集团创建伊始，徐工集团依托工程机械研究所加强技术研发。2004 年以来，积极推进企业实验室建设，建成包括液压、结构、传动、智能控制、材料等 9 个实验室和 1 个大型综合试验场。2008 年，构建以徐工研究院为关键共性技术研发中心，以二级公司技术研发为产品开发中心的全球研发布局。2016 年，推进互联网 + 融合与数字化转型，成为国家智能制造、两化融合、服务型制造、双创平台建设的示范企业。2018 年 5 月，徐工 Machmall 跨境电商平台上线，创造销售过 3 亿元纪录，成为徐工集团融合互联网 + 创新发展的新平台。

3. 重抓高端标准创新

标准是企业"生产之法"和世界"通用语言"，更是国际技术制高点。着力推动技术创新与标准创新有机统一，使徐工集团标准享誉全球。累计创建国家标准 38 项、行业标准 27 项、团体标准 11 项，形成了技术标准为主体、管理标准为支撑、工作标准为保障的标准创新体系。2011 年，徐工集团参与国际标准制定，已主持国际标准 2 项、参与 2 项，自主创新成果标准国际化水平明显提升。

（二）以开放创新拓展国际市场空间

开放是汇聚全球资源的关键一招，更是企业做大做强的根本出路。以开放倒逼改革、引领创新，是徐工集团坚持国际化道路不动摇的核心要义。多年来，从产品和人员"走出去"，到资本和服务"走出去"，徐工集团国际化道路越走越宽广、越走越高端。

1. 销售国际化打响品牌中高端形象

坚持以国际标准提升品牌形象，着力迈向全球价值链中高端。特别是出口中东的 300 吨大型矿用挖掘机、110 吨矿卡等近 2 亿美元大单，全地面起重机通过欧盟认证并出口德国，120 台压路机出口北美、其中 80 台进入美国市场，标志着徐工集团产品批量进入传统高端市场。针对国际市场特点，变经销为主为直销为主，创新电商平台模式，实现整车、配件线上"一站式"销售。海外年收入超过 23 亿美元，稳居行业第 1 位，成为享誉全球的"中国名片"。

2. 服务国际化提供成套解决方案

服务国际化是促进产品销售增值和站稳市场的必然选择。着力打造全球营销服务体系，拥有海外 30 个分子公司、40 个办事处、40 个大型备件中心和 300 多家海外经销商，辐射 180 多个国家和地区的服务网络。尤其是打造出包括吊装、土石方工程、道路筑养护等在内的 13 个成套解决方案，能够及时为全球客户提供售前、售中、售后及融资租赁等一站式服务，赢得客户广泛信赖。

3. 研发国际化引领技术领先趋势

突出引进消化吸收再创新，积极构建"全球协同 + 自主研发"的创新体系。2011 年，收购荷兰 AMCA 公司和德国 FT 公司，使高端液压阀产品制造达到国际先进水平，实现进口替代。海外研发特别注重客户独特需求。如，针对俄罗斯、中亚低温酷寒天气特点，研发高寒起重机。先后建成中、美、德、巴、印 5 大国际研发基地，成为全球高精尖工程机械技术研发的引领者。

4. 生产国际化优化产业全球战略布局

围绕全球产业升级需要，加快海外生产基地建设。对高端市场国家，通过海外收购，获得技术、渠道和管理经验。对市场规模大、市场机制健全的国家，采取独资建厂、本土化经营模式，利用当地资源降低成本，实现对区域市场快速响应。对市场规模小、市场机制不完善的国家，采取合资合作方式建厂，快速进入当地市场并获取政策支持。

（三）以人才创新支撑产品高端发展

人才是创新驱动发展的战略性紧缺资源。企业竞争归根到底是人才的竞争。人才竞争核心是人才机制竞争。徐工集团坚持打造一流人才队伍不动摇，精心培育世界级智慧人才、高技能工匠、党员劳模和企业家四大优秀人才群，让更多"千里马"大展鸿图。

1. 着力做大人才增量

实施"全球猎鹰计划"，紧密对接国家重大科技创新规划，紧贴关键共性、前沿引领、现代工程技术创新要求，瞄准发达国家与行业顶尖企业，准确把握高层次人才流动趋势、跳槽特征以及求职习惯，广辟猎聘渠道，大力引进优秀人才，形成了高效灵活的人才引进机制。近年来，引进全球顶级人才 15 人，精英人才 68 人，为攻克核心技术难题、占领技术前沿创造了有利条件。

2. 着力优化人才存量

加大技术研发人才培养力度。坚持能力过硬、文化同质、团队协同、持续创新的培养原则，落实全球引进、国际培养、创新激励、跨文化融合的关键措施，建立网络平台、高效运行的管理体系，打造国际领先的技术研发人才队伍。加大高技能人才培养力度。兴办徐州工程机械技师学院，实施高技能人才"金蓝领211"培训工程，建设技能人才高地。借鉴德国双元制职业教育模式，构建金牌工人和高级技师培训体系。

3. 着力释放人才含金量

落实物质激励措施，优化经营管理团队薪酬管理办法，建立以业绩为导向的薪酬分配机制和股权多元化激励机制。对技术人才实行岗位项目工资制，年收入由固定薪酬和项目工资两部分构成。对优秀人才和重大创新人才，落实特殊奖励办法。发挥精神激励作用，健全鼓励激励、容错试错、能上能下机制，引导员工敢闯敢试、务实创新、奋发有为。结合企业需要，分类构建员工发展职业通道。建立年功荣誉管理制度，通过授予年功章，增强员工自豪感、使命感和归属感，激励员工爱岗敬业、拼搏奉献，在献身徐工集团发展大业中展现精彩人生。

（四）以机制创新激发内生发展活力

机制创新是企业旺盛活力的源泉。徐工集团作为历史悠久的老牌国企，本身就是改革的产物，又在改革中不断"脱胎换骨"，在创新中不断增强发展后劲。

1.混合所有制改革集聚更多优势资源

1996年，徐工科技在深交所挂牌上市。2009年，徐工集团将优质资产融入徐工机械并整体上市，引进战略投资者，健全法人治理结构。2017年，面向高端装备智能制造进行定向增发，募集资金25.4亿元。至此，徐工集团从资本市场累计募资突破200亿元，通过市场化定价国有资产，实现保值增值。2018年，启动实施徐工集团工程有限公司混改，在保持国有控股地位前提下，引入优质战略投资者。在子公司层面，积极进行混改探索，通过股权分配建立长效激励约束机制。

2.组织机构优化催生更多创新动能

2000年以来，通过"主辅分离"，完成下属56家企业产权改革。2011年，开启企业事业部制改革，提升总部管理职能，凸显核心板块，实现条块清晰、权责明确的专业化管理，由"一艘大船"变成包括六大事业部、25家主机企业、9家零部件企业、20家贸易服务及新业态企业的"超级舰队"。2012年以来，徐工集团突破传统优势主机产业格局，做成起重机、挖掘机两大百亿板块和四个50亿板块一批隐形冠军。2015年建成投产的徐工汽车，两年时间超过多个行业老品牌，跻身行业十强。

3.管理机制创新提升企业运行效率

着力推进全方位管理模式变革。瞄准"珠峰登顶"战略目标，全面贯彻质量管理体系，推进卓越绩效管理；整合管理工具和核心业务流程，推进风险管控激励，构建全价值链动态战略管控系统；依托预算信息平台，推进全面预算管理，精准实施各类资源分配、考核和控制，实现上承战略、下接绩效，纵贯组织、横向协同，形成全员、全过程、全业务、全价值链的科学管理体系，有效保证了巨型企业有条不紊、稳步高效的健康发展。

（五）以党建创新彰显红色文化魅力

文化是根基和灵魂。坚定不移加强党的领导，弘扬党的优良传统，是徐工集团企业文化的鲜明特色，更是徐工集团充满旺盛活力和无限生机，拥有独特风采和时代魅力的根本保证。

1. 党的领导与企业经营深度融合

坚持把党的绝对领导作为文化建设的根本方向，把政治优势转化为发展的核心优势，切实理顺党的领导和公司法人治理的关系。制度建设上，把党的领导融入经营各环节；组织架构上，健全双向进入、交叉任职领导体制；决策程序上，理清和规范治理主体权责边界，健全"三重一大"决策制度；运行机制上，保证党组织意图在重大决策中得到体现。按照"意志坚定、吃苦耐劳、真才实学、勇于创新、富有经验、做出实绩"的干部标准，锻造干部作风，打造了一支对党忠诚、为国争光，甘于吃苦、善于创新的优秀干部队伍。

2. 组织建设与市场开拓深度融合

发挥党组织的政治核心作用、党支部的战斗堡垒作用和党员的先锋模范作用，是徐工集团不同于一般企业、极其特殊的红色文化优势。坚持企业发展到哪里，党组织就建设到哪里，积极探索国际化集团各类企业、各级层面、各种形态、各个区域，党组织参与企业管理的实现形式，确保党的方针政策不折不扣落实。目前建成了1个集团党委、28个基层党委、10个党总支、167个党支部，拥有4886名优秀党员。

3. 红色基因与创新精神深度融合

红色基因铸就徐工集团"担大任、行大道、成大器"的核心文化理念，也体现徐工集团善制大器的创新精神。在实践中，徐工集团将文化理念与行为规范、经营管理、销售服务等深度对接，将集团文化与子公司、生产基地特色文化深度融合，使企业文化成为员工高度自觉的价值观与行为准则，引领员工砥砺前行、奋发作为，保持徐工集团"一根筋"精神、一种激情、一份清醒，以文化和信仰的力量推动产业珠峰登顶事业。在海外基地，主动让中国员工融入当地文化，让海外员工、客户感受中国文化和徐工集团文化的无穷魅力。

徐工集团创新探索的成绩令人瞩目、鼓舞人心，经验弥足珍贵、催人奋进。徐工集团创新发展的成功样本，为我们贯彻习近平新时代中国特色社会主义思想，进一步深化改革开放，创新驱动发展，振兴实体经济，尤其是提升装备制造业国际竞争力，高质量打造全球创新型领军企业，带来了许多有益启示。

启示之一：打造全球创新型领军企业，必须坚定不移推进创新驱动发展战略，切实掌控关键核心技术话语权。企业是市场竞争的主体，制胜根本在于核心技术领先。徐工集团实践表明，只要牢固确立创新发展理念，正确把握产业技术需求，精准落实创新举措，持续优化创新生态，锚定核心技术攻关，不断实现前瞻性引领性技术重大突破，就一定能够不断突破产业发展瓶颈，推动产业技术升级，推动企业做大做强、走向世界，在日趋激烈的国际市场竞争中，越战越强，越走越远，成为有全球影响力的创新型领军企业。

启示之二：打造全球创新型领军企业，必须坚定不移走国际化道路，确保打赢全球市场竞争主动仗。赢得国际市场是企业竞争最高境界，更是中国企业奋起直追、为国争光的必由之路。徐工集团的技术创新始终聚焦国际竞争力，而融入国际市场成就了徐工集团世界级企业梦想。实践表明，只有毫不动摇走国际化道路，积极参与"一带一路"建设，才能集聚更多创新发展要素，拓展更大发展空间，深度融入全球价值链中高端，抢占国际竞争制高点，不断超越自我，创造奇迹，成为全球市场竞争的主导者。

启示之三：打造全球创新型领军企业，必须坚定不移锻造高素质人才队伍，不断增创高端人才新优势。全球领军企业既要有领军企业家正确掌舵，也要有科技研发、技术工匠、市场开拓、企业管理等人才群体坚强支撑。徐工集团实践表明，人才强企业强，人才兴万事兴。只要坚定实施开放战略，大力集聚和培育世界级智慧人才、高技能工匠、技术劳模和企业家等各类领军人才，不断完善企业优秀人才群体，让"千里马"竞相奔腾，大展鸿图，企业就一定会越做越红火，越来越兴旺。

启示之四：打造全球创新型领军企业，必须坚定不移加强党的领导，持续提升产业报国凝聚力。加强党的领导，是国企优良传统和独特优势，也是国企增强国际竞争力和抗风险能力的根本保证，更是中国企业文化的根基和灵魂。徐工集团实践表明，无论是技术创新，还是市场开拓，无论是矢志产业报国、登顶产业巅峰，还是承担社会责任、彰显文化特色，党组织始终是不可替代的关键因素和不可战胜的重要力量，党的领导毫无疑问是中国企业走向世界、引领全球的坚强保证。

启示之五：打造全球创新型领军企业，必须坚定不移创新体制机制，着力优化干事创业软环境。企业成长离不开环境滋养，领军企业更需要不一般的发展环境。徐工集团发展历程，地方政府给予了足够的政策支持和情感关怀，从未干预其市场经营自主权，充分尊重企业选人用人和薪酬分配等权利。对企业而言，这就是最优环境和最大支持。实践表明，只要坚定实施创新驱动发展战略，正确处理好政府与市场关系，真正遵循市场规律，真正发挥企业主体作用，真正激发企业家卓越智慧和创新能力，就一定能够打造出更多更强有全球竞争力的创新型领军企业，为实现中华民族伟大复兴的中国梦作出更大贡献。

实施两材重组
建设具有全球竞争力的世界一流企业

2016 年初，中国建筑材料集团与中国中材集团启动重组工作（简称两材重组），8 月 26 日经国务院批准，国务院国资委同意，顺利实施重组，并列入国资委中央企业兼并重组试点。重组后的中国建材集团是中国最大、世界领先并在世界水泥行业具有话语权的综合性建材产业集团，在水泥、商混、石膏板、玻璃纤维、风电叶片，国际水泥工程和余热发电市场六大领域居世界第一。

中国建材集团深入学习贯彻习近平新时代中国特色社会主义思想和党的十九大精神，落实国资委关于兼并重组的部署，集团层面重组无缝对接，党的领导全面加强，业务格局深度优化，水泥、新材料、国际工程三足鼎立，进入高质量发展新阶段。2017 年实现优异业绩，2018 年上半年再创历史同期最好业绩，实现利润 85.9 亿元、同比增长 51%，营业收入 1561 亿元、同比增长 16%，连续八年进入世界 500 强。

一、两材重组的重大意义

党中央、国务院高度重视国有企业改革发展，党的十八大以来，习近平总书记、李克强总理多次对国有企业改革作出重要指示批示，提出明确要求。推动两材重组，既是贯彻落实党中央、国务院决策部署，深化国有企业改革的重大成果，也是做强做优做大中央企业的实际行动和具体体现，意义十分重大。

一是优化国有资本布局结构的重要举措。《关于深化国有企业改革的指导意见》和关于推动中央企业结构调整与重组的指导意见》等文件对推动国有资本合理流动优化配置、促进中央企业结构调整转型升级提出了新的要求。国务院国有企业改革领导小组将两材重组确定为中央企业兼并重组试点企业，两材重组是中央企业布局结构调整的积极探索，有利于解决企业发展过程中存在的资源分散、重复建设等问题，推动企业在更高层次、更高水平上实现资源优化配置，提升核心竞争力。

二是加快打造世界一流企业的迫切需要。做强做优做大国有企业，培育一批具有国际竞争力的世界一流企业，是新时期深化国有企业改革的重要目标。原中国建材连续七年获国资委年度经营业绩考核 A 级，连续六年进入世界 500 强，是我国最大的综合性建材产业集团和全球建材制造业领军企业。原中材集团是我国唯一在非金属材料业拥有系列核心技术和完整创新体系的企业集团，水泥技术装备工程国际市场占有率连续 8 年位居首位。两家企业在过去的发展历程中，都创造了辉煌业绩，为经济社会健康发展作出了重要贡献。传统建材行业产能严重过剩、新材料领域重复建设、国际工程领域过度竞争等问题十分突出，尤其是近年来国际建材行业企业间频繁重组合并，大型跨国公司竞争力不断增强，对我国企业发展形成较大压力。推动两材重组，有利于实现优势互补，品牌、渠道、研发等资源共享，减少同质化发展和重复投入，进一步增强规模实力，提高全球市场竞争力，对提高行业影响力、加快向具有国际竞争力的世界一流企业迈进具有十分重要的意义。

三是推进供给侧结构性改革的重要内容。实施供给侧结构性改革，是党中央、国务院深刻把握我国经济发展大势作出的战略部署，是适应和引领经济发展新常态的重大创新，是适应后国际金融危机时期综合国力竞争新形势的主动选择。供给侧结构性改革，重点是解放和发展社会生产力，减少无效和低端供给，扩大有效和中高端供给。近年来，建材工业增速放缓、效益下降、分化加剧，水泥、平板玻璃等产能严重过剩，但同时部分适应生产消费升级需要的产品极端缺乏，结构性矛盾日益凸显。推动两材重组，有利于提升行业集中度，通过错峰生产、提高标准、减量置换等手段，全力推动建材去产能；有利于整合优势资源和创新成果，推动水泥、玻璃、混凝土等传统建材产品向高端发展，重点突破一批制约行业、企业发展的共性关键性基础性技术，扩大有效和高端供给，推动行业转型升级，更好发挥中央企业在落实供给侧结构性改革中的引领和带动作用。

四是贯彻"一带一路"和国际产能合作等国家战略的重要途径。实施"一带一路"战略、推进国际产能和装备制造合作，是党中央、国务院统筹国内国际两个大局，顺应地区和全球合作潮流，构建全方位开放新格局作出的重大战略决策。中央企业是国民经济的骨干中坚，应当紧密结合"一带一路"战略，利用优势产能，突出重点领域，推动国际产能与装备合作，为实现我国经济提质增效升级作出更大贡献。两材重组后在"一带一路"沿岸沿线国家初步规划的投资项目近 100 个、预计投资金额超过 900 亿元。两材重组有利于进一步完善海外建材装备、工程、制造、仓储、物流服务体系，协同开展国际工程建设，有利于打造我国建材产能和装备"走出去"的国家新名片，对于更好服务国家战略，实现国家利益最大化具有重要意义。

二、两材重组具备的条件

一是重组具备坚实的文化基础，相互认同度高。两集团同根同源，均为原国家建材局所属企业，文化相近、人脉相通，在长期发展过程中，既竞争又合作；同时体制机制与管理模式相近，具有良好的重组基础。

二是双方业务的协同性和互补性强，具有整合空间。两集团在水泥、玻璃纤维、风电叶片及其他复合材料等主业上高度协同，并在轻质建材、工程承包、能源管理、新型房屋等领域各具特色、高度互补。业务上的协同性、互补性将为本次重组的成功奠定坚实基础。

三是重组符合各方期待、得到广泛支持。水泥等基础原材料行业产能严重过剩、恶性竞争加剧，行业效益显著下降，行业老领导及各方同仁高度期盼两集团引领行业联合重组，集团各级干部职工就重组形成了统一思想。

四是重组符合资本市场预期。两集团重组将显著提高水泥市场集中度，并在两集团其他业务板块产生协同，将对提升竞争力、改善盈利能力起到重要作用，符合资本市场的正面预期。

五是重组有例可鉴，双方经验丰富。近年来，在国务院国资委的领导下，已成功完成多起中央企业重组，为本次重组积累了大量宝贵经验。两集团亦在企业重组、区域整合、资本运作等方面经验丰富，探索了多种发展模式和成长路径。

三、两材重组的指导原则

（一）服务国家战略原则

重组要立足国家供给侧结构性改革、"一带一路"战略、创新驱动发展战略、装备走出去和国际产能合作战略目标，服务于国家经济建设和产业发展战略，符合习近平总书记提出的国企改革"三个有利于"标准和党中央、国务院《关于深化国有企业改革的指导意见》精神以及配套文件的原则和要求。

（二）市场化和效益最大化原则

重组要遵循市场经济规律，充分利用现有资源，以效益最大化为原则，稳妥有序推进同业合并，通过重组提高区域市场控制力和市场竞争优势，提高上市公司市值和盈利能力。

（三）依法依规原则

重组要严格遵循国家法律法规和资本市场监管的要求，充分发挥中介机构的作用，精心谋划、稳妥推进、规范操作；注重风险防范，建立完善内部监督体系，有效保障国有资产权益，防止国有资产流失。

（四）坚持党的领导和加强党的建设原则

重组过程中要把加强党的领导和完善公司治理统一起来，明确党组织在公司治理结构中的法定地位，坚持党管干部原则，从严选拔和管理领导人员，充分发挥党组织把方向、管大局、保落实的重要作用，严格落实党建工作责任制，切实履行党风廉政建设主体责任和监督责任，强化对权力运行的制约和监督。

四、两材重组前期的主要措施

（一）成立组织机构

两材重组根据不同重组阶段的工作实际，分别建立了由主要领导牵头、专门机构负责的整合工作机制。

在重组筹备阶段（即重组获批前），两集团成立了重组领导小组，宋志平任组长、刘志江任副组长，成员为曹江林、李新华，领导小组下设综合业务组、战略规划组、上市证券组、财务审计组、人力资源组、法律事务组、党建纪检组等7个工作小组，由两个集团公司和两个股份公司相关负责同志组成。

在集团公司层面重组阶段，结合国资委对新集团领导班子的安排，成立了改革重组领导小组，宋志平任组长、刘志江任副组长，曹江林、李新华为执行副组长，集团领导班子成员为组员。领导小组下设改革重组办公室，光照宇任主任，两家股份公司负责同志、集团公司总法律顾问为副主任，成员为中国建材集团、中国建材股份、中国中材股份各职能部室负责人及相关工作人员。改革重组办公室日常办事机构设在集团董事会办公室。

在业务整合阶段，由于业务整合重点任务是两家股份公司及相关成员企业的整合，为规范高效完成业务整合，集团成立了业务板块重组整合三级机构。领导小组组长宋志平，副组长刘志江、曹江林，组员为集团公司领导班子成员；工作小组组长曹江林，副组长光照宇、彭建新，成员由集团总法律顾问、总经济师及人事、财务、投资相关职能部室和中建材股份、中材股份相关负责人组成；工作小组下设办公室，由中建材股份、中材股份董事会秘书分别担任主任、副主任，成员由相关职能部室和公司业务分管负责人组成。

（二）统筹发布公告

经与国务院国资委领导及主管局有关领导沟通一致后，在组织拟写重组请示报告的前一天（2016 年 1 月 25 日），统筹安排两集团所属 14 家上市公司同时向资本市场发布公告，告知广大投资者"中国建筑材料集团有限公司与中国中材集团有限公司正在筹划战略重组，重组方案尚未确定，方案确定后尚需获得有关主管部门批准。上述事项目前不涉及公司的重大资产重组事项，亦不会对公司的正常生产经营活动构成重大影响。公司将根据上述事项的进展情况按照相关规定及时进行信息披露"。14 家上市公司均未停牌，公告发布后，资本市场反应正常平稳，反响正面积极。

（三）召开启动会议

2016 年 2 月 19 日，两材重组全面启动会在京召开。国资委改革局有关领导到会指导。原中国建材集团董事长宋志平代表两集团作表态讲话，原中国中材集团董事长刘志江主持会议，两集团领导小组成员、工作组召集人以及工作组各专业小组召集人出席会议。会议强调了两材重组的战略意义、重组过程中需重点推进的几项工作以及重组请示中需要细化几个要点。

（四）精心拟写请示

在国资委改革局的指导下，"两材重组"工作组组织两集团有关人员与中信、中金等证券机构以及法律顾问，就重组战略意义、面临挑战、重组原则、重组路径、业务平台整合目标、上市公司整合思路以及党建纪检工作等进行深入研究，如期完成重组请示上报国务院国资委。

（五）深入交换意见

两集团有关负责人与证监会、商务部、发改委、财政部、国土资源部、工信部、国家工商总局、国家税务总局、香港联交所等有关部门和机构，进行反复深入沟通，就重组过程中的有关问题深入交换意见，达成基本一致。

（六）召开重组大会

收到重组获批的通知后一周内（2016 年 8 月 26 日）召开两材重组大会暨中国建材

集团有限公司成立大会，新集团正式成立揭牌。完成会议组织及筹备、文字材料起草、现场会务安排等；开展系列宣传报道，充分利用网络和新媒体（微信）平台开展新闻宣传，在主流媒体和行业媒体开展系列报道，营造良好舆论氛围。

五、两材重组的主要措施

两材重组不是简单的合并，而是要有化合反应。中国建材集团按照党中央、国务院、国资委对重组的要求，重点围绕三件事展开工作：一是资源优化，重组的核心目标是更好地推进供给侧结构性改革，提高企业自身整体的竞争力和经济效益。加快打造世界一流企业。二是市场整合，推进建材工业的供给侧机构性改革，在国际和国内市场减少无序恶性竞争，降低单位成本，提高运行效率。三是积极参与国际竞争，贯彻"一带一路"和国际产能合作等国家战略，把建材成套装备技术打造为中国实业的 "新名片"。围绕这些思路，在整合过程中制定了清晰的目标和缜密的计划，迅速确定了"一个目标、三大战略、六大平台和三条曲线"，扎实开展"四大优化、六大整合"，有条不紊推进重组整合工作。

（一）完成集团层面机构职能"四大优化"

第一，优化集团发展战略。以两材重组为契机，从高速增长阶段转向高质量发展阶段，提出了创新驱动、绿色发展、国际合作三大战略，打造"基础建材、国际产能合作、三新（新材料、新能源、新型房屋）产业发展、国家级材料科研、国家级矿山资源、金融投资运营"六大业务平台，确定了"精耕细作基础建材、大力发展新型材料、积极培育研发及技术服务等新业态"的业务发展"三条曲线"，提出集团2020、2035、2050中长期奋斗目标和国际化发展"六个1"目标，努力实现"高端化、智能化、绿色化、国际化"的"四化"转型。小两材完成合并后，集团目前已形成水泥、新材料、工程技术服务三足鼎立的业务格局。

第二，优化精减总部机构。集团总部机构由原两材的27个整合为12个、人员由269人调整为不到150人，保持了机构精简、人员精干。周到稳妥地安排精减干部充实到二级、三级企业，公司主要领导进行了大量细致思想工作，努力做到职务有升不降、薪酬有增不减，在党员干部的带动下，精减工作繁而有序，稳定了队伍，激发了干劲，充分调动了大家的积极性。

第三，优化精干二级平台。两个月内完成了二级平台搭建，由原两材的32家整合为

17 家，后续经过多次整合，现在二级企业 12 家，截止 2018 年 5 月 31 日，集团完成压减 356 户，压减比例 20.6%，提前完成国资委下达的三年压减目标。集团又制定了更高压减目标，还在继续整合同类项，继续大力推动"瘦身健体"，为业务整合和打造大利润平台奠定了坚实的基础。

第四，优化创新制度体系。建立协调良好、运作有效的董事会、党委会、经理办公会、职代会协调机制，完善有效、高效的会议制度和管理制度。把加强党的领导和完善公司治理有机融合，党委前置决策制度化。集团发布了党建制度、治理制度、安全生产手册、员工手册等制度汇编。每月一天会议日，上午党委常委会，由党委书记主持；下午办公会由总经理主持；还有集团月度经营分析会，通过会议日打破集团内谷仓效应，互相交流学习，上下级之间加强互通，宣贯集团战略部署并推动落实。

（二）推进业务层面上市公司及内部资源"六大整合"

第一，品牌文化整合。确立了核心价值观"创新、绩效、和谐、责任"，行为准则"敬畏、感恩、谦恭、得体"以及相关工作方针；在品牌标识上倡导包容，集团继续延用原中建材集团 CNBM 企业 LOGO，同时保留原中材集团 SINAMA 作为品牌标识，在国际工程领域进一步推广 SINOMA 品牌。在重组后新集团第一次年度工作大会，印发了新集团 VI 手册，在全集团宣贯企业文化、统一品牌和标识。

第二，"小两材"整合。两材集团层面重组整合基本完成后，启动小两材重组工作。小两材重组是以深入推进供给侧结构性改革、践行国家"一带一路"为出发点，以确保国有资产保值增值、释放协同效应、提升国有资本盈利能力和国际竞争力为立足点，并全面考虑了后续专业化 A 股整合的衔接性和可操作性。经过反复研究比较，小两材重组采用了换股吸收合并的方式，即：中国建材向中材股份 H 股股东发行 H 股，向中材股份非上市股股东发行非上市股，换股吸收合并中材股份。

重组完成后，中材股份退市并注销，其现有资产、负债及一切权利、义务由中国建材承接与继承，其现有股东成为中国建材的股东，中国建材集团直接及间接持有合并后中国建材总股份的 42.20%。原中材股份下属 5 家 A 股上市公司天山股份、宁夏建材、祁连山、中材科技、中材国际均成为中国建材下属子公司。合并后的中国建材直接持股 21 家企业，其中上市公司 7 家。下一步将结合发展需要，以现有上市公司平台及优势企业为主体，择机启动相关产业组织整合，通过资产置换、注入等方式，打造全球领先的专业化平台公司，提升产业链的综合实力，同步解决同业竞争问题。

在实施小两材重组的同时，大力开展水泥、工程等两材同质业务的内部协同和市场整合，以及集团内的产融、产研整合。

第三，水泥业务整合。水泥行业长期产能严重过剩，产能利用率仅60%。重组后中国建材集团共有9家水泥平台公司，多次召开水泥专题工作会，积极发挥大企业作用，引领行业淘汰落后、推进市场竞合、执行错峰限产，推动水泥向高性能化、特种化、商混化、制品化"四化"方向发展，提高产业和产品的附加值，在业务重合区域积极整合市场资源。市场协同成效显现，在产销量基本持平的情况下，价格稳定在合理范围。今年上半年同比水泥产量减少2.2%、毛利率提高8.9个百分点，商混产量增长2.5%、毛利率提高5.5个百分点。

第四，国际工程业务整合。原两材共有14家涉及工程服务的公司，过去经常打乱仗、大量内耗，损失收益。重组后集团召开工程业务专题会，成立协调工作组，明确"精耕市场、精准服务、精化技术、精细管理"的要求，提出减少家数、划分市场、集中协调、适当补偿、加快转型的思路，今年又多次组织C9和E14协同会议，打破谷仓效应，确定统一经营理念、统一竞合、统一对标体系、统一协调机构的"四统一"原则，让各企业间相互借鉴、深入交流，针对具体项目，发挥各自的优势，扎实有效展开合作。

第五，产融整合。重组后集团召开产融业务专题会，部署充分发挥财务公司功能，积极努力提高企业资金归集度，降低资产负债率。今年银保监会正式批复同意新集团承接原中材集团持有的财务公司70%股权；财务公司更名为中国建材集团财务有限公司已在国家工商总局完成名称核准；集团制定全口径日均资金集中度目标，要求各企业加强与财务公司业务合作，北新建材、西南水泥等原中建材股份公司的子企业已经完成开户。

第六，产研整合。打造行业"中央研究院"，加强基础性、共性、前瞻性技术研究和多元化新兴产业研究，构建具有国际竞争力的技术创新体系，也为集团产业板块提供强有力的技术支持。2018年3月国家发改委发布对全国1345家国家企业技术中心2017–2018年评价结果中，中国建材集团技术中心以91.2分的成绩位列第35位，被评为全国优秀企业技术中心。

六、两材重组的有关经验

（一）制定了"三步走"的重组步骤

中国建材集团实施"两材重组"采取了集团层面（大两材）、港股公司（小两材）、业务板块（A股公司）分层分段重组整合的"三步走"方略，三步之间既相互独立，又有所重叠，逐层深入、环环相扣，很好地解决了上市公司整合操作难度大、业务板块存在同业竞争等问题。

第一步是集团及二级板块层面战略定位。集团确立了塑造具有全球竞争力的世界一流建材和新材料企业的战略愿景，明确了行业整合的领军者、产业升级的创新者、国际产能合作的开拓者的战略定位，按照业务整合、瘦身健体、优化资产、业务归核化的工作思路，完成集团战略、总部机构、二级企业平台、制度体系"四大优化"，实施和开展品牌文化、上市公司、水泥业务、国际工程、产融、产研"六大整合"。

第二步是推进中国建材股份有限公司（简称中国建材）和中材股份有限公司（简称中材股份）两家 H 股公司的吸收合并（资本市场称作"小两材合并"）。在国资委、证监会等部委的指导和支持下，小两材资本市场不停牌，2017 年 7 月启动，历经半年多时间成功实施换股吸收合并。2017 年 12 月 6 日在大股东回避表决的情况下，两家公司股东大会小股东投票通过率均超过了 99%，创造了近年来资本市场重组案例的新记录，也为央企重组整合贡献了新的经验。2018 年 5 月 2 日小两材圆满完成换股合并，中材股份注销，合并后的新中国建材股份有限公司 H 股正式在香港联交所上市交易，并于 5 月 3 日召开了新公司第一次董事会。集团公司履行股东职权，提出对中国建材股份派出董事、监事，推荐独立董事、独立监事，以及提名总裁人选。集团董事长、党委书记兼原中国建材股份董事局主席宋志平提出，从公司长远可持续发展角度考虑，应由更多年富力强的同志组成新股份公司的董事会、监事会和经理层，为此他和集团副董事长、党委副书记兼原中材股份董事长刘志江主动提出不继续在新股份公司任职。集团作为控股股东提名集团总经理兼原中国建材股份总裁曹江林为新股份公司董事局主席；提名集团副董事长兼原中材股份董事局副主席李新华为监事会主席；提名原中材股份总裁彭建新为副董事长。目前，新股份公司职能部门和人员已经全部调整到位。

第三步是对同业竞争的业务板块进行优化重组。按照业务归核化原则，每个子公司都围绕核心业务形成一个大的产业、争取做到全球前三，打造专业化的中大型上市公司。同时要遵循资本市场逻辑和规律，通过多种方式整合同质化业务，在 H 股上市公司形成水泥、新材料、工程服务三足鼎立的格局，提高资本运营与重组整合能力，实现上市公司价值最大化。目前第三步工作正在积极推进中。

（二）全面加强党的领导

牢固树立"四个意识"，自觉做到"两个坚决维护"，坚决维护习近平总书记核心地位、坚决维护党中央权威和集中统一领导。集团把政治账、经济账两本账合成一本账，将党建工作与企业经营相结合、与公司规范治理相结合、与企业文化和安全环保文化相结合、与廉洁从业相结合，提高党建质量。党建工作做到细致再细致，规范组织、规范活动、规范制度；纪检工作严格再严格，坚持严管厚爱并重。

一是坚持和加强党的全面领导。坚持"两个一以贯之"，把党的领导和完善公司治理结构统一起来，建设中国特色现代国有企业制度。落实党建工作总体要求进章程，中国建材股份股东大会以 83.89% 较高票（集团持股 44%）通过党建进章程议案，真正将党的领导融入公司治理。集团党委研究讨论作为董事会、经理层决策重大问题的前置程序，加强党委班子学习和自身建设，着力提高党委前置决策的能力水平，为企业改革发展把方向、管大局、保落实。

二是充分发挥基层党组织作用。在基本组织、基本队伍、基本制度"三基建设"上了一个大台阶。以混合所有制企业和海外党建为重点，以"五好党支部""党员先锋岗""党建工作品牌"为载体，以"不忘初心 牢记使命"主题教育为抓手，抓实抓细基层工作，7 月 10 日在山东泰山玻纤召开中国建材集团党建品牌发布会，基层组织和广大党员成为企业改革发展的战斗堡垒和先锋力量。

三是抓牢党建责任考核。全面开展对成员企业党委年度工作考评，全面推行成员企业党委向集团党委报告年度党建工作、党委书记向集团党委作党建工作述职、基层党组织书记抓党建述职评议考核三项制度，实现"三项制度"全覆盖。

四是抓好党建文化。广泛建立党员活动室、党建宣传阵地，体现央企政治优势，营造浓厚文化氛围，提振员工精气神。营造"党建文化、企业文化、安全环保文化、亲清文化"四化融合的良好企业氛围。

五是抓严党风廉政工作。严格落实党风廉政建设"两个责任"，严格执行中央八项规定，进一步强化党纪党规意识。弘扬"亲清"文化，坚守原则底线，工作上亲密合作，利益上清清白白，为企业改革发展营造风清气正的环境，同时要加强内部巡视巡察工作。

（三）弘扬优秀的企业文化

一是团结向上密切合作。两材重组以来，中国建材集团上上下下非常团结，两股绳拧成一股绳，两家人成为一家人，实现了无缝对接。集团全体员工都倍加珍惜良好的文化氛围，紧密团结在一起，领导干部具有大局意识，不利于团结的事不做，不利于团结的话不说。"寸有所长、尺有所短"，干部员工都多看别人的长处，多发现别人的优点，取长补短，弘扬积极向上的先进文化。

二是积极主动担当作为。集团倡导干部员工要把时间用在学习上、把心思用在工作上，始终保持昂扬的精神状态，自觉提升兴企治企本领，做专业领域和企业经营的行家里手。

集团对干部提出了"四个精心"要求，精心做人、精心做事、精心用权、精心交友，要求干部争做有学习能力、有市场意识、有专业水准、有敬业精神、有思想境界的"五有干部"。以更加强烈的责任感和使命感，以更加积极主动的担当作为，全身心投入到集团高质量发展的新征程中。

三是让员工与企业共同成长。关爱员工是中国建材集团的企业品格。一个人置身职场有两件事最重要，一是有一位好领导，二是有一个好平台，好的领导会给人正确的指引，好的平台能让人充分发挥才能。中国建材各级企业都围绕着这两件事做好"人"的工作，提高员工的幸福指数，让员工获得物质上的富裕和精神上的富足，真正实现与企业共同成长。

七、两材重组的取得成效

（一）经营业绩创历史同期最

2017 年是两材重组后第一个完整财务年度，集团实现营业收入 3021 亿元，利润总额 151 亿元，上交税费 188 亿元，社会贡献总额 668 亿元。2018 年上半年经营业绩创历史同期最好水平，实现利润 85.9 亿元，同比增长 51%。完成年度任务 71%；营业收入 1561 亿元，同比增长 16%，完成年度任务 50%，超额实现"时间过半、任务过半"。世界 500 强中排名 243 位，连续八年进入榜单；2017 年度央企业绩考核再获 A 级；在国资委对班子的考核中获得优秀成绩，在国资委党建工作考评中又评为优秀，这些都充分说明，两材重组后集团党的建设全面加强，企业文化深度融合，集团上下团结一心，真正实现了 1+1>2 的预期效果。

（二）创新转型成效显著

两材重组以后，集团加快推进结构调整和转型升级，创新发展高性能碳纤维、超薄电子玻璃、铜铟镓硒和碲化镉薄膜太阳能电池、锂电池隔膜、高精工业陶瓷等一批新材料量产化项目，新材料业务异军突起，2017 年新材料业务利润总额 70 亿元，为集团利润贡献近半。今年上半年，铜铟镓硒薄膜电池组件转换率再创世界记录，世界首条大面积发电玻璃生产线、首条轻薄高透光伏玻璃智能生产线成功投产，百吨级 T1000 碳纤维、世界最薄 0.12 毫米电子玻璃、高铝盖板玻璃等实现稳定量产，创新转型成绩斐然。集团已由一家以水泥业务为主的建材企业，转型发展为水泥、新材料、工程技术服务三足鼎立的综合性建材和新材料产业投资集团。

（三）"一带一路"建设不断深入

近年来，先后在全球 75 个国家和地区承接了 312 个水泥项目，连续 9 年保持全球水泥工程市场占有率第一，承接了 60 多个玻璃项目，运营了 14 家海外建材连锁超市、外包管理了全球 30 多家工厂。中国建材赞比亚工业园、中国巨石埃及玻纤基地、中材国际埃及 GOE 项目、凯盛集团成功收购德国 CIGS 太阳薄膜电池项目、中建材迪拜物流园等国际项目受到中央领导、国资委领导及国内外同行的充分肯定、表扬和赞誉。上半年，集团继续稳妥推进海外投资布局，共签署境外工程服务合同 34 个、总金额 14.8 亿美元。水泥玻璃工程继续保持全球市场份额领先地位，埃及 GOE 六条水泥线全部如期完工并一次性通过性能考核。新能源工程、节能环保工程、新型房屋工程有序开展。

互联网时代大型汽车集团
"制造服务化" 转型的创新与实践

北京汽车集团有限公司（简称"北汽集团"），成立于 1958 年，是中国主要的汽车集团之一，目前已发展成为涵盖整车（包括新能源汽车）研发与制造、通用航空产业、汽车零部件制造、汽车服务贸易、汽车金融、投融资等业务的国有大型汽车企业集团。

自 1958 年北京汽车制造厂生产出北京第一辆轿车以来，北汽集团先后自主研制生产了中国第一代轻型越野车和第一代轻型载货车，建立了中国汽车工业第一家整车制造合资企业，收购了瑞典萨博汽车相关知识产权等，创造了中国汽车工业的多个第一。

经过近 60 年的发展，北汽集团已拥有"北京""绅宝""昌河""福田"等自主品牌，先后引进"现代""梅赛德斯·奔驰""铃木"等国际品牌。成立了包括乘用车、越野车、商用车、新能源汽车和动力总成技术的专业研发机构，建立了涵盖汽车零部件、汽车服务贸易、进出口和汽车金融的完整产业链，实现了产业向通用航空等领域的战略延伸。北汽集团以北京为中心，建立了分布全国十余省市的八大乘用车、九大商用车生产基地，并在全球二十多个国家建立了整车工厂。

北汽集团连续四年名列美国《财富》杂志全球企业 500 强，2018 年位列第 124 位。2017 年，全集团共完成整车产销 251 万辆，实现营业收入 4703 亿元。2018 年上半年，北汽集团完成整车产销 120.3 万辆，同比增长 7.5%，营业收入 2324.6 亿元，同比增长 10.1%，利润同比增长 21.6%，呈现出良好发展态势。北汽集团秉承"行有道·达天下"的品牌理念，走规模化、高端化、服务化、国际化、低碳化的可持续发展之路，努力建设制造服务型企业和创新型企业，把北汽集团打造成为一个具有国际竞争力的汽车制造商和服务提供商，为追求幸福出行与高效运输的人们提供科技、安全、品质、环保的全方位解决方案，成为高品质美好出行生活的引领者。

一、互联网时代大型汽车集团制造服务化转型的创新与实践的背景

（一）新常态下经济结构转型的需要

服务化转型正在成为未来经济发展的趋势。2015 年，我国宏观经济首次出现结构性转折，当年第三产业在国民经济中的占比首次超过了 50%，此后每次统计，我国的服务业占比都在半数以上，而且对经济增长的贡献更是举足轻重。从汽车行业来看，汽车产业链的利润也正在向服务业转移。有统计表明在当今的汽车行业，服务领域的利润已经能够达到 60%-70%。不管从宏观经济整体来说，还是从单独的行业来说，服务经济都已经成为了我国商业活动中的主流内容。

（二）提振实体经济，发展高端制造业的需要

我国经济的坚实发展需要大力提振实体经济。但是实体经济的向前发展必须以集约式发展的方式提高实体经济发展质量。从全球范围来看，无论德国重塑全球工业龙头地位的"工业 4.0 计划"，还是美国解决制造业空心化问题的"先进制造业国家战略"，乃至中国在制造业领域实现赶超的"中国制造 2025"，都表达了发展高端制造业要以信息化为工具，向服务领域渗透，以服务领域为工业发展源头活水的发展策略。制造服务化正在成为我国振兴制造业，提振实体经济的重要抓手。

（三）互联网时代产业发展的需要

互联网经济的前半段正在过去，大量商业模式竞逐之后智能化、网联化、大数据、个性化定制等新的生产方式正在成为未来的发展方向。然而这些技术并非无本之水，智能化需要大量的基础数据推进深度学习，网联化需要信息服务的不断完善，大数据首先需要拥有海量数据、个性化定制则要求首先了解消费者。这些数据的获取、信息服务的完善以及消费者的了解都有赖于服务这一途径予以实现。可以说，未来社会虽然建立在新技术之上，但新技术的生根发芽有赖于服务的支撑。

（四）消费升级背景下企业发展的需要

新常态下，中国经济在供给端表现为服务正在变成经济增长的主要动力；对应的，在需求端这一新的发展方向则表现为消费正在不断升级并成为未来经济发展的主要动力。在消费上，消费者越来越不止满足于产品本身的功能价值，更多的开始追求服务价值与情感价值，更加注重品牌文化，更加注重场景体验。这些都不仅仅是过去的制造所能够

满足的。虽然汽车行业的后端表现为制造业，但汽车行业的前端必须直面终端消费者，因此就不得不顺应消费升级的需求，以需求来带动制造，以服务将传统制造业转型为面向新时代的服务型制造业。

（五）北汽集团自身发展的需要

就北汽集团自身来说，北汽整车事业利润率进一步走低，服务板块相对薄弱，亟需服务增值提升单用户贡献。就服务能力来说，目前北汽的各服务平台各自为战，网联化建设还无法做到全集团共通互联，制造服务业缺乏统一的平台调配资源，供应链管理还缺乏稳定系统的资源协调途径。这些不仅对未来发展带来了障碍，也使企业无法充分发挥当前业务的效率。要补足上述短板，提高企业生产效率的最佳解决方案就是进行制造服务化转型。

由以上可见，无论从宏观经济、技术趋势、消费需求、行业需求、还是企业内部发展层面，服务化都在成为传统制造业企业转型必须面对的方向。有鉴于此，北汽从 2014 年就提出了由传统制造型企业向"制造服务型与创新型企业"战略转型的目标，并进行了深入实践。

二、互联网时代大型汽车集团制造服务化转型的创新与实践的内涵

北汽集团"制造服务化"转型是一个庞大的系统工程，具体包含：主业支撑、多业融合、构建生态和创新制造四大部分，各部分相辅相成构成统一的发展框架。简要介绍如下：

"主业支撑"就是在集团转型发展过程中，以主营业务整车、零部件的研发、制造为关键支撑，紧紧抓住合资品牌整车这一现金牛业务、坚持发展自主品牌整车这一战略主导业务、快速推进新能源整车这一战略新兴业务。而推动主业做强的主要策略则是围绕主业的整个价值链进行"以用户为中心"的价值链改造，让传统的直线型价值链围绕消费者需求完全形成圈层循环的生态价值链，推动主业不断向前。

"多业融合"来自于互联网＋的理念。事实上"互联网＋"更广义的解读应当是以互联网为工具将各种有利于自身发展的业态都加起来。因此在转型发展中，北汽不以产业边界局限发展，而以战略边界界定业务范围，充分发挥战略的目标指向性，以"打造入口"为主要方式，以互相促进、提升价值为选择条件，融合多个产业、多种资源，使其良性互动，生成企业发展的最终目标。

"构建生态"包含三层含义。第一层是围绕消费者需求传递的价值链生态圈，作用于主业价值链，同时向其他业态价值链延伸；第二层是围绕消费者出行场景的产业链生

态圈，主要作用于多业生态，并将主业作为其中的一个圈层，使企业原本单一的制造产业链，向制造＋服务的融合产业链转化。第三层则是以消费者为中心，价值链生态与产业链生态的互动，产业链的每一产业环节内部，各价值链环节均形成以消费者为中心的价值圈层；价值链的每一价值链环节，均沟通各个产业围绕"消费场景"提供服务。从而将主业与辅业紧密连接，实现北汽集团整体的生态圈进化。

"创新制造"是满足消费者需求的关键平台。当多业生态与主业生态良性互动，价值链与产业链以消费者为中心不断提出全新的产品和服务要求。企业生产产品的制造环节就要不断提高能力与效率，才能满足前端环节的要求，这就需要我们不断在制造环节实现创新，实现基础平台能力的大幅提升。四大环节相互作用形成北汽集团制造服务化转型总体构架，如图1所示。

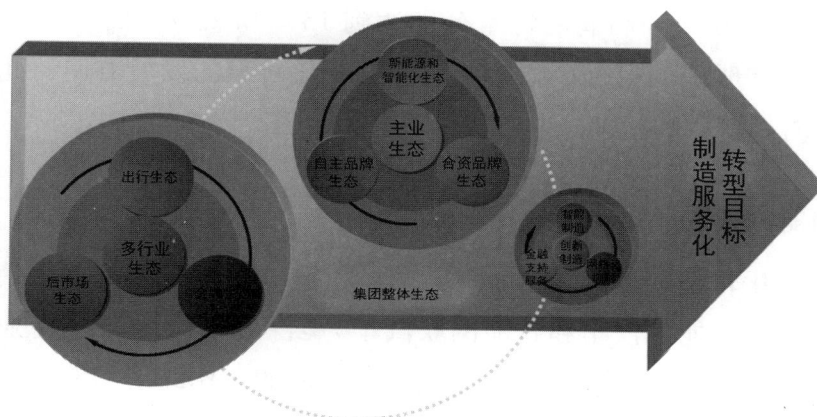

图1　北汽集团制造服务化转型总体设计方案

三、互联网时代大型汽车集团制造服务化转型的创新与实践的主要措施

服务化转型在以下几个方面取得了突破性进展，有显著的示范意义：

（1）本案例首次系统阐述并实践了中国制造2025框架下，传统集团企业以互联网和信息化为工具，推动制造业转型升级的整体框架和方法，对大型制造企业推进互联网＋，推动制造业转型升级有较好的指导意义。

（2）本案例提出并实践了互联网时代"以消费者为中心"的制造与服务融合模式，并将其具体化为三大生态圈——围绕消费者需求的价值链生态圈，围绕消费场景的产业生态圈，以及价值链与生态链之间以市场需求为核心的双链融合生态圈，为制造与服务相融合创造了最基本的转型框架。

（3）本案例创造性的运用互联网时代服务业务的市场触角和数据收集功能，以大数据为核心打通服务环节与制造环节，拓宽了服务业态的价值范围，提升了制造业态的价值内涵，为制造型企业向服务化转型探索了一条有益的出路。

（一）战略构架先行，顶层设计引领

2014 年提出"制造服务化转型"后，北汽迅速行动，开始投入战略层的设计工作中。当年 8 月的北汽集团战略研讨会，北汽面向全集团明确提出了企业定位由传统制造型企业向制造服务型与创新型企业转型，企业使命由传统汽车制造商向绿色智慧出行服务供应商转型的基本框架，并针对服务领域给出了"主业支撑，多业融合，构建生态，创新制造"的整体发展建议。此后在 2015 年北汽集团又详尽制定了直面 2020 年的五年发展规划。规划指出到 2020 年北汽将实现营业收入 6200 亿，利润总额翻番的总量目标，其中服务与金融板块占收入和利润的比重分别达到 15% 和 25%，资产证券化率达到 90%以上。详尽的规划和明确的目标，指明了北汽服务化转型的发展方向，此后的两年中，北汽沿着这一方向一路高歌猛进。

（二）基础能力推进，强化主业支撑

自"制造服务化转型"提出以来，北汽集团就确立了以自主品牌为使命，以合资品牌为"现金牛"，以新能源汽车和智能网联汽车为创新方向的系统化主业发展策略。围绕主业不断提升品质，不断强化能力，而这其中最核心的工作即是"以消费者需求为中心"的主业价值链改造。

图 2 和图 3 展现了北汽集团主业价值链由传统的直线价值传导型价值链向当前的围绕消费者需求的生态圈式价值链转变的过程。

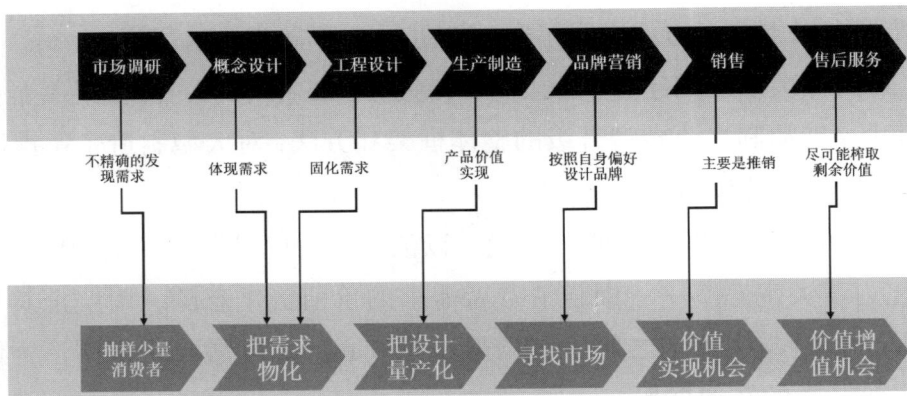

图 2　传统直线式价值链示意图

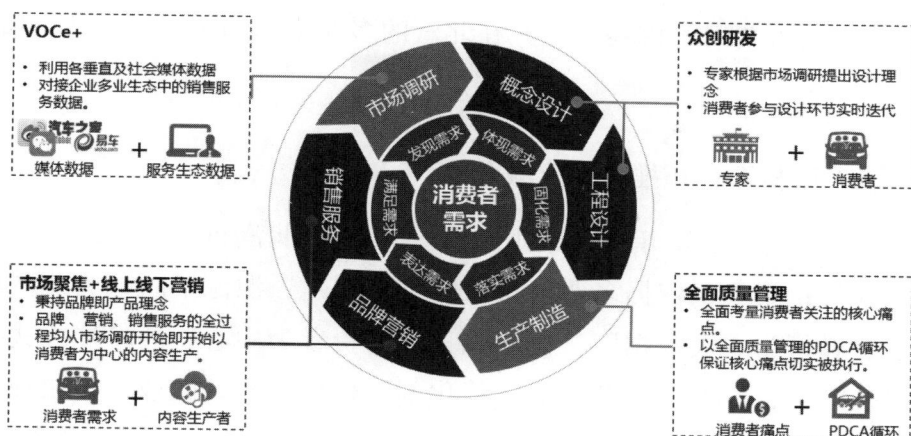

图3　北汽以消费者为中心价值链生态圈示意图

在传统（图2）中，价值链呈直线状向前传递价值。这一价值的起始点虽然也是市场调研，但由于调研抽样本身的局限，其对消费者需求的把握相对较差。其后整个价值实现过程中更是缺乏与消费者的进一步沟通，各个环节只是实现"物的叠加"将"产品"创造出来，并按厂家意志推送到消费者手中，并从消费者身上获取价值的过程。可以说，传统的价值链是适应"排浪式消费"阶段卖方市场背景下的时代产物，其组织方式对规模化生产、提升整个价值创造过程的效率有很大的帮助，但是并不适应消费升级背景下个性化消费和卖方市场的时代现实。

为了持续推进主业竞争力，北汽围绕"消费者需求"这一核心，率先将原有直线型价值链弯曲化，形成起始于消费者，终止于消费者的完整闭环。同时价值链上的各个环节均充分加入与消费者沟通的过程。在市场调研环节，北汽推出了VOCe+项目，聆听消费者心声，不仅从社会化的媒体中获取消费者数据，还从自身庞大的多业服务生态中，获取更充分的消费者特征信息，充分了解消费者需求。在设计阶段，北汽建设"众创研发平台"，让企业内的专家与消费者在同一平台上平等对话，使设计过程始终在市场的审视下不断迭代，保证设计模型与市场需求充分衔接。在生产制造阶段，北汽关心消费者的核心痛点，使用PDCA循环的方法，推动整个制造环节按照消费者需求无差别的形成产品。在品牌、营销与销售服务阶段，北汽并不将其视为一个承接的环节，恰恰相反，在消费者调研一经形成的阶段，北汽就开始了对品牌内容的设计。围绕消费者需求，将"产品核心内涵表达"作为品牌营销领域一项独立的产品进行开发，充分重视其与目标市场文化价值观以及对应产品调性的和谐一致，同频共振。最终实现以文化"吸引"而非强力"推送"的方式，使产品及其价值观以最舒适的方式传递给消费者。让消费者不仅购买北汽的产品，同时成为北汽的粉丝，并在北汽的多业生态圈中不断创造价值。

（三）打造入口与平台，推动多业融合

北汽融合多种服务业态，有三个作用：第一，形成北汽自身的超级入口，为整体生态带来大量的客户；第二，依据多业态带来的大量客户，源源不断地为北汽的各个业态提供丰富的消费者行为"大数据"，使北汽"以消费者为中心"的发展方式获得越来越多的源头之水。第三，以金融服务业的"催化剂"作用，推动新业务的快速成长。以下分别介绍：

一是融合多业，积极整合能够形成大规模流量的入口业务。

所谓入口，即是消费场景的高频领域或对消费者有高粘性的业务。由于汽车消费本身属于低频业务，高频高粘性的服务入口，对于增加整体价值格外重要。近年来围绕高频高粘性流量入口，北汽整合了一批服务业态。

在新能源充电桩领域，北汽搭建了全国首家由整车企业主导的充电生态体系，构建投资、充电、服务三位一体的充电平台；在维修保养入口，北汽围绕将汽车消费高频化、高黏度化的理念，构建北汽"后花园"服务体系，不仅打通了从出租车、汽车租赁、维修保养到二手车及汽车金融的全服务产业链业务，还将生活服务拓展到关涉出行的各个领域，如租车旅游、物流配送等；在特色出行服务入口，北汽集团旗下的北京通用航空公司大力拓展以飞机为核心的各项服务业务，推动成立泛太平洋跳伞俱乐部，在全国多地建立跳伞基地；收购重组山东通航公司，大力打造飞机商业服务系统，在护林作业、物探、巡线领域、航拍航摄、商照培训、低空游览、航空体育等多领域打造入口，吸引客户加入北汽丰富的服务生态系统。除此之外，北汽还构建了一些颇具特色的新领域的入口业务，包括北汽产投公司的优普钱包入口，通过金融增值业务黏住客户现金流等。

二是构建连接体系，实现多业生态内部以及多业生态与主业生态的充分连接。

北汽推动服务化转型，构建多业生态并不仅仅是从单独的服务业务中获取利润，更重要的是要带动服务业态与主业制造业的反馈互动，以服务业的入口作用引爆汽车消费，以服务业市场接触面大的特征，广聚消费者数据，形成消费者画像，与即将到来的大数据与智能化时代衔接。因此在多业布局的同时，构建连接体系十分必要。有鉴于此，2014 年制造服务化提出以来，北汽集团即开始了全集团范围内的互联网 + 总动员。三年来，北汽逐步开启了网络销售、实现了 VR 技术的虚拟展示，构建了 IDCC 网络营销，推广了 DMS 经销商管理系统。北汽股份"星火燎原"计划以网络化的方式对销售平台全面

整合，实现了销售数据的和消费者反馈的及时充分掌握。北汽鹏龙的鹏龙 APP 整合服务领域全系统资源，将汽车服务领域从销售到租赁到维修保养再到汽车金融、二手车、汽车物流在内的全体系平台融合其中，为客户提供优质、便捷、一条龙服务的同时，也充分实现了对用户资源与数据的平台化整合。北汽新能源推出"智·惠·管家"服务体系，覆盖全部 4S 店与特约服务站，实现了物流和服务流从公司到客户，信息流从客户到公司的完整闭环。各服务业态内部链接体系的搭建为多业态之间，主业与多业之间的充分交流奠定了深厚的基础。

三是产融结合，实现金融对产业的催化剂作用。

金融是产业发展的催化剂，尤其在新业务发展，新旧产业转换期，良好的金融介入，往往能够对产业发展起到"四两拨千斤"的效果。服务化转型以来，本着投融资为产业创造价值的观念，北汽在金融领域加快发展。在金融实体方面，对外，北汽参股九江银行作为集团在金融领域的触角向金融服务产业发展。对内，北汽成立了北汽财务公司与北汽产业投资公司。以财务公司为基础，北汽不断加强集团联动，提高资金集中度，全力开拓延伸产业链，为客户提供完善的汽车金融服务。以产投公司为基础，北汽不断完善在新能源、智能网联、后市场等领域投融资体系的搭建，构建了多支项目基金。除此之外，北汽也积极开展资产证券化工作，增加资产流动性，降低经营风险，提升资金效率。近年来北汽在组织上成立了金融与资产证券部，在行动上不但推动了北汽股份在香港上市，重组了上市公司渤海活塞，同时也为新能源事业进行了 A 轮与 B 轮融资，共募集资金 140 亿元，实现了金融业务对产业提升的良好助力。

为了适应多业态齐头并进，各体系相互连接的发展势头，北汽在组织构架上也进行了重大调整，目前为止北汽集团已经由传统的五大平台发展到八大板块。

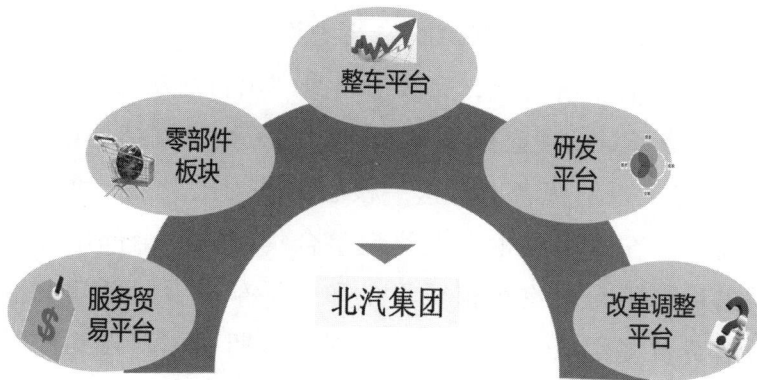

图 4　转型调整前北汽集团五大平台

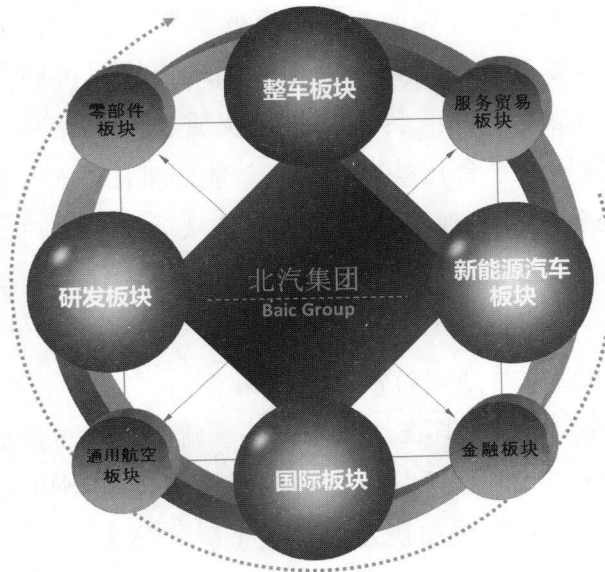

图 5　转型调整后北汽集团八大板块

（四）构建多业务生态，实现制造与服务的深度融合

强劲的主业、丰富的多种服务业态以及多业态之间的连接体系都搭建完毕之后，北汽发挥业务之间的共同属性，以"提取公因式"的方式，将最重要的核心抽取出来形成因子式，发挥核心因子的"乘法"作用，以几倍的量级提升整个业态的效率，这就是北汽制造服务化转型"构建生态"环节的具体作用，也正是通过这一环节，主业与多业态布局才能形成超乎寻常的效果。

构建生态包括三个层次：首先是价值链生态，其次是产业链生态，最后是价值链生态与产业链生态的双链融合。价值链生态我们在主业核心能力提升部分已经提及。以下重点介绍产业链生态和双链融合生态的构建。

一是以消费场景为核心，打造多层次出行生态圈。

2015 年北汽集团通过战略研讨会，完成了自身"出行解决方案供应商"的角色定位，并确定了以"出行"消费场景的生态圈构建工作。这一生态圈结构由以下四大部分构成：

（1）出行服务生态。以消费者出行这一核心需求为出发点，北汽致力于成为"移动出行解决方案供应商"。在这一层生态上北汽整合集团内的全部出行资源，包括北汽鹏龙及北汽新能源的出租车平台，汽车租赁平台和二手车平台，新建北汽车咖出行平台，华夏出行公司，为消费者提供从一次性购车，到中短期租车，再到分时租赁的各类出行服务，以及以各种金融工具为支撑的特色化出行付费方案，全面解决消费者的出行问题。

（2）出行工具生态。出行生态圈向外一层，是我们的主业"整车制造产业链"，主要通过为消费者提供出行工具，形成出行工具生态圈。在这一层面，北汽推出连续性的系列产品。在产品从低端到高端的维度构建上，北汽收购昌河品牌，收购福建奔驰，建立二手车平台，成立整车事业部，不断提升通用航空领域的生产能力，在自主品牌领域推行"双品牌"战略。完整打造了从昌河、幻速到高端自主品牌的绅宝，再到二手车，北京现代、北京奔驰以及飞机产品的从低到高产品序列。在产品从传统到未来的时间维度上，北汽不断优化传统车的性能与品质，大力提升新能源三电核心技术能力，深度挖掘智能化与网联化未来发展前景，形成了从燃油动力车到新能源车，再到智能网联汽车和无人驾驶汽车的梯度进化。在产品线的宽度上，北汽持续保持轿车领域的基础地位，不断开发新型 SUV 和 MPV 车型，并以越野领域的核心能力，打造 BJ80 等军车越野作为产品杀手锏，而在商用车领域，北汽福田从多功能车到轻卡、中重卡提供完整车型。经过转型以来的三年发展，北汽集团已经在多个维度上，形成了完整连续的出行工具系列产品线。

（3）出行工具服务和出行生活服务生态。在出行工具生态圈外层，围绕消费者出行、购车、用车以及出行生活中面临的种种问题，北汽不断开发各种便捷化的服务内容。近些年来，北汽推出了一揽子金融方案，帮助消费者以最适合自己特征的方式购买北汽的出行服务；建立了后市场统一的 APP，帮助消费者以个性化的方式获取维修保养、物流、购物等一系列出行过程可能遇到的问题，将服务价值的外延进一步延伸，同时也在更多的领域内获得消费者特征，形成消费者画像。

（4）围绕"出行"核心场景的其他场景服务生态。再向外一层，消费者出行均有各自独特的目的，围绕出行的后端，同样有北汽服务价值可以延伸的领域。近年来，北汽加大"车咖出行"的投入力度，实现了该板块从出行到地方性旅游的一战式服务；北汽旗下北京通用航空公司，一方面正在围绕特殊化出行，提供产品与服务，另一方面针对消费者"出行"环节之后的"娱乐"与"游玩"生活场景不断开发，目前已经成立的泛太平洋跳伞俱乐部就是这方面的典范。

围绕这四层布局，北汽集团逐渐形成了以"出行"为核心的北汽业务生态圈。如图6 所示。

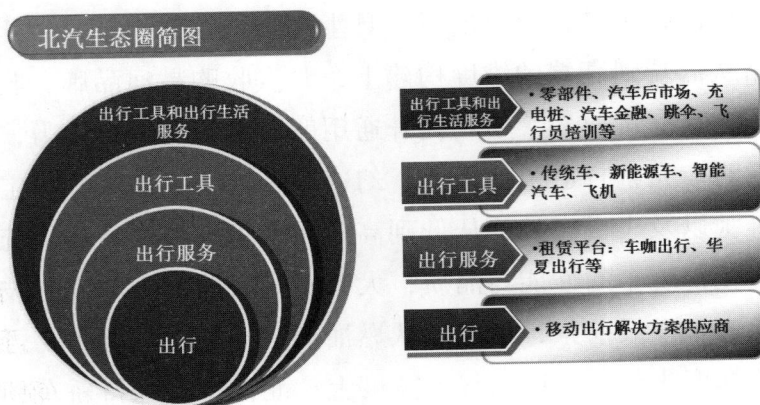

图 6　北汽集团围绕出行场景的产业链生态圈

二是以消费者为中心，价值链与产业链双链循环。

北汽的价值链生态圈以消费者为中心，北汽的产业链生态圈以消费场景为中心。为了提升整个系统的效率，在制造服务化转型的过程中，北汽抓住消费者这一一切领域的"牛鼻子"，逐步的将产业链和价值链的生态圈融合起来。

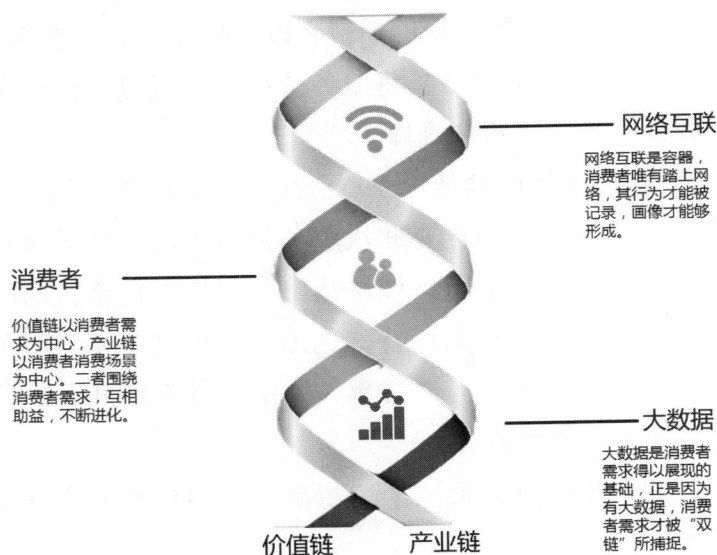

图 7　北汽集团价值链与产业链融合"双链 DNA"生态

为了实现"双链"融合，北汽集团围绕消费者，一手抓网络互联网，一手抓大数据建设。使消费者的信息充分转化为大数据信息，使价值链的每一环节围绕消费者为中心，得到多产业的支持；使产业链上的每一产业围绕消费者为中心，得到全价值链的辅助。

如在主业价值链上，市场调研环节就不单纯是主业整车制造一个产业的内部活动，而是北汽集成了多个服务业态综合数据得出的结果；在生产制造环节，也不仅仅是工厂在单纯运作，而是根据多个服务业态在服务消费者过程中获得的系统反馈，不断实现制造环节的迭代提升；而在产业链上，如出行服务板块，北汽对其内涵的定义绝不是简单的提供服务，而是秉持"服务即产品"的观念，对任何一个交付给消费者的细微环节，都进行从市场调研到形成服务再到最终交付的全价值链深刻拷问，确保所有领域都真正围绕消费者需求展开。

以此为基础，北汽的价值链生态与产业链生态以"消费者""网络互联"和"大数据"三项内容相互影响，相互作用，不断将"消费者为中心"的思维深入到全集团的各个环节，深入文化价值观层面，最终推动了整个集团的基因由传统模式向全新的制造服务模式转化。

（五）创新制造，打造供给侧坚实的后台基础。

完善的主业生态，丰富的多业生态，加上互动推进的生态圈层，北汽集团成功的实现了市场层面的价值增殖和产品层面的不断创新，但要想最终打造出优质的产品，高效率、高匹配度的满足消费者需求，还需要新型制造方式的配合。有鉴于此，近年来，北汽集团在后台制造领域开展了一系列创新性工作。可以总结为以下两点：

一是全集团范围内的信息化建设。信息化的完备是制造创新的第一步。近年来，北汽集团投入巨资快速完成了企业核心业务的信息系统全覆盖，实现了其他整车企业 8-10 年的信息化建设之路，先后建设了 PDM、ERP、MES、DMS、SRM 等核心业务系统，基本能够实现研、产、供、销、经营管理与生产控制、业务与财务全流程的无缝衔接，实现产品开发、生产制造、经营管理等过程的信息共享和业务协同。负担新兴产业战略使命的北汽新能源公司，更是一马当先建立了大数据中心与云平台，利用分布式的数据库实现海量车辆数据的可靠存储。通过从云平台、数据库以及网络传输速度等的全面部署，实现了相关数据的统一存储、分析，并使信息获得了更强的可扩展性，为新能源公司从用户到研发再到充电桩的全领域生态圈构建提供了坚实的基础支持。北汽福田针对下属18 家工厂建立针对研发领域的 PLM 系统、DFMA 系统、产品公告申报系统；针对制造领域的 ERP 系统、CAPP 系统、质量信息管理系统、SRM 系统、WMS 系统等，为研发制造能力的提升打下了坚实的基础。

二是制造环节的新技术、新模式应用。为了适应不断更新的消费者需求，高效处理服务业务上传的消费者数据，并将信息流转化成符合条件的实物流，北汽在转型的过程中加大了新技术、新模式的开发与应用。在智能制造方面，北汽在各生产基地逐步布局高智能生产设备，除了较高的自动化程度外，更是通过联网和大数据分析实现了生产进程的不断改进和效率提升。在 C2M 模式方面，北汽新能源兼顾全生命周期的客户体验，从客户旅程（触网足迹）中定义关键接触点，为客户提供围绕核心产品在任何时间（Anytime）、任何地点（Anywhere）、任何事项（Anything）的"3A"全面服务体验。在协同创新领域，北汽福田成立"超级卡车全球创新联盟"，为下一代超级卡车构建起了智慧全球科技的创新平台，集成了包括发动机智能管理、智能制动系统、智能车道辅助系统等七项前瞻性智能技术应用，推动产品实现由智能辅助主动驾驶逐步向自动驾驶升级。通过创新制造对后台能力的全面提升，北汽完成了由消费者中来到消费者中去的完整闭环，并极大提高了整体竞争力。

四、互联网时代大型汽车集团制造服务化转型的创新与实践的实施效果

（一）经济效益

北汽"制造服务化"转型实施 4 年来，集团在经济效益上取得了显著的成绩。首先是产业结构领域，北汽以消费场景为核心的产业链生态圈已经构建完毕，体现北汽集团"移动出行解决方案供应商"的市场地位基本确立。在这个过程中，服务业能力不断提升。2013 年至 2017 年，北汽服务贸易收入由 169.1 亿元增长到 448.9 亿元（图 8）。2018 年上半年北汽服务业收入 239.6 亿元，同比增长 12%，利润同比增长 18.8%。

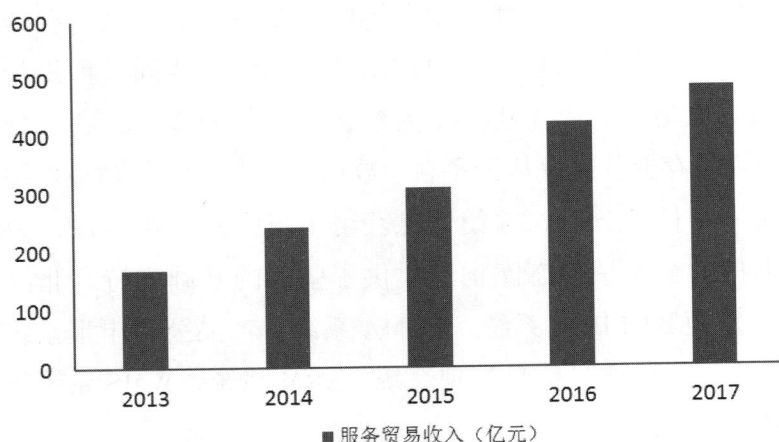

图 8 北汽集团服务贸易收入（2013–2017）

（二）环保节能效益

在转型发展的过程中，通过生态圈的构建以及价值向服务下探以及新能源汽车的不断发展，北汽持续降低能耗，不断推动节能减排。据测算北汽 2017 年底万元产值能耗只有 0.019 吨，比 2013 年再降 17%，只有全国万元 GDP 能耗的 30 分之一。同时通过 10 万辆纯电动汽车销售，仅在二氧化碳减排上就能达到 5 万余吨，为全国节能减排，环境保护作出了显著的贡献。2018 年上半年北汽集团的万元产值能耗为 0.017 吨，比 2017 年又有所下降。

（三）管理效益

通过系统化、体系化的转型，北汽集团发展效率大幅提高。过去几年来北汽生产效率大幅提升，全员劳动生产率由 2013 年底的 264.48 万元 / 人·年，上升到 2017 年的 323.02 万元 / 人·年，上升 22.13%。

（四）社会效益

经过三年的发展，北汽集团创造经济效益的同时，也创造了巨大的社会效益。在科学技术方面，整个过程中北汽在智能化、轻量化、新能源以及汽车整体技术方面积累了大量的技术成果，为我国汽车工业和汽车智能化技术积累做出了显著的贡献。在商业模式方面，北汽福田牵头成立的全国首家"汽车物联网"不仅为本企业效力，而且优化个行业的运行；北汽新能源"绿色智能出行生态圈"不仅服务我们自己的产品，还为整个产业提供便利。在落实国家发展战略上，北汽集团在南非投资建厂，在河北投建沧州工厂、黄骅工厂等多个产业基地，大力推进智能化、网联化、电动化建设，推进制造业升级。为"一带一路""京津冀协同发展""中国制造 2025"等一系列国家战略贡献了自己的力量。

综上所述，北汽集团近 4 年的快速发展的轨迹，折射出北汽转型理念的脉络，北汽集团连续 4 年的持续增长的业绩，印证了北汽制造服务化转型的成功。四年来北汽集团开创并逐步成熟的"制造服务化转型"路径，可以说是中国制造企业在发展路径和发展理念上的重大创新，它不仅使北汽集团走出了一条适合自身条件的跨越式发展之路，为中国汽车行业跨越式发展提供了有价值的范例，也为当前供给侧改革，促进产业转型升级提供了有意义的借鉴与参考。

大型流域水电公司基于自主创新的智慧企业建设探索与实践

一、公司概况

国电大渡河流域水电开发有限公司（以下简称国电大渡河公司）是集水电开发建设与运营管理于一体的大型流域水电开发公司，是世界 500 强企业国家能源集团的特一类企业，其主要使命就是将大渡河丰富的水能资源转化为绿色清洁电力，拥有大渡河干流、支流以及西藏帕隆藏布流域水电资源约 3000 万千瓦。公司股东分别为国家能源集团系统占 90%，四川川投能源股份有限公司占 10%。截至目前，公司资产总额 893.50 亿元，干流投产电站 8 个 (1100 万千瓦)，约占四川统调水电总装机容量四分之一，在建电站 2 个 (286 万千瓦)，前期筹建项目 7 个 (362 万千瓦)，形成了投产、在建、筹建稳步推进的可持续发展格局。

近年来，国电大渡河公司面对新的机遇和挑战，积极创新理念和思路，开展"数据驱动管理、人机交互协同"的智慧企业发展战略，经过不断的探索和实践，取得了系列成效：管理体系获得国资委和中企研等相关部门和机构的高度认可，工程建设体系达到国际领先水平，全国首创 EDC 大型流域调度技术实现经济效益最优化，电厂安风管控模式成为四川省示范标杆。未来，国电大渡河公司将始终以"数据驱动管理、人机交互协同"为指导，努力打造智慧企业，建设国际一流水电企业。

二、智慧企业实施背景

（一）智慧企业战略背景

近年来，物联网、大数据和人工智能为代表的先进生产力已完全改变社会生活的组织规律。在新的时代背景下，国电大渡河公司作为传统大型国有企业既面临普遍存在的企业内部矛盾，也面临由此带来的电力行业发展新格局、新机遇。从 2014 年始，国电大渡河公司开启践行智慧企业理论研究与应用实践的战略发展，其实施背景主要基于以下考量：

1. 抓住新工业革命历史机遇，引领水电行业发展的需要

以"互联网+"为代表的管理创新模式，引发原有社会生产模式由大批量集中式向智能化、网络化、个性化发展，由生产型制造向服务型制造转变，并全方位改变社会经济活动。面对新工业革命的兴起，水电行业的发展和经营管理也面临新机遇和新挑战，国电大渡河公司作为大型流域水电公司意识到只有敏锐把握科技创新发展趋势，加强管理创新与自身革新，引入新的技术知识与管理方式，才能提高自身可持续发展能力。因此，大渡河公司提出基于自主创新的智慧企业建设发展思路，将先进信息技术、工业技术和管理技术深度融合，扎实推进从基建生产型向经营型转变，从行政管理模式向智慧企业管理转变，明确打造"幸福大渡河、智慧大渡河，建设国际一流水电企业"的战略目标，着力通过运用云计算、大数据、物联网以及人工智能等先进智能分析手段，确保大渡河公司智慧企业战略的有效实施，引领现代水电行业发展。

2. 顺应电力体制改革，培育企业竞争优势的需要

我国经济发展进入新常态，电力行业面对产能过剩，竞争日趋激烈，发电市场进入"双降双低"的局面，过去的工业化生产、规模化效益的线性利益增长思维已不能为发电企业带来新的效益增长，传统的发展方式遇到了瓶颈。而国电大渡河公司所面对的消费市场也已随着"互联网+"的技术革命即将发生巨大的变革，整个电力行业"发、输、配、售"模式的切割呈现，将发电企业直接推向了整个消费市场，公司需要对未来潜在消费群体有前瞻性的洞察力和战略性的分析能力，确保对公司盈利空间的牢牢把控。与此同时，大渡河流域的水文、水情、气象资源也需要和流域梯级电站群进行运筹学机理整合，通过梯级调度实现大渡河流域水能资源利用率的最大化，满足企业经济效益的稳定增长。公司提出的智慧企业建设，就是主动适应经济发展新常态和电力体制改革新要求，创新优化公司内部管理体系，培育敏锐市场洞察力和感知力，构筑公司未来发展的竞争优势。

3. 转变水电行业传统发展方式，激发企业创新创效活力的需要

水电行业由于其特殊性，电厂选址普遍处于大山深处，远离社会发展的城市群主体，加之传统施工环境、电厂设备和管理模式等均需要耗费大量的人、财、物来维持其正常的工作状态，迫使水电企业的大批员工必须长期坚守在远离家人、远离城市的工作现场，条件十分艰苦，但随着社会发展，员工个性化、多元化需求日益增多，对改善工作生活条件的期盼越来越高。同时从大型流域水电公司的安全管控角度来讲，流域沿岸地质脆弱，重大高危边坡遍布全流域各个角落，传统流域公司的工作模式——现场工作、人工巡检、人工排查，对员工的安全生产因不可预见要素而难以有效控制，挑战着公司安全管控的"三零"红线。大渡河公司提出的智慧企业建设，就是用物联网、大数据和人工智能等先进技术实现"人、机、物、环、管"的全面感知和全面物联，转变传统发展方式，激发企业内部潜在的创新创效活力，构筑柔性化、人性化和智能化的新型管理模式，将职工从艰苦、繁重和危险的作业环境中解放出来，提高工作效率和职工幸福指数。

（二）智慧企业实施意义

智慧企业的理论研究和应用实践，将有利于国电大渡河公司在"互联网+"的变革推动下，释放全体员工创新创效活力，实现企业的数字转型升级，确保企业的可持续发展力。归纳而言，智慧企业的理论研究和应用实践具有以下重要意义：

1. 智慧企业加快传统企业管理数字转型

"互联网+"时代的智慧企业是以创新为基础、数据为驱动、物联网为桥接、人工智能为决策支撑，全面带动传统产业技术升级所催生的组织结构模式，并广泛影响企业经营管理的一种柔性组织形态，其有别于传统企业管理的新特征、新模型、新架构和新评价体系。从企业经济效益角度来看，智慧企业使管理成本健康合理可持续、市场感知科技智能信息化、管理体系和谐舒适可升级；从企业安全管控角度来看，智慧企业除了更加强调以人为核心的安全生产责任制，更以先进传感器技术、物联网技术和云计算分析，构建企业安全管控数字红线，全方位实现企业"人、机、物、法、环"的安全管控；从企业管理角度来看，智慧企业不仅构建了新的企业组织管理模式，重塑管理流程，还覆盖财务、合同、安全等领域，与企业简单的数字化相比，智慧企业更加注重从企业综合发展战略和数字管理体系来看待数字化，更集中于企业风险识别自动化、决策管理智能化和纠偏升级自主化，实现数据驱动企业管理的最终形态，加快传统企业管理数字转型。

2. 智慧企业促进信息技术、工业技术和管理技术深度融合

鉴于生产力和生产关系的哲学理论和以往工业革命的社会生产关系变革，作为企业管理者在面对先进生产力变革时，进行信息化和智能化变革的不在少数，但成功案例并不多见，这类企业实践存在如：信息化建设不系统、不全面、不统一，没有从根本上解决信息孤岛、数据碎片问题；关注的重点是操作性、流程性、服务性等应用，对风险管控、战略引领等深层次问题关注较少；就企业而言，对单个设备、单一生产线、某个管理方面智能化建设花精力多，而将整个企业进行智能化建设的少。因此，智慧企业不仅仅是企业信息技术的"云"上升级和工业技术的智能提升，而是将信息技术和工业技术与管理技术（企业发展战略、企业规程和企业文化）相融合，赋予企业管理体系以"智慧"才是符合"互联网+"时代的生产关系需求，即能促进信息技术、工业技术和管理技术

进行深度融合的智慧企业才符合当下时代需求。

3.智慧企业推动企业技术创新和管理创新

智慧企业将信息技术、工业技术和管理技术进行深度融合，也以技术创新和管理创新的驱动模式构建企业的可持续发展。在技术创新方面，智慧企业是采用物联网、大数据和人工智能为核心的新一代信息技术对企业业务、流程和决策系统进行智能化改造的结果，具体表现为以业务量化为基准的物联网技术与基层业务的融合；以集成集中为归口的系统数据整合；以统一平台为架构的大数据治理；以智能协同为支撑的数据驱动决策。在管理创新方面，智慧企业以"数据驱动企业管理"和挖掘企业员工创新创效为两大原则，变革组织机构、提升员工技能、转变业务流程，建立以人的创新驱动技术进步、以技术进步变革管理体系、以管理体系释放人的创新的良性循环轨迹，不断驱动智慧企业的可持续发展。简而言之，智慧企业可在技术上实现互联互通和深度智能，管理体系上实现企业运营和决策的全面"智慧"。

三、智慧企业建设主要做法

国电大渡河公司紧紧围绕以"数据驱动管理、人机交互协同"的智慧企业发展战略，把提升员工的幸福指数和企业安全、管理、效益的数字转变作为业务改造和管理变革的出发点，确立"业务量化、集成集中、统一平台、智能协同"的关键建设路径，并以此强化物联网建设、深化大数据挖掘、推进管理变革创新，将先进信息技术、工业技术和管理技术深度融合，重塑传统水电核心业务，构建智慧企业管理组织模式，实现企业全要素的数字化感知、网络化传输、大数据处理和智能化应用，使企业呈现出风险识别自动化、决策管理智能化、纠偏升级自主化的柔性组织形态和新型管理模式。其主要做法如下：

（一）培育企业创新发展动力

为使智慧企业的发展战略深入企业文化，国电大渡河公司多次围绕什么是智慧企业？怎么建设智慧企业？智慧企业特征是什么？等议题上下互动，开展民主生活会，解放思想，培育企业创新文化，集公司全体员工智慧，共同贯彻"数据驱动管理、人机交互协同"的智慧企业发展战略。

1.组建顾问团队

公司充分借助外脑，组建以原中国工程院常务副院长潘云鹤院士为总顾问的顾问团队，浙江大学计算机学院院长陈纯院士、天津大学校长钟登华院士等一批国内知名专家学者组成的顾问团队。聘请承担杭州智慧城市建设规划咨询的浙江城云科技公司为咨询单位，开展智慧企业战略规划研究。在业界形成了首份《智慧大渡河战略研究与总体规划报告》，首次系统阐述了智慧企业发展战略，经国内 20 多名院士专家审定，为公司智慧企业的发展战略提供指引。

2. 培育创新文化

公司坚持以"创新"战略要求作为指引，大力培育创新文化，营造创新环境。先后选派近 10 批次干部职工赴深圳、杭州、南京、上海、北京等发达地区和华为公司、清华大学、复旦大学、南瑞自动等领先单位学习，开阔员工视野；以公司主要领导亲自挂帅成立了智慧企业建设宣讲团队开展了 30 余次宣讲授课，抽调各专业技术骨干与专家队伍广泛讲解智慧企业建设的必要性和美好前景，增强干部职工参与管理变革的工作热情；积极打造创新工作平台，设立了青年创新工作站，通过项目自主申报、专家组评审、"智慧沙龙"等全链条引导青年职工创新出好课题、上好项目,孵化好成果；完善员工激励机制，大力开展"科技之星""智慧之星"评选活动，充分激发员工创新创造的活力，营造浓厚的创新氛围。

3. 建立组织机构

2014 年初，公司就成立以公司总经理、党委书记为组长的智慧企业建设领导小组，作为专门工作机构负责管理变革领导工作。形成了主要领导亲自抓、分管领导专业推进、职能部门落地生根的管理格局。从 2015 年开始，将信息中心改制为智慧企业办公室，全面负责智慧企业建设的规划统筹，协调推进智慧项目建设，不再单纯的只负责企业信息化建设。2016 年，又成立智慧企业研究发展中心，由公司总经理亲自任主任，下设综合服务部、业务保障部和咨询专家组，进一步加强管理变革统筹协调管理，确保了各项工作落实。2018 年，成立大渡河大数据服务分公司来重点推进智慧企业数据治理工作，打通各部门数据的专业隔阂，形成数据联动效益。

（二）推进企业核心业务改造

大渡河公司作为传统水电行业发电企业，其核心为水电建设和运营管理两大类别，主要涉及土建、电厂、检修、水情调度等方面。从技术实践角度来讲，大渡河公司现有传统业务的智能化、数据化和集成化程度不高，将耗费大量的人、财、物等来维持公司业务的正常运转，迫使公司 80% 以上的员工长期分布于大渡河流域的各个工作布点，采用传统管理方法长期从事土建施工、电厂运营、机组检修和水文监测等重复、繁重的工作内容，不仅压抑了员工的创造力和想象力，也产生大量的潜在安全隐患，不利于公司的可持续发展。因此，对于传统业务技术层面的现代化、数字化改造势在必行。而以"互联网+"为代表的"云、大、物、移、智"等先进生产力是智慧企业核心业务改造的技术支撑，基于对企业管理技术的判断，国电大渡河公司确定"业务量化、集成集中、统一平台、智能协同"的改造建设路径，逐步推进工程、电厂、调度、检修等核心业务"云"上升级，力求达到企业业务全要素的数字化感知、网络化传输、大数据处理和智能化应用，其技术层面具体改造方法如下所述。

1. 坚持精细精益，推进标准化建设

标准化建设是推进核心业务改造的前提，为此，公司积极开展企业标准化建设。一是推进风险管控标准化。建成风险信息库与案例库，围绕战略风险、市场风险、财务风险、运营风险、法律风险五个层面，分类确定了1393条风险信息，制定了内部控制流程267项，印发了内部控制评价标准。二是推进检修作业标准化。分类别制定《检修作业指导书》58份，全面规范了各项检修作业的工器具准备、风险控制措施、检修作业步骤（工序卡）、工艺质量标准等内容。三是推进缺陷管理标准化。围绕缺陷表象、缺陷部位、缺陷原因、缺陷处理四个方面进行标准化建设，形成了标准的缺陷数据库。目前，已收录标准缺陷2000余条。四是推进编码规则标准化。参考行业编码规范（PPIS）和集团公司要求，开展公司设备编码和物资编码。目前，已形成了五段码共计86473条水电物资编码，六段码268587条设备编码。

2. 坚持业务量化，推进数字化改造

数字化改造是核心业务改造的关键。为此，公司全面推动企业数字化改造，着力改变以往定性描述、经验管理的情况。一是推进工程管控数字化。运用物联网技术和工程三维信息模型（BIM）技术，开展对工程资源、工序、质量、进度等指标量化管理和实时监控。二是推进设备诊断数字化。在基于设备状态监测的基础上，采用超球建模专利技术的机器学习引擎，挖掘机组29个关键指标的历史数据，构建机组设备健康状态感知模型，实现设备健康度和发展趋势的数字化评价。三是推进水情预报数字化。建立由102个水文、雨量遥测站点组成的、覆盖全流域的水情自动测报系统，运用国家气象中心（中央气象台）、美国国家气象中心和欧洲中期天气预报中心三大中心数据（每天10G的气象大数据分析），构建大渡河气象水情大数据。四是推进安全监测数字化。运用自动监测技术，在大渡河流域电站大坝及周边山体中安装了15633个自动化监测点（原来大部分靠人工测报、数据量相对少），实时收集掌握各类位移、变形、沉降等数据。另外，公司对设备制造厂家提出数字化改造嵌入式要求，对机关人员考核评价、车辆管理等也建立系列数字化管控模型。

3. 坚持集成集中，推进信息化建设

信息化建设是核心业务改造的基础。为此，公司明确推动信息平台网络化、互通化构建，着力避免传统信息建设过程中的分类建设、重复建设和条块分割、数据孤岛等现象。推动建设云计算中心，搭建"大计算、大存储、大分析、大运维"网络构架，实现数据计算、存储和网络资源集中部署、动态分配、统一管理。

4. 坚持统一平台，推进网络化构建

网络化构建是核心业务改造的保障。为此，公司明确以网络基础设施建设为抓手。一是推进 IT 规划和数据治理，系统规划设计信息系统的架构，规避了分布建设带来的数据孤岛现象。二是推进数据服务和数据共享，构建公司大数据中心，实现了公司统一的全量数据存储、分析、交换和挖掘应用。三是推进系统平台建设，构建了公司一体化平台以及移动平台，实现统一登录、统一认证、统一办理和统一流程。

5. 坚持智能协同，推进智能化运用

智能化运用是核心业务改造的灵魂。为此，公司注重新技术研究运用，推进智能设备与自动化技术协同化管理。一是在运行管控方面，加快推进多系统联动平台建设，改变以往单系统之间的联动，实现电厂中监控、励磁、消防等 10 余个子系统间有机关联。二是在设备巡检方面，研发巡检预警机器人，针对日常巡回中记录的设备参数、缺陷特征以及处理流程等内容，可以自发进行比对分析和学习运用，提前发现隐患趋势，自主提出改进优化建议方案。三是在发电调度方面，开展 EDC 经济调度控制运用，实现电网侧与发电侧由以往一对一调度向一对多调度转变，根据区域多个电站的水头水位、发电耗水、市场电价以及机组工况，自动为电站分配最优发电负荷。四是在工程建设方面，建立工程数据中心，对多个施工单位、多个承包标段的施工安全、质量、进度、投资等情况进行自动跟踪监测、适时预警并提出最优方案等。

四、智慧企业主要创新与突破

通过智慧企业建设，国电大渡河公司率先建立智慧企业理论体系，并以此为指导践行企业管理体系变革、数字化技术和工业智能化技术的创新应用，取得了系列创新与突破成果。

（一）创新与突破一：智慧企业理论创新与突破

在总结国内外诸多专家、学者的理论成果基础之上，创新性提出了智慧企业理论体

系建设的系列观点。如：智慧企业特征、智慧企业定义、智慧企业建设目标、智慧企业管理模型、智慧企业架构模式、智慧企业建设路径等理论创新与突破成果，为国电大渡河公司的智慧企业战略发展，奠定坚实的理论基础。

（二）创新与突破二：智慧企业管理创新与突破

在智慧企业理论体系的指导下，国电大渡河公司进行了三个方面的管理创新：一是管理技术创新，提出了工业技术（OT）、信息技术(IT)、管理技术(MT)三"T"融合的工业智能方法论，构建了支撑智慧企业管理体系运行的智慧基础设施；二是管理组织创新，由过去的层级驱动，专业分工的科层制管理组织形态变革为以数据驱动管理为核心的多脑协同的组织形态，建立了"一中枢、多中心、四单元"的组织管理体系；三是由技术创新和管理创新融合而带来的模式创新，积极引入了互联网的思维模式和变革思想，对设备、资产、人等管理要素进行全方位数据画像提供了自我感知和自动预判的能力，重构了工程建设过程中的"人、机、料、法、环"实现了管理要素的智能调控和风险识别的自动化，创新了互联网检修的"抢派单"新模式等等多种这样的管理模式变革一起构成了大渡河公司的智慧企业运行体系。

（三）创新与突破三：智慧企业数字化技术的创新与应用

智慧企业如同朝气蓬勃的年轻人，人的"大脑、器官和四肢"为其提供最直接的生活和工作能力，而"免疫系统、消化系统"等基础机能支撑"大脑、器官和四肢"的正常运转，智慧大渡河拥有"七大"基础机能系统——大计算、大感知、大平台、大传输、大存储、大运维，在此基础之上合成智慧能力。第一大机能系统大计算体系，基于服务器、存储、网络、安全等硬件设备，分别构建出虚拟计算资源池、虚拟存储资源池、虚拟网络资源池、虚拟安全资源池，实现对各类资源的池化管理和按需分配，达到提高资源利用率和节能减排的效应。大感知体系以互联网为基础网络，以物联网为补充覆盖空白地带，同时结合移动互联网加固整体感知体系，为智慧企业的全面感知提供四通八达的"高速公路"。大平台体系的稳定催生出无穷的微应用——它们基于碎片化功能点，连接于流程，服务于业务，智慧大渡河基于应用支撑平台和移动平台打造微型 PC 端和移动端应用，通过大数据平台提供大数据"采、存、管、用"全套能力。大传输体系打破各业务数据、专业数据之间的数据"孤岛"，从纵向维度实现数据从基层单位——职能部门——领导决策的竖向打通，从横向维度实现数据的跨专业、跨业务和跨时间的效应联动。大存储以海量数据为资源，通过集成集中的存储在大数据平台形成水电行业的大存储典范，通过规范的数据管理辅助大存储的高效有序，为数据驱动管理的智慧企业提供集中的数据资源。大分析体系依托不同算法和模型，通过业务分析、趋势预测、商务智能、数据挖掘等多种手段，对数据进行多维度的分析和呈现，为应用端的决策支持提供支撑。大运维体系呈现为"稳态"与"敏态"双态运维模式，"敏态"下的应用运维采用"开发运维一体化"模式，"稳态"下的应用和 IT 基础设施运维采用"监管控一体化"模式，双态运维确保大渡河公司拥有稳定基础环境的同时提供快速响应需求的个性化应用。

（四）创新与突破四：智慧企业工业智能化技术的创新与应用

1. 水情精准预测及经济运行调度的创新与应用

实时动态获取美国国家环境预报中心（NCEP）、欧洲中期预报中心（ECMWF）预报背景场格点数据、全国地面气象观测数据和大渡河流域雨量计数据，采用国际领先的大数据分析预报引擎（基于三维/四维变分同化（3DVar/4DVar）和集合卡尔曼滤波（EnKF）的混合数据同化技术）对实时数据进行融合分析，首创建立水平分辨率为 3～4.5km 的大渡河高精度数值气象预测 WRF 模型及多时间尺度气象水情自动耦合预报模式，生成优化的高精度大渡河流域气象水情预报成果。并利用基于认知计算的自适应参数调整技术，采用统计方法及机器学习方法对预报模型进行诊断和优化，不断提高预报成果准确度。

首创提出了基于分层控制原理的梯级水电站经济调度控制（EDC）策略，在国内大型流域首家投入应用，实现 EDC，AGC 及监控系统的协调融合，强化梯级水电站的源网协调能力，提高梯级实时计算机监控系统对电网调度能源管理系统的响应速度。构建了基于流域中小洪水辨识、洪水分期的洪水资源化利用模型，应用知识推理（CBR）技术，构建了梯级水电调度决策支持与评价体系，开发了大型流域预报调控一体化系统，并在大渡河流域成功应用，实现了防洪调度和洪水资源利用水平显著提升。

2. 发电机组智能诊断系统的创新与应用

水电机组智能诊断系统聚焦机组大数据挖掘，重点开展机组设备的物联网、大数据等配套升级与研发，形成重点主设备的数据实时采集，实时评价设备健康状态、预警预判设备运行风险，智能决策设备检修建议，实现检修管理由计划性检修、事后检修向精准检修、预测检修演进。智能诊断系统在大渡河铜街子水电站、枕头坝一级水电站试点应用，取得了突破性成果，平均缩短检修工期 10 天，延长了检修间隔时间，并能预测 3～6 个月之后机组的运行状态。

在设备健康评价和故障诊断技术上，首提用指标量来表征机组整体健康程度。在指标量算法设计上，采用流式算法，连续不断的对数据进行计算，及时获取特征数据，与传统的基于存储数据的挖掘算法相比，流式计算具备很强的实时性，可进行模块化分解和组合。

在趋势预警技术上，首创超球建模理论。选取水电机组各工艺段的正常运行数据，系统选取最能反映设备各参数之间耦合关联和运行规律的数据，将设备历史数据对应的状态点都映射到一个状态空间中，这些状态点都代表着设备对象的正常工作状态，以其中的边界点构造一个外接的超球，创建"超球"模型。系统自动将设备的当前状态与历史同工况下状态的相似程度通过一根 0～100% 的曲线定量的表述出来，当设备的当前工况偏离所有历史同工况下的安全状态时，系统则在设备各参数报警之前发布潜在故障早期预警。

3. 梯级库坝群安全预警系统的创新与应用

梯级库坝群安全预警系统以地理信息、网络通讯、数据库、系统仿真、坝工技术、电厂运营管理体系为基础，结合感知、分析、整合电厂、基建、库区等各种关键信息，构建符合大渡河流域管理的分级安全管控机制，通过物联网、移动互联网、智能技术、云计算与大数据等新技术支撑与电厂和大坝运行有机结合，对其进行全面感知、实时传送、信息整合、风险识别和智能管理，构建协同共享的梯级库坝群安全预警系统。

在库区管理方面：以高精先进的监测、检测手段实现流域库坝安全监测自动化高覆盖率，形成约 40000 个流域库坝安全测点，重点高危边坡监测点 42 个，构建精确、稳定的库坝安全多源信息来源。根据各站大坝特点，建立流域库坝安全风险在线监控和预警体系，开发库坝安全风险自动识别、风险发展自我演进的在线监控平台，实现流域电站库坝安全风险集中、智能管控。

在电站和基建管理运行方面：创造了连续安全生产 4400 余天的长周期记录，在理念上实践以数据驱动企业安全管控为核心，坚持关口前移，超前防范，将安全风险管控置于隐患之前，将隐患排查治理置于事故之前；在机制上实行四级分级管控、"尽职照单免责，失职照单追责"；在措施上实施安全生产标准化和安全风险管控数据中心；在知识培训上实行现实与虚拟相结合的 VR 安全培训体验；在风险防范上实行安全风险分析预控；在应急处置上实行上、中、下游片区联动机制；在人工智能运用上，研发智能安全梯、智能安全带，开展厘米级高精度定位，实现生产现场违章行为和安全隐患的自动辨识等。

4. 电厂智能联动系统的创新与应用

在智慧电厂建设中，利用智能巡检机器人、智能安全帽、各类先进传感器等智能装备，动态感知数据；开展设备、缺陷和物资系统的标准化建设，统一了业务数据的编码；

采用 IEC61850 系列标准进行通信系统建模，构建了全新的数据通信网络结构；设计了"电厂综合数据平台"，兼容 IEC61850、Modbus、TCP/IP 等通信协议，实现全部生产数据的集成集中和云端存储；开发应用企业协同门户平台、物资管理等 APP，提高了人人互通和人机交互的水平。

在数据量化和集成集中的基础上，基于综合数据平台首创性的开展了电厂多系统智能协同联动的研究和应用。多系统智能协同联动是对传统的"点对点"联动方式的颠覆式创新，根据生产流程的相关性设计联动逻辑，自主开发了智能联动控制系统软件并部署在综合数据平台上。当感知到现场数据满足联动触发条件时，系统自动挖掘数据进行综合分析评判，形成多系统协同联动决策并通过综合数据平台执行，自主联动相关设备协同处理，并将图像、声音、波形等综合信息推送至相应的移动终端供人员查看，改变了以往被动检查现场、收集信息并进行应急处理的局面，具有高度智能的自我控制能力，为传统水电站提供了一种全新的生产管理方式。

5. 人工智能产品的研发与创新

国电大渡河公司以智慧企业建设为契机，依托自身人才优势，充分运用当前互联网科技，在电力行业率先创新融入深度学习算法、图像识别、声音识别等先进技术，成功研发以智能安全帽、智能巡检机器人与屏柜智能钥匙为代表的人工智能产品。其中，智能安全帽具备身份识别、精确定位、违章提示、视频采集、组网对讲，近电报警等功能，让佩带者具有视觉、听觉、嗅觉等多维感官能力，使生产活动全过程中"人、机、环、管"各要素保持最佳匹配，实现安全风险智能化管控；智能巡检机器人具备水电站特殊受限空间内自主行走、定位与导航功能，通过装载多维智能感知设备，具备图像、声音、温度及振动等生产要素智能识别，结合流域大数据、云平台，利用"云、大、物、移、智"等先进技术，不断进行自我进化与演进，逐步实现机器代替人工巡检，促成发电企业管理变革；屏柜智能钥匙主要是对传统锁具进行智能改造，结合电厂现有管理系统，建立智能管控系统，实现硬件一把钥匙、软件区分授权，简化人员管理难度与提高安全管理水平，从而摆脱传统繁杂的钥匙管理，让生产管理更加迅捷流畅。

五、智慧企业实践成果及效益

五年多来，国电大渡河公司深入贯彻新发展理念，按照智慧企业战略规划，稳步推进智慧企业建设，取得了理论和实践成果，增强了公司核心竞争力。智慧企业建设成果获得全国管理创新一等奖，清华大学和四川省企业联合会分别授予国电大渡河公司"管理创新实践基地"和"智慧企业示范基地"。随着智慧企业建设深入推进，国电大渡河公司智慧企业实践取得了明显的经济效益、管理效益和社会效益。

（一）智慧企业的管理效益

1. 专业数据中心变革传统部门制管理

通过智慧企业建设，推进了管理模式优化和体制机制变革，推动了"四个集中管控"有效落地。公司大力推动由传统部门管理向专业中心管理转变，在公司层面进行了专业分工调整，优化整合机关与基层相关专业机构，将以往部门承担的相关职能交由专业数据中心负责，优先开展财务经营、安全监测、发电调度、经济运行、合同管理以及计算机网络等专业整合，基层电厂不再设置检修、调度、水工观测、网络信息等部门及班组，涉及投资、招标、采购、资金、营销等关键环节与重要领域，构建了扁平化管控模式，实现了统一集中管控，提升了企业规范管理水平与风险防控能力。按照智慧企业管控模型，双江口水电站构建了"五工程、一中心"工程管理平台，全面推广项目"中心制"管理，打通了部门间信息交换壁垒，实现了上下无层级统一管理，推动数据跨专业、跨系统间的智能共享、自动关联、有效联动，提升了工程管控水平。公司将信息化、数字化技术与传统党建工作有机结合，实现党员教育管理、组织生活、思想汇报、党建考核网络化，在试点单位较好解决了党员分散广、组织生活集中开展难、监督考核不便的问题，提高了党建工作科学化水平。

2. 智能化管理方式大大提高管控效能

围绕国企改革瘦身健体要求，以创新创效为着力点，加强智能产品运用，全力推动企业转型升级。在双江口、沙坪二级等在建项目中，创新运用了大坝智能温控、碾压无人驾驶、含水率快速检测、掺砾均匀度智能判别等系统，提升了施工现场智能化管理水平。在瀑布沟、大岗山、枕头坝一级、猴子岩等电站，采用空中无人机、水下机器人以及智能无人船等技术手段，开展库区泥沙淤积以及高边坡稳定监测，大力推广自主研发的智能安全帽、智能钥匙、巡检预警机器人等智能产品，逐步减少设备日常巡回、定期安全监测、人工汇总数据等重复性大、风险性高、技术含量低的工作，而涉及经济运行方案制定、发电负荷调整、机组健康状态监测等需要依靠大数据精准计算的工作，交由智能化系统进行管理决策。生产建设管理人员的工作重心逐渐向专业数据维护应用以及创新产品研发转变，有效推动了机构编制进一步压缩，职工队伍进一步精简。在2014年至2018年间，公司投产装机容量实现了翻番，而总体人数始终保持在2000人左右，公司机关人员由107人减至96人，瀑电总厂由原来的200余人降至180余人。

（二）智慧企业的经济效益

1. 数据驱动决策全面提升经营管理水平

按照现代企业制度建设要求，公司充分运用大数据分析处理技术，着力提升企业科学管理水平。建成了覆盖电力生产全过程的大型流域梯级电站预报调控一体化平台，在国内首创应用多项智能调度决策支持技术，研发了瀑布沟、深溪沟、枕头坝一级梯级电站经济调度控制（EDC）技术，改变了以往省网调度对单一电站、单一机组下达负荷指标，为向多个电站群下达负荷总指标的模式，一年减少负荷调节工作量约 3 万次，有效发挥了梯级电站联合调度优势。建立了设备在线状态检测平台，深入开展设备运行大数据分析，对机组设备进行在线监控与实时诊断，提前预判设备运行健康状态，及时部署检修方案与策略，促使检修管理模式由计划性检修、事后检修逐步向状态检修、改进型检修转变。在 2016 年检修期间，以深溪沟电站 4F 机组作为状态检修试点，优化检修项目 73 项；2017 年，通过分析铜街子电站检修前状态数据，简化相关检修项目，13 号机组检修工期由 20 天缩短为 5 天，节约检修费用 1725 万元。

2. 全面风险管控体系提升应急响应能力

聚焦重点领域、关键环节和重大风险，加强风险管理体系建设，提高应急响应能力，确保各类风险可控在控。推进全面风险管理体系建设，系统围绕战略风险、市场风险、财务风险、运营风险、法律风险五个层面，分类确定了 1393 条风险信息，制定了内部控制流程 267 项，高标准通过集团公司验收。充分运用高精度水情气象测报手段，量化分析流域汛情与雨情信息，自动推演洪水调度过程，为防洪调度提供决策依据。今年 6 月，成功应对了大渡河流域丹巴地区 70 年一遇大洪水，有效发挥瀑布沟水电站防洪拦蓄作用，泄水量达 3.58 亿立方米，削峰率达 40%，有效保障了洪水安全过境。近年来，通过调节拦蓄洪水，成功应对了 10 余次丹巴、尼日河特大暴雨汛情，调蓄大洪水总量超过 40 亿立方米，确保了下游沿河两岸地方防汛安全。建立了风险分级预警模型及决策知识库，动态感知大坝及山体边坡变形风险，及时推送预警信息，提升了大渡河流域沿线地质灾害防治水平。2016 年 4 月 30 日通过大数据监测分析，提前 4 小时成功预警了位于大岗山电站库区的当时主要的川藏通道省道 S211 郑家坪道路边坡出现大规模垮塌风险，避免了人民群众生命财产损失。

3. 通过降本增效经济效益进一步凸显

2014-2016 年以来，公司整合基层各单位分散的信息化建设资金，集中投入到智慧企业建设相关技术改造与系统建设，在没有额外增加专项建设资金的情况下，优化资源配置，合理控制投入，有力推动了智慧企业建设。在工程建设领域，运用大坝填筑GPS质量监控系统，防止大坝填筑质量返工和不合格事件；运用工程安全监测自动化系统，节约后续人工监测费约6000万元；在沙坪二级水电站智慧工程项目中，产生直接综合效益4500余万元，相关研究成果经专家鉴定为国际先进水平。在电力生产现场，运用巡检预警机器人取代人工作业，每年减少人工成本、管理成本400万元；运用了基于IEC61850全建模的智能水电站技术，每年节约费用400万元。通过定量降水预报、洪水资源化利用、智能调度决策支持、经济调度控制等先进研究成果的应用，累计增发电量35亿kWh，产生经济效益7亿元，减少电煤消耗110余万吨，减排二氧化碳290万吨。通过云计算与大数据中心建设，整合全系统网络信息资源，计算机资源利用效率从25%提高到65%以上，而相关硬件数量由600台减少为200台，运维人员由50余人减少为10余人，机房占地面积由1500平米减少为500平米，节约设备投入、机房建设成本、电费成本以及运维费用超过1亿元。

（三）智慧企业的社会效益

1. 成果转换创新活力进一步增强

成立了中国工业设备管理平台，为全国各地发电企业提供状态诊断与趋势分析等增值服务，目前已与150多个水电站达成合作意向，启动生产数据接入工作，并逐步向设备制造业、保险业延伸，提供大数据服务支持，形成了全新的商业模式。坚持围绕水电主业，聚焦智慧企业建设，积极拓展水电上下游相关产业，形成了物联网技术运用、智能产品推广、低碳减排服务以及智慧企业咨询等新的产业链条，创造了经济效益预期增长点。公司创新成果大量涌现，近三年来获得省部级科技和管理奖励35项，新增知识产权授权111项，其中发明专利16项，实用新型专利77项，外观设计专利3项，软件著作权15项（公司2013年前十余年，获得知识产权授权为37项）。

2. 在企业界大力推广了智慧企业经验

成功承办了全国三届智慧企业创新发展峰会，中央和省级主流媒体宣传了公司智慧企业建设成果，大渡河智慧企业建设获得了业界"三个首次"的高度评价。清华大学和四川省企业联合会分别授予公司"管理创新实践基地"和"智慧企业示范基地"称号。编著出版《智慧企业——框架与实践》，智慧企业建设经验在亚欧数字互联互通高级别论坛、四川省国资委智慧企业现场会上作专题交流，并入选清华大学商学院授课案例。智慧企业建设全国企业管理创新成果一等奖，四川省科技进步一等奖等，公司被授予四川省信息化建设示范单位，作为第一发起单位参与编制并发布了《智慧企业指引2018》。

公司以创新文化引领智慧企业建设分别获得全国企业文化建设优秀成果、国务院国资委创新文化优秀成果。大渡河公司智慧企业建设工作得到国家能源集团及同行业的认可，已在集团范围内进行示范。

大型央企科技成果
转化创新管理机制构建与实践

中国航空工业集团有限公司（以下简称"航空工业"）是由中央管理的国有特大型企业，设有航空武器装备、军用运输类飞机、直升机、机载武器系统与汽车零部件、通用航空、航空研究、飞行试验、航空供应链与军贸、资产管理、金融、工程建设、汽车等产业，为国防安全提供先进航空武器装备，为交通运输提供先进民用航空器材，为先进制造提供创新动力和高端装备。航空工业下辖100余家成员单位，33家科研院所，28家上市公司，员工逾45万，拥有一大批院士和国家级专家，7个国家级重点实验室，22个国家认定企业技术中心企业，是首家进入世界500强的中国航空制造和中国军工企业，2018年航空工业连续第10次入围，排名第161位。

航空工业围绕创新驱动发展和军民融合发展两大国家战略，从国家政策研究和企业需求分析入手，构建了一整套科技成果转化创新管理机制，并开展了大量实施，取得阶段性进展。

一、构建背景

（一）科技成果转化政策背景

党的"十八大"以来，以习近平同志为核心的党中央高度重视科技创新和机制创新，围绕深化科技体制改革作出了一系列重大决策部署：修订颁布《中华人民共和国促进科技成果转化法》（以下简称《转化法》）①，发布实施《实施＜中华人民共和国促进科技成果转化法＞若干规定》②《促进科技成果转移转化行动方案》③，明确下放科技成果的"处置权""使用权"和"收益权"，增强科研单位开展科技成果转化的自主权，形成推进科技成果转化的顶层制度体系；2017年10月18日，习近平在中国共产党第十九次全国代表大会上的报告中指出"深化科技体制改革，建立以企业为主体、市场为导向、产学研深度融合的技术创新体系，促进科技成果转化"；2018年4月，科技部、国资委印发了《关于进一步推进中央企业创新发展意见》④，明确提出发挥科技创新和制度创新对中央企业创新发展的支撑推动作用。

（二）科技成果转化重要意义

科技成果转化是构建国家新型科技创新体系重要组成部分，是深化科技体制机制改革的关键内容，是将存量技术转化为经济发展增量的有效手段，是实现国家创新驱动发展战略的重要抓手，是落实国家军民融合发展战略的主要途径。

科技成果转化是企业发展的内在需求和动力。市场经济的条件下，企业的生存和发展本质上取决于企业的技术创新及转化科技成果能力。实施科技成果转化有望改善部分企业以往只能依靠加大资金、人力投入实现企业效益在量上扩张的困境，推动以科技进步为内涵的企业效益质的提升。

中央企业作为国民经济发展的重要支柱，是践行创新发展新理念、实施国家重大科技创新部署的骨干力量和国家队。航空工业作为中央管理的国有企业，肩负国有资产保值增值、为国家创造价值、推动经济社会发展的必然使命。被誉为工业之花的航空技术，科技含量高、技术前沿，材料与制造技术、导航与控制技术、信息电子与通信技术等关键技术通用性，具备科技成果转化的技术基础。因此，航空科技成果转化，是航空工业履行社会责任的需要，是增强创新能力的需要，是实现航空工业快速、持续发展的需要。

（三）航空工业科技成果转化面临的难题

科技成果转化是涉及科技、财务、人力等多领域的系统工程，如：涉及到国家财政资助的科技成果的产权问题，涉及到企业、科研事业单位、转制院所等与科技人员之间的利益分配问题，还涉及到对于科技人员价值的认可问题。大型央企因其激励力度无法体现智力创造等原因，科技成果转化工作尚处于探索阶段。长久以来，航空科技成果的应用率达 90% 以上，而推广转化率远远低于应用率。究其原因，一是科研人员专注于主业相关的科研生产任务，无暇关注科技成果转化；二是缺乏有效的激励手段，难以调动起广大科技人员积极性；三是缺乏既了解市场需求又懂得航空技术的技术经纪人，掌握科技成果转化过程中金融、财务、知识产权、法律等相关知识的复合型人才少之又少；四是部分国家政策在具体操作实践时，边界条件模糊，可执行性较差，政策落地较难。

（四）国内外科技成果转化现状

1. 国内科技成果转化仍处于起步阶段。大型央企尚无较为成熟和系统推进科技成果转化的经验可以借鉴。研究院所和高校在《转化法》的政策指引下，开展了大胆的尝试，以中科院为代表的科研院所，探索出"科技 + 金融"的转化模式；以清华大学为代表的高等院校探索出"产学研"的转化模式，通过校企合作、大学科技园、直接投资控股等形式，培育科技成果产业化。

2.以美国、德国为首的西方国家在"技术转移"方面已有多年实践经验和成功案例。

美国在 1980 年颁布了著名的《拜杜法案》，明确以政府财政资助为主的科研成果权利归发明者所在研究机构，鼓励非盈利性机构与企业界合作转化科研成果，参与研究的人员可以分享利益[⑤]；德国在 2002 年通过修订《雇员发明法》，将大学教师的发明分为"职务发明"和"非职务发明"，学校作为知识产权所有人负责对职务发明进行保护和开发，发明人享有从发明的推广和转化中收益的权利，发明人可以获得发明专利实施的 30% 收益作为奖励[⑥]。

二、主要做法

（一）航空工业科技成果转化创新管理机制的构建

1. 顺应时代发展，破解机制障碍

航空工业从 2014 年开始，持续跟踪《转化法》的修订，研究政策精神。自新《转化法》颁布实施以来，国家颁布的有关科技成果转化的配套政策法规超过 40 份，为科研院所、高等院校以及企业实施科技成果转化提供了极其有利的保障条件。

新《转化法》及其配套政策，完善了科技成果处置收益分配制度、完善了单位领导定价免责机制、完善了工资总额管理要求，明确科技成果市场化定价机制，强化企业科技成果转化的主体地位。上述新政的改革，明确了单位可以自主决定科技成果的使用和处置，取得的收益全部留归单位，从而大大提高了单位实施科技成果转化的积极性；明确了科技人员的激励政策，有效的激发科技人员的创新积极性和开展科技成果转化意愿，也为改善科技人员待遇，稳定科研队伍起到积极的作用。

2. 行业需求统领，实现改革突破

为了真正掌握行业需求，了解各成员单位在科技成果转化上的痛点，航空工业开展广泛的调研，分别进行两轮问卷调查和实地调研，累计发放调查问卷 158 份，现场访谈调研单位 35 家，梳理出制约大型军工集团实施科技成果转化 5 项共性问题：转化实施的制度和具体流程不明确、科技成果转化的范围规定不明确、成本和收益核算的方法不明确、突破工资总额奖励的程序不明确、科技成果转化信息获取不畅通等。

在《中国航空工业集团公司实施科技成果转化指导意见（试行）》的编制过程中，紧紧围绕以上 5 项行业需求及痛点，力求最大程度破解企业科技成果转化过程中的机制障碍，确

保企业在科技成果转化过程有据可依，有的放矢。

3. 加强顶层设计，创新"五步法"

航空工业以政策研究和行业调研分析为基础，紧密结合航空工业各单位实际需求，提出针对航空工业自身特点的解决措施，创新性地提出"建清单、选方式、定比例、做转化、兑奖酬"五步实施法。首先，梳理出可转化的科技成果范围目录，纳入本单位可转化的科技成果清单；第二步，根据拟转化的科技成果本身的技术分级、面向的转化领域以及预期的收益情况，选择适合的转化方式；第三步，根据相应的转化方式，与转化项目团队约定利益分配比例；第四步，按照前三步基础，有序开展科技成果转化的实施；第五步，按照约定兑现参与转化的人员奖励，做好转化项目的总结与评估。至此，具体实施科技成果转化的核心步骤已形成，"五步法"成为各单位实施科技成果转化的行动总指南。

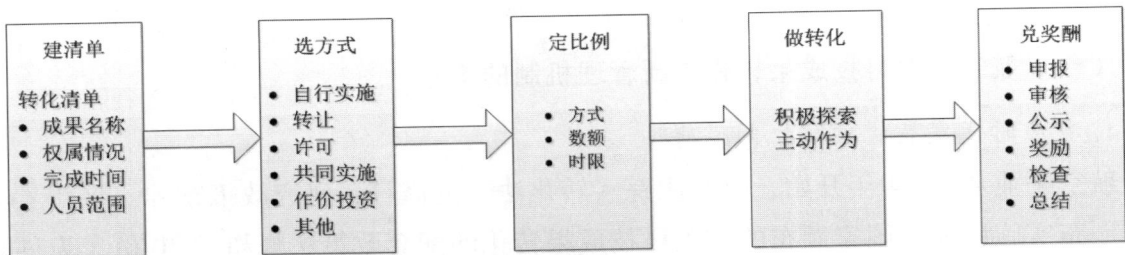

图 1　航空工业科技成果转化"五步法"

科技成果转化涉及到科技、人事、财务、资产等多个业务主管部门，转化实施周期长、跨度大、执行链条长、关系错综复杂。为解决上述难题，航空工业组成由科技主管部门牵头、人事部门、财务部门等多部门联动，加强顶层制度设计，增强政策协同，确保政策可执行、落地，从源头上避免了"多头管理"和"铁路警察各管一段"的情况出现。

2017 年 7 月，航空工业印发《中国航空工业集团公司实施科技成果转化指导意见（试行）》（以下简称《指导意见》）。《指导意见》共分三章、十六条，明确提出了集团公司实施科技成果转化具体要求，规范了集团公司科技成果转化的方式和程序，从实施原则、到实施程序、到具体的条件保障要求，总结归纳出"三原则"、"五步法"和"七举措"。《指导意见》的出台，有效的填补了国家法规政策制度空白。

（二）航空工业科技成果转化实施情况

1. 明细操作流程，规范转化活动

在《指导意见》发布的同时，航空工业启动科技成果转化试点工作。充分考虑航空工业所属单位性质的不同、技术领域的广泛、地域之间的差异等因素，选取主机厂、主机研究所、制造等领域的科研院所，开展试点工作，验证《指导意见》中"五步法"的操作性和可行性。设计《年度科技成果转化情况及奖励申请》《科技成果转化项目审查流程及要求》《科技成果转化项目审查要点》《科技成果转化项目评分表》等程序文件，明细操作流程，规范转化活动。如，自行实施科技成果转化项目的一般管理流程包括：科技成果转化、提交申报材料、现场技术审查、现场财务审计、内部公示、奖励发放、检查和总结等七个阶段。

2. 及时兑现奖励，强化政策效果

在科技成果转化收益的分配上，《指导意见》明确了取得收益在单位内部的分配和使用原则，明确对个人奖励的金额"纳入单位工资总额，不受单位年度工资总额限制"的具体执行流程和标准。

航空工业持续推进科技成果转化工作开展，2017 至 2018 年累计实施科技成果转化项目 125 个，转化收入共计 16.4 亿元，利润 4.6 亿元，一共奖励 1505 人，奖金总额 2648 万元，人均奖励 1.8 万元，单人最高奖励金额 31.17 万元，全部奖金在单位工资总额中单列，不受单位年度工资总额的限制，于各年底全额发放到个人。

科技成果转化奖励的及时发放，极大了激发了广大科研人员开展成果转化的热情，示范带动效果非常明显，使得广大科研人员在从事科研生产任务的同时，主动探索科技成果未来的市场前景、转化方式和转化方向。在科技成果转化激励政策的导向下，航空工业各科研院所已逐步形成"科研－转化－收益－科研再投入"的良性循环。

3. 全面总结分析，持续优化政策

为评估航空工业科技成果转化相关政策制定的合理性和各单位执行的规范性，了解针对科研人员奖励的激励效果，航空工业对试点单位进行了全面的总结，并从各单位的制度建设、政策宣贯力度、公开公示透明度、奖金发放时效和金额、员工满意度等维度进行了综合的评估。

在转化项目方面，试点转化的航空科技成果，主要集中在材料、工艺、装备、航电、机电、元器件、软件、试验检测等技术领域，具有技术含量高、通用性强、利润率高（平均利润率达 36%）等特点，推广转化的领域主要在航天、发动机、兵器、电子等军工领域以及民航、高校、民营企业等民用领领域。

在转化人员构成方面，科技成果转化项目平均需要投入核心人员 11.4 人，其中科技成果主要完成人员占 73%，后期转化项目研发及生产人员占 25%，管理人员占 1.8%。科研开发和生产人员占比较高，从事推广转化人员占比较低。

在奖励金额方面，奖励金额占单位工资总额比例范围在 0.04%~3.07%，单位奖励总金额最多 312.39 万元，单位奖励人数最多单位 158 人，人均奖励金额最多 5.69 万元，个人奖励最高金额 31.17 万元。对 112 位获奖人员进行访谈，93.8% 以上的人员认为集团公司推行的科技成果转化奖励政策激励效果非常明显。

通过总结和评估，发现一些试点单位实施科技成果转化好的经验和做法，及时了解到科研人员诉求，为航空工业持续优化科技成果转化政策指明了方向。

4. 构建人才队伍，形成良好氛围

为保障科技成果转化的规范推进和有效推广，航空工业十分重视人才队伍建设，逐步建立符合科技成果转化工作特点的职称评定、岗位管理和绩效考核评价制度，完善收入分配约束机制，畅通职业发展通道；同步开展对各成员单位从事科技成果转化人员的培训，目前 5 人获得北京市技术经纪人资格认证，78 人获得航空工业技术转移经理人资格认证，初步形成集团公司科技成果转化专业人员队伍；同时，选取行业内各专业领域的技术专家，参与科技成果转化项目认定等工作，从技术供方优势发挥对科技成果转化的推动作用。科研人员、技术转移经理人和技术专家队伍一起形成了航空工业科技成果转化工作队伍的主力军，形成了合作共赢的良好氛围，共同推进航空工业科技成果转化工作的开展。

5. 搭建转化平台，加速信息交流

为了完善科技成果转化平台建设，更好的推进航空工业科技成果的转移转化，航空工业建设了基于移动客户端的航空工业科技成果转化信息服务平台——"航空果园"微信公众号，开展政策解读及军民融合重点科技成果转化项目推介，现已整理航空科技成果推广转化目录 2163 项，平台推送重点项目 10 个，发布政策解读 31 篇，累计阅读量达 3 万余次。

"航空果园"微信公众号平台现已经成为航空工业科技成果转化展示和交流的一个重要窗口，是航空技术供需双方的交流对接平台，有利于促进科技成果转化信息的传递和流通，有利于实现科技成果的产品化、商品化。平台力争专业化发展运营，形成品牌效应，融入国家技术转移体系基础架构，成为集成果、资金、服务、政策要素为一体的行业性技术转移专业平台。

（三）创新性贡献

1. 创新性提出"五步法"模型

航空工业创新性提出了"建清单、选方式、定比例、做转化、兑奖酬"五步科技成果转化实施方法，实现了对国家政策的有效衔接、对下属企业的精准指导。

"五步法"解决了科技成果转化范围界定不清的问题，通过建立科技成果转化项目清单，明确转化范围，为后续的明确转化实施责任主体和奖励人员奠定必要的基础；"五步法"明确了转化方式的选取原则，根据转化的科技成果技术成熟度、预期收益等维度，选择适当的转化方式；"五步法"明确了转化收益分配原则；"五步法"明确规定了奖励和报酬的发放条件和程序，打通了操作流程，兑现了奖励和报酬，增强了政策的实施效果。

2. 建立科技成果转化全流程管理制度

从科技成果确权、转化方式选择、奖酬比例约定、奖励兑现发放、最后到实施总结评估等各活动环节，按照国家法规文件，提出了相应的制度要求和实施表单；从科技成果转化项目的选择和识别、转化收入的技术关联性评价、财务审计的核算标准到奖金分配和发放等各管理维度，制定相关的工作规范和实施指南。明确了各阶段的责任主体，规范了各业务领域的工作要求，形成要流程清晰、协调统一、互动关联管理细则。

3. 首次提出科技成果转化奖励核算模型

航空工业首次提出一套完整可行的科技成果转化奖励核算模型，明确科技成果转化项目奖励金额的计提基数计算方法：

累计净收入 = 该项科技成果转化后取得的收入累计 – 成本费用累计。

在此基础上，具体奖励金额，根据《转化法》的相关要求，按照不同的转化方式对应的提奖比例分别计算。

三、实施效果

（一）探索出央企科技成果转化实施路径

在国内大型企业对科技成果转化普遍处于探索起步的阶段，航空工业摸索出的科技成果转化创新管理机制系列举措，从中央管辖的国有大型企业约束条件入手，将企业的自身问题和困境彻底剖析。在政策层面，通过提出"五步法"模型、发布《指导意见》，将国家政策融会贯通，大型军工集团实施将科技成果转化的全过程、全路径加以明确；在操作层面，通过试点实施，编制《奖励申请》《审查要点》等系列程序文件，彻底打通中央企业对科技人员实施科技成果转化奖励的流程和路径；至此，航空工业探索出一条央企科技成果转化的实施路径，制度保障了科技成果转化工作运行流畅，在开展科技成果转化过程中有政策依据、制度保障，在操作层面模型、流程清晰明确，有一套完整的、合理有效的科技成果转化内控管理文件，为其他央企开展科技成果转化提供了参考经验。

（二）形成了以增加知识价值为导向的分配激励机制

2017 年以来，航空工业科技成果转化奖励按照国有科技型企业中长期激励政策落地实施，在单位和科技人员当中产生了巨大的反响，在现有科技人员绩效薪酬的基础上，将科技创新所带来的经济效益直接体现到奖励报酬上，使科技人员做出的贡献真正得以显现，直接反映了知识价值的意义，形成知识创造价值、价值创造者得到合理回报的良性循环，激发了广大科技人员积极性、主动性、创造性。各单位在现有薪酬体系的基础上，单独为科技成果转化奖励设立科目，获得的科技成果转化奖励占单位工资总额比例最高达到 3%，促进了航空工业"三元"薪酬结构（稳定提高基本工资、加大绩效工资分配激励力度、落实科技成果转化奖励）的形成，在航空工业内部形成营造出尊重劳动、尊重知识、尊重人才、尊重创造的氛围，以增加知识价值为导向的分配激励机制逐渐形成，为科技创新体制的改革和完善做出了有益的补充。

（三）加速技术存量转化为经济发展增量

航空工业长期以来致力于研制军用飞机，在军机的科研生产过程中积累了近万项高水平科技成果。在军民融合发展战略的指导下，具有自主知识产权的军机专用技术成功转化至民用飞机领域，自主研制了 AG600 大型水陆两栖飞机，系列发展了"新舟"支线飞机、全力支持了 C919 大型客机、ARJ21 新支线飞机发展；航电、机电、材料、制造等军机通用技术紧密围绕国家战略新兴产业，成功转化到轨道交通、建筑等民用领域，释放了科技创新的内生动力，实现了已有技术存量转化为经济发展增量。如，国防计量专业科技成果"超低频大振幅振动校准装置"在服务军机同时，转化到民用道路桥梁工程领域，在港珠澳跨海大桥工程中突破海底沉管对接技术瓶颈，打破国外技术封锁，在给航空工业带来 800 多万的合同收入，同时为国家节省了 1.5 亿欧元的外汇。

科技成果转化机制的形成与实践，打破长期以来横亘在科技与经济之间的藩篱，实现科研能力与产业需要的有机衔接，成为航空武器装备研制生产主业发展的有益补充，形成航空工业经济发展的新模式，加速技术存量转化为经济发展增量。

四、总结与体会

"十八大"以来，随着创新驱动发展战略逐步推进，国家连续出台多项法律、法规深化科技体制改革，科技成果转化是构建新型科技创新体系重要组成部分，是推动科技改革的关键内容。进一步提升科技创新能力、激发科研人员的积极性创造性、形成风清气正的科研氛围，是航空工业科技体制改革发展的终极目标。

在跟踪《转化法》修订至今的四年里，航空工业做了大量的政策研究及企业调研，以国家政策导向、企业和员工需求为突破口，构建了一整套科学、规范、高效的科技成果转化管理机制，通过试点实施，激发了广大科技人员的创新活力和创造潜能，发挥了科技资源对航空工业发展的支撑和引领作用，使技术存量转变为经济发展的增量，推动了航空工业的快速发展。回顾四年来相关工作，航空工业科技成果转化机制创新是科技创新成功的最关键因素之一。破解机制障碍、注重顶层设计、明细操作流程、明确计提基数、及时兑现奖励确保了《指导意见》的落地实施。在取得成绩的同时，我们也清醒地认识到，在自主创新的道路上没有捷径可走，筚路蓝缕，挑战无限，科技成果转化仍然有许多待亟待突破的体制机制障碍，"成果评估难""收益落实难""成果处置难"等"三难"依然存在，科技成果转化政策与财政、税务等其他法律法规及行政规章制度需进一步统一联动，以增强政策的使用范围和执行效力。航空工业将一如既往，持续跟踪国家政策的导向，及时动态修订《指导意见》，攻坚克难，建设促进科技成果转化的良好生态环境，真正将航空技术推向国民经济的各行各业，为建立特色鲜明、要素集聚、活力迸发的中央企业创新体系做出应有贡献，为建设创新型国家和世界科技强国提供坚强支撑。

【参考文献】

[1]《中华人民共和国促进科技成果转化法》（2015 修订）

[2] 国务院关于印发实施《中华人民共和国促进科技成果转化法》若干规定的通知（国发〔2016〕16 号）

[3] 国务院办公厅关于印发促进科技成果转移转化行动方案的通知（国办发〔2016〕28 号）

[4] 科技部 国资委印发《关于进一步推进中央企业创新发展的意见》的通知（国科发资〔2018〕19 号）

[5] 柳玉林等，中外技术转移模式的比较 [M]，科学出版社，2012 年 6 月第 1 版

[6] 贾玉平，德国技术转移体系及对浙江的启示，豆丁网

积极落实"一带一路"倡议
以中国优势产业带动中国建材集团国际化

中材水泥有限责任公司（以下简称"中材水泥"或"公司"）成立于 2003 年 11 月主营水泥、水泥辅料、混凝土产品及水泥制品，集水泥熟料生产基地、水泥粉磨生产基地为一体，实现了在商品混凝土、外加剂、机制骨料等业务领域的产业链延伸和可持续发展。公司总部位于北京，目前拥有 10 家水泥企业共 15 条新型干法熟料水泥生产线，1家科研院所。水泥年产能 2500 万吨，混凝土年产能 230 万方，机制骨料年产能 570 万吨，混凝土外加剂年产能 3 万吨。

公司是国内首家全部生产线通过行业准入、全部实现脱硝工程改造、全部通过一级安全标准化验收的集团型水泥企业。公司目前的发展思路是：完善资源，发展上下游产业链，推进环境友好和国际化战略。

一、背景介绍

21 世纪以来，西方国家主导以投资和技术进步为动力的全球经济逐步趋缓，以攫取型的全球化发展模式日渐步入困境，以华尔街为代表的资本主义的贪婪最终把美欧经济带入 2007-2009 年影响全球的金融危机。时至今日，危机造成的影响远未消失，全球经济进入低增长乃至停滞期；美国单边主义、民族主义日趋明显，贸易保护主义逐渐抬头；欧洲债务危机久拖未决，难民问题逐渐扩散。全球经济发展需要新动能，国家间的合作乃至全球和区域一体化急需要新的合作模式。

在此背景下，2013 年的秋天，国家主席习近平向世界发出具有历史意义的"一带一路"倡议：以"志合者，不以山海为远"的合作理念，以及与世界各国在开拓和平、繁荣、开放、绿色、创新、文明之路的非凡征程中携手共进的理念得到了世界上绝大多数国家的广泛认同。同时，对整个中国全方位对外开放的新格局和促进世界各地区均衡性发展产生深远的影响。

中国建材集团作为国务院国资委直接管理的大型中央企业和财富世界 500 强企业，

是全球最大的建材制造商和世界领先的综合服务商。经过近20年的探索和实践，中国建材集团在全球75个国家和地区承接了300余个水泥项目，培育和锻炼了一批了解全球经济情况、熟悉国际市场规则的复合型人才，积累了丰富的国际化实施经验，树立了世界一流的建材品牌形象，具备实施境外投资的优势和能力。

在习近平主席提出"一带一路"倡议以来，中国建材集团充分发挥技术、装备、产能和管理方面的优势，主动参与"一带一路"建设，积极稳妥实施对外投资，扩大国际产能合作。中国建材集团制定了"10个建材工业园、10个海外仓、10个海外区域检验认证中心、100家建材连锁分销中心、100个智慧工厂管理、100个EPC项目"的"六个一"国际化发展目标，把科技、管理、物流、工程服务和项目投资综合起来，打造"一带一路"建材工业体系。

中材水泥作为中国建材集团水泥板块的重要成员企业，近年来通过不断的探索和实践，已经建立起一套相对成熟现代化的管理模式，形成了以"责任"为核心的企业文化，在技术装备、企业运营、成本管控等方面都处于行业领先地位，具备了实施海外发展的能力。

2014年起，在中国建材集团的领导下，中材水泥全面落实国家"一带一路"倡议，正式启动国际化战略工作，以收购、独资或合资等多种方式稳健推进，在水泥需求旺盛的新兴经济体及发展中国家、"一带一路"沿线国家、水泥装备落后的国家及地区，新建生产线或粉磨站，以系统成本作为考量项目的总原则，打造低成本的核心竞争力，不盲目追求区域领先，稳步提升公司的国际化经营水平。经过前期的充分调研，中材水泥最终确定在非洲的中南部赞比亚建设中国建材赞比亚工业园项目。中国建材赞比亚工业园的建设考虑自身的发展特性和需求，积极落实中国建材集团"善用资源、服务建设"的核心理念。在建设以水泥生产线为主，上下产业链结合的集约式工业园建设过程中，充分利用资源，减少对环境的影响，设计打造绿色、节约、环保的新型工业园，从而降低境外投资综合风险。该工业园的设计和规划理念对水泥行业企业乃至其它建材行业企业，实施国际化战略都具有较强的引领和借鉴作用，符合国家"一带一路"倡议和中国建材集团海外发展的的战略规划和布局。

二、中国建材赞比亚工业园的建设

（一）立意高远，精心规划，建设国际一流工业园

1. 工业园的愿景

中材水泥在工业园的规划初期，就坚持中国建材集团"创新，绩效，和谐，责任"

核心价值观，坚定不移地履行集团"绿色化、智能化、高端化、国际化"的发展理念，坚持以先进技术和优势产能支持"一带一路"建设，打造海外投资"升级版"，以优质建材服务"一带一路"基础设施。坚持合作共赢，融入赞比亚文化，做好环保工作，建设绿色丝绸之路，履行央企社会责任，为中赞友谊谱写新篇章。

2. 工业园概况

中国建材赞比亚工业园位于首都卢萨卡东南 19 公里，目前用地面积约 400 公顷，配矿山可开采面积 107.99 平方公里，石灰石远景储量超过 4 亿吨，此外水泥用其它辅料资源和烧结砖生产原料，均可由此矿区供应。工业园一期计划投资超过 2 亿美元，包括年产一百万吨水泥（熟料）生产线，6000 万块烧结砖生产线，20 万立方混凝土生产线，70 万吨骨料生产线。二期计划投资 300 万平米硅酸钙板生产线、水泥制品及其他高科技建材产品、建材产品国际贸易。累计计划投资 5 亿美元，直接或间接创造就业机会 2000 到 3000 个。

3. 工业园亮点

（1）循环经济、资源综合利用

优质石灰石作为水泥原料，剥离土（弃土）用来生产中高档烧结砖，品位较低的石灰石生产骨料，并增加了机制砂和石粉的生产工艺，机制砂可缓解卢萨卡河沙资源匮乏的局面，石粉可作为改善当地酸性土壤的石灰类产品，最大限度地实现了资源综合利用，形成系统成本优势。

（2）国际产能合作——抱团出海

项目建设总承包方为中国建材集团所属中材国际，资源勘探、设备采购等全部来自广东总队、中材矿山、中材装备、西安凯盛、深圳南华、武汉建材院等单位，以中国建材赞比亚工业园的建设为契机，实现了中国建材集团全方位、系统地"走出去"，实现了集团内部优势资源的最大化利用。工业园所用设备的国产率高达 99%，整个工业园内配合设备制造的厂家、建设单位、中介机构等超过百家，较好地带动了国际产能合作。工业园的落地，带动了国内多家企业抱团出海，加快了"走出去"步伐，为"一带一路"建设添砖加瓦。

（3）绿色发展，打造环境友好工业园

工业园致力于打破对于基础建材行业高耗能、高污染的传统印象，将生态文明理念融入园区建设，突出绿色建材、绿色发展的新内涵。工业园从建设期到运营期都严格执行当地的环保标准，采用低能耗设备和低温余热发电、密闭式生产等节能环保的生产工艺，严格控制粉尘等污染物排放，同时注重园区的绿化工作，致力于建设森林中的工厂，打造中国企业"走出去"的绿色品牌。

（4）建材产品系统集成服务

在园区规划方面，由水泥、烧结砖、骨料、石粉等产品生产线构成基础材料园，后续使用预留发展用地建设建材科技园和建材贸易园，用于引进集团内部高附加值建材产品及发展招商贸易等业务，实现建材产品的系统集成服务，创新"走出去"的模式。

（二）扎实工作，稳步推进，体现中国质量和速度

从 2014 年 9 月开始，公司先后派员到莫桑比克、赞比亚、津巴布韦、刚果（金）、尼泊尔等国对投资机会进行实地调研，经过调研、反复论证和果断推进，赞比亚日产2500 吨熟料水泥生产线项目率先实现了在投资环境、建设条件、投资准入等可行条件上成熟，并于 2015 年 5 月 9 日与合作伙伴非洲兄弟公司签订了合作谅解备忘录，正式启动项目前期筹备工作。

1. 落实项目建设条件

先后取得了探矿权批复、环评批复、地契和投资许可证，完成了在当地的工商注册，与赞比亚发展署签订了《投资促进与保护协议》（IPPA），同时积极推进项目用电、用水及工程勘探、方案论证工作。国内方面，完成在集团内部、商务部、发改委的备案。2016 年 5 月，由中国建材自主设计、自主建设、自主运营的首期日产 2500 吨熟料水泥生产线破土动工。对于境外投资项目来说，在不到一年的时间，就完成了从筹备到正式开工，这在中国企业尤其是国际化投资水泥领域是很少见的。

2. 接洽项目合作伙伴

2016 年 5 月与合作方正式签订合作备忘录（MOU）；于 2016 年 8 月 25 日确定总承包方并签订 EPC 合同，同时先后获得母公司 3400 万美元及国开行 1.6 亿美元项目借款，较好地保障了项目所需资金。

3. 搭建境外投资平台

利用半年时间，完成了"中国——香港——毛里求斯——赞比亚"投资路径的设立。为梳理外汇路径、优化税务筹划、提升管理效率等工作打下了基础。

4. 推进现场施工进度

2015 年 10 月举行奠基仪式和新闻发布会，赞比亚总统亲自接见了集团领导。经过艰苦的建设，2016 年 11 月，混凝土生产线建成投产并供应于工业园的建设；年产 70 万吨骨料生产线和与其配套的骨料、机制砂生产线已于 2018 年 4 月投产；年产 6000 万块高品质烧结砖生产线已完成于 2018 年 5 月投产。目前工业园一期工程于 2018 年 7 月全

部竣工投产。二期规划的硅酸钙板、水泥制品项目将在水泥生产线投产后择机建设。

5. 履行社会责任

作为国家"一带一路"战略的践行者，不仅仅要考虑投资，更要体现出社会责任和央企形象，项目每年都会投入一定比例的公益基金。赞比亚建材工业园征用了卢萨卡郊区 CHIYEYA 村的土地，经过项目部和合作方的慎重考虑、经过上级单位同意，先后投资 150 万美元为村民新建了学校、医院和清真寺，大大提高了当地居民的医疗和文化教育水平；在项目推进过程中利用工余时间为周边村民义务打井十余口，解决其生活用水问题；对村道进行修缮，解决了困扰居民数十年的出行难题，得到了当地政府官员到普通百姓的一致好评。

（三）海外发展，困难重重，攻坚克难迎来曙光

1. 竞争对手问题及解决措施

在项目启动前期工作之前，先后有五家竞争对手均对该项目表达了投资意向并开展前期工作，竞争非常激烈。

公司在确定该投资机会之后迅速实施，多管齐下开展前期工作，从第一天踏入赞比亚到项目全面开工，不到一年的时间内完成了项目批复、环评、合作协议、拆迁补偿、地契办理、初步设计及方案论证、总包谈判等一系列的重要工作，从开始的第六到现在第一，大部分竞争对手已放弃在赞比亚的投资，成功抢占了市场先机。

2. 地方关系及文化融合问题及解决措施

来到一个新的国度投资，最大的难度和风险都是对新环境的认知。赞比亚整体发展水平较低，政府部门工作普遍存在朝令夕改的问题且效率低，加上项目建设所需要的核心资源往往掌握在酋长、政府官员等人士手中，地方关系维护和文化融合程度往往直接影响到项目的成败。

对此，公司一方面，对工业园项目的建设、运营及发展做充分规划，坚持融入当地，谋求经济效益和社会效益的统一，以积极开放、合作共赢的态度与相关方做充分沟通；另一方面，充分利用合作方在当地的优势资源，有效利用外力杠杆，减少了不必要的沟通成本；此外，项目注重培养政府部门、酋长传统、中介服务等人脉关系，也逐步摸索了办事规律和对当地员工的管理技巧，提高了国际化战略的实施效率。

3. 人力资源问题及解决措施

由于公司尚处于国际化发展的起步阶段，迫切需要打造一支有能力、有经验、有激情的国际型人才队伍。

对此，公司一方面，深挖内功，先后成立国际化战略推进办公室和海外项目专项工作小组，吸收各部门、各企业的骨干成员群策群力，共同参与项目筹备及管理工作；另一方面，在赞比亚首都卢萨卡购置土地建设管理中心，作为公司国际化人才锻炼、培养的基地，为今后赞比亚工业园的运营及在东南部非洲的业务拓展打下基础。

（四）披荆斩棘、艰苦创业，春华秋实终尝硕果

1. 紧贴市场、经济效益可观

水泥生产线财务内部收益率17.12%，投资回收期为6.98年（含建设期），投资收益率21.18%，烧结砖生产线项目财务内部收益率19.94%，投资回收期：5.86年（含建设期），投资收益率36.87%（数据取自《赞比亚2500t/d新型干法熟料水泥生产线项目可行性研究报告》《赞比亚年产6000万块烧结砖生产线可行性研究报告》）。

2. 用"中国速度"提升当地经济水平

面对集团和股份的殷切期望，公司和施工方多方论证、多方研判，决定在确保建设质量的前提下，将工期提前。原定在2018年7月份建成（合同签署工期为23个月）这也将创造集团海外工程项目同等规模生产线建设的记录！

中国驻赞比亚大使称"为中资企业树立了榜样，创造了中国速度"，赞比亚副总统也用"惊讶"来评价项目的推进速度。工业园建成后大力改善赞比亚当地落后的工业水平和技术设施建设水平，为当地经济的发展添砖加瓦。宋志平董事长在调研工业园时说，整个项目从规划设计到落地实施，克服了重重困难，也凝结了中国建材集团的优势和中材水泥全体员工的汗水和智慧，令人感动，"做一流的产业，做一流的项目"，在央企"走出去"的道路上，赞比亚工业园极具特色，其经验值得总结和推广。国务委员王勇出访赞比亚时视察该工业园时指出，"一带一路"是国家级的倡议，中央企业是国家品牌，要把中国建材赞比亚工业园打造成为中国项目的样板，合理布局、长期耕耘、深化合作、互利共赢。要统筹经济责任、组织责任和社会责任，坚持绿色发展、融入当地社会，助力赞比亚经济发展、改善民生，充分展现中国标准、中国质量、中国效率、中国水平和中国正能量。

3. 融入当地、统筹社会效益

短期方面，工业园目前现场雇佣当地员工超过600人，累计已为当地创造就业机会超过2000个；项目尚未开工就修建了多条村道、水井、学校、医院等基础设施，大大改善了附近的生活条件，提高了当地医疗教育水平。

长期方面，工业园的建设与运营都需要赞比亚当地员工的大量参与，有助于传播国

内先进的技术和管理经验，促进当地国民素质的提高；工业园一期工程参与设备、材料制造、银行、中介机构及施工安装的企业超过 100 家，有效地拉动了赞国内企业的运营和项目周边地区经济的发展，为赞比亚国家和当地人民带来长久的福祉。

（五）总结经验、吸取教训，重整行装再立新功

1. 划定重点区域，拓展海外市场

非洲是全球投资汇报率最高的地区之一，市场潜力巨大，这里自然资源和劳动力资源丰富，大部分国家政局走向稳定，为振兴基础设施建设，纷纷致力于建设更友好的投资环境，以赞比亚工业园建设为契机，有集团在建材领域的集成优势，我们在非洲东南部区域发展水泥、钢材、石膏、玻璃等建材行业大有可为。

2. 多管齐下、快速决策、提高效率

在目前以市场为主导的国际竞争体系下，投资机遇转瞬即逝。因此对于经审慎考虑后选择的项目，应果断快速予以推进，对于项目前期调研、合规性手续、合作方洽谈等前期工作应成立专项工作小组同步推进，加快落实项目建设条件，才能领先对手抢占市场先机。

3. 因地制宜，灵活选择海外市场进入策略

经过项目前期的市场调研和分析，我们发现非洲国家普遍经济体量较小，自身造血功能不高，市场需求有限，不适合发展大规模的单一产品，而最好的方式就是创造与以往工程总包、投资单一项目不同的建材"走出去"新模式——建设综合型的建材工业园，选择多产业协同发展，打出组合拳，相比单一主业发展，多产业共同发展能创造出"1+1>2"的效应。这也正是这个自主投资、自主设计、自主承建和自主经营项目的最大亮点。

4. 提高认知、少走弯路

来到一个新的国度投资，最大的难度和风险都是对新环境的认知，在合作方及中介机构的配合下，通过对赞比亚传统文化和制度的接触和了解，在一定程度上熟悉了赞比亚的政治环境、法律环境、经济环境、人文环境等；培养了政府部门、酋长传统、中介服务等人脉关系；也逐步摸索了办事规律和对当地员工的管理技巧，取得了当地政府、酋长及村乡各级村干及村民的理解和信任，在较短的时间内办理完成了项目用地的土地购买谈判、搬迁补偿、合法地契办理等工作，为项目的早日开工奠定了基础。

5. 融入当地、互学互鉴

"走出去"不仅仅意味着技术输出、国际产能合作，投资也不仅仅意味着经济收益，而是要看能否和当地人民的生存需求相适应，能否和当地政府的民生政策相融合，唯有

展现大国胸怀和央企责任，所做的一切才会更加踏实，也才更具意义。

（六）项目评价

目前阶段，国内水泥企业"走出去"，大部分还仅停留在单纯的开辟新市场阶段，中国建材赞比亚工业园主动选择从市场融合、产能合作、技术交流的高度开展综合性战略分析，实现更为宏观和系统的战略发展布局。

目前，我国海外产业园区正处于据点式扩张、规模化建设、多样化合作的发展阶段，但由于企业运作园区经验欠缺、对相关风险预估不足以及很难获得国家层面政策统一协调，致使许多已建成的海外产业园区存在着发展功能比较单一、开发成本偏高、经营方式粗放、相关配套设施不完善、与国内产业衔接不紧密等问题。中国建材赞比亚工业园另辟蹊径，定位于建设实践国家战略蓝图、综合功能突出、服务配套完善、市场化运作、平台型组织形式的高水平海外产业园区，成为打造中央企业"走出去"名片中的典范。工业园已经在海内外受到广泛瞩目和一致肯定，赞比亚卫生部部长、卢萨卡省省长、当地酋长等赞比亚高级官员及传统领导均到访过项目现场，对我们企业的管理水平和工作效率表示了高度的赞赏。同时，国务委员、中国驻赞比亚大使、商务参赞等国家及政府部门领导，也先后到项目现场实地调研并对该项目给予了高度评价，并赋予殷切期望。在工信部举办的水泥行业走出去战略课题验收会上，中国建材赞比亚建材工业园项目作为典型受到了重点推介，专家表示，工业园项目的商业模式和推进速度为水泥行业走出去提供了思路、树立了标杆。

祁连牧场智慧生态牧业新模式的探索与实践

作为有机产品行业的坚定践行者，祁连牧场经过长期反复深入的行业调研、产地走访和失败案例的分析总结，选择了一条充满挑战的发展之路——打造智慧牧业服务平台，创造可复制的生态农牧业的新模式。

一、企业简介

甘肃祁连牧场生态科技有限公司（简称"祁连牧场"）是澳大利亚 LML 国际投资集团在华牧业板块的全资子公司。

股权结构如下所示：

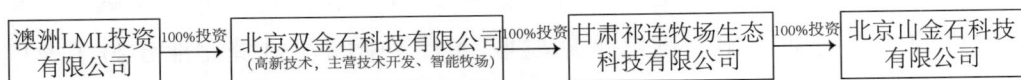

图 1　甘肃祁连牧场生态科技有限公司股权结构

祁连牧场在甘肃省酒泉市肃州区注册，注册资金为 10000 万人民币。目前祁连牧场的主要产区在祁连山西北部，甘肃、青海、新疆三省交汇处的肃北和阿克塞两地，约东经 94.25-94.88，北纬 38.46-39.52。

祁连牧场作为中国有机放牧羊第一品牌，坚持国际化视野，力争从最大到全面领先，对接澳洲、新西兰、加拿大、非洲等资源升级硬件，专业化、定制化产品，并不断优化创新。智能有机农牧产业将成为现代农牧业的重要发展方向，祁连牧场将打造自身为智能有机农牧产业领跑者。

二、智慧牧业实施背景

（一）国家战略

我国政府部门高度重视现代农业的发展，先后出台了《农业科技发展"十三五"规划》

《关于加快推进农业科技创新持续增强农产品供给保障能力的若干意见》《全国农垦农产品质量追溯体系建设发展规划 (2011-2015)》等政策文件，全力支持"十三五"期间我国农业的发展。《全国农业农村信息化发展"十三五"规划》指出，到 2020 年，"互联网+"现代农业建设取得明显成效，农业农村信息化水平明显提高，信息技术与农业生产、经营、管理、服务全面深度融合，信息化成为创新驱动农业现代化发展的先导力量。生产智能化水平、经营网络化水平、管理数据化水平服务在线化水平应取得大幅提升。物联网等技术有望在农业部确定的 200 多个国家级现代农业示范区获得农业部和财政部资金补贴，并先行先试重点开展 3G、物联网、传感网、机器人等现代信息技术在该区域的先行先试，推进资源管理、农情监测预警、农机调度及无人机监测等信息化的试验示范工作，完善运营机制与模式。

建设生态文明，是从我国基本国情及经济社会发展现状出发作出的重大战略抉择。2015 年，中共中央授权新华社发布《中共中央国务院关于打赢脱贫攻坚战的决定》，指出要"坚持保护生态，实现绿色发展。牢固树立绿水青山就是金山银山的理念，把生态保护放在优先位置""发展特色产业脱贫""实施贫困村'一村一品'"。大力发展有机农牧业正是响应国家号召，践行中央要求的最佳路径。

2018 年中央一号文件《中共中央国务院关于实施乡村振兴战略的意见》(以下简称《意见》) 发布，政策春风惠及亿万农民。《意见》提出深化农业供给侧结构性改革，走质量兴农之路；坚持人与自然和谐共生，走乡村绿色发展之路，打造人与自然和谐共生发展新格。同年 6 月 26 日，国家主席习近平主持召开中央全面深化改革领导小组第三十六次会议。会议审议通过了《祁连山国家公园体制试点方案》，指出，祁连山是我国西部重要生态安全屏障，是黄河流域重要水源产流地，也是我国生物多样性保护优先区域。祁连牧场牧区位于祁连山国家公园景区旁，牧区特别注重草原合理利用，保障生态安全。

2019 年初甘肃政府发布了《甘肃省关于全面加强生态环境保护坚决打好污染防治攻坚战的实施意见》，提出到 2020 年建成具有甘肃特色的生态文明制度体系，通过推动十大生态产业发展形成绿色发展方式和生活方式，最终实现人与自然和谐共生。

绿水青山就是金山银山。祁连牧场将积极践行国家战略，从坚持原生态、保护原生态出发，立志走出国门，走向国际。

（二）我国食品安全现状

随着城乡人民收入的增长和生活水平的不断提高，食品安全的关注度越来越高。当前我国对食品划分为三个等级——无公害食品、绿色食品、有机食品。其中，无公害食品和绿色食品都是对农药、化学物质的标准限量。而有机食品指在生产过程中绝对禁止使用农药、化肥、生长调节剂、激素、除草剂、合成色素、转基因技术等人工合成物质。而无公害和绿色食品只是允许有限制地使用这些。可见，论等级有机食品是精品，而绿色食品是优良品，无公害食品只是普及品。

羊肉的有机认证首先需要草场符合有机标准，无非天然因素，周边三十公里内无农田村庄工厂等；其次，羊的放养过程全自然生长，无任何非自然因素干预；再次，羊的生产加工工厂要符合有机标准，生长过程符合有机，才能达到有机产品认证标准。足见羊肉有机认证的严苛程度。

目前，全球有机食品市场正在以年均20%～30%的速度增长，《2017-2022年中国有机农业行业发展前景分析及发展策略研究报告》预计，未来中国有机农产品销售将达到农产品消费总量的1%～3%，将成为美国、欧盟和日本之后的第四大有机农产品消费市场。但目前，中国有机产品以植物类产品为主，动物性产品相当缺乏。

人们对国家食品分级体系不了解甚至不信任，加上有机产品本身价格就高于普通产品，因此，发展有机农业、生产开发有机农产品和食品可以满足人们对健康生活及纯天然优质食品的渴望，帮助人们摆脱当前食品安全问题的困扰。

（三）农产品质量安全追溯体系现状

随着物联网技术的不断发展，越来越多的技术应用到农业生产中。目前，RFID电子标签、远程监控系统、无线传感器监测、二维码等技术日趋成熟，并逐步应用到了智慧农业建设中，提高了农业生产的管理效率，提升了农产品的附加值，加快了我国智慧农业的建设步伐。运用智慧农业思想开发出来的计算机温室监测系统和生产技术，也被广泛应用到生产实际中。通过无线传感器，网络系统的构建，对作物的生长环境信息、生长状况进行实时的监测。随着物联网技术的蓬勃发展，农业生产的过程将会变得更加快捷、有效。

2018年农业农村部发布了《关于农产品质量安全追溯与农业农村重大创建认定、农业品牌推选、农产品认证、农业展会等工作挂钩的意见》对落实农产品生产经营者主体责任，提升农产品质量安全水平意义重大。《意见》明确从2019年1月1日开始，与农业农村重大创建认定工作挂钩、与农业品牌推选挂钩、与农产品认证挂钩、与农业展会挂钩的农业农村重大创建认定、大业品牌推选，农产品认证和农业展会，全面执行追溯挂钩机制。

《意见》指出，2019年1月1日前已认定的国家农产品质量安全县，国家现代农业示范区、国家农业可持续发展试验示范区（农业绿色发展先行区），国家现代农业产业园，要按照要求推动区域内的生产经营主体及其产品，尽快实行追溯管理。2019年底前要全部完成，2020年1-3月份组织核查，从2020年4月1日起，没有达到80%追溯比例的一律取消认定。同时，2019年1月1日前已认证的绿色食品，有机农产品，地理标志农产品，要推动相关生产经营主体及产品纳入国家农产品质量安全追溯管理信息平台。2019年6月底前要全部完成，2019年7-8月份组织核查。从2020年1月1日起，没有纳入国家追溯平台管理的认证农产品一律取清认证。下一步，追溯挂钩机制将进一步扩大到所有农业农村部门审批、推选、认证、展会等工作范畴，使农产品质量安全追溯体系不断健全完善。

祁连牧场全轨迹溯源系统起步早，步伐快，通过追溯系统为农产品质量及安全保驾护航的理念与政府部门不谋而合。

三、现代农牧业的探索创新

基于当前的国家政策和行业现状，祁连牧场认为当前农牧业要改变现状产生翻天覆地的变化，一定离不开全行业自上而下的变革，这场变革的引领者必然是一个先锋的优质品牌。

伴随着移动互联网时代的来临，云计算、大数据、区块链等新一代智能技术快速发展。智能技术与农牧业的深度融合，为传统农牧业插上了信息化的翅膀，也从此开启了现代农牧业的新纪元。祁连牧场认为这将是现代农牧业的创新探索重要方向。

当前，很多科技公司纷纷在区块链领域大规模融资，但祁连牧场关注的并非其融资优势而是其实质。区块链本身是一个庞大的数据集合，是一种不可篡改的、全历史的、分布式数据库存储技术。可以说，区块链的基础是数据层。数据的来源、采集直接关系到所记录输出发布内容的客观性、准确性和全面性。反之，区块链技术的可信任性、安全性、和不可篡改性从根本上保证了大数据的安全性。因此，确保数据源的真实可靠是区块链的基础。对此，祁连牧场在农牧业引入最前沿的区块链、人工智能等技术和手段，建立了区块链与产地牧区紧密相连的生态体系，让产地与智慧技术成为相辅相成的有机体，输出客观、准确、全历史的、不可修改的数据采集、记录，从技术上保证了手机端实时在线的真实性。在此基础上，探索建立农牧业全新的发展模式，实现对农牧业生产环境的智能感知、智能预警、智能决策、智能分析，为农牧业生产提供可视化管理、智能化决策，创新打造祁连牧场智慧牧业服务平台，让高附加值的高品质眼见为实，增强示范借鉴意义的同时进一步实现好品牌的自我证明。

（一）发展定位

祁连牧场从区域整体产业规划的战略思维出发，以智慧牧业为核心，带动智慧农业，同时可以解决智慧农牧业中专业人才匮乏和农牧民就业产业转移的困局。打造智慧牧业服务平台，运用先进的生产管理使农牧产业智慧升级，使当地经济更具活力。同时，建设国内最先进的智慧牧业管理体系，从创建有竞争力的区域高端品牌出发，打造中国未来最生态有机、最先进智能的智慧牧业新样板，运用创新这一驱动力推动中国现代农牧业的发展变革。

智慧牧业服务平台主要是解决和实现对羊肉"从牧场到餐桌"的全程质量监控，建立完善、可追溯的羊肉质量安全体系。平台集成设计了一套基于物联网技术的羊肉产品全轨迹溯源系统（包括养殖管理子系统、屠宰加工管理子系统、运输管理子系统、销售管理子系统、二维条形码阅读子系统）。主要工作包括将 RFID(无线射频识别)、二维条形码和 GSM(全球移动通信系统) 等物联网技术进行了研究并集成应用，解决了系统实施的关键技术问题；实现了从羊养殖、屠宰到肉类产品加工、运输各环节的产品生产追溯。羊肉产品全轨迹溯源系统设计实施后，监管部门和消费者可以通过短信、电话、网络及具有条码识别功能的智能手机等多种渠道追溯羊肉生产的关键点，实现产品的全轨迹溯源。

（二）打造智慧牧业服务平台

1. 智慧牧业系统综述

祁连牧场智慧牧业的建设确定了制定方案、调研、基建、开发、实施安装、验收、上线发布的步骤，方案确定目标、系统模块和实施范围，调研生产数据和权限体系，建设网络、电源和设备，开发定制、接口，安装设备、系统调试和专业培训，验收登记、系统评测，线上发布入口和管理组织等。祁连牧场智慧牧业系统通过手工录入、传感器数据采集、手机 /PAD、条码 /RFID 扫描、拍照、摄像头、GPS、卫星遥感解析等手段完成整个系统的运作。如图 2 所示。

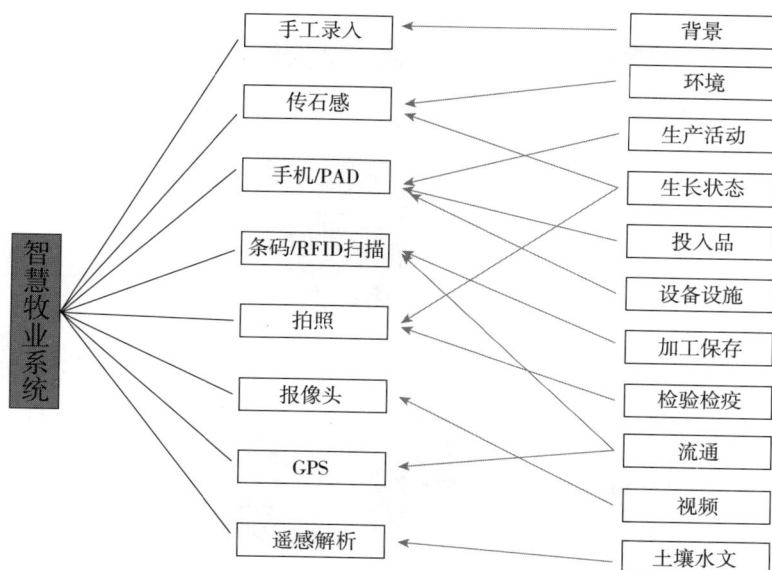

图 2　智慧牧业系统内容

依靠互联网、企业网等通过电脑等设备手工录入背景信息和配置信息等。背景信息包括企业介绍及宣传图文，配置信息包括岗位人员及场所配备。

羊出生后利用 RFID 电子标签作为标识载体赋予标签唯一标识码，同时，养殖管理子系统将牲畜的基本信息，如羊出生记录、母乳记录、免疫记录、检疫记录等输入到养殖管理子系统中，并上报至信息管理中心。屠宰加工管理子系统主要功能是将屠宰场的基本信息、屠宰前检疫信息和羊肉检疫信息等屠宰加工信息输入到屠宰加工管理子系统中，并上报至信息管理中心。运输管理子系统主要功能是将运输商息、运输车辆信息、出发地与目的地信息等输入到运输管理子系统中，并上报至信息管理中心。销售管理子系统的主要功能是将畜产品基本信息、销售商信息等存储到销售管理子系统中，并上报信息管理中心。二维条形码阅读子系统的主要功能是利用二维码为消费者提供羊肉产品信息查询。

通过北斗卫星通讯技术和专门定制的传感器设备对牧区草场的植被、天气、空气光照及温湿度、环境土壤、羊群及其能耗、运动量、设备设施状况等数据值进行采集。如图 3 所示。

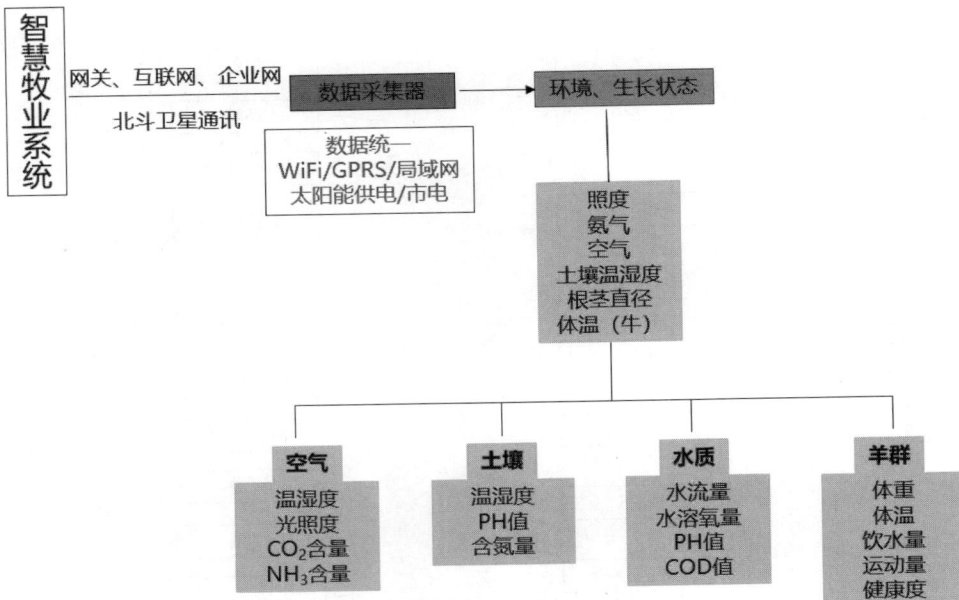

图3 智慧牧业系统 – 数据采集

2. 全轨迹溯源系统

祁连牧场应用北斗卫星通讯技术，通过卫星定位将生产的全部过程实时在线：第一期覆盖牧场面积近亿亩，五十万只羊、牦牛、骆驼以及运力达到百吨的冷链车辆；利用视频实时传输技术使智能工厂实时在线，最终做到全产业链实时在线，且可通过手机 APP 实时查看，与传统溯源系统相比，祁连牧场全轨迹溯源系统所有数据均由卫星及定位芯片或摄像头采集，而非人工记录，是不可修改、不可篡改的实时在线传输。如图 4-5 所示。

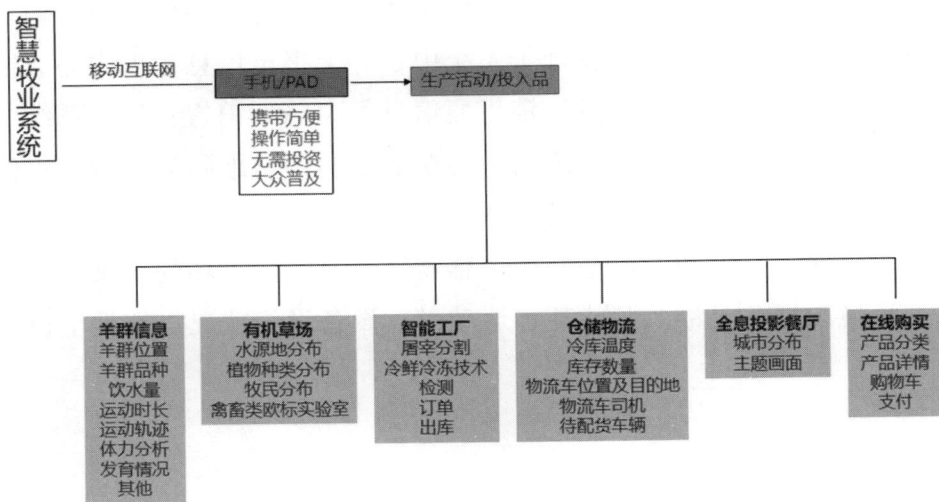

图4 智慧牧业系统 – 手机 /PAD

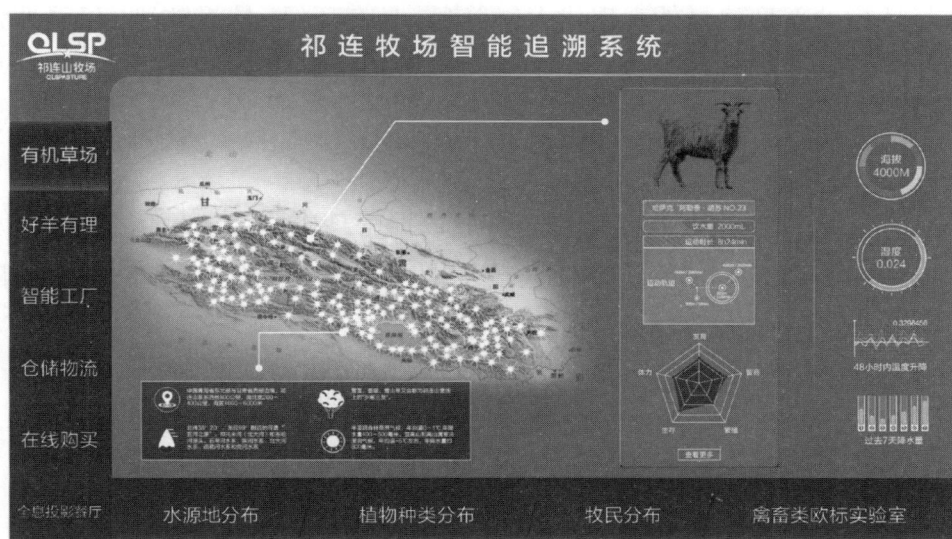

图 5　祁连牧场智能追溯系统效果图

　　整个全轨迹溯源系统概括起来就是简单的四个字：实时在线。在广袤无垠的 1 亿亩草场牧区实现实时在线，面临无基站覆盖、自然环境变化复杂、电子配件工作温度范围要求高、卫星低空遥感地图绘制精度要求高、人工沟通成本高等巨大难题。全部现场操作实施测试，规模大、耗时长，需要人力、财力、精力等巨大投入。为进一步推进我国现代农牧业建设，祁连牧场知难而上，在手机信号无法全面覆盖的情况下，利用卫星定位实现 1 亿亩草场和 50 万只牲畜的覆盖；定制智能项圈，实现零上 40℃ 到零下 40℃ 正常工作，抵抗风霜雨雪的侵扰并保持长时间续航；现有政府部门绘制的地图不满足精度要求的情况下，组织技术部门专门采集绘制 1:5 米的卫星低空遥感地图；有序组织采集地理、水源、植物种类位置、牧民分布等详细信息；积极与每一户牧民沟通为每一只羊佩戴智能项圈等。刚刚起步的祁连牧场清晰地认识项目意义，承担起加快现代农牧业发展的历史责任。

　　3. 智能工厂

　　祁连牧场在甘肃省敦煌及肃北等地区建设以屠宰加工、冷链物流配送基地及羊肉产品展示体验为主要内容的羊产业加工智慧管控中心，即智能工厂。

　　（1）生产设备均达到欧盟标准

　　祁连牧场智能工厂内的生产加工设备、仓储库房、冷链冷藏室等均按照欧盟标准分布执行。欧盟标准的严苛众所周知，智能工厂起点于高标准也为高品质打下基础。

　　（2）工厂建筑使用新型建材

祁连牧场使用的新型建材外观现代大气美观，具有环保、抗震防风、保温性强的优势。能够抗击 12 级大风和 9 级地震，24 小时内的室内外温差不高于 4℃。建设成本之高不言而喻。

（3）智慧化贯穿工厂

整个工厂采用区块链式大数据平台，通过数据管理中心、工厂信息化管理中心、智慧农牧信息技术中心以及冷鲜冷冻储藏运输等实现全过程实时在线管理，使得每一个环节均可通过 APP 实时呈现给消费者。

生产加工车间的产品加工过程、订单信息，以及车间内的温度、湿度等均可实时在线呈现。同时，每个环节的执行标准都非常严苛，比如加工车间的温度低于零下 40℃，能够杀死最顽强的寄生虫，从而在每个环节都增强了产品的安全性，保障了产品品质。

通过精细化管理、个性化监控和高严格标准实现祁连牧场整个工厂的智慧化。

（4）配套建设欧标实验室

祁连牧场将与欧盟 SGS 共建全国首个禽畜类欧盟食品安全标准检测实验室，为我们的有机羊肉产品出口至全球各地做配套。这在中国是史无前例的。

（5）将工厂打造成特色景点

祁连牧场的工厂建筑现代美观，通过花园式风格凸显工厂特色，运用全息裸眼 3D 技术建成数字媒体中心投影展示敦煌、肃北、阿克塞的人文景观和自然景观。让游客充分体验传统文化和现代技术的完美融合，使工厂成为甘肃独具特色的旅游景点。

祁连牧场将工厂建设成全国乃至全世界一流的高标准、精细化、现代化工厂，为产品走出国门，走向国际铺路奠基。

4. APP 计划

2018 年祁连牧场部署建设世界最大的有机智能牧场计划 APP。2018 年 4 月至 2019 年 3 月开发 APP 终端应用，特别在消费端增加可融入游戏动画，提升趣味性，预计该 APP 于 2019 年 7 月上线。届时，产品生产全过程将通过手机 APP 一目了然的展现。通过 APP 建立与用户的贴身连结，让眼见为实变得方便快捷，夯实市场基础。

5. 辅助手段——全息投影餐厅

祁连牧场投入约 200 多百万建设全息投影餐厅硬件设备，并将陆续在全国一线城市将陆续建立全息投影体验餐厅旗舰店，该餐厅拒绝传统单调的进食，充分调动味觉、视觉、嗅觉、触觉、感觉，五位一体，通过高端技术与文化创意相融合，让整个餐厅"活"起来。为有机羊肉产业和智慧牧业的完美呈现创造一个优质的展示平台，进一步加速品牌和产业的全面扩张。

（三）智慧牧业服务平台技术创新

智慧牧业服务平台将现有的北斗定位系统与传统的放牧饲养方式有效地结合起来，通过北斗定位系统实现放牧饲养的现代化管理。本项目采取的主要技术路线及创新点为：

（1）在肉羊佩戴植入北斗定位芯片的智能项圈，通过技术研究开发可重复使用的北斗定位芯片及智能项圈，通过北斗定位系统对肉羊进行实时定位监控，使牧民可以通过北斗定位系统终端实时了解自己羊群的位置，不需要牧民跟随羊群，减轻了牧民的劳动负担；

（2）在北斗定位芯片上集成监测芯片，可持续跟踪保存肉羊的活动、生长状况、周边环境等信息，实时监测肉羊生长过程的数据，同时将数据传回智能管理中心。通过数据分析对每只肉羊的生长状况、发育状况、健康状况有详细地认识；

（3）结合现在我国先进的民用无人机技术，建立起一套无人机监控系统，结合北斗定位系统对肉羊的实时定位，实现对禁牧区的实时视频监控。如果有突发事件可及时通过无人机进行现场了解，然后制定相应的解决方案，提高对突发事件的处理速度；

（4）在牧场规划部署电子围栏，采集牧区详细地理、水源、植物种类位置、牧民分布等详细信息，录入数据库。可对牧区进行科学的监控管理，引导牧民放牧，避免集中放牧带来的草场退化等生态环境问题；通过建立智能管理中心对牧区进行统一监控管理，并为牧民提供气象灾害预警服务；

（5）在敦煌以及阿克塞建设智能管理中心以及北斗信号基站，统一接收管理芯片传回的数据，并建立数据库。对现有的屠宰、冷鲜肉加工处理技术进行升级，以确保在加工环节不影响肉类产品的品质。开发APP终端应用，使对于消费端可通过溯源系统了解到产品的生长过程。通过建立肉羊生长发育的数据库，并对收集的数据进行分析，政府、企业、牧民、消费者可根据自身需要通过APP终端应用了解相关数据。同时形成祁连牧区肉羊养殖的全轨迹溯源体系，通过相关数据的积累，逐步建立并完善食品安全管理制度。

四、祁连牧场智慧牧业战略布局及落地

（一）精准战略布局

祁连牧场首先立足产区实际和产业基础，精准从市场供需、资源匹配、区域协调三方面入手，在甘肃省酒泉市阿克塞哈萨克自治县、肃北蒙古族自治县等地规划布局祁连

牧场生态牧业基地，根据区域特色产业发展，优化产业结构和产品结构，严格保护生态牧业，促进区域产业结构转型升级，同时祁连牧场加大有机牧场建设力度，扎实开展环境监测评价、内部监督检查、可追溯体系建设、有机认证和培训宣传等工作，攻坚克难，扎实推进有机农牧业的建设工作，进一步加快有机农牧业结构调整步伐，从高端有机羊肉出发，创建世界一流的智能工厂，全面打造具有可复制及示范意义的智慧牧业服务平台，在多渠道通过大屏幕和手机 APP 与用户现场互动交流，使用户的眼见为实变成随时随地即可实现的易举，通过智能 APP 打开生态文旅的用户入口，树立强化祁连牧场高端有机羊肉品牌的现实形象，打造贴近用户生活的中国现代农牧业高端品牌。

（二）项目投入

祁连牧场总投入 8-10 亿元用于智能牧业项目：投入 5000 万元用于软件系统开发。预计投入 5 亿元用于硬件项圈制作，同时保证可重复利用，充电续航为一年以 50 万只羊计。投入约 3 亿元用于硬件传感器、无人机、监控系统等其他硬件设施。由于牧区没有手机信号，项目实施需考虑项圈耗电续航能力至少一年以上，另解决防潮防摔、耐低温耐高温等技术问题，同时定制项圈可重复使用，便于牧民在线放牧的持续性。

祁连牧场智慧牧业项目投入大，难点多，涉及范围广，而且项目实施的目标完成时间并不长，这也在无形中增加了项目的难度。

（三）平台落地及效果

智慧牧业服务平台落地建成，预计将申请专利 20 项；建成智能管理中心 1 座；完全实施后，为牧区 1000 多户牧民提供植入北斗定位芯片的智能项圈，植入数量 30-40 万只羊；建成肉羊屠宰流水线 1 条；建成冷鲜肉加工生产线 1 条。

同时，整个智慧牧业管理系统将给政府、牧民、企业和消费者产生实实在在的效益与帮助。政府可以远程实时牧区动态，数据分析，食品安全溯源，生态保护，疫病防治，应急指挥；可以对牧民放牧进行引导，加强放牧监控管理，实现轨迹回访，羊群动态报警，电子围栏报警，气象及灾害预警及疫病防治；企业可以实现生产管理，数据分析，过程控制，信息处理，产品管理；消费者可以实现产品订制，实现手机 APP 远程随时获取产品生产、生产、加工、物流等所有动态。

尽管祁连牧场始于羊产业，但未来又不局限于羊产业，而是会逐步渗透扩大至深加工、牦牛、骆驼等产业，同时发展高端体验式生态文旅产业，创造一种有示范意义且复制性极强的发展模式，进而推广应用到更多的行业领域。

五、智慧牧业服务平台的现实意义

祁连牧场肩负保护自然、拉动经济、关爱社会的责任为牧区、为社会、为赖以生存的环境做出自己的实践努力——打造现代智慧牧业服务平台，具有重大的开拓式意义，取得了显著的社会现实效益。也因此，祁连牧场得到了当地政府部门的大力支持，为智慧牧业的布局实施推进创造了良好的开局条件。

（一）提升经济水平

1. 拉动牧区经济

祁连牧场布局推进智慧牧业服务平台，将有效拉动牧区及周边地区经济发展，推进农牧业供给侧结构性改革，做优做精现代农牧业，建立生态资源利用循环农业新体系。

以阿克塞哈萨克族自治县为例，阿克塞是一个传统的纯牧业县，畜牧业是自治县的基础产业，也是农牧民增收致富的支柱产业，农牧民人均纯收入的82%来自于畜牧业。通过祁连牧场智慧牧业服务平台，其产业布局将得到整合优化，畜牧业由自给自足的小农经济向商品经济转型，由靠天养畜向科学养畜转变，以市场为导向，引导农牧民调整产业结构，以传统畜牧业发展为抓手，逐步转变成为农、畜并重，经济结构、经济总量将实现巨大的飞跃。

2. 改善牧民生活

祁连牧场将为农牧民提供多种收入方式，帮助他们真正实现从第一到第三产业的产业升级。他们可以出让草场和羊群交给祁连牧场专业的设施化经营的团队，他们将得到足够的资金和生活保障。而曾经需要到一二线城市打工的剩余劳动力则可以被雇佣至祁连牧场经过智慧农牧系统的培训后，充实到牧场生产与管理，从而增加收入，改善和提高生活水平。

3. 提升生产效率

智慧牧业使生产到加工实现由人工走向智能，在生态链各作业环节，摆脱人力依赖，构建集溯源管理系统、定位监控系统和无人机监控系统为一体的农牧业生产自动化系统和管理平台。曾经1个牧民最多能放几百只羊，在智慧农牧系统的帮助下，一个牧民可以管理2000多只羊，而且管理范围可达30万亩，避免了之前的重复放牧，大大提高了放牧的效率和质量。

在食品安全环节，构建产品溯源系统，将产品生产、加工等过程的各种相关信息进行记录并存储，通过二维码识别号在网络上对产品进行查询认证，追溯全程信息；在环境监测环节，无人机监控系统时时探测羊只和农产品生长环境，一旦出现自然灾害等异常动态，管理人员可以第一时间得到报告并采取措施。祁连牧场将整合智慧农牧业系统终端，提升社会的生产效率。

（二）调整产业结构

祁连牧场布局推进智慧牧业服务平台，有助于促进牧区及周边地区旅游业的发展，增强区域吸引力，提升城市品位，扩大影响。促进当地第三产业的发展，提高就业水平。

祁连牧场布局推进智慧牧业服务平台有助于提高对牧区、甘肃以及全国农产品的质量控制能力，有利于提高农产品质量安全监管水平，提高食品安全水平。促使消费者的消费升级，并对食品安全有一个全新的认识，从科学的角度审视和评价食品安全，提高食品安全保障水平。同时，智慧牧业的畜植生产管理、物资管理、动物检疫、无害化处理、规模牧场生产管理、实验室管理等多个智慧系统可以帮助相关部门更高效掌握所辖范围内牲畜和农产的生产状况，并通过大数据平台，精准地掌握每一户农牧民的信息，能有效实现精准扶贫。

智慧牧业服务平台还有利于促进农产品流通和出口贸易，由有利于规范产品检验工作；有助于提升羊产业的生产效率，开创羊产业发展模式的样板和典范。

此外，通过智慧牧业服务平台推广公益事业，可以改善牧区的医疗和教育状况。

（三）改善生态环境

传统畜牧业的发展方式，在给养殖者带来经济效益的同时也会对生态环境造成影响，据有关调查数据显示，全国没有经过环境影响评价的规模化养殖场占90%左右，60%的养殖场没有落实环境污染防治措施，加上许多养殖者为了增加牲畜的肉蛋产量、降低发病几率，常常会在畜禽饲料中加入含有重金属和有机砷的药物或饲料添加剂，这些物质会浓缩在粪便里进入土壤，使土壤里的重金属以及盐分含量增加，进而对草场的环境造成影响。祁连牧场的农牧生产将在全产业链进行有机认证，全程不允许任何药物、添加剂等的人工干预，从而改善和修复畜牧业的发展对生态环境造成的破坏。羊群和农产品全部自然生长，尊重生命和大自然的规律，才能出产最天然和安全的产品。

产地是家园，生态即命脉，美好因珍稀而脆弱，爱护祁连山珍贵的生态环境不仅是责任、义务，更是祁连牧场热衷的事业。对此，祁连牧场在牧区本着"高价值低产量"的理念，实施以下措施，逐年减少产量，持续保护生态环境：一是制定合理的载畜量，减轻草场压力。在草原生态保护补助奖励机制政策支持下，根据退化草场生产力的大小和载畜能力，确定最佳的放牧牲畜量，真正做到"以草定畜、以草养畜"。二是实施草场围栏，有效制止草场退化。居民点、畜群点、饮水点或河流、道路两侧，由于缺乏保护与管理措施及各种不适当因素导致草地退化，以同心圆或平行于河流、道路逐步向外扩展，离基点、路道、水源越近退化越严重。在上述区域草场实施围栏，围栏内人工种草或常年禁牧，有效控制草场退化。三是加强法制宣传，增强国人的环保意识。不断增强农牧民群众的法制观念，逐步提高全社会自觉保护草地资源、保护草地环境的意识；拥护相关法律制度，以身作则推进草地建设和保护生态环境纳入法制化的轨道，促进草地生态环境的良性循环。

祁连牧场基于对生态的测控，实现对大环境的综合治理。通过草场保护和治理，提高草原生态质量，实现人与自然的和谐发展，实现智慧牧业的可持续发展。

（四）提供示范与创新的样版

祁连牧场率先实施基于物联网的多领域、全过程智能农业规模化应用，具有更好的示范和可行性。智能牧业监控系统，有助于将基于物联网的智能牧业技术应用推向深入，通过牧业传感器的示范应用，有助于牧业领域专业传感器的产业化发展，促进智能制造与农牧产业紧密结合，提升我国智能制造的水平和能力。高精度卫星遥感地图的绘制也会对整个区域的人文地理、生态环境的研究等提供极大的便利。

更重要的是，祁连牧场创建智慧牧业服务平台，实现多重资源整合，全产业链布局的同时智慧化融入渗透，既是对现代农牧业全新生态体系的建设，对整个农牧业来说也是一次全新而系统的尝试，是颠覆传统的新探索，整个产区＋智慧平台＋智能科技＋多渠道的模式具有极强的可复制性，借鉴示范意义显著。

祁连牧场打造现代智慧牧业服务平台不但具有国家意义，更有世界意义。伴随着"一带一路"和"走出去"等国家战略的推进实施，祁连牧场也将走出国门，寻求加入IFOAM国际有机农业联盟组织，落地国际有机产业交流博览会，实现向拥有世界最大的有机面积且有合作基础的澳洲输出智能牧场系统，向欧洲输出有机牛羊肉产品，结束中国从无红肉类产品出口发达国家历史的双输出。

创业公司祁连牧场饱以打造良心产品为初心，从有机羊肉到智能工厂到生态文旅多方通路、全面布局，凭借世界上最辽阔的有机牧场和中国唯一的智慧牧业服务平台，将生态农牧与智慧农牧完美结合，打好原产地＋智能技术的组合拳，戮力同心，稳扎稳打，步步为营，打造智慧牧业的新样板，开创中国现代农牧业的新局面。

大事记

IV

中国企业改革发展 2018 年蓝皮书大事记

1 月

1 月 1 日 新版《证券交易所管理办法》正式实施。

1 月 1 日 工业和信息化部新修订《钢铁行业产能置换实施办法》开始施行，对置换产能范围细化明确，加严置换比例要求，加大监督力度，严禁新增产能。

1 月 2 日 国务院办公厅印发《关于推进电子商务与快递物流协同发展的意见》。

1 月 2 日 最高人民法院印发《关于充分发挥审判职能作用为企业家创新创业营造良好法治环境的通知》。30 日，最高人民法院举行新闻通气会，发布人民法院充分发挥审判职能作用保护产权和企业家合法权益第一批典型案例。

1 月 3 日 中共中央政治局常委、国务院总理李克强主持召开国务院常务会议，部署进一步优化营商环境，持续激发市场活力和社会创造力。

1 月 3 日 美国外国投资委员会（CFIUS）以威胁国家安全为由，否决了蚂蚁金服对速金汇的收购计划。

1 月 4 日 李克强签署国务院令，公布修订后的《食盐专营办法》，自公布之日起施行。

1 月 4 日 国家安全监管总局、财政部联合修订印发《安全生产领域举报奖励办法》，扩大了安全生产领域举报奖励范围，提高了奖励额度，增强了奖励规范，强化了法律约束。

1 月 5 日 在国家发展改革委等部门推动下，由国家开发银行、国家开发投资公司牵头联合 40 余家金融机构共同发起的"东北振兴金融合作机制"在北京成立。

1 月 5 日 国家发展改革委公布《智能汽车创新发展战略》（征求意见稿），提出到 2020 年我国智能汽车新车占比将达 50%。

1 月 6 日 国务院批复同意撤销深圳经济特区管理线。

1 月 6 日 由我国自主设计、建造的船长 400 米、2 万标箱级集装箱船舶"中远川崎 231 号"，在东海海域完成了各项性能测试后成功返航，停靠南通中远川崎舾装基地。

1 月 8 日 国家科学技术奖励大会在北京召开，中共中央总书记、国家主席、中央军委主席习近平出席会议。李克强发表讲话要求，落实和完善支持企业创新投入的政策措施，支持企业建立高水平研发中心，引导各类技术创新要素向企业集聚，鼓励大企业牵头承担重要关键共性技术攻关任务，加强对中小企业技术创新支持，大力发展面向市场的各类新型研发机构。

1 月 8 日 由中铁十四局承建的内蒙古自治区连接东北地区首条高铁——内蒙古通辽至辽宁新民北高铁正式进入铺轨阶段，为全线顺利开通创造了有利条件。

1 月 10 日 保监委第 5 次主席办公会审议通过《保险资金运用管理办法》，自 2018 年 4 月 1 日起实施。

1 月 10 日 中国首条实现无人驾驶的跨座式单轨线路——比亚迪银川云轨正式通车运行，这也是全球首条搭载 100% 自主知识产权无人驾驶系统的跨座式单轨。

1 月 10 日 环境保护部公布对山东凯马汽车制造有限公司和山东唐骏欧铃汽车制造有限公司违反大气污染防治制度的行政处罚决定。这是环境保护部首次对汽车生产企业开出罚单。

1 月 11 日 针对近日新闻媒体报道的支付宝年度账单默认勾选《芝麻服务协议》被指侵权，国家网信办约谈支付宝（中国）网络技术有限公司、芝麻信用管理有限公司有关负责人，要求切实采取有效措施，防止类似事件再次发生。

1 月 12 日 审计署发布内部审计工作规定更新版，把境外资产和境外经济活动等方面纳入内部审计职责范围。

1 月 12 日 深圳市中级人民法院知识产权法庭就华为起诉三星侵犯知识产权案作出一审判决，要求三星立即停止侵犯华为两项专利权的行为，法院同时驳回了华为的其他诉讼请求。

1 月 13 日 "首届中国雄安产业发展论坛暨北京支持雄安产业发展促进会成立大会"在雄安新区举行。

1 月 14 日 经证监会批准，上交所与中国证券登记结算有限责任公司对股票质押式回购交易业务规则进行了修订，明确单只 A 股股票市场整体质押比例不超过 50%。

1 月 15 日 《中共中央关于建立国务院向全国人大常委会报告国有资产管理情况制度的意见》发布，明确要建立健全全国各类国有资产管理报告制度，建立全口径国有资产数据库。

1 月 15 日 国务院国资委中央企业、地方国资委负责人会议在北京召开。会议提出，2018 年要着力抓好效益稳定增长、供给侧结构性改革、创新驱动、布局结构调账、改革举措落实落地、重点领域风险防控、监管体制机制完善、管党治党责任落实等 8 个方面重点工作。

1月16日 《人民日报》报道，亚投行运营两年来，成员数由成立之初的 57 个增至 84 个，参与投资的基础设施建设项目 24 个，涉及 12 个国家，贷款总额超过 42 亿美元。

1月17日 李克强主持召开国务院常务会议，决定扩大"证照分离"改革试点事项探索形成可复制经验，进一步改善营商环境。

1月18日 商务部、人民银行等部门联合发布《对外投资备案（核准）报告暂行办法》，通过实行最终目的地管理、凡备案（核准）必报告等原则，将利于掌握对外投资资金真实去向，为对外投资企业提供精准服务和保障。

1月19日 国务院印发《关于全面加强基础科学研究的若干意见》。

1月19日 国家发展改革委印发《关于市场化银行债权转股权实施中有关具体政策问题的通知》，支持包括民营企业、外资企业在内的符合条件的各类非国有企业开展市场化债转股。

1月19日 新修订的《国内投资民用航空业规定》正式实施，进一步放宽民航领域市场准入。

1月22日 全国个体劳动者第五次代表大会开幕，习近平致信大会指出，广大个体私营企业经营者要认真学习贯彻党的十九大精神，弘扬企业家精神，发挥企业家作用，坚守实体经济，落实高质量发展，在全面建成小康社会、全面建设社会主义现代化国家新征程中作出新的更大贡献。

1月23日 习近平主持召开中央全面深化改革领导小组第二次会议并发表重要讲话。会议强调，要更加注重改革的系统性、整体性、协同性，着力补齐重大制度短板，着力抓好改革任务落实，着力巩固拓展改革成果，着力提升人民群众获得感，不断将改革推深做实，推进基础性关键领域改革取得实质性成果。改革要突出重点，攻克难点，在破除各方面体制机制弊端、调整深层次利益格局上再拿下一些硬任务，重点推进国企国资、垄断行业、产权保护、财税金融、乡村振兴、社会保障、对外开放、生态文明等关键领域改革。要提高政治站位，勇于推进改革，敢于自我革命。要结合实际，实事求是，多从基层和群众关心的问题上找突破口，多推有地方特点的改革。要鼓励基层创新，继续发扬敢闯敢试、敢为人先的精神，推动形成更加浓厚、更有活力的改革创新氛围。会议审议通过了《关于提高技术工人待遇的意见》《浙江省"最多跑一次"改革调研报告》等文件和报告。

1月23—26日 第 48 届世界经济论坛在瑞士达沃斯举行，论坛主题为"在分化的世界中加强合作"。

1月26日 国务院印发《关于加强质量认证体系建设促进全面质量管理的意见》，

部署推进质量认证体系建设，强化全面质量管理，推动我国经济高质量发展。

1 月 26 日　李克强对全国安全生产电视电话会议作出重要批示强调，坚持以人民为中心，牢固树立安全发展理念，统筹推进安全生产领域改革发展。

1 月 28 日　华龙一号首堆示范工程——中核集团福清核电 5 号机组反应堆压力容器顺利吊装入堆。该设备是我国首个拥有自主知识产权的三代核电工程压力容器，此次顺利吊装将为"华龙一号"机组的后续安装工作开展创造良好条件。

1 月 31 日　经国务院批准，中国核工业集团有限公司与中国核工业建设集团有限公司实施重组，中国核工业建设集团有限公司整体无偿划转进入中国核工业集团有限公司，不再作为国务院国资委直接监管企业。国务院国资委监管企业户数调整至 97 家。

2 月

2 月 1 日　《企业年金办法》开始施行。《办法》规定，企业年金所需费用由企业和职工个人共同缴纳。企业缴费每年不超过本企业职工工资总额的 8%，企业和职工个人缴费合计不超过本企业职工工资总额的 12%。同时就年金实行中的相关问题做了明确规定，并提出一年修正期。

2 月 2 日　中共中央政治局委员、国务院副总理马凯出席 2018 工业互联网峰会开幕式并致辞。

2 月 2 日　我国在酒泉卫星发射中心用长征二号丁运载火箭成功将电磁监测试验卫星"张衡一号"发射升空，顺利进入预定轨道。"张衡一号"是我国首颗观测与地震活动相关电磁信息的卫星，也是国家地球物理场探测卫星计划的首发星。

2 月 5 日　财政部印发《国有金融企业集中采购管理暂行规定》，取消集中采购须经财政部门审核、备案等环节，自 2018 年 3 月 1 日起施行。

2 月 5 日　新华社讯，山东省日前出台规定，相关科研人员带着科研项目和成果离岗创办科技型企业或者到企业开展创新工作，离岗创业期间保留人事关系，照常发放国家规定的基本工资。

2 月 6 日　国家质检总局、国家标准委发布新修订的《快递封装用品》系列国家标准，根据减量化、绿色化、可循环的要求，对快递包装减量提出新要求。

2 月 7 日　李克强主持召开国务院常务会议，部署进一步采取市场化债转股等措施降低企业杠杆率，促进风险防控提高发展质量。

2 月 7 日　《人民日报》报道，截至 2017 年底，全国国资监管系统企业资产总额

160.5 万亿元，比 2012 年底增长约一倍，上缴税费总额占全国财政收入 1/4，工业增加值占全国 GDP 的 1/5。2017 年进入《财富》世界 500 强的企业，中国国有企业达 67 家，并在前五名里占据 3 席。

2 月 8 日 亚太地区最大风机——金风科技 6.7 兆瓦在三峡福建福清兴化湾样机试验风场成功吊装，我国海上风电正式开启大容量机型国产化时代。

2 月 9 日 中共中央政治局常委、国务院副总理汪洋出席民营企业家迎春座谈会时强调，民营企业要充分发挥自身优势，勇于承担社会责任、统筹当前和长远利益，积极为打好三大攻坚战贡献民企智慧和力量。

2 月 9 日 新华社讯，国家工商总局提供的数据显示，近五年，我国新设市场主体 7292.9 万家，新设企业 2160.9 万家。"众创空间"已超过 4200 家，服务企业数量超过 12 万家，融资超过 55 亿元。国家新兴产业创业投资引导基金总规模已经超过 760 亿元。

2 月 9—10 日 首届世界海关跨境电商大会在北京举行。大会发布《北京宣言》，表达了各国海关以及其他利益攸关方对全球跨境电商发展的共识和愿景。

2 月 11 日 中国铁建研制的全球首台全智能型混凝土喷射机成功下线。该装备在世界上首次实现对隧道喷射区域的 3D 扫描建模，具备自动定位、路径规划、智能喷射、自动修正、数据交互等功能。

2 月 12 日 美国商务部发布公告，对进口自包括中国在内的六个国家的大口径焊管产品发起贸易救济调查。

2 月 12 日 财政部等 4 部门联合印发《关于调整完善新能源汽车推广应用财政补贴政策的通知》，调整完善新能源汽车推广应用财政补贴政策，其中明确各地不得采取任何形式的地方保护措施。

2 月 13 日 保监会、国家外汇管理局发布消息，明确保险机构开展内保外贷业务的政策边界，提出要加强保险资金境外投资监管，切实防范境外投融资风险。

2 月 13 日 人民银行发布公告，决定授权美国摩根大通银行担任美国人民币业务清算行。

2 月 19 日 深水起重铺管船"海洋石油 201"在南海北部湾海域圆满完成了长达 195 公里的海底管线铺设，实现南海海域全季节海上施工，这是我国迄今为止自主铺设的最长海底管线。

2 月 21 日 国家工商总局日前发出《关于开展互联网广告专项整治工作的通知》，将重点整治五类虚假违法互联网广告，涵盖门户网站、搜索引擎、电子商务平台、移动客户端和新媒体账户等。

2月22日　习近平主持召开中共中央政治局常务委员会，听取河北雄安新区规划编制情况的汇报并发表重要讲话。会议强调，雄安新区规划和建设要坚持世界眼光、国际标准、中国特色、高点定位。会议要求，要深化规划内容和完善规划体系，尽快研究提出支持雄安新区加快改革开放的措施，适时启动一批基础性重大项目建设，确保新区建设开好局、起好步。

2月23日　国务院国资委主任肖亚庆在剥离国有企业办社会职能和解决历史遗留问题专项小组会议上指出，2018年要加快解决国有企业办社会等历史遗留问题，基本完成"三供一业"分离移交和教育医疗机构深化改革，努力完成市政社区管理等职能分离移交，逐步在全国推开国有企业退休人员社会化管理工作，稳妥推进厂办大集体改革工作。

2月23日　证监会发布关于IPO被否企业作为标的资产参与上市公司重组交易的相关问题与解答，表示将对标的资产曾申报IPO被否决的重组项目加强监管，企业在IPO被否决后至少应运行3年才可筹划重组上市。

2月23日　保监会决定于2018年2月23日起，对安邦集团实施接管，全面接管安邦集团经营管理，全权行使安邦集团三会一层职责，接管期限一年。

2月24日　经党中央批准，十九届中央第一轮巡视对河北、山西、辽宁、黑龙江、江苏、福建、山东、河南、湖南、广东、海南、四川、贵州、宁夏、住房和城乡建设部、商务部、文化部、海关总署、国家体育总局、国家食品药品监督管理总局、国家统计局、新华社、中国核工业集团有限公司、中国华电集团有限公司、中国远洋海运集团有限公司、中粮集团有限公司、中国通用技术（集团）控股有限责任公司、中国储备粮管理集团有限公司、中国旅游集团公司、中国邮政集团公司等30个地方、单位党组织开展常规巡视。

2月26日　新华社报道，近日，中共中央办公厅、国务院办公厅印发《关于分类推进人才评价机制改革的指导意见》，就分类健全人才评价标准，改进和创新人才评价方式，加快推进重点领域人才评价改革，健全完善人才评价管理服务制度等方面的工作提出具体意见。

2月26日　青海出台新政策，鼓励事业单位专业技术人员通过挂职、参与项目合作、离岗创业等形式，创办科技型企业或到企业开展创新创业工作。

2月26—28日　中共十九届三中全会举行。全会通过《关于深化党和国家机构改革的决定》和《深化党和国家机构改革方案》，决定组建中央全面依法治国委员会、中央审计委员会等机构。这次机构改革以加强党的全面领导为统领，以国家治理体系和治理能力现代化为导向，以推进机构职能优化协同高效为着力点，是一场系统性、整体性、重构性的变革。3月17日，十三届全国人大一次会议批准《国务院机构改革方案》。

2月28日 国务院国资委、国家发展改革委、财政部联合印发《关于进一步推进国有企业独立工矿区剥离办社会职能有关事项的通知》，对国有企业独立工矿区公共管理服务等办社会职能分离移交、办医疗机构深化改革、职工家属区供电职能分离移交、职工家属区物业管理职能分离移交工作提出了新的要求。《通知》要求，各国有企业要按照政企分开、职能归位、聚焦主业的原则，坚持剥离办社会职能、减轻企业负担、实行专业化管理的总体要求，应交尽交、能交则交、不交必改。明确属于政府公共管理、基本公共服务职能的，交由政府承担；能够专业化管理的，经协商一致，交给政府相关机构或有关企业实行专业化管理；暂时难以移交的，积极引入专业化有实力的企业或社会资本，按市场化原则，有序规范重组改制；运营困难、缺乏竞争优势的应予以关闭撤销。

2月28日 国务院台办、国家发展改革委发布《关于促进两岸经济文化交流合作的若干措施》。该措施共31条，其中涉及加快给予台资企业与大陆企业同等待遇的12条，涉及逐步为台湾同胞在大陆学习、创业、就业、生活提供与大陆同胞同等待遇的19条。

1—2月 按照国务院国有企业改革领导小组工作安排，国办督查室会同领导小组办公室组织5个督查组，由国家发展改革委、工业和信息化部、财政部、人力资源社会保障部、国务院国资委有关负责同志带队，中央组织部、国办督查室、人民银行、国家统计局、法制办、银监会、证监会等部门参加，赴辽宁等5省（市）和中国联通等10户中央企业，就国有企业改革重点工作任务落实情况开展督查。

3 月

3月1日 中船重工所属中国重工顺利完成股份登记。本次市场化债转股项目是充分利用资本市场服务实体经济的典型案例，对中央企业不断深化改革、降杠杆减负债推动高质量发展具有一定的代表意义。

3月1日 河北雄安新区首个重大交通项目——北京至雄安城际铁路正式开工建设。

3月2日 中共中央总书记、国家主席、中央军委主席、中央军民融合发展委员会主任习近平主持召开十九届中央军民融合发展委员会第一次全体会议并发表重要讲话。他强调，要坚定实施军民融合发展战略，形成军民融合深度发展格局，构建一体化的国家战略体系和能力。要增强使命感和责任感，真抓实干，紧抓快干，不断开创新时代军民融合深度发展新局面。会议审议通过了《军民融合发展战略纲要》、《中央军民融合发展委员会2018年工作要点》、《国家军民融合创新示范区建设实施方案》及第一批创新示范区建设名单。

3月2日 全国首批 3 张智能网联汽车开放道路测试号牌在上海发放。上海汽车集团股份有限公司和上海蔚来汽车有限公司获得第一批智能网联汽车开放道路测试号牌。

3月4日 深交所发布《深圳证券交易所上市公司创业投资基金股东减持股份实施细则》，对进行长期投资和价值投资的上市公司创业投资基金给予差异化政策支持。《实施细则》将于 6 月 2 日起施行。

3月5—20日 十三届全国人大一次会议在北京举行。李克强作《政府工作报告》。《报告》强调，要推进国资国企改革，制定出资人监管权责清单，深化国有资本投资、运营公司等改革试点，继续推进国有企业优化重组和央企股份制改革，积极稳妥推进混合所有制改革，落实向全国人大常委会报告国有资产管理情况的制度。要支持民营企业发展，坚持"两个毫不动摇"，坚持权利平等、机会平等、规则平等，全面落实支持非公有制经济发展的政策措施，认真解决民营企业反映的突出问题，坚决破除各种隐性壁垒。构建亲清新型政商关系，健全企业家参与涉企政策制定机制。激发和保护企业家精神，壮大企业家队伍，增强企业家信心，让民营企业在市场经济浪潮中尽显身手。会议表决通过国务院机构改革方案的决定草案。改革后，国务院正部级机构减少 8 个，副部级机构减少 7 个，除国务院办公厅外，国务院设置组成部门 26 个。方案提出，将国家发展和改革委员会的重大项目稽察、财政部的中央预算执行情况和其他财政收支情况的监督检查、国务院国有资产监督管理委员会的国有企业领导干部经济责任审计和国有重点大型企业监事会的职责划入审计署，相应对派出审计监督力量进行整合优化，构建统一高效审计监督体系。会议表决通过《中华人民共和国宪法修正案》《中华人民共和国监察法》。

3月7日 习近平参加十三届全国人大一次会议广东代表团审议讨论。习近平表示，民营企业搞党建不是一种形式的、功利的想法，要真正拥护党的理念，做到心中有党。贯彻执行党中央提出的新发展理念可以助推企业发展。他强调，对企业来说，构建亲清政商关系才是阳关大道。

3月8日 保监会发布修订后的《保险公司股权管理办法》，将保险公司单一股东持股比例上限由 51% 降低至三分之一，以加强股权监管，弥补监管短板，有效防范风险。

3月10日 肖亚庆在十三届全国人大一次会议记者会上，就国有企业改革发展相关问题回答中外记者提问。他表示，将按照国务院部署做好国有资本划转社保基金有关工作。支持鼓励中央企业进一步走出去，加大国际化力度。进一步加大授权力度，赋予国有资本投资、运营公司更多自主权。要推动高质量发展，以供给侧结构性改革为主线，大力发展实体经济，不断提高主业核心竞争力，加快培育具有全球竞争力的世界一流企业。

3月10日 《上海证券交易所上市公司重大违法强制退市实施办法（征求意见稿）》

正式发布。上交所方面表示，将切实承担起退市决策主体责任，对于触及此规定各类违法行为的上市公司"一退到底"。

3月15日 财政部、中央宣传部印发《中央文化企业公司制改制工作实施方案》。

3月16日 中国银行业协会发布《2017年中国银行业服务报告》，报告显示，截至2017年末，全国银行业金融机构营业网点总数达到22.87万个，其中新增营业网点仅800多个。与2016年3800多个新增营业网点相比，增量大幅减少。

3月17日 人力资源社会保障部日前印发《国家职业技能标准编制技术规程（2018年版）》，"工匠精神"和"敬业精神"内涵融入其中，作为职业道德要求的重要内容。

3月17日 美国国际贸易委员会作出终裁，美国将对从中国进口的铝箔产品征收反倾销和反补贴关税。

3月18日 工业和信息化部印发《关于做好电信业务经营不良名单和失信名单管理工作的通知》，明确信息通信企业经营不良、失信将上"黑名单"。

3月18日 中国中铁股份有限公司表示，我国在建最长的重载铁路蒙华铁路开始全线铺轨。

3月18日 新华社讯，贵州省近日出台文件明确，将全面实施民间资本市场准入负面清单制度，除国家法律法规规定明确禁止的行业和领域外，一律向民间资本平等开放。

3月19日 山西省近日发布《促进外资增长的若干意见》。

3月20日 中共中央政治局常委、国务院总理李克强在十三届全国人大一次会议闭幕后会见中外记者并回答记者提出的问题时指出：中国开放的大门会越开越大。在推进供给侧结构性改革的时候，政府要着力推进优化营商环境，提供办事便利。在放宽市场准入方面，今年要在六个方面下硬功夫，那就是企业开办时间再减少一半；项目审批时间再砍掉一半；政务服务一网办通；企业和群众办事力争只进一扇门；最多跑一次；凡事没有法律法规规定的证明一律取消。保护产权就是保护社会主义市场经济的基石，是保护生产力。要持续向社会发出信号，让恒产者有恒心，让投资者有信心，让各类产权的所有者安心，给所有合法产权所有者都吃上长效的定心丸。

3月22日 美国总统特朗普签署备忘录，基于美国贸易代表办公室公布的对华"301调查"报告，指令对华采取限制措施，包括将对从中国进口的商品大规模加征关税，并限制中国企业对美投资并购。

3月23日 中共中央办公厅、国务院办公厅印发了《关于提高技术工人待遇的意见》，围绕技术工人培养、使用、评价、激励和保障等环节提出意见，重点是增强技术工人的职业荣誉感、自豪感和获得感，激发工人的积极性、主动性和创造性。

3 月 23 日 商务部发布了针对美国进口钢铁和铝产品 232 措施的中止减让产品清单并征求公众意见，拟对自美进口部分产品加征关税，以平衡因美国对进口钢铁和铝产品加征关税给中方利益造成的损失。该清单暂定包含 7 类、128 个税项产品，按 2017 年统计，涉及美对华约 30 亿美元出口。

3 月 24 日 中共中央政治局委员、国务院副总理、中财办主任、中美全面经济对话中方牵头人刘鹤应约与美国财政部长姆努钦通话。刘鹤表示，美方近日公布 301 调查报告，违背国际贸易规则，不利于中方利益，不利于美方利益，不利于全球利益。中方已经做好准备，有实力捍卫国家利益，希望双方保持理性，共同努力，维护中美经贸关系总体稳定的大局。双方同意继续就此保持沟通。

3 月 25 日 美国在 WTO 争端解决机制项下向中方提出关于技术许可的磋商请求。

3 月 25 日 首例共享单车公益诉讼案宣判，小鸣单车被判必须在判决生效 10 日内，退还押金。此前，小鸣单车累计收取用户押金金额为 8 亿元左右。

3 月 27 日 我国首个国际化期货品种——原油期货正式在上海国际能源交易中心挂牌交易。

3 月 28 日 中共中央总书记、国家主席、中央军委主席、中央全面深化改革委员会主任习近平主持召开中央全面深化改革委员会第一次会议并发表重要讲话。会议审议通过了《中央全面深化改革委员会工作规则》《中央全面深化改革委员会专项小组工作规则》《中央全面深化改革委员会办公室工作细则》。会议指出，把中央全面深化改革领导小组改为委员会，是健全党对重大工作领导体制机制的一项重要举措。各级党委要加强对改革工作的领导，强化组织协调能力，确保党中央改革决策部署落到实处。会议审议通过了《关于改革国有企业工资决定机制的意见》，指出要坚持建立中国特色现代国有企业制度改革方向，建立健全同劳动力市场基本适应、同国有企业经济效益和劳动生产率挂钩的工资决定和正常增长机制，完善国有企业工资分配监管体制，充分调动国有企业职工的积极性、主动性、创造性。

3 月 28 日 李克强日前签署国务院令，公布《快递暂行条例》，自 5 月 1 日起施行。这是我国第一部针对快递行业的行政法规。

3 月 28 日 国务院国资委发布消息，国务院国资委党委 2018 年第一轮巡视将对中国钢研科技集团有限公司等 6 家中央企业党委开展常规巡视。

3 月 29 日 李克强主持召开国务院常务会议，确定深化增值税改革的措施，进一步减轻市场主体税负；决定设立国家融资担保基金，推动缓解小微企业和"三农"等融资难题。

3 月 31 日 国务院办公厅转发证监会《关于开展创新企业境内发行股票或存托凭证

试点的若干意见》，提出按照市场化、法治化原则，开展创新企业境内发行股票或存托凭证试点。

3月31日 财政部近日印发通知，要求国有金融企业严格落实预算法和《国务院关于加强地方政府性债务管理的意见》，严控对地方政府及其部门提供的融资。

4月

4月1日 环境保护税迎来首个征期。

4月2日 中共中央总书记、国家主席、中央军委主席、中央财经委员会主任习近平主持召开中央财经委员会第一次会议。会议指出，打好防范化解金融风险攻坚战，要坚持底线思维，坚持稳中求进，抓住主要矛盾。要以结构性去杠杆为基本思路，分部门、分债务类型提出不同要求，地方政府和企业特别是国有企业要尽快把杠杆降下来，努力实现宏观杠杆率稳定和逐步下降。要稳定大局，推动高质量发展，提高全要素生产率，在改革发展中解决问题。

4月3日 国务院办公厅印发《科学数据管理办法》，进一步加强和规范科学数据管理，保障科学数据安全，提高开放共享水平。

4月3日 阿里巴巴联合蚂蚁金服95亿美元全资收购"饿了么"。

4月4日 李克强主持召开国务院常务会议，进一步明确关于降低实体经济成本、取消流量"漫游"费、支持留学回国人员创业创新等有关事项。

4月4日 中国企业与中国企业家论坛在北京举行，论坛主题为"新时代企业家精神"。国务院国资委副秘书长彭华岗表示，目前中国经济正由高速增长阶段转向高质量发展阶段，在这一时期，需要创新体制机制，优化企业家成长环境，建立改革创新容错机制，更好调动企业家干事创业的积极性，发挥企业家作用和企业家精神。

4月4日 美国政府发布加征关税的商品清单，将对中国输出到美国的1333项500亿美元的商品加征25%的关税。

4月8—11日 博鳌亚洲论坛2018年年会在海南博鳌举行。10日，习近平在开幕式主旨演讲中指出，中国将大幅度放宽市场准入。放宽银行、证券、保险行业外资股比限制的重大措施要确保落地。加快保险行业开放进程，放宽外资金融机构设立限制，扩大外资金融机构在华业务范围，拓宽中外金融市场合作领域。放宽外资股比限制特别是汽车行业外资限制。11日，习近平同出席中外企业家代表座谈时强调，我们对中国经济的前景是乐观的。我们要坚定不移发展开放型世界经济，为亚洲和世界发展作出中国贡献，欢迎搭乘中国经济快车，分享中国改革、开放、发展的成果。中国将为国内外企业家投资创业营造更加宽松有序的环境。希望各国企业家在中国改革开放新征程中施展更大作为，得到更大发展。

4 月 8 日　肖亚庆在博鳌亚洲论坛 2018 年年会上接受央视记者专访时明确提出：要不断扩大国有企业开放，深化国有企业改革；要使国有企业的治理结构能够形成有效制衡，使国有企业经营效益和表现能够体现出各个股东的利益；中央企业、国有企业会坚持改革开放政策、创新驱动战略不动摇，努力成为具有全球竞争力的世界一流企业；完全欢迎境外有兴趣的企业来参与混合所有制改革，找到共同利益、共同的发展目标。

4 月 11 日　中共中央、国务院印发《关于支持海南全面深化改革开放的指导意见》，赋予海南经济特区改革开放新使命，建设自由贸易试验区和中国特色自由贸易港。

4 月 11 日　李克强在上海考察时强调，在更大力度改革开放中推动高质量发展，持续优化营商环境和改善民生。

4 月 11 日　我国北斗卫星导航系统首个海外中心——中阿北斗中心在位于突尼斯的阿拉伯信息通信技术组织总部举行落成揭牌仪式。

4 月 12 日　2018 中国"互联网＋"数字经济峰会在重庆举办，探讨各行业在"互联网＋"助力下的发展与创新成果。

4 月 13 日　习近平在庆祝海南建省办经济特区 30 周年大会上讲话指出，海南要着力打造全面深化改革开放试验区、国家生态文明试验区、国际旅游消费中心、国家重大战略服务保障区，形成更高层次改革开放新格局。

4 月 13 日　工业和信息化部、公安部、交通运输部联合制定的《智能网联汽车道路测试管理规范（试行）》对外发布，对测试主体、测试驾驶人、测试车辆等提出要求，明确省、市级政府相关主管部门可自主选择测试路段、受理申请和发放测试号牌。

4 月 16 日　美国商务部宣布，由于中兴违反了美国限制向伊朗出售美国技术的制裁条款，将禁止美国公司向中兴通讯销售零部件、商品、软件和技术 7 年。

4 月 18 日　华为即将全球商用上市的 5G NR（第五代移动通信技术新空中接口）产品获全球第一张 5G 产品 CE-TEC（欧盟无线设备指令型式认证）证书。

4 月 19 日　李克强主持召开国务院常务会议，确定推行终身职业技能培训制度的政策措施，提高劳动者素质、促进高质量发展；决定对职务科技成果转化获得的现金奖励实行个人所得税优惠，使创新成果更好服务发展和民生。

4 月 19 日　科技部、国务院国资委联合印发《关于进一步推进中央企业创新发展的意见》。

4 月 20 日　针对美国商务部向中兴通讯发出出口权限禁止令，中兴通讯在其网站和官方微信发布中文声明，称美国商务部工业与安全局在相关调查尚未结束之前，执意对公司施以最严厉的制裁，对中兴通讯极不公平，中兴不能接受。

4 月 20 日　国家发展改革委公布降低一般工商业电价首批措施，包括落实电网清费政策、推进区域电网和跨省跨区专项工程输电价格改革、进一步规范和降低电网环节收费、临时性降低输配电价等。

4 月 20 日　中国最大核电基地——秦山核电基地安全发电达 5000 亿千瓦时，可供 1000 万人口的城市家庭用电 55 年，超过五年来北京市全社会用电总量。

4 月 20 日　阿里巴巴集团宣布全资收购中国大陆唯一的自主嵌入式 CPU IP Core 公司——中天微系统有限公司，加速打造"中国芯"。

4 月 20—21 日　全国网络安全和信息化工作会议在北京召开。中共中央总书记、国家主席、中央军委主席、中央网络安全和信息化委员会主任习近平指出，必须敏锐抓住信息化发展的历史机遇，加强网上正面宣传，维护网络安全，推动信息领域核心技术突破，发挥信息化对经济社会发展的引领作用，加强网信领域军民融合，主动参与网络空间国际治理进程，自主创新推进网络强国建设。

4 月 21 日　中共中央、国务院关于对《河北雄安新区规划纲要》的批复公布。《河北雄安新区规划纲要》是指导雄安新区规划建设的基本依据。

4 月 21 日　新华社讯，近期国家发展改革委等有关部门已批准中国联通、中国电信、中国移动在北京等部分城市试点建设 5G 网络。中国联通在青岛试点建设的 5G 网络已率先启动，预计年内将开通第一个 5G 基站，峰值速率是 4G 网的十倍以上。

4 月 21 日　第二届中国企业改革发展论坛在北京举办。肖亚庆出席并发表主旨演讲提出，要努力形成一批在国际资源配置中占主导地位的领军企业，形成一批引领全球行业技术发展的领军企业，形成一批在全球产业发展中具有话语权和影响力的领军企业。

4 月 21 日　首届数字中国建设峰会在福州举办。会议围绕"以信息化驱动现代化，加快建设数字中国"主题，就建设网络强国、数字中国、智慧社会等热点议题进行交流分享。

4 月 23 日　习近平主持召开中共中央政治局会议，分析研究当前经济形势和经济工作。会议指出，要深化供给侧结构性改革，更多运用市场化法治化手段化解过剩产能，加强关键核心技术攻关，积极支持新产业、新模式、新业态发展，继续简政放权，减税降费，降低企业融资、用能和物流成本。要更加积极主动推进改革开放，深化国企国资、财税金融等改革，尽早落实已确定的重大开放举措。

4 月 24 日　近日，滴滴出行与 31 家汽车产业链企业发起成立"洪流联盟"，共建汽车运营商平台，涵盖汽车及零配件制造、新能源、数字地图、车联网等多个领域，深入推进新能源化、智能化、共享化。

4月24—25日 国家电网、南方电网分别与中国铁塔公司签署战略合作协议，开启"共享铁塔"的全新合作模式，这标志着电力、通信两大行业间资源共享取得突破性进展。

4月26日 习近平在烽火科技集团有限公司和武汉新芯集成电路制造有限公司考察时指出，核心技术必须掌握在自己手里，要摒弃幻想、自力更生。随后，习近平在武汉主持召开深入推动长江经济带发展座谈会讲话强调，新形势下推动长江经济带发展，关键是要正确把握整体推进和重点突破、生态环境保护和经济发展、总体谋划和久久为功、破除旧动能和培育新动能、自身发展和协同发展的关系。

4月26日 李克强主持召开国务院常务会议，决定再推出 7 项减税措施，支持创业创新和小微企业发展。会议部署对银行普惠金融服务实施监管考核，确保 2018 年实体经济融资成本下降。

4月27日 经国务院同意，人民银行、银保监会、证监会、国家外汇管理局联合印发《关于规范金融机构资产管理业务的指导意见》。

4月29日 《人民日报》报道，德国航空航天供应商科特萨公司董事会主席约尔格·许斯肯近日证实，历经数月审查，德国经济部已同意中国安泰科技股份有限公司收购该公司。

5 月

5月1日 为深化增值税改革，即日起，我国推出将 17% 和 11% 两档增值税税率分别下调 1 个百分点、统一增值税小规模纳税人标准等三项措施。

5月1日 海南省政府与阿里巴巴集团、蚂蚁金服集团日前在海口签署全面深化战略合作框架协议，在数字经济、智慧服务业、信息智能岛、电子商务等方面开展重点合作。阿里巴巴集团是中央出台支持海南全面深化改革开放指导意见后首家与海南省政府签约的企业。

5月2日 李克强主持召开国务院常务会议，采取措施将企业开办时间和工程建设项目审批时间压减一半以上，进一步优化营商环境。

5月3日 国务院印发《关于做好自由贸易试验区第四批改革试点经验复制推广工作的通知》。

5月3日 据香港交易所消息，小米集团 3 日正式以"同股不同权"公司身份向港交所提交 IPO（首次公开募股）申请文件。

5 月 3—4 日　刘鹤与美国总统特使、财政部长姆努钦率领的美方代表团就共同关心的中美经贸问题进行了坦诚、高效、富有建设性的讨论。双方认识到，在一些问题上还存在较大分歧，需要继续加紧工作，取得更多进展。双方同意继续就有关问题保持密切沟通，并建立相应工作机制。

5 月 4 日　国务院办公厅印发通报，对 2017 年落实推进供给侧结构性改革、适度扩大总需求、深化创新驱动、优化营商环境、保障和改善民生等有关重大政策措施真抓实干、取得明显成效的地方予以督查激励，相应采取 24 项奖励支持措施。

5 月 6 日　随着重庆市鹅公岩轨道交通专用桥最后一段钢箱梁安装完成，世界最大跨度的自锚式悬索桥顺利合龙。

5 月 9 日　国务院印发《关于推行终身职业技能培训制度的意见》。

5 月 9 日　财政部、国家税务总局联合宣布，自 2018 年 1 月 1 日起至 2020 年 12 月 31 日，免征保险保障基金部分企业所得税和印花税。

5 月 9 日　我国高海拔地区首座转体梁桥——格库铁路格东特大桥转体梁顺利合龙。

5 月 10 日　2018 年中国品牌日活动在上海拉开帷幕。日前，李克强就加强品牌建设批示指出：加强品牌建设，增加优质供给，是实现高质量发展、更好满足人民群众对美好生活需要的重要内容。

5 月 10 日　太原卫星发射中心成功发射高分五号卫星，填补了国产卫星无法有效探测区域大气污染气体的空白。

5 月 10 日　中国铁建重工集团发布消息，全球规模最大一体化隧道工程装备制造基地在长沙建成投产。

5 月 11 日　习近平主持召开中央全面深化改革委员会第二次会议。会议审议通过《关于加强国有企业资产负债约束的指导意见》《推进中央党政机关和事业单位经营性国有资产集中统一监管试点实施意见》《高等学校所属企业体制改革的指导意见》《企业职工基本养老保险基金中央调剂制度方案》《中央企业领导人员管理规定》等文件。会议指出，（1）加强国有企业资产负债约束，要坚持全覆盖与分类管理相结合，完善内部治理与强化外部约束相结合，通过建立和完善国有企业资产负债约束机制，强化监督管理，做到标本兼治，促使高负债国有企业资产负债率尽快回归合理水平。（2）推进中央党政机关和事业单位经营性国有资产集中统一监管试点，要坚持政企分开、政资分开、所有权与经营权分离，理顺中央党政机关和事业单位同所办企业关系，搭建国有资本运作平台，优化国有资本布局结构，提高国有资本配置和监管效率，有效防止国有资产流失，实现企业健康发展和经营性国有资产保值增值。（3）高等学校所属企业体制改革，要坚持国有资产管理体制改革方向，尊重教育规律和市场经济规律，对高校所属企业进行全面清理规范，理清产权和责任关系，分类实施改革工作，促进高校集中精力办学、实现内涵式发展。（4）建立企业职工基本养老保险基金中央调剂制度，是实现养老保险全国统筹的重要举措。要从我国基本国情和养老保险制度建设实际出发，在不增加社会整体负担和不提高养老保险缴费比例的基础上，通过中央调剂基金筹集、基金拨付、基金管理、中央财政补助，合理均衡地区间基金负担，实现基金安全可持续，实现财政负担可控，确保各地养老金按时足额发放。（5）加强中央企业领导人员管理，要坚持党管干部原则，坚持发挥市场机制作用，坚持德才兼备、以德为先，坚持严管和厚爱结合、激励和约束并重，完善适应中国特色现代国有企业制度要求和市场竞争需要的选人用人机制，建设对党忠诚、勇于创新、治企有方、兴企有为、清正廉洁的中央企业领导人员队伍。

5 月 12 日 由中车唐山公司研制的我国首列时速 350 公里长编组"复兴号"中国标准动车组开始型式试验，这是长编组"复兴号"首次亮相。

5 月 13 日 证监会发布公告，核准富士康工业互联网股份有限公司的首发申请。

5 月 13 日 我国高寒地区最长快速铁路哈佳铁路全线贯通。哈佳铁路设计时速 200 公里，为客货共线铁路，全长 343 公里。

5 月 13—18 日 我国第一艘国产航母完成首次海上试验任务。

5 月 14 日 国家电网公司与巴基斯坦政府签署默蒂亚里至拉合尔高压直流输电工程系列文件，标志着这一中巴经济走廊优先实施项目即将进入全面实施阶段。

5 月 14 日 广东深圳核发自动驾驶道路测试牌照。

5 月 15 日 应美国政府邀请，习近平主席特使、中共中央政治局委员、国务院副总理、中美全面经济对话中方牵头人刘鹤率领中方经贸团抵达华盛顿。16 日，刘鹤在华盛顿分别会见美国前国务卿基辛格、临时参议长、参议院财委会主席哈奇以及众议院筹款委员会主席布雷迪等议员。17 日，美国总统特朗普在白宫椭圆形办公室会见刘鹤。

5 月 16 日 习近平在人民大会堂会见博鳌亚洲论坛理事长潘基文时指出，中国开放的大门不会关闭，只会越开越大。

5 月 16 日 李克强主持召开国务院常务会议，部署推进政务服务一网通办和企业群众办事"只进一扇门""最多跑一次"；决定在全国推开外资企业设立商务备案与工商登记"一口办理"；确定进一步降低实体经济物流成本的措施。

5 月 16 日 国务院国资委、财政部、证监会联合印发《上市公司国有股权监督管理办法》，自 7 月 1 日起施行。《办法》将分散在各部门规章、规范性文件中的国有股权监管措施进行整合并进一步补充完善，将监管职权下放，实行分级监管。

5月16日 财政部和国家税务总局联合印发《关于继续实施企业改制重组有关土地增值税政策的通知》，自 2018 年 1 月 1 日至 2020 年 12 月 31 日，继续执行企业在改制重组过程中涉及的土地增值税政策。

5月17日 国务院办公厅印发《关于进一步压缩企业开办时间的意见》。

5月17日 中国首枚民营自研商用亚轨道火箭——重庆两江之星在西北某基地成功点火升空。"重庆两江之星"为重庆零壹空间航天科技有限公司自主研制的 OS—X 系列的首型火箭。

5月18日 国务院国资委、财政部、证监会联合发布《上市公司国有股权监督管理办法》。

5月19日 国务院办公厅印发《关于开展工程建设项目审批制度改革试点的通知》，决定在北京市、天津市、上海市、重庆市、沈阳市、大连市、南京市、厦门市、武汉市、广州市、深圳市、成都市、贵阳市、渭南市、延安市和浙江省开展试点。

5月19日 中美两国在华盛顿就双边经贸磋商发表联合声明。双方同意，将采取有效措施实质性减少美对华货物贸易逆差。为满足中国人民不断增长的消费需求和促进高质量经济发展，中方将大量增加自美购买商品和服务。双方同意有意义地增加美国农产品和能源出口，美方将派团赴华讨论具体事项。双方就扩大制造业产品和服务贸易进行了讨论，就创造有利条件增加上述领域的贸易达成共识。双方高度重视知识产权保护，同意加强合作。中方将推进包括《专利法》在内的相关法律法规修订工作。双方同意鼓励双向投资，将努力创造公平竞争营商环境。双方同意继续就此保持高层沟通，积极寻求解决各自关注的经贸问题。

5月20日 新华社讯，近日，中共中央办公厅印发《关于进一步激励广大干部新时代新担当新作为的意见》，对建立激励机制和容错纠错机制，进一步激励广大干部新时代新担当新作为提出明确要求。

5月21日 国家发展改革委、工业和信息化部等 8 部委联合发布《关于加强对电子商务领域失信问题专项治理工作的通知》，要求严厉打击整治电子商务领域违法失信行为，鼓励在已有的限制新设立账户等 13 项联合惩戒措施基础上，结合地方实际，创新制定联合惩戒措施。

5月21日 我国自主研制的大型客机发动机验证机（CJ-1000AX）首台整机在上海点火成功，核心机转速最高达到 6600rpm。

5月21日 我国在西昌卫星发射中心用长征四号丙运载火箭，成功将探月工程嫦娥四号任务"鹊桥"号中继星发射升空。这是世界首颗运行于地月拉格朗日 L2 点的通信卫星，将为 2018 年底择机实施的嫦娥四号月球背面软着陆探测任务提供地月间的中继通信。

5 月 22 日 李克强考察商务部、海关总署并主持召开座谈会强调，以更高水平对外开放带动改革、激发市场活力、优化发展环境。

5 月 22 日 国务院关税税则委员会 22 日印发公告，经国务院批准，自 2018 年 7 月 1 日起，将税率分别为 25%、20% 的汽车整车关税降至 15%，降税幅度分别为 40%、25%；将税率分别为 8%、10%、15%、20%、25% 的汽车零部件关税降至 6%，平均降税幅度 46%。

5 月 22 日 由中铁大桥局承建的世界最大跨度钢箱桁架推力式拱桥——香溪长江大桥主拱成功合龙。

5 月 23 日 中共中央办公厅、国务院办公厅印发《关于深入推进审批服务便民化的指导意见》，对深入推进审批服务便民化工作作出部署。

5 月 23 日 李克强主持召开国务院常务会议，决定深化服务贸易创新发展试点，以开放推动经济结构优化升级。

5 月 24 日 新华社讯，日前，交通运输部发布了新修订的《出租汽车服务质量信誉考核办法》，将于 6 月 1 日起施行。《办法》进一步优化完善了巡游车企业和驾驶员服务质量信誉考核指标，并将网约车平台公司和驾驶员纳入了考核体系，以全面提升出租汽车行业服务水平。

5 月 25 日 国务院印发《关于改革国有企业工资决定机制的意见》，要求改革工资总额决定机制，改革工资总额管理方式，完善企业内部工资分配管理，健全工资分配监管体制机制。

5 月 26 日 习近平向 2018 中国国际大数据产业博览会致贺信，强调中国高度重视大数据发展。要秉持创新、协调、绿色、开放、共享的发展理念，围绕建设网络强国、数字中国、智慧社会，全面实施国家大数据战略，助力中国经济从高速增长转向高质量发展。

5 月 26 日 2018 世界制造业大会在合肥举行，中国制造集中亮相。

5 月 27 日 中小企业板成立 14 年。截至 5 月 20 日，中小企业板 911 家公司总股本 7875 亿股，累计总成交金额 173.86 万亿元，累计实现营业收入 17.92 万亿元、净利润 1.25 万亿元。

5 月 27 日 北京市近日出台《关于进一步支持企业上市发展的意见》，市级财政给予每家拟上市企业总额不超过 300 万元的资金补贴，在办公用房、人才引进等方面给予支持。

5 月 27 日　我国首台拥有自主知识产权的重离子治癌系统正式进入临床试验阶段。我国成为世界上第四个开展重离子肿瘤治疗临床试验研究的国家。

5 月 28 日　中国科学院第十九次院士大会、中国工程院第十四次院士大会 28 日上午在人民大会堂开幕。习近平出席会议并发表重要讲话指出，要充分认识创新是第一动力，矢志不移自主创新，着力增强自主创新能力。要以关键共性技术、前沿引领技术、现代工程技术、颠覆性技术创新为突破口，努力实现关键核心技术自主可控，把创新主动权、发展主动权牢牢掌握在自己手中。

5 月 28 日　国家市场监管总局印发《关于开展全国涉企收费专项检查的通知》，部署各地开展涉企收费专项检查工作。

5 月 29 日　财政部、国家税务总局等 5 部门近日联合发出通知，决定将服务贸易创新发展试点地区技术先进型服务企业所得税政策推广至全国实施。自 2018 年 1 月 1 日起，对经认定的技术先进型服务企业（服务贸易类），减按 15% 的税率征收企业所得税。

5 月 30 日　国务院印发《关于建立企业职工基本养老保险基金中央调剂制度的通知》，决定建立养老保险基金中央调剂制度，自 2018 年 7 月 1 日起实施。

5 月 31 日　李克强主持召开国务院常务会议，确定进一步积极有效利用外资的措施，推动扩大开放促进经济升级；决定较大范围下调日用消费品进口关税，更好满足群众多样化消费需求等。

5 月 31 日　最高人民法院对张文中案再审宣判，改判张文中无罪，同时改判原审同案被告人张伟春、原审同案被告单位物美控股集团有限公司无罪。最高人民法院认为，物美集团在申报国债技改贴息项目时，国债技改贴息政策已有所调整，民营企业具有申报资格，且物美集团所申报的物流项目和信息化项目均属于国债技改贴息重点支持对象，符合国家当时的经济发展形势和产业政策。原审被告人张文中、张伟春在物美集团申报项目过程中，虽然存在违规行为，但未实施虚构事实、隐瞒真相以骗取国债技改贴息资金的诈骗行为，并无非法占有 3190 万元国债技改贴息资金的主观故意，不符合诈骗罪的构成要件。

5 月 31 日　全国地铁领域最大跨度梁式桥——深圳地铁 6 号线合薯区间 150 米大跨度桥顺利合龙。

5 月 31 日　海关总署发布数据显示，前 5 个月，我国货物贸易进出口总值为 11.63 万亿元，比上年同期增长 8.8%，贸易顺差收窄超过 30%。

6 月

6 月 1 日 《保险公司关联交易管理办法》施行，要求保险公司应维护公司经营的独立性，减少关联交易的数量和规模，提高市场竞争力。

6 月 1 日 银保监会日前印发《银行业金融机构联合授信管理办法（试行）》，规定对在 3 家以上银行业金融机构有融资余额，且融资余额合计在 50 亿元以上的企业，银行业金融机构应建立联合授信机制。对在 3 家以上的银行业金融机构有融资余额，且融资余额合计在 20 亿—50 亿元之间的企业，银行业金融机构可自愿建立联合授信机制，并部署开展试点。

6 月 1 日 国务院关税税则委员会发布公告，我国将降低 1449 个税目的日用消费品进口关税。

6 月 1 日 中国银联发布公告称，自 6 月 1 日起，将与各成员机构联合对小额"免密免签"功能进行优化，将 300 元限额提升至 1000 元，单卡单日累计交易限额由不高于 2000 元调整为不高于 3000 元。

6 月 1 日 A 股被正式纳入摩根士丹利资本国际公司（MSCI）新兴市场指数。

6 月 2 日 中孟企业联合体签约孟加拉国达卡至吉大港高速铁路项目，铁路全长约 230 公里，预期运营时速 200 公里。

6 月 2—3 日 刘鹤带领中方团队与美国商务部长罗斯带领的美方团队在北京钓鱼台国宾馆就两国经贸问题进行了磋商。

6 月 3 日 财政部、国家税务总局、科技部联合发布通知，7 月 1 日起科技人员取得职务科技成果转化现金奖励，个人所得税可享优惠。

6 月 3 日 中国超级钻机"地壳一号"以完钻井深 7018 米创亚洲国家大陆科学钻井新纪录。中国成为继俄罗斯和德国之后世界上第三个拥有实施万米大陆钻探计划专用装备和相关技术的国家。

6 月 4 日 交通运输部、中央网信办、工业和信息化部等 7 部门联合印发《关于加强网络预约出租汽车行业事中事后联合监管有关工作的通知》，要求加强对网约车联合监管。

6 月 6 日 据报道，中兴通讯公司已与美国签署一项原则性协议，美国商务部将取消针对该公司向美国供应商采购零部件的禁令，从而使得该公司恢复业务运营。作为条件，协议里也列出了对中兴的处罚措施。

6月6日 海南省三亚市政府发布并实施《三亚市促进总部经济发展暂行办法》，对经认定的总部企业将给予开办补助、经营贡献奖励、管理人员奖励、办公用房租房补贴、购房补贴、培育企业发展奖励、集聚区奖励、绿色服务、特别支持等九大类扶持政策的支持，其中，总部企业落户开办最高补助可达 2000 万元。

6月7日 李克强主持召开国务院常务会议，部署在市场监管领域推进管理方式改革和创新，全面推行"双随机、一公开"监管，着力打造更加公平公正的市场竞争环境和法治化便利化的营商环境。"双随机"即指随机抽取检查对象、随机选派执法检查人员，"一公开"指抽查情况及查处结果及时向社会公开。

6月7日 近日，中国铁路总公司下属企业动车网络科技有限公司股权转让招投标工作完成，深圳市腾讯计算机系统有限公司、浙江吉利控股集团有限公司两企业组成的联合体中标，受让动车网络科技有限公司 49% 的股权。

6月8日 国务院国资委党委召开 2017 年度中央企业党委（党组）书记党建工作述职会议。中核工业、南航集团、中粮集团等 9 家企业党委（党组）主要负责同志进行现场述职，18 家中央企业专职副书记进行书面述职。

6月8日 中国铁路总公司在京沈高铁启动高速动车组自动驾驶系统现场试验，标志着中国铁路在智能高铁关键核心技术自主创新上取得重要阶段成果，中国高铁整体技术持续领跑世界。

6月9日—10日 上海合作组织青岛峰会举行。10日，习近平主持会议并发表讲话，强调要提倡创新、协调、绿色、开放、共享的发展观，践行共同、综合、合作、可持续的安全观，秉持开放、融通、互利、共赢的合作观，树立平等、互鉴、对话、包容的文明观，坚持共商共建共享的全球治理观，不断改革完善全球治理体系，推动各国携手建设人类命运共同体。

6月10日 广西出台措施，暂停征收涉企地方水利建设基金，停征、取消和调整部分行政事业性收费等。预计每年可减轻企业负担超过 170 亿元。

6月10日 黑龙江启动为期约 4 个月的旅游市场秩序专项整治"暑期行动"，重点打击不合理低价游、强迫消费等突出问题，规范导游职业行为。

6月10日 国内在建最大直径的盾构法越江隧道——武汉轨道交通 7 号线越江隧道日前实现全线贯通。工程攻克了穿越复合地层的世界级难题。

6月11日 企业职工基本养老保险基金中央调剂制度贯彻实施工作会议在北京召开。李克强批示指出：各地区、各部门要切实做好中央调剂基金筹集、拨付、管理等工作，健全考核奖惩机制，确保中央调剂制度顺利平稳实施。

6 月 11 日　《人民日报》报道，截至 2018 年 4 月底，中央企业贫困地区产业投资基金吸引了所有中央企业参与，资金规模达 154 亿元，吸引社会资本超过 1000 亿元，基金投资范围覆盖全部 14 个集中连片特困地区。

6 月 12 日　李克强对企业职工基本养老保险基金中央调剂制度贯彻实施工作会议作出批示强调，切实做好中央调剂基金筹集拨付管理等工作，确保基本养老金按时足额发放。

6 月 12 日　科技部和全国工商联近日印发《关于推动民营企业创新发展的指导意见》，提出要培育一批核心技术能力突出、集成创新能力强、引领产业发展、具有国际竞争力的创新型民营企业。在产业细分领域培育一批"隐形冠军"和"独角兽"企业。

6 月 12 日　根据《关于调整完善新能源汽车推广应用财政补贴政策的通知》，2018新能源车购车补贴标准开始实施。

6 月 12 日　首艘由我国自主设计建造的亚洲最大自航绞吸挖泥船——"天鲲号"成功完成首次试航。

6 月 13 日　习近平考察山东万华烟台工业园考察。他强调，谁说国企搞不好？要搞好就一定要改革，抱残守缺不行，改革能成功，就能变成现代企业。

6 月 13 日　国务院印发《关于建立企业职工基本养老保险基金中央调剂制度的通知》，决定建立养老保险基金中央调剂制度，自 2018 年 7 月 1 日起实施。

6 月 13 日　李克强在湖南考察时强调，要加快新旧动能转换，增强发展内生动力。

6 月 14 日　李克强主持召开国务院常务会议，确定进一步扩大进口的措施，促进调结构惠民生和外贸平衡发展。

6 月 14 日　拥有完全自主知识产权的中国首列 2.0 版商用磁浮列车在中车株洲电力机车有限公司下线，标志着中国磁浮列车技术取得新突破。

6 月 15 日　中共中央、国务院印发《关于打赢脱贫攻坚战三年行动的指导意见》

6 月 15 日　美国贸易代表办公室公布对中国输美产品加征关税清单，将对从中国进口的约 500 亿美元商品加征 25% 的关税，其中对约 340 亿美元商品自 2018 年 7 月 6 日起实施加征关税措施，同时对约 160 亿美元商品加征关税开始征求公众意见。同日，我国国务院关税税则委员会发布公告，决定对原产于美国的 659 项约 500 亿美元进口商品加征 25% 的关税，

6 月 15 日　我国自主研制的月球轨道超长波天文观测微卫星"龙江二号"目前已进入环月轨道，星上搭载的沙特月球小型光学成像探测仪等载荷全部正常开机，成功获取了清晰的月球表面可见光图像。

6 月 16 日　国务院印发《关于积极有效利用外资推动经济高质量发展若干措施的通

知》，从六个方面提出积极有效利用外资的政策措施。

6月20日　李克强主持召开国务院常务会议，部署进一步缓解小微企业融资难、融资贵，持续推动实体经济降成本。

6月20日　我国陆上首口井深超过8000米的天然气生产井——克深902井近日投产，日输天然气达到40万立方米。

6月21日　首根国产化海洋脐带缆在浙江省宁波市北仑区东方电缆码头交付。

6月日　中国移动、中国联通、中国电信正式宣布7月1日起取消流量"漫游"费。

6月26日　人民银行、银保监会等5部门联合《关于进一步深化小微企业金融服务的意见》，从货币政策、监管考核、内部管理、财税激励和优化环境等方面提出23条具体措施。

6月28日　中共中央办公厅、国务院办公厅印发《关于建立"一带一路"国际商事争端解决机制和机构的意见》。

6月28日　国务院新闻办公室发表《中国与世界贸易组织》白皮书。

6月28日　国务院国资委在中国核工业科技馆发布中央企业工业文化遗产（核工业）名录和《中央企业历史文化遗产图册》，这是国务院国资委首次对外公开发布中央企业工业文化遗产名录。

6月29日　李克强在全国深化"放管服"改革转变政府职能电视电话会议上强调，持续深化"放管服"改革，推动政府职能深刻转变，优化发展环境，最大限度激发市场活力。

6月30日　中共中央、国务院印发《关于完善国有金融资本管理的指导意见》，明确对国有金融资本实行统一授权管理，建立健全国有金融资本管理的"四梁八柱"。

6月30日　国家发展改革委、商务部印发《自由贸易试验区外商投资准入特别管理措施（负面清单）（2018年版）》。负面清单由2017年版95条措施减至2018年版45条措施，在全国负面清单开放措施基础上，在更多领域试点取消或放宽外资准入限制。

7月

7月2日　国务院办公厅转发商务部等部门《关于扩大进口促进对外贸易平衡发展的意见》。《意见》提出，优化进口结构促进生产消费升级，优化国际市场布局，积极发挥多渠道促进作用，改善贸易自由化便利化条件。

7月4日　李克强主持召开国务院常务会议，部署进一步做好稳定和扩大就业工作。

7月6日　国务院发出通知，部署开展2018年国务院大督查工作。

7月6日　国务院国资委召开中央企业降杠杆减负债工作推进会。肖亚庆在会上强调，要严格落实企业主体责任，进一步采取有力有效措施降杠杆减负债，加强管控、守住底线，坚决打好打赢防范化解重大风险攻坚战。

7月6日　美国于当地时间 7 月 6 日 12：01（北京时间 6 日 12：01）起对第一批清单上 818 个类别、价值 340 亿美元的中国商品加征 25% 的进口关税。作为反击，中国也于同日对同等规模的美国产品加征 25% 的进口关税。

7月7日　李克强与中东欧 16 国领导人共同出席第八届中国—中东欧国家经贸论坛开幕式并致辞。

7月9日　银保监会印发《保险机构独立董事管理办法》，明确，持有险企 1/3 以上股份的股东不得提名独立董事。

7月10日　美国开启对额外 2000 亿美元中国商品加征 10% 关税的程序。

7月13日　习近平主持召开中央财经委员会第二次会议并发表重要讲话。强调，关键核心技术是国之重器，对推动我国经济高质量发展、保障国家安全都具有十分重要的意义，必须切实提高我国关键核心技术创新能力，把科技发展主动权牢牢掌握在自己手里，为我国发展提供有力科技保障。

7月13日　李克强主持召开国务院常务会议，决定新设一批跨境电子商务综合试验区，持续推进对外开放、促进外贸转型升级。

7月13日　国务院国资委印发《中央企业违规经营投资责任追究实施办法（试行）》。

7月14日　国务院印发《关于推进国有资本投资、运营公司改革试点的实施意见》。

7月15日　国家药监局发布通告，长春长生生物科技有限责任公司在冻干人用狂犬病疫苗生产过程中存在记录造假、违反《药品生产质量管理规范》行为。23 日，正在国外访问的习近平对吉林长春长生生物疫苗案件作出重要指示指出，长春长生生物科技有限责任公司违法违规生产疫苗行为，性质恶劣，令人触目惊心。有关地方和部门要高度重视，立即调查事实真相，一查到底，严肃问责，依法从严处理。同日，国务院调查组赶赴吉林，开展长春长生违法违规生产狂犬病疫苗案件调查工作。

7月18日　李克强主持召开国务院常务会议，部署持续优化营商环境，提高综合竞争力、巩固经济稳中向好。

7月19日　新华社讯，近日，中共中央办公厅、国务院办公厅印发《中央企业领导人员管理规定》。

7月20日　新华社讯，近日，中共中央办公厅、国务院办公厅印发了《国税地税征管体制改革方案》，明确国税地税机构合并后实行以税务总局为主、与省区市党委和政府双重领导的管理体制。7月5日，全国各市级国税局、地税局合并，535个市级新税务局集中统一挂牌并对外履行职责。

7月23日 李克强主持召开国务院常务会议，部署更好发挥财政金融政策作用，支持扩内需调结构促进实体经济发展；确定围绕补短板、增后劲、惠民生推动有效投资的措施。

7月23日 由中国江苏国际经济技术合作集团有限公司承建的津巴布韦最大机场罗伯特·穆加贝国际机场改扩建工程在哈拉雷举行开工仪式。

7月25日 习近平出席在南非约翰内斯堡举行的金砖国家工商论坛，并发表题为《顺应时代潮流 实现共同发展》的重要讲话，强调金砖国家要顺应历史大势，坚持合作共赢、创新引领、包容普惠、多边主义，为构建新型国际关系、构建人类命运共同体发挥建设性作用。

7月31日 习近平主持召开中共中央政治局召开会议，分析研究当前经济形势，部署下半年经济工作。会议指出，当前经济运行稳中有变，面临一些新问题新挑战，外部环境发生明显变化。要抓住主要矛盾，采取针对性强的措施加以解决。下半年，要保持经济社会大局稳定，深入推进供给侧结构性改革，打好"三大攻坚战"，加快建设现代化经济体系，推动高质量发展。要坚持稳中求进工作总基调，保持经济运行在合理区间，加强统筹协调，形成政策合力，精准施策，扎实细致工作。

7月31日 广东省政府办公厅印发《关于促进小微工业企业上规模的实施意见》，推动广东全省1万家小微工业企业转型升级为规模以上企业。

7月 国务院国资委印发《关于进一步推进中央企业办医疗机构深化改革有关事项的通知》，明确华润健康、国药集团、中国诚通、中国通用、中国国投、中国国新等6家中央企业可参与国有企业办医疗机构的资源整合。

7月 巴基斯坦唯一一条连接外部的陆地光缆——中国电信"中巴光缆"乌鲁木齐－拉瓦品第测试完成，历时11年的中巴光缆建成开通。

8月

8月3日 国务院国企改革领导小组办公室印发《国企改革"双百行动"工作方案》，决定选取224家中央企业子公司和180家地方国有企业，在2018—2020年实施国企改革"双百行动"。

8月6日 23户山西省属企业与山西省国资委日前签订了转型发展目标责任书，山西省属国有企业将把更多资源配置到发展新产业和新动能方面，力争经过三年努力，实现煤与非煤产业"结构反转"。

8 月 7 日   商务部表示，上半年我国服务进出口总额为 25313.3 亿元，同比增长 8.5%。其中，服务贸易逆差规模较上年同期收窄 26.6 亿元，是 2010 年以来首次半年度逆差收窄。

8 月 8 日   美国贸易代表办公室宣布，将从 8 月 23 日起对从中国进口的约 160 亿美元商品加征 25% 的关税。中方为做出必要反制，决定对 160 亿美元自美进口产品加征 25% 的关税，并与美方同步实施。

8 月 16 日   习近平主持召开中共中央政治局常务委员会，听取关于吉林长春长生公司问题疫苗案件调查及有关问责情况的汇报。会议强调，要完善法律法规和制度规则，明晰和落实监管责任，加强生产过程现场检查，督促企业履行主体责任义务，建立质量安全追溯体系，落实产品风险报告制度。

8 月 16 日   李克强主持召开国务院常务会议，听取吉林长春长生公司问题疫苗案件调查情况汇报并作出相关处置决定。对省市有关领导级相关部门干部进行问责；决定中央纪委国家监委对主要责任人进行立案审查调查。会议责成吉林省委和省政府、国家药监局向中共中央、国务院作出深刻检查。10 月 16 日，国家药品监督管理局和吉林省食品药品监督管理局依法从严对长春长生公司违法违规生产狂犬病疫苗作出顶格行政处罚决定。

8 月 17 日   银保监会办公厅印发《关于进一步做好信贷工作提升服务实体经济质效的通知》，要求疏通货币信贷传导机制，提升金融服务实体经济质效，推动稳就业、稳金融、稳外贸、稳外资、稳投资、稳预期，实现金融与实体经济良性循环。

8 月 20 日   国家税务总局等 5 部门在北京联合召开社会保险费和非税收入征管职责划转工作动员部署视频会议，对确保划转工作平稳落地进行统筹布置安排。按照党中央、国务院决策部署，自 2019 年 1 月 1 日起，由税务部门统一征收各项社会保险费和先行划转的非税收入。

8 月 20 日   全国首家金融法院——上海金融法院正式挂牌成立。

8 月 21 日   河南省国资委公布《2018 年河南省省属国有企业拟实施混改项目表》，27 个省属国有企业参与实施混改，行业分布包括化工、旅游、地产、餐饮、矿产品交易等。

8 月 22 日   李克强主持召开国务院常务会议，部署进一步推进缓解小微企业融资难融资贵政策落地见效；决定扩大基本医保跨省异地就医住院费用直接结算范围，便利群众就近就医；确定促进天然气协调稳定发展的措施和生物燃料乙醇产业总体布局。

8月22日 经国务院同意，国家发展改革委、人民银行、财政部、银保监会、国务院国资委等5部门印发《2018年降低企业杠杆率工作要点》。

8月22日 江苏省国资委近日印发《关于上报"双百企业"综合改革实施方案的通知》，国信集团、华泰证券、江苏省盐业集团、金陵饭店、南京旅游集团、徐工集团等6户企业入选，将按照国务院国资委及江苏省国资委的要求，深入推进综合改革。

8月22—23日 中国商务部副部长兼国际贸易谈判副代表王受文率团在华盛顿与美国财政部副部长马尔帕斯率领的美方代表团就双方关注的经贸问题进行了建设性、坦诚的交流。双方将就下一步安排保持接触。

8月23日 国务院公布《关于修改<全国经济普查条例>的决定》。

8月23日 首届中国国际智能产业博览会在重庆市开幕，习近平向会议致贺信指出，中国高度重视创新驱动发展，坚定贯彻新发展理念，加快推进数字产业化、产业数字化，努力推动高质量发展、创造高品质生活。

8月26日 交通运输部联合公安部以及北京市、天津市交通运输、公安部门，就8月24日浙江温州女孩乘坐滴滴顺风车途中被害事件，对滴滴公司开展联合约谈，责令其立即对顺风车业务进行全面整改。

8月27日 黑龙江省双鸭山市对23处年产15万吨以下的矿井进行彻底关闭，这是中国北疆今年以来最大规模的一次小煤矿集中关停行动。

8月31日 十三届全国人大常委会第五次会议通过关于修改个人所得税法的决定，个税起征点上调为每月5000元。这是自1980年个税立法以来的第七次修改，与上次修改时隔7年。此次修改的最大亮点在于开启了从分类税制向综合与分类相结合的个人所得税制的改革，把以前的工资薪金所得、劳务报酬所得、稿酬所得、特许权使用费所得作为综合所得，按照统一的超额累进税率进行征税。

9 月

9月2日 我国与毛里求斯结束中毛自由贸易协定谈判，这一协定是我国与非洲国家商签的首个自贸协定。

9月3日 中非合作论坛北京峰会隆重开幕。习近平出席开幕式并发表题为《携手共命运 同心促发展》的主旨讲话，强调携手打造新时代更加紧密的中非命运共同体，重点实施好产业促进、设施联通、贸易便利、绿色发展、能力建设、健康卫生、人文交流、和平安全"八大行动"。同日，习近平出席中非领导人与工商界代表高层对话会暨第六届中非企业家大会开幕式并发表题为《共同迈向富裕之路》的主旨演讲，强调支持非洲参与共建"一带一路"，共享发展成果，实现共同富裕。

9 月 6 日 李克强主持召开国务院常务会议，确定落实新修订的个人所得税法的配套措施，为广大群众减负；决定完善政策确保创投基金税负总体不增；部署打造"双创"升级版，增强带动就业能力、科技创新力和产业发展活力；通过《专利代理条例（修订草案）》。

9 月 6 日 广西壮族自治区人民政府发布《关于改革国有企业工资决定机制的实施意见》，提出改革工资总额决定机制，改革工资总额管理方式，完善企业内部工资分配管理，健全工资分配监管体制机制。

9 月 12 日 第四届东方经济论坛全会在俄罗斯符拉迪沃斯托克举行。习近平出席并发表题为《共享远东发展新机遇 开创东北亚美好新未来》的致辞。

9 月 13 日 新华社讯，中共中央办公厅、国务院办公厅近日印发《关于加强国有企业资产负债约束的指导意见》。

9 月 17 日 2018 世界人工智能大会在上海开幕。习近平致信向大会的召开表示祝贺。

9 月 18 日 国家发展改革委国家发展改革委、财政部、人力资源社会保障部等 8 部门联合发布《关于深化混合所有制改革试点若干政策的意见》。

9 月 18 日 美国政府宣布实施对从中国进口的约 2000 亿美元商品加征关税的措施，自 2018 年 9 月 24 日起加征关税税率为 10%，2019 年 1 月 1 日起加征关税税率提高到 25%。中方亦宣布对已公布的约 600 亿美元清单商品同时实施加征关税措施。

9 月 20 日 习近平主持召开中央全面深化改革委员会第四次会议并发表重要讲话强调，改革重在落实，也难在落实。改革进行到今天，抓改革、抓落实的有利条件越来越多，改革的思想基础、实践基础、制度基础、民心基础更加坚实，要投入更多精力、下更大气力抓落实，加强领导，科学统筹，狠抓落实，把改革重点放到解决实际问题上来。会议审议通过了《关于推动高质量发展的意见》、《关于建立更加有效的区域协调发展新机制的意见》、《关于支持自由贸易试验区深化改革创新的若干措施》、《关于完善系统重要性金融机构监管的指导意见》、《关于改革和完善疫苗管理体制的意见》、《关于统一规划体系更好发挥国家发展规划战略导向作用的意见》等文件。

9 月 20 日 中共中央、国务院印发《关于完善促进消费体制机制进一步激发居民消费潜力的若干意见》。

9 月 20 日 2018 年夏季达沃斯论坛在天津召开。李克强出席开幕式并致辞。

9 月 23 日 广深港高铁正式通车，标志着香港正式加入国家高铁网络，进入"高铁新时代"。

9月24日 辽宁省委办公厅、省政府办公厅印发《加快推进全省国资国企改革专项工作方案》。

9月24日 由中国交通建设集团有限公司承建的内罗毕－马拉巴标轨铁路（内马铁路）项目第一期恩贡隧道实现贯通，全长约4.5公里，是目前东非地区最长的铁路隧道。

9月25—28日 习近平在东北三省考察，并主持召开深入推进东北振兴座谈会。他在讲话中强调，要落实党中央关于东北振兴的一系列决策部署，坚持新发展理念，解放思想、锐意进取，瞄准方向、保持定力，深化改革、破解矛盾，扬长避短、发挥优势，以新气象新担当新作为推进东北振兴。

9月26日 李克强主持召开国务院常务会议，确定推动外商投资重大项目落地、降低部分商品进口关税和加快推进通关便利化的措施，促进更高水平对外开放。

9月28日 由航空工业集团贵飞自主创新研制、具有完全自主知识产权的多用途飞机FTC-2000G首架飞机在贵州安顺机场首飞成功。

9月29日 由中国通号自主研发的全球首套时速350公里高铁自动驾驶系统（C3+ATO）顺利完成现场试验。我国高铁、城际、地铁、中低速磁悬浮等轨道交通全面进入自动驾驶时代。

10月

10月8日 李克强主持召开国务院常务会议，确定完善出口退税政策加快退税进度的措施，为企业减负、保持外贸稳定增长。

10月9日 全国国有企业改革座谈会在北京召开。会议要求，坚持稳中求进工作总基调，按照完善治理、强化激励、突出主业、提高效率的要求，以"伤其十指不如断其一指"的思路，扎实推进国有企业改革，大胆务实向前走。

10月9日 全国大众创业万众创新活动周在四川成都拉开帷幕。李克强在批示中指出，近几年，在各方面共同努力下，"双创"活动蓬勃发展，为激发创新潜力和市场活力、扩大就业发挥了积极作用。

10月15日 习近平主持召开中央军民融合发展委员会第二次会议。会议审议通过《关于加强军民融合发展法治建设的意见》。

10月16日 新华社讯，日前，国务院批复同意设立中国（海南）自由贸易试验区并印发《中国（海南）自由贸易试验区总体方案》。

10 月 17 日 中共中央政治局委员、国务院副总理、中央财经领导小组办公室主任、国务院国有企业改革领导小组组长刘鹤在上海调研科技创新工作，并主持召开企业家和科研人员座谈会。刘鹤指出，要深入推进国有科研机构改革，突出结果导向，强化激励机制，激发科研人员创新活力，推出更多"从 0 到 1"的原创性成果。要有针对性地解决中小企业发展中的突出问题，坚持对国有和民营经济一视同仁、对大中小企业平等对待，加强产权和知识产权保护，努力为企业发展创造良好环境。

10 月 20 日 习近平给"万企帮万村"行动中受表彰的民营企业家回信，对民营企业踊跃投身脱贫攻坚予以肯定，勉励广大民营企业家坚定发展信心，踏踏实实办好企业。

10 月 20 日 我国自主研制的大型灭火/水上救援水陆两栖飞机 AG600 在湖北荆门漳河机场成功实施首次水上试飞任务。习近平致电表示祝贺。

10 月 22 日 李克强主持召开国务院常务会议，部署根据督查发现和企业关切的问题，进一步推动优化营商环境政策落实；决定设立民营企业债券融资支持工具，以市场化方式帮助缓解企业融资难；确定建设国家"互联网+监管"系统，促进政府监管规范化精准化智能化。

10 月 22—25 日 习近平在广东珠海、清远、深圳、广州等地考察，就贯彻落实党的十九大精神、深化改革开放、推动经济高质量发展等进行实地调研。习近平指出，要不忘改革开放初心，认真总结改革开放 40 年成功经验，提升改革开放质量和水平。

10 月 22—26 日 十三届全国人大常委会第六次会议在北京人民大会堂举行。会议通过了关于修改《公司法》等 15 部法律的决定，对公司法有关资本制度的规定进行修改完善，赋予公司更多自主权。

10 月 23 日 港珠澳大桥开通仪式在广东省珠海市举行。习近平宣布大桥正式开通并巡览大桥。港珠澳大桥总长约 55 公里，是"一国两制"下粤港澳三地首次合作共建的超大型跨海交通工程。这是世界总体跨度最长、钢结构桥体最长、海底沉管隧道最长的跨海大桥，也是公路建设史上技术最复杂、施工难度最高、工程规模最庞大的桥梁。大桥在设计理念、建造技术、施工组织、管理模式等方面进行一系列创新，标志着我国隧岛桥设计施工管理水平走在了世界前列。

10 月 24 日 新华社讯，习近平日前对自由贸易试验区建设作出重要指示指出，建设自由贸易试验区是党中央在新时代推进改革开放的一项战略举措，在我国改革开放进程中具有里程碑意义。

10 月 24 日 十三届全国人大常委会第六次会议听取《2017 年度国有资产管理情况的综合报告》。《报告》指出，2017 年，全国国有企业（不含金融企业）资产总额

183.5 万亿元，负债总额 118.5 万亿元，国有资本及权益总额 50.3 万亿元。全国国有企业境外总资产 16.7 万亿元。2017 年，国有金融企业资产总额 241.0 万亿元，负债总额 217.3 万亿元，形成国有资产 16.2 万亿元。全国金融企业所投境外机构资产规模 18.1 万亿元。《报告》还对行政事业性国有资产、国有自然资源资产的情况作了汇报。

10 月 29 日　中国、欧盟等 7 个世界贸易组织成员在世贸组织争端解决机构会议上强调，美国 3 月宣布的钢铝关税措施并非基于"国家安全"考虑，实质上是保障措施，并要求设立专家组审查美国钢铝关税措施。

11 月

11 月 1 日　习近平主持召开民营企业座谈会并发表重要讲话。他强调，非公有制经济在我国经济社会发展中的地位和作用没有变！我们毫不动摇鼓励、支持、引导非公有制经济发展的方针政策没有变！我们致力于为非公有制经济发展营造良好环境和提供更多机会的方针政策没有变！我国基本经济制度写入了宪法、党章，这是不会变的，也是不能变的。任何否定、怀疑、动摇我国基本经济制度的言行都不符合党和国家方针政策，都不要听、不要信！所有民营企业和民营企业家完全可以吃下定心丸、安心谋发展！习近平还提出了大力支持民营企业发展壮大 6 个方面的政策举措。10 位民营企业家在会上发言。

11 月 2 日　李克强主持召开国务院常务会议，确定进一步促进就业的针对性措施；决定延长阶段性降低失业保险缴费费率政策执行期限；听取国务院第五次大督查情况汇报。

11 月 2 日　国务院国资委印发《中央企业合规管理指引（试行）》，提出加强对市场交易、安全环保、产品质量、劳动用工、财务税收、知识产权、商业伙伴等一系列重点领域的合规管理。

11 月 2 日　国务院国资委在鞍钢集团博物馆举行中央企业工业文化遗产（钢铁行业）名录发布仪式，正式发布中央企业工业文化遗产（钢铁行业）名录，这次是国务院国资委第二次发布中央企业工业文化遗产名录。

11 月 3 日　中国首座跨越地震活动断层的跨海桥梁——海南铺前大桥主桥顺利合龙，标志着大桥主体工程基本贯通。

11 月 5 日　新华社讯，财政部、税务总局、科技部、教育部近日发布通知，自 2019 年 1 月 1 日至 2021 年 12 月 31 日，对国家级、省级科技企业孵化器、大学科技园和国家备案众创空间自用以及无偿或通过出租等方式提供给在孵对象使用的房产、土地，免征房产税和城镇土地使用税；对其向在孵对象提供孵化服务取得的收入，免征增值税。

11 月 5—10 日 首届中国国际进口博览会在上海举行。习近平出席开幕式并发表题为《共建创新包容的开放型世界经济》的主旨演讲时指出，中国国际进口博览会是迄今为止世界上第一个以进口为主题的国家级展会，是中国推动建设开放型世界经济、支持经济全球化的实际行动；宣布增设中国上海自由贸易试验区的新片区、在上海证券交易所设立科创板并试点注册制、支持长江三角洲区域一体化发展并上升为国家战略。此次进博会吸引 172 个国家、地区和国际组织参会，3600 多家企业参展，超过 40 万名境内外采购商到会洽谈采购，展览总面积达 30 万平方米。交易采购成果丰硕，按一年计，累计意向成交 578.3 亿美元。

11 月 7 日 第五届世界互联网大会在浙江乌镇开幕。习近平致贺信。

11 月 9 日 李克强主持召开国务院常务会议，要求加大金融支持缓解民营企业特别是小微企业融资难融资贵；决定开展专项行动，解决拖欠民营企业账款问题；部署有效发挥政府性融资担保作用支持小微企业和"三农"发展。

11 月 11 日 2018 天猫"双 11"单日成交额达 2135 亿元人民币。这是自"双 11"设立以来，阿里巴巴旗下平台交易总额首度打破 2000 亿元。

11 月 12 日 习近平在会见香港澳门各界庆祝国家改革开放 40 周年访问团时讲话指出，40 年改革开放，港澳同胞是见证者也是参与者，是受益者也是贡献者。港澳同胞同内地人民一样，都是国家改革开放伟大奇迹的创造者。国家改革开放的历程就是香港、澳门同内地优势互补、一起发展的历程。对香港、澳门来说，"一国两制"是最大的优势，国家改革开放是最大的舞台，共建"一带一路"、粤港澳大湾区建设等国家战略实施是新的重大机遇。

11 月 13 日 "伟大的变革——庆祝改革开放 40 周年大型展览"在国家博物馆开幕。展览以坚持和发展中国特色社会主义为主题，多角度、全景式集中展示了改革开放 40 年的光辉历程、伟大成就和宝贵经验，突出展示党的十八大以来，人民群众生产生活发生的伟大变迁，中华民族迎来了从站起来、富起来到强起来的伟大飞跃。开幕当日，习近平参观了展览。

11 月 14 日 习近平主持召开中央全面深化改革委员会第五次会议并发表重要讲话。他强调，庆祝改革开放 40 周年，要以新时代中国特色社会主义思想为指导，深刻总结改革开放光辉历程和宝贵经验，引导广大干部群众充分认识改革开放重大意义和伟大成就，增强"四个意识"，坚定"四个自信"，继续高举改革开放伟大旗帜，把握完善和发展中国特色社会主义制度、推进国家治理体系和治理能力现代化的总目标，不断把新时代改革开放继续推向前进。

11 月 16 日　上海证券交易所退市改革方案正式出炉，"社会公众安全类重大违法"情形被纳入强制退市新规。

11 月 29 日　国家发展改革委等 28 个部门联合发布《关于对社会保险领域严重失信企业及其有关人员实施联合惩戒的合作备忘录》，拒不缴纳社保费、未如实申报社保缴费基数、骗保等 9 种情形将遭到 32 项联合惩戒。

12 月

12 月 1 日　二十国集团领导人第十三次峰会在阿根廷布宜诺斯艾利斯举行。国家主席习近平应邀同美国总统特朗普在阿根廷布宜诺斯艾利斯共进晚餐，举行会晤。双方已达成共识，停止相互加征新的关税。双方同意相互开放市场，在中国推进新一轮改革开放进程中使美方的合理关切得到逐步解决。

12 月 1 日　加拿大政府以应美国政府要求为由逮捕拘押在加拿大温哥华转机的华为公司首席财务官孟晚舟。6 日，中国政府向加拿大和美国方面提出严正交涉，要求对方立即对拘押理由作出澄清，立即释放被拘押人员。11 日，加拿大法院作出裁决，批准孟晚舟的保释申请。

12 月 3 日　新华社讯，近日，李克强在南京主持召开部分省（区）政府主要负责人经济形势座谈会，就当前经济形势和明年发展听取意见建议。李克强强调，必须把形势和问题分析透，坚定不移深化改革扩大开放，心无旁骛办好自己的事情，增强发展动力和后劲，保持经济平稳运行，推动高质量发展。

12 月 5 日　新华社讯，国务院日前印发《关于做好当前和今后一个时期促进就业工作的若干意见》。

12 月 5 日　李克强主持召开国务院常务会议，决定再推广一批促进创新的改革举措，更大激发创新创造活力；通过《中华人民共和国专利法修正案（草案）》，有效保护产权，有力打击侵权；通过《生产安全事故应急条例（草案）》。

12 月 5 日　第十一轮中美工商领袖和前高官对话在华盛顿举行。中国国际经济交流中心理事长曾培炎和美国全国商会会长托马斯·多诺霍以及中美两国工商领袖、政府前高官及专家学者 30 余名代表参加了对话。

12 月 8 日　我国在西昌卫星发射中心用长征三号乙运载火箭成功发射嫦娥四号探测

器，开启了月球探测的新旅程。

12 月 9 日　第五届中国工业大奖获奖名单正式出炉，来自国内的 12 家企业、11 个项目获得中国工业大奖；20 家企业、16 个项目获得中国工业大奖表彰奖；14 家企业、10 个项目获得中国工业大奖提名奖。

12 月 10 日　工业和信息化部正式对外公布，已向中国电信、中国移动、中国联通发放了 5G 系统中低频段试验频率使用许可。

12 月 18 日　庆祝改革开放 40 周年大会在人民大会堂隆重举行，习近平在大会上发表重要讲话。习近平强调，40 年的实践充分证明，改革开放是党和人民大踏步赶上时代的重要法宝，是坚持和发展中国特色社会主义的必由之路，是决定当代中国命运的关键一招，也是决定实现"两个一百年"奋斗目标、实现中华民族伟大复兴的关键一招。会上，党中央、国务院决定，授予于敏等 100 名同志改革先锋称号，颁授改革先锋奖章；向阿兰·梅里埃等 10 名国际友人颁授中国改革友谊奖章。

12 月 19—21 日　中央经济工作会议在北京举行。习近平在会上发表重要讲话，总结经济工作，分析当前经济形势，部署 2019 年经济工作。李克强在讲话中对明年经济工作作出具体部署，并作了总结讲话。会议指出，宏观政策要强化逆周期调节，继续实施积极的财政政策和稳健的货币政策，适时预调微调，稳定总需求；积极的财政政策要加力提效，实施更大规模的减税降费，较大幅度增加地方政府专项债券规模；稳健的货币政策要松紧适度，保持流动性合理充裕，改善货币政策传导机制，提高直接融资比重，解决好民营企业和小微企业融资难融资贵问题。会议指出，要加快国资国企改革，坚持政企分开、政资分开和公平竞争原则，做强做优做大国有资本，加快实现从管企业向管资本转变，改组成立一批国有资本投资公司，组建一批国有资本运营公司，积极推进混合所有制改革，加快推动中国铁路总公司股份制改造。要支持民营企业发展，营造法治化制度环境，保护民营企业家人身安全和财产安全。

12 月 20 日　国家税务总局发布公告，明确全面实施新个人所得税法的征管办法，确保新旧税制平稳过渡。

12 月 23 日　新华社讯，我国首款全复材多用途无人机——翼龙 I-D 无人机成功首飞。

12 月 24 日　李克强主持召开国务院常务会议，部署加大对民营经济和中小企业支持，增强市场主体活力和发展信心；决定取消企业银行账户开户许可，压缩商标专利审查周期，全面实施"双随机、一公开"市场监管。

12 月 25 日　经中共中央、国务院批准，国家发展改革委、商务部发布《市场准入负面清单（版）》。这标志我国全面实施市场准入负面清单制度，负面清单以外的行业、领域、业务等，各类市场主体皆可依法平等进入。

12月25日 被誉为黄金旅游线的黄杭高铁开通运营。黄杭高铁全长265公里，东连杭州，西接黄山，设计时速250公里每小时，沿线穿越7个5A级景区，50多个4A级景区。

12月25日 中国铁物与中国长城资产等7家投资机构在北京签署70.5亿元的市场化债转股合作协议。这是首例央企私募债重组，此次债转股协议的签署，标志着中国铁物债务问题得到彻底解决。

12月25日 国家电网发布全面深化改革十大举措。国家电网的特高压直流工程领域将按照合作共赢原则，积极引入保险、大型产业基金以及送受端地方政府所属投资平台等社会资本参与建设。

12月26日 由人民日报社主办的2018中国品牌论坛在北京举行，论坛主题为"改革新动力，品牌新未来"。论坛启动编制中国品牌发展指数，公布了"新时代品牌强国计划"新入选企业，同时发布了新书《中国品牌强中国》。

12月27日 百兆瓦级光热电站——首航节能敦煌100兆瓦熔盐塔式光热电站在甘肃省敦煌市建成，即将并网投运。这是我国现阶段建成规模最大、吸热塔最高、可24小时连续发电的100兆瓦级熔盐塔式光热电站。

12月27日 中国卫星导航系统管理办公室在国务院新闻办公室新闻发布会上宣布，北斗三号基本系统完成建设，开始提供全球服务，这标志着北斗系统服务范围由区域扩展为全球，北斗系统正式迈入全球时代。

12月27—28日 财政部部长刘昆在全国财政工作会议上表示，2019年宏观政策要强化逆周期调节，积极的财政政策要加力提效，一大表现就是将实施更大规模的减税降费，为全社会进一步减负。

12月28日 我国第一个基于5G技术的国家级新媒体平台在中央广播电视总台开建。当天，中央广播电视总台与中国电信、中国移动、中国联通及华为公司在北京共同签署合作建设5G新媒体平台框架协议。

12月28日 C919国产大型客机103架机平安降落在上海浦东国际机场，圆满完成第一次飞行，标志着目前共三架C919飞机进入试飞状态。

2018年我国国资监管系统企业累计实现营业收入54.8万亿元，同比增长10.3%；实现净利润2.4万亿元，同比增长12.1%。其中，中央企业累计实现营业收入29.1万亿元，同比增长10.1%，实现净利润1.2万亿元，同比增长15.7%，创历史最好水平。

附　录

V

习近平：在庆祝改革开放 40 周年大会上的讲话

（2018 年 12 月 18 日）

同志们，朋友们：

1978 年 12 月 18 日，在中华民族历史上，在中国共产党历史上，在中华人民共和国历史上，都必将是载入史册的重要日子。这一天，我们党召开十一届三中全会，实现新中国成立以来党的历史上具有深远意义的伟大转折，开启了改革开放和社会主义现代化的伟大征程。

今天，我们在这里隆重集会，回顾改革开放 40 年的光辉历程，总结改革开放的伟大成就和宝贵经验，动员全党全国各族人民在新时代继续把改革开放推向前进，为实现"两个一百年"奋斗目标、实现中华民族伟大复兴的中国梦不懈奋斗。

同志们、朋友们！

党的十一届三中全会是在党和国家面临何去何从的重大历史关头召开的。当时，世界经济快速发展，科技进步日新月异，而"文化大革命"十年内乱导致我国经济濒临崩溃的边缘，人民温饱都成问题，国家建设百业待兴。党内外强烈要求纠正"文化大革命"的错误，使党和国家从危难中重新奋起。邓小平同志指出："如果现在再不实行改革，我们的现代化事业和社会主义事业就会被葬送。"

在邓小平同志领导下和老一辈革命家支持下，党的十一届三中全会冲破长期"左"的错误的严重束缚，批评"两个凡是"的错误方针，充分肯定必须完整、准确地掌握毛泽东思想的科学体系，高度评价关于真理标准问题的讨论，果断结束"以阶级斗争为纲"，重新确立马克思主义的思想路线、政治路线、组织路线。从此，我国改革开放拉开了大幕。

我们党作出实行改革开放的历史性决策，是基于对党和国家前途命运的深刻把握，是基于对社会主义革命和建设实践的深刻总结，是基于对时代潮流的深刻洞察，是基于对人民群众期盼和需要的深刻体悟。邓小平同志指出："贫穷不是社会主义"，"我们要赶上时代，这是改革要达到的目的"。

历史发展有其规律，但人在其中不是完全消极被动的。只要把握住历史发展大势，抓住历史变革时机，奋发有为，锐意进取，人类社会就能更好前进。

改革开放是我们党的一次伟大觉醒，正是这个伟大觉醒孕育了我们党从理论到实践的伟大创造。改革开放是中国人民和中华民族发展史上一次伟大革命，正是这个伟大革命推动了中国特色社会主义事业的伟大飞跃！

同志们、朋友们！

建立中国共产党、成立中华人民共和国、推进改革开放和中国特色社会主义事业，是五四运动以来我国发生的三大历史性事件，是近代以来实现中华民族伟大复兴的三大里程碑。

以毛泽东同志为主要代表的中国共产党人，把马克思列宁主义基本原理同中国革命具体实践结合起来，创立了毛泽东思想，团结带领全党全国各族人民，经过长期浴血奋斗，完成了新民主主义革命，建立了中华人民共和国，确立了社会主义基本制度，成功实现了中国历史上最深刻最伟大的社会变革，为当代中国一切发展进步奠定了根本政治前提和制度基础。在探索过程中，虽然经历了严重曲折，但党在社会主义革命和建设中取得的独创性理论成果和巨大成就，为在新的历史时期开创中国特色社会主义提供了宝贵经验、理论准备、物质基础。

党的十一届三中全会以后，以邓小平同志为主要代表的中国共产党人，团结带领全党全国各族人民，深刻总结我国社会主义建设正反两方面经验，借鉴世界社会主义历史经验，创立了邓小平理论，作出把党和国家工作中心转移到经济建设上来、实行改革开放的历史性决策，深刻揭示社会主义本质，确立社会主义初级阶段基本路线，明确提出走自己的路、建设中国特色社会主义，科学回答了建设中国特色社会主义的一系列基本问题，制定了到 21 世纪中叶分三步走、基本实现社会主义现代化的发展战略，成功开创了中国特色社会主义。

党的十三届四中全会以后，以江泽民同志为主要代表的中国共产党人，团结带领全党全国各族人民，坚持党的基本理论、基本路线，加深了对什么是社会主义、怎样建设社会主义和建设什么样的党、怎样建设党的认识，积累了治党治国新的宝贵经验，形成了"三个代表"重要思想。在国内外形势十分复杂、世界社会主义出现严重曲折的严峻考验面前，捍卫了中国特色社会主义，确立了社会主义市场经济体制的改革目标和基本框架，确立了社会主义初级阶段的基本经济制度和分配制度，开创全面改革开放新局面，推进党的建设新的伟大工程，成功把中国特色社会主义推向 21 世纪。

党的十六大以后，以胡锦涛同志为主要代表的中国共产党人，团结带领全党全国各族人民，坚持以邓小平理论和"三个代表"重要思想为指导，根据新的发展要求，深刻认识和回答了新形势下实现什么样的发展、怎样发展等重大问题，形成了科学发展观，抓住重要战略机遇期，在全面建设小康社会进程中推进实践创新、理论创新、制度创新，强调坚持以人为本、全面协调可持续发展，形成中国特色社会主义事业总体布局，着力保障和改善民生，促进社会公平正义，推动建设和谐世界，推进党的执政能力建设和先进性建设，成功在新的历史起点上坚持和发展了中国特色社会主义。

党的十八大以来，党中央团结带领全党全国各族人民，全面审视国际国内新的形势，通过总结实践、展望未来，深刻回答了新时代坚持和发展什么样的中国特色社会主义、怎样坚持和发展中国特色社会主义这个重大时代课题，形成了新时代中国特色社会主义思想，坚持统筹推进"五位一体"总体布局、协调推进"四个全面"战略布局，坚持稳中求进工作总基调，对党和国家各方面工作提出一系列新理念新思想新战略，推动党和国家事业发生历史性变革、取得历史性成就，中国特色社会主义进入了新时代。我们以巨大的政治勇气和智慧，提出全面深化改革总目标是完善和发展中国特色社会主义制度、推进国家治理体系和治理能力现代化，着力增强改革系统性、整体性、协同性，着力抓好重大制度创新，着力提升人民群众获得感、幸福感、安全感，推出1600多项改革方案，啃下了不少硬骨头，闯过了不少急流险滩，改革呈现全面发力、多点突破、蹄疾步稳、纵深推进的局面。

艰难困苦，玉汝于成。40年来，我们解放思想、实事求是，大胆地试、勇敢地改，干出了一片新天地。从实行家庭联产承包、乡镇企业异军突起、取消农业税牧业税和特产税到农村承包地"三权"分置、打赢脱贫攻坚战、实施乡村振兴战略，从兴办深圳等经济特区、沿海沿边沿江沿线和内陆中心城市对外开放到加入世界贸易组织、共建"一带一路"、设立自由贸易试验区、谋划中国特色自由贸易港、成功举办首届中国国际进口博览会，从"引进来"到"走出去"，从搞好国营大中小企业、发展个体私营经济到深化国资国企改革、发展混合所有制经济，从单一公有制到公有制为主体、多种所有制经济共同发展和坚持"两个毫不动摇"，从传统的计划经济体制到前无古人的社会主义市场经济体制再到使市场在资源配置中起决定性作用和更好发挥政府作用，从以经济体制改革为主到全面深化经济、政治、文化、社会、生态文明体制和党的建设制度改革，党和国家机构改革、行政管理体制改革、依法治国体制改革、司法体制改革、外事体制改革、社会治理体制改革、生态环境督察体制改革、国家安全体制改革、国防和军队改革、党的领导和党的建设制度改革、纪检监察制度改革等一系列重大改革扎实推进，各项便民、惠民、利民举措持续实施，使改革开放成为当代中国最显著的特征、最壮丽的气象。

同志们、朋友们！

改革开放 40 年来，从开启新时期到跨入新世纪，从站上新起点到进入新时代，40 年风雨同舟，40 年披荆斩棘，40 年砥砺奋进，我们党引领人民绘就了一幅波澜壮阔、气势恢宏的历史画卷，谱写了一曲感天动地、气壮山河的奋斗赞歌。

——40 年来，我们始终坚持解放思想、实事求是、与时俱进、求真务实，坚持马克思主义指导地位不动摇，坚持科学社会主义基本原则不动摇，勇敢推进理论创新、实践创新、制度创新、文化创新以及各方面创新，不断赋予中国特色社会主义以鲜明的实践特色、理论特色、民族特色、时代特色，形成了中国特色社会主义道路、理论、制度、文化，以不可辩驳的事实彰显了科学社会主义的鲜活生命力，社会主义的伟大旗帜始终在中国大地上高高飘扬！

——40 年来，我们始终坚持以经济建设为中心，不断解放和发展社会生产力，我国国内生产总值由 3679 亿元增长到 2017 年的 82.7 万亿元，年均实际增长 9.5%，远高于同期世界经济 2.9% 左右的年均增速。我国国内生产总值占世界生产总值的比重由改革开放之初的 1.8% 上升到 15.2%，多年来对世界经济增长贡献率超过 30%。我国货物进出口总额从 206 亿美元增长到超过 4 万亿美元，累计使用外商直接投资超过 2 万亿美元，对外投资总额达到 1.9 万亿美元。我国主要农产品产量跃居世界前列，建立了全世界最完整的现代工业体系，科技创新和重大工程捷报频传。我国基础设施建设成就显著，信息畅通，公路成网，铁路密布，高坝矗立，西气东输，南水北调，高铁飞驰，巨轮远航，飞机翱翔，天堑变通途。现在，我国是世界第二大经济体、制造业第一大国、货物贸易第一大国、商品消费第二大国、外资流入第二大国，我国外汇储备连续多年位居世界第一，中国人民在富起来、强起来的征程上迈出了决定性的步伐！

——40 年来，我们始终坚持中国特色社会主义政治发展道路，不断深化政治体制改革，发展社会主义民主政治，党和国家领导体制日益完善，全面依法治国深入推进，中国特色社会主义法律体系日益健全，人民当家作主的制度保障和法治保障更加有力，人权事业全面发展，爱国统一战线更加巩固，人民依法享有和行使民主权利的内容更加丰富、渠道更加便捷、形式更加多样，掌握着自己命运的中国人民焕发出前所未有的积极性、主动性、创造性，在改革开放和社会主义现代化建设中展现出气吞山河的强大力量！

——40 年来，我们始终坚持发展社会主义先进文化，加强社会主义精神文明建设，培育和践行社会主义核心价值观，传承和弘扬中华优秀传统文化，坚持以科学理论引路指向，以正确舆论凝心聚力，以先进文化塑造灵魂，以优秀作品鼓舞斗志，爱国主义、集体主义、社会主义精神广为弘扬，时代楷模、英雄模范不断涌现，文化艺术日益繁荣，网信事业快速发展，全民族理想信念和文化自信不断增强，国家文化软实力和中华文化影响力大幅提升。改革开放铸就的伟大改革开放精神，极大丰富了民族精神内涵，成为当代中国人民最鲜明的精神标识！

——40年来，我们始终坚持在发展中保障和改善民生，全面推进幼有所育、学有所教、劳有所得、病有所医、老有所养、住有所居、弱有所扶，不断改善人民生活、增进人民福祉。全国居民人均可支配收入由171元增加到2.6万元，中等收入群体持续扩大。我国贫困人口累计减少7.4亿人，贫困发生率下降94.4个百分点，谱写了人类反贫困史上的辉煌篇章。教育事业全面发展，九年义务教育巩固率达93.8%。我国建成了包括养老、医疗、低保、住房在内的世界最大的社会保障体系，基本养老保险覆盖超过9亿人，医疗保险覆盖超过13亿人。常住人口城镇化率达到58.52%，上升40.6个百分点。居民预期寿命由1981年的67.8岁提高到2017年的76.7岁。我国社会大局保持长期稳定，成为世界上最有安全感的国家之一。粮票、布票、肉票、鱼票、油票、豆腐票、副食本、工业券等百姓生活曾经离不开的票证已经进入了历史博物馆，忍饥挨饿、缺吃少穿、生活困顿这些几千年来困扰我国人民的问题总体上一去不复返了！

——40年来，我们始终坚持保护环境和节约资源，坚持推进生态文明建设，生态文明制度体系加快形成，主体功能区制度逐步健全，节能减排取得重大进展，重大生态保护和修复工程进展顺利，生态环境治理明显加强，积极参与和引导应对气候变化国际合作，中国人民生于斯、长于斯的家园更加美丽宜人！

——40年来，我们始终坚持党对军队的绝对领导，不断推进国防和军队现代化，推进人民军队实现革命性重塑，武器装备取得历史性突破，治军方式发生根本性转变，革命化现代化正规化水平显著提高，人民军队维护国家主权、安全、发展利益的能力显著增强，成为保卫人民幸福生活、保卫祖国和世界和平牢不可破的强大力量！

——40年来，我们始终坚持推进祖国和平统一大业，实施"一国两制"基本方针，相继恢复对香港、澳门行使主权，洗雪了中华民族百年屈辱。我们坚持一个中国原则和"九二共识"，加强两岸经济文化交流合作，推动两岸关系和平发展，坚决反对和遏制"台独"分裂势力，牢牢掌握两岸关系发展主导权和主动权。海内外全体中华儿女的民族认同感、文化认同感大大增强，同心共筑中国梦的意志更加坚强！

——40年来，我们始终坚持独立自主的和平外交政策，始终不渝走和平发展道路、奉行互利共赢的开放战略，坚定维护国际关系基本准则，维护国际公平正义。我们实现由封闭半封闭到全方位开放的历史转变，积极参与经济全球化进程，为推动人类共同发展作出了应有贡献。我们积极推动建设开放型世界经济、构建人类命运共同体，促进全球治理体系变革，旗帜鲜明反对霸权主义和强权政治，为世界和平与发展不断贡献中国智慧、中国方案、中国力量。我国日益走近世界舞台中央，成为国际社会公认的世界和平的建设者、全球发展的贡献者、国际秩序的维护者！

——40年来，我们始终坚持加强和改善党的领导，积极应对在长期执政和改革开放条件下党面临的各种风险考验，持续推进党的建设新的伟大工程，保持党的先进性和纯洁性，保持党同人民群众的血肉联系。我们积极探索共产党执政规律、社会主义建设规律、人类社会发展规律，不断开辟马克思主义中国化新境界。我们坚持党要管党、从严治党，净化党内政治生态，持之以恒正风肃纪，大力整治形式主义、官僚主义、享乐主义和奢靡之风，以零容忍态度严厉惩治腐败，反腐败斗争取得压倒性胜利。我们党在革命性锻造中坚定走在时代前列，始终是中国人民和中华民族的主心骨！

40年春风化雨、春华秋实，改革开放极大改变了中国的面貌、中华民族的面貌、中国人民的面貌、中国共产党的面貌。中华民族迎来了从站起来、富起来到强起来的伟大飞跃！中国特色社会主义迎来了从创立、发展到完善的伟大飞跃！中国人民迎来了从温饱不足到小康富裕的伟大飞跃！中华民族正以崭新姿态屹立于世界的东方！

40年来取得的成就不是天上掉下来的，更不是别人恩赐施舍的，而是全党全国各族人民用勤劳、智慧、勇气干出来的！我们用几十年时间走完了发达国家几百年走过的工业化历程。在中国人民手中，不可能成为了可能。我们为创造了人间奇迹的中国人民感到无比自豪、无比骄傲！

在这里，我代表党中央，向各条战线为改革开放和社会主义现代化建设贡献了智慧和力量的广大工人、农民、知识分子、干部、解放军指战员、武警部队官兵、公安干警，向各民主党派和无党派人士、各人民团体和各界爱国人士，致以崇高的敬意！向为祖国改革开放和现代化建设作出积极努力的香港特别行政区同胞、澳门特别行政区同胞、台湾同胞和海外侨胞，致以诚挚的问候！向一切关心和支持中国改革开放和现代化建设的外国朋友和世界各国人民，表示衷心的感谢！

同志们、朋友们！

40年的实践充分证明，党的十一届三中全会以来我们党团结带领全国各族人民开辟的中国特色社会主义道路、理论、制度、文化是完全正确的，形成的党的基本理论、基本路线、基本方略是完全正确的。

40年的实践充分证明，中国发展为广大发展中国家走向现代化提供了成功经验、展现了光明前景，是促进世界和平与发展的强大力量，是中华民族对人类文明进步作出的重大贡献。

40年的实践充分证明，改革开放是党和人民大踏步赶上时代的重要法宝，是坚持和发展中国特色社会主义的必由之路，是决定当代中国命运的关键一招，也是决定实现"两个一百年"奋斗目标、实现中华民族伟大复兴的关键一招。

只有顺应历史潮流，积极应变，主动求变，才能与时代同行。"行之力则知愈进，知之深则行愈达。"改革开放40年积累的宝贵经验是党和人民弥足珍贵的精神财富，对新时代坚持和发展中国特色社会主义有着极为重要的指导意义，必须倍加珍惜、长期坚持，在实践中不断丰富和发展。

第一，必须坚持党对一切工作的领导，不断加强和改善党的领导。改革开放40年的实践启示我们：中国共产党领导是中国特色社会主义最本质的特征，是中国特色社会主义制度的最大优势。党政军民学，东西南北中，党是领导一切的。正是因为始终坚持党的集中统一领导，我们才能实现伟大历史转折、开启改革开放新时期和中华民族伟大复兴新征程，才能成功应对一系列重大风险挑战、克服无数艰难险阻，才能有力应变局、平风波、战洪水、防非典、抗地震、化危机，才能既不走封闭僵化的老路也不走改旗易帜的邪路，而是坚定不移走中国特色社会主义道路。坚持党的领导，必须不断改善党的领导，让党的领导更加适应实践、时代、人民的要求。在坚持党的领导这个决定党和国家前途命运的重大原则问题上，全党全国必须保持高度的思想自觉、政治自觉、行动自觉，丝毫不能动摇。

前进道路上，我们必须增强"四个意识"、坚定"四个自信"，坚决维护党中央权威和集中统一领导，把党的领导贯彻和体现到改革发展稳定、内政外交国防、治党治国治军等各个领域。改革开放每一步都不是轻而易举的，未来必定会面临这样那样的风险挑战，甚至会遇到难以想象的惊涛骇浪。我们党要总揽全局、协调各方，坚持科学执政、民主执政、依法执政，完善党的领导方式和执政方式，提高党的执政能力和领导水平，不断提高党把方向、谋大局、定政策、促改革的能力和定力，确保改革开放这艘航船沿着正确航向破浪前行。

第二，必须坚持以人民为中心，不断实现人民对美好生活的向往。改革开放40年的实践启示我们：为中国人民谋幸福，为中华民族谋复兴，是中国共产党人的初心和使命，也是改革开放的初心和使命。我们党来自人民、扎根人民、造福人民，全心全意为人民服务是党的根本宗旨，必须以最广大人民根本利益为我们一切工作的根本出发点和落脚点，坚持把人民拥护不拥护、赞成不赞成、高兴不高兴作为制定政策的依据，顺应民心、尊重民意、关注民情、致力民生，既通过提出并贯彻正确的理论和路线方针政策带领人民前进，又从人民实践创造和发展要求中获得前进动力，让人民共享改革开放成果，激励人民更加自觉地投身改革开放和社会主义现代化建设事业。

前进道路上，我们必须始终把人民对美好生活的向往作为我们的奋斗目标，践行党的根本宗旨，贯彻党的群众路线，尊重人民主体地位，尊重人民群众在实践活动中所表达的意愿、所创造的经验、所拥有的权利、所发挥的作用，充分激发蕴藏在人民群众中的创造伟力。我们要健全民主制度、拓宽民主渠道、丰富民主形式、完善法治保障，确保人民依法享有广泛充分、真实具体、有效管用的民主权利。我们要着力解决人民群众所需所急所盼，让人民共享经济、政治、文化、社会、生态等各方面发展成果，有更多、更直接、更实在的获得感、幸福感、安全感，不断促进人的全面发展、全体人民共同富裕。

第三，必须坚持马克思主义指导地位，不断推进实践基础上的理论创新。改革开放40年的实践启示我们：创新是改革开放的生命。实践发展永无止境，解放思想永无止境。恩格斯说："一切社会变迁和政治变革的终极原因，不应当到人们的头脑中，到人们对永恒的真理和正义的日益增进的认识中去寻找，而应当到生产方式和交换方式的变更中去寻找"。我们坚持理论联系实际，及时回答时代之问、人民之问，廓清困扰和束缚实践发展的思想迷雾，不断推进马克思主义中国化时代化大众化，不断开辟马克思主义发展新境界。

前进道路上，我们必须坚持以马克思列宁主义、毛泽东思想、邓小平理论、"三个代表"重要思想、科学发展观、新时代中国特色社会主义思想为指导，坚持解放思想和实事求是有机统一。发展21世纪马克思主义、当代中国马克思主义，是当代中国共产党人责无旁贷的历史责任。我们要强化问题意识、时代意识、战略意识，用深邃的历史眼光、宽广的国际视野把握事物发展的本质和内在联系，紧密跟踪亿万人民的创造性实践，借鉴吸收人类一切优秀文明成果，不断回答时代和实践给我们提出的新的重大课题，让当代中国马克思主义放射出更加灿烂的真理光芒。

第四，必须坚持走中国特色社会主义道路，不断坚持和发展中国特色社会主义。改革开放40年的实践启示我们：方向决定前途，道路决定命运。我们要把命运掌握在自己手中，就要有志不改、道不变的坚定。改革开放40年来，我们党全部理论和实践的主题是坚持和发展中国特色社会主义。在中国这样一个有着5000多年文明史、13亿多人口的大国推进改革发展，没有可以奉为金科玉律的教科书，也没有可以对中国人民颐指气使的教师爷。鲁迅先生说过："什么是路？就是从没路的地方践踏出来的，从只有荆棘的地方开辟出来的。"中国特色社会主义道路是当代中国大踏步赶上时代、引领时代发展的康庄大道，必须毫不动摇走下去。

前进道路上，我们必须坚持以新时代中国特色社会主义思想和党的十九大精神为指导，增强"四个自信"，牢牢把握改革开放的前进方向。改什么、怎么改必须以是否符合完善和发展中国特色社会主义制度、推进国家治理体系和治理能力现代化的总目标为根本尺度，该改的、能改的我们坚决改，不该改的、不能改的坚决不改。我们要坚持党的基本路线，把以经济建设为中心同坚持四项基本原则、坚持改革开放这两个基本点统一于新时代中国特色社会主义伟大实践，长期坚持，决不动摇。

第五，必须坚持完善和发展中国特色社会主义制度，不断发挥和增强我国制度优势。改革开放 40 年的实践启示我们：制度是关系党和国家事业发展的根本性、全局性、稳定性、长期性问题。我们扭住完善和发展中国特色社会主义制度这个关键，为解放和发展社会生产力、解放和增强社会活力、永葆党和国家生机活力提供了有力保证，为保持社会大局稳定、保证人民安居乐业、保障国家安全提供了有力保证，为放手让一切劳动、知识、技术、管理、资本等要素的活力竞相迸发，让一切创造社会财富的源泉充分涌流不断建立了充满活力的体制机制。

前进道路上，我们必须毫不动摇巩固和发展公有制经济，毫不动摇鼓励、支持、引导非公有制经济发展，充分发挥市场在资源配置中的决定性作用，更好发挥政府作用，激发各类市场主体活力。我们要坚持党的领导、人民当家作主、依法治国有机统一，坚持和完善人民代表大会制度、中国共产党领导的多党合作和政治协商制度、民族区域自治制度、基层群众自治制度，全面推进依法治国，巩固和发展最广泛的爱国统一战线，发展社会主义协商民主，用制度体系保证人民当家作主。我们要加强文化领域制度建设，举旗帜、聚民心、育新人、兴文化、展形象，积极培育和践行社会主义核心价值观，推动中华优秀传统文化创造性转化、创新性发展，传承革命文化、发展先进文化，努力创造光耀时代、光耀世界的中华文化。我们要加强社会治理制度建设，不断促进社会公平正义，保持社会安定有序。我们要加强生态文明制度建设，实行最严格的生态环境保护制度。我们要坚决破除一切妨碍发展的体制机制障碍和利益固化藩篱，加快形成系统完备、科学规范、运行有效的制度体系，推动中国特色社会主义制度更加成熟更加定型。

第六，必须坚持以发展为第一要务，不断增强我国综合国力。改革开放 40 年的实践启示我们：解放和发展社会生产力，增强社会主义国家的综合国力，是社会主义的本质要求和根本任务。只有牢牢扭住经济建设这个中心，毫不动摇坚持发展是硬道理、发展应该是科学发展和高质量发展的战略思想，推动经济社会持续健康发展，才能全面增强我国经济实力、科技实力、国防实力、综合国力，才能为坚持和发展中国特色社会主义、实现中华民族伟大复兴奠定雄厚物质基础。

前进道路上，我们必须围绕解决好人民日益增长的美好生活需要和不平衡不充分的发展之间的矛盾这个社会主要矛盾，坚决贯彻创新、协调、绿色、开放、共享的发展理念，统筹推进"五位一体"总体布局、协调推进"四个全面"战略布局，推动高质量发展，推动新型工业化、信息化、城镇化、农业现代化同步发展，加快建设现代化经济体系，努力实现更高质量、更有效率、更加公平、更可持续的发展。我们要坚持以供给侧结构性改革为主线，积极转变发展方式、优化经济结构、转换增长动力，积极扩大内需，实施区域协调发展战略，实施乡村振兴战略，坚决打好防范化解重大风险、精准脱贫、污染防治的攻坚战。我们要坚持创新是第一动力、人才是第一资源的理念，实施创新驱动发展战略，完善国家创新体系，加快关键核心技术自主创新，为经济社会发展打造新引擎。我们要加强生态文明建设，牢固树立绿水青山就是金山银山的理念，形成绿色发展方式和生活方式，把我们伟大祖国建设得更加美丽，让人民生活在天更蓝、山更绿、水更清的优美环境之中。

第七，必须坚持扩大开放，不断推动共建人类命运共同体。改革开放 40 年的实践启示我们：开放带来进步，封闭必然落后。中国的发展离不开世界，世界的繁荣也需要中国。我们统筹国内国际两个大局，坚持对外开放的基本国策，实行积极主动的开放政策，形成全方位、多层次、宽领域的全面开放新格局，为我国创造了良好国际环境、开拓了广阔发展空间。

前进道路上，我们必须高举和平、发展、合作、共赢的旗帜，恪守维护世界和平、促进共同发展的外交政策宗旨，推动建设相互尊重、公平正义、合作共赢的新型国际关系。我们要尊重各国人民自主选择发展道路的权利，维护国际公平正义，倡导国际关系民主化，反对把自己的意志强加于人，反对干涉别国内政，反对以强凌弱。我们要发挥负责任大国作用，支持广大发展中国家发展，积极参与全球治理体系改革和建设，共同为建设持久和平、普遍安全、共同繁荣、开放包容、清洁美丽的世界而奋斗。我们要支持开放、透明、包容、非歧视性的多边贸易体制，促进贸易投资自由化便利化，推动经济全球化朝着更加开放、包容、普惠、平衡、共赢的方向发展。我们要以共建"一带一路"为重点，同各方一道打造国际合作新平台，为世界共同发展增添新动力。中国决不会以牺牲别国利益为代价来发展自己，也决不放弃自己的正当权益。中国奉行防御性的国防政策，中国发展不对任何国家构成威胁。中国无论发展到什么程度都永远不称霸。

第八，必须坚持全面从严治党，不断提高党的创造力、凝聚力、战斗力。改革开放 40 年的实践启示我们：打铁必须自身硬。办好中国的事情，关键在党，关键在坚持党要管党、全面从严治党。我们党只有在领导改革开放和社会主义现代化建设伟大社会革命的同时，坚定不移推进党的伟大自我革命，敢于清除一切侵蚀党的健康肌体的病毒，使党不断自我净化、自我完善、自我革新、自我提高，不断增强党的政治领导力、思想引领力、群众组织力、社会号召力，才能确保党始终保持同人民群众的血肉联系。

前进道路上，我们必须按照新时代党的建设总要求，以政治建设为统领，不断推进党的建设新的伟大工程，不断增强全党团结统一和创造活力，不断增强全党执政本领，把党建设得更加坚强、更加有力。我们要坚持用时代发展要求审视自己，以强烈忧患意识警醒自己，以改革创新精神加强和完善自己，在应对风险挑战中锻炼提高，在解决党内存在的突出矛盾和问题中净化纯洁，不断提高管党治党水平。我们要坚持德才兼备、以德为先、任人唯贤，着力培养忠诚干净担当的高素质干部队伍和宏大的人才队伍。我们要以反腐败永远在路上的坚韧和执着，深化标本兼治，坚决清除一切腐败分子，保证干部清正、政府清廉、政治清明，为继续推进改革开放营造海晏河清的政治生态。

第九，必须坚持辩证唯物主义和历史唯物主义世界观和方法论，正确处理改革发展稳定关系。改革开放40年的实践启示我们：我国是一个大国，决不能在根本性问题上出现颠覆性错误。我们坚持加强党的领导和尊重人民首创精神相结合，坚持"摸着石头过河"和顶层设计相结合，坚持问题导向和目标导向相统一，坚持试点先行和全面推进相促进，既鼓励大胆试、大胆闯，又坚持实事求是、善作善成，确保了改革开放行稳致远。

前进道路上，我们要增强战略思维、辩证思维、创新思维、法治思维、底线思维，加强宏观思考和顶层设计，坚持问题导向，聚焦我国发展面临的突出矛盾和问题，深入调查研究，鼓励基层大胆探索，坚持改革决策和立法决策相衔接，不断提高改革决策的科学性。我们要拿出抓铁有痕、踏石留印的韧劲，以钉钉子精神抓好落实，确保各项重大改革举措落到实处。我们既要敢为天下先、敢闯敢试，又要积极稳妥、蹄疾步稳，把改革发展稳定统一起来，坚持方向不变、道路不偏、力度不减，推动新时代改革开放走得更稳、走得更远。

同志们、朋友们！

坚持富国和强军相统一，建设同我国国际地位相称、同国家安全和发展利益相适应的巩固国防和强大军队，是我国社会主义现代化建设的战略任务。我们要全面贯彻新时代党的强军思想，坚持党对军队的绝对领导，把握世界新军事革命发展大势，坚持走中国特色强军之路，全面深化国防和军队改革，推进政治建军、改革强军、科技兴军、依法治军，建设一支听党指挥、能打胜仗、作风优良的人民军队，努力建设世界一流军队，为维护国家主权、安全、发展利益，为维护世界和平稳定，为实现中华民族伟大复兴提供坚强后盾。

"一国两制"伟大构想具有强大生命力。我们要全面准确贯彻"一国两制""港人治港""澳人治澳"、高度自治的方针，严格按照宪法和基本法办事，完善与基本法实施相关的制度和机制，保持香港、澳门长期繁荣稳定，支持和推动香港、澳门更好融入国家发展大局，让香港、澳门同胞同祖国人民共担民族复兴的历史责任、共享祖国繁荣富强的伟大荣光。

实现祖国完全统一，是全体中华儿女共同心愿，是中华民族根本利益所在。我们要坚持一个中国原则和"九二共识"，巩固和发展两岸关系和平发展的基础，深化两岸经济文化交流合作，造福两岸同胞。我们有坚定的政治决心和强大能力维护国家主权和领土完整，祖国的神圣领土一寸都不能分裂出去！

同志们、朋友们！

中国人民具有伟大梦想精神，中华民族充满变革和开放精神。几千年前，中华民族的先民们就秉持"周虽旧邦，其命维新"的精神，开启了缔造中华文明的伟大实践。自古以来，中国大地上发生了无数变法变革图强运动，留下了"治世不一道，便国不法古"等豪迈宣言。自古以来，中华民族就以"天下大同"、"协和万邦"的宽广胸怀，自信而又大度地开展同域外民族交往和文化交流，曾经谱写了万里驼铃万里波的浩浩丝路长歌，也曾经创造了万国衣冠会长安的盛唐气象。正是这种"天行健，君子以自强不息"、"地势坤，君子以厚德载物"的变革和开放精神，使中华文明成为人类历史上唯一一个绵延 5000 多年至今未曾中断的灿烂文明。以数千年大历史观之，变革和开放总体上是中国的历史常态。中华民族以改革开放的姿态继续走向未来，有着深远的历史渊源、深厚的文化根基。

我们这么大一个国家，就应该有雄心壮志。毛泽东同志说："夺取全国胜利，这只是万里长征走完了第一步。如果这一步也值得骄傲，那是比较渺小的，更值得骄傲的还在后头。在过了几十年之后来看中国人民民主革命的胜利，就会使人们感觉那好像只是一出长剧的一个短小的序幕。剧是必须从序幕开始的，但序幕还不是高潮。""我们不但善于破坏一个旧世界，我们还将善于建设一个新世界。"

改革开放之初，虽然我们国家大、人口多、底子薄，面对着重重困难和挑战，但我们对未来充满信心，设计了用 70 多年、分三步走基本实现社会主义现代化的宏伟蓝图，没有非凡的胆略、坚定的自信是作不出这样宏远的构想和决策的。

40 年来，我们咬定青山不放松，风雨无阻朝着这个伟大目标前进。党的十九大对我国发展提出了更高的奋斗目标，形成了从全面建成小康社会到基本实现现代化、再到全面建成社会主义现代化强国的战略安排，发出了实现中华民族伟大复兴中国梦的最强音。

古人说："事者，生于虑，成于务，失于傲。"伟大梦想不是等得来、喊得来的，而是拼出来、干出来的。我们现在所处的，是一个船到中流浪更急、人到半山路更陡的时候，是一个愈进愈难、愈进愈险而又不进则退、非进不可的时候。改革开放已走过千山万水，但仍需跋山涉水，摆在全党全国各族人民面前的使命更光荣、任务更艰巨、挑战更严峻、工作更伟大。在这个千帆竞发、百舸争流的时代，我们绝不能有半点骄傲自满、固步自封，也绝不能有丝毫犹豫不决、徘徊彷徨，必须统揽伟大斗争、伟大工程、伟大事业、伟大梦想，勇立潮头、奋勇搏击。

信仰、信念、信心，任何时候都至关重要。小到一个人、一个集体，大到一个政党、一个民族、一个国家，只要有信仰、信念、信心，就会愈挫愈奋、愈战愈勇，否则就会不战自败、不打自垮。无论过去、现在还是将来，对马克思主义的信仰，对中国特色社会主义的信念，对实现中华民族伟大复兴中国梦的信心，都是指引和支撑中国人民站起来、富起来、强起来的强大精神力量。

同志们、朋友们！

四十载惊涛拍岸，九万里风鹏正举。江河之所以能冲开绝壁夺隘而出，是因其积聚了千里奔涌、万壑归流的洪荒伟力。在近代以来漫长的历史进程中，中国人民经历了太多太多的磨难，付出了太多太多的牺牲，进行了太多太多的拼搏。现在，中国人民和中华民族在历史进程中积累的强大能量已经充分爆发出来了，为实现中华民族伟大复兴提供了势不可挡的磅礴力量。

建成社会主义现代化强国，实现中华民族伟大复兴，是一场接力跑，我们要一棒接着一棒跑下去，每一代人都要为下一代人跑出一个好成绩。

全党全国各族人民要更加紧密地团结在党中央周围，高举中国特色社会主义伟大旗帜，不忘初心，牢记使命，将改革开放进行到底，不断实现人民对美好生活的向往，在新时代创造中华民族新的更大奇迹！创造让世界刮目相看的新的更大奇迹！

习近平：在民营企业座谈会上的讲话

（2018 年 11 月 1 日）

大家好！

今天，我们召开这个座谈会，主要是听听大家对经济发展形势和民营经济发展的意见和建议。首先，我向在座各位民营企业家和全国广大民营企业家，致以诚挚的问候！

刚才，几位民营企业代表发了言，提出了不少有价值的意见和建议，有关部门要认真研究吸收。下面，结合大家发言和关心的问题，我讲几点意见。

我国非公有制经济，是改革开放以来在党的方针政策指引下发展起来的。公有制为主体、多种所有制经济共同发展的基本经济制度，是中国特色社会主义制度的重要组成部分，也是完善社会主义市场经济体制的必然要求。党的十一届三中全会以后，我们党破除所有制问题上的传统观念束缚，为非公有制经济发展打开了大门。1980 年，温州的章华妹领到了第一张个体工商户营业执照。到 1987 年，全国城镇个体工商等各行业从业人员已经达 569 万人，一大批民营企业蓬勃兴起。1992 年邓小平同志南方谈话发表后，兴起了新一轮创业兴业、发展民营经济的热潮，很多知名大型民营企业都是这个时期起步的。

党的十五大把"公有制为主体、多种所有制经济共同发展"确立为我国的基本经济制度，明确提出"非公有制经济是我国社会主义市场经济的重要组成部分"。党的十六大提出"毫不动摇地巩固和发展公有制经济"，"毫不动摇地鼓励、支持和引导非公有制经济发展"。党的十八大进一步提出"毫不动摇鼓励、支持、引导非公有制经济发展，保证各种所有制经济依法平等使用生产要素、公平参与市场竞争、同等受到法律保护"。

党的十八大以来，我多次重申坚持基本经济制度，坚持"两个毫不动摇"。党的十八届三中全会提出，公有制经济和非公有制经济都是社会主义市场经济的重要组成部分，都是我国经济社会发展的重要基础；公有制经济财产权不可侵犯，非公有制经济财产权同样不可侵犯；国家保护各种所有制经济产权和合法利益，坚持权利平等、机会平等、规则平等，废除对非公有制经济各种形式的不合理规定，消除各种隐性壁垒，激发非公有制经济活力和创造力。党的十八届四中全会提出要"健全以公平为核心原则的产权保护制度，加强对各种所有制经济组织和自然人财产权的保护，清理有违公平的法律法规条款"。党的十八届五中全会强调要"鼓励民营企业依法进入更多领域，引入非国有资本参与国有企业改革，更好激发非公有制经济活力和创造力"。党的十九大把"两个毫不动摇"写入新时代坚持和发展中国特色社会主义的基本方略，作为党和国家一项大政方针进一步确定下来。

2016年3月4日，我在参加全国政协十二届四次会议民建、工商联界委员联组会时，专门就坚持我国基本经济制度问题发表了讲话，阐明了党和国家对待民营经济的方针政策。今天开这个会，目的是集思广益、坚定信心、齐心协力，保持和增强我国民营经济发展良好势头。

今年10月20日，我专门就民营经济发展问题给"万企帮万村"行动中受表彰的民营企业家回信，强调改革开放40年来，民营企业蓬勃发展，民营经济从小到大、由弱变强，在稳定增长、促进创新、增加就业、改善民生等方面发挥了重要作用，成为推动经济社会发展的重要力量。支持民营企业发展，是党中央的一贯方针，这一点丝毫不会动摇。

一、充分肯定我国民营经济的重要地位和作用

今年是改革开放40周年。40年来，我国民营经济从小到大、从弱到强，不断发展壮大。截至2017年底，我国民营企业数量超过2700万家，个体工商户超过6500万户，注册资本超过165万亿元。概括起来说，民营经济具有"五六七八九"的特征，即贡献了50%以上的税收，60%以上的国内生产总值，70%以上的技术创新成果，80%以上的城镇劳动就业，90%以上的企业数量。在世界500强企业中，我国民营企业由2010年的1家增加到2018年的28家。我国民营经济已经成为推动我国发展不可或缺的力量，成为创业就业的主要领域、技术创新的重要主体、国家税收的重要来源，为我国社会主义市场经济发展、政府职能转变、农村富余劳动力转移、国际市场开拓等发挥了重要作用。长期以来，广大民营企业家以敢为人先的创新意识、锲而不舍的奋斗精神，组织带领千百万劳动者奋发努力、艰苦创业、不断创新。我国经济发展能够创造中国奇迹，民营经济功不可没！

我们党在坚持基本经济制度上的观点是明确的、一贯的，从来没有动摇。我国公有制经济是长期以来在国家发展历程中形成的，积累了大量财富，这是全体人民的共同财富，必须保管好、使用好、发展好，让其不断保值升值，决不能让大量国有资产闲置了、流失了、

浪费了。我们推进国有企业改革发展、加强对国有资产的监管、惩治国有资产领域发生的腐败现象，都是为了这个目的。同时，我们强调把公有制经济巩固好、发展好，同鼓励、支持、引导非公有制经济发展不是对立的，而是有机统一的。公有制经济、非公有制经济应该相辅相成、相得益彰，而不是相互排斥、相互抵消。

一段时间以来，社会上有的人发表了一些否定、怀疑民营经济的言论。比如，有的人提出所谓"民营经济离场论"，说民营经济已经完成使命，要退出历史舞台；有的人提出所谓"新公私合营论"，把现在的混合所有制改革曲解为新一轮"公私合营"；有的人说加强企业党建和工会工作是要对民营企业进行控制，等等。这些说法是完全错误的，不符合党的大政方针。

在这里，我要再次强调，非公有制经济在我国经济社会发展中的地位和作用没有变！我们毫不动摇鼓励、支持、引导非公有制经济发展的方针政策没有变！我们致力于为非公有制经济发展营造良好环境和提供更多机会的方针政策没有变！我国基本经济制度写入了宪法、党章，这是不会变的，也是不能变的。任何否定、怀疑、动摇我国基本经济制度的言行都不符合党和国家方针政策，都不要听、不要信！所有民营企业和民营企业家完全可以吃下定心丸、安心谋发展！

总之，基本经济制度是我们必须长期坚持的制度。民营经济是我国经济制度的内在要素，民营企业和民营企业家是我们自己人。民营经济是社会主义市场经济发展的重要成果，是推动社会主义市场经济发展的重要力量，是推进供给侧结构性改革、推动高质量发展、建设现代化经济体系的重要主体，也是我们党长期执政、团结带领全国人民实现"两个一百年"奋斗目标和中华民族伟大复兴中国梦的重要力量。在全面建成小康社会、进而全面建设社会主义现代化国家的新征程中，我国民营经济只能壮大、不能弱化，不仅不能"离场"，而且要走向更加广阔的舞台。

二、正确认识当前民营经济发展遇到的困难和问题

近来，一些民营企业在经营发展中遇到不少困难和问题，有的民营企业家形容为遇到了"三座大山"：市场的冰山、融资的高山、转型的火山。这些困难和问题成因是多方面的，是外部因素和内部因素、客观原因和主观原因等多重矛盾问题碰头的结果。

一是国际经济环境变化的结果。一段时间以来，全球经济复苏进程中风险积聚，保护主义、单边主义明显抬头，给我国经济和市场预期带来诸多不利影响。民营企业占我国出口总额的45%，一些民营出口企业必然会受到影响，那些为出口企业配套或处在产

业链上的民营企业也会受到拖累。

二是我国经济由高速增长阶段转向高质量发展阶段的结果。当前，我们正处在转变发展方式、优化经济结构、转换增长动力的攻关期，经济扩张速度会放缓，但消费结构全面升级，需求结构快速调整，对供给质量和水平提出了更高要求，必然给企业带来转型升级压力。在结构调整过程中，行业集中度一般会上升，优势企业胜出，这是市场优胜劣汰的正常竞争结果。市场有波动、经济有起伏、结构在调整、制度在变革，在这样一个复杂背景下，部分民营企业遇到困难和问题是难免的，是客观环境变化带来的长期调整压力。对高质量发展的要求，民营企业和国有企业一样都需要逐步适应。

三是政策落实不到位的结果。近年来，我们出台的支持民营经济发展的政策措施很多，但不少落实不好、效果不彰。有些部门和地方对党和国家鼓励、支持、引导民营企业发展的大政方针认识不到位，工作中存在不应该有的政策偏差，在平等保护产权、平等参与市场竞争、平等使用生产要素等方面还有很大差距。有些政策制定过程中前期调研不够，没有充分听取企业意见，对政策实际影响考虑不周，没有给企业留出必要的适应调整期。有些政策相互不协调，政策效应同向叠加，或者是工作方式简单，导致一些初衷是好的政策产生了相反的作用。比如，在防范化解金融风险过程中，有的金融机构对民营企业惜贷不敢贷甚至直接抽贷断贷，造成企业流动性困难甚至停业；在"营改增"过程中，没有充分考虑规范征管给一些要求抵扣的小微企业带来的税负增加；在完善社保缴费征收过程中，没有充分考虑征管机制变化过程中企业的适应程度和带来的预期紧缩效应。对这些问题，要根据实际情况加以解决，为民营企业发展营造良好环境。

当前，我国民营经济遇到的困难也有企业自身的原因。在经济高速增长时期，一部分民营企业经营比较粗放，热衷于铺摊子、上规模，负债过高，在环保、社保、质量、安全、信用等方面存在不规范、不稳健甚至不合规合法的问题，在加强监管执法的背景下必然会面临很大压力。

应该承认，当前一些民营经济遇到的困难是现实的，甚至相当严峻，必须高度重视。同时，也要认识到，这些困难是发展中的困难、前进中的问题、成长中的烦恼，一定能在发展中得到解决。我相信，只要我们坚持基本经济制度，落实好党和国家方针政策，民营经济就一定能够实现更大发展。

三、大力支持民营企业发展壮大

保持定力，增强信心，集中精力办好自己的事情，是我们应对各种风险挑战的关键。

当前，我国经济运行总体平稳、稳中有进，主要指标保持在合理区间。同时，我国经济发展的不确定性明显上升，下行压力有所加大，企业经营困难增多。这些都是前进中必然遇到的问题。

面对困难挑战，我们要看到有利条件，增强对我国经济发展的必胜信心。一是我国拥有巨大的发展韧性、潜力和回旋余地，我国有 13 亿多人口的内需市场，正处于新型工业化、信息化、城镇化、农业现代化同步发展阶段，中等收入群体扩大孕育着大量消费升级需求，城乡区域发展不平衡蕴藏着可观发展空间。二是我国拥有较好的发展条件和物质基础，拥有全球最完整的产业体系和不断增强的科技创新能力，总储蓄率仍处于较高水平。三是我国人力资本丰富，有 9 亿多劳动力人口，其中超过 1.7 亿是受过高等教育或拥有专业技能的人才，每年毕业的大学生就有 800 多万，劳动力的比较优势仍然明显。四是我国国土面积辽阔，土地总量资源丰富，集约用地潜力巨大，也为经济发展提供了很好的空间支撑。五是综合各方面因素分析，我国经济发展健康稳定的基本面没有改变，支撑高质量发展的生产要素条件没有改变，长期稳中向好的总体势头没有改变，同主要经济体相比，我国经济增长仍居世界前列。六是我国拥有独特的制度优势，我们有党的坚强领导，有集中力量办大事的政治优势，全面深化改革不断释放发展动力，宏观调控能力不断增强。

从外部环境看，世界经济整体呈现复苏回暖势头，和平与发展仍是时代潮流。今年前三季度我国进出口保持了稳定增长势头，同主要贸易伙伴进出口贸易总额均实现增长。随着共建"一带一路"扎实推进，我国同"一带一路"沿线国家的投资贸易合作加快推进，成为我们外部经济环境的新亮点。

总之，只要我们保持战略定力，坚持稳中求进工作总基调，以供给侧结构性改革为主线，全面深化改革开放，我国经济就一定能够加快转入高质量发展轨道，迎来更加光明的发展前景。

在我国经济发展进程中，我们要不断为民营经济营造更好发展环境，帮助民营经济解决发展中的困难，支持民营企业改革发展，变压力为动力，让民营经济创新源泉充分涌流，让民营经济创造活力充分迸发。为此，要抓好 6 个方面政策举措落实。

第一，减轻企业税费负担。要抓好供给侧结构性改革降成本行动各项工作，实质性降低企业负担。要加大减税力度。推进增值税等实质性减税，而且要简明易行好操作，增强企业获得感。对小微企业、科技型初创企业可以实施普惠性税收免除。要根据实际情况，降低社保缴费名义费率，稳定缴费方式，确保企业社保缴费实际负担有实质性下降。既要以最严格的标准防范逃避税，又要避免因为不当征税导致正常运行的企业停摆。

要进一步清理、精简涉及民间投资管理的行政审批事项和涉企收费，规范中间环节、中介组织行为，减轻企业负担，加快推进涉企行政事业性收费零收费，降低企业成本。一些地方的好做法要加快在全国推广。

第二，解决民营企业融资难融资贵问题。要优先解决民营企业特别是中小企业融资难甚至融不到资问题，同时逐步降低融资成本。要改革和完善金融机构监管考核和内部激励机制，把银行业绩考核同支持民营经济发展挂钩，解决不敢贷、不愿贷的问题。要扩大金融市场准入，拓宽民营企业融资途径，发挥民营银行、小额贷款公司、风险投资、股权和债券等融资渠道作用。对有股权质押平仓风险的民营企业，有关方面和地方要抓紧研究采取特殊措施，帮助企业渡过难关，避免发生企业所有权转移等问题。对地方政府加以引导，对符合经济结构优化升级方向、有前景的民营企业进行必要财务救助。省级政府和计划单列市可以自筹资金组建政策性救助基金，综合运用多种手段，在严格防止违规举债、严格防范国有资产流失前提下，帮助区域内产业龙头、就业大户、战略新兴行业等关键重点民营企业纾困。要高度重视三角债问题，纠正一些政府部门、大企业利用优势地位以大欺小、拖欠民营企业款项的行为。

第三，营造公平竞争环境。要打破各种各样的"卷帘门"、"玻璃门"、"旋转门"，在市场准入、审批许可、经营运行、招投标、军民融合等方面，为民营企业打造公平竞争环境，给民营企业发展创造充足市场空间。要鼓励民营企业参与国有企业改革。要推进产业政策由差异化、选择性向普惠化、功能性转变，清理违反公平、开放、透明市场规则的政策文件，推进反垄断、反不正当竞争执法。

第四，完善政策执行方式。任何一项政策出台，不管初衷多么好，都要考虑可能产生的负面影响，考虑实际执行同政策初衷的差别，考虑同其他政策是不是有叠加效应，不断提高政策水平。各地区各部门要从实际出发，提高工作艺术和管理水平，加强政策协调性，细化、量化政策措施，制定相关配套举措，推动各项政策落地、落细、落实，让民营企业从政策中增强获得感。去产能、去杠杆要对各类所有制企业执行同样标准，不能戴着有色眼镜落实政策，不能不问青红皂白对民营企业断贷抽贷。要提高政府部门履职水平，按照国家宏观调控方向，在安监、环保等领域微观执法过程中避免简单化，坚持实事求是，一切从实际出发，执行政策不能搞"一刀切"。要结合改革督察工作，对中央全面深化改革委员会会议审议通过的产权保护、弘扬企业家精神、市场公平竞争审查等利好民营企业的改革方案专项督察，推动落实。

第五，构建亲清新型政商关系。各级党委和政府要把构建亲清新型政商关系的要求落到实处，把支持民营企业发展作为一项重要任务，花更多时间和精力关心民营企业发展、民营企业家成长，不能成为挂在嘴边的口号。我们要求领导干部同民营企业家打交道要守住底线、把好分寸，并不意味着领导干部可以对民营企业家的正当要求置若罔闻，对他们的合法权益不予保护，而是要积极主动为民营企业服务。各相关部门和地方的主要负责同志要经常听取民营企业反映和诉求，特别是在民营企业遇到困难和问题情况下更要积极作为、靠前服务，帮助解决实际困难。对支持和引导国有企业、民营企业特别是中小企业克服困难、创新发展方面的工作情况，要纳入干部考核考察范围。人民团体、工商联等组织要深入民营企业了解情况，积极反映企业生产经营遇到的困难和问题，支持企业改革创新。要加强舆论引导，正确宣传党和国家大政方针，对一些错误说法要及时澄清。

第六，保护企业家人身和财产安全。稳定预期，弘扬企业家精神，安全是基本保障。我们加大反腐败斗争力度，是落实党要管党、全面从严治党的要求，是为了惩治党内腐败分子，构建良好政治生态，坚决反对和纠正以权谋私、钱权交易、贪污贿赂、吃拿卡要、欺压百姓等违纪违法行为。这有利于为民营经济发展创造健康环境。纪检监察机关在履行职责过程中，有时需要企业经营者协助调查，这种情况下，要查清问题，也要保障其合法的人身和财产权益，保障企业合法经营。对一些民营企业历史上曾经有过的一些不规范行为，要以发展的眼光看问题，按照罪刑法定、疑罪从无的原则处理，让企业家卸下思想包袱，轻装前进。我多次强调要甄别纠正一批侵害企业产权的错案冤案，最近人民法院依法重审了几个典型案例，社会反映很好。

我说过，非公有制经济要健康发展，前提是非公有制经济人士要健康成长。希望广大民营经济人士加强自我学习、自我教育、自我提升。民营企业家要珍视自身的社会形象，热爱祖国、热爱人民、热爱中国共产党，践行社会主义核心价值观，弘扬企业家精神，做爱国敬业、守法经营、创业创新、回报社会的典范。民营企业家要讲正气、走正道，做到聚精会神办企业、遵纪守法搞经营，在合法合规中提高企业竞争能力。守法经营，这是任何企业都必须遵守的原则，也是长远发展之道。要练好企业内功，特别是要提高经营能力、管理水平，完善法人治理结构，鼓励有条件的民营企业建立现代企业制度。新一代民营企业家要继承和发扬老一辈人艰苦奋斗、敢闯敢干、聚焦实业、做精主业的精神，努力把企业做强做优。民营企业还要拓展国际视野，增强创新能力和核心竞争力，形成更多具有全球竞争力的世界一流企业。

我就讲这些，谢谢大家。

刘鹤出席全国国有企业改革座谈会并讲话

　　全国国有企业改革座谈会10月9日在京召开。中共中央政治局委员、国务院副总理、国务院国有企业改革领导小组组长刘鹤出席会议并讲话，国务委员、国务院国有企业改革领导小组副组长王勇主持会议。

　　会议认为，改革开放40年来，国有企业改革走过了不平凡的历程，党中央、国务院在不同历史时期，针对我国国情和国有企业实际，采取了一系列措施，不断将国有企业改革向纵深推进。特别是党的十八大以来，以习近平同志为核心的党中央亲自谋划、部署和推动国有企业改革，更加注重改革的顶层设计，更加注重改革的系统性、整体性和协同性，国有企业改革取得新的重大进展和历史性成就。

　　会议要求，要深入贯彻落实习近平总书记关于国有企业改革的重要思想，准确研判国有企业改革发展的国内外环境新变化，从战略高度认识新时代深化国有企业改革的中心地位，充分认识增强微观市场主体活力的极端重要性，坚持稳中求进工作总基调，按照完善治理、强化激励、突出主业、提高效率的要求，以"伤其十指不如断其一指"的思路，扎实推进国有企业改革，大胆务实向前走。

　　一是突出抓好中国特色现代国有企业制度建设。要有效划分企业各治理主体权责边界，充分发挥党委（党组）的领导核心作用，切实落实和维护董事会依法行使重大决策、选人用人、薪酬分配等权力，保障经理层经营自主权，加快形成有效制衡的法人治理结构。

　　二是突出抓好混合所有制改革。要切实转换企业经营机制，增强企业内部约束和激励，保护各类所有制产权的合法权益，科学进行资产定价。要通过发展混合所有制经济，提高国有资本配置效率，同时大力支持和带动非公有制经济发展，实现各种所有制资本取长补短、相互促进、共同发展。

　　三是突出抓好市场化经营机制。要推行经理层任期制和契约化管理，按照"市场化选聘、契约化管理、差异化薪酬、市场化退出"原则，建立职业经理人制度。要加快工资总额管理制度改革，统筹用好员工持股、上市公司持股计划、科技型企业股权分红等中长期激励措施，充分调动企业内部各层级干部职工积极性。要充分发挥企业家作用，落实好"三个区分开来"，为担当负责的国有企业家撑腰打气，把那些想改革、谋事业、善经营的企业家大胆用起来，把有思路、有闯劲、有潜力的年轻人提起来，推动国有企业家队伍不断发展壮大。

四是突出抓好供给侧结构性改革。国有企业要继续化解钢铁、煤炭、煤电等行业过剩产能，抓紧消化处理各类历史欠账和遗留问题；要加快结构调整转型升级，加大自主创新力度，加快高质量发展步伐；要多措并举降杠杆减负债，坚决化解各类金融风险。

五是突出抓好改革授权经营体制。要选准试点，在组织架构、运营模式、经营机制方面加大改革力度，推动国有资本投资、运营公司试点取得实效。

六是突出抓好国有资产监管。要坚持生产力优先标准，加强对微观主体的服务工作，提高专业化能力和水平，进一步提升监管的针对性有效性系统性。

会议强调，当前国有企业改革正处于一个行动胜过一打纲领的关键阶段，也是改革乘数效应最大的阶段，要把更多精力聚焦到重点难点问题上来，集中力量攻坚克难。要发扬改革40年来所形成的奋斗精神，更加紧密地团结在以习近平同志为核心的党中央周围，不忘初心、牢记使命，坚定信念、敢闯敢干，努力开创国有企业改革发展新局面。

国务院国有企业改革领导小组成员，党中央、国务院有关部门负责同志，各省、自治区、直辖市及计划单列市人民政府和新疆生产建设兵团有关负责同志，各中央企业主要负责同志等参加会议。会议交流了推进国有企业改革的经验做法，部分省市、部分中央企业和地方国有企业代表以及有关专家学者在座谈会上发言，30家单位提供了书面交流材料。

刘鹤主持召开国务院促进中小企业发展
工作领导小组第一次会议

　　国务院促进中小企业发展工作领导小组第一次会议8月20日在北京召开。中共中央政治局委员、国务院副总理、国务院促进中小企业发展工作领导小组组长刘鹤主持会议并讲话。会议分别听取了工业和信息化部关于中小企业总体发展情况，全国工商联、中国人民银行关于中小企业融资难融资贵问题，财政部关于落实财税支持政策，商务部关于进出口情况的汇报，领导小组其他成员单位负责同志作了发言。爱博诺德医疗科技公司董事长解江冰、上海金陵电机公司总经理顾伟民、时代集团总裁王小兰、隆基绿能科技公司董事长钟宝申、兴发集团董事长李国璋应邀参加会议并发言。

　　会议指出，要充分认识促进中小企业发展的重要性。目前，我国中小企业具有"五六七八九"的典型特征，贡献了50%以上的税收，60%以上的GDP，70%以上的技术创新，80%以上的城镇劳动就业，90%以上的企业数量，是国民经济和社会发展的生力军，是建设现代化经济体系、推动经济实现高质量发展的重要基础，是扩大就业、改善民生的重要支撑，是企业家精神的重要发源地。做好中小企业工作，对稳就业、稳金融、稳外贸、稳外资、稳投资、稳预期，增强经济长期竞争力都具有重要意义。

　　会议强调，要抓紧解决当前中小企业发展中的突出问题。要坚持基本经济制度，对国有和民营经济一视同仁，对大中小企业平等对待，把工作重点放到为企业发展创造环境上来。要加大金融支持力度，加快体制创新和技术创新，健全激励机制，强化货币信贷政策传导，缓解融资难融资贵问题。要完善资本市场，拓宽中小企业直接融资渠道，更好满足融资需求。要提高财税政策支持精准度，做好税费减免、融资担保等工作，确保已出台政策落地见效。要完善中介服务体系，提升服务质量和水平。要加强产权和知识产权保护，加大执法力度，提高违法成本，保护中小企业创新研发成果。要大力弘扬企业家精神，健全有效保护机制，为企业家成长创造良好环境。

　　会议指出，实现中小企业高质量发展，要在提高企业的专业化能力和水平上下功夫。中小企业要坚持聚焦主业、打造优势、以质取胜、规范经营、勇于创新，走"专精特新"

发展之路。国务院促进中小企业发展工作领导小组成员单位要切实负起责任，各地要提高认识，加强组织保障和监督问责，切实抓好政策落实，满腔热忱地支持中小企业健康发展，为我国经济社会持续健康发展做出新的更大贡献。

刘鹤主持召开国务院促进中小企业发展
工作领导小组第二次会议

国务院促进中小企业发展工作领导小组第二次会议 10 月 17 日在北京召开。中共中央政治局委员、国务院副总理、国务院促进中小企业发展工作领导小组组长刘鹤主持会议并讲话。会议分别听取了工业和信息化部关于领导小组第一次会议重点任务落实总体情况，人民银行、银保监会、证监会关于解决中小企业融资难融资贵问题的工作进展及相关建议，全国工商联关于组织开展缓解中小企业融资难融资贵政策措施落实情况第三方评估，财政部关于国家中小企业发展基金运行情况和中小企业发展财税支持政策落实情况的汇报，领导小组其他成员单位负责同志作了发言。北京东方百泰生物科技公司总经理白义、北京臻迪科技公司总经理郑卫锋、安集微电子科技（上海）公司董事长王淑敏、广州博创智能装备公司董事长朱康建、四川同人精工科技总经理杨琳应邀参加会议并发言。

会议强调，必须坚持基本经济制度，充分发挥中小微企业和民营经济在我国经济社会发展中的重要作用。必须高度重视中小微企业当前面临的突出困难，采取精准有效措施大力支持中小微企业发展。必须按照责任分工和时间表，继续抓好领导小组第一次会议重点任务落实。必须进一步深化研究在减轻税费负担、解决融资难题、完善环保治理、提高科技创新能力、加强国际合作等方面支持中小微企业发展的政策措施，推动中小微企业高质量发展。

国务院关于改革国有企业工资决定机制的意见

国发〔2018〕16号

各省、自治区、直辖市人民政府，国务院各部委、各直属机构：

国有企业工资决定机制改革是完善国有企业现代企业制度的重要内容，是深化收入分配制度改革的重要任务，事关国有企业健康发展，事关国有企业职工切身利益，事关收入分配合理有序。改革开放以来，国家对国有大中型企业实行工资总额同经济效益挂钩办法，对促进国有企业提高经济效益、调动广大职工积极性发挥了重要作用。随着社会主义市场经济体制逐步健全和国有企业改革不断深化，现行国有企业工资决定机制还存在市场化分配程度不高、分配秩序不够规范、监管体制尚不健全等问题，已难以适应改革发展需要。为改革国有企业工资决定机制，现提出以下意见。

一、总体要求

（一）指导思想。

全面贯彻党的十九大精神，以习近平新时代中国特色社会主义思想为指导，认真落实党中央、国务院决策部署，统筹推进"五位一体"总体布局和协调推进"四个全面"战略布局，坚持以人民为中心的发展思想，牢固树立和贯彻落实新发展理念，按照深化国有企业改革、完善国有资产管理体制和坚持按劳分配原则、完善按要素分配体制机制的要求，以增强国有企业活力、提升国有企业效率为中心，建立健全与劳动力市场基本适应、与国有企业经济效益和劳动生产率挂钩的工资决定和正常增长机制，完善国有企业工资分配监管体制，充分调动国有企业职工的积极性、主动性、创造性，进一步激发国有企业创造力和提高市场竞争力，推动国有资本做强做优做大，促进收入分配更合理、更有序。

（二）基本原则。

　　——坚持建立中国特色现代国有企业制度改革方向。坚持所有权和经营权相分离，进一步确立国有企业的市场主体地位，发挥企业党委（党组）领导作用，依法落实董事会的工资分配管理权，完善既符合企业一般规律又体现国有企业特点的工资分配机制，促进国有企业持续健康发展。

　　——坚持效益导向与维护公平相统一。国有企业工资分配要切实做到既有激励又有约束、既讲效率又讲公平。坚持按劳分配原则，健全国有企业职工工资与经济效益同向联动、能增能减的机制，在经济效益增长和劳动生产率提高的同时实现劳动报酬同步提高。统筹处理好不同行业、不同企业和企业内部不同职工之间的工资分配关系，调节过高收入。

　　——坚持市场决定与政府监管相结合。充分发挥市场在国有企业工资分配中的决定性作用，实现职工工资水平与劳动力市场价位相适应、与增强企业市场竞争力相匹配。更好发挥政府对国有企业工资分配的宏观指导和调控作用，改进和加强事前引导和事后监督，规范工资分配秩序。

　　——坚持分类分级管理。根据不同国有企业功能性质定位、行业特点和法人治理结构完善程度，实行工资总额分类管理。按照企业国有资产产权隶属关系，健全工资分配分级监管体制，落实各级政府职能部门和履行出资人职责机构（或其他企业主管部门，下同）的分级监管责任。

二、改革工资总额决定机制

　　（三）改革工资总额确定办法。按照国家工资收入分配宏观政策要求，根据企业发展战略和薪酬策略、年度生产经营目标和经济效益，综合考虑劳动生产率提高和人工成本投入产出率、职工工资水平市场对标等情况，结合政府职能部门发布的工资指导线，合理确定年度工资总额。

　　（四）完善工资与效益联动机制。企业经济效益增长的，当年工资总额增长幅度可在不超过经济效益增长幅度范围内确定。其中，当年劳动生产率未提高、上年人工成本投入产出率低于行业平均水平或者上年职工平均工资明显高于全国城镇单位就业人员平均工资的，当年工资总额增长幅度应低于同期经济效益增长幅度；对主业不处于充分竞争行业和领域的企业，上年职工平均工资达到政府职能部门规定的调控水平及以上的，当年工资总额增长幅度应低于同期经济效益增长幅度，且职工平均工资增长幅度不得超过政府职能部门规定的工资增长调控目标。

　　企业经济效益下降的，除受政策调整等非经营性因素影响外，当年工资总额原则上相应下降。其中，当年劳动生产率未下降、上年人工成本投入产出率明显优于行业平均水平或者上年职工平均工资明显低于全国城镇单位就业人员平均工资的，当年工资总额可适当少降。

企业未实现国有资产保值增值的，工资总额不得增长，或者适度下降。

企业按照工资与效益联动机制确定工资总额，原则上增人不增工资总额、减人不减工资总额，但发生兼并重组、新设企业或机构等情况的，可以合理增加或者减少工资总额。

（五）分类确定工资效益联动指标。根据企业功能性质定位、行业特点，科学设置联动指标，合理确定考核目标，突出不同考核重点。

对主业处于充分竞争行业和领域的商业类国有企业，应主要选取利润总额（或净利润）、经济增加值、净资产收益率等反映经济效益、国有资本保值增值和市场竞争能力的指标。对主业处于关系国家安全、国民经济命脉的重要行业和关键领域、主要承担重大专项任务的商业类国有企业，在主要选取反映经济效益和国有资本保值增值指标的同时，可根据实际情况增加营业收入、任务完成率等体现服务国家战略、保障国家安全和国民经济运行、发展前瞻性战略性产业以及完成特殊任务等情况的指标。对主业以保障民生、服务社会、提供公共产品和服务为主的公益类国有企业，应主要选取反映成本控制、产品服务质量、营运效率和保障能力等情况的指标，兼顾体现经济效益和国有资本保值增值的指标。对金融类国有企业，属于开发性、政策性的，应主要选取体现服务国家战略和风险控制的指标，兼顾反映经济效益的指标；属于商业性的，应主要选取反映经济效益、资产质量和偿付能力的指标。对文化类国有企业，应同时选取反映社会效益和经济效益、国有资本保值增值的指标。劳动生产率指标一般以人均增加值、人均利润为主，根据企业实际情况，可选取人均营业收入、人均工作量等指标。

三、改革工资总额管理方式

（六）全面实行工资总额预算管理。工资总额预算方案由国有企业自主编制，按规定履行内部决策程序后，根据企业功能性质定位、行业特点并结合法人治理结构完善程度，分别报履行出资人职责机构备案或核准后执行。

对主业处于充分竞争行业和领域的商业类国有企业，工资总额预算原则上实行备案制。其中，未建立规范董事会、法人治理结构不完善、内控机制不健全的企业，经履行出资人职责机构认定，其工资总额预算应实行核准制。

对其他国有企业，工资总额预算原则上实行核准制。其中，已建立规范董事会、法人治理结构完善、内控机制健全的企业，经履行出资人职责机构同意，其工资总额预算可实行备案制。

（七）合理确定工资总额预算周期。国有企业工资总额预算一般按年度进行管理。对行业周期性特征明显、经济效益年度间波动较大或存在其他特殊情况的企业，工资总额预算可探索按周期进行管理，周期最长不超过三年，周期内的工资总额增长应符合工资与效益联动的要求。

（八）强化工资总额预算执行。国有企业应严格执行经备案或核准的工资总额预算方案。执行过程中，因企业外部环境或自身生产经营等编制预算时所依据的情况发生重大变化，需要调整工资总额预算方案的，应按规定程序进行调整。

履行出资人职责机构应加强对所监管企业执行工资总额预算情况的动态监控和指导，并对预算执行结果进行清算。

四、完善企业内部工资分配管理

（九）完善企业内部工资总额管理制度。国有企业在经备案或核准的工资总额预算内，依法依规自主决定内部工资分配。企业应建立健全内部工资总额管理办法，根据所属企业功能性质定位、行业特点和生产经营等情况，指导所属企业科学编制工资总额预算方案，逐级落实预算执行责任，建立预算执行情况动态监控机制，确保实现工资总额预算目标。企业集团应合理确定总部工资总额预算，其职工平均工资增长幅度原则上应低于本企业全部职工平均工资增长幅度。

（十）深化企业内部分配制度改革。国有企业应建立健全以岗位工资为主的基本工资制度，以岗位价值为依据，以业绩为导向，参照劳动力市场工资价位并结合企业经济效益，通过集体协商等形式合理确定不同岗位的工资水平，向关键岗位、生产一线岗位和紧缺急需的高层次、高技能人才倾斜，合理拉开工资分配差距，调整不合理过高收入。加强全员绩效考核，使职工工资收入与其工作业绩和实际贡献紧密挂钩，切实做到能增能减。

（十一）规范企业工资列支渠道。国有企业应调整优化工资收入结构，逐步实现职工收入工资化、工资货币化、发放透明化。严格清理规范工资外收入，将所有工资性收入一律纳入工资总额管理，不得在工资总额之外以其他形式列支任何工资性支出。

五、健全工资分配监管体制机制

（十二）加强和改进政府对国有企业工资分配的宏观指导和调控。人力资源社会保障部门负责建立企业薪酬调查和信息发布制度，定期发布不同职业的劳动力市场工资价位和行业人工成本信息；会同财政、国资监管等部门完善工资指导线制度，定期制定和发布工资指导线、非竞争类国有企业职工平均工资调控水平和工资增长调控目标。

（十三）落实履行出资人职责机构的国有企业工资分配监管职责。履行出资人职责机构负责做好所监管企业工资总额预算方案的备案或核准工作，加强对所监管企业工资总额预算执行情况的动态监控和执行结果的清算，并按年度将所监管企业工资总额预算执行情况报同级人力资源社会保障部门，由人力资源社会保障部门汇总报告同级人民政府。同时，履行出资人职责机构可按规定将有关情况直接报告同级人民政府。

（十四）完善国有企业工资分配内部监督机制。国有企业董事会应依照法定程序决定工资分配事项，加强对工资分配决议执行情况的监督。落实企业监事会对工资分配的监督责任。将企业职工工资收入分配情况作为厂务公开的重要内容，定期向职工公开，接受职工监督。

（十五）建立国有企业工资分配信息公开制度。履行出资人职责机构、国有企业每年定期将企业工资总额和职工平均工资水平等相关信息向社会披露，接受社会公众监督。

（十六）健全国有企业工资内外收入监督检查制度。人力资源社会保障部门会同财政、国资监管等部门，定期对国有企业执行国家工资收入分配政策情况开展监督检查，及时查处违规发放工资、滥发工资外收入等行为。加强与出资人监管和审计、税务、纪检监察、巡视等监督的协同，建立工作会商和资源共享机制，提高监督效能，形成监督合力。

对企业存在超提、超发工资总额及其他违规行为的，扣回违规发放的工资总额，并视违规情形对企业负责人和相关责任人员依照有关规定给予经济处罚和纪律处分；构成犯罪的，由司法机关依法追究刑事责任。

六、做好组织实施工作

（十七）国有企业工资决定机制改革是一项涉及面广、政策性强的工作，各地区、各有关部门要统一思想认识，以高度的政治责任感和历史使命感，切实加强对改革工作的领导，做好统筹协调，细化目标任务，明确责任分工，强化督促检查，及时研究解决改革中出现的问题，推动改革顺利进行。各省（自治区、直辖市）要根据本意见，结合当地实际抓紧制定改革国有企业工资决定机制的实施意见，认真抓好贯彻落实。各级履行出资人职责机构要抓紧制定所监管企业的具体改革实施办法，由同级人力资源社会保障部门会同财政部门审核后实施。各级人力资源社会保障、财政、国资监管等部门和工会要各司其职，密切配合，共同做好改革工作，形成推进改革的合力。广大国有企业要自觉树立大局观念，认真执行国家有关改革规定，确保改革政策得到落实。要加强舆论宣传和政策解读，引导全社会正确理解和支持改革，营造良好社会环境。

（十八）本意见适用于国家出资的国有独资及国有控股企业。中央和地方有关部门或机构作为实际控制人的企业，参照本意见执行。

本意见所称工资总额，是指由企业在一个会计年度内直接支付给与本企业建立劳动关系的全部职工的劳动报酬总额，包括工资、奖金、津贴、补贴、加班加点工资、特殊情况下支付的工资等。

国务院

2018 年 5 月 13 日

国务院国有资产监督管理委员会令

第 39 号

《中央企业工资总额管理办法》已于 2018 年 12 月 11 日经国务院国有资产监督管理委员会第 158 次主任办公会议审议通过，现予公布，自 2019 年 1 月 1 日起施行。

国务院国有资产监督管理委员会主任　肖亚庆

2018 年 12 月 27 日

中央企业工资总额管理办法

第一章　总　则

第一条　为建立健全与劳动力市场基本适应、与企业经济效益和劳动生产率挂钩的工资决定和正常增长机制，增强企业活力和竞争力，促进企业实现高质量发展，推动国有资本做强做优做大，根据《中华人民共和国企业国有资产法》、《企业国有资产监督管理暂行条例》、《中共中央 国务院关于深化国有企业改革的指导意见》、《国务院关于改革国有企业工资决定机制的意见》和国家有关收入分配政策规定，制定本办法。

第二条　本办法所称中央企业是指国务院国有资产监督管理委员会（以下简称国资委）履行出资人职责的企业。

第三条　本办法所称工资总额，是指由企业在一个会计年度内直接支付给与本企业建立劳动关系的全部职工的劳动报酬总额，包括工资、奖金、津贴、补贴、加班加点工资、特殊情况下支付的工资等。

第四条　中央企业工资总额实行预算管理。企业每年度围绕发展战略，按照国家工资收入分配宏观政策要求，依据生产经营目标、经济效益情况和人力资源管理要求，对工资总额的确定、发放和职工工资水平的调整，作出预算安排，并且进行有效控制和监督。

第五条　工资总额管理应当遵循以下原则：

（一）坚持市场化改革方向。实行与社会主义市场经济相适应的企业工资分配制度，发挥市场在资源配置中的决定性作用，逐步实现中央企业职工工资水平与劳动力市场价位相适应。

（二）坚持效益导向原则。按照质量第一、效益优先的要求，职工工资水平的确定以及增长应当与企业经济效益和劳动生产率的提高相联系，切实实现职工工资能增能减，充分调动职工创效主动性和积极性，不断优化人工成本投入产出效率，持续增强企业活力。

（三）坚持分级管理。完善出资人依法调控与企业自主分配相结合的中央企业工资总额分级管理体制，国资委以管资本为主调控中央企业工资分配总体水平，企业依法依规自主决定内部薪酬分配。

（四）坚持分类管理。根据中央企业功能定位、行业特点，分类实行差异化的工资总额管理方式和决定机制，引导中央企业落实国有资产保值增值责任，发挥在国民经济和社会发展中的骨干作用。

第二章　工资总额分级管理

第六条　国资委依据有关法律法规履行出资人职责，制定中央企业工资总额管理制度，根据企业功能定位、公司治理、人力资源管理市场化程度等情况，对企业工资总额预算实行备案制或者核准制管理。

第七条　实行工资总额预算备案制管理的中央企业，根据国资委管理制度和调控要求，结合实际制定本企业工资总额管理办法，报经国资委同意后，依照办法科学编制职工年度工资总额预算方案并组织实施，国资委对其年度工资总额预算进行备案管理。

第八条　实行工资总额预算核准制管理的中央企业，根据国资委有关制度要求，科学编制职工年度工资总额预算方案，报国资委核准后实施。

第九条　工资总额预算经国资委备案或者核准后，由中央企业根据所属企业功能定位、行业特点和经营性质，按照内部绩效考核和薪酬分配制度要求，完善本企业工资总额预算管理体系，并且组织开展预算编制、执行以及内部监督、评价工作。

第十条　中央企业工资总额预算一般按照单一会计年度进行管理。对行业周期性特征明显、经济效益年度间波动较大或者存在其他特殊情况的企业，工资总额预算可以探索按周期进行管理，周期最长不超过三年，周期内的工资总额增长应当符合工资与效益联动的要求。

第三章　工资总额分类管理

第十一条　主业处于充分竞争行业和领域的商业类中央企业原则上实行工资总额预算备案制管理。职工工资总额主要与企业利润总额、净利润、经济增加值、净资产增长率、净资产收益率等反映经济效益、国有资本保值增值和市场竞争能力的指标挂钩。职工工资水平根据企业经济效益和市场竞争力，结合市场或者行业对标科学合理确定。

第十二条　主业处于关系国家安全、国民经济命脉的重要行业和关键领域、主要承担重大专项任务的商业类中央企业原则上实行工资总额预算核准制管理。职工工资总额在主要与反映经济效益和国有资本保值增值指标挂钩的同时，可以根据实际增加营业收入、任务完成率等体现服务国家战略、保障国家安全和国民经济运行、发展前瞻性战略性产业以及完成特殊任务等情况的指标。职工工资水平根据企业在国民经济中的作用、贡献和经济效益，结合所处行业职工平均工资水平等因素合理确定。

上述企业中，法人治理结构健全、三项制度改革到位、收入分配管理规范的，经国资委同意后，工资总额预算可以探索实行备案制管理。

第十三条　公益类中央企业实行工资总额预算核准制管理。职工工资总额主要与反映成本控制、产品服务质量、营运效率和保障能力等情况的指标挂钩，兼顾体现经济效益和国有资本保值增值情况的指标。职工工资水平根据公益性业务的质量和企业经济效益状况，结合收入分配现状、所处行业平均工资等因素合理确定。

第十四条　开展国有资本投资、运营公司或者混合所有制改革等试点的中央企业，按照国家收入分配政策要求，根据改革推进情况，经国资委同意，可以探索实行更加灵活高效的工资总额管理方式。

第四章　工资总额决定机制

第十五条　中央企业以上年度工资总额清算额为基础，根据企业功能定位以及当年经济效益和劳动生产率的预算情况，参考劳动力市场价位，分类确定决定机制，合理编制年度工资总额预算。

第十六条　工资总额预算与利润总额等经济效益指标的业绩考核目标值挂钩，并且根据目标值的先进程度（一般设置为三档）确定不同的预算水平。

（一）企业经济效益增长，目标值为第一档的，工资总额增长可以与经济效益增幅保持同步；目标值为第二档的，工资总额增长应当低于经济效益增幅。

（二）企业经济效益下降，目标值为第二档的，工资总额可以适度少降；目标值为第三档的，工资总额应当下降。

（三）企业受政策调整、不可抗力等非经营性因素影响的，可以合理调整工资总额预算。

（四）企业未实现国有资产保值增值的，工资总额不得增长或者适度下降。

第十七条　工资总额预算在按照经济效益决定的基础上，还应当根据劳动生产率、人工成本投入产出效率的对标情况合理调整。企业当年经济效益增长但劳动生产率未提高的，工资总额应当适当少增。企业劳动生产率以及其他人工成本投入产出指标与同行业水平对标差距较大的，应当合理控制工资总额预算。

第十八条　主业处于关系国家安全、国民经济命脉的重要行业和关键领域、主要承担重大专项任务的商业类中央企业和公益类中央企业可以探索将工资总额划分为保障性和效益性工资总额两部分，国资委根据企业功能定位、行业特点等情况，合理确定其保障性和效益性工资总额比重，比重原则上三年内保持不变。

（一）保障性工资总额的增长主要根据企业所承担的重大专项任务、公益性业务、营业收入等指标完成情况，结合居民消费价格指数以及企业职工工资水平对标情况综合确定，原则上不超过挂钩指标增长幅度。

（二）效益性工资总额增长原则上参照本办法第十六、十七条确定。

第十九条　工资总额在预算范围不发生变化的情况下，原则上增人不增工资总额、减人不减工资总额，但发生兼并重组、新设企业或者机构等情况的，可以合理增加或者减少工资总额。

第二十条　国资委按照国家有关部门发布的工资指导线、非竞争类国有企业职工平均工资调控水平和工资增长调控目标，根据中央企业职工工资分配现状，适度调控部分企业工资总额增幅。

对中央企业承担重大专项任务、重大科技创新项目等特殊事项的，国资委合理认定后，予以适度支持。

第二十一条　中央企业应当制定完善集团总部职工工资总额管理制度，根据人员结构及工资水平的对标情况，总部职工平均工资增幅原则上在低于当年集团职工平均工资增幅的范围内合理确定。

第五章　工资总额管理程序

第二十二条　中央企业应当按照国家收入分配政策规定和国资委有关要求编制工资总额预算。工资总额预算方案履行企业内部决策程序后，于每年一季度报国资委备案或者核准。

第二十三条　国资委建立中央企业工资总额预算动态监控制度，对中央企业工资总额发放情况、人工成本投入产出等主要指标执行情况进行跟踪监测，定期发布监测结果，督促中央企业加强预算执行情况的监督和控制。

第二十四条　中央企业应当严格执行经国资委备案或者核准的工资总额预算方案，在执行过程中出现以下情形之一，导致预算编制基础发生重大变化的，可以申请对工资总额预算进行调整：

（一）国家宏观经济政策发生重大调整。

（二）市场环境发生重大变化。

（三）企业发生分立、合并等重大资产重组行为。

（四）其他特殊情况。

第二十五条　中央企业工资总额预算调整情况经履行企业内部决策程序后，于每年10月报国资委复核或者重新备案。

第二十六条　中央企业应当于每年4月向国资委提交上年工资总额预算执行情况报告，国资委依据经审计的财务决算数据，参考企业经营业绩考核目标完成情况，对中央企业工资总额预算执行情况、执行国家有关收入分配政策等情况进行清算评价，并且出具清算评价意见。

第六章　企业内部分配管理

第二十七条　中央企业应当按照国家有关政策要求以及本办法规定，持续深化企业内部收入分配制度改革，不断完善职工工资能增能减机制。

第二十八条　中央企业应当建立健全职工薪酬市场对标体系，构建以岗位价值为基础、以绩效贡献为依据的薪酬管理制度，坚持按岗定薪、岗变薪变，强化全员业绩考核，合理确定各类人员薪酬水平，逐步提高关键岗位的薪酬市场竞争力，调整不合理收入分配差距。

第二十九条　坚持短期与中长期激励相结合，按照国家有关政策，对符合条件的核心骨干人才实行股权激励和分红激励等中长期激励措施。

第三十条　严格清理规范工资外收入，企业所有工资性支出应当按照有关财务会计制度规定，全部纳入工资总额核算，不得在工资总额之外列支任何工资性支出。

第三十一条　规范职工福利保障管理，严格执行国家关于社会保险、住房公积金、企业年金、福利费等政策规定，不得超标准、超范围列支。企业效益下降的，应当严格控制职工福利费支出。

第三十二条　加强企业人工成本监测预警，建立全口径人工成本预算管理制度，严格控制人工成本不合理增长，不断提高人工成本投入产出效率。

第三十三条　健全完善企业内部监督机制，企业内部收入分配制度、中长期激励计划以及实施方案等关系职工切身利益的重大分配事项应当履行必要的决策程序和民主程序。中央企业集团总部要将所属企业薪酬福利管理作为财务管理和年度审计的重要内容。

第七章　工资总额监督检查

第三十四条　中央企业不得违反规定超提、超发工资总额。出现超提、超发行为的企业，应当清退并且进行相关账务处理，国资委相应核减企业下一年度工资总额基数，并且根据有关规定对相关责任人进行处理。

第三十五条　国资委对中央企业工资总额管理情况进行监督检查，对于履行主体责任不到位、工资增长与经济效益严重不匹配、内部收入分配管理不规范、收入分配关系明显不合理的企业，国资委将对其工资总额预算从严调控。

第三十六条　实行工资总额预算备案制管理的中央企业，出现违反国家工资总额管理有关规定的，国资委将责成企业进行整改，情节严重的，除按规定进行处理外，将其工资总额预算由备案制管理调整为核准制管理。

第三十七条　国资委将中央企业工资总额管理情况纳入出资人监管以及纪检监察、巡视等监督检查工作范围，必要时委托专门机构进行检查。对工资总额管理过程中弄虚作假以及其他严重违反收入分配政策规定的企业，国资委将视情况对企业采取相应处罚措施，并且根据有关规定对相关责任人进行处理。

第三十八条　中央企业应当依照法定程序决定工资分配事项，加强对工资分配决议执行情况的监督。职工工资收入分配情况应当作为厂务公开的重要内容，定期向职工公开，接受职工监督。

第三十九条　国资委、中央企业每年定期将企业工资总额和职工平均工资水平等相关信息向社会披露，接受社会公众监督。

第八章　附　则

第四十条　本办法由国资委负责解释，具体实施方案另行制定。

第四十一条　本办法自 2019 年 1 月 1 日起施行。《关于印发＜中央企业工资总额预算管理暂行办法＞的通知》（国资发分配〔2010〕72 号）、《关于印发＜中央企业工资总额预算管理暂行办法实施细则＞的通知》（国资发分配〔2012〕146 号）同时废止。

国务院关于推进国有资本投资、运营公司
改革试点的实施意见

国发〔2018〕23 号

各省、自治区、直辖市人民政府，国务院各部委、各直属机构：

改组组建国有资本投资、运营公司，是以管资本为主改革国有资本授权经营体制的重要举措。按照《中共中央 国务院关于深化国有企业改革的指导意见》、《国务院关于改革和完善国有资产管理体制的若干意见》有关要求和党中央、国务院工作部署，为加快推进国有资本投资、运营公司改革试点工作，现提出以下实施意见。

一、总体要求

（一）指导思想。

全面贯彻党的十九大和十九届二中、三中全会精神，以习近平新时代中国特色社会主义思想为指导，坚持社会主义市场经济改革方向，坚定不移加强党对国有企业的领导，着力创新体制机制，完善国有资产管理体制，深化国有企业改革，促进国有资产保值增值，推动国有资本做强做优做大，有效防止国有资产流失，切实发挥国有企业在深化供给侧结构性改革和推动经济高质量发展中的带动作用。

（二）试点目标。

通过改组组建国有资本投资、运营公司，构建国有资本投资、运营主体，改革国有资本授权经营体制，完善国有资产管理体制，实现国有资本所有权与企业经营权分离，实行国有资本市场化运作。发挥国有资本投资、运营公司平台作用，促进国有资本合理流动，优化国有资本投向，向重点行业、关键领域和优势企业集中，推动国有经济布局优化和结构调整，提高国有资本配置和运营效率，更好服务国家战略需要。试点先行，大胆探索，及时研究解决改革中的重点难点问题，尽快形成可复制、可推广的经验和模式。

（三）基本原则。

坚持党的领导。建立健全中国特色现代国有企业制度，把党的领导融入公司治理各环节，把企业党组织内嵌到公司治理结构之中，明确和落实党组织在公司法人治理结构中的法定地位，充分发挥党组织的领导作用，确保党和国家方针政策、重大决策部署的贯彻执行。

坚持体制创新。以管资本为主加强国有资产监管，完善国有资本投资运营的市场化机制。科学合理界定政府及国有资产监管机构，国有资本投资、运营公司和所持股企业的权利边界，健全权责利相统一的授权链条，进一步落实企业市场主体地位，培育具有创新能力和国际竞争力的国有骨干企业。

坚持优化布局。通过授权国有资本投资、运营公司履行出资人职责，促进国有资本合理流动，优化国有资本布局，使国有资本投资、运营更好地服务于国家战略目标。

坚持强化监督。正确处理好授权经营和加强监督的关系，明确监管职责，构建并强化政府监督、纪检监察监督、出资人监督和社会监督的监督体系，增强监督的协同性、针对性和有效性，防止国有资产流失。

二、试点内容

（一）功能定位。

国有资本投资、运营公司均为在国家授权范围内履行国有资本出资人职责的国有独资公司，是国有资本市场化运作的专业平台。公司以资本为纽带、以产权为基础依法自主开展国有资本运作，不从事具体生产经营活动。国有资本投资、运营公司对所持股企业行使股东职责，维护股东合法权益，以出资额为限承担有限责任，按照责权对应原则切实承担优化国有资本布局、提升国有资本运营效率、实现国有资产保值增值等责任。

国有资本投资公司主要以服务国家战略、优化国有资本布局、提升产业竞争力为目标，在关系国家安全、国民经济命脉的重要行业和关键领域，按照政府确定的国有资本布局和结构优化要求，以对战略性核心业务控股为主，通过开展投资融资、产业培育和资本运作等，发挥投资引导和结构调整作用，推动产业集聚、化解过剩产能和转型升级，培育核心竞争力和创新能力，积极参与国际竞争，着力提升国有资本控制力、影响力。

国有资本运营公司主要以提升国有资本运营效率、提高国有资本回报为目标，以财务性持股为主，通过股权运作、基金投资、培育孵化、价值管理、有序进退等方式，盘活国有资产存量，引导和带动社会资本共同发展，实现国有资本合理流动和保值增值。

（二）组建方式。

按照国家确定的目标任务和布局领域，国有资本投资、运营公司可采取改组和新设两种方式设立。根据国有资本投资、运营公司的具体定位和发展需要，通过无偿划转或市场化方式重组整合相关国有资本。

划入国有资本投资、运营公司的资产，为现有企业整体股权（资产）或部分股权。股权划入后，按现行政策加快剥离国有企业办社会职能和解决历史遗留问题，采取市场化方式处置不良资产和业务等。股权划入涉及上市公司的，应符合证券监管相关规定。

（三）授权机制。

按照国有资产监管机构授予出资人职责和政府直接授予出资人职责两种模式开展国有资本投资、运营公司试点。

1. 国有资产监管机构授权模式。政府授权国有资产监管机构依法对国有资本投资、运营公司履行出资人职责；国有资产监管机构根据国有资本投资、运营公司具体定位和实际情况，按照"一企一策"原则，授权国有资本投资、运营公司履行出资人职责，制定监管清单和责任清单，明确对国有资本投资、运营公司的监管内容和方式，依法落实国有资本投资、运营公司董事会职权。国有资本投资、运营公司对授权范围内的国有资本履行出资人职责。国有资产监管机构负责对国有资本投资、运营公司进行考核和评价，并定期向本级人民政府报告，重点说明所监管国有资本投资、运营公司贯彻国家战略目标、国有资产保值增值等情况。

2. 政府直接授权模式。政府直接授权国有资本投资、运营公司对授权范围内的国有资本履行出资人职责。国有资本投资、运营公司根据授权自主开展国有资本运作，贯彻落实国家战略和政策目标，定期向政府报告年度工作情况，重大事项及时报告。政府直接对国有资本投资、运营公司进行考核和评价等。

（四）治理结构。

国有资本投资、运营公司不设股东会，由政府或国有资产监管机构行使股东会职权，政府或国有资产监管机构可以授权国有资本投资、运营公司董事会行使股东会部分职权。按照中国特色现代国有企业制度的要求，国有资本投资、运营公司设立党组织、董事会、经理层，规范公司治理结构，建立健全权责对等、运转协调、有效制衡的决策执行监督机制，充分发挥党组织的领导作用、董事会的决策作用、经理层的经营管理作用。

1.党组织。把加强党的领导和完善公司治理统一起来，充分发挥党组织把方向、管大局、保落实的作用。坚持党管干部原则与董事会依法产生、董事会依法选择经营管理者、经营管理者依法行使用人权相结合。按照"双向进入、交叉任职"的原则，符合条件的党组织领导班子成员可以通过法定程序进入董事会、经理层，董事会、经理层成员中符合条件的党员可以依照有关规定和程序进入党组织领导班子。党组织书记、董事长一般由同一人担任。对于重大经营管理事项，党组织研究讨论是董事会、经理层决策的前置程序。国务院直接授权的国有资本投资、运营公司，应当设立党组。纪检监察机关向国有资本投资、运营公司派驻纪检监察机构。

2.董事会。国有资本投资、运营公司设立董事会，根据授权，负责公司发展战略和对外投资，经理层选聘、业绩考核、薪酬管理，向所持股企业派出董事等事项。董事会成员原则上不少于9人，由执行董事、外部董事、职工董事组成。保障国有资本投资、运营公司按市场化方式选择外部董事等权利，外部董事应在董事会中占多数，职工董事由职工代表大会选举产生。董事会设董事长1名，可设副董事长。董事会下设战略与投资委员会、提名委员会、薪酬与考核委员会、审计委员会、风险控制委员会等专门委员会。专门委员会在董事会授权范围内开展相关工作，协助董事会履行职责。

国有资产监管机构授权的国有资本投资、运营公司的执行董事、外部董事由国有资产监管机构委派。其中，外部董事由国有资产监管机构根据国有资本投资、运营公司董事会结构需求，从专职外部董事中选择合适人员担任。董事长、副董事长由国有资产监管机构从董事会成员中指定。

政府直接授权的国有资本投资、运营公司执行董事、外部董事（股权董事）由国务院或地方人民政府委派，董事长、副董事长由国务院或地方人民政府从董事会成员中指定。其中，依据国有资本投资、运营公司职能定位，外部董事主要由政府综合管理部门和相关行业主管部门提名，选择专业人士担任，由政府委派。外部董事可兼任董事会下属专门委员会主席，按照公司治理结构的议事规则对国有资本投资、运营公司的重大事项发表相关领域专业意见。

政府或国有资产监管机构委派外部董事要注重拓宽外部董事来源，人员选择要符合国有资本投资、运营公司定位和专业要求，建立外部董事评价机制，确保充分发挥外部董事作用。

3.经理层。国有资本投资、运营公司的经理层根据董事会授权负责国有资本日常投资运营。董事长与总经理原则上不得由同一人担任。

国有资产监管机构授权的国有资本投资、运营公司党组织隶属中央、地方党委或国有资产监管机构党组织管理，领导班子及其成员的管理，以改组的企业集团为基础，根据具体情况区别对待。其中，由中管企业改组组建的国有资本投资、运营公司，领导班子及其成员由中央管理；由非中管的中央企业改组组建或新设的国有资本投资、运营公司，领导班子及其成员的管理按照干部管理权限确定。

政府直接授权的国有资本投资、运营公司党组织隶属中央或地方党委管理，领导班子及其成员由中央或地方党委管理。

国有资本投资、运营公司董事长、董事（外部董事除外）、高级经理人员，原则上不得在其他有限责任公司、股份有限公司或者其他经济组织兼职。

（五）运行模式。

1. 组织架构。国有资本投资、运营公司要按照市场化、规范化、专业化的管理导向，建立职责清晰、精简高效、运行专业的管控模式，分别结合职能定位具体负责战略规划、制度建设、资源配置、资本运营、财务监管、风险管控、绩效评价等事项。

2. 履职行权。国有资本投资、运营公司应积极推动所持股企业建立规范、完善的法人治理结构，并通过股东大会表决、委派董事和监事等方式行使股东权利，形成以资本为纽带的投资与被投资关系，协调和引导所持股企业发展，实现有关战略意图。国有资本投资、运营公司委派的董事、监事要依法履职行权，对企业负有忠实义务和勤勉义务，切实维护股东权益，不干预所持股企业日常经营。

3. 选人用人机制。国有资本投资、运营公司要建立派出董事、监事候选人员库，由董事会下设的提名委员会根据拟任职公司情况提出差额适任人选，报董事会审议、任命。同时，要加强对派出董事、监事的业务培训、管理和考核评价。

4. 财务监管。国有资本投资、运营公司应当严格按照国家有关财务制度规定，加强公司财务管理，防范财务风险。督促所持股企业加强财务管理，落实风险管控责任，提高运营效率。

5. 收益管理。国有资本投资、运营公司以出资人身份，按照有关法律法规和公司章程，对所持股企业的利润分配进行审议表决，及时收取分红，并依规上交国有资本收益和使用管理留存收益。

6. 考核机制。国有资本投资公司建立以战略目标和财务效益为主的管控模式，对所持股企业考核侧重于执行公司战略和资本回报状况。国有资本运营公司建立财务管控模式，对所持股企业考核侧重于国有资本流动和保值增值状况。

（六）监督与约束机制。

1. **完善监督体系。**整合出资人监管和审计、纪检监察、巡视等监督力量，建立监督工作会商机制，按照事前规范制度、事中加强监控、事后强化问责的原则，加强对国有资本投资、运营公司的统筹监督，提高监督效能。纪检监察机构加强对国有资本投资、运营公司党组织、董事会、经理层的监督，强化对国有资本投资、运营公司领导人员廉洁从业、行使权力等的监督。国有资本投资、运营公司要建立内部常态化监督审计机制和信息公开制度，加强对权力集中、资金密集、资源富集、资产聚集等重点部门和岗位的监管，在不涉及国家秘密和企业商业秘密的前提下，依法依规、及时准确地披露公司治理以及管理架构、国有资本整体运营状况、关联交易、企业负责人薪酬等信息，建设阳光国企，主动接受社会监督。

2. **实施绩效评价。**国有资本投资、运营公司要接受政府或国有资产监管机构的综合考核评价。考核评价内容主要包括贯彻国家战略、落实国有资本布局和结构优化目标、执行各项法律法规制度和公司章程，重大问题决策和重要干部任免，国有资本运营效率、保值增值、财务效益等方面。

三、实施步骤

国有资本投资、运营公司试点工作应分级组织、分类推进、稳妥开展，并根据试点进展情况及时总结推广有关经验。中央层面，继续推进国有资产监管机构授权的国有资本投资、运营公司深化试点，并结合本实施意见要求不断完善试点工作。同时推进国务院直接授权的国有资本投资、运营公司试点，选择由财政部履行国有资产监管职责的中央企业以及中央党政机关和事业单位经营性国有资产集中统一监管改革范围内的企业稳步开展。地方层面，试点工作由各省级人民政府结合实际情况组织实施。

四、配套政策

（一）**推进简政放权。**围绕落实出资人职责的定位，有序推进对国有资本投资、运营公司的放权。将包括国有产权流转等决策事项的审批权、经营班子业绩考核和薪酬管理权等授予国有资本投资、运营公司，相关管理要求和运行规则通过公司组建方案和公司章程予以明确。

（二）综合改革试点。国有资本投资、运营公司所持股国有控股企业中，符合条件的可优先支持同时开展混合所有制改革、混合所有制企业员工持股、推行职业经理人制度、薪酬分配差异化改革等其他改革试点，充分发挥各项改革工作的综合效应。

（三）完善支持政策。严格落实国有企业重组整合涉及的资产评估增值、土地变更登记和国有资产无偿划转等方面税收优惠政策。简化工商税务登记、变更程序。鼓励国有资本投资、运营公司妥善解决历史遗留问题、处置低效无效资产。制定国有资本投资、运营公司的国有资本经营预算收支管理政策。

五、组织实施

加快推进国有资本投资、运营公司改革试点，是深化国有企业改革的重要组成部分，是改革和完善国有资产管理体制的重要举措。国务院国有企业改革领导小组负责国有资本投资、运营公司试点工作的组织协调和督促落实。中央组织部、国家发展改革委、财政部、人力资源社会保障部、国务院国资委等部门按照职责分工制定落实相关配套措施，密切配合、协同推进试点工作。中央层面的国有资本投资、运营公司试点方案，按程序报党中央、国务院批准后实施。

各省级人民政府对本地区国有资本投资、运营公司试点工作负总责，要紧密结合本地区实际情况，制定本地区国有资本投资、运营公司改革试点实施方案，积极稳妥组织开展试点工作。各省级人民政府要将本地区改革试点实施方案报国务院国有企业改革领导小组备案。

国务院

2018 年 7 月 14 日

国务院关于推动创新创业高质量发展
打造"双创"升级版的意见

国发〔2018〕32 号

各省、自治区、直辖市人民政府，国务院各部委、各直属机构：

创新是引领发展的第一动力，是建设现代化经济体系的战略支撑。近年来，大众创业万众创新持续向更大范围、更高层次和更深程度推进，创新创业与经济社会发展深度融合，对推动新旧动能转换和经济结构升级、扩大就业和改善民生、实现机会公平和社会纵向流动发挥了重要作用，为促进经济增长提供了有力支撑。当前，我国经济已由高速增长阶段转向高质量发展阶段，对推动大众创业万众创新提出了新的更高要求。为深入实施创新驱动发展战略，进一步激发市场活力和社会创造力，现就推动创新创业高质量发展、打造"双创"升级版提出以下意见。

一、总体要求

推进大众创业万众创新是深入实施创新驱动发展战略的重要支撑、深入推进供给侧结构性改革的重要途径。随着大众创业万众创新蓬勃发展，创新创业环境持续改善，创新创业主体日益多元，各类支撑平台不断丰富，创新创业社会氛围更加浓厚，创新创业理念日益深入人心，取得显著成效。但同时，还存在创新创业生态不够完善、科技成果转化机制尚不健全、大中小企业融通发展还不充分、创新创业国际合作不够深入以及部分政策落实不到位等问题。打造"双创"升级版，推动创新创业高质量发展，有利于进一步增强创业带动就业能力，有利于提升科技创新和产业发展活力，有利于创造优质供给和扩大有效需求，对增强经济发展内生动力具有重要意义。

（一）指导思想。

以习近平新时代中国特色社会主义思想为指导，全面贯彻党的十九大和十九届二中、三中全会精神，坚持新发展理念，坚持以供给侧结构性改革为主线，按照高质量发展要求，深入实施创新驱动发展战略，通过打造"双创"升级版，进一步优化创新创业环境，大幅降低创新创业成本，提升创业带动就业能力，增强科技创新引领作用，提升支撑平台服务能力，推动形成线上线下结合、产学研用协同、大中小企业融合的创新创业格局，为加快培育发展新动能、实现更充分就业和经济高质量发展提供坚实保障。

（二）主要目标。

——创新创业服务全面升级。创新创业资源共享平台更加完善，市场化、专业化众创空间功能不断拓展，创新创业服务平台能力显著提升，创业投资持续增长并更加关注早中期科技型企业，新兴创新创业服务业态日趋成熟。

——创业带动就业能力明显提升。培育更多充满活力、持续稳定经营的市场主体，直接创造更多就业岗位，带动关联产业就业岗位增加，促进就业机会公平和社会纵向流动，实现创新、创业、就业的良性循环。

——科技成果转化应用能力显著增强。科技型创业加快发展，产学研用更加协同，科技创新与传统产业转型升级结合更加紧密，形成多层次科技创新和产业发展主体，支撑战略性新兴产业加快发展。

——高质量创新创业集聚区不断涌现。"双创"示范基地建设扎实推进，一批可复制的制度性成果加快推广。有效发挥国家级新区、国家自主创新示范区等各类功能区优势，打造一批创新创业新高地。

——大中小企业创新创业价值链有机融合。一批高端科技人才、优秀企业家、专业投资人成为创新创业主力军，大企业、科研院所、中小企业之间创新资源要素自由畅通流动，内部外部、线上线下、大中小企业融通发展水平不断提升。

——国际国内创新创业资源深度融汇。拓展创新创业国际交流合作，深度融入全球创新创业浪潮，推动形成一批国际化创新创业集聚地，将"双创"打造成为我国与包括"一带一路"相关国家在内的世界各国合作的亮丽名片。

二、着力促进创新创业环境升级

（三）简政放权释放创新创业活力。

进一步提升企业开办便利度，全面推进企业简易注销登记改革。积极推广"区域评估"，由政府组织力量对一定区域内地质灾害、水土保持等进行统一评估。推进审查事项、办事流程、数据交换等标准化建设，稳步推动公共数据资源开放，加快推进政务数据资源、社会数据资源、互联网数据资源建设。清理废除妨碍统一市场和公平竞争的规定和做法，加快发布全国统一的市场准入负面清单，建立清单动态调整机制。（市场监管总局、自然资源部、水利部、发展改革委等按职责分工负责）

（四）放管结合营造公平市场环境。

加强社会信用体系建设，构建信用承诺、信息公示、信用分级分类、信用联合奖惩等全流程信用监管机制。修订生物制造、新材料等领域审查参考标准，激发高技术领域创新活力。引导和规范共享经济良性健康发展，推动共享经济平台企业切实履行主体责任。建立完善对"互联网 + 教育"、"互联网 + 医疗"等新业态新模式的高效监管机制，严守安全质量和社会稳定底线。（发展改革委、市场监管总局、工业和信息化部、教育部、卫生健康委等按职责分工负责）

（五）优化服务便利创新创业。

加快建立全国一体化政务服务平台，建立完善国家数据共享交换平台体系，推行数据共享责任清单制度，推动数据共享应用典型案例经验复制推广。在市县一级建立农村创新创业信息服务窗口。完善适应新就业形态的用工和社会保险制度，加快建设"网上社保"。积极落实产业用地政策，深入推进城镇低效用地再开发，健全建设用地"增存挂钩"机制，优化用地结构，盘活存量、闲置土地用于创新创业。（国务院办公厅、发展改革委、市场监管总局、农业农村部、人力资源社会保障部、自然资源部等按职责分工负责）

三、加快推动创新创业发展动力升级

（六）加大财税政策支持力度。

聚焦减税降费，研究适当降低社保费率，确保总体上不增加企业负担，激发市场活力。将企业研发费用加计扣除比例提高到 75% 的政策由科技型中小企业扩大至所有企业。对个人在二级市场买卖新三板股票比照上市公司股票，对差价收入免征个人所得税。将国家级科技企业孵化器和大学科技园享受的免征房产税、增值税等优惠政策范围扩大至省级，符合条件的众创空间也可享受。（财政部、税务总局等按职责分工负责）

（七）完善创新创业产品和服务政府采购等政策措施。

完善支持创新和中小企业的政府采购政策。发挥采购政策功能，加大对重大创新产品和服务、核心关键技术的采购力度，扩大首购、订购等非招标方式的应用。（发展改革委、财政部、工业和信息化部、科技部等和各地方人民政府按职责分工负责）

（八）加快推进首台（套）重大技术装备示范应用。

充分发挥市场机制作用，推动重大技术装备研发创新、检测评定、示范应用体系建设。编制重大技术装备创新目录、众创研发指引，制定首台（套）评定办法。依托大型科技企业集团、重点研发机构，设立重大技术装备创新研究院。建立首台（套）示范应用基地和示范应用联盟。加快军民两用技术产品发展和推广应用。发挥众创、众筹、众包和虚拟创新创业社区等多种创新创业模式的作用，引导中小企业等创新主体参与重大技术装备研发，加强众创成果与市场有效对接。（发展改革委、科技部、工业和信息化部、财政部、国资委、卫生健康委、市场监管总局、能源局等按职责分工负责）

（九）建立完善知识产权管理服务体系。

建立完善知识产权评估和风险控制体系，鼓励金融机构探索开展知识产权质押融资。完善知识产权运营公共服务平台，逐步建立全国统一的知识产权交易市场。鼓励和支持创新主体加强关键前沿技术知识产权创造，形成一批战略性高价值专利组合。聚焦重点领域和关键环节开展知识产权"雷霆"专项行动，进行集中检查、集中整治，全面加强知识产权执法维权工作力度。积极运用在线识别、实时监测、源头追溯等"互联网＋"技术强化知识产权保护。（知识产权局、财政部、银保监会、人民银行等按职责分工负责）

四、持续推进创业带动就业能力升级

（十）鼓励和支持科研人员积极投身科技创业。

对科教类事业单位实施差异化分类指导，出台鼓励和支持科研人员离岗创业实施细则，完善创新型岗位管理实施细则。健全科研人员评价机制，将科研人员在科技成果转化过程中取得的成绩和参与创业项目的情况作为职称评审、岗位竞聘、绩效考核、收入分配、续签合同等的重要依据。建立完善科研人员校企、院企共建双聘机制。（科技部、教育部、人力资源社会保障部等按职责分工负责）

（十一）强化大学生创新创业教育培训。

在全国高校推广创业导师制，把创新创业教育和实践课程纳入高校必修课体系，允许大学生用创业成果申请学位论文答辩。支持高校、职业院校（含技工院校）深化产教融合，引入企业开展生产性实习实训。（教育部、人力资源社会保障部、共青团中央等按职责分工负责）

（十二）健全农民工返乡创业服务体系。

深入推进农民工返乡创业试点工作，推出一批农民工返乡创业示范县和农村创新创业典型县。进一步发挥创业担保贷款政策的作用，鼓励金融机构按照市场化、商业可持续原则对农村"双创"园区（基地）和公共服务平台等提供金融服务。安排一定比例年度土地利用计划，专项支持农村新产业新业态和产业融合发展。（人力资源社会保障部、农业农村部、发展改革委、人民银行、银保监会、财政部、自然资源部、共青团中央等按职责分工负责）

（十三）完善退役军人自主创业支持政策和服务体系。

加大退役军人培训力度，依托院校、职业培训机构、创业培训中心等机构，开展创业意识教育、创业素质培养、创业项目指导、开业指导、企业经营管理等培训。大力扶持退役军人就业创业，落实好现有税收优惠政策，根据个体特点引导退役军人向科技服务业等新业态转移。推动退役军人创业平台不断完善，支持退役军人参加创新创业大会和比赛。（退役军人部、教育部、人力资源社会保障部、税务总局、财政部等按职责分工负责）

（十四）提升归国和外籍人才创新创业便利化水平。

深入实施留学人员回国创新创业启动支持计划，遴选资助一批高层次人才回国创新创业项目。健全留学回国人才和外籍高层次人才服务机制，在签证、出入境、社会保险、知识产权保护、落户、永久居留、子女入学等方面进一步加大支持力度。（人力资源社会保障部、外交部、公安部、移民局、知识产权局等和各地方人民政府按职责分工负责）

（十五）推动更多群体投身创新创业。

深入推进创新创业巾帼行动，鼓励支持更多女性投身创新创业实践。制定完善香港、澳门居民在内地发展便利性政策措施，鼓励支持港澳青年在内地创新创业。扩大两岸经济文化交流合作，为台湾同胞在大陆创新创业提供便利。积极引导侨资侨智参与创新创业，支持建设华侨华人创新创业基地和华侨大数据中心。探索国际柔性引才机制，持续推进海外人才离岸创新创业基地建设。启动少数民族地区创新创业专项行动，支持西藏、新疆等地区创新创业加快发展。推行终身职业技能培训制度，将有创业意愿和培训需求的劳动者全部纳入培训范围。（全国妇联、港澳办、台办、侨办、人力资源社会保障部、中国科协、发展改革委、国家民委等按职责分工负责）

五、深入推动科技创新支撑能力升级

（十六）增强创新型企业引领带动作用。

在重点领域和关键环节加快建设一批国家产业创新中心、国家技术创新中心等创新平台，充分发挥创新平台资源集聚优势。建设由大中型科技企业牵头，中小企业、科技社团、高校院所等共同参与的科技联合体。加大对"专精特新"中小企业的支持力度，鼓励中小企业参与产业关键共性技术研究开发，持续提升企业创新能力，培育一批具有创新能力的制造业单项冠军企业，壮大制造业创新集群。健全企业家参与涉企创新创业政策制定机制。（发展改革委、科技部、中国科协、工业和信息化部等按职责分工负责）

（十七）推动高校科研院所创新创业深度融合。

健全科技资源开放共享机制，鼓励科研人员面向企业开展技术开发、技术咨询、技术服务、技术培训等，促进科技创新与创业深度融合。推动高校、科研院所与企业共同建立概念验证、孵化育成等面向基础研究成果转化的服务平台。（科技部、教育部等按职责分工负责）

（十八）健全科技成果转化的体制机制。

纵深推进全面创新改革试验，深化以科技创新为核心的全面创新。完善国家财政资金资助的科技成果信息共享机制，畅通科技成果与市场对接渠道。试点开展赋予科研人员职务科技成果所有权或长期使用权。加速高校科技成果转化和技术转移，促进科技、产业、投资融合对接。加强国家技术转移体系建设，鼓励高校、科研院所建设专业化技术转移机构。鼓励有条件的地方按技术合同实际成交额的一定比例对技术转移服务机构、技术合同登记机构和技术经纪人（技术经理人）给予奖补。（发展改革委、科技部、教育部、财政部等按职责分工负责）

六、大力促进创新创业平台服务升级

（十九）提升孵化机构和众创空间服务水平。

建立众创空间质量管理、优胜劣汰的健康发展机制，引导众创空间向专业化、精细化方向升级，鼓励具备一定科研基础的市场主体建立专业化众创空间。推动中央企业、科研院所、高校和相关公共服务机构建设具有独立法人资格的孵化机构，为初创期、早中期企业提供公共技术、检验检测、财税会计、法律政策、教育培训、管理咨询等服务。继续推进全国创业孵化示范基地建设。鼓励生产制造类企业建立工匠工作室，通过技术攻关、破解生产难题、固化创新成果等塑造工匠品牌。加快发展孵化机构联盟，加强与国外孵化机构对接合作，吸引海外人才到国内创新创业。研究支持符合条件的孵化机构享受高新技术企业相关人才激励政策，落实孵化机构税收优惠政策。（科技部、国资委、教育部、人力资源社会保障部、工业和信息化部、财政部、税务总局等按职责分工负责）

（二十）搭建大中小企业融通发展平台。

实施大中小企业融通发展专项行动计划，加快培育一批基于互联网的大企业创新创业平台、国家中小企业公共服务示范平台。推进国家小型微型企业创业创新示范基地建设，支持建设一批制造业"双创"技术转移中心和制造业"双创"服务平台。推进供应链创新与应用，加快形成大中小企业专业化分工协作的产业供应链体系。鼓励大中型企业开展内部创业，鼓励有条件的企业依法合规发起或参与设立公益性创业基金，鼓励企业参股、投资内部创业项目。鼓励国有企业探索以子公司等形式设立创新创业平台，促进混合所有制改革与创新创业深度融合。（工业和信息化部、商务部、财政部、国资委等按职责分工负责）

（二十一）深入推进工业互联网创新发展。

更好发挥市场力量，加快发展工业互联网，与智能制造、电子商务等有机结合、互促共进。实施工业互联网三年行动计划，强化财税政策导向作用，持续利用工业转型升级资金支持工业互联网发展。推进工业互联网平台建设，形成多层次、系统性工业互联网平台体系，引导企业上云上平台，加快发展工业软件，培育工业互联网应用创新生态。推动产学研用合作建设工业互联网创新中心，建立工业互联网产业示范基地，开展工业互联网创新应用示范。加强专业人才支撑，公布一批工业互联网相关二级学科，鼓励搭建工业互联网学科引智平台。（工业和信息化部、发展改革委、教育部、科技部、财政部、

人力资源社会保障部等按职责分工负责）

（二十二）完善"互联网+"创新创业服务体系。

推进"国家创新创业政策信息服务网"建设，及时发布创新创业先进经验和典型做法，进一步降低各类创新创业主体的政策信息获取门槛和时间成本。鼓励建设"互联网+"创新创业平台，积极利用互联网等信息技术支持创新创业活动，进一步降低创新创业主体与资本、技术对接的门槛。推动"互联网+公共服务"，使更多优质资源惠及群众。（发展改革委、科技部、工业和信息化部等按职责分工负责）

（二十三）打造创新创业重点展示品牌。

继续扎实开展各类创新创业赛事活动，办好全国大众创业万众创新活动周，拓展"创响中国"系列活动范围，充分发挥"互联网+"大学生创新创业大赛、中国创新创业大赛、"创客中国"创新创业大赛、"中国创翼"创业创新大赛、全国农村创业创新项目创意大赛、中央企业熠星创新创意大赛、"创青春"中国青年创新创业大赛、中国妇女创新创业大赛等品牌赛事活动作用。对各类赛事活动中涌现的优秀创新创业项目加强后续跟踪支持。（发展改革委、中国科协、教育部、科技部、工业和信息化部、人力资源社会保障部、农业农村部、国资委、共青团中央、全国妇联等按职责分工负责）

七、进一步完善创新创业金融服务

（二十四）引导金融机构有效服务创新创业融资需求。

加快城市商业银行转型，回归服务小微企业等实体的本源，提高风险识别和定价能力，运用科技化等手段，为本地创新创业提供有针对性的金融产品和差异化服务。加快推进村镇银行本地化、民营化和专业化发展，支持民间资本参与农村中小金融机构充实资本、完善治理的改革，重点服务发展农村电商等新业态新模式。推进落实大中型商业银行设立普惠金融事业部，支持有条件的银行设立科技信贷专营事业部，提高服务创新创业企业的专业化水平。支持银行业金融机构积极稳妥开展并购贷款业务，提高对创业企业兼并重组的金融服务水平。（银保监会、人民银行等按职责分工负责）

（二十五）充分发挥创业投资支持创新创业作用。

进一步健全适应创业投资行业特点的差异化监管体制，按照不溯及既往、确保总体税负不增的原则，抓紧完善进一步支持创业投资基金发展的税收政策，营造透明、可预期的政策环境。规范发展市场化运作、专业化管理的创业投资母基金。充分发挥国家新兴产业创业投资引导基金、国家中小企业发展基金等引导基金的作用，支持初创期、早中期创新型企业发展。加快发展天使投资，鼓励有条件的地方出台促进天使投资发展的政策措施，培育和壮大天使投资人群体。完善政府出资产业投资基金信用信息登记，开展政府出资产业投资基金绩效评价和公共信用综合评价。（发展改革委、证监会、税务总局、财政部、工业和信息化部、科技部、人民银行、银保监会等按职责分工负责）

（二十六）拓宽创新创业直接融资渠道。

支持发展潜力好但尚未盈利的创新型企业上市或在新三板、区域性股权市场挂牌。推动科技型中小企业和创业投资企业发债融资，稳步扩大创新创业债试点规模，支持符合条件的企业发行"双创"专项债务融资工具。规范发展互联网股权融资，拓宽小微企业和创新创业者的融资渠道。推动完善公司法等法律法规和资本市场相关规则，允许科技企业实行"同股不同权"治理结构。（证监会、发展改革委、科技部、人民银行、财政部、司法部等按职责分工负责）

（二十七）完善创新创业差异化金融支持政策。

依托国家融资担保基金，采取股权投资、再担保等方式推进地方有序开展融资担保业务，构建全国统一的担保行业体系。支持保险公司为科技型中小企业知识产权融资提供保证保险服务。完善定向降准、信贷政策支持再贷款等结构性货币政策工具，引导资金更多投向创新型企业和小微企业。研究开展科技成果转化贷款风险补偿试点。实施战略性新兴产业重点项目信息合作机制，为战略性新兴产业提供更具针对性和适应性的金融产品和服务。（财政部、银保监会、科技部、知识产权局、人民银行、工业和信息化部、发展改革委、证监会等按职责分工负责）

八、加快构筑创新创业发展高地

（二十八）打造具有全球影响力的科技创新策源地。

进一步夯实北京、上海科技创新中心的创新基础，加快建设一批重大科技基础设施集群、世界一流学科集群。加快推进粤港澳大湾区国际科技创新中心建设，探索建立健全国际化的创新创业合作新机制。（有关地方人民政府牵头负责）

（二十九）培育创新创业集聚区。

支持符合条件的经济技术开发区打造大中小企业融通型、科技资源支撑型等不同类型的创新创业特色载体。鼓励国家级新区探索通用航空、体育休闲、养老服务、安全等产业与城市融合发展的新机制和新模式。推进雄安新区创新发展，打造体制机制新高地和京津冀协同创新重要平台。推动承接产业转移示范区、高新技术开发区聚焦战略性新兴产业构建园区配套及服务体系，充分发挥创新创业集群效应。支持有条件的省市建设综合性国家产业创新中心，提升关键核心技术创新能力。依托中心城市和都市圈，探索打造跨区域协同创新平台。（财政部、工业和信息化部、科技部、发展改革委等和各地方人民政府按职责分工负责）

（三十）发挥"双创"示范基地引导示范作用。

将全面创新改革试验的相关改革举措在"双创"示范基地推广，为示范基地内的项目或企业开通总体规划环评等绿色通道。充分发挥长三角示范基地联盟作用，推动建立京津冀、西部等区域示范基地联盟，促进各类基地融通发展。开展"双创"示范基地十强百佳工程，鼓励示范基地在科技成果转化、财政金融、人才培养等方面积极探索。（发展改革委、生态环境部、银保监会、科技部、财政部、工业和信息化部、人力资源社会保障部等和有关地方人民政府及大众创业万众创新示范基地按职责分工负责）

（三十一）推进创新创业国际合作。

发挥中国—东盟信息港、中阿网上丝绸之路等国际化平台作用，支持与"一带一路"相关国家开展创新创业合作。推动建立政府间创新创业多双边合作机制。充分利用各类国际合作论坛等重要载体，推动创新创业领域民间务实合作。鼓励有条件的地方建立创新创业国际合作基金，促进务实国际合作项目有效落地。（发展改革委、科技部、工业和信息化部等和有关地方人民政府按职责分工负责）

九、切实打通政策落实"最后一公里"

（三十二）强化创新创业政策统筹。

完善创新创业信息通报制度，加强沟通联动。发挥推进大众创业万众创新部际联席会议统筹作用，建立部门之间、部门与地方之间的高效协同机制。鼓励各地方先行先试、大胆探索并建立容错免责机制。促进科技、金融、财税、人才等支持创新创业政策措施有效衔接。建立健全"双创"发展统计指标体系，做好创新创业统计监测工作。（发展改革委、统计局等和各地方人民政府按职责分工负责）

（三十三）细化关键政策落实措施。

开展"双创"示范基地年度评估，根据评估结果进行动态调整。定期梳理制约创新创业的痛点堵点问题，开展创新创业痛点堵点疏解行动，督促相关部门和地方限期解决。对知识产权保护、税收优惠、成果转移转化、科技金融、军民融合、人才引进等支持创新创业政策措施落实情况定期开展专项督查和评估。（发展改革委、中国科协等和各地方人民政府按职责分工负责）

（三十四）做好创新创业经验推广。

建立定期发布创新创业政策信息的制度，做好政策宣讲和落实工作。支持各地积极举办经验交流会和现场观摩会等，加强先进经验和典型做法的推广应用。加强创新创业政策和经验宣传，营造良好舆论氛围。（各部门、各地方人民政府按职责分工负责）

各地区、各部门要充分认识推动创新创业高质量发展、打造"双创"升级版对于深入实施创新驱动发展战略的重要意义，把思想、认识和行动统一到党中央、国务院决策部署上来，认真落实本意见各项要求，细化政策措施，加强督查，及时总结，确保各项政策措施落到实处，进一步增强创业带动就业能力和科技创新能力，加快培育发展新动能，充分激发市场活力和社会创造力，推动我国经济高质量发展。

国务院

2018 年 9 月 18 日

国务院国有资产监督管理委员会令

第 37 号

《中央企业违规经营投资责任追究实施办法（试行）》已经国务院国有资产监督管理委员会主任办公会议审议通过，现予公布，自 2018 年 8 月 30 日起施行。

国务院国有资产监督管理委员会主任　肖亚庆

2018 年 7 月 13 日

中央企业违规经营投资责任追究实施办法（试行）

第一章　总则

第一条　为加强和规范中央企业违规经营投资责任追究工作，进一步完善国有资产监督管理制度，落实国有资产保值增值责任，有效防止国有资产流失，根据《中华人民共和国公司法》、《中华人民共和国企业国有资产法》、《企业国有资产监督管理暂行条例》和《国务院办公厅关于建立国有企业违规经营投资责任追究制度的意见》等法律法规和文件，制定本办法。

第二条　本办法所称中央企业是指国务院国有资产监督管理委员会（以下简称国资委）代表国务院履行出资人职责的国家出资企业。

第三条　本办法所称违规经营投资责任追究（以下简称责任追究）是指中央企业经营管理有关人员违反规定，未履行或未正确履行职责，在经营投资中造成国有资产损失或其他严重不良后果，经调查核实和责任认定，对相关责任人进行处理的工作。

前款所称规定，包括国家法律法规、国有资产监管规章制度和企业内部管理规定等。

前款所称未履行职责，是指未在规定期限内或正当合理期限内行使职权、承担责任，一般包括不作为、拒绝履行职责、拖延履行职责等；未正确履行职责，是指未按规定以及岗位职责要求，不适当或不完全行使职权、承担责任，一般包括未按程序行使职权、超越职权、滥用职权等。

第四条　责任追究工作应当遵循以下原则：

（一）坚持依法依规问责。以国家法律法规为准绳，按照国有资产监管规章制度和企业内部管理规定等，对违反规定、未履行或未正确履行职责造成国有资产损失或其他严重不良后果的企业经营管理有关人员，严肃追究责任，实行重大决策终身问责。

（二）坚持客观公正定责。贯彻落实"三个区分开来"重要要求，结合企业实际情况，调查核实违规行为的事实、性质及其造成的损失和影响，既考虑量的标准也考虑质的不同，认定相关人员责任，保护企业经营管理有关人员干事创业的积极性，恰当公正地处理相关责任人。

（三）坚持分级分层追责。国资委和中央企业原则上按照国有资本出资关系和干部管理权限，界定责任追究工作职责，分级组织开展责任追究工作，分别对企业不同层级经营管理人员进行追究处理，形成分级分层、有效衔接、上下贯通的责任追究工作体系。

（四）坚持惩治教育和制度建设相结合。在对违规经营投资相关责任人严肃问责的同时，加大典型案例总结和通报力度，加强警示教育，发挥震慑作用，推动中央企业不断完善规章制度，堵塞经营管理漏洞，提高经营管理水平，实现国有资产保值增值。

第五条　在责任追究工作过程中，发现企业经营管理有关人员违纪或职务违法的问题和线索，应当移送相应的纪检监察机构查处；涉嫌犯罪的，应当移送国家监察机关或司法机关查处。

第二章　责任追究范围

第六条　中央企业经营管理有关人员违反规定，未履行或未正确履行职责致使发生本办法第七条至第十七条所列情形，造成国有资产损失或其他严重不良后果的，应当追究相应责任。

第七条　集团管控方面的责任追究情形：

（一）违反规定程序或超越权限决定、批准和组织实施重大经营投资事项，或决定、批准和组织实施的重大经营投资事项违反党和国家方针政策、决策部署以及国家有关规定。

（二）对国家有关集团管控的规定未执行或执行不力，致使发生重大资产损失对生产经营、财务状况产生重大影响。

（三）对集团重大风险隐患、内控缺陷等问题失察，或虽发现但没有及时报告、处理，造成重大资产损失或其他严重不良后果。

（四）所属子企业发生重大违规违纪违法问题，造成重大资产损失且对集团生产经营、财务状况产生重大影响，或造成其他严重不良后果。

（五）对国家有关监管机构就经营投资有关重大问题提出的整改工作要求，拒绝整改、拖延整改等。

第八条　风险管理方面的责任追究情形：

（一）未按规定履行内控及风险管理制度建设职责，导致内控及风险管理制度缺失，内控流程存在重大缺陷。

（二）内控及风险管理制度未执行或执行不力，对经营投资重大风险未能及时分析、识别、评估、预警、应对和报告。

（三）未按规定对企业规章制度、经济合同和重要决策等进行法律审核。

（四）未执行国有资产监管有关规定，过度负债导致债务危机，危及企业持续经营。

（五）恶意逃废金融债务。

（六）瞒报、漏报、谎报或迟报重大风险及风险损失事件，指使编制虚假财务报告，企业账实严重不符。

第九条　购销管理方面的责任追究情形：

（一）未按规定订立、履行合同，未履行或未正确履行职责致使合同标的价格明显不公允。

（二）未正确履行合同，或无正当理由放弃应得合同权益。

（三）违反规定开展融资性贸易业务或"空转""走单"等虚假贸易业务。

（四）违反规定利用关联交易输送利益。

（五）未按规定进行招标或未执行招标结果。

（六）违反规定提供赊销信用、资质、担保或预付款项，利用业务预付或物资交易等方式变相融资或投资。

（七）违反规定开展商品期货、期权等衍生业务。

（八）未按规定对应收款项及时追索或采取有效保全措施。

第十条　工程承包建设方面的责任追究情形：

（一）未按规定对合同标的进行调查论证或风险分析。

（二）未按规定履行决策和审批程序，或未经授权和超越授权投标。

（三）违反规定，无合理商业理由以低于成本的报价中标。

（四）未按规定履行决策和审批程序，擅自签订或变更合同。

（五）未按规定程序对合同约定进行严格审查，存在重大疏漏。

（六）工程以及与工程建设有关的货物、服务未按规定招标或规避招标。

（七）违反规定分包等。

（八）违反合同约定超计价、超进度付款。

第十一条　资金管理方面的责任追究情形：

（一）违反决策和审批程序或超越权限筹集和使用资金。

（二）违反规定以个人名义留存资金、收支结算、开立银行账户等。

（三）设立"小金库"。

（四）违反规定集资、发行股票或债券、捐赠、担保、委托理财、拆借资金或开立信用证、办理银行票据等。

（五）虚列支出套取资金。

（六）违反规定超发、滥发职工薪酬福利。

（七）因财务内控缺失或未按照财务内控制度执行，发生资金挪用、侵占、盗取、欺诈等。

第十二条　转让产权、上市公司股权、资产等方面的责任追究情形：

（一）未按规定履行决策和审批程序或超越授权范围转让。

（二）财务审计和资产评估违反相关规定。

（三）隐匿应当纳入审计、评估范围的资产，组织提供和披露虚假信息，授意、指使中介机构出具虚假财务审计、资产评估鉴证结果及法律意见书等。

（四）未按相关规定执行回避制度。

（五）违反相关规定和公开公平交易原则，低价转让企业产权、上市公司股权和资产等。

（六）未按规定进场交易。

第十三条　固定资产投资方面的责任追究情形：

（一）未按规定进行可行性研究或风险分析。

（二）项目概算未按规定进行审查，严重偏离实际。

（三）未按规定履行决策和审批程序擅自投资。

（四）购建项目未按规定招标，干预、规避或操纵招标。

（五）外部环境和项目本身情况发生重大变化，未按规定及时调整投资方案并采取止损措施。

（六）擅自变更工程设计、建设内容和追加投资等。

（七）项目管理混乱，致使建设严重拖期、成本明显高于同类项目。

（八）违反规定开展列入负面清单的投资项目。

第十四条　投资并购方面的责任追究情形：

（一）未按规定开展尽职调查，或尽职调查未进行风险分析等，存在重大疏漏。

（二）财务审计、资产评估或估值违反相关规定。

（三）投资并购过程中授意、指使中介机构或有关单位出具虚假报告。

（四）未按规定履行决策和审批程序，决策未充分考虑重大风险因素，未制定风险防范预案。

（五）违反规定以各种形式为其他合资合作方提供垫资，或通过高溢价并购等手段向关联方输送利益。

（六）投资合同、协议及标的企业公司章程等法律文件中存在有损国有权益的条款，致使对标的企业管理失控。

（七）违反合同约定提前支付并购价款。

（八）投资并购后未按有关工作方案开展整合，致使对标的企业管理失控。

（九）投资参股后未行使相应股东权利，发生重大变化未及时采取止损措施。

（十）违反规定开展列入负面清单的投资项目。

第十五条　改组改制方面的责任追究情形：

（一）未按规定履行决策和审批程序。

（二）未按规定组织开展清产核资、财务审计和资产评估。

（三）故意转移、隐匿国有资产或向中介机构提供虚假信息，授意、指使中介机构出具虚假清产核资、财务审计与资产评估等鉴证结果。

（四）将国有资产以明显不公允低价折股、出售或无偿分给其他单位或个人。

（五）在发展混合所有制经济、实施员工持股计划、破产重整或清算等改组改制过程中，违反规定，导致发生变相套取、私分国有资产。

（六）未按规定收取国有资产转让价款。

（七）改制后的公司章程等法律文件中存在有损国有权益的条款。

第十六条　境外经营投资方面的责任追究情形：

（一）未按规定建立企业境外投资管理相关制度，导致境外投资管控缺失。

（二）开展列入负面清单禁止类的境外投资项目。

（三）违反规定从事非主业投资或开展列入负面清单特别监管类的境外投资项目。

（四）未按规定进行风险评估并采取有效风险防控措施对外投资或承揽境外项目。

（五）违反规定采取不当经营行为，以及不顾成本和代价进行恶性竞争。

（六）违反本章其他有关规定或存在国家明令禁止的其他境外经营投资行为的。

第十七条　其他违反规定，未履行或未正确履行职责造成国有资产损失或其他严重不良后果的责任追究情形。

第三章　资产损失认定

第十八条　对中央企业违规经营投资造成的资产损失，在调查核实的基础上，依据有关规定认定资产损失金额，以及对企业、国家和社会等造成的影响。

第十九条　资产损失包括直接损失和间接损失。直接损失是与相关人员行为有直接因果关系的损失金额及影响；间接损失是由相关人员行为引发或导致的，除直接损失外、能够确认计量的其他损失金额及影响。

第二十条　中央企业违规经营投资资产损失 500 万元以下为一般资产损失，500 万元以上 5000 万元以下为较大资产损失，5000 万元以上为重大资产损失。涉及违纪违法和犯罪行为查处的损失标准，遵照相关党内法规和国家法律法规的规定执行。

前款所称的"以上"包括本数，所称的"以下"不包括本数。

第二十一条　资产损失金额及影响，可根据司法、行政机关等依法出具的书面文件，具有相应资质的会计师事务所、资产评估机构、律师事务所、专业技术鉴定机构等专业机构出具的专项审计、评估或鉴证报告，以及企业内部证明材料等，进行综合研判认定。

第二十二条　相关违规经营投资虽尚未形成事实资产损失，但确有证据证明资产损失在可预见未来将发生，且能可靠计量资产损失金额的，经中介机构评估可以认定为或有损失，计入资产损失。

第四章　责任认定

第二十三条　中央企业经营管理有关人员任职期间违反规定，未履行或未正确履行职责造成国有资产损失或其他严重不良后果的，应当追究其相应责任。违规经营投资责任根据工作职责划分为直接责任、主管责任和领导责任。

第二十四条　直接责任是指相关人员在其工作职责范围内，违反规定，未履行或未正确履行职责，对造成的资产损失或其他严重不良后果起决定性直接作用时应当承担的责任。

企业负责人存在以下情形的，应当承担直接责任：

（一）本人或与他人共同违反国家法律法规、国有资产监管规章制度和企业内部管理规定。

（二）授意、指使、强令、纵容、包庇下属人员违反国家法律法规、国有资产监管规章制度和企业内部管理规定。

（三）未经规定程序或超越权限，直接决定、批准、组织实施重大经济事项。

（四）主持相关会议讨论或以其他方式研究时，在多数人不同意的情况下，直接决定、批准、组织实施重大经济事项。

（五）将按有关法律法规制度应作为第一责任人（总负责）的事项、签订的有关目标责任事项或应当履行的其他重要职责，授权（委托）其他领导人员决策且决策不当或决策失误等。

（六）其他应当承担直接责任的行为。

第二十五条　主管责任是指相关人员在其直接主管（分管）工作职责范围内，违反规定，未履行或未正确履行职责，对造成的资产损失或其他严重不良后果应当承担的责任。

第二十六条　领导责任是指企业主要负责人在其工作职责范围内，违反规定，未履行或未正确履行职责，对造成的资产损失或其他严重不良后果应当承担的责任。

第二十七条　中央企业所属子企业违规经营投资致使发生本条第二款、第三款所列情形的，上级企业经营管理有关人员应当承担相应的责任。

上一级企业有关人员应当承担相应责任的情形包括：

（一）发生重大资产损失且对企业生产经营、财务状况产生重大影响的。

（二）多次发生较大、重大资产损失，或造成其他严重不良后果的。

除上一级企业有关人员外，更高层级企业有关人员也应当承担相应责任的情形包括：

（一）发生违规违纪违法问题，造成资产损失金额巨大且危及企业生存发展的。

（二）在一定时期内多家所属子企业连续集中发生重大资产损失，或造成其他严重不良后果的。

第二十八条　中央企业违反规定瞒报、漏报或谎报重大资产损失的，对企业主要负责人和分管负责人比照领导责任和主管责任进行责任认定。

第二十九条　中央企业未按规定和有关工作职责要求组织开展责任追究工作的，对企业负责人及有关人员比照领导责任、主管责任和直接责任进行责任认定。

第三十条 中央企业有关经营决策机构以集体决策形式作出违规经营投资的决策或实施其他违规经营投资的行为，造成资产损失或其他严重不良后果的，应当承担集体责任，有关成员也应当承担相应责任。

第五章　责任追究处理

第三十一条　对相关责任人的处理方式包括组织处理、扣减薪酬、禁入限制、纪律处分、移送国家监察机关或司法机关等，可以单独使用，也可以合并使用。

（一)组织处理。包括批评教育、责令书面检查、通报批评、诫勉、停职、调离工作岗位、降职、改任非领导职务、责令辞职、免职等。

（二)扣减薪酬。扣减和追索绩效年薪或任期激励收入，终止或收回其他中长期激励收益，取消参加中长期激励资格等。

（三)禁入限制。五年直至终身不得担任国有企业董事、监事、高级管理人员。

（四)纪律处分。由相应的纪检监察机构查处。

（五)移送国家监察机关或司法机关处理。依据国家有关法律规定，移送国家监察机关或司法机关查处。

第三十二条　中央企业发生资产损失，经过查证核实和责任认定后，除依据有关规定移送纪检监察机构或司法机关处理外，应当按以下方式处理：

（一）发生一般资产损失的，对直接责任人和主管责任人给予批评教育、责令书面检查、通报批评、诫勉等处理，可以扣减和追索责任认定年度 50% 以下的绩效年薪。

（二）发生较大资产损失的，对直接责任人和主管责任人给予通报批评、诫勉、停职、调离工作岗位、降职等处理，同时按照以下标准扣减薪酬：扣减和追索责任认定年度 50%-100% 的绩效年薪、扣减和追索责任认定年度（含）前三年 50%-100% 的任期激励收入并延期支付绩效年薪，终止尚未行使的其他中长期激励权益、上缴责任认定年度及前一年度的全部中长期激励收益、五年内不得参加企业新的中长期激励。

对领导责任人给予通报批评、诫勉、停职、调离工作岗位等处理，同时按照以下标准扣减薪酬：扣减和追索责任认定年度 30%-70% 的绩效年薪、扣减和追索责任认定年度（含）前三年 30%-70% 的任期激励收入并延期支付绩效年薪，终止尚未行使的其他中长期激励权益、三年内不得参加企业新的中长期激励。

（三）发生重大资产损失的，对直接责任人和主管责任人给予降职、改任非领导职务、责令辞职、免职和禁入限制等处理，同时按照以下标准扣减薪酬：扣减和追索责任认定年度100%的绩效年薪、扣减和追索责任认定年度（含）前三年100%的任期激励收入并延期支付绩效年薪，终止尚未行使的其他中长期激励权益、上缴责任认定年度（含）前三年的全部中长期激励收益、不得参加企业新的中长期激励。

对领导责任人给予调离工作岗位、降职、改任非领导职务、责令辞职、免职和禁入限制等处理，同时按照以下标准扣减薪酬：扣减和追索责任认定年度70%-100%的绩效年薪、扣减和追索责任认定年度（含）前三年70%-100%的任期激励收入并延期支付绩效年薪，终止尚未行使的其他中长期激励权益、上缴责任认定年度（含）前三年的全部中长期激励收益、五年内不得参加企业新的中长期激励。

第三十三条　中央企业所属子企业发生资产损失，按照本办法应当追究中央企业有关人员责任时，对相关责任人给予通报批评、诫勉、停职、调离工作岗位、降职、改任非领导职务、责令辞职、免职和禁入限制等处理，同时按照以下标准扣减薪酬：扣减和追索责任认定年度30%-100%的绩效年薪、扣减和追索责任认定年度（含）前三年30%-100%的任期激励收入并延期支付绩效年薪，终止尚未行使的其他中长期激励权益、上缴责任认定年度（含）前三年的全部中长期激励收益、三至五年内不得参加企业新的中长期激励。

第三十四条　对承担集体责任的中央企业有关经营决策机构，给予批评教育、责令书面检查、通报批评等处理；对造成资产损失金额巨大且危及企业生存发展的，或造成其他特别严重不良后果的，按照规定程序予以改组。

第三十五条　责任认定年度是指责任追究处理年度。有关责任人在责任追究处理年度无任职或任职不满全年的，按照最近一个完整任职年度执行；若无完整任职年度的，参照处理前实际任职月度（不超过12个月）执行。

第三十六条　对同一事件、同一责任人的薪酬扣减和追索，按照党纪处分、政务处分、责任追究等扣减薪酬处理的最高标准执行，但不合并使用。

第三十七条　相关责任人受到诫勉处理的，六个月内不得提拔、重用；受到调离工作岗位、改任非领导职务处理的，一年内不得提拔；受到降职处理的，两年内不得提拔；受到责令辞职、免职处理的，一年内不安排职务，两年内不得担任高于原任职务层级的职务；同时受到纪律处分的，按照影响期长的规定执行。

第三十八条　中央企业经营管理有关人员违规经营投资未造成资产损失，但造成其他严重不良后果的，经过查证核实和责任认定后，对相关责任人参照本办法予以处理。

第三十九条　有下列情形之一的，应当对相关责任人从重或加重处理：

（一）资产损失频繁发生、金额巨大、后果严重的。

（二）屡禁不止、顶风违规、影响恶劣的。

（三）强迫、唆使他人违规造成资产损失或其他严重不良后果的。

（四）未及时采取措施或措施不力导致资产损失或其他严重不良后果扩大的。

（五）瞒报、漏报或谎报资产损失的。

（六）拒不配合或干扰、抵制责任追究工作的。

（七）其他应当从重或加重处理的。

第四十条　对中央企业经营管理有关人员在企业改革发展中所出现的失误，不属于有令不行、有禁不止、不当谋利、主观故意、独断专行等的，根据有关规定和程序予以容错。有下列情形之一的，可以对违规经营投资相关责任人从轻或减轻处理：

（一）情节轻微的。

（二）以促进企业改革发展稳定或履行企业经济责任、政治责任、社会责任为目标，且个人没有谋取私利的。

（三）党和国家方针政策、党章党规党纪、国家法律法规、地方性法规和规章等没有明确限制或禁止的。

（四）处置突发事件或紧急情况下，个人或少数人决策，事后及时履行报告程序并得到追认，且不存在故意或重大过失的。

（五）及时采取有效措施减少、挽回资产损失并消除不良影响的。

（六）主动反映资产损失情况，积极配合责任追究工作的，或主动检举其他造成资产损失相关人员，查证属实的。

（七）其他可以从轻或减轻处理的。

第四十一条　对于违规经营投资有关责任人应当给予批评教育、责令书面检查、通报批评或诫勉处理，但是具有本办法第四十条规定的情形之一的，可以免除处理。

第四十二条　对违规经营投资有关责任人减轻或免除处理，须由作出处理决定的上一级企业或国资委批准。

第四十三条　相关责任人已调任、离职或退休的，应当按照本办法给予相应处理。

第四十四条　相关责任人在责任认定年度已不在本企业领取绩效年薪的，按离职前一年度全部绩效年薪及前三年任期激励收入总和计算，参照本办法有关规定追索扣回其薪酬。

第四十五条　对违反规定，未履行或未正确履行职责造成国有资产损失或其他严重不良后果的中央企业董事、监事以及其他有关人员，依照国家法律法规、有关规章制度和本办法等对其进行相应处理。

第六章　责任追究工作职责

第四十六条　国资委和中央企业原则上按照国有资本出资关系和干部管理权限，组织开展责任追究工作。

第四十七条　国资委在责任追究工作中的主要职责：

（一）研究制定中央企业责任追究有关制度。

（二）组织开展中央企业发生的重大资产损失或产生严重不良后果的较大资产损失，以及涉及中央企业负责人的责任追究工作。

（三）认为有必要直接组织开展的中央企业及其所属子企业责任追究工作。

（四）对中央企业存在的共性问题进行专项核查。

（五）对需要中央企业整改的问题，督促企业落实有关整改工作要求。

（六）指导、监督和检查中央企业责任追究相关工作。

（七）其他有关责任追究工作。

第四十八条　国资委内设专门责任追究机构，受理有关方面按规定程序移交的中央企业及其所属子企业违规经营投资的有关问题和线索，初步核实后进行分类处置，并采取督办、联合核查、专项核查等方式组织开展有关核查工作，认定相关人员责任，研究提出处理的意见建议，督促企业整改落实。

第四十九条　中央企业在责任追究工作中的主要职责：

（一）研究制定本企业责任追究有关制度。

（二）组织开展本级企业发生的一般或较大资产损失，二级子企业发生的重大资产损失或产生严重不良后果的较大资产损失，以及涉及二级子企业负责人的责任追究工作。

（三）认为有必要直接组织开展的所属子企业责任追究工作。

（四）指导、监督和检查所属子企业责任追究相关工作。

（五）按照国资委要求组织开展有关责任追究工作。

（六）其他有关责任追究工作。

第五十条　中央企业应当明确相应的职能部门或机构，负责组织开展责任追究工作，并做好与企业纪检监察机构的协同配合。

第五十一条　中央企业应当建立责任追究工作报告制度，对较大和重大违规经营投资的问题和线索，及时向国资委书面报告，并按照有关工作要求定期报送责任追究工作开展情况。

第五十二条　中央企业未按规定和有关工作职责要求组织开展责任追究工作的，国资委依据相关规定，对有关中央企业负责人进行责任追究。

第五十三条　国资委和中央企业有关人员，对企业违规经营投资等重大违规违纪违法问题，存在应当发现而未发现或发现后敷衍不追、隐匿不报、查处不力等失职渎职行为的，严格依纪依规追究纪律责任；涉嫌犯罪的，移送国家监察机关或司法机关查处。

第七章　责任追究工作程序

第五十四条　开展中央企业责任追究工作一般应当遵循受理、初步核实、分类处置、核查、处理和整改等程序。

第五十五条　受理有关方面按规定程序移交的违规经营投资问题和线索，并进行有关证据、材料的收集、整理和分析工作。

第五十六条　国资委专门责任追究机构受理下列企业违规经营投资的问题和线索：

（一）国有资产监督管理工作中发现的。

（二）审计、巡视、纪检监察以及其他有关部门移交的。

（三）中央企业报告的。

（四）其他有关违规经营投资的问题和线索。

第五十七条　对受理的违规经营投资问题和线索，及相关证据、材料进行必要的初步核实工作。

第五十八条　初步核实的主要工作内容包括：

（一）资产损失及其他严重不良后果的情况。

（二）违规违纪违法的情况。

（三）是否属于责任追究范围。

（四）有关方面的处理建议和要求等。

第五十九条　初步核实的工作一般应于 30 个工作日内完成，根据工作需要可以适当延长。

第六十条　根据初步核实情况，对确有违规违纪违法事实的，按照规定的职责权限和程序进行分类处置。

第六十一条　分类处置的主要工作内容包括：

（一）属于国资委责任追究职责范围的，由国资委专门责任追究机构组织实施核查工作。

（二）属于中央企业责任追究职责范围的，移交和督促相关中央企业进行责任追究。

（三）涉及中管干部的违规经营投资问题线索，报经中央纪委国家监委同意后，按要求开展有关核查工作。

（四）属于其他有关部门责任追究职责范围的，移送有关部门。

（五）涉嫌违纪或职务违法的问题和线索，移送纪检监察机构。

（六）涉嫌犯罪的问题和线索，移送国家监察机关或司法机关。

第六十二条　国资委对违规经营投资事项及时组织开展核查工作，核实责任追究情形，确定资产损失程度，查清资产损失原因，认定相关人员责任等。

第六十三条　结合中央企业减少或挽回资产损失工作进展情况，可以适时启动责任追究工作。

第六十四条　核查工作可以采取以下工作措施核查取证：

（一）与被核查事项有关的人员谈话，形成核查谈话记录，并要求有关人员作出书面说明。

（二）查阅、复制被核查企业的有关文件、会议纪要（记录）、资料和账簿、原始凭证等相关材料。

（三）实地核查企业实物资产等。

（四）委托具有相应资质的专业机构对有关问题进行审计、评估或鉴证等。

（五）其他必要的工作措施。

第六十五条　在核查期间，对相关责任人未支付或兑现的绩效年薪、任期激励收入、中长期激励收益等均应暂停支付或兑现；对有可能影响核查工作顺利开展的相关责任人，可视情况采取停职、调离工作岗位、免职等措施。

第六十六条　在重大违规经营投资事项核查工作中，对确有工作需要的，负责核查的部门可请纪检监察机构提供必要支持。

第六十七条　核查工作一般应于6个月内完成，根据工作需要可以适当延长。

第六十八条　核查工作结束后，一般应当听取企业和相关责任人关于核查工作结果的意见，形成资产损失情况核查报告和责任认定报告。

第六十九条　国资委根据核查工作结果，按照干部管理权限和相关程序对相关责任人追究处理，形成处理决定，送达有关企业及被处理人，并对有关企业提出整改要求。

第七十条　被处理人对处理决定有异议的，可以在处理决定送达之日起15个工作日内，提出书面申诉，并提供相关证明材料。申诉期间不停止原处理决定的执行。

第七十一条　国资委或中央企业作出处理决定的，被处理人向作出该处理决定的单位申诉；中央企业所属子企业作出处理决定的，向上一级企业申诉。

第七十二条　国资委和企业应当自受理申诉之日起 30 个工作日内复核，作出维持、撤销或变更原处理决定的复核决定，并以适当形式告知申诉人及其所在企业。

第七十三条　中央企业应当按照整改要求，认真总结吸取教训，制定和落实整改措施，优化业务流程，完善内控体系，堵塞经营管理漏洞，建立健全防范经营投资风险的长效机制。

第七十四条　中央企业应在收到处理决定之日起 60 个工作日内，向国资委报送整改报告及相关材料。

第七十五条　国资委和中央企业应当按照国家有关信息公开规定，逐步向社会公开违规经营投资核查处理情况和有关整改情况等，接受社会监督。

第七十六条　积极运用信息化手段开展责任追究工作，推进相关数据信息的报送、归集、共享和综合利用，逐步建立违规经营投资损失和责任追究工作信息报送系统、中央企业禁入限制人员信息查询系统等，加大信息化手段在发现问题线索、专项核查、责任追究等方面的运用力度。

第八章　附则

第七十七条　中央企业应根据本办法，结合本企业实际情况，细化责任追究的范围、资产损失程度划分标准等，研究制定责任追究相关制度规定，并报国资委备案。

第七十八条　各地区国有资产监督管理机构可以参照本办法，结合实际情况制定本地区责任追究相关制度规定。

第七十九条　国有参股企业责任追究工作，可参照本办法向国有参股企业股东会提请开展责任追究工作。

第八十条　对发生生产安全、环境污染责任事故和不稳定事件的，按照国家有关规定另行处理。

第八十一条　本办法由国资委负责解释。

第八十二条　本办法自 2018 年 8 月 30 日起施行。《中央企业资产损失责任追究暂行办法》（国资委令第 20 号）同时废止。

关于印发《中央企业合规管理指引（试行）》的通知

国资发法规〔2018〕106 号

各中央企业：

　　为推动中央企业全面加强合规管理，加快提升依法合规经营管理水平，着力打造法治央企，保障企业持续健康发展，我委制定了《中央企业合规管理指引（试行）》，现印发给你们。请遵照执行。工作中的情况和问题请及时反馈。

国资委

2018 年 11 月 2 日

中央企业合规管理指引（试行）

第一章　总　则

　　第一条　为推动中央企业全面加强合规管理，加快提升依法合规经营管理水平，着力打造法治央企，保障企业持续健康发展，根据《中华人民共和国公司法》、《中华人民共和国企业国有资产法》等有关法律法规规定，制定本指引。

　　第二条　本指引所称中央企业，是指国务院国有资产监督管理委员会（以下简称国资委）履行出资人职责的国家出资企业。

　　本指引所称合规，是指中央企业及其员工的经营管理行为符合法律法规、监管规定、行业准则和企业章程、规章制度以及国际条约、规则等要求。

　　本指引所称合规风险，是指中央企业及其员工因不合规行为，引发法律责任、受到相关处罚、造成经济或声誉损失以及其他负面影响的可能性。

　　本指引所称合规管理，是指以有效防控合规风险为目的，以企业和员工经营管理行为为对象，开展包括制度制定、风险识别、合规审查、风险应对、责任追究、考核评价、合规培训等有组织、有计划的管理活动。

第三条　国资委负责指导监督中央企业合规管理工作。

第四条　中央企业应当按照以下原则加快建立健全合规管理体系：

（一）全面覆盖。坚持将合规要求覆盖各业务领域、各部门、各级子企业和分支机构、全体员工，贯穿决策、执行、监督全流程。

（二）强化责任。把加强合规管理作为企业主要负责人履行推进法治建设第一责任人职责的重要内容。建立全员合规责任制，明确管理人员和各岗位员工的合规责任并督促有效落实。

（三）协同联动。推动合规管理与法律风险防范、监察、审计、内控、风险管理等工作相统筹、相衔接，确保合规管理体系有效运行。

（四）客观独立。严格依照法律法规等规定对企业和员工行为进行客观评价和处理。合规管理牵头部门独立履行职责，不受其他部门和人员的干涉。

第二章　合规管理职责

第五条　董事会的合规管理职责主要包括：

（一）批准企业合规管理战略规划、基本制度和年度报告；

（二）推动完善合规管理体系；

（三）决定合规管理负责人的任免；

（四）决定合规管理牵头部门的设置和职能；

（五）研究决定合规管理有关重大事项；

（六）按照权限决定有关违规人员的处理事项。

第六条　监事会的合规管理职责主要包括：

（一）监督董事会的决策与流程是否合规；

（二）监督董事和高级管理人员合规管理职责履行情况；

（三）对引发重大合规风险负有主要责任的董事、高级管理人员提出罢免建议；

（四）向董事会提出撤换公司合规管理负责人的建议。

第七条　经理层的合规管理职责主要包括：

（一）根据董事会决定，建立健全合规管理组织架构；

（二）批准合规管理具体制度规定；

（三）批准合规管理计划，采取措施确保合规制度得到有效执行；

（四）明确合规管理流程，确保合规要求融入业务领域；

（五）及时制止并纠正不合规的经营行为，按照权限对违规人员进行责任追究或提出处理建议；

（六）经董事会授权的其他事项。

第八条　中央企业设立合规委员会，与企业法治建设领导小组或风险控制委员会等合署，承担合规管理的组织领导和统筹协调工作，定期召开会议，研究决定合规管理重大事项或提出意见建议，指导、监督和评价合规管理工作。

第九条　中央企业相关负责人或总法律顾问担任合规管理负责人，主要职责包括：

（一）组织制订合规管理战略规划；

（二）参与企业重大决策并提出合规意见；

（三）领导合规管理牵头部门开展工作；

（四）向董事会和总经理汇报合规管理重大事项；

（五）组织起草合规管理年度报告。

第十条　法律事务机构或其他相关机构为合规管理牵头部门，组织、协调和监督合规管理工作，为其他部门提供合规支持，主要职责包括：

（一）研究起草合规管理计划、基本制度和具体制度规定；

（二）持续关注法律法规等规则变化，组织开展合规风险识别和预警，参与企业重大事项合规审查和风险应对；

（三）组织开展合规检查与考核，对制度和流程进行合规性评价，督促违规整改和持续改进；

（四）指导所属单位合规管理工作；

（五）受理职责范围内的违规举报，组织或参与对违规事件的调查，并提出处理建议；

（六）组织或协助业务部门、人事部门开展合规培训。

第十一条　业务部门负责本领域的日常合规管理工作，按照合规要求完善业务管理制度和流程，主动开展合规风险识别和隐患排查，发布合规预警，组织合规审查，及时向合规管理牵头部门通报风险事项，妥善应对合规风险事件，做好本领域合规培训和商业伙伴合规调查等工作，组织或配合进行违规问题调查并及时整改。

监察、审计、法律、内控、风险管理、安全生产、质量环保等相关部门，在职权范围内履行合规管理职责。

第三章　合规管理重点

第十二条　中央企业应当根据外部环境变化，结合自身实际，在全面推进合规管理的基础上，突出重点领域、重点环节和重点人员，切实防范合规风险。

第十三条　加强对以下重点领域的合规管理：

（一）市场交易。完善交易管理制度，严格履行决策批准程序，建立健全自律诚信体系，突出反商业贿赂、反垄断、反不正当竞争，规范资产交易、招投标等活动；

（二）安全环保。严格执行国家安全生产、环境保护法律法规，完善企业生产规范和安全环保制度，加强监督检查，及时发现并整改违规问题；

（三）产品质量。完善质量体系，加强过程控制，严把各环节质量关，提供优质产品和服务；

（四）劳动用工。严格遵守劳动法律法规，健全完善劳动合同管理制度，规范劳动合同签订、履行、变更和解除，切实维护劳动者合法权益；

（五）财务税收。健全完善财务内部控制体系，严格执行财务事项操作和审批流程，严守财经纪律，强化依法纳税意识，严格遵守税收法律政策；

（六）知识产权。及时申请注册知识产权成果，规范实施许可和转让，加强对商业秘密和商标的保护，依法规范使用他人知识产权，防止侵权行为；

（七）商业伙伴。对重要商业伙伴开展合规调查，通过签订合规协议、要求作出合规承诺等方式促进商业伙伴行为合规；

（八）其他需要重点关注的领域。

第十四条　加强对以下重点环节的合规管理：

（一）制度制定环节。强化对规章制度、改革方案等重要文件的合规审查，确保符合法律法规、监管规定等要求；

（二）经营决策环节。严格落实"三重一大"决策制度，细化各层级决策事项和权限，加强对决策事项的合规论证把关，保障决策依法合规；

（三）生产运营环节。严格执行合规制度，加强对重点流程的监督检查，确保生产经营过程中照章办事、按章操作；

（四）其他需要重点关注的环节。

第十五条　加强对以下重点人员的合规管理：

（一）管理人员。促进管理人员切实提高合规意识，带头依法依规开展经营管理活动，认真履行承担的合规管理职责，强化考核与监督问责；

（二）重要风险岗位人员。根据合规风险评估情况明确界定重要风险岗位，有针对性加大培训力度，使重要风险岗位人员熟悉并严格遵守业务涉及的各项规定，加强监督检查和违规行为追责；

（三）海外人员。将合规培训作为海外人员任职、上岗的必备条件，确保遵守我国和所在国法律法规等相关规定；

（四）其他需要重点关注的人员。

第十六条　强化海外投资经营行为的合规管理：

（一）深入研究投资所在国法律法规及相关国际规则，全面掌握禁止性规定，明确海外投资经营行为的红线、底线；

（二）健全海外合规经营的制度、体系、流程，重视开展项目的合规论证和尽职调查，依法加强对境外机构的管控，规范经营管理行为。

（三）定期排查梳理海外投资经营业务的风险状况，重点关注重大决策、重大合同、大额资金管控和境外子企业公司治理等方面存在的合规风险，妥善处理、及时报告，防止扩大蔓延。

第四章　合规管理运行

第十七条　建立健全合规管理制度，制定全员普遍遵守的合规行为规范，针对重点领域制定专项合规管理制度，并根据法律法规变化和监管动态，及时将外部有关合规要求转化为内部规章制度。

第十八条　建立合规风险识别预警机制，全面系统梳理经营管理活动中存在的合规风险，对风险发生的可能性、影响程度、潜在后果等进行系统分析，对于典型性、普遍性和可能产生较严重后果的风险及时发布预警。

第十九条　加强合规风险应对，针对发现的风险制定预案，采取有效措施，及时应对处置。对于重大合规风险事件，合规委员会统筹领导，合规管理负责人牵头，相关部门协同配合，最大限度化解风险、降低损失。

第二十条　建立健全合规审查机制，将合规审查作为规章制度制定、重大事项决策、重要合同签订、重大项目运营等经营管理行为的必经程序，及时对不合规的内容提出修改建议，未经合规审查不得实施。

第二十一条　强化违规问责，完善违规行为处罚机制，明晰违规责任范围，细化惩处标准。畅通举报渠道，针对反映的问题和线索，及时开展调查，严肃追究违规人员责任。

第二十二条　开展合规管理评估，定期对合规管理体系的有效性进行分析，对重大或反复出现的合规风险和违规问题，深入查找根源，完善相关制度，堵塞管理漏洞，强化过程管控，持续改进提升。

第五章　合规管理保障

第二十三条　加强合规考核评价，把合规经营管理情况纳入对各部门和所属企业负责人的年度综合考核，细化评价指标。对所属单位和员工合规职责履行情况进行评价，并将结果作为员工考核、干部任用、评先选优等工作的重要依据。

第二十四条　强化合规管理信息化建设，通过信息化手段优化管理流程，记录和保存相关信息。运用大数据等工具，加强对经营管理行为依法合规情况的实时在线监控和风险分析，实现信息集成与共享。

第二十五条　建立专业化、高素质的合规管理队伍，根据业务规模、合规风险水平等因素配备合规管理人员，持续加强业务培训，提升队伍能力水平。

海外经营重要地区、重点项目应当明确合规管理机构或配备专职人员，切实防范合规风险。

第二十六条　重视合规培训，结合法治宣传教育，建立制度化、常态化培训机制，确保员工理解、遵循企业合规目标和要求。

第二十七条　积极培育合规文化，通过制定发放合规手册、签订合规承诺书等方式，强化全员安全、质量、诚信和廉洁等意识，树立依法合规、守法诚信的价值观，筑牢合规经营的思想基础。

第二十八条　建立合规报告制度，发生较大合规风险事件，合规管理牵头部门和相关部门应当及时向合规管理负责人、分管领导报告。重大合规风险事件应当向国资委和有关部门报告。

合规管理牵头部门于每年年底全面总结合规管理工作情况，起草年度报告，经董事会审议通过后及时报送国资委。

第六章　附　则

第二十九条　中央企业根据本指引，结合实际制定合规管理实施细则。

地方国有资产监督管理机构可以参照本指引，积极推进所出资企业合规管理工作。

第三十条　本指引由国资委负责解释。

第三十一条　本指引自公布之日起施行。

中共中央 国务院关于表彰改革开放
杰出贡献人员的决定

（2018 年 12 月 18 日）

　　今年是我国改革开放 40 周年。1978 年 12 月，党的十一届三中全会作出把党和国家工作中心转移到经济建设上来、实行改革开放的历史性决策，动员全党全国各族人民为社会主义现代化建设进行新的长征。这是新中国成立以来我们党和国家历史上具有深远意义的伟大转折，是决定当代中国命运的关键抉择。40 年来，我们党团结带领人民，艰苦奋斗、顽强拼搏，坚决破除阻碍国家和民族发展的思想束缚和体制障碍，开辟了中国道路，释放了中国活力，凝聚了中国力量，实现了从赶上时代到引领时代的伟大跨越，书写了国家和民族发展的壮丽史诗，党的面貌、国家的面貌、人民的面貌、军队的面貌、中华民族的面貌发生了前所未有的变化。我国改革开放的伟大创举，也深刻影响了世界，为世界各国带来巨大机遇。党的十八大以来，以习近平同志为核心的党中央以巨大的政治勇气和强烈的责任担当，全面深化改革，扩大对外开放，党和国家事业取得历史性成就、发生历史性变革，推动中国特色社会主义进入新时代，掀开了改革开放新的历史篇章，中华民族正以更加崭新的姿态屹立于世界东方。

　　人民是改革开放伟大奇迹的创造者，是推动改革开放的力量源泉。改革开放在认识和实践上的每一次突破和深化、改革开放中每一个新生事物的产生和发展、每一个经验的取得和积累，都来自亿万人民的实践和创造。40 年波澜壮阔的改革开放伟大进程，涌现出一大批勇立时代潮头、锐意改革创新、敢于实践探索的先锋模范。在隆重庆祝改革开放 40 周年之际，为表彰先进、鼓舞斗志，弘扬敢闯敢试、敢为人先的改革精神，激励全党全国各族人民坚定不移听党话、跟党走，将改革开放进行到底，党中央、国务院决定，授予于敏等 100 名同志改革先锋称号，颁授改革先锋奖章；同时，为感谢国际社会对中国改革开放事业的支持和帮助，向阿兰·梅里埃等 10 名国际友人颁授中国改革友谊奖章。

　　这次受到表彰的改革先锋，为推动改革开放作出了杰出贡献，发挥了突出的示范引领作用，是人民群众的优秀代表。他们拥护中国共产党领导和我国社会主义制度，拥护改革开放，坚持正确改革方向；他们冲破思想观念的束缚，突破利益固化的藩篱，敢于啃硬骨头，敢于涉险滩，奋斗在改革开放一线，引领思想观念和体制机制变革，推动改革开放和社会主义现代化建设；他们带头践行社会主义核心价值观，大力弘扬以爱国主义为核心的民族精神和以改革创新为核心的时代精神，爱岗敬业，无私奉献，作风优良，赢得人民群众广泛赞誉。受到表彰的国际友人，是中国人民的老朋友。他们长期致力于促进中外交流合作，深度参与中国改革开放进程，为支持中国改革开放事业作出了杰出贡献。

当前，中国特色社会主义进入新时代，开启了实现中华民族伟大复兴新征程。伟大时代呼唤伟大精神，崇高事业需要先锋引领。党中央、国务院号召，全党全国各族人民要以习近平新时代中国特色社会主义思想为指导，以这次受到表彰的先进个人为榜样，增强"四个意识"，坚定"四个自信"，坚决做到"两个维护"，不忘改革开放初心，继续高举改革开放旗帜，坚定改革开放再出发信心和决心，更加紧密地团结在以习近平同志为核心的党中央周围，汇聚推进改革开放的磅礴力量，在新时代新起点上把改革开放不断推向深入，为决胜全面建成小康社会、夺取新时代中国特色社会主义伟大胜利、实现中华民族伟大复兴的中国梦、实现人民对美好生活的向往，为维护世界和平、促进共同发展、推动构建人类命运共同体不懈奋斗！

附件：改革先锋名单

改革先锋名单（100 名）

1. 于　敏　　国防科技事业改革发展的重要推动者
2. 于　漪　　基础教育改革的优秀教师代表
3. 小岗村"大包干"带头人　　农村改革的先行者
4. 马万祺　　率先到内地投资的澳门著名企业家和社会活动家
5. 马　云　　数字经济的创新者
6. 马化腾　　"互联网+"行动的探索者
7. 马善祥　　基层社会治理创新的优秀人民调解员
8. 王大珩　　"863"计划的主要倡导者
9. 王书茂　　海洋维权的模范
10. 王永民　　推动汉字信息化的"王码五笔字型"发明者

11. 王有德　　　科学治沙的探路人

12. 王伯祥　　　打造寿光蔬菜品牌推动农业产业化的典型代表

13. 王启民　　　科技兴油保稳产的大庆"新铁人"

14. 王　选　　　科技体制改革的实践探索者

15. 王宽诚　　　支持国家建设和改革开放的香港工商界优秀代表

16. 王家福　　　推动依法治国的理论创新者

17. 王　瑛　　　全面从严治党中纪检监察干部的优秀代表

18. 韦昌进　　　保卫改革开放和平环境的战斗英雄

19. 韦焕能　　　基层群众自治制度的探索者

20. 巨晓林　　　知识型企业职工的优秀代表

21. 孔繁森　　　党员领导干部的楷模

22. 厉以宁　　　经济体制改革的积极倡导者

23. 叶　聪　　　载人深潜事业的实践者

24. 申纪兰　　　初心不改的农村的先进模范代表

25. 史久镛　　　外交领域国家利益的忠实捍卫者

26. 冉绍之　　　三峡移民安置的实践探索者

27. 包起帆　　　港口装卸自动化的创新者

28. 尼玛顿珠　　　西藏牧区改革的"排头兵"

29. 廷·巴特尔　　　扎根牧区、带领牧民脱贫致富的优秀基层干部

30. 刘汉章　　　国企改革"邯钢经验"的创造者

31. 刘永好　　　民营企业家的优秀代表

32. 许立荣　　　远洋运输体制改革的推动者

33. 许振超　　　践行"工匠精神"的优秀代表

34. 许海峰　　　我国首位奥运冠军

35. 许崇德　　　中国特色社会主义法律体系建设的积极推动者

36. 孙永才　　　"复兴号"高速列车研制的主持者

37. 孙家栋　　　航天科技事业创新发展的重要推动者

38. 杜润生　　　农村改革的重要推动者

39. 李书福　　　民营汽车工业开放发展的优秀代表

40. 李东生　　　电子产业打开国际市场的开拓者

41. 李谷一　　　讴歌改革开放的歌唱家

42. 李保国　　开创山区扶贫新路的"太行山愚公"

43. 李彦宏　　海归创业报国推动科技创新的优秀代表

44. 李雪健　　弘扬社会主义核心价值观的优秀表演艺术家

45. 杨善洲　　不忘初心、奉献一生的退休干部楷模

46. 步鑫生　　城市集体企业改革的先行者

47. 吴仁宝　　华西村改革发展的带头人

48. 吴良镛　　人居环境科学的创建者

49. 吴金印　　乡镇基层党员干部的优秀代表

50. 吴荣南　　厦门航空事业的开拓者

51. 邱娥国　　基层社会治理创新的优秀民警代表

52. 何享健　　乡镇企业改组上市的先行者

53. 何　载　　落实干部政策、平反冤假错案的执行者

54. 余留芬　　深度贫困地区带领村民脱贫攻坚的优秀代表

55. 邹碧华　　司法体制改革的"燃灯者"

56. 库尔班·尼亚孜　　民族团结进步的践行者

57. 张月姣　　对外开放法制建设的积极实践者

58. 张瑞敏　　注重企业管理创新的优秀企业家

59. 张黎明　　创新型一线劳动者的优秀代表

60. 张　飚　　维护社会公平正义的模范检察官

61. 陈日新　　中外合作"平朔模式"的创造者

62. 陈冯富珍　　"一带一路"卫生领域合作推动者

63. 陈景润　　激励青年勇攀科学高峰的典范

64. 茅永红　　社区党建和治理创新的探索者

65. 林毅夫　　经济体制改革理论的探索者

66. 杰桑·索南达杰　　可可西里和三江源生态环境保护的先驱

67. 罗　阳　　用生命践行航空报国的优秀代表

68. 周明金　　农村基层党建"莱西经验"的实践创新者

69. 郑举选　　小商品市场"汉正街"模式的主要开创者

70. 郑德荣　　马克思主义中国化理论研究的推动者

71. 郎　平　　塑造传承"女排精神"的优秀代表

72. 胡小燕　　改革开放中涌现的优秀农民工代表

73. 胡福明　　真理标准大讨论的代表人物

74. 南仁东　　"中国天眼"的主要发起者和奠基人

75. 南存辉　　温州民营经济的优秀代表

76. 柳传志　　科技产业化的先行者

77. 钟南山　　公共卫生事件应急体系建设的重要推动者

78. 禹国刚　　资本市场发展的实践者

79. 施光南　　谱写改革开放赞歌的音乐家

80. 姚　明　　体育领域交流开放的优秀代表

81. 秦振华　　"张家港精神"的塑造者

82. 袁　庚　　改革开放试验田"蛇口模式"的探索创立者

83. 袁隆平　　杂交水稻研究的开创者

84. 倪润峰　　企业"军转民"实践的创新者

85. 郭明义　　"雷锋精神"的优秀传承者

86. 屠呦呦　　中医药科技创新的优秀代表

87. 蒋子龙　　"改革文学"作家的代表

88. 蒋佳冀　　空军实战化创新战法的优秀代表

89. 景海鹏　　三巡苍穹的英雄航天员

90. 程开甲　　核武器事业的开拓者

91. 鲁冠球　　乡镇企业改革发展的先行者

92. 曾宪梓　　倾力支持国家改革开放的香港著名企业家

93. 谢　晋　　助推思想解放、拨乱反正的电影艺术家

94. 谢高华　　义乌小商品市场的催生培育者

95. 路　遥　　鼓舞亿万农村青年投身改革开放的优秀作家

96. 鲍新民　　"绿水青山就是金山银山"理念的践行者

97. 樊锦诗　　文物有效保护的探索者

98. 潘建伟　　量子信息研究的创新者

99. 霍英东　　为国家改革开放作出杰出贡献的香港著名企业家和社会活动家

100. 戴明盟　　航母战斗力建设的实践探索者

改革开放 40 年中国企业改革奖章
和中国改革发展杰出贡献企业发布

    为了庆祝我国改革开放 40 周年，全面总结我国企业在改革开放伟大事业中所取得的辉煌成就，集中展示、推广我国企业和企业家的卓越成果，中国企业改革与发展研究会会同中国商务出版社、《财经国家周刊》杂志、北京 FM969 广播电台共同发起推选"改革开放 40 年中国企业改革奖章和中国改革发展杰出贡献企业"活动。按照规范评审流程，经企业申报和相关机构及专家推荐，专家委员会审定，网站公示，现对为我国改革开放与经济发展做出卓越贡献的企业家和企业予以发布表彰。

    当前，我国经济已由高速增长阶段转向高质量发展阶段，正处在转变发展方式、优化经济结构、转换增长动力的攻关期。全国的企业家和企业要以受表彰的企业家和企业为榜样，坚持以习近平新时代中国特色社会主义思想为指导，以供给侧结构性改革为主线，充分发挥企业的市场经济主体作用，大力弘扬优秀企业家精神，全面深化企业改革，着力激发创新活力，自觉履行社会责任，更好发挥示范作用，为推动我国经济高质量发展作出新的更大的贡献。

改革开放 40 年中国企业改革奖章名单
（以姓氏笔画为序）

序号	姓名	企业	职务
1	马 云	阿里巴巴（中国）有限公司	董事局主席
2	马化腾	腾讯科技（深圳）有限公司	董事长
3	马正武	中国诚通控股集团有限公司	党委书记、董事长
4	马蔚华	招商银行	原行长
5	王 卫	顺丰控股股份有限公司	总裁

序号	姓名	企业	职务
6	王　石	万科企业股份有限公司	原董事局主席
7	王　兴	北京三快在线科技有限公司	CEO
8	王文京	用友网络科技股份有限公司	董事长兼 CEO
9	王玉锁	新奥集团股份有限公司	董事局主席
10	王传福	比亚迪股份有限公司	董事长
11	王会生	国家开发投资集团有限公司	党组书记、董事长
12	王均金	上海均瑶（集团）有限公司	董事长
13	王希成	玲珑集团有限公司	董事长
14	王建宙	中国移动通信集团有限公司	原党组书记、董事长
15	牛根生	内蒙古蒙牛乳业（集团）股份有限公司	创始人、原董事长
16	毛振华	中诚信集团	创始人、董事长
17	尹同跃	奇瑞汽车股份有限公司	党委书记、董事长
18	尹明善	重庆力帆新能源汽车有限公司	董事长
19	孔　丹	中国中信集团有限公司	原董事长
20	邓贤东	大唐环境产业集团股份有限公司	党委副书记、总经理
21	艾路明	武汉当代科技产业集团股份有限公司	董事长
22	卢　朋	中铁十七局集团有限公司	党委书记、董事长
23	史玉柱	巨人网络集团	董事长
24	冯　仑	北京万通实业股份有限公司	董事长
25	宁高宁	中国中化集团有限公司	党组书记、董事长
26	年广久	芜湖市傻子瓜子有限总公司	原总经理
27	朱共山	协鑫（集团）控股有限公司	董事局主席
28	任正非	华为技术有限公司	总裁
29	任建新	中国化工集团有限公司	原党委书记、董事长

序号	姓名	企业	职务
30	任洪斌	中国机械工业集团有限公司	董事长
31	刘汉元	通威集团有限公司	董事局主席
32	刘永好	新希望集团有限公司	董事长
33	刘明忠	中国一重集团有限公司	党委书记、董事长
34	刘振亚	国家电网有限公司	原党组书记、董事长
35	许立荣	中国远洋海运集团有限公司	党组书记、董事长
36	许宪平	中国通用技术（集团）控股有限责任公司	党组书记、董事长
37	许家印	恒大集团有限公司	党委书记、董事局主席
38	孙永才	中国中车集团有限公司	党委副书记、董事、总经理
39	芮晓武	中国电子信息产业集团有限公司	党组书记、董事长
40	严　昊	太平洋建设集团有限公司	董事局主席
41	李书福	浙江吉利控股集团有限公司	董事长
42	李东生	TCL 集团股份有限公司	董事长、CEO
43	李彦宏	百度公司	董事长兼首席执行官
44	李海鹰	四川航空集团有限责任公司	党委书记、董事长
45	杨国强	碧桂园控股有限公司	董事局主席
46	何享健	美的集团股份有限公司	原董事长
47	汪　建	深圳华大基因科技有限公司	董事长
48	汪　滔	深圳市大疆创新科技有限公司	董事长
49	汪力成	华立集团股份有限公司	董事局主席
50	沈文荣	江苏沙钢集团有限公司	董事局主席
51	沈国军	中国银泰投资有限公司	董事长
52	沈南鹏	红杉资本	全球执行合伙人
53	宋　鑫	中国黄金集团有限公司	党委书记、董事长

序号	姓名	企业	职务
54	宋志平	中国建材集团有限公司	党委书记、董事长
55	张一鸣	北京字节跳动科技有限公司	创始人、原 CEO
56	张天任	天能电池集团有限公司	董事局主席、总裁
57	张兆勇	贵州航天工业有限责任公司	董事长、总经理
58	张近东	苏宁控股集团有限公司	董事长
59	张果喜	江西果喜实业集团有限公司	董事长
60	张朝阳	北京搜狐互联网信息服务有限公司	董事长兼首席执行官
61	张瑞敏	海尔集团公司	董事局主席、首席执行官
62	陈东升	泰康保险集团股份有限公司	董事长兼首席执行官
63	范圣刚	烟台阿波罗生物药业科技有限公司	董事局主席
64	季克良	中国贵州茅台酒厂（集团）有限责任公司	原董事长
65	竺延风	东风汽车集团有限公司	党委书记、董事长
66	周志亮	中国铁路通信信号集团有限公司	党委书记、董事长
67	周厚健	海信集团有限公司	党委书记、董事长
68	周海江	红豆集团有限公司	党委书记、董事局主席兼 CEO
69	周鸿祎	三六零科技有限公司	创始人兼 CEO
70	郑浩生	内蒙古鹿王羊绒有限公司	董事长
71	宗庆后	杭州娃哈哈集团有限公司	董事长兼总经理
72	南存辉	正泰集团股份有限公司	董事长
73	柳传志	联想控股股份有限公司	董事局名誉主席
74	施正荣	无锡尚德太阳能电力有限公司	原董事长兼 CEO
75	姜建清	中国工商银行股份有限公司	原董事长
76	洪　崎	中国民生银行股份有限公司	董事长
77	倪润峰	原四川长虹电子集团有限公司	党委书记、董事局主席

序号	姓名	企业	职务
78	徐和谊	北京汽车集团有限公司	党委书记、董事长
79	徐念沙	中国保利集团有限公司	党委书记、董事长
80	郭广昌	复星国际有限公司	董事长
81	唐双宁	中国光大银行股份有限公司	原党委书记、董事长
82	陶华碧	贵阳南明老干妈风味食品有限责任公司	董事长
83	曹国伟	新浪公司	董事长
84	曹德旺	福耀玻璃工业集团股份有限公司	董事长
85	常德传	青岛港（集团）有限公司	原董事长
86	崔根良	亨通集团有限公司	党委书记、董事局主席、总裁
87	梁稳根	三一集团有限公司	董事长
88	斯泽夫	哈尔滨电气集团有限公司	党委书记、董事长
89	葛培健	上海张江高科技园区开发股份有限公司	原总经理
90	董明珠	珠海格力电器股份有限公司	董事长兼总裁
91	蒋锡培	远东控股集团有限公司	党委书记、董事局主席
92	傅 军	新华联集团	董事局主席兼总裁
93	傅成玉	中国石油化工集团有限公司	原董事长
94	傅育宁	华润（集团）有限公司	董事长
95	曾庆洪	广州汽车集团股份有限公司	董事长
96	谢企华	原上海宝钢集团有限公司	董事长兼总裁
97	雷 军	北京小米科技有限责任公司	董事长兼首席执行官
98	谭旭光	山东重工集团有限公司	董事长
99	熊群力	中国电子科技集团有限公司	党组书记、董事长
100	薛向东	东华软件股份公司	党委书记、董事长

改革开放 40 年中国改革发展杰出贡献企业名单

（排名不分先后）

序号	企业名称	序号	企业名称
1	中国核工业集团有限公司	25	万科企业股份有限公司
2	中国中信集团有限公司	26	中国中化集团有限公司
3	中国石油化工集团有限公司	27	浙江吉利控股集团有限公司
4	华为技术有限公司	28	杭州娃哈哈集团有限公司
5	海尔集团公司	29	中国铁路工程集团有限公司
6	国家电网有限公司	30	中国电子科技集团有限公司
7	中国建材集团有限公司	31	凯盛科技集团有限公司
8	中国船舶重工集团有限公司	32	福耀玻璃工业集团股份有限公司
9	中国航天科工集团有限公司	33	徐州工程机械集团有限公司
10	阿里巴巴（中国）有限公司	34	腾讯科技（深圳）有限公司
11	国家开发投资集团有限公司	35	联想控股股份有限公司
12	华润（集团）有限公司	36	中粮集团有限公司
13	中国航空工业集团有限公司	37	中国中材国际工程股份有限公司
14	中国中车集团有限公司	38	上海国际港务（集团）股份有限公司
15	中国机械工业集团有限公司	39	中国光大集团股份公司
16	珠海格力电器股份有限公司	40	中国远洋海运集团有限公司
17	中国交通建设集团有限公司	41	上海汽车集团股份有限公司
18	招商局集团有限公司	42	复星国际有限公司
19	长江实业集团有限公司	43	万向集团公司
20	三一重工股份有限公司	44	鞍钢集团有限公司
21	中国商用飞机有限责任公司	45	中国船舶工业集团有限公司
22	东风汽车集团有限公司	46	新兴际华集团有限公司
23	中国宝武钢铁集团有限公司	47	中国诚通控股集团有限公司
24	中国兵器装备集团有限公司	48	深圳市大疆创新科技有限公司

序号	企业名称	序号	企业名称
49	中联重科股份有限公司	75	中国盐业集团有限公司
50	中国广核集团有限公司	76	中国联合网络通信集团有限公司
51	鸿海精密工业股份有限公司	77	中国医药集团有限公司
52	杭州汽轮动力集团有限公司	78	兖矿集团有限公司
53	苏宁控股集团有限公司	79	北京金隅集团有限责任公司
54	泰康保险集团股份有限公司	80	正威国际集团有限公司
55	百度公司	81	四川长虹电器股份有限公司
56	海信集团有限公司	82	北京京东世纪贸易有限公司
57	北新集团建材股份有限公司	83	中国民生银行股份有限公司
58	内蒙古蒙牛乳业（集团）股份有限公司	84	美的集团股份有限公司
59	中国五矿集团有限公司	85	TCL 集团股份有限公司
60	上海电气集团股份有限公司	86	新希望集团有限公司
61	中国第一汽车集团有限公司	87	顺丰控股股份有限公司
62	比亚迪股份有限公司	88	恒大集团有限公司
63	福建恒安集团有限公司	89	波司登股份有限公司
64	特变电工股份有限公司	90	山东魏桥创业集团有限公司
65	贵阳南明老干妈风味食品有限责任公司	91	安徽海螺集团有限责任公司
66	奥盛集团有限公司	92	三全食品股份有限公司
67	成都建川实业集团有限公司	93	传化集团有限公司
68	南方水泥有限公司	94	云南白药集团股份有限公司
69	步步高商业连锁股份有限公司	95	北京三元食品股份有限公司
70	中国建筑第二工程局有限公司	96	京东方科技集团股份有限公司
71	双星集团有限责任公司	97	河南双汇投资发展股份有限公司
72	山西潞安矿业（集团）有限责任公司	98	潍柴动力股份有限公司
73	绿地控股集团股份有限公司	99	上海微创软件股份有限公司
74	中国巨石股份有限公司	100	贵州神奇投资有限公司

改革开放 40 年创新力企业名单

（排名不分先后）

序号	企业名称	序号	企业名称
1	中国电子科技集团公司电子科学研究院	21	武汉星耀科技有限公司
2	科大讯飞股份有限公司	22	安徽艾可蓝环保股份有限公司
3	吉林省差旅天下网络技术股份有限公司	23	永辉超市股份有限公司
4	中国航天科工飞航技术研究院	24	北京奇艺世纪科技有限公司（爱奇艺）
5	上海众人网络安全技术有限公司	25	宁德时代新能源科技股份有限公司
6	航天云网科技发展有限责任公司	26	中国建筑第三工程局有限公司
7	武汉高德红外股份有限公司	27	内蒙古鹿王羊绒有限公司
8	盒马鲜生网络科技有限公司	28	泰安瑞泰纤维素有限公司
9	中国长峰机电技术研究设计院	29	宜宾盈泰光电有限公司
10	甘肃祁连牧场生态科技有限公司	30	北京市小仙炖电子商务有限公司
11	武汉锐科光纤激光技术股份有限公司	31	广西田园生化股份有限公司
12	航天工业发展股份有限公司	32	中细软集团有限公司
13	涂抹（北京）教育科技有限公司	33	北京同城必应科技有限公司（闪送）
14	湖南粤港模科实业有限公司	34	北京味多美食品有限责任公司
15	光启技术股份有限公司	35	房天下控股集团有限公司
16	北京乐徽时代科技发展有限责任公司（LiveHouse 自助店）	36	北京爸爸的选择科技有限公司
17	上海享途网络科技有限公司（乐车邦）	37	新疆燕海九州旅游股份有限公司（驿度假）
18	北京易盟天地信息技术股份有限公司	38	宁波天生密封件有限公司
19	北京中科寒武纪科技有限公司	39	吉林福源馆食品集团有限责任公司
20	北京字节跳动科技有限公司（今日头条）	40	江西夏氏春秋环境股份有限公司

后 记

　　2018 年底，国资委领导翁杰明副主任赴中企研调研指导工作，听取了编写中国国有企业改革大事记（索引）工作进展情况汇报，调研了中企研近一年来的工作情况，在充分肯定中企研工作成绩的基础上，根据中企研的职能定位和社会影响力，提出编辑中国企业改革发展蓝皮书的工作要求。中企研对落实翁主任的指示非常重视，宋志平会长亲自挂帅，许金华常务副会长直接督办，几次会议确定组织编写计划和任务分配落实，在 2019 年春节前后发布蓝皮书，名字定为《中国企业改革发展 2018 蓝皮书》。

　　《中国企业改革发展 2018 蓝皮书》总报告及分报告《2018 国资国企改革发展报告》《2018 中国企业创新创业发展报告》由吉林大学中国国有经济研究中心撰写；其它分报告来自于《2018 中国企业改革发展优秀成果》《2018 中国企业信用发展报告》及中国可持续发展工商理事会，以及特约研究论文等；企业案例采编于《2018 中国企业改革发展优秀成果》、特约研究稿件；附录为公开发布的政策文件和报道等。蓝皮书组织编辑是一项系统工程，除上述成果的提供单位、研究撰写者外，李政、刘其先、刘栋栋、杨永萍、王志钢、苏文才、陈晓红、刘方勤、张静、徐晓阳、陈延卓、吴晓娟、程亚男、刘蒙蒙等同志，对蓝皮书编辑出版工作付出了大量的智慧和辛勤劳动，在此一并表示感谢！

　　蓝皮书是中企研希望隆重推出的重磅年度研究产品，尽管我们定会持续努力，但我们还缺少经验，我们持开放的组织编辑思路，我们希望把她办得越来越好，名实相符，因此，我们翘首盼望您多提改进完善的宝贵意见和建议，欢迎您加入参与今后的组织编写工作。

2019 年 1 月 24 日